新曲綫 New Curves | 用心雕刻每一本……
http://site.douban.com/110283/
http://weibo.com/nccpub

用心字里行间　雕刻名著经典

Organizational Behavior

Eleventh Edition

FRED LUTHANS

George Hommes Distinguished Professor of Management

University of Nebraska

Translators

WANG LEI

Professor of Psychology

Peking University

组织行为学

>>>>>>>> 第 11 版 <<<<<<<<

【美】 弗雷德·鲁森斯 著

王垒 姚翔 童佳瑾 等译校

人民邮电出版社

北京

图书在版编目（CIP）数据

组织行为学：第 11 版/（美）鲁森斯（Luthans，F.）著；王垒 姚翔 童佳瑾等译．
－北京：人民邮电出版社，2009.9（2019.11 重印）
ISBN 978－7－115－20869－9

Ⅰ．组… Ⅱ．①鲁… ②王… ③姚…④童… Ⅲ．组织行为学—教材 Ⅳ．C936

中国版本图书馆 CIP 数据核字（2009）第 071569 号

Fred Luthans
Organizational Behavior, Eleventh Edition
ISBN 0－07－125930－9

组织行为学（第 11 版）

◆ 著 （美）弗雷德·鲁森斯
译 王 垒 姚 翔 童佳瑾 等

策 划 刘 力 陆 瑜
责任编辑 陈浩莺 常玉轩

◆ 人民邮电出版社出版发行 北京市崇文区夕照寺街 14 号 A 座
邮编 100061 电子函件 315@ptpress.com.cn
网址 http://www.ptpress.com.cn
电话 （编辑部）010－84937150 （市场部）010－84937152
（教师服务中心）010－84931276
三河市少明印务有限公司印刷
新华书店经销

◆ 开本：850×1092 1/16
印张：32
字数：615 千字 2009 年 9 月第 1 版 2019 年 11 月第 7 次印刷
著作权合同登记号 图字：01－2007－5615
ISBN 978－7－115－20869－9/F

定价：68.00 元

本书如有印装质量问题，请与本社联系 电话：（010）84937153

内 容 提 要

本书是国际知名管理学家、心理学家弗雷德•鲁森斯的《组织行为学》第 11 版（2008 年）的中译本。

鲁森斯是当之无愧的第一代组织行为学家。他的这部积近 40 年的心血之作、系统展示组织行为学风采的优秀著作，最详细而全面地以组织行为学理论的厚重基础为依托，既强调深入理论阐述，又注重精辟实践运用。特别是，它把握了组织行为学理论发展的脉络，以及工商组织管理实践的发展历程和趋势，既有深入的理论阐述和丰富的实证数据的支持，更有实用的案例和讨论作为实践指导，使两者相得益彰。

本书的独到之处（如最佳实践咨询，每章结尾的大量案例材料，独到的“积极组织行为学”一章，以及基于元分析的组织行为学原理的科学提炼）使得本书既适合学术圈内的学生和老师使用，也适合管理实践者研修之用。

作者简介

弗雷德·鲁森斯（Fred Luthans）教授是第一代组织行为学家，美国内布拉斯加–林肯大学管理学院杰出的 George Holmes 讲座教授。他在爱荷华大学获得 B.A., M.B.A. 和 Ph.D.，主修管理学和心理学，在哥伦比亚大学完成博士后工作，曾在美国西点军校任教。从 1976 年起在内布拉斯加大学任教。他是一位多产作家，迄今已出版多部著作，在各类应用和学术杂志上发表了 150 多篇文章。他与 Robert Kreitner 合写的《组织行为矫正》获得了美国人事管理协会的人力资源管理杰出贡献奖。另外他还著有《真实的管理者》，《跨国管理》（与 Richard Hodgetts 和 Jonathon Doh 合著），《高影响力的领导者》（与 Bruce Avolio 合著），《心理资本》（与 Carolyn Youssef、Bruce Avolio 合著）。弗雷德·鲁森斯是 *Journal of World Business* 的主编之一，也是 *Organizational Dynamics* 和 *Journal of Leadership and Organizational Studies* 的编委，这些期刊都是 SSCI 核心期刊。他 1981 年入选美国管理科学院院士，1986 年任美国国家科学院（National Academy）主席，1997 年获科学院杰出教育奖。在 2000 年，他被国家科学院列为在著名学术杂志发表文章数量最多的前 5 名作者之一，入选科学院名人堂。鲁森斯教授有着相当广泛的研究项目。近几年，他开创了积极组织行为学（*Positive Organizational Behavior*，简称 POB），研究纲要于 2002 年发表在 *Academy of Management Executive* 和 *Journal of Organizational Behavior* 两个核心期刊上。最近几年，他还常活跃在德国、中国、泰国、新加坡、俄罗斯、阿尔巴尼亚等地，这使他的研究超越于一般西方学者，有更全球化的视野和丰富经验，这一点也反映在他研究组织行为学的方法上。此外，从 1984 年第一次环太平洋工商管理会议起，他就是该会的执委，且于 1995 年被选为特别会员。这些国际性的研究和经验反映在了他研究组织行为学的方法上。此外，他还是活跃的咨询师与培训师，为一些私营企业（如沃尔玛、美国人寿保险公司等）和公共组织提供服务。从 1998 年起他就是盖洛普公司的高级研究员。他热爱高尔夫运动，而且是内布拉斯加的体育迷。他和凯——他相处 45 年的夫人——有 4 个成年的孩子和 6 个可爱的孙子孙女。

中文版序言

多么可喜的机会！著有这部公认最早和历史最悠久的主流组织行为学教科书多年（自 1973 年）以来，我非常感谢该书由北京大学尊敬的王垒教授翻译为中文。我十分钦佩他对心理学这一领域所做的重要贡献；作为他的同事和朋友，我们的结识始自于我们与盖洛普公司密切的合作。我不仅非常欣悦能与王垒教授合作，也非常高兴最终能直接地把我毕生在组织行为学上的工作介绍到中国这一神奇的国度。

和绝大多数其他教科书作者不同，我倾尽我的整个职业生涯——现在已 40 年，不仅致力于教授各种层次的学生（本科生、MBA、博士生），也建构理论，开展基础研究工作，并运用各种干预方法开发领导者和改善各种类型的组织（不仅在美国，也包括亚洲和欧洲的组织）的绩效。由于我相信（而且绝大多数见多识广的观察家也同意）中国是经济增长的温床，在未来富有潜力，我由衷地为有机会把我自己以及其他人的有关的理论、研究成果及有效的应用，通过《组织行为学》的中文版介绍到中国而感到高兴。

首先，我要充分肯定古老中国不仅给艺术和科学，也会给像组织行为学这样相对较新的正在发展的学术领域所带来的丰富遗产。例如，2500 年前，道家的创始人老子，或称道教之父，也是孔子的老师，所著的《道德经》，被认为不仅是整个人类历史中最有影响的著作之一，也包含了这部完全现代性的组织行为学教科书所呈现的相当多的内容所依赖的基本原理。例如，他的“无为而治”的思想（或者顺应自然），是组织行为学倡导人力资源的授权以及领导者需要展现自我控制的基础。再如，他的理论主张开放、宽容、谦虚，尤其是关心他人福祉，恰好与今天有效领导的理论如出一辙。虽然这一古老中国的遗产在人们匆忙于提出假设性的新主张时常常被遗忘，而组织行为学领域的创始人们，例如亚伯拉罕·马斯洛，直接引用并把他们的著作归功于老子的思想和道教。我也要公开感谢中国这一重要的遗产对这本《组织行为学》的馈赠。

虽然西方式的心理学一百多年前就已落户中国，并于 1917 年在北大建立了中国最早的实验室，随后创办了杂志，成立了中国心理学会，然而，只是在最近，人们才开始对其在工作场所的应用方面投入了较多的兴趣和关注。和咨询与健康心理学一样，对人力资源的更有效的管理已被确立为中国行为科学研究的首要领域。中国传统上以教师教学为主导；但随着转向市场经济，中国现在认识到人的因素在全球竞争中的重要性。中国的行为科学家们现在对相对较新的组织行为学的研究和应用给予了相当的关注和重视。换言之，这本教科书的中文版的出版恰逢其时，并希望能使中国管理领域的学生和实践者获得裨益。然而，本书的最终价值还是依赖于它的内容。

这本教科书之所以在组织行为学领域获得最持久的成功，其原因在于它的强大的概念架构，全面涵盖的主题，全新的研究基础，以及辅助学习和应用的独到特点。特别地，广为人知而被遵奉的社会认知理论考虑了环境、人和组织本身的相互作用，构成了本教科书的概念框架，组织起各个章节。全面的覆盖内容包括了所有公认的组织行为学范畴的重要主题，以及最前沿的一些主题，如电子商务、知识管理、人力资本、优秀组织文化、新工资体系、非金钱激励、大五人格特质、神经心理学、程序公正、积极心理学、360度反馈、工作—家庭平衡、社会性懈怠、虚拟团队、心理契约以及新领导胜任力，等等。这本教科书相对其他教材的真正的差异化优势在于它的研究基础。和其他在商城和机场书店里出售的、没有理论或研究基础的通俗畅销书（如斯蒂文·科威的《成功人士的七个习惯》或斯宾塞·约翰逊的《谁动了我的奶酪》）不同，也区别于其他只有若干研究背景的教科书，本书里的所有内容都得到迄今所有的最新研究的最好支持。例如，每个章节都有85~100个脚注，许多都是这个版本最新增加的。

最后，本教科书的一些独有的突出特点是：（1）每一部分开头来自盖洛普的最佳实务咨询；（2）每一章结尾来自元分析的组织行为学原理；以及（3）两个招牌性的新章节，一个关于组织报酬系统，一个关于积极的组织行为。这些新的章节反映了我自己最新的理论建构和研究。它们都和中国的绩效管理有关。例如，我以前的一位博士生，现在是我非常尊重的同事和朋友——栗卫星博士和我一起，在最近的一项研究中发现，在中国国有企业员工的核心信念（包括自我效能、希望、乐观主义、愉快）与他们的绩效之间有显著性相关。我们从整个这本教材以及成功心理学这一特别的章节提炼的一些重要的研究成果，可用于帮助中国国有企业改善工作绩效。

我个人在大约20年前第一次访问了中国的工厂和其他组织，游历了很多地方，亲自见证了中国所发生的巨大变化。现在到了应该更好地了解和运用中国迄今为止在全球经济中最重要和最大的竞争优势——中国的人力资源的时候了。随着中国在寻求维系甚至加强成为世界最重要的经济力量之一这一显著成就，本书将有希望做出贡献并成为一个重要的手段，帮助人们应对所面临的重大的人力资源挑战。

最后，我要再一次感谢由王垒教授和他在北京大学的团队所做的卓越的翻译和带来的增值，这帮助我实现了我终有一天要把我的工作介绍到中国的梦想。我希望你能喜欢阅读本书，并学习更好地理解和管理任何组织（包括中国所有类型的组织）的最重要的资产——人。

弗雷德·鲁森斯

译者序

组织行为学（OB）是今天工商企业及各类组织，包括非营利组织的管理者应修的重要科目，是商学院的必修课。自它诞生以来，许多管理者因此修得正果而取得卓越成就，也有许多人因疏于修习而落败。它在今天组织管理中的重要性已日益体现出来，并得到业界、学术界的共识和重视。然而，组织行为学并不是从它一诞生就业已成熟，也不是一开始就取得像今天这样的地位和影响的。多年前，无论是管理者，还是商学院的师生，并不重视组织行为学。他们更喜欢直接赚钱术，而对驾御由人构成的复杂甚至庞大的组织缺乏重视和耐心。这也就造成过去的组织行为学教科书大多粗糙而肤浅，理论上蜻蜓点水，缺乏深入探究，实务上满足于一些皮毛，使得读者往往知其然而不知其所以然。当然，这已经成为昨天的故事。在今天，管理者不懂得组织中的人，不懂得组织中人的行为，就难以驾御组织，无法使组织中的人乐于并能够为组织效力。

可以说，整个20世纪是组织行为学不断发展的世纪。在这个世纪里，组织行为学从开始萌芽到不断成熟，经历了艰苦的探索，揭示了丰富的行为学现象，涌现出大量学说和理论，出现了一批有影响的学者。在这个过程中，行为科学特别是心理科学不断发展完善，不断融入于组织管理的科学。例如，心理动力学派的创始人弗洛伊德的动机观被用于解释人的工作动机；行为主义心理学大成者斯金纳的理论被用于组织行为矫正；人本主义心理学的奠基者马斯洛的需要层次理论被用于说明组织中的人性；班都拉的社会认知心理学理论被用于构建OB的理论体系，而他的自我效能的概念更是广为流传，成为领导力开发和员工培训中的一项重要内容；著名认知心理学家赫伯特·西蒙的认知决策理论运用于组织管理决策，为他赢得了诺贝尔经济学奖。赫伯特·西蒙也是北京大学心理学系的客座教授，是最早把认知心理学系统介绍到中国的主要学者。他的“管理即决策”的观点影响了今天的管理观。

简单来说，组织行为学是研究组织中的人的行为的科学，它用客观的方法描述和测量这些行为，研究这些行为的规律从而进行合理的解释，并根据这些规律去预测和控制组织中的各种行为，以便提高组织的生产力和人对工作及组织的满意度。组织中的人是一个广义的概念，既有作为个体的人（员工），也有作为群体乃至整个组织的人；既有作为领导者的人，也有作为追随者的下属，所以组织行为学也就有个体水平、领导水平、群体水平和组织水平四个层次。在个体水平上，组织行为学关注个体感知世界的方式（即收集和加工信息的方式）、员工的工作需求和目的（即他们的工作动机）、员工的态度（如对工作的满意度和对组织的承诺与忠诚度）、员工的个性（如他们的独特的思维方式和行为习惯），等等。在领导水平，组织行为学探讨卓越领导者的特征、有效领导的方式、在不同环境对不同员工的领导手段、领导的授权，等等。在群体水平，组织行为学考察人际沟通、人际冲突与合作、群体规范的形成与作用、群体凝聚力、团队建设的结构化方法及效率，等等。在组织水平，组织行为学研究组织发展的模式和途径、组织变革的阻力来源与推进变革的手段，等等。这些内容简单地勾勒出了组织行为学的主体轮廓及架构关系，其内涵之丰富、体系之宏大，由此可略见一斑。

组织行为学的内容如此广泛而丰富，它的地位又如此重要，写好一本组织行为学的教科书也就非常有意义而十分重要，而这却并非易事。1993 年，我曾撰写出版了一本《组织管理心理学》，受到相当欢迎，先后印刷 10 多次。读者和出版社都希望我能将此书修订出新版，对此我一直十分犹豫而不能下决心，原因是，我认为现在组织行为学如此重要，非写出精彩的教科书而不可轻易动笔。尤其是过去这十几年里，国内无论是管理还是管理者的水平都在迅速提高，经验更日益丰富，如不能能反映这种成长发展，不可轻易动笔。更重要的是，过去这十几年也是国际上组织行为学在学术界和业界取得更新、更重要成果的年代，若非真正国际大手笔，难以触及这样的教科书。

值得庆幸的是，弗雷德·鲁森斯教授的《组织行为学》第 11 版给我们带来了福音。这是一本迄今为止最详细而全面地以组织行为学理论的厚重基础为依托，从深入理论阐述到精辟实践运用，系统展示组织行为学风采的优秀教科书。特别是，它把握了组织行为学理论发展的脉络，以及工商组织管理实践的发展历程和趋势，既有深入的理论阐述和丰富的实证数据的支持，更有实用的案例和讨论作为实践指导；在使两者相得益彰的结合中，铸就了这部组织行为学。尤其是这本教科书的独到特点，如每章的开篇最佳实践领导者咨询，结尾的大量案例材料，以及基于元分析的组织行为学原理的科学提炼，使该教科书既适合学术圈内的学生学者教学使用，也适合管理实践者研修之用。

鲁森斯是国际著名的管理学家，是第一代组织行为学家。他是“George Holmes 杰出管理学教授”，自 1967 年开始就一直在内布拉斯加大学商学院任教，此前曾在美国西点陆军学院任教。他在应用和学术性杂志上发表过 150 多篇文章，并因“名列一直在美国科学院的核心期刊上发表大量学术论文之学者前 5 名”，而入选美国科学院名人馆。他还出版过许多著作，其中与 Robert Kreitner 合著的《组织行为矫正》（*Organizational Behavior Modification*）荣获美国人事管理学会的人力资源管理杰出贡献奖。他还是许多杂志的主编，如 *Journal of World Business*，*Organizational Dynamics* 等。他是美国管理科学院院士，曾任美国科学院主席。这部组织行为学教科书，是他一生倾心之作，此次翻译的第 11 版，更是他多年学术探索和应用实践的结晶，也反映了组织行为学这一领域的最新和最高的成就。相信大家都会希望一览这位大师的精品。

我最先拜读的是这本教科书 2002 年的第 9 版。我拿到书时还未正式上市，有幸先睹为快。研读之中，为大师的大手笔所感叹，认为一定要将这本组织行为学教科书介绍给国内的学生和实践者，相信对提升国内的组织行为学研究和管理实践将有巨大帮助。2002 年 10 月我到美国出席盖洛普成功心理学峰会，随后访问盖洛普公司总部，在那里与鲁森斯教授会面（他同时也是盖洛普公司的高级研究员），与他谈及把他的教科书翻译成中文介绍给中国的学生学者和管理实践者，他欣然允诺，并专门撰写了中译本序言。这是国内组织行为学领域的一件幸事。于是，2003 年该教科书的中文版问世。更有幸的是，2008 年我又拿到了这本教科书的最新版，也就是这个第 11 版。它又有了一些新的特色，如更精简扼要，适合今天高节奏下工作学习的人阅读；阐述了“心理资本”这一由鲁森斯教授首创的最新概念和研究成果。现在是个与时俱进的时代。能把 OB 的最新成果反映到教学和实践中来，十分重要。因此，我立即决定将该书的第 11 版引进到中国。

在这本教科书的翻译校对过程中，我的同事童佳瑾博士、姚翔博士以及我研究室的研究生史松衢、李崇亮、党君华、杨芊、王海妮、王竹娟、鄯婧做了大量的工作，因此本教科书的翻译是集体工作的成果。

要特别感谢新曲线公司的刘力先生，他也是出身北京大学心理学系，对出版行为科学、心理学的著作一向初衷不改、矢志不渝。没有他的大力支持，这部教科书精品的中译本也就不可能迅速问世。还要感谢本书编辑陈浩莺，她孜孜不倦、认真细致的工作使得本书得以顺利出版。

本书在翻译中难免有所纰漏，欢迎广大读者批评指正。

王　垒
北京大学心理学及领导学教授
教育部高等学校心理学教学指导委员会主任
2009 年 4 月于北京大学心理学系

前　言

你现在看到的是《组织行为学》的第 11 版。当处于积极心理学家所谓的“畅流”（flow）的状态时，人会觉得时间飞逝。确实如此。当我开始编写这本教材时，我就处于那种畅流的状态。正如以前所说的，我为这部教材的经久不衰而感到无比自豪。我用了 4 年时间完成该书的第一版，接着每次用 1 年时间修订一个新版本。由于组织行为学知识体系的急速扩充，这些年来的修订也变得日益困难起来。但是，我还是——甚至比以前更强烈地——处于这种畅流的状态，来尽可能使这本组织行为学的第一本主流教材能够反映与其相关的最新的理论构建、基础和应用研究以及最佳实践。我坚信你会认同我的观点：本书第 11 版延续了一贯的高品质，甚至更胜一筹。

新版不但与前面的版本有显著的差异，也与数量不断增多的组织行为学教材有显著区别。第 11 版由原来的 18 章减少到了 14 章，并且采用平装本，从而降低了价格。这是我个人（不是出版商）的决定。我们一贯主张“少就是好”或者“精简更有效”的原则，因此我决定在这个版本上按我的原则行事。但是，我要说明的是，这不是简化，也不是很多教材为了增加销量而修订的所谓的精要版。

第 11 版减少到 14 个章节是有理由的——随着目前组织行为学这个领域进入新的发展阶段，我（以及许多同行、编辑）相信，现在已有了一个更严谨的结构框架，来确定将哪些内容放入组织行为学教材。我坚信这个新版本为组织行为学在高效管理中的各层次——自我、团队、部门、组织、社区——上的作用提供了更深的理解和恰当的评价。另外一个原因是能为学生提供一个合理的价格。我认为，塞进看似华丽诱人却并不重要的章节内容，设计昂贵的书本装潢，以期望迎合不同的需求，却使书价奇高不下，这对学生是很不公平的。所以，出于内容的考虑，同时也考虑了价格因素后，我决定在 11 版中仅用 14 个章节，但重要的是，没有任何一本其他的组织行为学的教材有如下的特点：

1. 我确信，鉴于组织行为学目前的发展阶段，需要一个完整的理论框架来构造其入门教材。代替那些大杂烩般的章节和主题，以及可能使用归纳（抑或使用演绎）的内容排序，现在正是用完整的理论框架来呈现组织行为学知识体系的好机会。我选择了已经有很好的发展且较为全面的社会认知理论来组织本教材。我在导言中介绍了这个框架的背景和理论建构，并且提出了一个统合所有 14 章的结构模型（图 1.5）。重要的是，该框架需要的两个在其他课本中找不到的章节和其他章节的重新组织与合并。比如，第一编中的第 4 章“报酬系统”和第二编中的第 7 章“积极组织行为学”，这两章在其他的教科书中是找不到的。
2. 除了全面完整的理论框架，本书的第二个特点是每章末的组织行为学原理。值得注意的是，这些原理都来自元分析研究的发现。这些综述通常包括两位数甚至更多数量的研究以及上千位参与者（被试），并且以成功的概率这种简单且易理解的方式作为最后的总结。

3. 第三个特征是最佳实践主题——在每章开头使用最佳实践咨询来引入章节内容。我在内布拉斯加大学长期从事学术工作，而从 1998 年开始，我便是盖洛普公司的高级研究员。

   绝大多数人都知道盖洛普民意调查，但这个世界级的公司还以管理实践咨询闻名——《财富》50 强企业中大约一半都是盖洛普最近的客户。在我的课本中，Tim Hodges，盖洛普大学的执行主席提取了盖洛普在过去几年间基于成千组织和上百万人员的大量调查研究。我们同时提供盖洛普的观点以及与每个章节最相关的当前的最佳实践。

4. 第四个特征反映了在过去几年我一直从事的基础性研究工作。第 7 章包含我最近正在发展的“积极的组织行为”（positive organizational behavior），或叫 POB 途径。为了达到纳入 POB 要素的标准（积极性，以理论和研究为基础，效度检验，开放性，绩效提升管理），像乐观性、希望、主观幸福感、复原力、情商、自我效能、心理资本这些概念都第一次出现在本书中。因为我在盖洛普推动的积极心理学运动中的努力，以及 POB 的研究和 Bruce Avolio 及其同事在内布拉斯加大学的盖洛普领导力研究所所做的真实领导力的研究工作，我觉得将积极心理学的运动纳入到主流组织行为学的时机已经到来。

除了这四个显著的特征外，这本书的优势还在于跟进了最新的研究以及每个关键主题的完整的内容。改版提升了本书的价值，因为它经过全面的修订，反映了最新的研究成果，添加了最新的主题。除了每章末的来自元分析研究所发现的组织行为学原理，该版本还经过相当的努力把已经完成的其他主题的元分析结果包含了进来。

纳入元分析结果的原因是组织行为学已经发展到了不再是单个独立的研究，而应该为学生和实践者对某个有大量研究的主题进行系统总结的时期。比如，Alex Stajkovic 和我已经完成了组织行为矫正对任务绩效影响的元分析，我在过去 35 年里一直密切关注着这一主题（这一研究发表在 1997 年 10 月的 *Academy of Management Journal*。一项在世界最大的信用卡公司进行的追踪研究则发表于 2001 年 6 月的 AMJ 上；另一个元分析涉及所有行为管理研究、强调不同干预类型，发表于 2003 年春季的 *Personnel Psychology* 上；最近，对于单位绩效结果和员工长时间留任，非物质奖励被发现和物质奖励有同样的影响作用，这一结果发表在 2006 年的 *Journal of Applied Psychology* 第 91 卷第 1 期上。此外，我们还进行了一项元分析（114 个研究，21 616 个被试），发现了自我效能感与任务相关绩效的正相关。这一研究发表在 *Psychology Bulletin* 1998 年第 124 卷第 1 期上。这些元分析提供了各章末尾的组织行为定律，而其他相关的元分析结果报告则贯穿于整个教材的有关研究结果的讨论部分。

正如真正的管理实践不能面对发展过慢的情况，管理的学术研究也不能走得太慢。而当今大多数企业面临着不确定的、混乱的环境，因此在管理的实践和我们的研究中，应用组织行为的方法特别需要有新的思路、方法、技术的产生。新版恰好反映了这些需要的变化。

社会认知理论框架。本书包含4 编共 14 章。社会认知理论通过环境、任务背景、内在的认知因素以及动力学和组织行为本身的结果来解释组织中的行为。因此，第一编介绍学习和应用组织行为的环境和组织情境。第 1 章“导言”介绍当前的观点、历史背景、方法、理论架构以及组织行为学常用的和本书特有的社会认知模型。接下来是外部环境章节：

第 2 章“外部情境：信息技术、全球化、多样性和道德规范”（包括电子商务、知识管理、人力/智力资本、全球化，最后以伦理道德对利润的影响这个主要内容结尾）。

在第 2 章分析了外部环境后，接下来的两章涉及社会认知框架下的组织情境：

第 3 章 “组织情境：设计和文化”（特别强调了学习型组织和扁平化组织、网络设计、虚拟组织、最佳实践文化、兼并与收购的文化冲突）

第 4 章 “组织情境：报酬系统”（这一独特的章节讨论金钱报酬、薪酬有效性、新的薪酬方法、表彰系统、福利）。

第二编分析社会认知框架下微观取向的认知过程，并增加了一个独特的章节：

第 5 章“人格与态度”（特别分析了遗传和大脑的作用，并且介绍了“大五”人格特质，梅耶—布里基斯人格特质指数和组织公民行为）；

第 6 章“动机需要与过程”（主要部分包括内源性动机和外源性动机、程序公正、归因理论、跨文化动机）；

第 7 章不仅是该书，而且是所有组织行为学教材最有特点的一个章节，“积极组织行为学”，除了关注独特的 POB 心理状态如自我效能、乐观性、希望、心理资本，也有关于情绪、多元智力和一般能力的内容。

第三编和第四编关注社会认知模型下组织行为动力学和组织行为的结果。第三编包含如下章节：

第 8 章“压力与冲突”（包括来自高科技、全球化、倦怠、工作—家庭冲突带来的压力）；

第 9 章“权力与政治”（内容有授权、信任、资源依赖、新环境下权力和政治的动力学）；

第 10 章“群体与团队”（内容有群体的间断均衡模型、群体/团队效力、角色模糊/冲突、社会性懈怠、跨职能团队、虚拟团队、团队的文化问题）。

第四编体现了该书的应用价值。这部分内容关注高绩效是如何通过管理实现的，包括如下章节：

第 11 章“通过工作设计和目标设置来管理绩效”（内容有信息技术的影响、员工离职和留职问题、高绩效工作实践、目标设置的应用、心理契约的影响、工作中的人力资本观点）；

第 12 章“行为绩效管理”（内容有社会认知作用、对强化理论的批评、薪酬、社会认可、行为绩效管理或组织行为矫正最新的研究结果）。

第 13 章“有效的领导过程”（内容有领导的特质理论，最新由内布拉斯加大学的盖洛普领导力研究所提出的“真实领导力”、跨文化的领导、GLOBE 项目和国际化领导力研究的未来）。

第 14 章“卓越的领导者：风格、行为和技能”（主要有新环境中的领导、领导技能、领导力发展、幽默/风趣式领导的作用、转型国家中领导的负面问题、领导胜任力、领导智慧的特殊源泉等）。

教学特点。除了上面讨论的许多特点外，本书多年来在教学方面也有着独到之处。为了反映和强调该教材的应用取向，每一章的特色专栏都有与该章内容相关的最新应用实例。该版中每章都有来自《商业周刊》（*Business Week*）的文章中的应用实例。除了这些实例专栏，本书的另一教学特点是每一编结尾都有体验性练习，能使读者参与到解决模拟的问题中或亲自体验组织行为学中的问题。同样，每章结尾的“互联网练习”可以使学生对互联网上相关的信息进行讨论与评价。

除了惯有的在每章末的组织行为学讨论案例，在每章结尾还有“真实案例”部分。这些案例节选自最近发生的真实事件，目的是提升教材中理论和研究结果的相关性和应用性。这些章末的真实案例同时可以作为实例和讨论的工具。我建议学生即使没有直接在课堂上讨论，也应该阅读这些内容，这样它们既可以作为补充材料，又可以作为讨论案例。

该版在每章开头同样包含了学习目标，可以帮助学生更好地关注和准备每个章节的内容。最后，每章还有章末的小结和讨论与复习题。

适宜的阅读对象。除了这 4 个特点和相当大规模的更新以外，本书的宗旨和目标读者群并未改变。和早期版本一样，新版的目标读者是那些希望尽可能跟进以研究为基础的组织行为学和管理学的方法的读者。该书并不要求读者有管理学或行为科学的背景。本书也可以作为 4 年制或 2 年制大学的首选或惟一的课程教材。本书主要针对本科生阶段或 MBA 阶段的组织行为学课程。我要感谢在其他国家使用旧版教材的同事们。需要指出的是，本书一贯的国际化视角和内容能使新版更可用、更有吸引力。最后，本书也能对那些希望理解和高效管理他们最重要的资本——他们的人力资源——的实践管理者有所裨益。

简要目录

详细目录

第一编

外部环境和组织情境

最佳实践咨询

每篇开头的“最佳实践咨询”是本教材的一个主要成分。享誉世界的盖洛普公司为本书的每一篇都提供了整体的观点和代表性的实例。依据其在本世纪四分之三的时间中的成功实践，盖洛普在人类态度、观念与行为方面的测量及分析上已成为公认的全球领导者。盖洛普雇佣了许多在管理、经济、心理学和社会学中世界一流的科学家。盖洛普的绩效管理系统通过测量工具、管理策略以及咨询服务，帮助组织实现生产效率最大化并增加消费者的参与。盖洛普的 2000 个专家通过网络、客户组织、大学校园以及全球的 40 多个办公室来提供自己的服务。盖洛普的分支机构遍布 20 个国家，这些国家的 GNP 总和占全世界的 75%。盖洛普的客户包括丰田、花旗集团、沃尔玛、沃尔沃等世界顶级公司。

盖洛普咨询实务的细节和深度可参考畅销书《首先，打破一切常规》（*First, Break All the Rules*）（Simon & Schuster, 1999）——其作者是盖洛普的业务领袖人物马库斯·白金汉和科尔特·考夫曼，《现在，发现你的优势》（*Now, Discovery Your Strengths*）（The Free Press, 2001）——其作者是白金汉和唐纳德·克利夫顿（这两本书均已翻译为中文出版——译者注），以及《成功之路》（*Follow This Path*）——其作者是考夫曼和加百利·冈萨雷斯·蒙利纳。本教材中各个部分开篇的“盖洛普观察”，都是盖洛普大学执行主席蒂姆·霍奇撰写的，前任盖洛普高级分析师丹尼斯·哈特菲尔德博士和本书作者鲁森斯（既是内布拉斯加大学的教授，也是盖洛普的高级研究员）给予了部分建议。下面将对盖洛普的研究进行总体的介绍，至于其他的开篇案例，将与相应部分的主题直接相关。

盖洛普研究简介：“盖洛普路径”

根据众多智囊团的分析，当今的全球竞争促使公司管理者提出了一个共同的棘手问题：人的本质在推动经济结果上起什么样的作用？

正如考夫曼和加百利·冈萨雷斯·蒙利纳所写的《成功之路》一书中描述的，盖洛普收集整理了来自客户和员工的前所未有的经济信息和数据，以此提出“盖洛普路径”（Gallup Path）管理理论，用以回答人的本质在推动经济结果上的作用。

盖洛普路径是盖洛普首要的管理咨询模型，其核心是，每个组织中所有层次的员工都能对企业销售、利润以及最终的股票价格做出自己的贡献。作为管理的重要理论，盖洛普路径能追踪管理者与员工、员工与客户以及客户与真正利润结果的联系。

盖洛普路径有如下几个步骤：（1）识别个体的优势；（2）赋予他们"恰当"的角色；（3）安置优秀的经理；（4）敬业的同事；（5）忠实的客户；（6）持续的成长；（7）真正的利润增长；（8）股票价值增加。

正如“盖洛普调查”反映民众的意愿一样，“盖洛普路径”通过“盖洛普的HumanSigma”报告客户与员工的意愿。

盖洛普的“卓越工作场所”

盖洛普的一个核心实践是对员工参与度的测量与开发，在此基础上产生了"卓越工作场所"。正如白金汉和考夫曼在《首先，打破一切常规》中所描述的，盖洛普的咨询师使用Q12（即12个问题）进行测量，以确定在多大程度上个体被恰当地安置和恰当地管理，从而创造出一个“卓越工作场所”。Q12的这些问题是：（1）我是否知道对我工作的期望是什么？（2）我是否拥有完成工作所需要的材料和设备？（3）在工作中我是否每天都有机会做我最擅长的事？（4）在过去7天里，我是否因良好的工作得到赏识或表扬？（5）我的上级或工作中的其他人看上去是否在意我这个人？（6）工作中是否有人鼓励我的进步？（7）在工作中，我的观点是否受到重视？（8）我所在公司的使命或目标是否使我感到自己的工作很重要？（9）我的同事是否都在努力实现高质量的工作？（10）我在工作中是否有一个好的朋友？（11）在过去的6个月中，我是否向什么人谈论过我的成就？（12）在工作中，我是否有机会学习和成长？（Buckingham & Coffman, 1999, p.28.）

最近一期的*Journal of Applied Psychology*发表了一篇包括36个公司、7 939个业务部门的元分析。该元分析检验了员工参与度和客户满意度、利润、生产率、离职、安全这些指标之间的关系（Hart，Schmidt，& Hayes，2002），研究发现了员工参与度与其绩效之间的密切联系。其他相关的研究（如Schmidt & Rade，Personnel Psychology，1999）同样表明，才干的有效匹配以及管理，与绩效评级、销售量、生产记录、缺勤率都有相关。

盖洛普以优势为基础的发展方法

二战后的几十年，心理学几乎全部关注那些出问题的人。与这种负性潮流相反，盖洛普的科学家用 30 多年的研究来分析什么是人的优点。基于对两百万个体的深入研究，盖洛普创造了优势识别器（Strength Finder），这是盖洛普的一个以网络为基础的人才测评工具，是心理学对个人优点的首次分类。2003 年，盖洛普前任执行主席和首席科学家唐纳德·克利夫顿博士因其在开发优势识别器上的卓越领导和他提出的改变整个心理学领域的创新思维，被美国心理学会称为"优势心理学之父"和"积极心理学之祖"。

优势识别器是所有盖洛普优势开发项目中自我发现的起点。个人完成测评后，程序会给出个人最重要的五个方面——盖洛普称之为优势主题（Signature Themes）——的一系列发展性建议。在过去的 7 年间，优势识别器被超过 200 万来自各行各业的人士用于自我开发，包括管理者、销售人员、教师、学生、领导、军人、护士。优势识别器现在已经有 12 种语言的版本。特定角色的优势发展信息可以在盖洛普的下列图书中找到（每本书都包含惟一的个人帐号以便能使用优势识别器）：《现在，发现你的优势》（*Now, Discovery Your Strengths*）（The Free Press, 2001）、《探索优势》（*Strengths Quest*）（Clifton & Anderson, 2002）、《发现你的销售优势》（*Discover Your Sales Strengths*）（Simth & Rutigliano, 2003），以及《发挥你的优势》（*Living Your Strengths*）（Winseman, Clifton, & Liesveld, 2003）。

客户成功实例：盖洛普最佳应用实践

盖洛普咨询工作的一个重要特点是测量客户参与的价值，也叫经济影响分析。下列成功的实例反映了盖洛普最佳实践的影响：

1. 一个全国范围内的服装零售商在 20 世纪 90 年代末经历了经济效益滑坡。因此它让盖洛普设计了一个整合性绩效管理系统，以便帮助每个商店的管理者使其员工和顾客的参与程度达到最大化。这个项目包含大量的提高员工和顾客参与度的措施，也包含一些深入分析、执行力咨询和管理训练。盖洛普的经济影响分析揭示出员工和顾客参与度影响了每个商店的收入。实际上，分析结果发现，员工和顾客参与度水平高的部门与员工和顾客参与度水平低的部门相比，多出了将近 1.148 亿美元的销售收入、4 760 万元的毛利以及 3 470 万美元的营业利润。
2. 盖洛普在医疗卫生领域上的大量工作也为其客户带来了价值。例如，盖洛普与某大型营利性医院的客户关系 15 年来就一直在创造价值。自从实施了用来提高员工参与度的一个系统性的项目以来，整个医院中的 26 000 个员工在其工作中从"不参与"或"不积极参与"变成了"积极参与"和"情感投入"。根据客户的估计，这些措施节省了员工离职可能带来的 4 600 万美元的损失。此外，最近三年，员工参与度水平直接反映了客户股票价格的稳定上涨，从 22 美元到 45 美元。成功的客户伙伴关系也加强了员工参与度和医疗事故索赔减少、每笔入院收入和患者的忠诚度提高以及护士离职率降低之间的关系，这一关系就能产生数百万美元的收益。

3. 北美最大的几个银行中的一家与盖洛普结成了伙伴关系，该银行要求盖洛普提高其三个呼叫中心的销售业绩。盖洛普的咨询师研究了呼叫中心的组织结构和业务策略，研究了其工作绩效标准，研究了每个工作分工中的最佳绩效表现，确定了有助于工作成功的关键能力。盖洛普为这些呼叫中心开发和实施了针对客服代表和销售代表的招聘系统。通过盖洛普系统招聘的员工获得了更高的销售成功率；招聘中得分高的员工与得分低的员工相比，在个人总收入、销售额、处理呼叫的时间以及贷款准确度等方面的表现都更加优秀。

更多的成功实例以及来自盖洛普的更多实用性管理观点都可以在每月网上通讯、盖洛普管理杂志上找到。（http：//www.gallupjournal.com）

第 1 章

组织行为学导言

学习目标

- **提供** 有关管理目前和将来所要面临的主要挑战与范式转变的总体看法。
- **描述** 当今管理所需要的组织行为学观点。
- **总结** 作为现代组织行为学开端的霍桑研究。
- **解释** 用于积累知识和促进对组织行为理解的方法论。
- **联系** 为组织行为学模型奠定基础的各种理论架构。
- **阐述** 组织行为学的社会认知模型，作为本教科书的概念架构。

所有关于新千年面临哪些挑战的思考和言论都已来而复去。而今，尝试有效地管理21世纪的组织已成为严峻的现实。今天询问任何一个人——管理学教授、经营管理者、学生——在这个新环境里主要的挑战是什么，答案会非常一致：经济的不确定性和地缘政治的动荡引起了所有人的关切和担忧。然而，在组织层面上，先进的信息技术、全球化、多样性和尝试解决道德问题与困境仍然是最先需要考虑的问题。毫无疑问，这些是今天的组织管理所面对的重大问题，也将在本教材中给予高度关注。然而，大到组织行为学领域，小到本教科书的基本前提和假设，都是在于管理人——组织中的人力资源。这一点曾经是，现在是，将来仍然是一个重大的挑战和关键的竞争优势。

信息技术、全球化、多样性和道德规范都是组织行为在外部或情境维度上的重要内容。然而，山姆·沃尔顿，沃尔玛的创始人，也是在他去世时世界上最富有的人，在几年前与作者共进午餐，当被问及怎样才能使组织成功时，他声称："人是关键所在！"技术可以购买和复制，它在游戏场上是公平的。而在另一面，人却是不能被复制的。虽然人的躯体在未来可以被克隆，但他们的思想、人格、动机以及组织文化价值是不能复制的。一个组织的人力资源以及他们是如何被管理的，体现着今天以及明天的组织的竞争优势[1]，而且越来越广泛地被视作"人力资本"[2]（你所知道的——教育、经验、技能）。更进一步，最近他们又被视作"社会资本"[3]（你所认识的——网络、关系、朋友）和"积极心理资本"[4]（你是什么样的人——信心、希望、乐观、韧性，以及你能成为什么样的人——一个人可能的、真实的自我)。正如技术之圣比尔·盖茨所敏锐地观察到的:“产品,乃我的公司的价值,每晚都源源不断地产生出来”。

有趣的是,虽然技术剧烈地变化,有时每个月甚至每个星期都在变,但企业的人力资源方面没有也不会变化如此之快。正如一位著名的跨国管理研究者基尔特·霍夫斯台德(Geert Hofstede)最近所提到的,“由于管理总是关于人的,它的实质是应对人的本性。由于人的本性似乎是极其稳定的,管理的实质也就是且仍将是同样具有跨时间的稳定性。”[5] 工作的本性以及工作场所本身[6],传统的雇佣合同[7],以及劳动力的组成[8]等都有巨大的变化,并在本教科书中给予了关注。当然,35 年前本书第 1 版的执着目的,即尝试更好地理解和有效地管理组织中的人类行为,现在仍然是第 11 版的目标所在。

作为导言的这一章要给出这一领域的观点、背景、方法和途径。在扼要地讨论当今管理所面对的外部环境挑战和方式的变化后,还要论及历史背景。著名的霍桑研究将得到特别关注,它们普遍被认为是系统研究和认识组织心理学的开端。接下来,要对组织行为的科学研究所使用的方法论做一个概述。本章的结尾精确地界定了组织行为学所涉及的内容,并为本书的其他部分提供了概念模型。

管理所面临的挑战

组织行为学作为学术研究大概有近半个世纪的历史了。然而,正如后面实践中的组织行为学专栏“有些事情从来都不会真的改变”一文所明确指出的,人类组织的管理者所面对的问题自有文明以来就一直存在。下面的例子,只是有个别文字的变动,来自旧约(不是新约)圣经(《出埃及记》,18:13~27),犹太教、基督教、伊斯兰教都有记载。事情发生在大约 3 000 年前,摩西是位有魅力的领袖(他带领他的民众出埃及到巴勒斯坦),著名的顾问是叶忒罗,摩西的岳父,更高的权威则是上帝。故事涉及到本教科书所涵盖的许多主题——例如,魅力型领导、冲突管理、授权、变革的管理以及非金钱激励。

虽然人类组织的问题及其解决方法多少年来都没有多大的改变,但管理的重点以及组织所处的外部环境则有所不同。例如,在 20 世纪 80~90 年代,管理者们着迷于组织重构,以提高生产率并适应国际市场上的竞争挑战和满足客户的质量期望。虽然作为其结果的“瘦身精简”的组织提供了短期的收益,例如降低了成本,提高了生产率,但如果继续按通常的方式做生意,他们恐怕无法再适应现今或未来的挑战。[9] 正如某期《哈佛商业评论》中的文章讨论的,“这是令人恐慌的时期”。[10] 造成这种恐慌的惟一原因是——日益增加的跨越式变化的危险。[11]

例如,在最新畅销的《世界是平的》一书中,作者汤姆·弗里德曼从多个角度提出了影响 21 世纪的强大变革力量:地缘政治学(例如,柏林墙的倒塌)、技术(例如,基于互联网的平台和工作流软件)以及商业流程(例如,开放资源、外包和内包)[12]。内包的一个实例是 UPS 接管了一家公司,从工厂到仓库,到用户,到维修,甚至到用户收费的所有后勤流程。这种新的“平的”世界不仅使全世界的公司站在同一个平台上,也使得合作中的个人和群体拥有更强的竞争优势。

有些事情从来都不会真的改变

一位强势的、有魅力的领导正遇到一些问题。于是他向一位知名的顾问寻求帮助。这位顾问注意到，这位领导总是力图亲自处理他的员工所面临的所有的问题和冲突。人们在他的办公室门口排起长队，因为他力有不逮，而不能解决所有的事情。于是，这个顾问便跟这位领导私下交流，并教他重新建构他的组织，下放权力，授权下属去应对工作。这些下属的挑选不仅应该根据他们的领导能力，还应该根据他们的特质：他们应该是真诚的，不被物质利益所驱动。这个新的结构最起码应该能解决所有的日常问题，只有大的和复杂的问题才能放到领导的面前。他关注的应该是战略——应对更高的领导，建立新的方法并将其教给他的下属，向他们展示方法和如何完成工作。故事的结局是，这位领导听取了顾问建议并实施了变革，重组获得成功后顾问也卸任回家了。

21 世纪的环境要求新的管理思维和新的管理方法。另一个例子是，严格界定和程序化的工作行将消失。有一种倾向可能会认为，这将发生在诸如亚马逊一类的网络公司或者诸如微软一类的高利润公司中，但不会发生在一家老牌的、早已定型的组织里，例如设立在堪萨斯州威奇托市，拥有化工、农业、金融服务、石油和煤气等业务的科氏工业集团这样的公司。然而，科氏人力资源部的负责人也说，他们也不再使用一个包括工作分类、薪资级别、升职图表和职位描述的陈旧复杂体系。为何亚马逊、微软和科氏都不再使用定义好的工作了呢？因为工作的性质改变得如此迅速，以致于严格定义的工作结构会阻碍目前工作的完成，而工作的性质在接下来的一年、一个月甚至一个星期内都可能产成巨大的变化。[13]

这种新的“扁平”世界、“无职位”环境，体现了发生在当下和可预见的未来的跨越式的、不连续的变化。它反映了一种新的范式，一种关于工作场所的新的思维方式。

经历一个范式的转变

范式“paradigm”这个术语来自希腊文 paradeigma，它被翻译为“模式、形式或样板”。最早由科学哲学史学家托马斯·库恩引入[14]，现在被用于表示一种宽泛的模式，一种架构系统，一种思维方式，或是一种认识现实的图式。[15]用很受大众欢迎的未来学家乔尔·巴克尔的话来说，一个范式其实就是建立一套规则（文字或非文字的），定义边界，告诉人们如何在规定的界限内行事，以便获得成功。[16]下章将要详细研究的国际化、信息技术、多元化、道德规范的影响，以及最近被描述为十分特殊的劳动力，即“由传统方式训练的婴儿潮一代、X 一代敢于反抗的新人类、来自不发达地区缺少文化技能的员工以及计算机上培养出来的技术员工等共同构成的混合体”，[17]所有这些都造成了范式的转变。例如，詹姆斯·布赖恩·奎恩（James Brian Quinn）提出了一种新的“智力企业”的范式。他认为，“企业的组织和有效的策略将会更依赖智力资源的开发和配置，而不是物质资产的管理。”[18]这些人力和智力资源已经转入到这一新范式中了，正如专栏实践中的组织行为学：

让他们的大脑执行多元任务

看看这些描述是不是在说你：当大部分美国人在收看乔恩–斯图尔特、莱特曼或者雷诺的时候，你却跌跌撞撞地走出办公室门口，钻进公司停车场的林肯或者宝马车里。一旦回了家，你从冰箱的门上开出一瓶啤酒或者最后一瓶白酒，把残余的液体倒进你的嘴里，倒在床上已熟睡的配偶身边。几小时之后，你爬起来沐浴，套上干净的衬衫，吞咽几口咖啡，送一个或两个孩子上学，然后跳回疯狂的、单调的却又无法停止的工作中去。

好消息是，如果你真的受到时间的挑战，那你并不是一个人。相比 1980 年的 22%，现在有 31%以上具有高学历的男性员工经常每周工作 50 多个小时。相比 2001 年的 34%，大约 40%的美国成年人在工作日每天的睡眠少于 7 个小时。大约 60%进餐是匆促的，34%的午饭是在急急忙忙中完成的。为了避免浪费时间，我们在赶去上班的途中打电话，在电话会议中回邮件，在凌晨 4 点醒来打电话到欧洲……总之会让我们的大脑同时处理多个任务。

这种长时间工作就像流行病——无论是身体上的还是心理上的——都挑战了历史先例和常识。在过去的 25 年里，信息革命使产出提高了 70%。因此你会认为，既然我们在更少的时间里生产着更多的产品，那么这些收获应该转化成工作时间的减少——就像过去那样。但是，技术并没有成为时间的节省者。正如南加州大学的教授沃伦·本尼斯，经典管理学著作《成为一个领导》的作者所说，“我认识的每一个人都工作得更辛苦，工作时间更久。”

而这种长期的马拉松并不是苛刻的公司对无能力者的要求。大多数头昏眼花者都是学历和收入最高的人——这些大学毕业生的实际工资比 20 世纪 80 年代涨了 30%。根据加州大学圣塔巴巴拉分校的 Peter Kuhn 和波莫纳学院的 Fernando A. Lozano 最新的研究，相比 25 年前他们拿最低的工资并可能一周工作 50 多个小时而言，这是一个巨大的改变。

众多管理者和专家的超负荷工作，使管理学家们一致认为超负荷工作是组织管理严重失调的一个症状。而问题的实质是这样的：当今经济的成功要求闪电般的反馈和全球沟通合作的能力。伴随着创新的观点、产品和服务的到来，不同部门和不同公司的人要在一起工作。“越来越多的价值通过网络创造出来，长于此道者是赢家。”约翰·海尔弗里奇如是说。他是美国 Marsterfoods 公司的总经理和前任研发部的领导，此公司是制造 M&M 等产品的玛氏公司的一个分部。

不幸的是，沟通、协调、团队这些赖以成功的关键，虽然被企业反复强调，但企业结构的相当一部分却还十分陈旧！如果缺乏严格的控制（秘书把关），张三、李四或者王五都可以轻易地将他们自己塞入你的电子日历中。你和其他部门的同事可能有一个关于新产品的很好的想法，但是，这需要花费几个月的时间去赢得你的老板、他的老板和他们的老板的支持。又比如，公司的领导命令你去参加一个任务组，这是能提高协作和创新的——但是完成它会耗费你大量的时间。而无论有多少应该被取消的管理层级，却总是有更多的人出现在电子邮件的分层表中。

你并不是在胡思乱想。尽管对公司的膨胀经过多年的裁减，管理者管辖员工总数比 15 年以前更多了。“在没有完全抛弃旧标准的前提下，我们已经加入了一系列新的标准”，Thomas H. Davenport 说。他是百森商学院信息技术和管理的教授，也是新书《为生存而思考》的作者。

这有助于解释为什么时间压力看上去越来越严重了。全球化和互联网创造了伟大的新机遇，但是它们也带来了剧烈的竞争和更多的工作——特别是在现存的公司结构依然稳定存在的情况下。“没有人愿意放弃他们的领土或控制权”，前哈佛大学商学院教授 Shoshana Zuboff 说道。麦肯锡的主管 Lowell Bryan 也说：“专业人员依然像在工厂那样被管束着，在这里组织设计把每个人的才干都封存起来了。在运行得不太好的公司里，你被人们受挫的情景所震惊。他们像狗一样工作并浪费时间。”

争取更多的时间。大公司 25%的经理主管人员认为他们的交流——语音邮件、电子邮件和会议——几乎或者完全是不能掌控的，这是麦肯锡在全世界 7 800 个经理中所做的最新调查。大约 40%的人每周有半天到一整天的时间花费在没有价值的交流上。其他调查也反映了类似的结果，“我们让我们的员工脚上绑着沙袋去竞争”，Zuboff 说道。

《让他们的大脑执行多元任务》所指出的：这种转变以一种破坏性的强度和节奏进行。换句话说，对于今天和未来的组织和管理来说，出现了新的规则，有着不同的边界，要求在此边界范围内有新的和不同的行为才能使组织和管理取得成功。范式转换使得一些公司的优势消失（例如，柯达、联合航空、西尔斯、罗布克等遇到了众所周知的问题），而为另一些公司创造了机会（例如，谷歌、Jet-Blue、好事多）。[19]

以基础科学为例来形容范式的变化，它就好比由决定论的、机械的笛卡尔—牛顿主义，转变为爱因斯坦的相对论和量子物理学。研究范式变化的学者指出："真正的对立产生了，通常涉及整个学科体系在极大的不确定性条件下的实质性重构"。[20]通常所说的"范式效应"是这样一种情景，那些在现有范式中的人甚至看不到正在发生的变化，更不用说针对变化做出逻辑推理和因果解释。这种效应有助于解释为什么变革会存在相当大的阻力，为什么从旧的管理范式向新的范式转变如此困难。向新的范式的转变是非连续性的变化，正如一位观察家在谈到新范式型组织时所说的：

> 而今所需要的至深变革之旅，绝非一次普通的航行，它要求人们有所作为，设计一条通过危险海域的航道。所涉及的内容就等同于量子的跃迁，不仅要学习，还涉及如何学习；不仅只是在作为上有所不同，而且要质询我们是否应该去做那些我们现在深信不移的事情；不只是把更多的信息搜集在一起，而且要质询我们如何才能了解哪些是我们（所思）所了解的。[21]

这本组织行为学教科书的目的正是为了帮助今天和未来的管理者完成向新范式的转变。这一新范式的某些特征包括第 2 章中的信息技术、全球化、多元化和道德问题，第 3 章有关组织设计和组织文化的内容，以及第 4 章中的报酬系统。新范式也确定了相应的进程，以学习、理解和应用经过时间检验的微观认知过程（第 5~7 章）、动力学（第 8~10 章），以及最后一部分关于高绩效的管理和领导（第 11~14 章）。然而，在直接进入本书其他内容之前，我们必须知道管理中为什么需要新观点来应对环境挑战和向新范式的转变。我们必须对有关的历史背景、方法、理论架构有所鉴识，它们是本教科书关于组织行为学的观点和模型的基础。

管理的新观点

管理如何才能应对上述的环境挑战和范式变化？[22]通常管理被认为有三个重要的维度——技术的、概念的、人力的。技术维度包括管理者在会计、工程或营销以及日益增长的信息技术方面的职能性专长。似乎无须怀疑今天的管理者在其职能性专长方面的能力，虽然管理者们毫无疑问地意识到并且日益专长于他们的职能性/技术性要素，但至少在过去，绝大多数从业的管理者要么忽视他们工作中概念的和人性的维度，要么持有一些显然是过于简单化的假设。

下面的假定被管理的先驱学者道格拉斯·麦格雷戈在多年前标定为 X 理论。绝大多数管理者认为，而且今天仍有许多人认为，他们的员工本质上是懒惰的，他们只对金钱感兴趣，如果你能使他们快乐，他们就会成为高绩效的员工。当这种X假定被接受时，管理所面对的人性的问题就相对很清晰且易于解决。管理所要做的不过是设计金钱诱惑计划、提供安全保障，以及提供良好的工作环境；做到这些后士气就会提高，生产力就会最大化。这就像一、二、三那么简单。人际关系专家、工业心理学家、工业/组织工程师们支持这种假设，人力资源经理贯彻这一假设。

不幸的是，这一观点在现今的环境和新的范式下不再起作用了。虽然还没有什么伤害，而且在组织发展的早期阶段确实也带来一些好处，但现在很明显的是，这样一种简单化的观点已远远不能为应对复杂的挑战提供有意义的解决方法。例如，最近一期的《经济学家》杂志上一篇关于麦格雷戈的X和Y理论的文章提到，"公司正在意识到，被看成是未来财富创造者的智能型员工的智慧在Y理论下茁壮成长，X理论已经过时了。"[23]

这一传统观点的主要缺陷在于，它忽视或过于简化了问题的很多方面。工作中的人类行为远比经济—安全—工作—待遇的观点所考虑到的要复杂和丰富得多。新的观点认为，人类的行为是极其复杂的，在运用新方法有效管理员工之前，有必要通过大量实证研究获得新的理论认识。这一转型现在已经完成。传统的人性关系的观点在管理的行为学方法中不再扮演主导的角色。几乎没有人怀疑，组织行为学的方法凭借其对知识体系和应用的结合，主导了今天管理的行为学方法，且在未来将继续扮演主导作用。不幸的是，迄今仍然只有少数管理者及少数组织文化真正接纳并全面实施它，只有少数组织能够在管理中运用组织行为学获得高绩效的管理实践。

斯坦福大学教授杰夫·费伏尔（Jeff Pfeffer）最近把现实世界管理中组织行为学方法的地位总结为一种"八分之一"[24]的状况和"知—行差距"。[25]所谓"八分之一"，是指今天的管理者大约有一半真正相信并接纳组织中人性的重要性，认为人是他们组织的真正竞争优势。然而，在这些管理者中大约只有一半真正采取行动加以实践。这样，只有大约四分之一的管理者全面实施了高绩效工作实务（high performance work practices， HPWPs），它们源于组织行为学理论与研究——例如，绩效薪酬、自我管理团队、360度（多相来源）反馈系统以及行为管理。绝大多数组织曾尝试一种或几种在本教科书第4部分各章所阐述的HPWPs方法，但只有大约四分之一全面实施了系统的方法。所以，我们现在算出了四分之一。那么"八分之一"由何而来？费伏尔估计，那四分之一实施这一方法的管理者中，大约只有一半能做到持之以恒。这样，大约只有八分之一（1/2×1/2×1/2=1/8）的组织信奉它、实践它、执着于它（此所谓"三它"，3Its）。这些"八分之一组织"把人力资本和技术置于恰当的位置，并将此看作自己的组织文化价值并履践不懈。重要的是，正如费伏尔在他的著作《人力方程》（Human Equation）中精辟阐述的，这八分之一组织是世界级的，是世界上最好的——例如，通用电气、西南航空公司、盖洛普、SAS（一个软件开发公司）、AES（一个全球性的能源设备开发商和运营商）。

今天，已经有大量研究发现并有优秀企业的文字报道证明人力因素的价值。费伏尔和萨顿感到有必要解释为什么今天绝大多数管理者知道这一重要性，知道如何运用这一方法改善组织绩效，但却仍然没有身体力行（此所谓知—行差距）。他们鉴别出妨碍了绝大多数管理者有效地实践和持之以恒的因素：（1）空谈；（2）心虚和恐惧；（3）破坏性的内部竞争；（4）设计糟糕而又复杂的测评体系；（5）盲目信赖先例。他们相信，如果这些障碍（即变革的阻力）能得以克服，那么，“竞争优势来自于能做他人不做之事。当绝大多数企业沉醉于奢谈应该做什么时，那些真正开始思考并实际付诸实施的企业将成为业绩明星。”[26]本教科书的目的是要展示并解释我们对组织行为学的了解以及如何应用这一知识，希望能够帮助读者弥合知识与行动之间的差距。任何一个这样的旅程，其起点必应是历史和研究方法。

历史背景：霍桑研究

现今绝大多数组织行为学的教科书都略去对历史的参考。但本书的立足点在于：历史永远是要学习的重要课程，而且正如最近再次被提到的，“这是一个有趣的现象，那些被吹捧为所谓的‘新管理实践’，基本上是现存的‘古老管理真理’的重新翻版”。[27]毫无疑问，早期的管理先驱，例如亨利·法约尔、亨利·福特、阿尔弗雷德·斯隆，乃至 19 世纪末叶的科学管理者，例如弗雷德里克·泰勒，都认识到了管理中行为的一面。然而，他们并没有重视人力因素。若和层级结构、分工化、管理的计划与控制职能相比，他们只是让人力因素扮演了一个小角色。一个实例恐怕要算著名的诺贝尔奖获得者，法国工程师，而后成为管理者的亨利·法约尔。

在第一次世界大战时，法约尔执掌当时欧洲最大的煤矿。他写下了被公认为关于管理的第一部著作，其中强调，组织的目的是要使工作以分工化的、类似机器的方式得以完成。他并没有强调组织是由人组成的，而不是一架机器。然而，也许是现代最有影响的管理专家彼得·德鲁克曾经指出，“组织首先是社会的。它是人的集合”。[28]组织作为一个人群社会实体，有各种各样复杂的原因，但正是著名的霍桑研究，为“组织是由人构成的社会性组织”这个命题提供了历史根源，同时它也是公认的组织行为学的开端和标志。

照明研究：一个偶然的发现

这一系列研究开始于 1924 年，在芝加哥郊外西屋电气公司庞大的霍桑工厂。最初的照明研究试图检验劳动现场车间的光强度与员工生产率之间的关系，安排了一个实验组和一个控制组。实验组在开始阶段没有显示出任何与照明的增加或减少成比例的产量上的增加或减少。控制组没有任何照明变化，却和实验组有同样程度的产量增加。随后的阶段里光照度减弱到月光的强度；工人们很难能看到他们在做什么，但产量却增加了。这样的结果使研究者们十分困惑。显然，实验中的某些变量没有被控制好，或者说是失控了。照明强度水平以外的某些原因导致了生产率的变化。当然，这里所谓的某些原因正是复杂的人性因素。

幸运的是，照明实验的结果并没有被扔进废纸篓。那些负责霍桑研究的人有足够的远见和科学探索精神接受挑战，去探询实验显见的失败表面底下的本质。在某种程度上，照明实验的结果是偶然的发现，是研究的意外发现。偶然性的经典事例要算盘尼西林的问世，它产生于亚历山大·弗莱明爵士意外发现试管边的绿色的霉。绿色的霉没有被冲进排水沟，照明实验的结果也没有被扔进废纸篓，都可归功于研究者们没有被他们实验中不寻常或看似无价值的结果所蒙蔽。照明实验的偶然发现为在工作场所进一步研究人类行为提供了动力。

霍桑研究的后续阶段

照明研究之后，又在继电器室进行研究，装配工人在这里组装继电器开关。这一阶段的研究尝试测试一些具体的变量，如工作日长度、休息时间、薪酬支付方式等。其结果基本上和照明研究一样：每一个测试阶段都比前一个阶段产量更高。甚至当工人被安排回到实验最初的条件时，产量仍继续上升。结论是，并不是那些自变量（如工间休息等）导致了因变量（产量）的变化。正如照明实验一样，某些因素并没有被控制，而它们才是导致因变量（产量）发生变化的真正原因。

还有一个阶段是绕线室研究。正如前面的继电器室研究一样，（在接线柱上）绕线的工人被安置在独立的实验室。研究人员本不愿意这样分离出绕线实验组，因为他们认识到，这样可能会改变他们尝试要模拟的真实的工厂环境。然而，出于实际操作的原因，研究小组决定使用一个独立的测试室。和继电器实验不同的是，绕线的室内研究一旦开始后，并不涉及任何实验性变化。取而代之的是，一位观察员和一位访谈员收集研究的客观数据。有意思的是，在绕线的车间里安排了一位车间的常规性主管。正如工厂里的其他车间一样，主管的主要作用是维持秩序和控制。

绕线实验的结果基本上和继电器实验相反。在绕线车间里并没有像继电器车间那样出现持续的产量上升。相反，产量实际上由绕线的工人严格地限定着。依据科学管理分析——例如时间动作分析——工程师认为员工每天能完成 7 312 个绕线任务，这差不多能够完成 2.5 套设备。工人们却有不同的任务定义。他们决定一天的“适宜”工作量是 2 套设备。这样，2.5 套代表了管理层的产量标准，而 2 套设备则是非正式群体的标准和实际产量。研究人员认为，实际上是，非正式群体完成 2 套设备的规范限定了产量，而不是工人的能力达不到公司规定的 2.5 套设备的产量标准。

群体动力学对“社会压力”特别感兴趣，它的作用在于使成员服从群体规范。激励系统表明：一个工人产量越高，能挣的钱就越多。而且，最好的工人总是最后被解雇，这样他们就会生产更多，并以此获得安全感。然而，面对这一管理原理，几乎所有的工人都限制自己的产量。社会排斥、嘲笑、诅咒等是群体用以强行施加这种限制的主要惩罚。在有些情况下，群体甚至会使用一种叫作“兵营”游戏的躯体惩罚。在这一游戏中，工人可能会受到相当严厉的痛打。迫使超额完成任务的工人做这种游戏，成为相当有效的惩罚。这些群体压力对所有的工人具有极大的作用。靠社会排斥促使其成员遵从非正式群体规范，比靠金钱和工作保障维系管理规范更为有效。

霍桑研究的启示

尽管以今天的研究标准（这些内容将在后面给予阐述）来看，霍桑研究存在一些明显的哲学的[29]、理论的[30]、方法学的局限，但它的确提供了一些有趣的思考，为更好地理解组织中的人类行为做出了贡献。[31]例如，霍桑研究的一个有趣的方面是在继电器室实验和绕线室实验里得到的矛盾的结果。在继电器室实验里，在整个实验阶段中，产量是持续上升的；继电器室的生产工人是非常乐观的。在绕线室实验里情形则相反。心情不快的工人实行着严格的产量限制。为什么这两个研究阶段会有这样的差异？

回答这一问题的一个线索，恐怕要追溯到曾经给继电器室里的工人实施的问卷调查。这个问卷调查的最初意图是了解工人的健康和习惯。他们的回答几乎是没有什么规律的，惟一例外的是，所有的员工都表示他们在继电器室实验中感觉“更好”。于是另一个追踪性问卷询问有关继电器室实验情境中的一些具体问题。在讨论霍桑研究时，通常并不介绍这些追踪问卷的完整内容。绝大多数的讨论引述了员工对在测试室而不是常规车间里工作的一致性的偏爱。然而，通常被忽视的是工人对他们偏爱实验所做的解释。根据优先顺序，工人们分别给出了下列原因：

1. 小型班组
2. 督导的类型
3. 收入
4. 情境的新奇性
5. 对实验的兴趣
6. 在实验室里所得到的关注[32]

重要的是，请注意，新奇性、兴趣、关注被排在较后的第 4、5、6 位。这后三个方面通常和著名的霍桑效应联系在一起。许多社会科学家暗示，继电器室产量的增加可以惟一地归因于这样的事实：研究的参与者被给予特别的关注，他们喜欢新奇的有趣的经验。这被标定为*霍桑效应*（Hawthorne effect），当然，这也是所有人类实验被试（即被实验或测试者）的真实问题。然而，如果说继电器室实验的所有结果是因为对被试的这样一种效应，恐怕就忽视了小群体、督导类型、收入的重要影响。所有这些变量（即实验设计、群体动力学、领导与管理的方式、薪酬）以及其他诸多变量，区分了旧式的人际关系模式和现代的组织行为方法。用于积累组织行为学知识的研究方法上的革新和改善也同样如此。

研 究 方 法

想要更好地理解和有效运用组织行为学，必须有一个严格的研究方法。探询人类行为方式的真理本身就是一个非常精细而复杂的过程。实际上，问题是如此重大，以至于许多学者，尤其是来自物理和工程科学的学者们，认为行为科学不可能精确。他们认为人是无法像化学或物理元素那样被对待的，人无法被有效地控制或操作。例如，这些批评家声称，在简单可控的条件下，两份氢和一份氧总会生成水，而这在人类行为中没有可类比的情形。无论是在被试方面还是在研究者方面，人性因素变量，诸如动机、学习、知觉、价值观乃至“霍桑效应”，使所欲施加的控制混淆和错乱不堪。出于这些考虑，一般的行为科学家和专门的组织行为学研究者常常处于防御状态，必须非常仔细小心地运用那些公认的科学方法。[33]

总体的科学观点

一般的行为科学家和专门的组织行为学研究者致力于达成下列科学标准：

1. 整体的目的是理解/解释、预测和控制
2. 定义是精确和可操作的
3. 测量是可靠的、有效的
4. 方法是系统的
5. 结果是不断累积的

图 1.1 总结了今天的管理者在实践中所面对的行为问题与悬而未解的困惑、研究方法、现存的知识这三者之间的关系。当一个问题产生或一个疑问提出时，寻找答案的第一来源就是现存的知识体系。也许问题能立即得到解答，或者问题的解决不需要很费周折。不幸的是，并不总是能够在已有的知识中得到答案，必须通过恰当的研究方法进行探索。

虽然行为科学与物理学和化学科学相比，总体来说相对年轻，组织行为学这一领域甚至更为年轻——它的起源其实只不过追溯到 20 世纪 70 年代早期——但

图 1.1
问题、方法、知识之间的简单关系

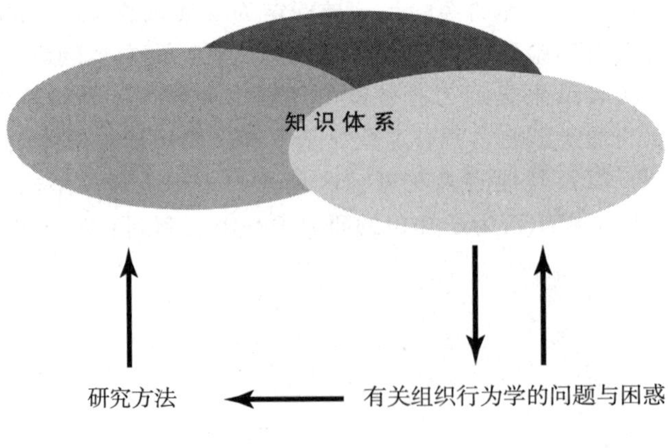

实践中的组织行为学

忘掉跟着感觉走的管理方法

对于一般病人来说，“根据症状开药”作为目前健康保健最热门的“运动”似乎相当荒谬。难道不是所有的用药都基于确凿的症状吗？事实上确实不是。为了做出诊断，许多医师都依靠临床经验，通过培训后获得的智慧传承，有时依靠的甚至是过时的研究。近年来，“根据症状开药”在医院和保险公司之间已获得重视，这一“运动”呼吁更好地将最新的研究纳入日常医疗中。

商业管理实践中也可以采用这种类似的做法，斯坦福大学商学院研究生部组织行为学教授杰弗·费伏尔和管理学及工程学教授罗伯特·萨顿都这样认为。在他们严谨的研究性著作《确凿的事实、危险的片面真理和完全的废话：从实证管理中获益》中，作者担心，管理者对随意性样板的偏好（“通用电气是这样做的吗？那我们也应该这样做”）、过去的经验及主流意识形态，都有可能会严重伤害他们的组织。

在这个直觉占上风的时代，一定程度上多亏马尔科姆·格拉德韦尔和他的畅销书《瞬间，确凿的事实》；他的书中有一个有用的提醒，认为直觉往往是捏造的事实。该书对一些最广泛应用的管理真理和潮流的解构是发人深省的，但是会引起一些管理人员，特别是那些引领主导文化的人的不满。

作者努力驳斥管理者们在评价和奖励人才时采取模仿策略的做法。以美国通用电气公司的杰克·韦尔奇所推广的强迫排序为例，这一过程需要管理者将员工按绩效划为前 20%、中间 70%和后 10%三组，并淘汰绩效最差组。这一策略被当今多达三分之一的公司所采用。但本书作者却认为该方法有诸多缺点。2004 年对 200 多名人力资源经理的调查发现，即使他们中有一半以上的人使用了强迫排序，却认为这种方法导致了生产力下降、怀疑、协作减少并损害士气。对绩效最差的 10%的员工的淘汰甚至是很危险的：作者援引美国国家运输安全委员会的研究，指出从这样做的第一天起，73%的商业航空公司飞行员发生了严重错误。

费伏尔和萨顿也利用一个令人震惊的案例反对目前管理领域中另一个流行的做法，即支付给高绩效者和低绩效者具有天壤之别的奖金。许多研究表明，当员工单独工作时，薪酬挂钩能促成好的结果，但这却不能类推到如今大部分公司的协作和互相联结的团队中。作者列举了 2005 年的一个研究，接受调查的有 67 个上市公司的高级管理小组。那些最好和最差主管的薪水差距更大的公司，财务状况也更差。费伏尔和萨顿批评道，那些在强烈依赖团队的群体中广泛推行工资差异的管理者，忘记了员工会从他们工作所在的社会网络中得到很多满足，而制造这种差异往往会削弱人际信任。

是它现在已积累了足够的知识，能够为组织中的人类行为的有效管理提供组织行为学原理。正如在前言中解释的，本书是惟一一本在组织行为学教科书中提供基于研究的原理的。有趣的是，正是元分析的研究技术提供了对所有现存研究的定量综合和检验，使得本教科书能更为自信地阐述列在每章最后的原理。正如威廉所指出的，元分析“显示出究竟什么会起作用，以及在什么条件下管理技术在‘现实世界’里会更有效或更糟”。*元分析*（meta-analysis）是基于这样一个简单的想法：如果一个研究表明一种管理技术没有效果，而另一个研究表明它有效果，这些结果的平均也许就是这一管理技术效果究竟怎样的最好评估。[34]

虽然本书的作者相信，在组织行为学的某些领域，现在已经有足够的研究可以通过元分析定量化地综合为一些指导性的原则，但还是要认识到，组织行为学中的许多问题和困惑还无法直接通过现存的知识来回答或解决，正如*实践中的组织行为学*：“忘掉跟着感觉走的管理方法”所提到的，它们只是常识而已。因此，研究方法的实用知识对于未来的管理者就尤其重要，因为未来的管理者既是富有知识和批判力的迅速扩展的组织行为学研究成果的使用者，也是富有经验的实践者，有能力应用恰当的研究方法解决工作中的难题。

从理论开始

经常有人（通常是理论家们）说，没有好的理论就没有实践。正如《应用心理学杂志》的主编最近所说的，“理论告诉我们为何会发生，而不仅仅只是发生了什么。”[35]然而，组织行为学的学生们常常被这一领域流行的理论所“困扰”。当然，对所有这些理论来说，原因就在于这个领域仍然是相对较新，所涉及的变量又是非常复杂和多维度的。[36]任何一个理论，包括组织行为学中的理论，其目的都是解释和预测所关注的现象，理论使研究者推导出逻辑命题或假设，它们能通过可接受的设计加以检验。然而，正如唐·汉布里克所指出的，“理论的本质是对现实的简化。当我们发展或检验理论时，我们会不可避免地排除那些可能对被审查的现象有潜在影响的一系列因素。”[37]理论是在研究结果的基础上不断变化的。换句话说，理论和研究是携手共进的。

在呼吁更多更深入的组织行为学理论之后，萨顿和斯道指出，参考文献、数据、变量或结构的列表、图表、假设并不是理论。他们指出：

> 理论是对“为什么”这个问题的回答。理论是关于现象间的联系，是关于行为、事件、结构和思想为什么会发生的学说。理论强调因果关系的本质，鉴别这些事件哪个会首先发生以及它们的时间序列。在我们看来，强有力的理论探究潜在的过程，从而了解某一特定事件发生或不发生的有规律的原因。[38]

这样的理论化并非易事。“理论化使科学家踏上精神之旅，在所观察的诸如掉落的苹果这样的事件，与诸如重力这种想像的世界之间游历。弥合具体的经验和抽象概念之间的差距是一种挑战。”[39]正如休曼特拉·戈沙最近所说的，“我们的理论和思想对管理实践强调得太过分了，而这正是我们所有人都在严厉谴责的。”[40]诚然，也同样存在缺乏经验的验证而使理论变得过于自满的情况。正如费拉罗、费伏尔和萨顿最近指出的，“理论能靠思想在市场上取胜，可以不依靠其经验效度，一定程度上其假设和语言被认为理所当然并有命名性的价值，而这一切创造了使得它们为‘真’的条件。”[41]然而，正如卡尔·威克这位或许是享有最广泛声誉的组织行为学家所说：一个好的理论能做出解释、预测并令人愉悦。[42]

研究设计方案的运用

研究设计是科学方法的重要核心，它可用于回答实践性问题或者检验理论命题或假设。组织行为学研究中三种最经常使用的设计方案是实验法、个案法和调查法。所有这三种方法都在学科知识的发展中扮演重要的作用。实验设计主要是从心理学借用来的，在那里也使用得最多。个案法和调查法则一向在社会学中扮演更重要的角色。所有这三种方法均可被有效地运用于组织行为研究中。

任何一个研究方法的主要目的是建立一种因果关系。实验法为实现这一目标提供了最大可能性。在其他因素相同的情况下，绝大多数组织行为学研究者会首选这一方法来检验假设。简单地说，实验涉及操纵自变量以测量它们对因变量的效果或因变量的变化，而此时其他所有因素都保持恒定或被控制。通常，要构建一个实验组和一个控制组。实验组接受自变量（干预）的作用，控制组则不接受这一作用。假如没有因其他变量而产生的任何变化，且控制组没有发生任何变化，在实验组所测量到的任何因变量的变化可归因于自变量。成功地运用实验法的关键是做好控制。如果所有干预变量保持恒定或相等，研究者可以非常自信地认为是自变量导致了因变量的变化。

研究的效度

任何一种研究方法的价值取决于它的有效性，即是否这一研究真的证实了它想要证实的东西。特别地，一个研究必须同时具有*内部效度*和*外部效度*，以便对学科知识的积累做出有意义的贡献。一个研究除了所报告的解释之外，没有其他的似是而非的可替代的解释的话，它就具有内部效度。对内部效度的威胁包括但不限于：

1. *过往事件*。未加控制的干预事件，它们发生于实验前的测量与实验后的测量之间。
2. *成熟性*。被试自身或被试在研究期间所发生的变化，这与实验处理毫无关系。
3. *检测*。以前的检测对被试现时表现的影响。
4. *仪器*。因仪器或时间变化而导致的对被试表现测量的变化。
5. *回归*。因被试由极端分数转向更为典型化的分数而造成的表现的变化。
6. *抽样选择*。因被试之间的差异而不是实验处理所造成的变化。
7. *因果方向的模糊性*。究竟是 A 导致 B，还是 B 导致 A？这是相关研究所面临的问题。
8. *地点问题*。由于实验组接受干预时所处的独特环境所造成的变化。[43]

实验室研究通常能比现场研究更好地控制这些影响内部效度的麻烦。但是，正如丹尼尔·伊尔根曾指出的，由实验室控制是以普遍性和关联性为代价的，“结果是，许多行为科学家诋毁任何实验室研究，摒弃来自诸如关联性的结果，认为它们可能造成对自然发生的人类行为的理解上的可怕误导。”[44]

然而，一般来说，这些麻烦是可以最小化的，哪怕是在现场环境中。方法有：预测试（这使研究者可以确认实验组和控制组在实验操作开始前达到同样的作业水平）、控制组（它们与实验组形成比照——除了实验操作处理以外，它们与实验组在其他任何方面都是一样的）和随机抽样分组（这非常好地确保了实验组和控制组完全一样，而且能够运用恰当的推论统计分析结果）。这样，这些内部效度的威胁可以通过精心设计的研究而得到克服。而在外部效度方面却并不总是如此，外部效度主要考虑所获得结果的普遍性。一个研究要想获得外部效度，其结果必须适用于广泛多样的群体和情境。[45]现场研究往往能比实验室研究有更好的外部效度，因为至少这些研究发生在真实的情境中。

总之，组织行为学研究可以通过（长期）跟踪研究和更多地依据现存理论来设计研究而得到改善。[46]最佳的策略是，运用一系列不同的研究设计来回答同一个问题。不同方法的缺陷可以相互抵消，共同的方法差异（由于研究设计而不是研究的变量所造成的结果）也可以被克服。

通常，研究会以实验室为开端，选出并操纵问题所涉及的变量。然后就是尝试在现场环境中证实有关发现。这种从实验室到现场的推进可导致最有把握的结论。然而，在真实情境中的自由观察，应该先于对组织行为学问题的实验室研究。特别地，最近一些年来，定性研究被建议作为起点，或者，如果不是可替代的方法的话，也应作为研究组织行为学中定量统计分析方法的补充。范·马农解释道，这种定性方法“寻求描述、解释、传达、表述在社会环境情境中特定的、或多或少自然发生的现象的意义，而不是频率”。[47] 多元设计方法和多元测量最可能获得有效的、有意义的组织行为学研究成果。

界定组织行为

凭借像霍桑研究这样丰富的历史背景，以及诸如上面简要概述的为世人接受的科学方法，现在，组织行为学这一领域已经成为一个被广为接受的学科。然而，正如其他任何相对较新的学术努力一样，还存在着许多有待完善的地方和分歧。除了围绕理论方法或研究发现进行的健康的学术争论外，组织行为学面对的最大问题是身份危机，即究竟组织行为学是什么？它是要以行为科学概念和技术替代所有管理学吗？它如何在本质上区别于过去很出色的应用心理学或工业心理学？幸运的是，这些问题现在基本上已得到回答，结果令绝大多数管理学者、行为科学家和管理实践者满意。

图 1.2 以非常通俗的术语说明了组织行为学（OB）与相关的组织理论（OT）、组织发展（OD）以及人力资源管理（HRM）之间的关系。如图所示，OB 倾向于更为理论的取向，并处于微观分析水平。具体来说，OB 汲取各种行为科学的理论架构，它们关注于理解和解释组织中个体的和群体的行为。和其他行为科学一样，OB 通过公认的科学研究方法积累知识和验证理论。概括地说，组织行为学（organizational behavior）可以被定义为对组织中人类行为的理解、预测和管理。

与其他领域的关系

图 1.2 并不是要将组织行为学与那些相关领域描述成一种相互排他的关系，由

图 1.2
组织行为学与其他密切相关领域的关系

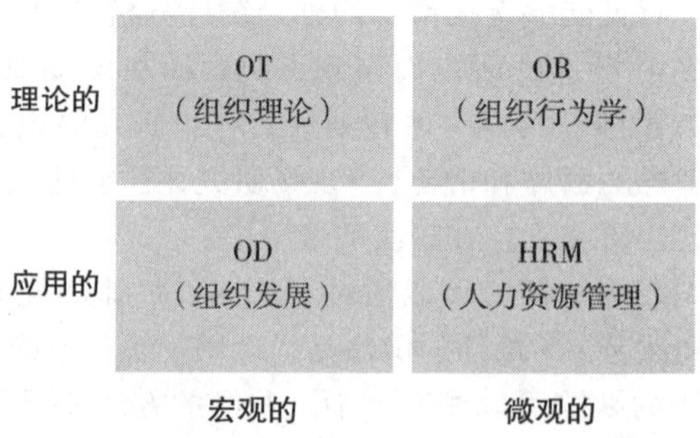

于界限变得越来越模糊，学者或实践者们之间也没有一个关于谁属于谁的普遍一致的意见，这一领域中的绝大多数人会同意图中的描述。组织理论倾向于比组织行为学更为宏观，主要关心组织的结构和设计。然而，正如这本教科书（特别是第 3 章和其他宏观取向的章节，如第 8~10 章）所介绍的，组织理论的主题也被包括在组织行为学的研究和应用中。另一方面，组织发展往往比组织行为学更宏观，更具应用取向。但和组织理论一样，在这本书里，组织发展的主题也被包含在组织行为学的研究和应用当中。最后，如图所示，人力资源管理比组织行为学更具应用取向。人力资源管理的功能就像营销、财务或生产一样，是组织实践的一部分。

实际组织中会聘请人力资源管理者，并冠以“人力资源经理”的头衔，但却不会冠以“组织行为学家”这样的称呼。然而，有些混淆的是，那些运用和汲取组织行为学领域知识的经理们（无论他们是营销经理、财务经理、医院管理者、运营经理、商店经理、学术管理者、行政经理或人力资源经理），也被叫作“人力资源经理”。他们被叫作人力资源经理并扮演人力资源管理角色（除了他们其他的技术的、职能性的角色），乃是因为他们都管理人。因此，从这个角度来看，所有的经理，无论他们的技术职能是什么，都是人力资源经理，因为他们处理组织中的人类行为。所有经理都需要具有组织行为学方面的知识和观点。

管理的行为学取向

组织行为代表了管理中人性的一面，但并没有包括管理的全部内容。其他已知的管理研究包括过程、定量研究、系统、知识以及权变方法。换句话说，组织行为学并不是要描绘整个的管理。所谓老酒（组织心理学）装新瓶（组织行为学）的批评，已被证明是没有根据的。虽然所有的行为科学（人类学、社会学尤其是心理学）对组织行为学的理论和研究基础都有重要贡献，同样确凿的是，组织行为学不应被等同于组织心理学。例如，组织结构和管理过程（决策与沟通）在组织行为学里扮演了一个整合的、指导性的角色，如本书所示，但在组织心理学里最多只是个非指导性角色。组织行为学中的许多动力学因素与应用也同样如此。虽然关于组织行为学的确切含义或领域可能总也不能完全达成一致——这也不一定就是坏事，因为它使这一领域具有更大的动态性且令人兴奋——但很少有人怀疑，组织行为学已经成为一个独立的学习、研究以及应用的领域。

这本组织行为学教科书试图提供详细的、必备的背景知识和技能，使今天和明天的组织管理者在管理概念和人性方面能像以往在技术和运营方面一样有效。

理论架构

虽然组织行为学极其复杂，并且包括许多因素和维度，认知的、行为主义的、社会认知的理论架构（这是近代心理学的三个理论流派——译注）可用于建构、发展一个整体的模型。在理论架构得到检验后，本章的最后一节介绍一个组织行为学模型，它概念性地串联和组织起本书其他部分。

认知架构

人类行为的认知观点有很丰富的内容。下一部分中宏观取向的章节会对这一领域提供部分背景介绍。但目前在这里可以简单地说，认知观点比其他的观点赋予人更多的“信用”。认知观点强调人类行为的积极的、自主的一面，运用诸如期望、需求和意愿等概念。认知（这是认知架构的最基本单元）是指认识一个信息的活动。在这一架构下，认知先于行为，构成人的思维、知觉、问题解决、信息加工的输入。诸如认知地图等概念可被用作为图片或视觉辅助手段，帮助理解一个人“认识个体、群体、组织的思维（不是思想）的特定的、选择性的元素”。[48]

爱德华·托尔曼的经典工作可用于说明认知理论的观点。虽然托尔曼相信行为是适宜的分析单位，但他感到行为是有目的的，是指向一个目标的。在实验室实验中他发现：动物在学习中会预期特定事件会随另一事件的出现而出现。例如，动物在学习中能够预见到食物会在某一线索出现后而出现。于是，托尔曼相信，学习是由关于特定事件将导致一个特定结果的期望构成。这种关于期望的认知概念意味着有机体对目标是有所思考、有所意识或知觉的。因此，托尔曼和其他持认知观点的人认为，行为可以通过这些认知而得到最佳解释。

当代心理学家们谨慎地指出，一个认知概念，例如期望，并不是反映一种对当前意识内容的猜想，它是一个描述行为的术语。换句话说，认知的和行为主义的理论并不像它们表面所呈现的或被专门设计的那样相互对立——例如，托尔曼就认为自己是行为主义者。然而，尽管有一些概念的相似性，多年来，行为科学中一直存在着关于认知与行为主义架构哪个贡献更大的争论。正如在其他学科中经常发生的那样，多年来争论一直不断。[49]

由于最近来自理论发展与研究发现的进展，在心理学领域出现了所谓的“认知爆炸”。[50]例如，最近一项对心理学主流杂志上发表文章的分析发现，自 20 世纪 70 年代到目前为止，最突出的重点是认知学派而不是行为学派。[51]至于在组织行为学领域，认知观点传统而支配性地贯穿于一系列分析单元，如人格与态度（第 5 章）、动机（第 6 章）以及行为决策（第 11 章）。就在最近，最新的兴趣关注点是认知在组织行为学中所能起到的作用，特别是由于社会认知在理论和研究方面的进展。社会认知过程可能是一个对认知和行为主义的整合性的理论架构，这一理论也被作为本教科书的概念架构。在深入这一理论的具体细节之前，有必要对行为主义观点有一个了解。

行为主义理论

本书第 12 章详细讨论了心理学中的行为主义理论以及它在组织行为学中的应用。它的起源可以追溯到伊凡·巴甫洛夫和约翰·华生的工作。这些行为主义先驱强调可观察的行为的重要性，而不是早期心理学家所关注的难以捉摸的意识。他们使用经典条件作用实验构建人类行为的刺激—反应（S–R）解释。巴甫洛夫和华生认为，行为可以通过 S–R 得到最恰当的理解。一个刺激引起一个反应。他们把注意力集中在刺激的影响作用上，认为学习就发生于 S–R 联结关系形成之际。

现代行为主义以斯金纳（B.F.Skinner）的工作为开端。虽已去世多年，斯金纳仍因其对心理学的贡献而赢得广泛的声誉。例如，在最近一项面对心理学家的大型调查中，斯金纳被誉为 20 世纪最有影响的心理学家。[52] 他认为，早期的行为主义帮助解释了反应性行为（那些行为是由刺激引发的），但没有解释更复杂的操作性行为。换句话说，S–R 观点有助于解释躯体反射。例如，当被针刺（S）的时候，人会退缩（R）；或者当轻轻敲打膝盖下部（S）时，人会伸展开小腿（R）。另一方面，斯金纳通过他的操作性条件作用实验发现，一个反应的结果会比引发反应的刺激更好地解释行为。他强调反应—刺激（R–S）关系的重要性。有机体必须操作环境（因此而得名操作性条件作用，operant conditioning），以便获得所期望的结果。现在的刺激并不引起操作性条件作用中的行为，它的作用只是引发行为的线索。对于斯金纳和行为主义者来说，行为是其对应的环境结果的函数。

关于经典的和操作性的条件作用，以及强化性的结果将在第 12 章中详细介绍。但目前来说，重要的是了解行为主义观点是基于环境的。它主张，诸如思维、期望、知觉等认知过程也许会存在，但对于预测、控制和管理行为来说并不是必需的。然而，正如在认知观点中也包括了行为主义观点一样，一些现代行为主义者认为，认知因素也是可以被行为化的。[53] 不过，近来产生的融合认知和行为主义概念及原理的社会认知理论，也许对组织行为学来说是最有统合性的、完善的理论架构。

社会认知理论

认知观点一直被批评为是心灵主义的，而行为主义观点则被批评为是决定论的。认知理论家辩驳说，S–R 模型是对人类行为的太过机械性的解释，R–S 模型不过稍好些而已。对行为的一个严格的 S–R 解释，似乎的确有理由被批评为过于机械，但由于行为主义者谨慎运用科学的方法，操作模型对于人类行为的研究和认识做出了巨大的特殊贡献。[54] 同样的评价也适用于认知观点，已有大量研究证明了它对于解释人类行为的重要性。且不论介于这两种观点之间的极端化和无结构性的批评，现在该认识到，每种观点都对理解、预测和控制人类行为有重要贡献。社会认知理论正试图将这两种观点进行整合。

25 年前，我们（戴维斯和鲁森斯）提出了组织行为学的社会学习观点 [55]，20 多年前我们（鲁森斯和克雷特纳）提出了组织行为矫正（O.B.Mod.）的社会学习观点。[56] 基于阿尔伯特·班都拉（Albert Bandura）[57] 和我们自己有关组织行为的理论构建和应用，社会学习理论为本教科书的第 3 版到第 8 版提供了概念架构。社会学习提出这样的命题：行为可以依据认知、行为与环境决定因素之间的持续交互作用而得到最佳的解释。人与环境并不是作为孤立的单位起作用的，而是与行为联系在一起，交互地决定行为的。班都拉解释道，“在很大程度上，正是通过自己的行动，人们引发了环境条件，这些条件又以交互的方式影响人的行为。由行为产生的经验也部分决定了一个人成为什么样的人、做什么事，而这一切又反过来影响后续的行为。”[58] 图 1.3 所示的三角模型采纳了班都拉的观点，并把它解释为与组织行为学的分析和变量相关的元素。

图 1.3
组织行为学的社会学习观点

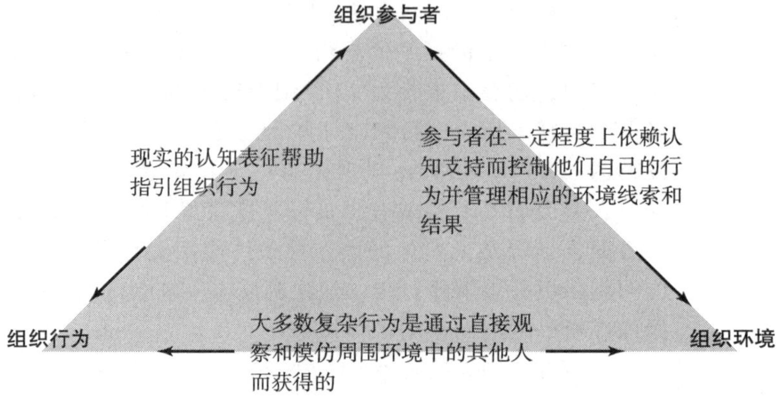

班都拉建立起了他的社会学习理论，并把它发展为更加全面完善的社会认知理论（social cognitive theory，SCT）[59]，我们（斯塔科维奇和鲁森斯）则把 SCT 转化为组织行为学的理论基础。[60] SCT 比认知或行为观点以及它的前身社会学习理论都更为全面。特别地，SCT 承认行为所对应的环境结果的重要性，但也接纳了自我调节的认知过程。“其中社会这一部分承认大量人类思想和行为（个体作为社会的一员所学习到的内容）的社会根源，而认知部分则承认思想过程对人类动机、态度和行为的影响作用。”[61]

和图 1.3 中的社会学习模型相类似，SCT 解释组织行为的依据是：组织参与者

图 1.4 班都拉社会认知理论（SCT）中基本的人类能力

资料来源：Alexander D. Stajkovic and Fred Luthans, “Social Cognitive Theory and Self-Efficacy: Going Beyond Traditional Motivational and Behavioral Approaches,”*Organizational Dynamics*, Spring 1998,p.65.

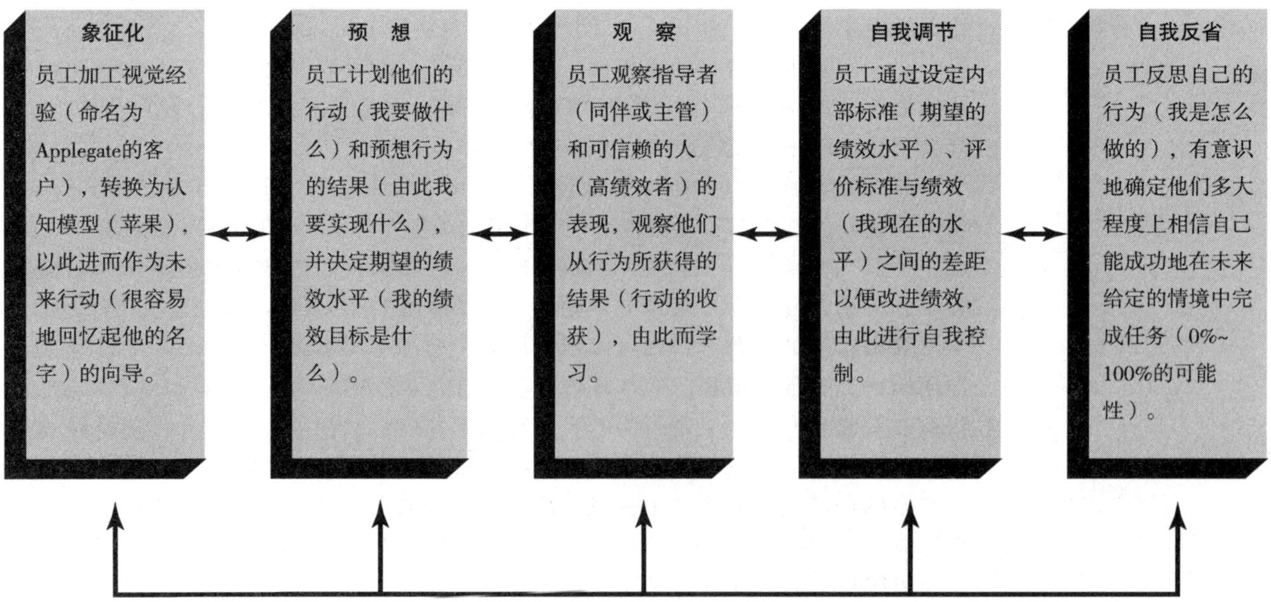

图 1.5　组织行为学研究的概念架构

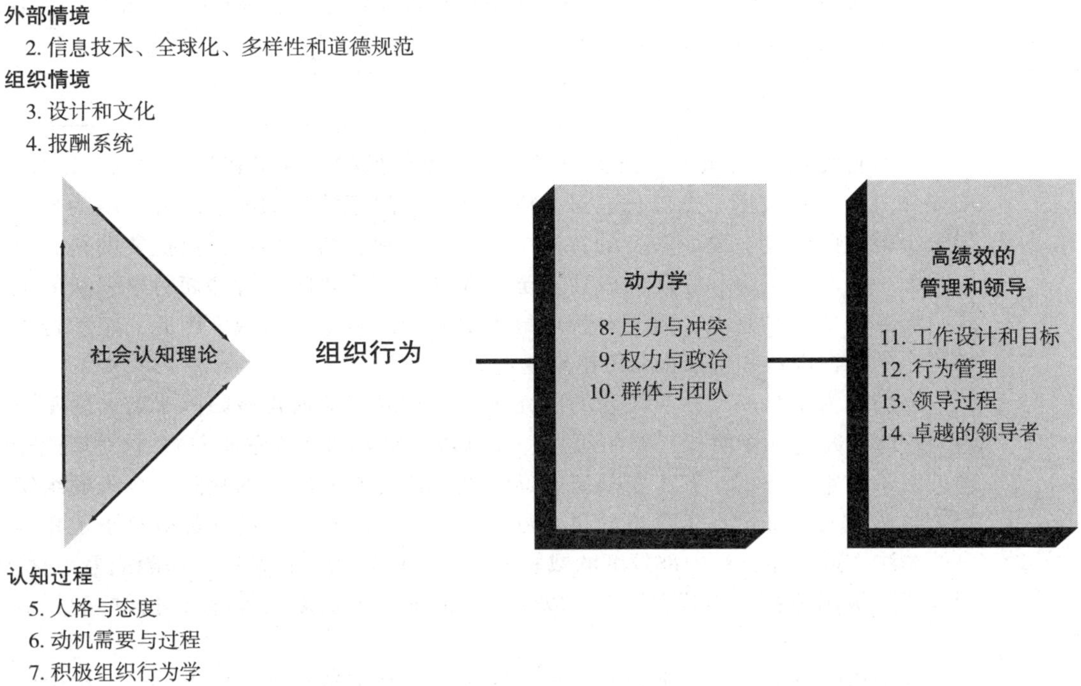

因素（如独特的人格特性，例如责任心）、组织环境因素（如所知觉到的结果，例如来自上司的相应的称赞或基于产量提升的报酬）以及组织行为自身（如以前对客户的成功或失败的销售）之间的、双向交互的因果关系。换句话说，就像社会学习理论一样，组织参与者同时既是他们个性、相应环境和行为的产物，也是它们的产生者。班都拉超越社会学习理论而提出 SCT，图 1.4 中显示出他所总结的 5 个基本的人类能力之间的交互影响。

本教科书的概念架构

本教科书的概念架构见图 1.5。如图所示，社会认知理论是基础，全书的内容包括环境和组织情境之间的交互作用（第一编，第 2~4 章）；认知过程（第二编，第 5~7 章）以及组织行为本身这一重要内容，它既产生了环境和组织情境与认知过程的交互作用，也是它们的产物。在较为宏观的水平，是对组织行为的动力因素（不一定是结果）的图示化的描述（第三编，第 8~10 章）。最后，在应用水平，是关于管理和领导高绩效工作（第四编，第 11~14 章）在组织行为学概念架构中所扮演的重要角色。

很显然，这一概念架构只是给出了组织行为学的框架，而不是全面的解释。然而，它也是组织本教科书内容的一个出发点，它有助于解释为什么安排各个特定的章节以及它们之间的相互联系。随着各个章节的展开，一些要点会变得越来越清晰，一些看似简单、无根据的陈述会变得越来越有意义。图 1.5 的作用只是用来提高大家学习组织行为学这一令人兴奋但仍在不断发展的学科的兴趣。（图中数字表示本书各章的序号——译注）

小 结

本章首先简要回顾了当前管理所面对的重要挑战。除了新的工作场所以外，诸如先进的信息技术、全球化、对多样性和道德问题的认知与管理等环境的变化导致了范式的转变。这一转变的特征是：新的规则、新的界定，更重要的是，新的行为——对于组织和管理的成功乃至生存是非常重要的。管理面对这一新的范式，需要采取新的观点，需要对管理行为中人的因素重新重视。因此，组织行为学这一学科在现在和将来正变得越来越重要。

组织行为学是一个相对较新的研究领域。它的开端通常被归因于著名的霍桑研究，此研究有几个阶段（照明研究、继电器室研究和绕线室研究），它对现代管理的启示常常被忽视。鉴于霍桑研究经常被批评为有方法学的缺陷，今天的组织行为学领域的特征恰在于严格的科学方法，理论发展和研究设计都被给予了相当多的关注。特别地，对内部效度的威胁通过精心的实验设计被努力消除或最小化。现场研究被用于补充实验室研究，以便尽可能地获得更多的外部（可推广的）效度。

由于组织行为学是一个相对较新的领域，它必须被精确地定义：对组织中的人类行为的理解、预测和管理。同样重要的是，要了解 OB（微观的、理论的）如何与其他相近的学科领域如组织理论或 OT（宏观的、理论的）、组织发展或 OD（宏观的、应用的）、人力资源管理或 HRM（微观的、应用的）相关联。最后，重要的是要提供一个用以发展具体模型的理论基础，它可作为本教科书的概念架构。认知的、行为主义的以及新出现的更为整合的社会认知理论，被用作这样一个基础。认知模型对人本身给予更多的“信用”，认为行为是有目的的、受目标指引的。认知过程诸如期望和知觉有助于解释行为。行为主义观点关注可观察的行为和行为的环境对应性。经典的行为主义以 S–R 解释行为，而现代行为主义更多地强调对应的结果，或 R–S。社会认知理论强调人、环境、行为是不断地交互作用的，它们之间的交互作用决定了彼此。这一社会认知观点融合了认知和行为主义元素，被用作组织行为学模型的理论基础，而组织行为学模型又成为组织本教科书的概念架构。

结尾：元分析研究发现

组织行为学原理

相当数量的重要概念和技术导致一系列的研究发现，其中很多都用到了元分析方法，这一切使得现在有可能阐述组织行为学的各个原理。

元分析结果：

每一章的结尾将报告一个，有时也许是两个或三个元分析的结果。前面所介绍的和每一个章节相关的原理，都是以这些元分析的发现为基础的。在结果部分将报告研究、参与者的数目、元分析的平均效应统计值 d。重要的是，为了使这些元分析的结果尽可能具有友好的读者界面，d 效应值被转换为格里森（Grissom）形式，它以百分数形式给出“一种统计处理相对于其他方法的优化结果的概率”。除了这种百分数概率陈述以支持“组织行为学原理”之外，这一节还要简略讨论所发现的任何可能的偶然性，并在出处栏里给出所有元分析的引用文献，就像下面有关格里森的有效概率的 d 值的转换那样。

结　论：

每一章的“结尾：元分析研究发现”是以下列形式组织的：组织行为学原理的阐述、元分析结果及结论。结论的目的在于用相应原理回应该章主题，做出最后的评述。元分析在组织行为学发展的这一阶段的贡献在于，它能够从大量的(通常是超过 100 个）研究和常常是成千的被试中抽取出全面的、完善的结论（即阐述原理)。取代仅仅选择此一个或彼一个研究去支持（或不支持）一个陈述，元分析则提供有关一个给定概念（如责任心或自我效能）或技术（工作特性模型或组织行为矫正）的整体研究知识领域中一系列单一研究的定量概括。许多迄今为止与本书主题有关的元分析都被包括进来，但随着研究继续进行，在未来，将会有更多的由元分析提炼的组织行为学原理。

资料来源： Robert J. Grissom, “Probability of the Superior Outcome of One Treatment over Another,” *Journal of Applied Psychology*, Vol. 79, No. 2, 1994, pp. 314 - 316. For those wanting more information on meta-analysis, see: L. V. Hedges and I. Olkin, *Statistical Methods for Meta Analysis*, Academic Press, San Diego, 1985 and J. E. Hunter and F. L. Schmidt, Methods of Meta-Analysis, Sage, Beverly Hills, Calif., 1995. For a critical analysis and limitations of meta-analysis, see: P. Bobko and E. F. Stone-Romero, “Meta-Analysis May Be Another Useful Tool, but It Is Not a Panacea,” in G. R. Ferris (Ed.), *Research in Personnel and Human Resources Management*, Vol. 16, JAI Press, Stamford, Conn., 1998, 359 - 397. Finally, to gain insight into teaching organizational behavior through such a principles approach, see: Edwin A. Locke, “The Epistemological Side of Teaching Management: Teaching through Principles,” *Academy of Management Learning and Education*, Vol. 1, No. 2, 2002, pp. 195 - 205

讨论与复习题

1. 今天和明天的组织与管理所面对的主要挑战是什么？简要描述这些发展。
2. 什么是范式？范式的变化如何影响管理？这种范式的变化对组织行为学有什么启示？
3. 为什么你认为霍桑研究对组织行为学的研究有如此重要的历史性贡献？
4. 为什么理论发展和严格的科学方法对于组织行为学领域非常重要？效度在研究设计中扮演什么角色？
5. 组织行为学如何与组织发展、组织理论、人力资源管理相关联或相区别？
6. 用你自己的语言总结组织行为学不同的理论架构。社会认知观点如何区别于认知观点？

社会认知观点如何区别于行为主义观点？

7. 解释本教科书所使用的组织行为学模型。

互联网练习：新经济时代没有职位

本章为新范式、新经济设定了基调。环境中的一个戏剧性变化是大量的无职位者或“电子通勤者”的激增，这些人在家里工作。便宜的电脑、工作性质的变换以及工人对更为弹性的工作制的要求，都促成了这一趋向。请到 http://www.tjobs.com/ 网页上浏览一下所提供的专门为电子通勤者所设计的工作。事实上，Putnam Investments 公司有一个专门为在家里干的工作设计的网页。浏览它们的网址 http://www.putnaminv.com/，然后，点击“就业机会”。也可以访问国际远程工作联合评议会（ITAC）的主页 www.workingfromhome.com。你还会在 http://www.bluesuitmom.com 发现许多有关当前电子通勤的文章。浏览这些网址，思考如下问题：

1. 你会考虑这样一个让你在一个星期中的大部分时间都呆在家里的工作吗？它的优点是什么？缺点是什么？
2. 作为一位经理，请考虑一下管理那些在家里工作的人的挑战。这些挑战是什么？考虑一下，如何监督绩效、激励员工并帮助他们管理工作场所中的问题？
3. 你认为电子通勤的趋向在未来几年会增加还是减少？这对本教科书的重要主题会有哪些影响？请尽你所能详细地说明，必要时看看图 1.5。

真实案例：对工人的巨大压榨

当全家在亚利桑那州的度假期间，当孩子们在斯科特斯德公主饭店的奢华的游泳池中游水嬉戏，彼得·斯皮纳的大部分时间却是在一棵棕榈树下匆忙地度过的。斯皮纳并不是在休闲。他在工作——用他的移动电话敲定几桩生意，从而为弗尔康风险投资公司创造新的收入，他在这家公司负责《体育新闻》的出版。斯皮纳说经济的衰退使他的工作时间比繁荣时期延长了很多——大概 15%以上。销售压力也在增加。往年他有大笔奖金可以肆意挥霍，如今他只能做到在大热天带些冷饮去办公室慰劳大家。正是这样的额外加班使得他的团队在深不可测的广告市场上大获全胜，已完成了年收益的 46%。斯皮纳说：“他们都工作得更长更辛苦了。”

提高生产率成为最近崛起的手段。尽管经济衰退通常会使这种提高效率的办法打点折扣，然而大家都相信技术使得生产率空前地提高。但是，如果你对白领员工说这些，你将会听到这些收入都是从他们身上榨取的。在解雇潮中幸存下来的人认为，经济衰退让他们负担更重，并没有任何的轻松。他们抱怨管理层想尽办法让每个人干更多的活，寻找新的商机，争取升职以避免裁员的时候伤及自己。“我们所发现的是，在经济复苏的前期，不仅仅是公司要求员工们更努力的工作，而且，相信我，员工们自己也希望这样。”J.P. 摩根的高级经济师詹姆斯·格拉斯曼如是说，“他们这样做的目的是为了确保他们的工作。”

这种扣人心弦的绝望很容易为公司所利用。Aquent 咨询公司客户服务部的主管迈克·休伊特说道，他和他的员工们已经折回去见那些没有任何业务给他们的客户，以便公司将来能有跨跃性的发展，并准备在经济反弹时期卷土重来。

然而，不仅仅是恐惧在激励着今天的人们工作。一些结构性的改变也帮助老板们从他们的下属员工获取最大的生产率。从临时工的使用增加，到将小时工重新分类到不用付加班费的固定薪水族，再到增加可变支付以使部分工人的薪水面临风险。公司现在能从更少的工人身上获取更多。

根据现在的统计记录，很难说增加了多少。劳工统计局说，每周工作时间在衰退时期已经减少了——部分是由于制造商降低了工作时间。但是经济学家们说，从劳工统计局的数据无法准确地绘出图来。他们注意到这个数据是有瑕疵的，因为这些数据是建立在所有层次的员工都是每周工作 35 小时的假设上的，也就是说经理们跟小时工一样。很多经济学家对此的回应是：得了吧。比如摩根斯坦利 Dean Witter & Co. 的首席经济师斯蒂芬·罗奇就相信劳工统计局的数据低估了工作时间，因而高估了生产率。

然而，不管数据说了什么，毫无疑问的是，现在雇员们都觉得他们除了接受沉重的工作负担外别无选择。尽管一些证据显示了经济反弹迹象，但是多个季度来的工作市场依然萧条。裁员已不再是困难时期的最后手段，而是调节供求平衡的持续使用的工具。

这也是为什么有些经济学家预期上世纪 90 年代早期的失业性复苏会重现，至少已有初步迹象。经济学家们认为，CEO 们不会在最初复苏的需求到来时就雇佣更多的长期工人，而是会比较狡猾地依势而行，尤其是现在的经济数据如此混杂。很多人对繁荣时期的雇佣热都有不好的回忆，那时候他们雇佣大堆平庸的人只为了填补缺口，而其后则要付出数周薪酬的昂贵的遣散费。所以，经济学家们认为，CEO 们更倾向于首先剥削已雇佣的工人，直到需求达到一个突破点。正如硅谷的 Blue Martini Software 公司人力资源部的副经理玛丽·哈默肖克所说，现在的一个大问题是："在上升时期过去后，你还能让人们这样工作多长时间？"

公司已经开始试图引入一些合同工，这些人可以快速、积极、有活力地投入工作，而又不需要支付津贴或者遣散费。事实上，临时工是今年就业增长最快的一个板块。而他们也不算作常规工人。很多公司利用这点来增长人均利润，比如思科公司。

增加使用临时工并非公司生产率飞跃的惟一途径。很多工人都抱怨雇主们利用旧的劳动法把他们错位归类为固定薪水类，以此删减他们的加班费。那些公司中的沃尔玛、星巴克、塔可钟和 U-Haul 已经受到了工人阶级斗争的抨击。以通用动力公司为例，现在表面上看来已经导致了 1 亿美金的补偿金。而 Farmer´s Insurance 的工人们则获得了 9 000 万美金。一些工人是如此地担心这个问题，以至于他们现在正在做小时工资的审计。

另外一种潜在的生产率推动器是激励工资。老板们用这个办法能激励人们在困难时刻更努力地工作，以弥补损失的工资费。通用电气马上会将客户的情况列为工人报酬的因素之一，使更多的补偿金存在风险。在这样的系统下，如果客户的业务出现问题，那么 GE 员工的薪水也会出问题。

然而，尽管他们在激励已有的员工，各公司也在思考接下来会发生什么——供不应求的劳动力市场的可能的回报和上世纪 90 年代人才大战的再现。人口统计学家和劳动力专家注意到，这次衰退只是掩盖了潜伏在劳动力市场的深层次技术缺陷。"它将会比 2000 年的时候更糟糕。"德州仪器公司的主席、CEO 及董事长汤姆·恩吉伯斯是这样预测的。

同许多 CEO 一样，恩吉伯斯面临着一个艰巨的任务，即找到这样一个均衡点，从现在的利润中抽取一部分来培养挑选出来的雇员，达到长期目标。这也是为什么他在德州仪器公司举办了一个"招新动员会"，问那些工人们需要什么——假期、新任务还是不同的老板——使他们现在能够满意。对于那些过分剥削压榨的公司，现在或许已经太晚了。

1. 你是否同意那些在裁员后幸存的人对于增加的产出是来自“对他们的压榨”的看法？这意味着什么？这对于管理员工有着什么样的启示？
2. 雇用临时工人对雇主有什么影响？对已有的全职工人有什么影响？对临时工来说呢？
3. 总的来说，在本案例基础上，你认为在不久的将来，人力资源管理所面临的挑战是会更容易一些还是更难一些？为什么？

组织行为案例：这些内容对我有何帮助

珍妮·阿诺德想成为一名经理。她喜欢会计、财务、营销课程。每一门课都给她提供了一些清晰的答案。现在她的组织行为学课程的教授告诉她，在管理人的方面，其实很少有非常清晰的答案。教授讨论了一些正在出现的挑战、历史背景以及行为科学概念在课程中所扮演的重要角色。珍妮非常困惑。她到学校来是为了找到如何成为一个优秀管理者的答案，但这门课似乎肯定不是她预想的方向。

1. 你如何解除珍妮的焦虑？组织行为学课程怎样才能使她成为一名优秀管理者？
2. 为什么教授以简要回顾正在出现的挑战作为开端？
3. 组织行为学课程与其他课程如会计、财务、营销课程的区别在哪里？

组织行为案例：对人太好了

约翰刚刚从州立大学商学院毕业，加入了他家族的小公司，那里一共雇佣有25名半技术化的员工。在工作的第一个星期里，他的父亲把他叫来对他说：“约翰，在过去两天里我观察了你与公司里的男男女女共同工作的情况。虽然我讨厌这样做，我还是觉得我必须要说些什么。你对人实在是太好了。我知道在大学里他们教给你有关人类行为的那些东西，但它们在这里没有用。我记得当我在学校里讨论霍桑研究时，大学里所有的人都对它感到十分兴奋，但相信我，管理好员工绝不是只要对他们好那么简单。”

1. 如果你是约翰，你会对你的父亲如何回应？
2. 你认为约翰的父亲正确地理解和解释了霍桑研究了吗？
3. 你认为约翰的父亲在他的家族企业里经历了哪些管理阶段？你认为他是否理解最近环境变化的重要意义，新的范式将如何影响他的生意？
4. 你会如何向你的父亲解释必要的新观点？解释组织行为学的研究将如何帮助企业在新范式下取得成功？

组织行为案例：概念理论：梦想还是现实

翰克·詹姆斯在Yake公司做会计部项目主管已经有14年了。他的上司玛丽·斯坦觉得翰克已经有条件晋升为公司财务官，但公司的政策是把像翰克这样的人在晋升前送往大学学习经理开发培训课程。翰克已经报名注册了这一课程，他首先学习的内容之一就是组织行为学。翰克觉得在管人管了14年之后，这来得有点突然。然而，在组织行为学课上，教授做的有些评论着实让翰克感到困惑。教授说：

> 绝大多数管理者知道他们的职能细节，但在管人方面却干得一塌糊涂。问题之一是，因为他们有大量与人相处的经验，他们认为自己是专家。事实是，行为科学家也才刚刚开始了解人类行为。此外，要有效地管理人，我们还必须有能力更好地预测和控制组织行为。现在一些模型已经开发出来，我们希望它们能帮助管理者更好地理解、预测和管理组织行为。

翰克感到很不安，因为他的教授显然贬低了管理经验的价值，而他无法理解一些教授所梦想的概念架构如何能帮助他更好地管理员工。

1. 你认为翰克在听到教授的观点后所做出的担心是合理的吗？经验在员工管理方面能扮演什么角色？
2. 本章中所介绍的那些概念架构的目的是什么？你会如何权衡理论研究和研究发现与“实务派”经验在有效管理员工方面的相对价值？
3. 运用本章介绍的概念结构，你如何向翰克解释这些内容可以帮助他更好地管理其组织中的人？

第2章

外部情境：信息技术、全球化、多样性和道德规范

学习目标

- **考察** 信息技术在当今组织中所扮演的角色。
- **展现** 知识管理和人力、智力资本方面的进展。
- **讨论** 全球化作为环境背景对于组织行为的影响。
- **识别** 什么是多样性以及多样性是如何成为管理和组织行为领域一个重要推动力的。
- **考察** 当今组织中的多样性以及个体和组织如何有效地管理多样性。
- **讨论** 伦理道德的含义以及伦理道德行为的主要方面。
- **描述** 伦理道德话题的主要领域，包括对利润的影响和有效解决伦理问题的一些步骤。
- **考察** 与组织成员息息相关的一个具体的伦理道德话题：隐私权。

今天，组织行为的环境背景已经与过去显著不同。正如开篇所指出的，信息技术、全球化、多样性和伦理道德已经令各类组织的管理者开始对他们的方法进行反思，无论是运营方面，还是在人力资源方面。[1] 由于范式的转变，现在的组织已经能够对它们的内外环境做出更多反应。本章将把信息技术、全球化、多样性和伦理道德作为组织行为的环境背景进行研究。

信息技术的角色

信息技术爆炸式的发展对于组织的冲击令人震惊、超乎想像。显然，在过去的两个世纪中，技术突破已经产生了令人振奋的影响。例如，先锋派经济学家熊彼特的“50 年模型”指出，现代历史的第一次浪潮（18 世纪 80 年代~19 世纪 40 年代）送来了蒸汽机，推动了工业革命；接下来是铁路（18 世纪 40 年代~19 世纪 90 年代）、电力（19 世纪 90 年代~20 世纪 30 年代）、廉价石油和汽车（20 世纪 30 年代~20 世纪 80 年代）。而现在第五次浪潮正在被信息技术所掀起，而且，最近这次技术突破的影响较以往更迅速（收音机花费了 38 年才达到 5 000 万用户，电视机用了 13 年，而网络只用了 5 年），更与众不同，也更加普遍深入。[2] 各种各样的 IT

设备使人们可以随时随地获得信息。除了在信息时代常用的工具外，对组织行为产生最大影响的环境冲击，可能体现在电子商务、知识管理和人力/智力资本之中。

电子商务

尽管最初公众认为电子商务的影响仅限于企业对消费者（B2C）这一环节，例如亚马逊公司（Amazon.com）的业务，但是与之后的企业对企业（B2B）的电子交易相比，它的影响微不足道。B2B 的销售量要比 B2C 大很多倍。尽管在世纪之交很多网络公司破产了，但是 B2C 的销售额一直在增长，著名的公司如亚马逊现在已有很大的市场。然而，B2B 使传统的商业模式发生了革命性的变化。与 B2C 公司不同，B2B 公司的客户“需要定制产品或价格，产品或服务的使用决定了它们的价值，对于客户来说品牌的意义变得很小。而且销售是一个漫长和复杂的过程，零售业不是一个要素，销售的对象不再是产品的最终使用者。[3] 在 B2B 中，整条供应链的经营模式和经营过程与旧经济下的公司（如造船、纺织、零售、保险、化工和运输业）有着本质的区别。例如，在线电子股票交易彻底改变了个人理财服务业。在其他服务公司中也产生了相同的影响。

思科、微软、戴尔、雅虎和联邦快递的成功格外引人注目，是被广为引用的案例，但是大多数公司并没有完全电子化。毫无疑问，如果这些组织能使它们的一些流程电子化，则会得到更高的效益和回报。[4] 例如，银行中通过互联网完成一笔交易的边际成本只有几美分，用提款机则需要 27 美分，用电话需要 52 美分，而柜台交易则需要 1.14 美元。[5] 亚马逊公司在很大程度上仍要依赖实物和传统配送方式，但通过将他们的销售和客户服务彻底电子化后，给整个零售业带来了革命性的变化。

电子商务通常被描述为一种近期的现象，而且似乎等同于现在的互联网。但我们必须记住，电子商务诞生于 150 年之前，那时还需要用电报来和邻城的人联系，告知他们火车什么时间到达等信息，然后是电话、短波无线电、复印机、电脑和传真机。所有这些电子方面的突破都产生了显著的影响（比如，电报几乎一夜之内将骑马速递淘汰出局，短波无线电则大大改变了国际贸易）。除此以外，互联网技术不仅可以用于电子商务，还可以用于户内如企业内部互联网。内联网不仅使组织“节约纸张”，降低成本，还为员工提供了一个界面友好的环境，使他们可以了解到组织的信息和知识，从而做出更好的决策并改进其客户服务。现在，组织内外的每一个人都面临着信息大爆炸，所以对组织而言，关键的竞争优势及其对组织行为的现实意义，在于尽可能有效地进行知识管理。

知识管理

像管理学和组织行为学中其他许多概念和实践活动一样，*知识管理*（Knowledge Management，KM）的含义和定义始终不够清晰。最近一项关于 KM 的学术分析将它定义为“明确地对工具、流程、系统、结构和文化进行开发，用以增进知识的创造、分享和使用，这些知识对于决策起着重要的作用。”[6] 虽然这一定义颇具概括性，但关于这一定义的确切含义却还要取决于它的使用者。尽管如此，在学术文献和实践活动中，对 KM 的表述仍然呈现出两种被普遍接受的趋势：（1）为组织结构和系统所吸收并保有的有形知识资产，如研究与开发（R&D）、专利权、版权、特许权、执照，以及关于雇员、客户、供应商、生产商和竞争者的信息；（2）员工和其他利益相关者（客户、供应商、业主、顾问）所拥有的无形知识或智力资本，比如他们的经验、技能和思想。通常，这两个维度并不同时在学术文献中加以讨论，管理者在现实世界的实践中，也不同时对它们加以描述。

将知识视作有形资产的这一途径主要是依靠技术，特别是信息技术，来获取和存储信息，使管理者可以利用它们进行决策，或用来为客户提供产品和服务。知识可以为组织带来增值的竞争优势。例如，总部在德国的跨国公司西门子的 CEO 最近指出："我们所产生的附加价值之中 60%~80%是与知识直接相关的，这个比例还在增长。"[7] 在参与调查、具备专门的知识管理方案的组织中，主要被提及的方案包括：（1）建立知识数据库和恢复系统；（2）从客户那里收集信息；（3）创建和维护关于员工才能和技术信息的档案资料；（4）建立和维护虚拟或真实的信息分享及传播平台。[8] 对于以技术为基础的知识管理，成功或者产生问题的关键在于能否对信息和知识进行分享与利用，以及能否对这些信息和知识进行调控，以达到组织所预期的结果。

基于技术的知识管理并没有什么问题，问题在于我们必须获取和存储知识。而且仅做到这一点通常还不够。很多时候，就像在下面所附"*应用实例*"中所提到的那样，信息技术系统背后的人被遗忘了。[9] 因此，知识管理的另一种主要方式将焦点投向了员工和其他利益相关者的无形智力资产（经验、技术和思想），是这种无形资产在基于分享和融通信息的知识管理中扮演了主要角色。[10]

一般来说，当今的管理者，特别是首席信息官通常负责对信息知识进行管理，他们要尝试搜集和处理各种信息，将被信息技术系统获取并存储的"硬"数据，同存储在有经验、技术和创意的员工的头脑中的"无形的知识"或智慧[11] 统合起来。这项工作非常艰难。[12] 换句话说，知识管理必须认识到人力/智力资本的重要性，并能够使它们得到有效的分享和融通。

人力/智力资本

人力资本的概念已经在第 1 章中介绍过，主要是指那些拥有知识，具备经验、技能和思想的人力资源。这些人力资本的价值决定于其对竞争优势或这家公司的核心能力及独特性（即它无法在开放的劳动力市场上被轻易取代或获得）的贡献。[13] 重要的是，这种人力资本并非生产的成本要素，甚至也不是一种资产。然而，这种人力资源可以被视为商业中的投资者（投资于人力资本），而且期待着投资回报（比如薪水、收益、股票期权和退休金）。[14] 例如，最近的研究发现，一些公司中主管的加班工资是由他们的人力资本创造的[15]，人力资本调节了企业战略和公司绩效之间的关系。[16] 对公司而言，它的会计账面值（即有形资产）和市场价值（即公司在金融市场中的股票价值）的差值，就可以视为人力/智力资本。[17] 近些年，市场价值达到账面值好几倍的公司已不少见。[18] 换言之，公司的大部分市场价值

应用实例

"笨蛋，那都是人呀！"

一位互联网软件管理者最近说，他无法相信人们对e-Bay拍卖网站的大惊小怪。"他们实际上什么也没干，"他说，"只是把人们集中到一起展示他们的东西而已。"果真如此吗？e-Bay可能比其他网站更幸运，但它很早意识到"笨蛋，那都是人呀"。和其他电子商务网站相比，e-Bay为人们创造了一个可以用自己的方式和别人做买卖的社区，结果已经有1600万人加入到了其中。

人们之所以喜欢e-Bay，不仅因为它非常有趣，还因为似乎每个出价按钮后面都确有人在。他们想的没错。每次当人们从e-Bay买点什么的时候，都会被它出色的个人服务所震惊：网站时刻关注着每起交易，一旦出现问题，立即全力加以解决。

事实上，牢记购买者是人这一点对于B2B的商务更加重要。在最近的报告中，波士顿咨询公司说，它们预期，到2004年，4.8万亿美元的B2B交易量中将有11%和在线谈判有关，其余则要通过电话或人际交往实现。波士顿咨询公司的副总裁安迪·布莱克本说："最后，你还是需要与人沟通。"

那么，这是否意味着网络自夸的效率只是一种夸大之词呢？可能并非如此。网络可以使人们不再忙于登记和搞卫生。最终，它可以使许多商业过程实现自动化。但是，在未来很长一段时间里，高尔夫运动、早餐会和电话还会是重要的商业工具。

可被视为人力资本或知识资本。

与传统的金融资本或资本等价物以及实体物质资源不同，智力资本和员工个人如影随形，员工晚上回家还是离开公司或者退休时，都可将其随身带走。如一位知识管理专家所指出的，"公司从某种程度上讲是在'租用'智力资本，只有当人们将他们的想法加载到产品、服务和工作流程中去的时候，公司才真正拥有这些资本。"[19]然而，当员工离开时，组织却感到它是拥有财产索赔权的，因为它损失了智力资本。

从这种所有者的角度，几年前沃尔玛对亚马逊网站提起诉讼，控告这家在线零售商"偷取"他们的经理和顾问人员，用以了解沃尔玛的商业机密（智力资本）。这两大巨头在庭外达成了和解，但这一案例却超越了专利权、版权、特殊保密约定和智力资产所有法中的机密合同的范围，首开对工作中智力资本的价值和所有权进行确认的先河。如该领域的一位法律专家所言："由于市场对独特的智力才能的需要被置于显著位置，关于公司掠夺的案件会越来越多，这要求对员工在工作中的角色和价值从根本上再一次进行评估。"[20]人力资本从一个组织到另一个组织的机密性和可转让性，在传统上被视作商业伦理问题，最坏也不过是商业间谍犯罪活动。然而现在，思想上的"战略空间"（在二战中被盟军使用）的概念已被提出，将同军事那样对组织的智力资本进行战略进攻和防守的问题摆在了公司面前。[21]无论在何种情况下，认识到人力资本/智力资本并对其做出正确应对，已经促成了一种新型的合同，成为现今和未来在雇员与雇主之间的一项"新交易"。[22]

在信息时代，环境背景的钟摆已经从"硬件"（诸如电脑、数据库管理、数据仓库、互联网和内联网）摆向了"软件"（比如电子商务、知识管理和人力/智力资本），这对组织行为学的研究和应用产生了巨大影响。如在第1章末给出的社会认知模型所指出的，这些环境因素将和组织参与者的认知过程相互作用（将在第二编加以说明），同时还会受到组织行为及其动力学（将在第三编加以说明）以及高绩效管理（将在第四编加以说明）的影响。

全球化

除了信息技术外，能对组织行为产生影响的另一主要环境因素（至少同样重要）就是全球化。前面讨论过的信息技术和空中旅行所带来的优势，的确使世界变小了，它带来了一个无边际的世界——一个巨大的全球化市场。弗里德曼认为，我们现在进入了全球化的第三个阶段。[23] 第一个阶段（1492–1800）的特点是国家的全球化，第二个阶段（1800–2000）的特点是公司的全球化。第三个阶段始于新世纪初，信息技术普及到每一个人、每一个群体和个体。正如弗里德曼所言，“全球化的第一个阶段有售票员，到了全球化的第二个阶段，电子票代替了售票员，到了全球化的第三个阶段，你就是你自己的售票员。”[24]

这种全球化带给组织行为的影响是深远而直接的。[25] Brunswick 公司的领导最近声称：“财力资源不是问题，我们有资金和产品，在国际上也处于优势地位。我们缺的是人力资源。我们就是缺乏具备全球领导才能的人。”[26] 通用电气的杰克·韦尔奇可能是当代最为知名并受尊敬的公司领导者，他在离开通用前说：“未来的杰克·韦尔奇不会再像我一样。我将我的毕生事业花在了美国。下一届通用电气的领导将会把时间花在孟买、香港和布宜诺斯艾利斯。我们必须将我们最好、最优秀的人才送出去，确保他们得到培训，以成为一名全球领导者，给通用电气带来一个辉煌的未来。”[27]

尽管在服装、娱乐、物质财富上都有趋同的倾向，甚至英语已被普遍接受为国际化的商业语言，但全世界人们的思考方式和行为方式仍然存在着显著不同。[28] 换句话说，文化对于世界上不同地方的管理者和雇员的组织行为产生的影响大相径庭。当在世界上的其他国家理解和应用组织行为学的概念时，必须意识到相似性和不同之处。比如，韦尔什、鲁森斯和萨默的一项研究发现，源自美国的外部奖励和行为管理方式可以显著提高一家俄罗斯工厂工人的生产率，但参与式的方法却毫无效果。[29] 下面的评论总结道：

> 这项研究表明，将源自美国的人力资源管理理论和技术移植到其他文化中时，既有潜在的收益，也存在着问题。一方面，实验结果证实，使用有价值的外部奖励和行为管理技术，可以对俄罗斯员工的生产率产生显著影响，这和对美国工人的作用相同；另一方面，参与的方式却会对俄罗斯员工的绩效产生负面的效果。[30]

另一个例子是，在许多国家，管理者可能更倾向于使用——而且可能更有效率——独裁式的领导模式，而不是典型的美国管理者的领导模式。德国就是一个明显的例子。调到德国工作的典型美国管理者会发现，他们的领导模式中参与性太强了。德国下属期待他们的领导做出更多的决策，而少向他们询问。一项对权威的服从性研究发现，德国人中具有服从性的比例要高于他们的美国同行。[31] 同样，一个在日本的美国管理者会发现，通过每周给每个工作团队中最优秀的员工发放奖金，从而建立起一套基于绩效的激励系统的决定将是一个错误。因为日本员工不喜欢被孤立出来，不喜欢受到个人关注且和团体的常规及价值观产生对立。也许这种跨文化的相似性和差异所产生的影响，在本田汽车的创建人之一本田宗一郎的话中得到了最好的体现："日本和美国的管理有 95%是相同的，而在所有重要方面却各不相同"。[32]

工作场所中的多样性

最近几年中，社会问题对管理和组织行为的研究与应用产生了巨大的影响。在过去，多样性主要被作为一个法律问题来对待，也就是说，过去的 40 年中，对任何人的歧视是直接触犯法律的。目前各个组织已经开始意识到，多样性不仅仅是一个要应付的问题，还是一个必须要面对的现实，建立起更加强大而富有竞争性的事业与能否处理好此问题密切相关。换言之，多样性问题已经不再是组织行为学研究的冷门，而是在当今的环境中扮演着核心的角色。

多样性突现的原因

如图 2.1 所示，多样性突现的一个主要原因是人口学上的变化。老年员工、妇女、少数群体和那些具有更高学历的人加入到当今的劳动力大军之中。今天劳动力的组成结构和过去有很多不同，而且还会在将来继续发生变化。例如，《今日美国》计算的多样性指数（基于人口中种族和民族的比率）显示，当今在美国随机抽取的两个人中就有一人存在种族或民族上的不同，而在 1980 年三个人中才有一个。另外，美国劳工部的统计结果显示，绝大多数加入劳动大军的新人是妇女和少数族群。在更微观的层面上，如果假定所有人的天分和能力相同而且机会均等，那么就意味着在组织的每个层面上都存在多样性。不幸的是，这种假设现在

图 2.1
多样性增加的主要原因

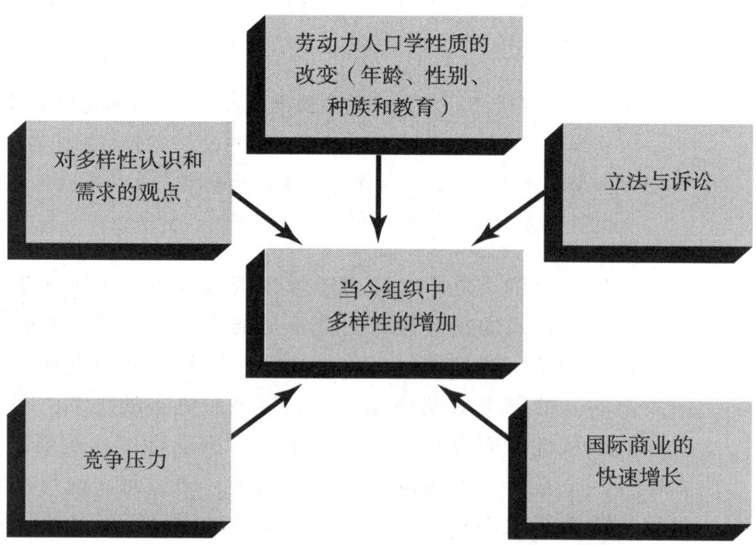

还没有得到实现，因为大多数组织的高层至今还不存在显著的多样性。尽管有一小部分妇女打破了大公司的“玻璃天花板”成为 CEO，但是从事相同工作的女性的平均工资仍低于男性。未来这一现象有望改观，因为有一半以上的女性在上大学，而且一半以上医学和法律专业的学生是女性。[33]

另一项导致当今组织实体中存在多样性的根本原因来自于立法和诉讼方面。政治和法律体系已经迫使组织雇用的范围更加广泛，而且要为所有员工提供平等的机会。虽然禁止雇用歧视的立法问题可以追溯到 1964 年的《人权法案》，但是这一里程碑式的法案和下面所列举的其他一些近期的法律，直到最近才真正产生效果。

1. *1978 年年龄歧视法案*。这一法案最初将法定退休年龄从 65 岁延长到了 70 岁，随后在修订中又彻底取消了年龄的上限。
2. *1978 年怀孕妇女歧视法案*。这一法案为怀孕员工的平等机会提供充分的保护。
3. *1990 年美国残疾人法案*。这一法案禁止对残疾人歧视，并且要求组织对他们合理地加以接纳。
4. *1991 年公民权利法案*。这一法案对 1964 年的法案进行了修订，恢复了由雇主举证的责任，从而防止歧视并确保雇佣工作和雇员的平等机会。同时，它还确定了通过陪审团对伤害采取惩罚和补偿的措施。
5. *1993 年家庭和医疗休假法案*。这一法案允许员工每年因为家庭或医疗原因享有最多每年 12 周的无薪休假。

所有这些法案，加之法律诉讼和诉讼产生的威慑力，将多样性武装到了牙齿。个人和团体如果发现他们自己被排除在组织或管理岗位之外，可以借助法律手段，来努力超越歧视障碍，确保他们在雇用工作中具有平等的权利。例如，近些年一些成功的法律诉讼，已经造成对三菱公司、波音公司、美国运通公司、美国国家航空航天局、Denny’s、Safeway、Sara Lee、Rent-A-Center 等组织数百万美元的罚金。

组织中多样性重要性突现的另一主要原因是，人们意识到多样性有助于他们应付当前面对的竞争压力。那些主动雇用和晋升女性及少数群体员工的公司，与那些不采用这种前瞻性的、积极行动策略的公司相比，会得到更富天分和更具能力的劳动力。美国管理协会近期的一项大型研究显示：一家公司的高层团队越能精确反映市场上的人口统计学情况，这家公司在产品设计、市场服务和广告战中的命中率就越高。[34] 而且，如果一家公司博得多样性的好名声，它就更有可能吸引到最优秀的员工，无论年龄、性别或种族，大多数有天分和才智的员工会觉得这种公司较其他公司更好。换言之，多样性可以给一个组织带来竞争优势。[35] 例如，近期的一项研究考察了银行业中的种族多样性、商业策略和公司绩效之间的关系。[36] 结果发现，种族多样性和商业策略对公司绩效的影响存在交互作用，公司绩效是通过生产率、净资产回报和市场绩效三个方面进行考察的。这项研究得出结论认为，多样性不但增加价值，而且在合适的情况下，还会对组织的竞争力有所贡献。

迫于竞争压力，组织已经开始认识多样性，并努力去从多样性的角度进行市场决策和团队管理。学术研究发现多样性和群体绩效之间存在复杂联系，[37] 越来越多的实际案例证明，多样性能够带来创新和竞争优势上的突破。例如，在锐步工作的一名女性员工指出没有好的适合进行有氧运动的鞋型，公司采纳了这一建议并打开了有氧运动鞋的市场，结果盈利颇丰，给锐步公司在竞争激烈的运动鞋产业中带来了一个突破。另一个例子是化学工业巨头杜邦公司，他们引入非洲裔员工，成功开拓了南部小农场主的市场。

多样性突现的另一个原因是，越来越多的组织正在拓展国际业务。伴随国际化自然而然产生的，就是多样性的增加，特别是文化多样性。如果国内组织采纳并促进多样性，那么他们就可以向全球扩展，他们将习惯于和来自不同文化、习俗、社会规范的人们一起工作。例如，杜邦的一支多元文化团队在世界范围的新贸易中为公司赢得 450 万美元，业绩斐然。另外，多样性团队令公司更加多姿多彩，对海外客户颇具吸引力。

国际竞争对于多样性的公司不是一个威胁，这是很重要的事实。因为在全球经济中，一家公司要想发展，甚至仅仅是存活，都时常需要跨国经营和销售。跨国经营和贸易所得利润的百分比正在显著增长。正如前面所讨论的，在全球化环境下，拥有并重视文化多样性的跨国公司的优势得到了充分的展现。

发展多元文化组织

有效管理多样性的基础和出发点，在于建立一个真正的多元文化组织。[38] 一个多元文化的组织可以被描述如下：

1. 在它的抱负、运作和产品或服务中反映出了多种文化和不同社会团体的贡献与利益
2. 信守承诺，根除组织中以各种形式存在的社会压迫
3. 让不同文化和社会团体的成员充分参与，特别是参与那些对塑造组织有重大影响的决策
4. 承担更多的外部社会责任，包括支持其他机构根除各种形式的社会压迫 [39]

要达成这种多元文化组织，需要经历下面几个阶段：[40]

1. 排斥型组织。这种组织距离多元文化组织最远。它仍固执于维护一个团体在年龄、教育、性别或种族等方面对另一个团体人员的统治。这类组织以雇佣政策中的排斥性以及其他形式的歧视行为为特征。尽管这种组织直接触犯了法律，但不幸的是它们还是存在着。
2. 俱乐部型组织。这种组织的特征是，它维护传统上掌握权力的人们的特权。这种组织可能通过雇佣女性和少数族群来从表面上避开法律制裁，但是只有那些具有“正确”信仰和观点的人才会被雇佣。也就是说，这样的组织中仍然有程度较轻的歧视行为。
3. 服从型组织。这种组织致力于消除存在于排斥型组织和俱乐部型组织中的一些歧视行为。例如，它们会通过看上去开放和公平的竞争形式，来使妇女和

少数族群得到雇佣与晋升。但是，这些策略更多地是从字面上迎合法律条文的规定，而缺乏其精神实质。例如，许多事情只是装装门面，而排斥型或俱乐部型组织的基础仍根深蒂固。对一家银行的调查研究发现了这种实质上的种族隔离。[41] 那里的白人和非洲裔美国人被派以同种族的主管，而其数量与统计学上的比例并不相符。虽然这家银行并不是有意为之，但事实却说明它们仅仅是对法律的顺从，而没有建立起真正的多元文化组织。

4. *积极行动型组织*。这种类型的组织致力于采取积极行动去消除歧视性的政策和行为，消除那些排斥型文化和俱乐部型文化固有的偏见。它们的做法已不局限于完成法律条文字面上的规定，而是采取积极行动，来支持那些妇女、少数群体、老年员工、残疾人士，以及其他一些在过去的组织中其平等权利和机会遭到破坏的团体或个人。积极行动的合法性已经成为争论最多的一个政治话题。最近，许多法庭案例是针对雇佣中的积极行动倾向的。[42] 同时，研究还显示："那些在积极行动中受益的员工的能力和水平通常被认为不及他们的同事"。[43] 这种知觉必须由确切的定义和积极的绩效评价信息加以解释，否则，如此积极行动的雇佣方式也是某种更为微妙但不会造成更大害处的一种歧视。换言之，即使积极行动是方向正确的一步，但它仍不足以创建一个真正的多元文化组织。
5. *重新定义型组织*。这种新出现的组织形式的特征是，它重新审视自己的一切行为，目的在于评估其对所有员工的影响，这种影响表现在所有员工是否具有平等的机会，参与到其自身或组织的成长和成功中，并贡献他们的力量。对组织的重新定义已经不单单是肯定性的反种族主义者和反性别主义者。这种方式对组织文化的核心价值观提出了质疑，这种价值观体现在组织的使命、结构、技术、心理动力系统以及产品和服务中。重新定义型组织不再仅仅对劳动力中的多样性被动应付，而是认识到了这种多样性的价值，它采取规划前景和解决问题的方式来开发多样性的优势。这种方式包括建立和实施相应的政策和措施，使得组织中的各种团体都得到相应的权力。
6. *多元文化型组织*。真正的多元文化组织的特点在于其核心价值观以及不断致力于消除组织中的社会压迫。来自各种文化和社会团体的员工加入到决策中来，以塑造组织的使命、结构、技术、心理动力系统以及产品和服务。

越来越多的组织宣称，真正的多元文化型组织是它们的理想，虽然它们中的绝大多数还处在向第六个阶段的转变过程中。如果仔细研究和客观分析就会发现，当今的大多数组织还处于第六种组织之前的某一个阶段。微软公司就是一个典型的例外，也是大家公认的一个多元文化组织，它的多样化的部门和多样化的顾问委员会坚信："通过理解和注重差异，可使公司的绩效最大化"。微软董事圣地亚哥·罗德里格斯声称：

> 我们需要强调，所有人类文化具有共同的需要，对人性具有共识。但是也存在差异。例如，如果你不知道一个客户看重什么，你如何能取悦它？这就是文化，也就是差异。多样化不仅告诉我们人是有差异的——我们知道这一点，而且它还让我们知道，这种差异具有附加价值。如果你知道如何利用这些差异，不论是在国内市场上还是全

> 球市场上，你将比那些不知道的公司更具竞争力。[44]

建立一个真正的多元文化组织，正如微软公司所做的那样，也许是最重要的，但同时还存在着一些个体或组织层面的步骤和技术，可以用来对多样性进行有效管理。不幸的是，时至今日，许多这种多样性的方案在实现其目标上均已搁浅。例如，总部设在纽约的一家研究机构 Catalyst 近期所做的一项研究中，询问非洲裔美国女性多样性管理项目在解决微妙的种族主义问题方面是否有效。大多数人（64%）的回答是它们没有做到，只有 12%的人认为他们在较大程度或很大程度上从这些项目中获益。[45] 下面的内容将提供一些有助于更加有效地进行多样性管理的个体和组织层面的方法。

多样性管理的个体方式

管理多样性的个体方式主要包括两条互相依赖的途径：学习和共情。前者基于真实或虚拟经验的获取，后者则基于理解感情和情绪的能力。

学　习

许多管理者在应对多样性上准备不足。由于他们缺乏经验，因此不清楚该做何反应。为了更好地做准备，管理者必须尽最大可能地努力学习和体验，以期培养出恰当的行为。这种学习的核心在于沟通。管理者必须与年轻和年老的员工、妇女、少数群体以及残疾人士进行一对一的开放性交流，从而学习如何最好地理解他们并与之相处。通过这种方式，管理者可以更多地了解到不同群体中的个人价值，以及他们喜欢得到什么样的对待。

管理者也可以建立一种行之有效的个人风格，与多样性群体中的每个成员更好地相处。例如，许多管理者惊讶地发现，组织中的残疾人士并不喜欢被特别照顾。他们只希望像平常人那样，得到平等的雇佣机会。许多管理者并没有意识到，他们对待这些员工时存有偏见。例如，在回顾了这一领域的一些研究文献后，我们可以得到下面的结论：

> 首先要声明的是，许多研究都表明，生理上有残疾的员工比起他们身体正常的同行来，通常更聪明、更积极、更合格，而且具有更高的学历。这些发现可以解释为什么这些残疾员工会有出色的表现，同时也反映出一些潜在的偏见，即残疾员工在从事一项工作时不得不具备超过工作要求的能力。而且，它们也反映出了人们在提拔这些残疾员工时所表现出的犹豫：残疾员工通常停留在入门水平的工作上，而具有同等资历的正常员工则很快得到了晋升。[46]

在学习过程中，管理者也必须鼓励多样性的员工给予他们坦率的反馈，让管理者知道他们希望被怎样对待。当管理者做出了一些员工认为不恰当的行为时，他可以通过这种方式很快了解到这一点，并对其行为进行调整。这种形式的反馈是非常重要的，可以帮助一个组织在有效管理多样性方面获得洞见。

共　情

和个体学习策略关系紧密的是共情（empathy），这是一种把自己放在别人的位置上，从他人的观点来看问题的能力。共情之所以对于多样性管理格外重要，是因为多样性群体中的成员通常会感到，只有他们自己可以完全理解他们所面临的挑战和问题。例如，许多女性因为她们的性别在工作中遭到歧视或性骚扰。尽管已经在表面上做了一些努力，以避免这些问题的发生，但在男性统治的管理世界中，对于妇女的歧视和"冷淡气氛"已经被制度化了。歧视和性骚扰已经成为事情发展的一种基本方式。最近一项针对 62 个性骚扰知觉上性别差异研究的元分析发现，女性把大量的异性社交行为（social-secual behaviors）判断为性骚扰。特别是，男女在关于恶劣的工作环境、针对女性的不友好态度、约会压力和身体接触等方面的知觉有很大差别，但男女对性挑逗和性强制等方面的知觉比较相近。[47] 这些问题有时会导致对于组织性别偏见和骚扰的控诉，而且在近几年，法院很愿意受理这类指控。

共情是处理更为微妙的问题的一种重要方式，因为它有助于管理者理解那些多样性员工的观点。例如，许多办公室的女性表示，在她们前往咖啡间时，愿意为她们的男性同事或老板捎上一杯，但是，重要的是，她们觉得自己也应该得到同等的待遇，在同等情形下她们也应得到男性同事捎来的咖啡。同样地，有些管理者非常努力地提拔少数群体员工到管理岗位上来，并使他们获得和工作相关的有助于职业生涯的经验。但是，在这样做的同时，管理者也必须理解这一事实：有些少数群体员工对于晋升的态度并不明朗，甚至还怀有矛盾情绪。他们可能很在意薪水和声望的提升，但同时他们也可能有所顾虑，比如是否受到了特殊对待，是否会失败以及是否无法达到众人的期望。通过学习对这些感受进行共情，并给员工提供鼓励、引导和背后的支持，管理者可以在有效管理多样性中扮演重要的角色。

多样性管理的组织方式

管理多样性的组织方式包括很多种技术。一些最为常见的包括测验、培训、督导和帮助员工有效平衡工作与家庭生活的方案。下面将对这些技术逐一进行讨论。

测　验

组织在使用测验来选拔和评价员工时常会遇到的一个问题是，它们通常存有文化偏见[48]。结果，女性和少数族群员工有时本能够做好一份工作，但是他们的测验分数却显示他们不符合候选人的要求。传统上用来选拔和评价员工的大多数测验对于多样性劳动力往往不适用。因而，近年来研究者把大量的注意力放在了可以真正有效选择和评估多样性员工的测验上。

要使测验对于多样性员工更有效，就应该采用具体工作测验，而不是一般的态度或知识测验。例如，一家想要聘用文员的公司，可以要求应聘者在一定时间限制内完成某个文字处理测验，从而测试他们的速度和准确性。应聘者的年龄、性别或种族背景则排除在了考虑标准之外。这种方式与通常用来测量一般知识或智力（依测验而定）的传统测验方式截然不同。来自不同文化（外国的或本国的）的人们在传统测验中的表现通常较差，因为这些测验中存在对于白人中产阶级环境中的人们的文化偏向。年老员工在这种有文化偏向的测验中的表现一般也不会很好。由于工作特异性测验关注的是要被完成的工作，因此可以防止这种多样性偏见。

除了不能具有文化偏见之外，有效管理多样性所采用的测验还必须能够断定应聘者是否具备完成工作所必备的技能。上述文员测验就是一个很好的例子，因为它测量的是工作所需的具体技能，而不是主观的人格特征。在一些情形中，可以采用精心设计的面试和角色扮演法，因为这是惟一有效的用来确定一个人是否具有必备技能的方式。例如，一个应聘客户服务工作的人必须能够理解客户方的语言，而且能够进行良好的沟通。客户服务工作还需要人们能够仔细倾听，能保持镇静，而且可以快速有效地解决问题。仔细设计和实施的面试能够有效地确定应聘者是否具备良好的表达能力，是否善于交流思想，是否具备可以有效应对客户的人格类型。角色扮演练习则有助于弄清应试者是否具有专注于发现客户问题并提供满意解决方案的能力。同时，应聘者还可以被分成小组解决一个案例或问题，从而评估他们的人际交往能力。问题的关键在于，复合性测验加上受过培训的综合评估者，可以对所需的复杂技能给出最为有效的评估。

如果使用纸笔测验，为了保证不发生偏见，必须使用科学的常模。这一过程可以保证测验具有跨文化的平等性，无论应试者的文化背景如何，所有的测验问题都具有相同的含义。

培 训

最近的调查指出，大多数美国公司目前已经从传统的追求平等雇用机会步入了主流的实施多样化培训的活动。[49] 一项相当全面的调查研究发现，那些采用多样化培训的公司一般具备以下特征：（1）规模大，（2）高管层对多样化持积极态度，（3）相对于其他公司目标，多样化具有更高的战略优先权，（4）存在一位具有多样化特征的经理，以及（5）存在其他许多针对多样化的支持性政策。[50] 这种培训可以通过两种方式在多样性管理中扮演一个关键角色。一是向多样性群体提供培训，多样性团体中的成员可以通过训练获得一种入门技能，或在他们目前和未来的工作中更有效率。另一种方式是向管理者和其他员工提供培训，使他们知道如何与多样性的雇员一起相处。近年已经采用多种方法提供这种多样性培训。

大多数多样性培训是让受训者直接参加的。佛罗里达国际大学的管理发展中心就提供了一个实例。这个中心为南佛罗里达的员工提供多样性培训，在这一地理区域内，拉丁裔和非洲裔美国人在人口中占据显著比例。在一个培训项目中，受训者按种族来源分成小组，每个小组对其他组的成员进行描述，同时倾听自己的小组是怎样被描述的。这项练习的目的在于使每个小组的成员了解他们是怎样被其他小组所看待的。每个小组还需要描述他们在工作中和其他小组的不同，并找到问题的起因。在培训结束时，管理者和员工都表示，他们可以更好地了解他们的个人偏见，懂得应该采用何种方式来改进他们与其他小组中成员的交往了。

另一种被广泛使用的方式是多样性棋盘游戏。参与者按要求回答一系列问题，这些问题涉及性别、种族、文化差异、年龄问题、性取向和残疾等领域。根据游戏者的反应，他们或许可以在棋盘上前进，或许要被迫后退。[51] 例如，为了帮助参与者更好地理解雇佣行为中的法律问题，游戏中可能向参与者提出这样的问题：

两个白人员工和一个非洲裔美国人被控偷窃公司财产，因为法律诉讼带有种族偏见，两名白人员工得到了释放，而黑人员工却仍被扣留。雇主的这种行为是：

a. 违法的，法律禁止种族歧视

b. 合法的，法律只保护少数群体

c. 合法的，这个案例涉及偷盗

答案是“a”。如果参与者答对了，那么可以在棋盘上前进或得到某种形式的奖励，比如给高分者一个纪念品。这种类型游戏的目的在于使游戏者明确，在对多样性团体的成员进行管理时，哪些做法不会触犯法律规定和限制。

另一些培训游戏帮助参与者关注文化问题，比如怎样同来自其他文化的员工进行交往。这里有一个例子：

在西班牙的家庭中，下面哪一条可能是最为重要的价值？

a. 成就

b. 金钱

c. 守时

d. 对长者的尊重

正确答案是“d”。在参与者进行这些游戏时，他们理解了其他文化的价值和信仰，同时也学会了如何更好地与多样性员工交往。

在许多情况下，这种与多样性相关的游戏是其他培训的补充。比如，它们常被当作启动一组培训项目的破冰船，或者用来在一段长时间的培训中保持参与者的兴趣。最近的研究发现，多样性培训能否成功的关键在于高层管理者是否对多样性支持，同样重要的因素还有：强制所有管理者参加、对培训结果进行长期评估、对多样性意识的提高给予奖赏，以及在组织中对多样性进行范围更广的界定。[52] 然而，必须要记住的是，这种认知性的培训可以有效转变对多样性问题的理解，但可能还无法带来行为上的改变。[53] Allstate 和其他公司都意识到，将培训和经营结果相联系，才能产生真正行为上的改变。[54]

对于广义上的培训和狭义上的多样性培训来说，迁移能力是一个很重要的问题。那些参加多样性培训的员工可以看到其价值并获得相关知识，但之后却无法将这些培训迁移到工作中来（迁移是一个心理学术语，通俗地说就是指学习能否举一反三、触类旁通——译注）。这种迁移问题主要起因于自信心和自我效能感的缺乏（即，受训者不相信他们在回到工作的特定环境中后，还能够成功地实现多样性培训中的目标）。库姆斯和鲁森斯最近设计了一个现场实验，用以提高受训者多样性上的自我效能。结果发现，这种培训显著提高了受训者在多样性上的自我效能（样本为来自3个组织的276名员工）。更重要的是，在保险业、制造业及政府机构这样的特定环境中，经过培训的人员的多样性自我效能，与他们在多样性培训中目标的数量和难度之间存在很强的正相关。[55] 第7章将对自我效能的心理状态做详细讨论，此类组织行为学概念对于诸如多样性培训这样一些应用领域的发展来说是非常重要的。

督 导

督导是指可信赖的咨询者、教练或顾问，他们可以提供建议和帮助。近些年，许多组织开始为妇女和少数族群员工安排督导。[56] 督导计划的目的是给予多样性团体成员工作上的支持，帮他们融入组织的文化价值观中，尤其是，帮助他们得到发展和晋升的机会。督导可以给他们的学徒提供许多特别的益处，包括：

1. 发现学徒具有的技能、兴趣和抱负
2. 在对工作起关键作用的特殊技能和知识方面提供指导
3. 帮助理解组织的不成文规则，以及怎样避免做错事或说错话
4. 回答问题和给予启发
5. 提供情感支持
6. 树立角色榜样
7. 创造一个环境，使人们在其中不会因为自己的过失而失去自信[57]

许多组织现在要求他们的管理者成为督导，比如贝尔实验室、NCR、休斯飞机公司、强生以及美林公司。建立督导项目的正规程序主要包括以下一些步骤：首先，高层管理者的支持是项目实施的保障。然后，督导和他们的学徒要经过仔细选择。督导负责提供建议、进行引导，他们要同那些愿意从这些经验中获益的个体匹配起来。最近一项有关少数群体工作网络的研究对此也有所提示。看起来，那些非常成功、在“快车道”上的少数群体员工可以和同群体及白人的非正式团体都保持良好联系，而那些不成功的员工的这种联系则很少，甚至没有同其他群体的联系。[58] 换句话说，这项研究也表明，一个有效的督导必须使他的学徒能够融入所有的主流或少数群体。有人认为，应避免和其他群体的联系，但这项研究的结果恰恰相反。

有效督导方案的第三步是让督导和学徒进行一次“适应活动”。督导要学会如何去督导，学徒则要知道应该提出什么样的问题才能从督导那里得到最具价值的经验。第四，在整个督导期内，通常是1年左右的时间，督导和学徒都会得到社会支持，以确保事情的顺利进行。第五，也是最后一点，在整个督导期结束时，督导和学徒都要对整个过程进行评价并提出建议，包括怎样在未来对其进行改进，这些信息将被用来帮助下一拨督导更有效地开展工作。

工作与家庭方案

如今在一个典型的家庭中，父母双方都要工作，双职工家庭的问题在研究和实践上得到很大程度的重视。[59] 选择灵活时间来工作的方法满足了这些双职工家

图 2.2
一种弹性时间安排

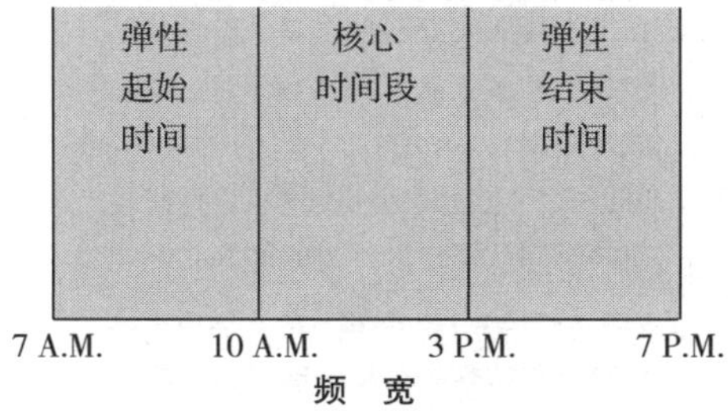

庭的要求，它使得父母双方可以更灵活地平衡家庭和工作的需要。最常见的灵活工作时间方法包括弹性工作时间、压缩工作周、工作分担和电子通勤，当然还会有一些新的平衡工作与家庭的方案不断出台。

弹性工作时间（flextime）给员工以更多的自主权，使他们可以在一个给定的时间段里决定自己每天开始工作和下班的时间。这个时间段称为“频宽”（bandwidth），如图 2.2 所示。假如一家的父母都在一个频宽为上午 7 点到下午 7 点的公司工作，每个人都要在这段时间里工作 8 小时。如果父亲每天早上 7 点上班，工作到下午 3 点，这样就有时间去学校接孩子。同时，母亲早上 8:45 送孩子去上学，然后 9:30 开始工作，直到下午 5:30。这样，父母双方都可以根据频宽来调整他们的工作和家庭时间。弹性工作时间的另一特征是“核心时间段”（core period），这段时间内每人都必须处于工作中。这段时间通常有最重的工作负荷，因此公司要求每个员工都要全力以赴。如果上面例子中的核心时段是上午 10 点到下午 3 点，那么父母双方在安排家庭责任和工作需求上都不会有任何麻烦。许多公司都在采用这一方法或相似的做法来同时满足组织和个人的需要。[60]

另一种灵活工作安排是压缩工作周（the compressed workweek）。这一方法在欧洲已广为使用，它将工作周压缩到更少的几天内。例如，一个典型的工作周是 40 小时，安排在 5 天之内；在压缩工作周中，则可以是 4 天，每天工作 10 小时；那些每周工作 35 小时的则可以压缩成每天大约工作 12 个小时的 3 个工作日。这些方法使员工有更多的时间放在家庭上，却不会影响他们的生产率、利润率和员工满意度。

工作分担（job sharing）则是将一份全职工作分由两人承担，每人都是兼职。这种安排在银行、保险和教育等职业岗位上最为流行。一对夫妻或任意两个人，可以将一份工作五五分成，或按其他比例分担。例如，那些渴望兼职的父母会发现分担工作是一个颇具吸引力的选择。[61]

还有一项很流行的可选工作安排是电子通勤（telecommuting）。这一方案需要将工作在家庭和办公室之间接收和发送，现在已经成为一种典型的灵活工作方式。例如，员工可以每周一和周二来公司，而周三和周四则在家以电子通勤的方式工作，周五再来一次公司。通过对员工的不同安排，公司可以减少在办公大楼内的人数，从而缩减所租楼层和停车位。有些员工还可以永远都不用去公司。

除了灵活的工作时间安排外，还有一些有利于家庭的很有新意的方案正在涌现。当几年前女性开始大量加入劳动力队伍后，组织在协调女性和男性在工作和家庭责任上的矛盾时遇到了困难。研究表明，冲突对两方面都会产生负面影响。

表 2.1
新颖的工作与家庭方案

儿童或敬老福利	在工作场所有许多照看孩子的设施，并将上了年纪的父母送入敬老院。
归化福利	包括离职政策和法律费用退还、医疗费、代理或安置费、暂时抚养费和/或旅行支出。
离职/休假政策	可以有一定时间的自由离职或休假，而不需要说明理由，也无须请示。所耽误的时间从规定的休息时间来扣除。
便利性福利	这是指一些工作场所服务，包括干洗、ATM 机、邮政服务和录像出租。
生活周期账户	针对一些特殊生活事件的储蓄账户，比如大学教育。通常雇主会根据员工的贡献进行分配。
健康促进福利	包括保健中心、健康监测、流感控制和压力解除。
教育补助福利	例子包括辅导方案、学费还款和奖学金。
住房补助	是指搬迁补助、置业辅导、根据个人情况安排抵押贷款等项目。
团体购买方案	包括法律和财政的计划咨询，本地指定商家购物的折扣、团体的汽车和住房保险，以及汽车购买的统一安排。
休闲日计划	可以是一个休闲日，使每个员工在工作中充分放松，体验到家的感觉。

对于男性和女性而言，工作—家庭冲突与工作不满、离职和压力相关；另外，工作—家庭冲突还会导致压力和缺勤。[62] 然而，还有一些研究表明，多重角色（完成经验相关的多重任务）可以为工作中的管理角色带来益处，那些具有多重角色的人（如，做所有的事）具有更高的生活幸福感、自尊和自我接纳。[63]

现在，这些方案正在帮助双职工家庭和在职父母解决现实问题。表 2.1 列举了一些关于工作/家庭方案的有代表性的样例。[64] 当然，并非所有的组织都在采用这些计划，但采用这些计划的组织正在上升。下面这些知名公司还有它们的独特方案：[65]

1. 百事可乐拥有“门房服务”（同旅馆相似），它可以帮助员工完成一些日常的差事和工作（比如加油、找保姆及联系房屋维修）。
2. 伊士曼·柯达有一间“幽默小屋”，员工在那里可以读一些轻松有趣的东西，或做一些运动，从而在繁重的工作中得以换换脑子。
3. Ben & Jerry's 有一个“欢乐团队”，负责在工作中带来一些欢乐，筹划生日派对、周年庆典以及其他一些有趣的事情。

托马斯和甘斯特最近的研究发现，工作与家庭方案可以减少家庭冲突、对工作的不满，还能解决与压力有关的问题，[66] 但这些方案是否能够促进绩效还难于用实证方法加以证实。然而，近期一项广泛的研究确实发现了工作与家庭方案同工作中的高承诺具有强相关，这些承诺包括员工投入与参与以及全面质量创新。[67]

伦理和组织中的伦理行为

伦理涉及道德问题和选择，涉及行为的是非对错。尽管这些年来，至少从表面来看，人们一直在关注伦理问题，从安然公司的崩溃到发表在《每日新闻》上的其他典型案例——高级主管被逮捕并控告“掠夺”了他们的公司；会计师事务所犯了妨碍司法罪；名人企业家如玛莎–斯图尔特因为进行违法交易被送入监狱，等等——伦理已经越来越重要。在后安然时代即公司伦理声誉扫地时期，伦理的研究在常规教育和组织行为的教育中变得特别关键。[68] 西北大学凯洛格商学院的院长断言：“我们面临着新的现实，为此我们需要一套全新的知识。”[69]

人们现在开始认识到，决定伦理行为的不仅仅是个人和团体，来自文化、组织、外部环境等一系列因素都会对其产生影响。文化对伦理行为的影响来自于家庭、朋友、邻居、教育、宗教信仰和媒体。组织影响来自于伦理规范、角色榜样、政策和习惯以及奖惩系统。外部环境对伦理行为产生的影响包括政治的、法律的、经济的和国际化的发展。[70] 这些因素通常会相互作用，在一个组织中塑造个人和团体的伦理行为。例如，最低工资制的工作会使人们困于经济现状而无法改善生活。那么，只支付给员工最低工资是否道德呢？耐克最初否认针对其海外工厂恶劣工作条件的指控，后来又企图用不同生活水准来辨解其低工资的做法是否道德。制造危险产品或烟草公司高级主管否认尼古丁上瘾的做法是否道德。再比如，一些肥胖员工表示他们在工作中遭到歧视[71]，而且有研究表明，那些外表缺乏吸引力的应聘者，在被考虑是否适合雇佣或涉及组织晋升时，明显处于劣势。[72] 那么，这种区别对待员工的方式，没有法律保护他们可以对不公正的待遇提出申诉，这些做法是否符合道德规范呢？

这些问题有助于说明什么是伦理行为，针对此问题的争论是什么，以及为什么好人有时也会做出不道德的事情。[73] 而且，罗莎贝斯·坎特发现，经常被引用的安然案之所以发生，除了领导者的不道德行为外，还有其他原因。她认为还包括：

> 在经济繁荣的时代，存在这样一种趋势——人们很少严格地考察成功；管理层的傲慢——当安然从石油和天然气交易转到其他金融交易时，自信转变成自大；管理者被华尔街和商界的出版物所煽动，认为时代呼唤英雄，导致人们隐藏了缺点和错误，认为在之后的成长中可以弥补任何错误。安然案中至少包含了一个有用的理论：创新——为了与传统分离，需要打破一些规则。[74]

除了导致伦理问题的这些因素外，许多人宣称他们自己在处理个人事务时很注重道德规范。但实证研究发现，这一类人在组织中往往得不到同事的喜爱。[75] 简单地说，来自同事的压力使得人们有时不想考虑那么多的伦理标准。另外，在一个人或一个团体看起来不道德的事，在另一个人或团体看来可能就不算什么问题。[76] 例如，一项研究调察管理层和公司员工对于未经授权就拷贝电脑程序的态度，结果发现，员工并不像管理者那样，会把它视作一个很大的伦理问题。[77]

这些例子还有助于说明，在确定伦理行为的准则时，存在不确定性和偶然性。除了和环境保护（称为“绿色”或“生态”问题）有关的伦理问题外，[78] 行贿问题、价格调整问题、帐务问题和其他一些违法行为都受到了萨班斯—奥克斯利(S–Ox) 法案的限制——并草拟和分发了相应的伦理手册，现在 75%的大公司都有这个小册子[79]——直到最近，人们才意识到，在研究组织行为中的伦理问题时，需要理论建构和基础性的研究。[80] 另外，随着经济全球化的到来，伦理已经成为跨国管理必须要考虑的一个主要内容（见所附的“伦理应用实例”）。[81] 斯塔科维奇

后安然时代：理想化的公司

过去十年的每个夏天，杰克·斯塔克一直去麻省理工的斯隆管理学院，给年轻的CEO们讲一个工程制造公司的理念和价值，这个工程制造公司曾在他的帮助下成为了管理界的典范。1980年代末，斯塔克的Springfield Re-Manufacturing公司成为在信任和所有制的文化下将管理和劳动力成功结合起来的典范。数以千计的管理者涌入他的公司听他的理念，另外一些人在他每年去麻省理工学院讲学的时候，听他为那些新CEO们讲伟大计划的产生。

但是当1990年代末网络时代到来的时候，斯塔克发现那些出现在MIT的商界领导者的态度改变了。他们对于自己比对公司更有野心。他们建立组织是为了抛售，而不是为了持久。他们更看重自己持有股份的价值，而不是公司的利润。他们告诉斯塔克，他那开发工人们的热情、智力和创造力的理念已经过时了。他们认为斯塔克跟不上时代了。

斯塔克说，他甚至觉得自己就是一只恐龙 。“这么多年轻的CEO沉迷于获得一两百万的升值，售空，然后搬出小镇。”他说，“他们忘记了商业从根本上来说就是价值观。”

突然，像斯塔克这样的领导——那些很重视伦理和公平的人——彻底地不流行了。在后安然和后泡沫世界，社会又开始回归怀念公司价值高于CEO薪水和最近的股票价值的时代。信任、正直和公平很重要，它们是行为的重要底线。公司的领导和企业家们忘记了自己正在为投资者丧失信心和市场下跌买单。“将个人和组织分离导致挫折、不信任、失望和愤怒，”肖莎娜·朱布夫——哈佛大学商学院的教授以及《支持经济学》这本书的合著者如是说。

1990年代末，很多公司运作得太快，而且放宽了会计规则和伦理标准。对这一现实的反省导致重新评估公司的目标和意义。滥用职权现在经常成为新闻头条，这或许会促成后安然时代健康性的变革。对此朱布夫和其他商业观察者十分乐观。一个新的理想化的企业样板是什么样的呢？

商业领导者说，公司将变得更透明——不仅对于投资者，而且对于员工、客户和供应商。那些一心一意看重股票价值，将股票价值作为绩效衡量标准的情况将减少。相反，公司将重视员工、顾客和社会。在过去的二十多年里，经理们的工资高得失去控制，所以现在正在重新评估而且努力地降低工资以产生公平感。公司文化将变得很注重正直和诚信。

在已经逝去的1990年代，太多的公司将绩效与有意义的公司价值相分离。“许多公司评价领导时只看重绩效，” 食品零售商Albertson的CEO拉里·约翰逊说，“领导有两个维度：绩效和价值。不能只看重一个而忽视另一个。”

这样的变化很少起因于政府的干预，而更多是因为公司担心被烙上不道德的标签。无论案件是如何解决的，政府有新的热情去控告不道德的个人和公司。“社会制裁将使法律的惩罚黯然失色，”管理学权威以及《冲浪于混乱边缘》的作者理查德·帕斯卡尔如是说。“未来的公司应该将这种新的苗头当做需要认真对付的难题。”

这个变化始于1990年代，那时华尔街和网络热潮的压力导致公司无节制。那些日子里，斯塔克发现他的理念不再受支持，但是之前他坚持开放式管理的文化使他成为一个名人。通过与员工分享公司的财务并让他们持有公司股份，斯塔克建立了商界少有的互相信任和互相尊重。

其他组织坚持相似的信念，从西南航空到哈里—戴维森。“我们紧紧地靠在一起，因为我们知道网络模型自己没长腿，”斯塔克说。“但是我们中的许多人怀疑世界是否会回报公司以真正的价值。”现在，斯塔克关于领导和管理的理念与那些没有误解商业的人产生了共鸣。

如果说有一种变化是人人可以预见的，那就是让公司更透明。对于投资者而言，他们需要真实的数字和清晰的披露。对于员工也很重要，要让他们在公司中有真正的主人翁感。在斯塔克的公司，员工和管理者每周都要聚在一起，根据主要的记分卡在墙上绘出工作进展，管理者进一步强调建立公司而不只是生产商品。要求工人参加培训，这样他们就可以理解资产负债表和损益表。

在1990年代那些因千方百计地追求利润而失去控制的公司中，公司文化也需要更新。更重要的是，那些信念和态度是由高级主管所建立的。他们所拥护的价值观、他们所制定的激励措施以及他们的行为，为公司中其他的人做出了表率。

（续）

(续)

与斯塔克一样，SEI 金融服务公司的阿尔弗雷德·韦斯特也是一位非同寻常的 CEO。作为公司的创立者，他没有公司的股票期权，他自己每年的薪水是 660 000 美元。他没有宽敞的办公室，跟公司设在宾州 Oaks 市总部里的任何人一样，使用同样的开放式的办公空间和桌椅，他放弃了作为经理的额外所得。为什么？“如果用公司的飞机和股票期权将自己与其他人分开，你的员工会得到错误的信息”，韦斯特说。

为了确保他们得到正确的信息，韦斯特花很多时间将自己对公司的远见转达给在那里工作的人。他的目标是建立一个正直、所有权分享和有责任感的开放文化，这是未来组织的雏形。“我们告诉员工公司的方向。我们强调远见和策略，而且不停地强化文化。”公司还通过一些措施让员工报告伦理问题和不公正的行为，具体方法包括开通检举热线，为员工投诉提供开放性措施。

有希望的想法？也许。但是后安然时代公司的第一任务是，认识到公司的生存能力很少依赖于不惜一切代价制造出来的数字，而是依赖于正直和诚信。宣扬并通过价值观来强化这种新风气的领导者，更有可能在未来不断变化的市场中收获回报。

和鲁森斯从组织行为学的角度提出了一个跨文化伦理的社会认知模型。[82] 这一模型以本国文化为社会基础，机构的（伦理立法）、组织的（伦理规范）和个人的（价值观和个人调整机制）等因素相互作用，共同影响伦理标准和真正的跨文化伦理行为。

伦理道德对公司利润的影响

除了工作中有关伦理的道德问题外[83]，越来越多的证据表明，伦理方案和实际行动可以令组织得到回报。尽管在过去，企业的社会绩效与其“底线”或利润之间的关系变得模糊，或者只有一些基于信念和轶事的证据，但现在，非法和有违伦理会使企业付出代价已经得到证实。新的研究结果也发现了统计上的显著相关。一项研究对《财富》500 强公司进行了比较，其中 67 家有过违背伦理行为，比如有违诚信、生产上的欺骗以及歧视行为；188 家没有过这种表现。结果发现，犯过错误的公司的资产回报率和销售利润率都明显偏低。[84] 其他一些近期研究发现了公司的伦理承诺和市场附加值[85]之间，以及社会项目投资和公司经济效益之间的较强联系。[86] 社会项目包括社区与员工关系、产品特性、多样性和环境。[87] 一项关注环境的研究发现了采用保护性、前瞻性的项目（如污染控制和/或有害垃圾削减）同所获得最终利润之间存在较强的正相关。[88]

伦理实践带来价值的证据不断积累，导致了公共社会表现的理论、研究和测量的发展[89]。在实践中出现了许多新的关于伦理道德的管理职位，而且控制系统也被用来监控这些伦理行为。[90] 正如本章提供的伦理实例“后安然时代：理想化的公司”所说明的，存在一些理想的组织，例如 Springfield ReManufacturing 公司，它们建立在信任、完全的透明（如 ReManufacturing 率先提出了著名的“open-book management”（账簿公开式管理））和互相尊重的基础上，带来了有道德的组织文化。另一方面，员工在道德领域中做出一些正确的事情应该遵守一些原则[91]。这里有一个当员工面临两难问题时的“道德小测验”：

1. 这个行为合法吗？

2. 这个行为正确吗？
3. 谁将受到影响？
4. 这个行为符合公司的价值观吗？
5. 我会有什么样的感受？
6. 如果它出现在报纸上会怎样？
7. 它会对公司产生不良影响吗？[92]

除了道德问题、伦理原则和组织文化氛围之外，在本章关于当今组织的环境框架下，伦理道德还会影响员工被对待的方式和他们的工作表现。换言之，伦理可以影响员工的福利和绩效。特别是，当今组织成员所要面临的一些社会问题，比如隐私权问题，一定会和组织行为的研究密切相关。

员工隐私权问题

除了一个组织的总体伦理氛围之外，另一个更为直接的伦理问题就是工作中的隐私权。近些年社会在各方面的发展直接影响到了员工的隐私权。其中之一就是电脑科技，电脑科技的发展使得雇主更容易了解其员工的信息。另一项就是强制药物检测，这项政策已经为许多组织所接受。第三项则是组织为了控制员工的生活方式而付出的努力。

除了使用电脑数据库来保存所有类型的个人信息外，电脑技术产生的另一重大影响就是员工的隐私权。因为电脑技术可以使人们进入别人的交流系统中。例如，上百万职工使用电子邮件，并使用各自身份验证密码来确保其隐私。不幸的是，这些密码可能会被泄露，而且也的确出现过这种事。这样，别人就可以读到这位员工的个人信件。[93] 在一个案例中，美国尼桑公司两位培训师的邮件受到了主管的检查，他发现了一些对自己有侮辱性的言论，于是对两位培训师进行了谴责。两位培训师认为这是对他们的隐私权的侵犯，于是将其告上了法庭。他们说，在使用电子邮件时，本来期望其隐私权可以得到很好保护。法院的许多案子都是针对隐私权的，还有许多至今悬而未决。[94] 然而，一项大型调查数据显示，许多雇主在存储和检查员工的电子邮件信息。[95]

除了关于电子邮件的重要伦理问题外，还有许多私人和伦理问题涉及了公司的权限，并且要求公司确保员工这些信息的安全。[96] 还要特别注意的是，当公司需要共享重要的机密商业计划或运营数据时，共享者要确保不出现共谋行为，从而使自由贸易不受到侵害。而且，这些分享者还要保证传递信息的准确性。[97] 另一个伦理问题涉及雇主可以在多大程度上对雇员使用互联网的情况进行监视。没有人知道在一家公司中有多少时间是被浪费掉的，但人力资源经理们在最近的一次调查中表示，他们曾经看到过或听说过员工在上班时间上网冲浪而不专心工作。然而，在网上闲逛的做法还不是最糟的，他们还有可能从网上下载了染有病毒的软件，或者触犯有关性骚扰和歧视行为的法律。这些问题将会给公司带来信息技术或法律诉讼方面动辄上百万的损失。[98]

电子通讯隐私法（Electronic Communication Privacy Act, ECPA）使得雇主对于

监控的警示

最严重的隐私侵犯几乎都是与快速而便宜的数据加工和存储系统的激增有关。最严重的问题是：我们把个体每天传输的每一个比特的信息——从早上在星巴克咖啡馆用信用卡支付时的E-ZPass摄像头，到工作过程中登录电脑时的按键——用不同的数据库连接起来，就可以做出这个人详细的日常活动档案。“我们是远离技术的一代，利用电脑保存你所做过的事情是完全可能的”，Counterpane Internet Security公司的技术总监布鲁斯·施耐尔说。

但是在信息技术中，时代发生了翻天覆地的变化。自从9.11之后，美国政府利用研究软件来发现潜伏在百姓中的狡猾的敌人。这个想法可以通过盗用多个数据库，利用算法将文件分类排列——从航线的显示、汽车的出租记录、旅馆的客人名单到信用卡、法庭和住宅记录，一些私人公司将这些信息编册出售，如Choice Point。通过这种方式，机器还可以记录人与人之间的关系，而这些是人类觉察不到的。

这只是提示人们注意监控者的诸多事例中的一类。另一个热门事件是窃听。随着无线技术的发展，出现了软件收音机，这个机器可以与任何网络兼容，也为窃听开创了新的领域。这一技术的商业优势是不言而喻的：它可以对警察和消防员之间的协同工作盲区说再见。这一技术使超级扫描仪能提取到邻居电脑上的画面，因为所有的电脑都能放射出杂散的辐射，使这一行动成为可能。业余爱好者也能用软件收音机设计新的设备，来监控某人在另一个房间的色情活动。如果使用不当，这一技术还可以将配偶的移动电话连接到窃听器上。

侵入员工电子邮件或所存信息的行为负有潜在责任。虽然雇主拥有这些电脑设备，但是为了防止侵害隐私权，他们必须设立一些政策，限制或禁止员工进行与商业无关的互联网活动或使用电子邮件；提醒员工公司有权对他们的信息和在线活动进行监控和检查；要求管理信息系统（MIS）的员工定期对发送和存储的电子邮件进行核查，从而确保员工遵守公司政策，同时要求可信的MIS经理掌握所有员工的电子邮件密码。[99] 另外，互联网和电子邮件还一定不能成为进行性骚扰的工具，无论是呈现不受欢迎的色情作品、淫秽内容还是含有性意味的材料。[100] 相应的伦理实例“监控的警示”说明信息技术对个人隐私的影响在不断地扩大。

另一项重要的隐私问题涉及药物检测。毫无疑问，药物滥用将会对绩效产生极端的负性影响。例如，最近的数据显示，滥用者发生事故的机会是那些不使用药物或酒精的员工的2~4倍（其中有40%与工业事故有关）、旷工率是2.5倍、总的病假数是3倍、补偿申述数是5倍，而且生产率也普遍偏低。[101] 然而，对滥用药物进行检测是否侵害了员工的隐私权仍是一个伦理问题。

在法律上，无论是对工作申请者实施药物检测还是随机或定期对员工进行抽样检查，都还是一个灰色地带。时至今日，尚无任何立法专门针对药物检测问题。法律专家说：“事实上，处理所有关于药物检测的案例时，法院都要在雇主需要信息的程度和对员工隐私权的侵犯之间进行权衡。”[102] 抛开法律不谈，伦理上的问题在于这种检测是否侵害了员工的隐私权。越来越多的公司不再留意这一点，它们要求对新来的员工进行药检，有些甚至将定期的药检作为一种雇用条件。美国管理协会最近报告说，仍有3/4的公司在进行药检，和前几年的水平持平。[103] 另外，联邦政府要求在合同额超过20 000美元的政府交易中必须随机对员工进行检测。另一些组织中，比如摩托罗拉，则每三年对员工进行一次检测，而不管他们进入公司多长时间。同电子邮件的情形一样，如果员工和雇主在法律和伦理上达成一致，比如健康和安全的威胁，并在检测前充分沟通，那么问题将会大大减少。

对于隐私权的一项新的威胁，来自于公司对员工的生活方式的干预。比如，一家公司是否有权解雇开始约会的两名员工，仅因为公司的政策禁止员工深入交往？公司是否有权拒绝雇用吸烟者和/或命令目前的员工戒烟？公司是否可以要求员工不许赛车或蹦极？近些年，总有许多事例是由于对个人生活模式的干预给员工和雇主带来麻烦的。在一些例子中，雇主可以强制实行一些政策，因为员工没有法律保护。[104] 例如，越来越多的公司开始拒绝雇用吸烟者，并指出吸烟会导致医疗费用的上升和病休的增多。亚特兰大的洛克希德航空系统公司就是一例。他们不雇用吸烟者，以成为无烟公司并促进员工健康。Turner 广播系统长期以来只雇用不吸烟者，从而拥有一批健康的劳动力，这与他们公司的文化相一致。同样，一些医院对那些拥有良好生活习惯（不吸烟、适度饮酒、保持体重）的员工给予一些经济上的激励，类似的做法的理由是减低医疗保险费用和提高生产率。另一方面，一些人站在伦理的角度反对这种关于生活方式的规定，认为公司正在试图规定和控制员工的生活，这些隐私权问题会越来越多地涉及伦理问题。

小　结

本章考察了由信息技术、全球化、多样性和伦理影响下的组织环境。在信息技术方面已经有一些惊人的突破。电子商务、知识管理和对人力及智力资本的重视对于研究当今的组织行为特别重要。现在电子商务以 B2B 的交易为主，未来更将如此。知识管理不仅重视有形知识资产，而且重视无形的知识或员工和利益相关者的智力资本。知识管理不仅重视获得和存储知识，最有效、最关键的知识管理是分享和融合信息和知识。人力和智力资本也是如此。当今的组织不再单纯依靠金融资本或设备资本，而是融合人力资本（员工的经验、技术和思想和创造）来形成竞争优势。

除了信息技术之外，国际环境也日渐成为组织行为发生的一个重要外部环境。现在很少有人会质疑这样的观点：在研究和理解组织行为时，必须意识到全球化和文化差异的存在。

现代组织面临的另外两个环境现实是多样性和伦理道德问题。多样性出现在组织中的原因多种多样，包括劳动力中妇女、少数群体和老年员工的增加，法律法规要求组织确保妇女、少数群体、老年员工和残疾人士机会均等。管理多样性可以采取个体或组织的方法，个体水平的方法包括学习和共情；在组织水平上，测验、培训、督导、灵活工作时间以及工作与家庭方案可以被采用。

伦理涉及道德问题以及行为的是非对错。一系列的文化上的（家庭、朋友、邻居、教育、宗教和媒体）、组织上的（伦理标准、角色模型、政策与实施以及奖罚系统）以及外部力量（政治、法律、经济和国际发展）方面的因素有助于决定伦理行为。 这些影响相互作用，共同确定和塑造着当今组织的伦理行为。越来越多的证据显示，伦理行为和社会项目对绩效的利润存在着积极影响，与组织行为密切相关。主要的伦理问题包括性骚扰、报酬和晋升上的歧视以及侵犯隐私权。这些伦理问题中的每一个都是当今组织的一个挑战，因此必须加以认识和注意，并小心管理。

结尾：元分析研究发现

组织行为学原理

女性和男性对于伦理行为的认识普遍不同。

元分析结果：

【66 个样本，20 000 个被试，*d*=0.22】，平均而言，女性与男性相比**有 56%的可能性**在评估商业行为时知觉到更高的伦理标准。一项中间变量的分析结果显示，性别差异在非学生样本中要小于学生样本。而且，性别差异在伦理认识中会随着年龄和工作经验的增加而减少。那些年长或有丰富工作经验的人会呈现较小的性别差异。

结　论：

随着女性进入劳动力中，那里不仅仅出现了多样性，对于伦理的认识也正在改变。具体地说，伦理已经成为管理和社会所要考虑的一个重要问题。组织成员如何认识这种伦理会对决策和商业行为产生重要影响。越来越多的研究显示，性别在对伦理的认识中起到了作用。如本章所指出的，社会带来的多样性影响着当今组织的文化价值。因此，通过早期的社会化、社会角色规范或实际组织经验带来的刻板效应，致使男性和女性在工作中建立起不同的兴趣、特征和价值观。而这些可能会使他们对于报酬平等、收受贿赂和性骚扰等问题采取不同的伦理判断。然而，随着男性和女性一起工作时间的增长，他们被同化到组织常模和文化中，那么对于伦理判断的差异注定会有所下降。

资料来源： Adapted from George R. Franke, Deborah F. Crown & Deborah F. Spake, "Gender Differences in Ethical Captions of Bussiness Practices?" *Journal of Applied Psychology*, Vol. 82, No.1, 1997, pp.920–934.

组织行为学原理

员工诚实性测验可以预测他们在工作行为和表现中的不道德和不正常行为。

元分析结果：

【305 个研究；349 623 名被试；开放性测验中 *d*=0.84，人格测验中 *d*=0.43，当测验同绩效相联系时 *d*=0.75】，平均而言，在开放的诚实性测验中得到高分的工作申请者有 **72%的可能性**与低得分者相比，更容易做出不道德和/或不正当行为。而且，平均而言，在基于人格的诚实性测验中得到高分的工作申请者与低得分者相比，有 62%的可能性更容易做出不道德和/或不正当行为。最后，采用诚实性测验不仅可以预测不道德和/或不正当行为，还可以帮助组织预测更好的工作绩效。平均起来，在诚实性测验中取得高分的员工与低分者相比，**有 70%的可能性**绩效要好。更深入的分析显示，测量方法是一个调节变量。即，对于不正当行为的测量可以采用外部效标和自我报告（承认）的方法。外部效标包括破坏规定事件的记录、实行处分、因偷窃而被免职，等等。自我报告效标包括所有对于偷窃行为、

过去的不合法行为以及破坏生产的行为的承认。有趣的是，自我报告测量的效度要高于外部效标的效度——可能因为并非所有的偷窃行为或不法行为都可以被发现和察觉。

结 论：

由于不道德和不正当行为不仅会影响到员工的良好状态，还会对个人或组织的绩效有害，因此，有关伦理道德的研究在组织行为学中得到了越来越多的关注。组织以某种方式去探查可能不道德的个体，同时也是给工作申请者一个公开的或基于人格的正直性和诚实性测验。这些测验通常被用于预测员工参与非法行为（比如偷窃）、不道德行为、过度缺勤、药物滥用或工作暴力的可能性。在过去的十年中，实验证明诚实性测验的预测效度很高。外显测验可以直接评估员工对于不诚实行为的态度。比如向员工提出下列问题："一个人因为偷窃 5 美元被抓，是否应该被解雇？"基于人格的诚实性问卷则通过对人格的可信性、公正性、适应性、诚实性和社会化等因素的测量，预测工作中的不正当行为。对于外显和人格诚实性测验的元分析有助于组织减少员工的不道德和/或不正当行为，同时帮助他们预测更好的绩效。

资料来源： Adapted from Deniz S. Ones, Chockalingman Viswesvaran, and Frank L. Schmidt, "Comprehensive Meta-Analysis of Integrity Test Validities: Findings and Implications for Personnel Selection and Theories of Job Performance," *Journal of Applied Psychology Monograph*, Vol.,78, No.,4, 1993, pp.679–703.

讨论与复习题

1. 信息技术是怎样成为组织行为的一个重要环境因素的？举例说明。
2. 你认为 B2B 商业模式为何能成为主导？
3. 知识管理有哪两种方法？
4. 人力资本与商业中传统的资本比较，有哪些根本性不同？
5. 全球化有何含义？有哪些全球化的例子？
6. 多样性意味着什么，有哪些主要原因使得多样性成为当今组织的一个重要问题？
7. 怎样有效管理多样性？请给出个体以及组织层面的建议。
8. 伦理意味着什么？哪些因素会影响到伦理行为？
9. 由于这些年隐私权问题变得越来越重要，组织怎样做可以有效应对这一伦理问题的挑战？

互联网练习：通过 IT 获得竞争优势

本章指出，IT 技术不仅改变了商业方式，而且也改变了组织行为和人力资源管理。通过查阅 www.walmart.com，www.eddiebaner.com 和 www.cabelas.com，回答下面的问题：

1. 显然，技术进步已经使这些公司从传统转向"点击"，为其顾客建立起一个在线购物环境。你认为他们要保持这种优势时面临哪些挑战？
2. 这些公司面临本章所涉及到的哪些问题？与传统公司相比，它们是不同的公司吗？面临不同的问题吗？或者它们仅仅是 B2C 的公司，与传统公司面临同样的人员方面的问题？

3. 对传统公司和在线型公司来说，它们面临的问题是否不同？如果不同，又有哪些不同？

互联网练习：工作中的伦理问题

伦理问题处于组织行为和组织决策的最前沿。一个争论已久的话题是对于员工的监视。当今科技已经可以使雇主轻易而且廉价地对员工行为进行监视。访问网页 http://www.legalethics.com 寻找与工作中的伦理和法律问题相关的信息。也可以访问 http://www.mhhe.com/business/management/buildgour management skills/ethies/axercise.html 检验你对伦理问题的认识和理解。然后，使用你的搜索引擎，看看你能否找到其他一些关于员工监视的观点。

1. 你是否认为雇主有权利用电子技术监视员工？你是否乐于被这种方式所监视？
2. 总结你在互联网上找到的观点，特别注意你是从哪里找到它们的。
3. 在浏览推荐网页和其他网页时，你还发现哪些伦理问题。

组织行为案例：全球化和技术能走多远

鲍伯是一家中型杂货店的老板，并且已经干了 30 年。最近他们的买卖很兴隆，主要是因为他在城市的繁华地段建起了客源。同时，鲍伯是一个好的管理者，他要求自己尽可能多地掌握商业知识，并不断随时代进行调整。比如，他最近就通过提供全面服务拓展了经营规模。他的哲学就是，只要不断地为客户提供新的产品和服务，就会永远拥有一个令人满意的客源。

在他去年参加的管理研讨会上，一个热点话题是全球化和科技对商业的影响。他还为许多电视广告和广告邮件所震惊，它们都宣传互联网上的商机。然而，鲍伯并不认为全球化和他有关，因为他根本就没打算拓展到城市之外。而且，他觉得互联网对于他的这种零售业没有用处，只是在浪费时间。

1. 对于全球化将给他的商业带来的影响，鲍伯的评价正确吗？
2. 你能否想到鲍伯可以从哪些互联网应用中获利？
3. 如果鲍伯不走在这种发展的前沿的话，科技与全球化会给鲍伯的企业带来哪些负性影响？

组织行为案例：我要离开

当巴德矿业设备公司想在秘鲁建立一个分公司时，高层管理者觉得公司有两条路可走。一是出口设备，在秘鲁设代理负责销售；二是在秘鲁建立自己的办事处，直接进行销售。在综合了诸多考虑之后，管理层决定派驻他们自己的人员进入海外市场。弗兰克·耐特是中选者，他很有销售经验，对这个任务也很感兴趣，但是他没有在南美工作的经验。公司要求他一周内收拾好东西前往赴任。

当弗兰克到达时，帕布罗·古铁雷斯在机场接他。帕布罗是当地的雇员，负责办公室事务，并给弗兰克以帮助。帕布罗已经为弗兰克租好了公寓和汽车，并料理好了一切杂务，好使他安顿下来。弗兰克非常感动，作为对帕布罗的感激，他将全力以赴地应对未来的挑战。

六个月后，市场部的副总裁接到了弗兰克的电话。弗兰克的声音中满是疲惫，他说尽管销售情况还可以，但他再也干不下去了。他要回家。如果在三个月内他还不能被调回的话，他就要辞职。当他的老板要他说说究竟怎么回事时，弗兰克说：

在这儿做买卖简直就是噩梦。每个人都晚来早走，下午还要休息两小时。所以即使我想在这段时间做生意，却连一个客户都找不到。而且，没有一个人努力工作，却还都觉得自己什么责任也没有。人们似乎根本没有工作伦理的支持，即使是帕布罗，我本以为他会努力工作的，结果也和其他人一样懒散。尽管销售额超过了预期的5%，但是，如果每个人都再努力一点点的话，还可以再提高30%。如果我再在这里呆下去，我怕自己也会变得和他们一样了。我要离开，趁我还可以走的时候。

1. 在弗兰克看来，工作伦理有多重要？这种看法怎样给他带来了麻烦？
2. 为什么人们不像弗兰克那样努力工作？存在哪些问题？
3. 在管理这家分支机构时，弗兰克犯了哪些错误，从而导致了这些问题？

真实案例：一个压榨劳动力的世界

走过印度尼西亚同阳鞋厂（TYI），你可以看到一条包括8 500名工人在内的炎热、肮脏的建筑绵延于雅加达之外。公司总裁Jung Moo Yung会向你展示他在这两年中取得的成就。他这样做是应其最大客户——锐步国际公司的要求，目的在于平息西方激进分子的抗议，他们起诉美国鞋商在工厂里压榨劳动力。

去年，Jung购入了一些新机器，它们是用水基溶剂代替图卢兹来粘结鞋底，旧溶剂可能会对每天吸入其气味的员工产生损害。他还安装了新的通风系统，并且配备了有靠背的座椅。所有这些满足锐步要求的做法只花费了他们两百万美元，而TYI的年均销售额是一亿美元。令Jung惊讶的是，"工人们的生产率大大提高。"

TYI的努力显示出，西方公司要想清除压榨劳动力的工厂，还有许多事情可做。早在20世纪90年代，许多公司就已经开始以法规的形式要求承包商改进恶劣和有害的工作环境。从最近对亚洲的访问看，诸如锐步、耐克、Liz Claiborne和Mattel终于开始强制实行他们的法规了。

问题在于这类公司还是少数。虽然许多跨国公司和那些与西方工厂一样管理良好的亚洲和拉丁美洲的工厂进行交易，但是仍有许多公司同那些采用骇人听闻行为的工厂做买卖，特别是在服装、制鞋和玩具等劳动密集型产业。

即使工作条件改变了，也可能无法提高员工的报酬。TYI从每双为锐步制造的鞋中可以挣得13美元，但只有1美元付给工人。然而TYI声称，在付完材料和其他费用后，他们的边际利润只有10%。如一位TYI的经理所说："如果我们不够便宜的话，客户就会跑到越南或其他地方去了。"

1. 你认为美国公司和其他发达国家负有哪些伦理责任，以确保其发展中国家的供应商不会严重剥削工人？
2. 你对于那位印度尼西亚的管理者在文末所说的"如果我们不够便宜的话，客户就会跑到越南或其他地方去了"作何感想？
3. 除了伦理和人权问题外，在这个例子中是否还有其他与组织行为学研究和应用有关的信息？

真实案例：不要用同样的方式对待所有的人

从1980年代起，许多高生产率的组织中的经理们曾自豪地宣称，他们做到了平等对待每位员工。这主要意味着对每位员工采用相同的规则和标准，让他们遵守相同的规定。而且，当员工接受评估时，他们被评估的标准主要是基于工作中的绩效。但近些年，管理者的想法已经发生了巨大改变。他们不再一成不变地对待每个人，有些组织现在试图满足每个员工的特殊需求。一项对某位员工适用的做法未必同样适用于另一位员工。另外，在对员工进行评估时，以往只看他们在工作中的表现如何，现在将注意力放在了他们带来的“价值增值”上面，而不看他们花在工作上的物理时间有多少。这种新哲学也导致了可变工作时间表的产生。

Aetna Life & Casualty 公司就是一例，工人们可以选择缩减工作周或压缩工作周。有了这样一些工作安排，一位想要在家中和孩子分享更多时间的家长可以选择将每周 40 小时的工作时间缩减到 30 个小时，或者将它们安排在 4 天里，每天 10 个小时，这样他们会有更长的周末和孩子呆在一起。无论怎样，这些个人决定都不会对员工的晋升机会产生负面影响。为什么公司如此乐意于满足员工的个人要求呢？一个主要原因是 Aetna 每年会损失几百名具有优秀天分的员工，公司认为这种损失太大了，必须做些什么来留住他们。结果，目前在 Aetna 的 44 000 名员工中，有 2 000 人在采取兼职、工作分担、在家工作的方式，或是采用压缩工作周的时间安排。据公司估计，他们每年可因此在培训新员工上节省 100 万美元。而且，公司报告说，在最近的一年中，因为家庭而离开公司的员工中有 88%又回到了工作岗位。这一方案的另一好处是使得 Aetna 的声望大长，被认为是适于工作的好地方。家庭和工作委员会最近将 Aetna 命名为四家最好的“家庭友好”公司之一。

Duke Power & Light 公司是另一个改变员工管理方式的典范。它意识到照看孩子是许多员工所面临的问题，因为许多家庭中父母都要工作，公司联合其他雇主的力量集资建立了一所托儿所。同时，公司还改变了他们的工作时间安排。过去，许多员工反映说他们痛恨三班倒的工作时间：一周白天、一周傍晚、然后是一周夜班。因此，公司制定了 22 个工作时间表，让员工根据它们来竞标，长者优先。在这些变化中，有些是传统的每周 5 天 8 小时工作制，而其他一些则进行了压缩工作周的改进，包括 4 天 10 小时和 3 天 12 小时。同时，公司还给予员工更多的权力，并将员工与经理比例从 12:1 上调至 20:1。结果，该公司目前的摩擦发生率比该产业平均水平低 3 倍，而且大多数摩擦产生于员工的例行工作转换中。如一位经理所言：“我们需要认识到，员工有他们的生活。”从结果来看，这些新的安排无疑促成了员工和公司的双赢。

1. 这一案例中所描述的新的管理哲学和传统哲学之间有何不同？请定义并描述这些差别。
2. 可变工作时间表是怎样对多样性管理提供帮助的？
3. 你认为这些新方案将会继续下去，还是会消亡？为什么？

组织行为案例：与时俱进

杰瑞是一家大型玩具公司的市场主管。目前他的管理团队全部由白人男性所组成。公司认为这有违于多样性和均等机会。在和公司总裁罗伯特的一次私人谈话中，杰瑞承认他在组建市场部的高级管理层时，存在提拔和他相似的员工的倾向。

杰瑞说："看起来，当我们部门存在一个晋升机会时，最合适的人选似乎总是一个白人男性。难道要我一有工作空缺就去寻找女性和少数群体，不管他们是否是最适合这个工作的人选吗？毕竟，我们并没有触犯法律，对吗？"

罗伯特回答说："到目前为止，你的部门还有着很好的绩效表现，而且就我所知，我们还没有触犯任何歧视法律。你的管理团队看起来在一起工作得不错，我们也不想用任何事情来扰乱它，特别是考虑到我们下个会计年度的大型市场计划。"

罗伯特所指的大型市场计划是要占据一定规模的海外市场份额。公司认为世界上的许多国家都存在一个适合其进入的巨大的缝隙市场，只有那些能够用颇具竞争力的价格造出一流品质玩具的公司，才有可能占有这个市场。目前市场组的任务是决定哪些国家将成为目标，哪种玩具将会好卖，以及将要开发哪些新玩具。

1. 杰瑞和罗伯特是否理解"多样性管理"的含义？你对他们有何建议？
2. 考虑到市场计划，他们怎样可以从一个更富多样性的管理团队中获益？请具体说明。

第3章

组织情境：设计和文化

学习目标

- **解释** 开放系统的现代组织理论、信息加工、权变、生态以及学习。
- **介绍** 组织的现代扁平化、网络化及虚拟设计。
- **定义** 组织文化及其特性。
- **叙述** 组织的文化是如何形成的。
- **描述** 组织的文化是如何保持的。
- **解释** 一些改变组织文化的方法。

这一章把注意力从组织行为学的外部环境转移到组织的构成上。本章特别关注的是组织的设计与文化。组织的结构代表了组织行为的框架。正如第1章讨论概念结构时所指出的，组织的设计与文化是重要的环境因素，是和个体的认知与行为交互作用的。本章的第一节以现代理论和设计的观点来描绘组织。第2章指出，信息技术和全球化对于组织的结构有巨大影响。新的理论、设计以及网络都已经出现，以适应当下的环境。比如说，知名的公司如通用电气，已经淘汰了垂直结构而采用水平设计，这个并购的世界也已经永远地改变了组织的设计与组织间的关系。重要的是，这类并购的大潮席卷了几乎每一个大洲和每一种产业。

组织理论与设计的现代观点包括非常灵活的网络，而且它承认信息技术与人之间的交互作用。比如说，一位组织理论家曾经写道："组织结构不仅仅是图表上的长方形；它是一种交互作用和协作，联结着组织中技术、任务和人的成分，以保证组织完成其目标。"[1]，对于结构（或结构的缺乏）在今天和将来的组织中对创新、变革和学习所起的作用，人们已经有了新的认识。

本章的第二节关注组织为组织行为所提供的文化内涵。在首先定义了组织文化的含义之后，我们的讨论将转向不同的组织文化类型，它们如何变化，以及它们可以怎样变化以适应新的外部环境和组织设计所带来的挑战。

组 织 理 论

一些组织理论家认为，经典的组织等级官僚模型被误解了，它其实不是组织结构的理想类型。事实上，等级官僚制就是理性合法统治的政治战略所采取的结构形式的一个例子。[2] 换句话说，某些经典等级结构的原始理论可能包含了现代组织理论的基础。

历史回溯

同组织结构经典理论的真正决裂一般被认为是始自切斯特·巴纳德（Chester Barnard）的著作。在他一本重要的著作《管理者的作用》（*The Functions of the Executive*）当中，他把正式组织定义为一个由两人或更多人组成的有意识地协同工作的系统。[3] 有意思的是，在这个经常被引用的定义中，系统和人这两个词被着重强调。是人，而不是组织结构图上的长方形组成了一个正式组织。巴纳德对现有的经典组织理论持批判态度，因为它太描述化，也过于肤浅。[4] 他还对经典的官僚制观点特别不满，这种观点认为权威应该是从上至下的。巴纳德运用了一种更为分析化的方法，提出了一个对立的观点。他坚持认为权威实际上应该是自下而上的，而不是自上而下的官僚制途径。

除了权威，巴纳德还强调组织的协作方面。这一点反映了他对组织结构和分析中的人的因素的强调。巴纳德的论点是，一个协作系统的存在取决于参与者沟通的能力以及他们朝一个共同目标努力的意愿。[5] 在这样的前提下，人在正式组织的创建和维持中扮演了重要角色。

基于这个良好的开端，现代组织理论已经分别朝着几个不同的方向发展。组织理论中的第一个发展是将组织视为一个由相互作用的部分组成的系统。开放式系统（open-system）的概念特别强调外部环境的输入，它对现代组织理论有巨大影响。随后的发展产生了一种对组织的分析，这种分析的对象是组织的能力——加工信息以降低进行管理决策时不确定性的能力。组织理论的下一项发展是权变观点（contingency approach）。权变理论的前提是不存在惟一最好的组织方法，组织的设计必须适应当时的环境条件。

现代的理论观点之一是自然选择——或者生态学——的组织观点。这种组织的生态学观点向权变观点指出了挑战。权变观点认为，组织是通过内部的改革和适应来改变的；而生态学的观点认为，这其实更是一个“适者生存”的过程，有一个组织选择和替代的过程。[6]

最后是信息加工和组织学习的观点。组织理论的这两个最新观点在很大程度上建立于系统论的基础上，强调在快速变化的外部环境（比如第 2 章讲到的信息技术与全球化）中，创造性学习比适应性学习更重要。所有这些组织理论都是其他关于组织行为学中组织的行为这一部分讨论的历史基石。

作为开放式系统的组织

封闭式系统理论和开放式系统理论在组织的理论和实践中都得到了应用。但在今天这样一个急剧变化的环境里，开放式系统理论正变得越来越适宜和有意义。[7] 将组织视为开放系统的关键在于将外部环境视为重要输入的来源。在系统论术语的界定中，组织的边界对外部（社会的、法律的、技术的、经济的以及政治的）环境而言是具有可透过性的。

最简单的开放式系统包括输入、转化过程以及输出，它可以图示如下。没有持续的输入、转化过程和输出，一个系统就不可能存在。

输入 → 转化过程 → 输出

输入、转化过程和输出的类型有很多。比如说，其中一种输入实际上是“封闭”地进入开放式系统的。换句话说，这种输入方式对内部系统而不是外部系统起直接作用——用系统论术语说，它装载了这个系统。另一种输入方式以开放的方式影响系统。总的说来，这种输入将构成系统所受的所有环境影响。还有一种输入方法，采用的是替代或循环的方式。当系统的一个成分被剥离或离开时，替代就成了一种输入。循环过程贯穿整个系统。进入商业组织的输入物的特定例子包括货币的、物质的、信息的以及人力的资源。

开放式系统的核心部分是将输入转化成输出的过程、操作或手段。内部组织设计在这里扮演重要的角色。转化过程包括一个逻辑网络的亚系统，这个系统通往输出。它被转化为一个复杂的系统网络，将输入转化为想要得到的输出。

任何简单的开放式系统的第三个，也是最后一个主要的成分是输出。它由系统所产生的产品、结果、产量、知识或成就来体现。一个对输入的货币的、物质的、信息的以及人力的资源做出反应的商业组织系统，它的特定的输出是利润或亏损、产品或销售额、新产品或服务，以及角色行为。

尽管最近几年来这种观点不再那么流行，但到目前为止，只有极少的关于组织的研究是由开放式系统的思想所指导的。[8] 这并不是因为开放式系统的观点被证明是错误的或在某些方面有欠缺，而是由于“为了最有成效地运用组织的系统范式，这个领域的学者必须重新检查他们对于这种范式的信心，有可能需要他们重新训练自己该如何以系统的角度对组织进行思考及学习。”[9] 如同我们已经指出的，一种新的系统思想已经以组织学习的方式重新出现了。彼得·圣吉（Peter Senge）写道：

> 今天，不断变化的是所需要的系统思考技巧的范围。当权力和权威被更广泛地分配，组织中的人们能懂得他们的行动会如何影响到其他人这一点就变得越来越重要。要做到这一点，组织中的人们需要更好的信息系统，以便了解整个系统的情况。[10]

在考查圣吉所最关心的学习型组织之前，我们先来看看信息加工、权变以及生态观点。

组织的信息加工观点

将组织视为信息加工系统的观点面临着不确定性，它是我们刚刚讨论过的系统理论与即将讨论的权变理论之间的一个过渡。信息加工观点对组织做了三个主要的假设。[11] 首先，组织是开放式系统，面临着外部环境的不确定性（比如信息技术或新经济）[12] 和内部与工作相关的任务的不确定性。杰伊·加尔布雷思（Jay Galbraith）将任务不确定性定义为“完成任务所需要的信息量与组织已有的信息量之差”。[13] 组织必须拥有某些机制，并具有结构性，从而诊断和应对环境和任务的不确定性。特别地，组织通过它的知识管理（KM）——我们在第 2 章里讨论过的——必须能够获得、贮存、说明以及使用合适的信息去降低这种不确定性。因此，第二个假设是这样的：“考虑到不确定性的不同来源，组织结构的一个基本功能是，创建最合适的工作单元的配置（包括这些单元之间的联结），以推动信息的有效收集、加工以及传播。”[14] 换句话说，在这种观点里，组织成为了信息加工系统。

权变和生态的组织理论

所有的现代组织理论——包括开放式系统和信息加工观点——都关注环境。但现代的权变、生态以及学习型组织理论对环境却有不同的看法。权变理论是能动性的，总体上与权变管理的发展类似，它们认为环境与特定的组织结构是相关的。更确切地说，权变模型涉及组织设计如何调整以适应内部环境（如工作技术和过程）和外部环境［如信息技术（包括互联网）和全球化］。

有些组织理论学家认为权变理论应该被一种生态学的观点所代替。[15]“人口生态学”的理论对这个观点有最好的描述。[16] 人口生态学的观点可以被简单地归纳为以下几点：

1. 它强调组织中的团体或人群，而不是单独的个体。比如，考察二战后的杂货商店的数量。战前，杂货便利店与超级市场的数量基本相同。但环境淘汰了小型的杂货便利店，而超级市场生存了下来，因为前者并不高效。
2. 组织的有效性被简单地定义为生存。
3. 环境被假定具有完全的决定性。至少在短期或中期阶段，管理被认为对一个组织的生存只有极小的影响。
4. 环境的承载能力是有限的。因此，在激烈的竞争环境中，有些组织会赢，而其他的组织会输。[17]

很明显，这个生态学理论采取了和经典的甚至现代的观点非常不同的有关组织乃至整个工业的主张[18]。一个能够调整组织结构以适应变化着的环境要求的更理性、更前瞻性的管理观念，比环境决定论更易于被接受，而且也更实际。但是最近几年，许多组织没有能跟上它们正在面对的显著的变化。比如，虽然数以千计的兼并和收购以及它们所导致的文化冲突[19]——我们在这一章即将讲到——和紊乱的组织结果主导着大多数的商业报道，[20] 德鲁克最近却写道：

> 公众几乎没有注意到，商业报道以及金融分析家也完全忽视了这一点，那就是，真正的繁荣发生在所有种类的联合当中，比如合伙关系，大企业买下小企业中的一小部分资产，研发或营销中的合作协议，联合风险投资，以及不那么正式但却具有法律效力的合同的简单协议。[21]

这些联合以及第2章中讲到的相互联系的信息技术和全球化的重大冲击，构成了组织理解和设计的一个新范式。所有这些因素都阻碍了组织理论的科学进程，因为正如杰夫·费伏尔指出的："我们可以论证，对组织的研究没有得到很好的发展，部分原因是强调典型性、包含性的价值观和理论及方法上的差异性。"[22]学习型组织代表了组织理论中的最新思想，而且与今天的组织所面临的新的范式环境相一致并且直接相关。

学习型组织意味着什么

组织被描绘成一个学习的系统并不是件新鲜事物。[23]事实上，在世纪之交，弗雷德里克·泰勒的科学管理中的学习被认为对工人而言是可迁移的，可以使组织更加高效。但是，今天所使用的*学习型组织*（learning organization）的概念的最早起用通常被归功于克里斯·阿吉里斯（Chris Argyris）及其同事的开创性工作。他们区分了一级学习（first-order learning）或单回路学习以及二级学习（second-order learning）或双回路学习[24]之间的差异。组织中这两种不同类型的学习之间的差异可以概括如下：

1. *单回路学习*（single-loop learning）是指改进组织的能力去完成既定目标。它与常规学习和行为学习相联系。在单回路学习中，组织的学习不需要组织的基本假设的重大改变。
2. *双回路学习*（double-loop learning）重新评价组织目标的性质以及围绕着目标的价值和信念的性质。这种学习包括改变组织的文化。重要的是，双回路学习还包括组织去学习如何学习。[25]

按照上面所指出的，彼得·圣吉及其同事随后开始从系统论的角度描绘学习型组织，并且在适应性学习（adaptive learning）和创造性学习（generative learning）之间做了重要区分。[26]适应性学习相对简单，它是学习型组织的第一步——适应环境的变化。最近几年，许多银行、保险公司以及老牌制造公司做出了很多适应性变化，例如推进全面质量管理（TQM）[27]、杠杆管理（相对于最佳实践）[28]、六西格玛（一个实际上在任何程序中都没有纰漏的目标）[29]计划和客户服务发起计划。[30]然而，尽管这些努力在适应客户对质量和服务的期望的变化上取得了普遍的成功，但是，组织仍然在它们的基本设想、文化价值和组织结果方面进行努力。它们没有超越适应性学习。[31]它们需要更重要的创造性学习。

创造性学习包括创造和创新，不仅仅是适应环境变化，它甚至能预期变化的发生。[32]创造的过程引导组织经验的彻底重构，并引导组织从这个过程中学习。例如，最大的汽车经销商——全美汽车租赁——就通过那些极其不好应付的客户

图 3.1
学习型组织的特性

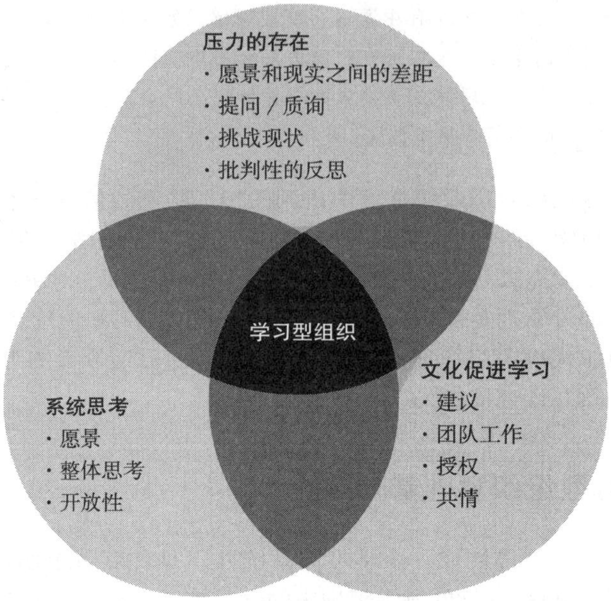

购买二手车的典型经验中，进行了彻底改变，并显示了其创造性的学习。这家公司依靠主动设置关键问题来预测顾客需求，这些关键问题包括无讨价还价购车流程，对二手车提供保修服务，以及允许在数百家销售店任意选择购车，等等。

有了阿吉里斯（双回路学习）和圣吉（创造性学习）提供的理论作基础，我们做了一个综合的回顾来确定学习型组织的主要特性。[33] 图 3.1 列出了学习型组织的三个主要维度（或特性），它们是从这些值得参考和借鉴的理论著作中提炼出来的。压力的存在——圣吉称之为“创造性压力”——充当学习的催化剂或诱导需要。如图 3.1 所示，这种压力产生于组织的愿景（它总是被期望向上调整）和现实之间的差距，它显示出学习型组织持续地提出问题和挑战现状的特点。学习型组织的系统特征则确认在整个组织中由员工分享的愿景和对外部环境及新想法的开放态度。图 3.1 所示的第三个主要特性是有益于学习的组织文化。组织文化给学习过程赋予很高的价值，并且在建议、团队、授权以及更细致但也很重要的共情方面，用适宜的机制代替空洞的泛泛而谈。这种理解反映在对员工的建议和创新（通过奖赏系统来进行操控）的诚恳关注及兴趣上。

学习型组织中的组织行为

对于个体的员工，在组织行为的层面上，适应性学习型组织会与员工对环境变化的反应相关联，这种反应只是能短期解决问题的常规且标准的方法。相反，强调持续试验和反馈的创造性学习则会直接影响职员阐释问题及解决问题的方式。创造性学习型组织中的员工被引导如何检查他们所做出的决定的效果，以及按照需要改变他们的行为。获得了极大成功的塔克钟连锁店就提供了一个很好的范例，它改变了管理者和员工完成工作的方式。

> 选拔过程现在重点关注雇佣在责任、团队合作、客户服务及参与等方面持积极态度的商店经理。管理者的角色也从为商店经理提供方向和控制，变成指导和支持。商店经理如今在沟通、绩效管理、团队建设、指导和授权等方面接受训练和支持，他们可以利用这个训练去改进其人力资源技巧。[34]

学习型组织也具有如下一些人本的文化价值观：（1）每个人都可能成为有益想法的来源，所以职员应该获得任何对他们有价值的信息的渠道；（2）离问题最近的人通常对如何解决问题有最好的想法，所以授权行为在组织的结构中应当被发扬；（3）学习是上下互动的，所以管理者和员工同样可以从中受益；（4）新想法是重要的，而且应该受到鼓励和奖赏；（5）错误应当被视为学习的机会。[35]最后这一点对学习型组织中的人们是一个尤其重要的文化价值观。

实践中的学习型组织

可以通过一系列方式使学习型组织更具操作性，以指导管理实践。比如，管理者必须善于接受新思想，并且克服想独自牢牢控制组织运营的愿望。许多组织倾向于墨守成规。学习型组织打破了这种模式，告诉自己的成员从不同的角度看待事物。举例来说，几年以前，英国石油公司（British Petroleum，BP）陷入了官僚制结构和控制程序的困境，背负了巨额债务，而且在石油工业的某些方面是成本最高的。新任首席执行官戴维·西蒙上任后，卖掉了公司的一些无关业务，执行了一项基于速度和快速学习的公司决策。该公司是按照下列思路来重新设计的：

> 妨碍协作、资源共享以及内部争论的职能性和部门性障碍被打破，以促进具有前瞻性的思考、对新的管理竞争的学习以及风险承担行为的吸收。最重要的是，一个有活力的高级管理团队开始培养一种新文化，这种新文化强调知识共享、开放式沟通、团队建设以及全公司的突破性思维。[36]

在世纪之交，英国石油公司适时地采用了一种学习驱动的文化，旧有的官僚制界限被打破，公司里的每个人都与其他人分享知识，于是英国石油公司成为了石油工业里成本最低的制造商。

在组织中将学习过程操作化的另一种方法是，开发管理者的系统思考。这包括看到问题、事件和数据之间联系的能力，把问题、事件和数据看作是一个整体而不是一系列没有关联的部分。学习型组织教会自己的员工确定他们可能与其他人、单位、部门发生冲突的缘由，进行协商和有技巧、快速的权衡。特别是，管理者必须学习如何鼓励员工把力量用在争论的实质上，而非个人冲突或政治上的明争暗斗。例如，在今天大多数成功的公司里，由跨职能的团队实施项目，因而去除了职能领域和机构间人为的障碍。有研究证实了团队学习对组织学习有重要影响。[37]

学习型组织的另一种实践是开发员工的创造力。创造力是形成独特的解决问题和做出决策的方法的能力。在创造性学习型组织中，创造力作为一项必不可少的能力得到了最为广泛的认可。创造力的两个重要的维度是个人适应性和承担风

表 3.1　传统组织与学习型组织

资料来源：Adapted from Peter M.Senge，“Transforming the Practice of Management”，*Human Resource Development Quarterly*，Spring 1993. p.9.

作　用	传统组织	学习型组织
决定整体方向	最高管理层供愿景。	共享的愿景从许多地方出现，但最高管理层对这个愿景的存在及培养负责。
表达及执行想法	最高管理层决定要做什么，组织的其余部门去实现这个想法。	想法的表达和执行发生在组织的所有层级上。
组织思考的性质	每个人对他自己的工作负责，专注于发展个人的竞争力。	员工理解自己的工作，也理解他们的工作与其他人的工作发生交互作用并影响其他人的方式。
解决冲突	冲突通过使用权力和等级影响得到解决。	冲突通过集体学习和整个组织的员工的不同观点的整合得到解决。
领导与激励	领导的角色是建立组织的愿景，提供适当的奖赏与惩罚，以及维持对员工活动的整体控制。	领导的角色是通过授权和超凡的领导能力，在整个企业内建立一个共享的愿景，授权给员工，激发参与，以及鼓励有效的决策制定。

险的意愿，这两个维度促进并帮助释放创造力。结果是，现在有很多学习型组织教它们的员工如何去回顾他们当前的工作习惯，从而改变限制了他们思考的行为。尽管典型的组织重视通过新方法来使用旧思想，学习型组织却重视员工打破他们的操作习惯，并且“在箱子之外”思考。创造力也包括心甘情愿地接受失败。IBM 有一个著名的故事，讲到一个经理在项目失败后怀着焦虑的心情去参加老板的会议。在谈到关键问题时，忐忑不安的经理脱口而出：“我还以为您会解雇我。”但是他的老板马上答道：“我为什么要那样做，我们刚刚为你的教育投资了 600 万美金。”换句话说，像 IBM 这类学习型组织将失败作为一种学习的机会来对待，这种方式为将来的创新提供了良好的氛围。管理者通过提供帮助性的环境来鼓励风险承担和创造性的行为。一种文化价值观或者习惯用语，比如“预备，开火，瞄准”就形象地描绘了这样一种环境。

圣吉概括了学习型组织和传统组织之间的差异（见表 3.1）。这些差异有助于阐明为什么学习型组织正在变得重要，以及为什么越来越多的企业正努力发展创造性学习的环境。它们认识到了可以获得的收益。甚至有实证性的研究证据表明，学习型组织概念和该公司的经济效益之间有正相关。[38] 系统、信息加工、权变以及生态理论对于组织的形成是重要的，但是，组织学习对于在新范式环境里理解今天的组织迈出了更大的一步。

现代组织设计

和很多组织理论家一样，许多管理者正变得对组织的传统设计方式不再那么热衷。若干年以前，大多数管理者仅仅试图小心地修正经典的官僚制结构，[39] 并且在试验和创新面前踯躅不前。但是，今天的许多管理者已经克服了这种阻力，做出了激烈的组织变革。他们认识到经典理论所提供的简单的解决办法在新范式环境中不再适宜。[40] 特别地，灵活性、适应变化的能力、创造力、创新能力、知识以及克服环境不确定性的能力，都在越来越多地出现在现代组织所面临的最大挑战之列。解决办法有扁平化组织设计、网络组织设计以及虚拟组织设计。

扁平化组织

扁平化组织设计（horizontal designs）代替了传统的、垂直的等级制组织。第2章中讨论过的先进的信息技术和全球化环境，提示了使用扁平化结构去促进协作、团队作业以及客户导向而非职能导向。[41] 麦肯锡公司的顾问弗兰克·奥斯特洛夫（Frank Ostroff）和他的同事道格拉斯·史密斯（Douglas Smith）一起，提出了下面的一些定义扁平化组织设计的指导原则：[42]

1. *组织围绕流程运转，而不是围绕任务运转*。组织的建立围绕着它的3~5个核心流程，而不是创建一种围绕着传统职能的结构。每一个流程都有一个“拥有者”和一个业绩目标。
2. *等级制被打破*。为了减少管理的层级，分割的任务被结合起来，不能增加价值的工作被中止，而且每个流程中的活动各自减至最小程度。
3. *用团队管理每件事*。自我管理团队是组织建构的单位。团队有一个共同目标，能对绩效目标负责。
4. *客户驱动绩效*。客户的满意度是绩效的主要驱动力和衡量标准，而非利润和股价。
5. *奖励团队绩效*。奖励系统配合团队协作的结果，而不仅仅是个人的表现。员工因多种技能的发展而受到奖励，而不是仅仅因为具备专门的技术。
6. *与供应商和顾客的接触最大化*。员工与供应商和顾客进行直接的、频繁的接触。在必要的时候，供应商和顾客的代表应该作为内部团队的全日制成员而进入组织。
7. *全体员工都需要知情并接受训练*。应该给员工提供所有数据，而不仅仅是基于“需要知道”的基础上被删改过的信息。但是，他们同样需要被训练如何去分析和使用这些数据做出有效的决策。

今天，这种扁平化结构已成为众多组织中的现实。举例来说，AT&T的各单位在做基于流程而非职能的预算，比如对世界范围内的电信网络的维护。重要的是，AT&T对员工的奖励是基于客户对团队在这些流程中的绩效的评估，通用电气、摩托罗拉、施乐等公司也都在朝着组织的扁平化设计原则努力。例如，通用电气已经废弃了照明设备部中的垂直结构，用一个扁平化结构取代了这一设计，这个扁平化结构由100多个不同的流程和程序所组成。特别是，为了裁减官僚制结构和解决组织的那些跨功能和层级问题，通用电气贯彻了著名的“解决掉”（正如成功地解决以及解决任何问题以使工作完成）策略，具体描述如下：

> 大量来自组织的不同层级和职能的员工和经理——聚集到一起，讨论他们所发现的或由高级主管提出的问题。在小团队中，人们质疑普遍流行的关于“我们一直用来

解决问题的方法”的假设，并提出如何在组织的流程中进行重大变革的建议。[43]

摩托罗拉的政府电子团队重新设计了它的供应链管理组织，从而启动了一个服务外部客户的流程结构。在施乐公司，新产品的开发是通过多学科的团队来实施的；使用垂直结构的年代已经过去了。这些新的组织方式更适应今天对柔性、速度以及协作有更高需求的环境。最近的一本书《扁平化组织》（*The Horizonal Organization*）提供了下列一些原则：

1. 使团队——而不是个人——成为组织设计和运作的基础。
2. 通过取消不能增加价值的工作和授权给团队成员——使其能够对与他们直接相关的活动做出决策——来减少层级。
3. 强调多种能力，训练员工在跨职能领域里处理问题和工作。
4. 评估流程结束时的业绩目标，如顾客满意度、员工满意度以及经济收入。
5. 建立一种开放的、协作的公司文化，一种关心持续的绩效改进的文化，一种注重员工获得授权、责任感和福祉的文化。[44]

网络设计

网络设计（network designs）几乎超越了扁平化结构，并且完全抛弃了组织的经典的、等级制的职能结构。官僚制模型只有在过去竞争较少、市场环境更稳定的情况下运转得很好，那时还没有现在这样无边界的先进信息技术和全球化。正如罗莎莉·唐所说的：

> 互联网（世界上最大的网络之一）的出现，通信手段和模式的突破性发展，以及世界经济的持续全球化已经改变了一切——如今，以一种惊人的比率和速度形成一个能将数量众多且分散于世界各个角落的人、组织和系统连接在一起的网络是完全可能的。有些受欢迎的网站每天能获得五百万点击率，因此，来自不同地理位置的人能够进行持续的信息访问以及交流观点。世界上两个相聚很远的不同角落的人，如今也能和一个真正的团队一样在各种类型的项目中一起工作。[45]

为了应对这些革命性转变的挑战，组织正朝着网络结构的方向努力。

网络组织在几年前的学术著作中曾经被讨论过。比如，组织理论家迈尔斯和斯诺明确了他们所定义的动态网络（dynamic network）。[46]它包括决策、结构、管理过程之间的一个独特联合。最近他们这样描述了网络组织：“不分层级、具有高度的灵活性、由市场机制而非行政程序控制，具有这种新结构的公司根据它们的核心职能在商业价值链上排列自己，通过战略联合和外包来获取补充资源。”[47]已有研究显示了结构和信息技术对网络行为和成果的影响。[48]

随着团队和外包（集中于核心能力，形成外部伙伴关系以完成组织的外围活动和职能）的出现，尤其是“联盟”（两个或两个以上的公司建立了一种密切的合作关系，这样它们的行为节约了与第三方合作的费用[49]），网络设计实际上已被现行组织所使用[50]。塔伯斯科特和卡斯顿注意到，这种网络组织是“建立在合作、多学科的团队和商务网络基础之上，在整个企业中形成网络。它是一个模块

表 3.2 传统等级制组织与网络组织

资料来源：Don Tapscott and Art Caston，*Paradigm Shift*，McGraw-Hill，New York，1993，p.11. Used with permission of McGraw-Hill.

维度/特性	传统组织	网络组织
结 构	等级的	网络的
范 围	内部的/封闭的	外部的/开放的
资源关注点	资 本	人力，信息
状 态	静止的、稳定的	动态的、变化的
人事关注点	管理者	专业人员
关键驱力	激励和惩罚	奉 献
方 向	管理命令	自我管理
行动基础	控 制	授权去行动
个人动机	使上级满意	完成团队目标
学 习	特定的技能	能力拓展
薪酬依据	在等级中的位置	成就、能力水平
关 系	竞争性的（我的对手）	合作的（我们的挑战）
员工态度	分离的（这是一份工作）	认同的（这是我的公司）
主导要求	明智的管理	领导力

组件式的、并不僵化的组织建筑，商业团队作为委托人和服务商的功能在其中运转。”[51] 表 3.2 比较了传统等级制组织和网络组织的不同维度和特性。尽管网络设计不能像过去的经典等级制结构一样被表示出来，图 3.2 是表达这个概念的一种尝试。

迈尔斯及其同事确定了当今组织的三种基本的再设计：[52]

1. 绿地式再设计（greenfield redesign） 正如字面的含义，它表示从一块绿地或一片干净的岩石开始，完全打破经典结构，建立一个完全不同的设计。范例包括一些非常成功的公司比如谷歌和西南航空公司。例如，在西南航空赫布·凯莱赫的独特领导下，公司完全不同于传统的航空业。目前已经退休的凯莱赫被描绘为一个有着极高智能、关爱员工、幽默风趣以及具有领导者个性的人；他曾经与对手在一次广告词纠纷中“掰腕子”而不是诉诸法律。[53] 西南航空创建了这样一个组织，它“直面官僚制度：防止机构臃肿，重视细节，保持简洁——且更高效”。[54] 它是遭遇了 9.11 的严重损失之后惟一没有解雇职员的大型航空公司。
2. 重新发现式再设计（rediscovery redesign） 这是一种更常见的重新设计，由此，一些已经确立了制度的公司，诸如通用电气，重又回到了那种以前曾通过取消非生产性的附加结构和调整的成功设计上。例如，美国一些最成功的电子公司如德州仪器已经在它们的产品开发流程中恢复了一些高度形式化、官僚化的程序。[55]
3. 网络式设计（network design） 像哈里—戴维森这样的公司不仅在“绿地”概念下进行重新设计或发现及延伸它们的过去，它们也做着分解和联合的努

图 3.2
等级制组织与网络组织的对比

资料来源：Raymond E.Miles and Charles C.Snow，"The New Network Firm：A Spherical Structure Built on a Human Investment Philosophy"，*Organizational Dynamics*，Spring 1995，p.6. Used with permission of the publisher © 1995, American Management Association, New York. All rights reserved.

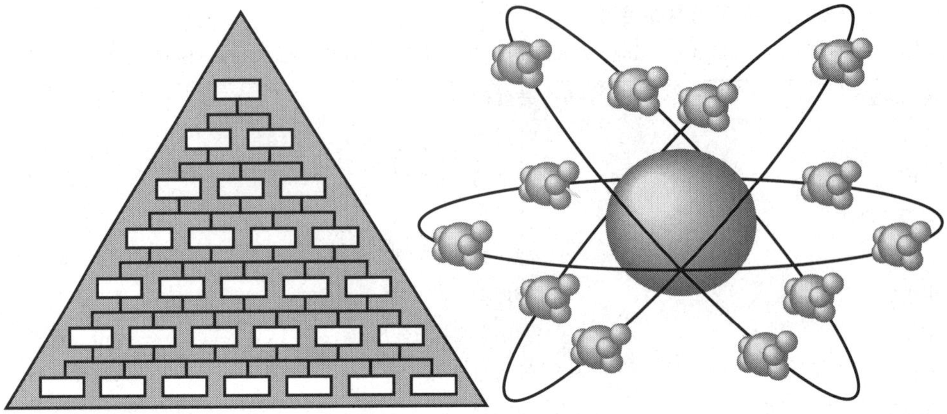

相比过去不灵活的等级金字塔，网络组织要求一个灵活的可以使能力、自我管理团队和其他资源围绕一个共同的知识基础的球状结构。这样的团队可以根据公司的利益对外部和内部做出快速的反应，它提供了一种独特的竞争优势。

力。在网络观点中，公司注重在供应链中可以加入最大价值的地方，它通过外包方式可以在上游或下游找到能更好完成工作的合作伙伴。公司的这种网络与它的上游和下游的合作伙伴可以达到最有效和最灵活的水平。另一种网络观点要求公司的内部单元与市场价格互动——相互买卖的价格与外包伙伴能获得的价格相等。这种内部网络组织的"外包"观点可以在全球性公司，比如著名且受尊敬的瑞士 ABB 企业集团中看到。美国大通银行中有"共享"服务单元，它与外部卖主相竞争，为银行自身的工作单位提供服务。[56] 另外，这种全球性扩张挑战着这些跨国公司，它们必须解决文化差异（见下页的国际应用实例）。

上面所描述的网络组织与熟知的虚拟组织已非常接近。

虚拟组织

虚拟组织（virtual organization）概念的出现，不是因为它描述了与网络组织不同的东西，而是由于这个名称本身体现了这个新的信息时代以及在越来越多的全球性公司里可以看到的合作、联合和外包。[57] 有趣的是，用在这里的"虚拟"这个词，不是来自通常的虚拟现实这个含义，而是来自描述使计算机的存储能力看起来比实际能力大的一种方法——*虚拟内存*。虚拟组织要求一个强大的信息技术平台。[58] 虚拟组织是那些开拓快速变化机会的公司聚集在一起所组成的临时网络。

与传统的兼并和收购不同，虚拟组织中的合作伙伴参与分担成本、共享技能以及进入国际市场的通路。每一个成员都把它的核心能力贡献给虚拟组织。简要地概括一下，虚拟组织的关键作用有：

1. *技术*　信息网络可以帮助分布范围广泛的公司和企业家联系在一起，并自始至终共同工作。合作关系建立在电子合同之上，免去了使用律师，而且加速

国际应用实例

单一的标准无法适用于所有人——即使是汉堡

世界上有一些事情看上去是一样的，除了地理位置。无论飞行员飞进纽约的肯尼迪国际机场，还是英国的希思罗机场，我们都会假定在这两个地方起飞和降落的过程是一样的。但事实上，文化差异可能会推翻这些假定。例如，在从任何一个地方来的飞行员跟空中交通控制员通话时，世界上大多数国家都同意将英语作为世界通用的语言。另一方面，法航联盟鼓励他们的飞行员降落在戴高乐机场时继续用法语通话。这些由文化而产生的差异并不只出现在航空业。

许多跨国公司发现，一个在本国卖得很好的产品要在国外市场也卖得同样好是极为困难的。那些国家中人们的习俗、文化和行为经常与本国非常不同。例如，Office Depot 和 Office Max 进入日本市场的时候，它们相信自己广泛的产品种类、便利的商店布局以及低廉的价格会帮助它们获得巨大的市场份额。但是它们错了。它们主要的日本竞争者之一认识到这些美国的大型跨国公司所没有认识到的事情——小企业在办公用品市场中占有很大的份额，这些小企业急切地希望能在购买当中获得和大公司同样的大折扣。因此这家日本公司建立了一项专门针对小公司的产品目录业务。在这些小公司里，是由职员负责办公设备的采购，他们乐得坐在他们的办公椅上阅读目录并且完成订购，而不是亲自去商店。

尽管 Office Depot 和 Office Max 在与小规模的日本对手竞争的过程中受挫，但它们相信自己可以在剩余的市场——随意走进来的顾客中——得到很大份额。可是它们仍然被日本竞争者打败了。和美国顾客不同，日本购买者并不介意在堆满商品的小商店里购物。结果是，Office Depot 和 Office Max 建立了有宽阔通道的大商店，却付出了等同于竞争者两倍的租金和员工工资，最终被迫承认失败。它们的经历并不鲜见。

当以密歇根为基地的小型连锁店“鲍伯家的大男孩”（Bob′s Big Boy）在泰国开设了一系列分店时，管理层惊讶地得知，当地顾客其实并不喜欢本店的汉堡。本地顾客宁愿从街头小贩那里用 1/5 的价格买家乡烤肉、碗面或者烤鱿鱼。事实上，直到泰国分店的老板细致地观察了那些从他的餐厅门口走过去的潜在顾客，他才开始赚钱。他认识到这些潜在顾客可以分为两大类：欧洲游客和泰国的年轻人。这促使他变更了餐厅的菜单。他们开始为德国顾客提供诸如鸡蛋面疙瘩、牛肉和巧克力之类的特色食物，为当地的泰国人提供乡村风味的特色食物，比如炒饭和猪肉蛋卷。他们还在“大男孩汉堡”中加了糖和辣椒粉，使其更适合泰国人的口味。谈到他最终的成功时，这位适应变化的老板最近说道：“我们以为我们在把美国食品带给大众，可现在我们是把泰国和欧洲食品带给游客。这有些奇怪，但你知道吗？这种方法很有效。”究其原因，这位老板认识到市场供应必须适应当地的需要。单一的标准无法适用于所有人。

了这种联系。

2. *机会主义*　合作伙伴关系比较不持久、不正式，而且是机会主义的。公司会为了得到所有特定的市场机遇而联合在一起，而一旦这种需求消失了，这些公司通常也会分开。
3. *无边界*　这种新型组织模型重新定义了公司的传统边界。竞争者、供应商及客户之间更多的合作，使得判断公司间的界限变得更困难。
4. *信任*　这种关系使不同的公司更加互相依赖，它要求比从前多得多的信任。这些公司都有一种“共命运”的感觉，意味着每个合伙者的命运都依赖于其他合伙者。
5. *优秀*　由于每一个合伙者都把它的“核心能力”努力贡献出来，因此创建一个完美的组织是有可能的。每一项职能和每一个流程都可以是世界级的——单独的一个公司不可能做到。[59]

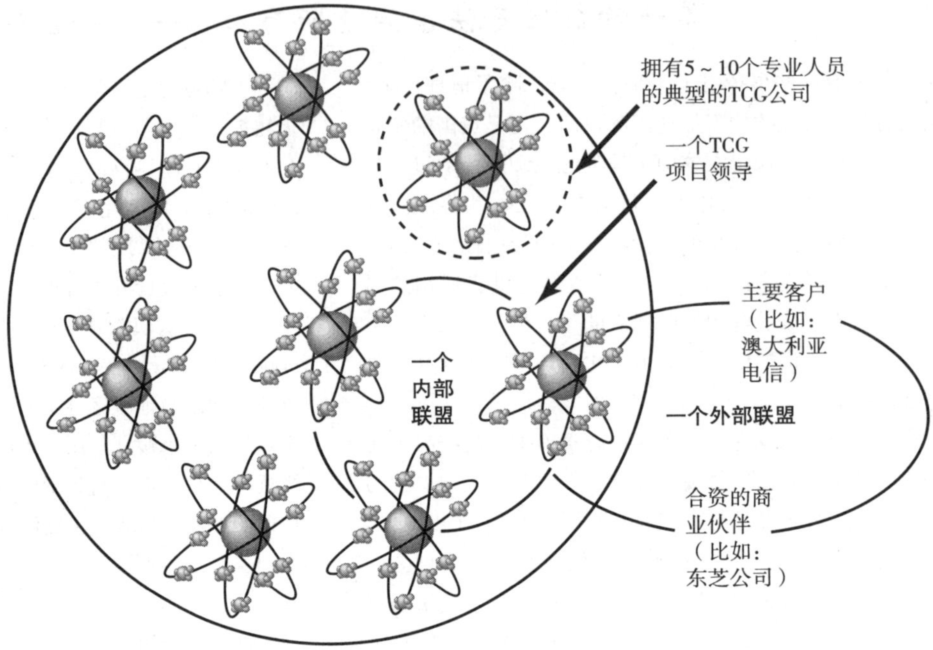

图 3.3
一个虚拟组织的例子：TCG——一家澳大利亚的跨国公司

资料来源：Raymond E.Miles and Charles C. Snow, "The New Network Firm: A Spherical Structure Built on a Human Investment Philosophy", *Organizational Dynamics*, Spring 1995, p.8. Used with permission of the publisher © 1995, American Management Association, New York. All rights reserved.

重要的是，虚拟组织可以提高其在全球化经济中的竞争力。与其他组织的联合及合作关系，可以向世界范围内拓展，在空间和时间上的互相依赖轻易地跨越了边界。这一灵活性使得重新分配和委派易于进行，从而在全球市场上的机遇转换中取得快速优势。[60] 为了避免瓦解和获得有效的、必要的关注，领头的虚拟组织必须具有共享的眼界、强势的品牌，最重要的是，高度信任的文化。[61]

虚拟组织的范例包括那些已经提到过的著名的网络组织（如福特、哈利—戴维森和 ABB），以及小一些的公司诸如：克拉克设备（Clark Equipment），一家升降机和其他工业设备的制造商；Semco，一家生产水泵、阀门和其他工业产品的巴西公司；瑞泰人寿保险有限公司（在全球拥有 91 000 名员工）；澳大利亚技术和计算机图形公司（TCG）。其他著名的范例包括耐克和锐步，它们很少自己生产产品，而是主要由亚洲的公司进行生产。在信息技术工业中，太阳微系统公司把自己看作一家知识分子的公司，它设计计算机，然后通过和全世界合作伙伴的契约来完成所有其他职能（产品订购、制造、销售、买卖以及客户服务）；英特尔所使用的虚拟团队成员来自爱尔兰、以色列、英国、法国和亚洲，他们要在大量的项目上共同工作。和网络组织一样，具体表示一个虚拟组织是不太可能的，图 3.3 描绘了 TCG 作为一个虚拟组织的样子。因为网络组织和虚拟组织都用与传统有根本区别的方式去建构一个公司，所以今后还会遇到很多挑战，特别是这些当代新结构形式的人的因素方面。[62]

组织的文化背景

第2章是对全球化背景的讨论，现在我们讨论对组织行为较微观的文化影响，这就是组织文化。在这一章余下的部分里，我们将定义组织文化，并且看一看改变和管理组织文化的几种方式。

定义及特性

当人们加入一个组织时，也一同带来了他们从前获得的价值观和信念。但这些价值观和信念常常不足以使这些人在现在的组织里获得成功。人们需要学习这个特定的企业是如何做事的。一个很好的例子是美国海军陆战队。在新兵训练营地，教官教给新兵"海军的方式"。这个训练试图从心理上清除这些新兵原有的观念，重建他们的思维方式和价值观。他们被教导像水兵那样思考和行动。任何曾经参加过海军的人或者了解他们的人，都会承认陆战队总会达到它的目标。今天的组织其实也在做同样的事，当然，不是以那么极端的方式。例如，在第2章谈到过的知识管理（KM）——新经济遇到的关键挑战中，信息时代的组织将要慢慢灌输并维持一种鼓励知识共享的公司文化。正如一位安永公司负责基于知识的商业解决方案的合伙人指出的："如果你想获得一种充分的知识共享文化，在商业操作之上就不能仅仅只有一层虚饰。你必须拥有深谙其道的人并且任用他。"[63]

埃德加·沙因（Edgar Schein）可能是与组织文化研究联系得最紧密的人了，他是这样定义组织文化的：

> ……一种基本假设图式——由一个特定的团体在学习如何应对外部适应性和内部整合性问题时发明、发现或发展出来。这种假设图式已经被证明很有效，也充分考虑到其价值，因此，作为与这些问题相关的正确的认识、思考和感受方式，传授给组织的新成员。[64]

最近，乔安妮·马丁（Joanne Martin）强调了组织文化的不同方面。她指出：

> 当个体与组织发生接触时，他们其实也和这些事物发生了接触，即组织中的着装规范、人们所谈论的正在发生的故事、组织的正式规则和程序、组织行为的正式代码、仪式、任务、薪酬体系、行话以及只有组织中的人才能理解的笑话，等等。这些元素是组织文化的一些可见的表现。[65]

但是，她也补充了组织文化的另一方面：

> 当文化中的成员解释组织文化的这些表现的含义时，由于他们的知觉、记忆、信念、经历以及价值观都是不同的，因此解释也将不同——即便是对同一现象。这些解释的图式或构成以及宣布它们的方式，都构成了文化。[66]

换句话说，组织文化是非常复杂的。[67]尽管对于组织文化的概念化还存在着很多的问题与争议，大多数定义，包括前面提到的，都承认那些引导组织成员行为的共享规范和价值观的重要性。有研究结果表明，事实上，不光是这些文化价值观要教给新成员，新成员也在寻找并且想学习组织的文化。[68]

组织文化有许多重要的特性。下面列出了一些得到最多认同的特性：

1. 观察到的行为规则　当组织成员和其他人互动时，他们使用共同的语言、行话以及与尊重和举止相关的仪式。
2. 规范　现存的行为标准，包括对工作量的规定。在许多组织中，它以“不要做得太多，也不要做得太少”的形式传下来。
3. 主导的价值观　组织提倡一些主要的价值观并希望其成员认同。典型的例子是高质量、少旷工和高效率。
4. 哲学　有专门的政策阐明组织在关于如何对待员工和客户方面的信念。
5. 规则　存在着与在组织中发展相关的严格的指导方针。新来者必须学习这些“内幕”，以便有充分的资格被接受为这个团体的成员。
6. 组织的氛围　它是一种整体性的感觉，由组织的外在表象、成员互动的方式、成员与客户或组织之外的其他人交往的方式所传达。

这些特性中的每一个都有争论，而且都受到不同程度的研究支持。例如，在关于组织文化和组织氛围的异同的学术著作中就存在着争论。[69] 但是，一些特性受到经验的支持，比如外在表象在组织文化中的重要性。下面是一个现实世界中的例证：

> 耐克公司是一个在整体设计中揭示了它的公司文化的成功范例。在俄勒冈的比佛顿占据了 74 英亩松树林的耐克园，散发出与耐克产品相似的能量、青春气息及生命力。这个园子几乎是耐克公司价值观的一个纪念碑：生产高质量产品及舒适感。这个有 7 座建筑物的园子里还包括一个运动俱乐部，里面有跑道、举重室、有氧运动健身房、网球场、手球场、垒球场以及一个篮球场。[70]

组织文化的这六个特性并未囊括一切。例如，一项最近的研究探索了为什么公司会被评价为最受欢迎和最不受欢迎。这个研究用统计分析方法，将从一项对公司“声誉”的主观意见调查问卷得出的结果，与仅仅基于公司财务业绩所推论出的对公司的判断进行了比较。结果发现，下列财务指标是与公司 10 年前的声誉知觉紧密联系的（按照顺序）：10 年中对股东的年均回报率，资产利润率，总利润以及股票市值。[71] 可口可乐公司——连续几年最受尊敬的公司之一——的总裁当时宣布：“我通过使可口可乐公司股票的所有者们每一天都变得更富有而获得回报。任何其他东西都是没有价值的。”[72] 显然，利润等财务业绩的重要性仍然是很重要的。但是，按照《财富》杂志对最受尊敬公司的分析发现，评分中相关性最高的属性是“吸引和留住顶尖人才”，以及这些顶级公司付诸行动的主要方式是严格遵循它们的文化和价值观。[73] 例如，最近备受赞誉的 SAS 软件公司、西南航空和微软能吸引和留住顶尖人才，是因为它们对于它们的传奇文化和价值给予了足够的关注。毕马威国际会计公司的首席执行官在他最后的日子里意识到了富于同情心的文化的重要性，并力促他的职员们“每天每刻都奉献出最多——为公司和个人的利益”。[74] 这些文化和价值同样推动了商业结果并使他们获得了成功。[75]

文化一致性

普遍的误解是认为一个组织有一种一致的文化。可是，至少在人类学的观点看来，可能更确切地说，把组织视为“好像”是有一个一致的文化。“组织是嵌在特定的社会文化中的，并且是它的一部分，在这个意义上，所有的组织都‘有’文化。”[76] 根据这一观点，组织文化是组织成员的共同认识。组织中的每一个人都必须分享这一认识。但所有人的认识不一定达到了同一程度。因此，在一个典型的组织中，既有主导文化，又有亚文化的存在。

主导文化是组织的大多数成员所参与的一套核心价值观。例如，西南航空的多数员工似乎都赞成这样的价值观，如：勤奋工作，对公司忠诚，竭诚为顾客服务。西南航空的员工牢记在心的文化价值观有：不被尊敬没有关系；做你自己就很好；在工作中享受乐趣；严肃地对待竞争而非你自己；为顾客尽心尽力。[77] 表3.3 概括了西南航空的文化价值观的基本原则，这些原则每年被教给公司职工大学中的25 000个学员。那些为迪斯尼工作的人则是：在表演，而不是在工作；穿着演出服，而不是工作服；在舞台上或后台，而不是在职位上或工作站里；雇佣的是成员，而不是雇员。“福特制造汽车，索尼制造电视，微软制造软件，迪斯尼制造什么呢?”当迪斯尼的员工面对这样的问题时，所有的人都会回答：“迪斯尼为人们制造欢乐！”[78] 这些价值观为这些组织建立了主导文化，这些文化帮助引导员工的日常行为。同样有证据表明，这些主导文化对于诸如成功进行并购等目的性结果也有积极影响（例如，当陶氏益农最近收购卡吉尔杂交种子公司时），[79] 支

表 3.3
西南航空公司的核心文化价值观

资料来源：Adapted from Anne Bruce, “Southwest: Back to the FUNdamentals”, *HR Focus*, March 1997, p. 11.

雇佣态度，训练技能	公司仔细挑选拥有能促进工作场所的乐趣且希望为工作之外带来色彩的有积极态度的员工。
做得更好、更快，价格更便宜	成本控制在西南航空是员工的个人职责，它被编进所有的训练项目。
为国内外的顾客提供绝对优秀的服务　(POS)	西南航空的哲学是什么？把你的员工放在首位，他们就会照顾好顾客。
穿着别人的鞋走一英里	例如，一个飞行员和停机坪引导员们一起工作一整天；一个票务员在职工大学中工作；一个客户服务人员帮助行李搬运工。主席赫布·凯莱赫经常在航班上分发花生并提供饮料。他甚至在假日里帮助行李工把行李搬上搬下。
有责任心和主人翁意识	一个重要的价值观是主动精神、独立思考，即使这意味着会违反守则中的一些条文，例如，员工们在紧急情况下把滞留顾客带回家。
庆祝并使自己放松	速冻食品烹饪竞赛、丰富的万圣节物品以及7月的圣诞晚会都是激励员工的工具。当员工在工作中获得了乐趣，他们的生产率和绩效都会提高。
像庆祝成功一样庆祝你的错误	把失败变成个人成长是庆祝错误的一部分，这种哲学鼓励尝试新想法，不怕失败。
保持公司文化充满活力而健康	文化委员会的成员走访遍布全国的公司部门，灌输公司文化，强调公司的历史并激励员工保持这种使公司表现卓越的精神。

持了产品-创新过程，[80] 并帮助公司应对经济和技术的快速变化。[81]

重要但却经常被忽略的是组织中的亚文化（subculture）。亚文化是由组织中的少数成员——通常是一小部分成员共享的一套价值观。亚文化通常源于一个部门或单元的成员共同面临的问题或共有的体验。例如，尽管通用电气最占支配地位的公司文化宣称，在高度专门化的部门之间没有界限（从动力生产到媒体、塑料、金融服务、航天器、机车、医疗设备以及照明用具），但每一个部门都有一种独特的亚文化。对通用电气总收入有重大贡献的通用电气金融集团就有着与生产航天器和汽涡轮的高科技制造文化所不同的独特文化。[82]

如果亚文化与主导文化或组织的整体目标有冲突，它就会削弱和破坏这个组织。但成功的公司发现情况并不总是这样。[83] 多数亚文化的建立是为了帮助这个特定团体的成员去处理他们所面对的问题。这些成员也可以为主导文化中的许多——如果不是全部的话——核心价值观提供支持。在通用电气的例子中，公司的成功是把亚文化聚拢在一起的“社会建筑”。正如杰克·韦尔奇声称过的，“通用电气在商业中激发了员工的心理能力，它的员工参与了学习以及对学习的快速反应，因此通用电气比它各部分之和更加强大。”[84]

建立并维持一种文化

一些组织的文化可能是组织的创始人直接或间接的行为结果。但这也不是一定的。创始人有时建立的是无力的文化，如果这个组织要继续生存下去，新的高层管理者就必须决定由谁来为必需的强势文化播下种子。IBM 的老托马斯·沃森就是一个很好的例子。当他接管 CTR 公司的时候，它是一个制造计算器、录音器材以及制表仪的小公司。通过他支配型的人格以及他对公司所做的改变，沃森创立了推动 IBM 成为世界上最大和最好的公司的一种文化。但是，20 世纪 90 年代初期，当计算机市场从大型计算机转型到个人电脑时，IBM 的问题仍然是它过时的文化。[85] 在沃森和他的儿子之后，IBM 的领导者们只做了一些微小的改变和修正，这些改变和修正只对公司起了很小的影响，最终导致公司陷入困境。但最近几年，在路易斯·郭士纳的领导下，IBM 开始了一项改变公司上上下下的大胆新战略。郭士纳先生认为，“削减成本是不能挽救 IBM 的，除非它彻底改变其做生意的方式。”[86] IBM 的这一文化变革成为了一个杰出的转折点。

IBM 是一个很好的例子，说明组织中的文化必须改变的情况——因为环境发生了变化，而且从前的核心文化价值观已经跟不上生存的需要。接下来我们将仔细探讨组织文化是如何开始、维持和改变的。

组织文化如何开始

尽管组织文化可以由不同的方式发展，不过这个发展过程通常都包括下面几个阶段：

1. 一个人（创始人）对建立一家新企业有想法。
2. 创始人带来一个或更多的关键人物并建立了一个核心群体，这个群体共享同一愿景。这就是说，这个核心群体里的所有人都认为这个创始人的想法是正确的、有效的，并且值得冒风险去实现它，值得它所要求的时间、金钱和精力的投入。
3. 核心小组开始一致行动，通过筹集资金、获取执照、组成公司、选址、建设厂房等步骤来建立一个组织。
4. 在这个过程中，其他人加入到这个组织中来，一段共同历史就这样开始了。[87]

今天，所有产业里大多数成功的产业巨头都经历过这样的过程。两个有代表性的著名例子是麦当劳和沃尔玛。

- *麦当劳*。雷·克洛克（Ray Kroc）作为一个推销员为一家食品厂商 Lily Tulip Cup 工作了很多年。他学到了食品零售业务是如何进行的。他也有了企业家的素质，和一个合伙人开始了一项兼职的生意。他们出售多机搅拌器——一种可以一次混合 6 种冰冻物的机器。一天，克洛克收到了来自麦当劳兄弟的一项多机搅拌器的大订单。这个订单激发了克洛克，他决定下一次经过麦当劳的时候顺便看一下他们的操作。当克洛克去看了之后，他开始认为麦当劳的快餐概念将席卷全国。他买下了麦当劳连锁店的经营权并最终出钱使麦当劳兄弟出局。就在同时，他把这桩生意建立在 4 个基本观念之上：质量、卫生、服务、价格。为了保证每一家连锁店给顾客提供的都是最优价格上的最好产品，营销商被要求上麦当劳大学，他们在那里学习如何管理他们的生意，学习麦当劳的文化价值观和经营连锁店的正确方法。这种培训保证了全世界的麦当劳营销商用同一种方式经营他们的连锁店。克洛克几年前去世了，但是，他留下的文化在全球的麦当劳连锁店里仍然有着旺盛的生命力。事实上，新员工都要观看老克洛克先生留下来的录像。他的讲话中有意思的部分反映且带有他的价值观，这部分是他关于卫生的想法："如果你有时间休息，你就有时间去做清洁。"关于竞争者他讲道："如果他们将要溺死，我会在他们的嘴里放一根软管。"关于扩大规模他说："当你是绿色的，证明你还有成长的空间；当你成熟时，离腐烂也就不远了。"[88] 所以，即便他已经很多年不经营公司，他的精神遗产仍然活着。甚至他在公司总部的办公室也被作为博物馆保存了下来，他的眼镜仍然装在皮匣子里，摆在桌子上。
- *沃尔玛*。沃尔玛连锁超市的创始人山姆·沃尔顿（Sam Walton）在 1962 年开设了他的第一家沃尔玛商店。他关注打折的品牌商品在小城镇市场上的销路问题，并且开始在阳光带地区开设了越来越多的商店。同时，他开始发展有效的目录控制系统和销售技巧。如今，沃尔玛不仅成为了最大的零售商，而且也是世界上规模最大的公司之一。尽管山姆几年前去世了，他的精神遗产和精神价值观却都延续了下来。例如，沃尔顿自己曾经强调而且现任管理人员仍然强调：鼓励员工发展能增加商店效率的新想法。如果一项政策并不有效，公司很快就改变它。经理总是鼓励员工挑战现有的系统并且寻找改进它的方法。做了这些事情的人会得到奖励；那些没有达到期望的人会被鼓励要做得更好。今天，沃尔顿建立公司时的价值观渗透到了整个组织。为了保证这些价值观普及到每个员工，公司有一个类似五角大楼的沟通网络。它包括从六信道的人造卫星系统到有数架飞机的私人机队。每个人都被教给这种文化，并被期望按照这种关注勤奋、效率、客户服务的核心文化价值观去工作。

虽然前面讲到的关于文化发展的故事很著名，最近几年里其他一些由魅力型领导建立的知名公司也都取得了各种各样的成功。各种网络公司也是如此。有一些例子，比如杰夫·贝佐斯（Jeff Bezos）创立亚马逊公司（Amazon.com）并发展它的文化，在某些地方与麦当劳的雷·克洛克或沃尔玛的山姆·沃尔顿是相似的，但也有一些地方很不同。相似之处在于，他们都是白手起家，用非常新颖、打破常规的想法建立了一个商业帝国，并且改变了本行业里商业的运作方式。但他们在速度和风格方面是不同的。其他公司文化的故事并不一定是关于公司创立者的，而是关于那些把公司带到更高水平的人。例如，思科的 CEO 约翰·钱伯斯（John Chambers）因为把这个知名的高科技公司从 1995 年他就职时的 90 亿美元市值变成了 5 年后世界上最值钱的公司，并在经济开始衰退的时候对公司进行重新定位而闻名。[89] 思科的文化在很大程度上归功于他老派的文化价值观，如：信任、勤奋工作以及对顾客的关注。但后来的经济低迷和思科股值的快速下跌显示，根据技术环境选定正确的地点和正确的时间，对于思科最初的成功也是有很大帮助的。在思科和其他高科技公司尤其是网络公司的泡沫破灭之后，有着强大而灵活的文化的公司，是那些在最近几年的坐过山车似的不确定的经济环境中生存下来的公司。钱伯斯指出了一些被赞赏的组织文化价值观，他说：“我对于技术没有那种为了技术而技术的热爱，只有对为顾客解决问题的热爱。”[90]

通过社会化阶段维持文化

一旦组织文化开始发展，有一些实践可以帮助巩固核心价值观的接受并确保这种文化维持其自身。这些实践可以用几个社会化阶段来描述。图 3.4 阐明了这些阶段的顺序。

选择员工

第一步是仔细挑选符合组织标准的候选人。[91] 训练有素的招聘人员面试候选人，并且试图筛选掉那些个人风格和价值观与组织文化不吻合的应聘者，这是用标准化的程序寻找与高绩效相关的特质。最近一项研究指出，新来者和他们的主管对组织文化吻合度的知觉，与对组织的承诺和离开组织的意图相关。[92] 还有证据表明，那些对组织的文化有实际的工作预览（realistic job preview，RJP）的人会表现得好一些。[93] 一个为了文化适应而进行有效甄选的例子是 North Shore 银行，一家威斯康星的社区银行。他们所推进的一项致力于像最大化产品适应一样最大化文化适应的方法，就是从离各分行最近的邻居中招募和甄选员工。这有助于保持客户和员工的同一性，这一做法使得他们的地方银行与其竞争者——大的国家银行——区别开来。

图 3.4
组织文化的社会化步骤

资料来源：Richard Pascale, "The Paradox of Corporate Culture: Reconciling Ourselves to Socialization." *California Management Review*, Vol.27, No.2, Winter 1985, p.38. By permission of the Regents.

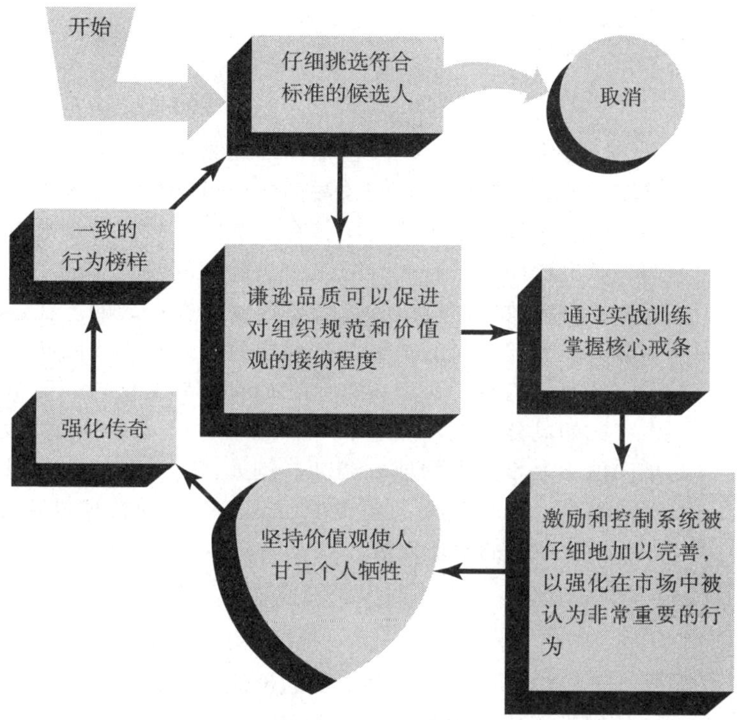

安置工作

第二步发生在工作层面上，在适宜的人被雇佣之后。具有不同经历的新员工需要密切配合，通力合作，其目的是使新员工向组织的标准和价值观提出疑问，以决定他们是否可以接受这些标准和价值观。例如，许多拥有强势文化的组织都特意给新雇员分配超量的工作，但有时这些任务又远在这些雇员的能力之下。例如在宝洁公司，新雇员可能被要求为一幅销售地图上颜色。这种经历是为了传递这样的信息："尽管你在某些方面是聪明的，但对于你对这个组织的了解程度来说，你现在还只是幼儿园水平。"目的是为了教给进入组织文化的新雇员谦虚的重要性。这样的经历还使新来的员工变得敏感，使他们在感情上向他们的同事靠近，因此增强集体凝聚力。学校同学会以及军队里均已经运用这种方法很多年了。

掌握工作

一旦最初的"文化休克"过去，下一步就是使员工掌握自己的工作。这通常是通过广泛的且被认真强化的实践经验而完成的。例如，日本公司经常让新雇员接受为期几年的训练。当员工沿着他们的职业道路往前走的时候，要评估他们的表现；如果他们有进步，就会被赋予更多的职责。公司常常在这个职业计划上建立一个逐步发展的方法，这降低了员工试图使用政治手段或走捷径，从而达到以更快的速度攀升的可能。获得了极大成功的可口可乐公司把它的新雇员慢慢地浸染在公司文化中——在这种情况下是对商标形象的理解。接着，公司的人力系统确保只有完全社会化，并把公司作为一个整体来考虑的管理者所做出的决定才能影响公司。[94]

测评和奖励表现

社会化过程的下一步包括仔细地测评运营结果和奖励员工的表现。这种系统是综合的和一贯的，它们关注商业中对于获得竞争力和公司价值有重要意义的那些方面。例如，在宝洁公司，有三个因素被认为是最重要的：创造数量、创造利润、做出增加工作有效性或工作满意度的改变。公司使用运营测评去度量这三个因素，对绩效的评价是和重要事件联系在一起的。在这些方面的成功决定了提升和嘉奖。摩托罗拉的员工都被要求要在认真完成团队工作和持续的训练中坚持公司的核心价值观。一般说来，在拥有强势文化的公司里，那些违反了公司规范的人（比如过分热衷于竞争或是不愿服从），会被送进“处罚箱”。这通常包括将雇员向他不太希望去的地方调动。例如，芝加哥的分公司经理可能会被安置到纽瓦克总部的一个不重要的职员职位。这个人现在被排除在他原本的职业道路之外，减缓了他或她的职业发展。

服从重要的价值观

下一步包括对公司最重要的价值观的服从。对这些价值观的认可帮助员工顺应他们由于成为组织的成员而伴随而来的个人牺牲。他们学会接受这些价值观，并且相信组织不会做出任何伤害他们的事。正如帕斯卡尔看到的：“使自身受组织支配是付出了真实的代价的。长时间的工作、被工作占据的周末、对上司的忍气吞声、遭受不公正的批评以及违背个人意愿的工作派遣和调动，所有这些都已经司空见惯。”[95] 但是，组织试图通过把这些牺牲和更高的人的价值（比如用更好的产品和服务来为社会提供服务）联系起来从而战胜这些代价。今天，全球经济中的公司必须特别注意全球的文化差异，同时保持核心价值观。例如，当几年前沃尔玛连锁店进入德国市场时，它沿用了原有的“情绪”激励方式——如：给我一个 W！给我一个 A！等等。谁排第一位？当然是顾客！——就像在美国一样，这种方式获得了德国伙伴的接受。但有关在 10 英尺的范围内要向任何顾客问好的价值观却没有成功。德国员工和顾客觉得沃尔玛的这个习惯并不舒服，因此沃尔玛被德国本地的商店所赶超。[96]

强化事迹和传奇

下一步包括强化组织的传奇，使组织的文化及行事方式得到确认的事迹，通过这种强化得以流传。而组织的传奇帮助解释为什么这个组织用一种特定的方式做事。最普遍的传奇形式是包含有这个组织想强化的道德品质的故事。例如，巴诺公司（Barnes & Noble）的 CEO 里奥纳多·瑞吉奥经常讲述自己在布鲁克林的童年往事，特别是他那为保持体重而节食的拳击手父亲。这些经常被讲述的故事对于一种需要表现它过去光荣历史的平民文化有着很大的帮助。惠普公司的比尔·休莱特因为一个大家经常讲的关于他用一把螺丝刀打开了他仓库的锁的故事而著名。他后来留了一个条子在那里，告诉大家这道门不要再锁上，以把惠普公司关于信任的重要文化价值观永远传下去。[97] 3M 可能是最有名的利用故事和传奇强调文化价值的公司。著名的即时贴传奇就是一个极好的例子。

> 这个创意来自于雅特·弗莱（Art Fry），一名 3M 的工程师，他在教堂唱诗班唱歌时习惯在歌本内夹纸片，以标示预定献唱的赞美诗，可是纸片却常常从赞美诗集上掉落。因此他认为他需要背后涂胶的纸片，需要粘多久就能粘多久，还轻易就能把它揭除。不久，他就在 3M 的实验室搞定了他想要的。弗莱看到了他的发明的市场潜力，但是其他人却不这样想。市场调查的结果不好，一些主要的办公用品经销商持怀疑态度。鉴于弗莱听过关于其他 3M 雇员持之以恒地坚持他们的想法的故事，所以他并不气馁，并将样品分送给 3M 公司经理和他们的秘书们。当这些人真的用上了这个小小的贴片，他们便迷上了它。当 3M 上了这个销售项目之后，弗莱对全美其他公司的经理秘书使用了同样的方法。

即时贴对 3M 公司而言是一个巨大成功，已经成为了一个传奇，而这个故事的流传强调了这些文化价值观，即创新可以来源于任何方面，要有恒心，要坚持自己的创意。

表扬和提升

最后一步是对组织中工作做得好而且可以作为新员工榜样的个人予以表扬和升职。通过指出这些人是优胜者，组织令其他人向这些榜样学习。在拥有强势文化的公司里，榜样被认为是所有当前的训练模式中最强有力的。金融服务公司摩根—斯坦利在活力、进取以及团队表现的基础上挑选榜样。宝洁公司寻找在坚韧性、动机、活力和执行力方面表现出非凡的一致性的人。[99] 有重要的研究证据表明，表扬可以作为一个有力的强化物 [100]，因此，那些能够展现组织倡导的文化价值观的人会建立并维持组织的文化。[101] 他们或是得到正式表扬，或者甚至只是得到其他人一对一的社会关注和赞赏。

改变组织文化

组织有时候决定必须改变它的文化。例如，现有的环境经历了激烈的变化，如果组织不适应这个新的情况，就无法生存。[102] 事实上，正如第 1 章和第 2 章所指出的，仅仅对环境做出反应已经不够了。本章前面关于组织学习的部分也已经指出，今天，组织必须有一种学习和预期变化的文化。新产品的开发和信息技术正在迅速地发生变化，任何榜样都会很快过时。但是，如果恰当的组织文化处于恰当的位置，如此迅速的变化就会受到欢迎并被接纳，而且组织所遭遇的破坏和问题都会是最小程度的。可能围绕变化确切地建立组织文化的最好范例之一是 Steelcase 公司的开发中心，它呈金字塔形状，开放式的中庭吊着一口巨大的摆钟，提醒着它的员工：世界一直在改变中。

尽管一些公司有适宜的文化去期待变化，但建立新文化或改变旧文化都是非常困难的：我们可以做一个成功的预想，但它实际上不能被成功地实现。可以预见的障碍包括已经确立的技能、员工、关系、角色和结构，它们一起强化了传统的文化图式。[103] 另外，有影响力的利益相关者如董事会、管理层甚至客户都可能支持现有的文化。这个问题掺杂了文化冲突——它在并购（M&As）中是很常见的。[104]

并购案例

虽然并购被认为已经在 20 世纪 80 年代达到了顶峰，但它们现在又变得非常普遍，因为公司和全球之间股市价值的差异性，为友好的购买和不那么友好的接管带来了适宜的氛围。[105] 并购除了带来财务上的牵连以外，经常被轻视甚至忽视的是文化的牵连，而后者可能更严重。一位专家由一些最近发生的并购得出一些合并中的文化方面的结论：（1）你怎么做也不算多；（2）所能做的又太少。在并购的热潮中，他说："人的问题非常现实，但却被掩盖了。"[106] 并购过程中两种文化的冲突集中在三个主要领域：

1. 结构　来自两种文化的结构因素包括：这两个公司的规模、经营时间和历史；两个公司所处的行业领域；地理位置；是提供产品还是服务。
2. 政策　管理决策是由哪一方做出？权力来自哪一方？公司文化的范围可从完全独裁到对员工的完全授权，如何从双方中确定一个恰当的点，这对于文化的兼容至关重要。
3. 情感　个人感受，个体为了引导自己的日常思考、习惯、态度、义务以及日常行为图式而带入的"文化契约"。这些情感在两种文化的冲突或兼容中将是一个主要的输入。[107]

当双方来自不同的国家，并购中潜在的（可能性很高的）文化冲突将是高度混杂的。在全球化的现实背景下（见第 2 章），跨界联合很普遍。有关巨额资产的合并通告有戴姆勒—克莱斯勒、英国石油公司—Amoco、德意志银行—银行家托拉斯等出现在报纸头条，但是随后的文化冲突却很少被人论及。戴姆勒—克莱斯勒合并所出现的非常引人注目的问题（如广告[108]和美国政府资助的关于节能和环保汽车的研究[109]）受到了关注，文化问题却没有受到同等的重视。但所有层面上的日常文化冲突却是事实。诚如汽车行业的分析家所指出的，戴姆勒-奔驰拥有一种保守的、行动迟缓的团队文化，而克莱斯勒在合并的时候拥有一种快速的、灵巧的、非正式的和大胆的团队文化。[110] 例如，位于阿拉巴马的万斯的奔驰汽车制造厂就是一个缩影。德国管理者为他的团队仔细挑选了德国、美国和加拿大的经理（有一些有在日本汽车公司的经历）。他们不仅在运营系统上有冲突，也在更微妙但一触即发的文化问题（如形象和礼节）上发生了冲突。[111] 这些问题都已经解决了，但是，我们仍然需要帮助和指导方针去应对双方的文化改变所带来的挑战。

正在出现的关联企业的案例

今天的网络化全球环境用"关联企业"（relationship enterprises）超越了正式的并购。[112] 这些关联企业包括有同样任务的独立公司的全球性网络，有些类似本章前面谈到过的虚拟组织设计。有如下这些例子：

- 世纪之交的航空业由两个网络所控制——波音（美国）和空中客车（法国）。重要的是，这两家关联企业都包括 100 家以上的世界性的合作伙伴。
- 在电信产业中，全球惟一的超级联合由 Sprint、德国电信和法国电信领导，服务于 65 个国家，并且作为一个关联企业发挥作用，为世界上的很多公司提供电信服务。
- 在航空业中，联合航空、汉莎航空、SAS 航空、Varig 航空、泰航以及其他的航空公司组成了一个叫作星空联盟（Star Alliance）的关联企业。它们为国际旅行者在地球上的任何一个地方提供无间隙的服务，共享系统、营销、国内运营、行程安排以及常旅客里程累计——除了机务人员之外的一切。[113]

在不久的将来，这种关联企业将在更传统的产业（如化学、纺织和食品工业）中和在新的边缘产业（如生物技术和记忆工业）中也更为普遍。这种松散的联合网络潮流超越了更为正式的并购是由于法律条款的原因（许多国家的法律不允许外国人大量购买本国的公司），但主要原因则是政治上的民族主义和组织的文化价值观。自豪感和实际需要正驱动着这种新形式的全球联合，但这种新关系中的组织文化的愿景和管理受到了挑战。像信任、沟通、谈判技巧这类问题，对于成功而言变得非常相关和重要。全球关系中的组织和管理者"必须学会穿过文化界线去沟通；每个人都必须理解其他人是在用一种根本不同的方式感受和互动。"[114] 重要的是，3/4 的公司相信它们的联合失败了，因为国家文化以及公司文化不能兼容。[115]

改变的方针

尽管改变面临着巨大的鸿沟和阻力，但组织文化还是可以随着时间的推移而得到管理和改变的。改变文化的尝试可能会采取多种不同的形式。如下的一些简单方针能起到一些帮助作用：[116]

1. 评估现有的文化。
2. 设置对文化基础产生冲击的现实目标。
3. 雇用有行业经验的外部员工，以使他们能与组织中的员工很好地互动。
4. 从上至下地做出改变，使连贯的信息从所有的管理团队成员那里传达。
5. 使员工参与到文化改变的过程中，特别是在规则和程序方面做出改变时。
6. 去掉所有能提醒员工想起过去文化的外部标志。
7. 预计到可能出现的某些问题，并且找出那些宁可遵循旧文化而不愿改变文化的人。如果可能，早些接受这些损失。
8. 更快更果断地建立改变的动力，排除新的文化所面对的阻力。
9. 持久地坚持。

试图改变自己文化的组织同样必须小心不要抛弃自己的根，不要盲目地抛弃原来的核心或与众不同之处和能力。例如，"新可乐"失败的公认的原因是，它脱离了经受住了时间检验的可口可乐的传统文化。独断地改变一个组织的文化将影响到商业的几乎所有方面。前面在探讨建立并维持一种公司文化时提及的 IBM 公司，是成功地经历了一次这种文化变革的公司的最好典范。

小 结

在这一章里，我们从系统论、信息加工、权变、生态和学习的观点出发介绍了组织理论。系统论强调外部环境的冲击。信息加工观点强调组织中应付内部差异性与外部环境不确定性的信息流的重要性。权变理论特别注意到通过使环境与组织结构和设计发生关联而适应环境。生态理论假设了环境决定论：存在着组织的自然选择和替代。有关学习型组织的最近的理论建树利用了系统理论，并且不仅强调了适应性学习的重要性，也强调了创造性学习的重要性、保持创造力和创新性，以及走在变革的前面。

现代组织设计是与经典模型的一个标志性分离。扁平化、网络和虚拟组织设计的出现，更好地适应了新环境中的变革对灵活性的要求。

本章第二节关注的是组织文化。它是作为正确感受、思考以及在日常生活中表现的方式而教给新员工的一些基本假设。组织文化的一些重要特性是：可观察到的行为准则、规范、占支配地位的价值观、哲学、规则以及组织的氛围。尽管组织中的每一个人都参与组织的文化，但他们的程度是不同的。可能会有一种主导文化，也有一些亚文化。主导文化是由组织的大多数成员参与的一套核心价值观。亚文化是由组织的少数成员参与的一套价值观。

一种文化一般是由形成了一个核心群体的组织的创始人或高层管理者所开创的，这个核心群体分享一个共同愿景。这个群体一致行动，建立文化价值观、规范以及实现这个愿景所需要的氛围。在维持这种文化时，企业一般要执行下面这样几步：仔细选择进入组织的候选人；通过实际工作经历使新员工熟悉组织文化；使新员工掌握自己的工作；小心地测评运营结果并且奖励个人的表现；认真忠于组织最重要的价值观；强化组织的事迹和传奇；最后，表扬并提升组织中工作做得好的个人和可以当新员工的行为榜样的人。

有时候，组织发现它们必须改变它们的文化以保持竞争力，甚至是维持生存。IBM 的文化变革过程证明了这种改变可以如何成功地完成。

结尾：元分析研究发现

组织行为学原理

组织的构型影响组织的业绩。

元分析结果：

【33 项研究；40 个组织；d=0.55】平均看来，与那些没有确认和使用组织构型的情况相比，一个已经确认的组织构型（configuration）有 **65%的可能性**可以更好

地预测其所包括的组织的业绩。中介变量分析显示当采用单一行业的样本、广泛的结构定义和纵向设计研究时，组织构型对于业绩的贡献更高。

结　论：

组织构型是指分享共同的组织结构特点的一群公司。迈尔斯和斯诺的分类描述了四种这样的构型：拥护者、探险者、分析者和反应者。其中每一种都考察了战略与结构的关系。配置研究的中心问题是公司与它的环境之间的关系。特别是，那些存在于目标可以实现、资源可以获取、内部过程正在增长并且兴旺、股民满意的环境中的组织，比那些没有这种结构的组织更有效。

资料来源： Adapted from David J.Ketchen Jr.，James G.Combs，Craig J.Russell，Chris Shook，Michelle A. Dean，Janet Runge，Franz T.Lohrke，Stefanie E.Naumann，Dawn Ebe Haptonstahl，Robert Baker，Brenden A.Beckstein，Charies Handler，Heather Honig and Stephen Lamoureux，"Organizational Configuration and Performance：A Meta-Analysis"，*Academy of Management Journal*，Vol.50，No.1，1997，pp.223-240.

讨论与复习题

1. 切斯特·巴纳德对组织理论的贡献是什么？
2. 开放系统理论和信息加工、权变、生态以及学习的观点有什么不同？开放系统的观念是如何应用到组织中的？权变的观念是如何应用到组织中的？生态的观念是如何应用到组织中的？学习的观念是如何应用到组织中的？
3. 学习型组织与传统的组织有何不同？
4. 大致说明扁平化、网络和虚拟组织设计。这些设计和经典设计有什么不同？它们是如何更好地应对了新环境的挑战？
5. 组织文化的含义是什么？说明并列举出它的一些特性。财务业绩可能在一个公司的文化中扮演什么样的角色？
6. 主导文化和亚文化有什么不同？请在你的回答中解释这两个名词。
7. 组织文化是怎样发展的？四个阶段一般是如何发生的？
8. 组织如何维持它们的文化？包括了怎样的步骤？请描述它们。

互联网练习：组织的结构和文化

本章谈到过组织的结构和文化中都存在着显著的差异。组织的文化部分地由组织的结构所决定。一些组织倾向于等级结构和严格性，而另一些则倾向于扁平化结构和灵活性。访问一些描述了各种结构设计成分和价值观的公司的网站。要了解公司文化的偏好，可以访问 http://www.mhhe.com/business/management/managemant_tutor_series/corpCulture PrefScale/index.html.从那里，你可以选择一个特定的公司比如通用电气或戴尔电脑，或者在"组织设计"或"组织文化"下搜索，看看它把你引向哪里。试着确定公司的结构和文化可能是什么。

1. 比较两家或更多公司的结构和文化。你更喜欢为哪家公司工作？
2. 结构和文化对组织行为的其他方面（动机、报酬系统等等）引发了什么问题？

真实案例：
迈克刀

Michael Treschow 需要下一步行动。在他担任斯德哥尔摩伊莱克斯集团 CEO 的 3 年当中，这个世界上最大的家用设备制造商经历了一次彻底的重组。面对着一张膨胀的资产负债表和管理得很差的购并，Treschow 在一年中通过出售摆脱了价值 210 亿美元的非核心资产，减少了 14 500 个工作职位——占这家瑞典公司员工总数的十分之一——关闭了 27 家工厂和 50 家仓库。“迈克刀”现在是 57 岁的 Treschow 的绰号，在许多方面他做得很好。但是当所有的裁减都结束以后你用“刀”干什么呢？

即使 Treschow 不提这个问题，许多投资者也会提出来。他们担心 Treschow 已经无棋可走。Treschow 的重组或多或少地说明，取消更多的成本支出并不是一种好选择。

对于许多投资者和行业观察者，Treschow 面前有一条清楚的路，他们希望他会选择这条路。当 Treschow 正在致力于新产品和更多的成本削减，他们相信买进才是更聪明的做法。分析家和投资银行家花了好几个月估算出 Treschow 可以用 40 亿美元买下 Maytag 公司——美国衣阿华州纽顿的一家用具制造商。被销售和利润问题所困扰的 Maytag 公司最近几个月来的股价下跌了一半还多。

Treschow 并没有过多关注 Maytag。至少是在现在，Treschow 说，他的大手笔将是推动网络智能设备的发展，这可以使伊莱克斯的产品从单一的白色柜子发展为高利润、高技术的产品。伊莱克斯和爱立信现在有一个合资项目，为连网的公寓供应互联设备，包括可以让消费者浏览网络、补充食品、通过门上的屏幕看电视和一台机器人真空吸尘器。

这是漂亮的做法。但分析家说，从长期来看，进行一个交易是更好的选择。

1. 你同意这家公司缩小规模吗？还有没有其他的选择？
2. 你认为这家公司现在应该采用哪种方法？你同意这些金融分析家的观点吗？
3. 从组织行为学的观点来看，你认为这家公司应该怎样做？设计和文化问题是什么？

真实案例：
基于网络的组织

大家总是希望，并承诺至少部分地从时间约束的暴政中解放出来。为什么呢？因为个人和精明的公司的长期利益是休戚相关的。为了竞争，成功的公司将使员工的合作变得更加容易和更省时。他们将学会如何在更少的耗时的会议和不必要的反馈环中生存下来，否则他们就会被更加灵活的竞争对手所超越。最后的结果是：知识工人的挫折会更少。

随着理性的公司开始分析它们的内部社会网络以及识别出各种瓶颈，这一方面的变化已经开始。例如英特尔公司发现了一个革新技术的方式，可用来减少团队所耗费的时间。而其他公司例如 Eli Lilly & Co.为内部网络和外部网络都提供了更多的团体合作。“这是关于如何运行公司的新的心理模式，” Mckinsey 的布赖恩说道，“赢家将会是那些能够操纵更复杂网络的人。”

同时我们将看到基于网络的组织的新形式的兴起，这里人们能够在确保他们的时间不会被现存的层级所耗费掉的前提下工作。博客、合作在线数据库（被称作“wikis”）和开放源代码软件开发都运用网络去处理大部分的人员协调，而不是依赖于自上而下的命令和控制。这种向数字中心的转换最终能够减少官僚体制对时间的浪费，尤其是那些诸如卫生保健之类高成本的行业。

即使高薪也弥补不了无情的时间压力。高层管理者应该意识到，对网络与合作的鼓励要求与用传统方式监督和测量绩效一样多的关注和资源。大部分公司已经建立起了大型的人力资源部门，但是罕有负责协作的部门。“大多数经理对社会网络的管理都不是非常有效的”，百森商学院的达文波特这样说道。

在英特尔，更大范围内（从以色列到印度）的充分协作带来的是花在知识共享与合作上的时间的减少。一个由信息和知识管理的主任卢克·孔斯所提出的观点叫“动态剖面图”——指自动总结研究者或管理者所关注的领域的技术，它是建立在他们的电子邮件和网络检索的主题的基础上的。这种规则的最新剖面图能使得在定位潜在的合作者和资源的时候更省时，尤其显示在一个巨大的、要求创新型的公司，比如英特尔。更重要的是，动态剖面图不会迫使个人花费时间在他们关注的变化方面进行手动升级。

1. 组织结构如何才能增加速度、促进协作和团队合作？列举与本案例相反的传统的官僚制组织的例子。
2. 基于网络的组织是什么意思？它是如何适应本章第一节所提到的各种组织理论的？
3. 本案例中公司的组织方式有没有内在的裁员风险？你如何看待组织设计的前景？

组织行为案例：过时的结构

杰克·哈维在一家从事高科技工业的大公司的总体计划部门担任一项职务。尽管他为公司的长期战略计划花费了很多时间，他还是被任命进入一个重组公司的任务小组。董事长和董事会成员都很关心公司会因为一个过时的组织结构而在产业中失去有竞争力的地位。作为一个计划专家，杰克认为他们的首要任务是确定他们目前的结构类型，接着确定公司目前所面临和将来要面临的环境，然后再设计合适的组织结构。在第一阶段，他们发现公司目前沿用了经典的等级制结构。在第二阶段，他们发现公司是在一个高度动态、快速成长的环境里竞争，而且这是一个对灵活性和对变化的反应要求很高的具有不确定性的环境。

1. 你觉得这个任务小组应该在他们任务的第三和最后阶段建议何种类型的组织设计？
2. 说明系统、信息加工、权变、生态和学习理论分别能如何有助于这个案例的分析。
3. 关于杰克提出的如何进行这项任务的建议，你认为正确吗？什么样的问题可能作为你在问题1中所做的组织设计建议的副产品而出现？

组织行为案例：保持一致

中心医院是两年前建造的，现有235名员工。医院很小，但由于它是新的，它的效率非常高。董事会投票决定将医院的容纳能力从60张床位增加到190张。到明年的这个时候，医院在床位和员工方面的规模都将是现在的三倍。

行政官克莱拉·霍金斯觉得这项扩大建议的主要问题是医院将损失它的效率：“我想雇用喜欢我们目前的员工团队的人，我们目前的员工勤奋工作，专注，有才能，能与病人很好地互动。如果我们把员工的数量增加到原来的三倍，我认为我们无法保持我们高质量的病患看护水准。我们将失去我们的家庭气氛。我们将陷于平庸，还将最终像本地的其他机构一样——规模虽大然而缺乏关怀！”

董事会主席也关注雇佣这么多雇员所带来的影响。但他认为克莱拉有些夸大其辞。他说：“找到和我们目前的员工一样的人不会那么困难。一定有很多人都是很适合的。你需要做的是开发出一套可以让你仔细筛选那些适合目前组织文化的人的行动计划。这并不像你想的那么难。相信我，每件事都将得到很好的解决。”

基于董事长的意见，克莱拉决定处理这种情况的最有效的方法是发展一套行动计划。她打算和她的管理小组碰头，决定筛选出引入候选者的最好方法，然后帮助那些被雇佣的人在医院的文化方面变得社会化一些。克莱拉决定在第三天召集一个会议，届时她打算讨论她的想法，从她的同事那里得到一些建议，然后制订一个行动计划。“我们走得太远，已经没有退路了。”她告诉她的行政助理说：“如果发挥我们的才智，我认为我们能继续保持住中心医院作为这个地区领先医院的地位。”

1. 克莱拉及其同事应该如何挑选他们所需要类型的候选人？请详述。
2. 克莱拉怎样确保那些被雇佣的人能接受医院核心的文化价值观？你建议采用一些什么样的步骤？
3. 如果几年之后又有 200 人被雇佣，克莱拉还能运用同一种方法吗？

组织行为案例：除旧迎新

安德森公司（Anderson Corporation）在 1962 年成立之初是一家小型的消费品公司。在最初的 20 年里，公司的研发人员开发出了一系列深受市场欢迎的新产品。一切都进行得非常顺利，因此公司不得不增加了另一套生产班组以跟上市场的需求。在这段时间内，公司在三个不同的时期分别扩大了自己的工厂。在某家全国性杂志的一次访问中，公司的创始人保罗·安德森说：“我们没有出售我们的产品。我们只是分配它们。”这个评论是关于这家公司只有 24 个销售人员但却能获得超过 6 200 万美元的年收入这一事实。

3 年前安德森公司遭受了它的第一次经济衰退。公司有 120 万美元的净生产损失。两年前这个损失是 280 万美元，去年是 470 万美元。会计估计今年公司的损失将达 1 千万美元。

为这个信息所警醒，这家公司最大的债权人——花旗银行要求公司做出一些改变，并开始扭转局面。作为对这项要求的回应，保罗·安德森同意退让。董事会用全国最大的消费品公司的销售部门主管玛丽·哈特曼接替了他。

在对情况做了分析之后，玛丽得出了这样的结论：如果公司想扭转局面，就必须做一些改变。最重要的三个改变如下：

1. 必须对生意中的销售方面给予更多的关注。安德森所生产的消费品销售成功最重要的因素是有一支高效的销售队伍。
2. 必须改进产品质量。目前，安德森输出产品中的 2%是次品，而这项产业中的平均次品率是 0.5%。在过去，市场对安德森产品的需求非常巨大以致质量控制并不是一个重要因素。现在证明这是一个代价非常高的领域。
3. 员工人数必须减少。安德森可以只使用它现在的生产工人的 2/3 和行政人员的一半。

玛丽还没有和董事会交流这些想法，但她计划这样做。现在她正在考虑可以产生这些改变的实施步骤和可能给员工及全部业务带来的影响。

1. 旧的组织文化存在什么问题？需要怎么做才能改变它？
2. 玛丽改变现有的文化时可能会遇到什么样的困难？
3. 玛丽需要实施哪些具体步骤来改变组织的文化？请确定至少两个步骤并且描述它们。

第4章

组织情境：报酬系统

学习目标

- **讨论** 金钱作为一种激励的理论背景。
- **介绍** 关于薪酬有效性的最新研究。
- **描述** 薪酬管理的一些传统方法。
- **叙述** “新薪酬”的一些最新形式，以及它们对吸引和留住有才能员工的价值。
- **解释** 如何将表彰作为一种组织激励。
- **探讨** 福利作为组织激励的作用。

虽然在组织行为学教科书的第一部分里并不一定要包括报酬系统（reward systems），但把它放在这里有两个非常重要的原因。首先，作为本书的概念构架，在第1章讲到的社会认知理论中，三方互动模型（以及个体/认知和组织行为本身）中的环境变量同时包括了外部情境和组织情境。作为包含结构设计和组织文化内容的最后一章，特别是从社会认知的观点来看，报酬系统覆盖了组织行为学中其他主要的情境变量。特别是，社会认知理论认为，报酬的结果或条件在组织行为中发挥着重要作用。例如，班都拉指出，除非考虑到报酬的调节作用，否则人类行为不能被全部理解。[1] 而且早期的研究已经发现，报酬系统对于雇员所知觉到的组织支持和领导能力有着显著的影响。[2] 尽管我们在本书的最后一部分（第12章）才谈到行为管理的问题，我们现在也可以说，组织可能有最新的技术、设计良好的结构以及一个愿景战略计划，但除非所有层次的员工都得到报酬，否则说什么都是空洞无用的，而且不会因为改进了组织的绩效而得到贯彻。把组织报酬的重要性说得尽可能简单的一个方法是记住：你有所奖励才有所得！[3]

把组织的报酬系统提到前面来的第二个重要原因，是为了强调第1章和第2章介绍过的人力资本的日益凸显的重要性。因为智力/人力资本现在被认为是知识管理的核心，并且是新的典型环境中的竞争优势，必须给予这个资本一定的激励，以支撑/保持和平衡它。[4] 既然对组织来说，人代表这样重要的成本，那么正如接下来的应用实例：“现在正变得更个性化”所指出的那样，关于这种人力资本的回报分析正受到更多的关注。现在，报酬系统已被认为是组织环境的一个至关重

现在正变得更个性化

假设你们公司的人力资源部门废除了标准工资、一刀切的福利（所有的福利用一个标准）以及让人昏昏欲睡的例会。取而代之的是，人力资源部门利用复杂的计算机程序，对你和你的竞争对手的数据——对年龄、任期、教育背景、上班在交通上所花的时间、居住区域，甚至办公室的新旧与条件等因素作了分配和匹配。其目标是预测你的行为，准确地确定如何削减成本而不破坏士气，以及什么刺激将会最大程度地抑制你的生产力。他们能少付你20%的薪水而每两年给你三个月的假期吗？这将加固你的忠诚还是动摇你的产出？如果他们取消你的401（k）计划（美国的退休金福利——译注）配额，你会翘班或无心工作吗？老板的管理风格是能鼓舞你，还是抑制你的生产能力？如果你有机会参加一个量身定做的研讨会来开发你的能力以增加20%的年销售额，而不是被打发去塞满了人的酒店会议听报告，会怎么样呢？

这看起来很像以公司为题材的科幻小说素料——但它就是当今的现实。越来越多的前卫的人力资源经理开始信奉一个新的原理——人力资本管理，它试图从员工那里获取新的收益，就像六西格玛从工厂中挤压出新的效率一样。大多数奠基性的工作来自美世人力资源咨询公司（Mercer Human Resource Consulting），它最先向它的客户倡导它的新的统计模型。这种分析有助于越来越多的蓝筹股公司判断出它们投资于劳动力上的数百万美元给它们带来了什么。“这是新人力资源中的新的思考，”科宁公司的人力资源副总裁库尔特·费希说，“我们正把钱花在这上面。我们将从中得到什么呢?”

由于利润萎缩，一些公司被疲软的经济增长所削弱，正不顾一切地提升它们的收入。劳动力成本代表着巨大的机会，因为它平均占到销售额的60%。美世的人力资源咨询团队的经理Dave Kieffer说，公司经常“将所有的事情都纳入日程表，每年慢慢地尝试使每件事有所进展，并希望其中的一些能起作用，”而不是将恰当的赌注放在如何使报酬组合或管理方法发挥最大效用上。当对公司业务进行裁减时，各种猜测——以及潜在的不利——就会浮现出来。采用这种新技术，公司能够准确地测量员工的投资回报率。

人们对新的人力资本测量的兴趣越来越大，而这源于对标杆管理法的拒绝。标杆管理由许多大的咨询公司和管理问题专家提倡，模仿了像通用电气和微软等运营得最好的公司的实践经验。结果是许多CEO复制了杰克·韦尔奇和比尔·盖茨所做的每件事，但他们中许多都失败了。一些人狂热地采用评级—淘汰的绩效评价方法（rank-and-yank performance reviews），而没有确认是否给员工更长的任期才能提高生产率。另一些人采用灵活的、但仅仅是临时的劳动力，他们可以随意雇用或解雇员工，却并不评估兼职者的生产率。

这种盲目的标杆管理法的危险可以通过一个大型连锁医院的事例来证实。在那里，CFO吹牛说，他对兼职人员的大胆使用，一年可以为公司节省500万美元。每当那个CFO发现竞争对手有更低的全职员工比率时，他就会在自己的医院里削减更多的全职员工——在极端的时候，一个设备的80%由兼职员工来操作。无怪乎那些员工常常不熟悉当地医院的运作，结果更浪费全职员工的时间。美世的分析显示，使用如此多的兼职员工降低了生产率，从而使成本增加了2500万美元——占年收入的3%。通过将全职员工的比率涨回到63%，连锁医院在两个月内总体生产率提升了18%。

这一案例指出了新的人力资本管理和旧的、过时的人力资源管理之间的一个重大差异：新的思路认为更好的方法是关注公司内部的劳动力状况，而不是到外面向他人寻求增益的答案。一家很富有的饮料制造商假定其任职最长的司机是生产力最高的。在时间序列分析之后——控制了像更老的司机有经验了解最佳行车路线等因素——公司认识到一旦它的司机达到9年的基准点后，即使增加他们的报酬，他们的生产力依然是直线下降的。这时，公司将司机重新安排到需要较少的繁重体力的工作中。这种人力资本管理的创新能提供有价值的观点。First Tennessee银行在研究了它的职级后发现，银行的顾客对有经验的老员工远比对新雇员有更好的评价。那意味着不管雇佣多少大学毕业生，也不管引入多少有经验的好员工，都不能使年销售额增加数千万，而这仅仅靠使现任员工多留任至少一年就可以达到。

在其他这类分析中，一个很成功的技术公司认识到：它的报酬结构实际上惩罚了绩效最高的人，奖赏了绩效最差的人。平凡的员工集中在摇钱树下，而超级明星在仍然无利润暴发的部门艰难地跋涉。“大多数公司进行裁员时缺乏这种分析，”Kierfer说。这种情形大概不会再持续下去了，因为越来越多的公司认识到他们在自己知之甚少的事情上花费了太多的钱。

要的维度，这就是它为什么被包含在这里，作为组织行为学研究和应用的导论性的第一编“外部情境”结尾的原因。

当然，在实际的组织实践中，大多数人倾向于把组织的报酬系统仅仅等同于金钱。很明显，钱是主要的激励，而且将是本章首要的考虑。被今天的组织用于管理钱的所有方式的理论、研究和分析都得到了细致的关注。但是，这随后就是具有潜在力量的、而且更节约成本的表彰性报酬系统。[5] 最后，我们展示了最昂贵但经常无效的福利的使用。

薪酬：主要的组织报酬

组织为它的员工提供报酬，试图以此激发他们的绩效并鼓励他们的忠诚和留任。组织的报酬有一些不同的形式，包括金钱（薪资、红利、奖金）、表彰和福利。本章第一部分探讨了在今天的组织中作为最主要报酬系统的金钱。

金钱作为一种报酬的理论背景

金钱长期以来被视为一种报酬。对一些人来说，钱比他们的组织能给他们的所有其他东西都更重要。例如，Newman 和 Hodgetts 调查了医疗服务业的激励，发现这个行业中的工作者把良好的工资收入列为他们重要的工作因素之首。[6] 这与制造业工人形成了鲜明的对比，后者把工作的趣味性列在首位（较好的工资收入排名第五）。因此金钱作为一种报酬的作用常常因人而异，因行业而异，但有一件事是清楚的：金钱是一种重要的报酬。[7] 谈到对金钱的评价，著名的组织行为学者及高盛公司的薪酬专家斯蒂夫·科尔指出：“没有人拒绝它，没有人把它退回来，那些钱多得用不完的人还是会不择手段地攫取更多的金钱。”[8]

钱能解释行为

钱为研究工作中的行为提供了一个深厚的基础，因为它能解释人们的行为。[9] 比如，Mitchell 和 Mickel 注意到，钱是商业贸易基础的一个主要因素。这就是说，人们组织起来并开始做生意是为了挣钱。[10] 钱也与人类为之努力的四种重要的象征性标志相联系：成功和认可、地位和尊重、自由和控制，以及权力。[11] 事实上，在涉及到钱的大多数管理学著作中，研究者主要关注作为薪酬的钱以及薪酬影响动机、工作态度和员工留任的方式。特别地，钱帮助人们达到物质上的（衣服、汽车、房子）和心理上的（地位、自尊、成就感）目标。结果是，组织行为学理论家和研究人员都对钱感兴趣。他们主要关心薪酬和业绩之间的联系，为此他们寻求这样一些问题的答案：钱的激励作用有多大？它的效果能持续多久？用钱作为激励因素时，最有用的策略是什么？[12]

钱也在帮助发展组织行为学理论的过程中发挥了整体性的作用。例如，如果员工对钱有兴趣，他们会花多大的努力去挣钱？多少钱才算“够”？另外，如果人们工作得非常努力但并没有得到他们所期望的回报，这会在多大程度上给他们未来的努力带来负面影响？对这种类型问题的回答有助于发展出一些最重要的动机理论，我们将在第 6 章讲到这些理论。

代理理论的解释

钱作为一种报酬的另一个重要观点来自代理理论（agency theory），它是在理解组织内外的个人和群体行为方面相对较新的一个观点。特别地，代理理论关心一个组织的利益相关者（股东、管理者、员工）的不同利益和目标，以及用企业的报酬系统使这些利益和目标结合在一起的方法。这个理论的名称来自这样一个事实：控制着大型组织的人们几乎都不是组织的所有者；在几乎所有的情形中，他们都是代表组织所有者利益的代理人。

代理理论尝试解释在使用薪酬和其他形式的报酬使组织有效地运转时，管理者和所有者之间的不同。例如，公司的所有者可能更关心个人财富的增长，因此他们会缩减成本，努力增加企业的股票价值。相对地，他们的代理人——那些管理者——可能更希望把组织的资源用在不能直接增加所有者财富的活动上。代理理论也考察了风险的作用，以及所有者和管理者在应对风险方面的差异。例如，所有者可能会尽量规避风险从而把损失减到最小。而管理者可能更愿意承担风险，愿意接受损失以换取获得更大利益和市场份额的机会；当他们的决定出错时，对他们的冲击会小于企业所有者，因此不会显著降低他们承担风险的意愿。[13] 最后，代理理论考察了所有者和管理者之间时间取向的差异。所有者可能有更长的时间取向，因为他们的目标是长期获得价值的最大化。管理者的时间取向可能要短很多，因为他们的工作期限可能要求得到短期内的好结果。除此之外，他们的红利或嘉奖可能会与他们（或组织）在过去的四个季度中的绩效紧密相关。

代理理论为薪酬作为一种报酬提供了有用的启示。[14] 在考察了薪酬有效性的研究后，这一点就变得更清楚了。

薪酬有效性的研究

尽管最近几年的趋势是在不断降低薪酬作为组织报酬的重要性，但有足够的证据显示，对于大多数人，钱可以起到正强化的作用[15]。如果设计一个适合这一策略的薪酬体系[16]，它就可以对个人、团队和组织的绩效都有正性的影响。[17] 例如，许多组织不仅用薪酬去激励它们的高层管理者，也用薪酬激励组织中的每个人。另外，这些奖励可能并不是必须立即兑现。很多人都会为了很有可能 5 年或 10 年后才能兑现的奖励而极为勤奋地工作。正如科尔注意到的：

> 有吸引力的报酬，诸如高薪、分红、延期的补偿、股份受让和期权、执行人寿和债务保险、财产计划和财务咨询，以及邀请到有吸引力的地方开会，乘坐头等舱的资格或使用公司的飞机，这些通常只有组织的高层人士可以享受到。这些报酬获得所期望的结果了吗？大体上说，是的。住院医师和实习医生为了成为医学博士而加班工作，初级律师和会计师为了成为合伙人也是如此，助理教授出版著作以使自己不会“灭

亡”，博士生们则做许多太令人沮丧而不值一提的杂事以获得他们的博士学位。[18]

此外，钱不仅仅是一种激励因素，有些人得到的越多似乎就想得到更多。这里的意思是，一旦钱满足了人的基本需要，人们就能用它继续前进，去实现一直以来未能实现的目标，因此他们为了更多的钱而奋斗。相反地，有证据显示，如果一个组织降低了它的薪酬，士气就会遭到破坏。所以薪酬可能需要持续升高。比如，一位研究者曾经采访了330多位商人，发现员工的士气可以被薪酬削减所伤害，因为员工把这看作是对他们的自我价值和组织价值的一种“侮辱”。[19] 最近的基础研究显示，在工作场所中，报酬系统对员工的信任有很强的影响。[20] 换句话说，员工的士气和其他的心理变量，比如信任，是非常脆弱的。当员工感到他们没有被很好地对待，他们的绩效就会受到影响并危及到组织的业绩指标。

还有研究表明，钱对不同的人有不同的含义。[21] 不仅如此，有时这些“个体差异”最终会影响群体的努力。例如，一项研究考察了棒球运动员的薪酬和绩效信息。[22] 使用统计方法控制了诸如全队薪水、全队能力以及市场大小等因素，[23] 对来自29个棒球队的1644名运动员在9年间的数据进行了分析。研究发现在其他方面都等同的条件下，在球队里薪酬的差距越大，球员的表现就越差。这些发现得出结论：薪酬分配的差距对运动员的表现有重大的负性影响。

也许有关薪酬影响棒球队表现的一个更好的度量是整体薪酬。它反映了全体队员的薪酬。如果薪酬确实是一种激励因素，一个得到优厚报酬的群体难道不能打败那些只得到不那么优厚报酬的对手吗？又以棒球为例，例如，纽约扬基队在最近几年拥有最高的整体薪酬，他们在这几年的表现也非常好。薪酬专家爱德华·劳勒（Edward Lawler）回应了这个观点，他注意到球队的整体薪酬和他们赢得的比赛场次之间有很强的相关：“在一个自由代理的世界里，吸引和留住最好的人才需要高薪。因此，拥有最高整体薪酬的球队通常能在世界职业棒球大赛中取得好成绩。”[24] 另外，劳勒认为，对球队绩效的奖赏比球员个人之间的薪酬差异的大小更重要。

当组织试图确定薪酬对于绩效的作用时，薪酬幅度的问题以及它们对生产率的影响是值得考虑的问题。一个相关的案例是大公司大多数CEO得到的巨额薪酬。在2005年的《福布斯》杂志的报道中，美国500强企业的老总们得到的薪酬平均比往年提高了50%，然而他们公司的绩效却没有证明这种增长的合理性。这种不一致的结果使越来越多的公司股东开始建议用员工的最低工资的倍数来约束首席执行官的薪酬，以此来控制组织中最低收入与最高收入之间的差距。[25] 一个公众调查显示，绝大多数人（87%）相信高层管理者“是以普通员工为代价而致富的”。[26]

虽然钱可能在经典的管理理论和激励方法中被过分强调了，现在这个钟摆却似乎朝相反的方向摆得太远了。钱仍然是一个非常重要[27]、但同时又是一个复杂的潜在激励因素。根据第6章中讲到的马斯洛的著名的需要层级理论，钱通常仅仅被等同于员工的最基本要要。它是用物质的观点如购买食品、衣物和住所来看待的。但钱不仅有着经济、物质的含义，也具有象征意义。它可以带来权力和地位，可以是衡量成就的一种方法。关于后一种意义，第12章将详细阐述。最近一项对

72 个研究的元分析发现，钱可以作为有效的正性强化干预策略来提高业绩。[28]

在马斯洛之后，更多的对金钱作用的成熟分析是以认知为依据的。例如，几年以前，一些组织心理学家根据他们的实验研究得出结论，外部的报酬比如金钱的使用会降低个人完成一项任务的内源性动机。[29] 我们将在第 6 章中特别关注内源性和外源性的动机，但现在，我们只需要知道：在实验室里，内源性动机通常是通过去掉奖励之后完成一项任务所花的时间来度量的。不过，近年来，这些研究受到了许多批评。最近一项对 96 个实验研究进行的元分析认为，"总体上说，报酬并不会降低内源性动机。"[30] 虽然这些研究使用的是除了金钱以外的其他报酬，而且行为学派和认知学派之间的矛盾仍然像第 1 章概括的那样一如既往，我们却可以越来越清楚地看到，使用货币报酬的真正关键并不一定在于它们是否满足了员工的内部需要，而在于它们是如何被给予的。

为了使金钱能在组织的报酬系统中产生效果，这个系统必须尽可能地客观公正[31]，而且报酬的执行要与员工表现出来的绩效行为相一致。[32] 这一点被科尔阐释得很清楚，他注意到，一个可以有效奖励员工的薪酬体系必须考虑到三个问题。首先，组织必须问自己要寻求的结果是什么，比如高利润、销售额的增长以及更大的市场份额。第二，这个企业必须能够衡量这些结果。第三，组织必须把它的奖励与这些结果紧密挂钩。今天的很多组织所面对的问题是，它们仍然不知道它们想要什么，或者不能去衡量结果。[33]

管理薪酬的传统方法

传统上，组织使用两种办法管理薪酬：基本工资和奖励工资。绩效薪酬计划和"新薪酬"计划作为补充，不仅扩展了、有时甚至是根本颠覆了传统的方法。

基本工资方法

基本薪资是一个人每小时、每周、每月或每年所获得的钱数。例如，一个做兼职的人可能每小时赚 12 美元，这种是小时工资。大部分管理者的工资是以年薪为基础，总钱数会被分解为每周、每两周或者每个月的数目。例如，一个大学毕业生的年薪可能是 3.6 万美元，即在税前和其他扣减之前每周的工资是 692 美元。

基本工资（base pay）经常是由市场行情决定的。例如，刚毕业的工程师可能只能要求 5.5 万美元的年薪，而有 10 年工作经验的工程经理则可以每年收入 11 万美元。如果基本工资低于市场行情，那么组织可能会发现它们雇不到也留不住它们的很多员工。同时，基本工资作为薪酬的一种形式的主要问题是，它们在起点水平上是最有竞争性的，在此以后，竞争性经常就不那么强了。因此，一个收入 10.5 万美元的工程经理与本地区工作要求相同的其他工程经理的收入相比时，他的工资可能比行情低了 5 000 美元，但是员工也可以发现，那些高薪的公司偏爱在内部培养它们自己的管理人才，而不是从外面雇佣。无论如何，大多数组织都有某种形式的奖励工资系统，用于增加年度工资，这样就提升了基本工资，防止了员工薪酬与行情之间过大的差距。

奖励工资方法

奖励工资（merit pay）一般与一些预先确定的标准相联系。例如，一个公司可能给它的所有员工一份生活补贴，而且给那些被认为是有功劳的人一些额外的奖励工资。奖励工资的额度有两种形式：或者是一个简单的金额，比如3 000美元，或者是基本工资的一定比例，比如6%。有时公司把这两种形式结合起来使用，比如给每一个有资格获得奖励工资的人一个额外的6%的比例，额度最高不超过5 000美元。这个方法保证那些工资比较低的人获得更大比例的增长，而那些工资比较高的人获得的奖励工资也不至于太高。例如，在刚刚描述过的联合奖励工资方式中，一个年薪为5万美元的基层经理将获得3 000美元的奖励工资（5万美元的6%），而一个年薪为15万美元的高层管理者将获得5 000美元。

奖励工资有几个主要的缺点。其一，决定奖励工资的标准经常是模糊的，因为组织没有清楚地说明获取奖励工资的条件。举个例子，一家公司决定给它最优秀的员工发奖励工资。除非"最优秀"的标准被客观地讲清楚，否则大多数没有得到奖励工资的员工会觉得被遗漏了，因为他们认为他们也是最优秀的。另一个相关的问题是，确定获得奖励工资的标准通常是很困难的。特别是对于某些人的工作结果。一个很好的例子是，生产线工人和销售人员的成果是很容易度量的。但其他人的工作结果，比如会计、工程师和其他专业人员、办公室职员以及经理或主管，可能会非常难以客观地度量。近来，基于网络的雇员软件或许可以帮助度量绩效。例如，英国航空公司安装了一种软件，它确保在休息室或打私人电话的时间不计算在客户服务热线的时间内，而是以客户投诉问题的解决和销售收入作为奖励工资的度量。[34]

还有一个重要的问题是，奖励工资可能会变成一种"追赶"性报酬。例如，每个人可能都被给予2%的全面加薪，那些薪水非常低的人得到奖励工资以使他们的薪酬与市场行情更接近。这种方法在那些因需要支付较高薪水去雇佣较低级别的新员工而导致薪水压缩（高、低工资之间的差异尽量缩小的做法——译注）的企业中是很普遍的。随着时间的推移，新员工和那些在组织中工作了好几年的员工——比如5年——之间的薪水差异会完全消除。因此除非长期工作的员工获得更多的收入，否则他们可能会跳槽到能根据他们的工作经验付给他们更多薪资的公司工作。

在某种程度上，奖励工资应该是"绩效薪酬"（pay for performance）的一种形式。从事高级工作的人获得比其他同事更高的增长额。但是，由于把奖励工资直接和工作表现联系起来所存在的问题，许多组织都建立了特定的绩效薪酬计划。

绩效薪酬

"绩效薪酬"计划有两种基本形式：个人激励计划和群体激励计划。*个人激励计划*（individual incentive plans）已经出现许多年了。它们以计件工资激励计划的形式在100年前科学管理运动的顶峰时特别流行。例如，早期的时候，一个在钢铁厂装铁锭的人在个人激励计划之下每吨可以赚 7 美分。结果是，一个高度熟练的装卸工每天可以比只挣到基本工资的人多赚 50%。[35] 因此，那些愿意努力工作并且具有毅力的人，能获得由他们每天可装卸铁矿石的量所决定的激励报酬。

个人激励薪酬计划

像科学管理先驱制订的计件工资率报酬计划一样，今天的个人激励计划也基于产量或者甚至质量来给人们付酬。例如，在 Woolverton 乡村旅馆里，每个服务员都有一份清单，列着整理每个房间的 40 个条目。在六个月的随机检查结束后，若能达到标准的 95%，就会得到额外的一周的薪水。[36] 许多销售人员在个人激励薪酬计划下工作，例如，占销售额 10%的提成。俄亥俄州克利夫兰的林肯电气公司有一种很有效的个人激励计划，最近几年来，它使一些工厂工人的年薪超过了 10 万美元。[37]

依据工作情况付酬是完全建立在对个人的激励基础上的。但是，由于风险因素，在最近几年的不确定的经济形势下，许多公司制订了一种组合付酬计划：不论其绩效如何，每个人都可以得到一份有保障的底薪。例如，一个销售员每个月可以得到销售额 10%的提成，同时有一个最低不少于每月 2 000 美元的底薪。另一种流行的方法是给销售员一种组合的工资/奖金，比如 2.6 万美元年薪，再加上销售额的 5%的提成。第三种方法是给员工设定一个“预支账户”，使员工可以从中提取现金，然后再用提成来还。例如，一个销售员如果被设定按总销售额的 10%提成，可以从一个 2.5 万美元的设定账户中提钱。如果这一年头几个月的销售进展缓慢，该销售员就先从这个账户里预支现金，等到销售额赶上来时，再从该销售员得到的 10%的提成中扣还。

使用红利 个人激励薪酬的另一种普遍形式是红利。优厚的红利对于运动员和高层管理者来说是最大的激励之一。例如，保险业巨头 Conseco 公司最近付给前通用电气的一位经理盖里·文特共 4 500 万美元的红利，因为他同意作为主席和首席执行官加入该公司至少 5 年。另外，Conseco 将根据公司的绩效在文特任期的第二年年底付给他数百万的红利，在第 5 年的年底付给他至少 280 万美元的红利。[38] 尽管这样的红利数额非常巨大，但那些能为公司创造巨额财富的成功管理者和员工都可以期望数目相当的红利。比如，PaineWebber 集团最近通过提供 525 万美元的优厚红利从他的对手美林证券那里挖来了一个顶尖的业务团队，如果他们为 PaineWebber 带来更多的顾客，他们还将获得另外的 200 万美元。[39] 在日益不确定的经济形势下，多数公司都转向基于绩效的红利付酬，而不是固定的薪酬增长。一个大范围的公司调查发现，有 10.8%的公司使用红利，而 10 年前仅有 3.8%。[40]

使用股票期权 另一种个人激励薪酬的形式是股票期权计划。这个计划一般是针对高层管理人员的，给他们一个在未来以预先决定的价格购买公司股票的机会。这个计划背后的基本想法是，如果执行官员在他们促进公司绩效方面的努力是成功的，公司的股票价值也会升高。[41] 在新世纪之前的繁荣时期崛起的网络公司，

在很大程度上依靠股票期权去吸引和留住顶级的管理者和企业家。然而，如果这些有利的期权不兑现，一旦泡沫破裂，许多情况下这些股票的价值可能减半或者更少。例如，当 CEO 劳伦斯·埃里森行使他的期权时，甲骨文公司的股价从高点下跌了 57%，损失超过 20 亿美元，但他仍然得到了 7.06 亿美元，比格林纳达的经济产值还多，是历史上盈利最大的一年。[42]

潜在的局限　虽然红利和股票期权仍然是个人薪酬的流行形式，但还存在潜在的问题需要克服。在这些付酬计划中，一个内在的普遍问题是可能导致近几年许多公司都经历的超额支付和伦理的崩溃。例如，正像《金融时报》的一个编辑最近观察到的，"如果我们把管理者当成唯钱是图的机器，他们被股票期权这根胡萝卜所吸引的同时又被公司治理的大棒所辖制，这种态度将令其自食其果。"[43] 除了这些基本假设的问题之外，其他的障碍是这些报酬系统只有在个人绩效可以被简单而客观评估的时候才是现实的。在我们举的销售的例子中，提成很有效。但在更多的主观领域，比如绝大多数职员所从事的辅助工作和一般管理工作中，它即使有价值，也是有局限的。第二个问题是个人报酬奖赏可能只鼓励了很小范围的行为。例如，一个寻求增加自己的提成的销售人员，很可能花很少的时间关注顾客的需要，而花更多的时间去尝试说服顾客购买这项产品或服务，却不管它能在多大程度上满足购买者的需要。而且，就执行相同的激励计划的销售人员而言，他们的客户和行业可能有相当大的差异。例如，《纽约时报》的销售团体的客户有相当大的异质性，这导致了实质上收入的不平等，也未能实现以绩效来付酬。当根据各个地区的不同情况对销售计划重新调整并定制后，销售团体认为新的计划更公平并且更有激励性。[44]

在有些情况下（比如教育行业的薪酬），红利其实是不适合的。例如，国家教育协会的会议代表最近否决了把红利和工作绩效联系起来的想法。一个原因是协会相信红利系统会妨碍人们教导那些能力差或者在标准测验中有困难的学生，因为红利会和学生在这些测验中的成绩相联系。[45] 最后，个人激励计划可能使员工之间相互竞争，从而促进良性竞争，但它也可能损害信任和团队工作。[46] 解决这个潜在问题的一个办法就是使用群体激励计划。

群体激励薪酬计划

第 10 章将详细阐述最近几年在使用团队薪酬方面出现的增长趋势。组织越来越多地认识到，团队和团队工作比每个人只做自己的工作能创造出更高的生产率和更好的质量。结果，*群体激励薪酬计划*（group incentive pay plans）变得越来越受欢迎。[47] 群体工资的最普遍形式之一是*收益共享计划*（gain-sharing plans）。[48] 这种计划的设计是群体或团队共享从产量提高中获得的净盈余。其背后的逻辑是，如果每个人都为了降低成本和增加产量而努力，组织将更有效，也将有更多的钱去奖励它的员工。

使一个收益共享计划有效的第一步，是确定生产现有产量的产品所需要的成本。例如，如果一个计算机制造商发现生产 24 万台打印机需要 3 000 万美元，每台打印机的成本是 125 美元，这些数据就会被作为确定生产率提高的基础。成本和产量均被监测，鼓励工人和管理者思考节约成本的办法，并且付出更多的努力去生产更多、质量更好的产品。然后，在一些预先定好的时间比如六个月之后，对成本和产量进行评估，而且生产率的提高被确定下来。例如，如果现在公司发现生产 12.5 万台打印机的总成本是 1 400 万美元，那么每台的成本就是 112 美元。每台打印机节省了 13 美元，总共节余 162.5 万美元。然后，比方说，可按 75:25 的比例把这些节余分配给员工。

许多组织用各种不同的方式来使用收益共享。例如，Owens Cornings 公司为了在玻璃纤维的生产中降低成本并增加产量，制订了一个收益共享计划。每一磅产品成本的生产节余都由员工来分享。[49] 另一个例子是 Weyerhaeuser，森林及纸制品产业的巨头，它在其产品包装与回收工厂中使用了名为“目标共享”（goalsharing）的计划。这家公司的目标是通过减少浪费和可控成本、增加工厂安全性和产品质量，把员工吸引到一个事先制定好的改进公司绩效的重要计划中，以达到世界级的水平。[50] 尽管至今为止的研究结果有些复杂且说法不一，但最近有证据显示，收益共享计划能显著影响员工对组织发展的建议。[51]

另一种常见的群体激励薪酬计划是*利润共享*（profit sharing）。尽管这些计划可以采取几种不同的形式，但一般来说，都是公司利润的一部分被放进利润共享的备用资金，然后将之分发给所有的员工。这些钱有时立即就发给员工，或在年底发给他们。有一些计划推迟了利润共享，但把它放进一个契约账户，由公司拿去为员工投资直到他们退休。到现在为止，关于利用利润共享来培育员工的态度从而影响绩效的研究，其结果也是说法不一。然而，最近一个对工程师雇员的研究确实发现，利润共享的良好感觉对增加他们的组织承诺（忠诚）有作用。[52]

第三种群体激励薪酬计划是*员工持股计划*（employee stock ownership plan），简称 ESOP。在 ESOP 中，员工逐渐在公司的所有权上获得主要份额。这个过程一般包括公司拿出一部分贷款在开放市场上购买一部分它自己的股票。随着时间的推移，这些股票的利润被用于还掉这笔贷款。同时，公司的员工基于资历或绩效而获得这些股票的份额。结果，他们最终成为了公司的所有者。然而，由于新的会计准则要求更严格的监察，因此，许多公司，比如柯达、安泰以及时代华纳公司，都减少了有资格获得公司的所有权作为激励的员工的数量。[53]

潜在的局限 像前面提到过的，群体激励计划正变得越来越普遍。但是，它们也有一些缺点。一是它们经常发放等额奖励，但实际上群体中的每个人可能没有做出同样的贡献。因此一个团队或一个特定的群体中的每个人可能都获得一笔 2 700 美元的收益共享红利，而不管每个人对于提高产量或降低成本有多少贡献。第二个缺点是，这些奖励可能要在几十年之后才能兑现，比如那种把员工的共享利润放到退休账户中去的做法，它们在日常绩效中的激励效果即使有也是最小的。第三个缺点是，如果群体奖励被有规律地分发，比如一个季度或一年，员工可能认为这种报酬是他们基本工资的一部分，并且期望每年都得到。如果这个群体或公司没能赚到这些利润，那么产量以及员工的动机都可能降低，因为员工觉得他们没有得到一个公平的报酬。

组织已经认识到基本工资、奖励工资以及个人和群体形式的激励薪酬都有局限性，它们现在开始重新考虑被用作组织报酬的付酬方法，而且在制订一些新方法以应对它们在今天的环境中所面临的一些挑战。[54] 例如，特别是劳动密集型公司，比如万豪酒店，它每年都会支付给员工数十亿美元，现在也开始对自己的报酬系统进行了重新考察，以便与合作伙伴的需求保持一致，改善吸引力和员工留任能力，提高生产率，以及增加对人力的投资回报。[55] 其结果是，一些新的付酬技术涌现出来。

新的付酬方法

正如前面曾经提到过的，标准的基本工资方法为一份特定的工作提供最小值的工资。它不奖励超出平均水平的绩效，也不惩罚低于平均水平的绩效。绩效薪酬计划纠正了这个问题。事实上，在许多情况下，比如把薪酬与被评估的绩效直接地（也就是，耦合性地）相联系时，绩效薪酬计划不仅奖励好的绩效，也惩罚差的绩效。当然，有时这些计划在某种意义上是不公平的，因为一些工作可能很容易做或很容易得到很高的激励，这就使员工较容易地获得很高的工资，而在其他情况下正好相反。类似地，如果实施一个群体激励计划，那么在所有成员都是高生产力的情况下，员工可以使自己的报酬最大化，但在有部分人表现得不太好的群体中，每个人实际上最终都受到惩罚。

尽管绩效薪酬计划中的一些内容有不利的一面，但它们已经被使用多年，已经变得非常普遍，因此也可以被考虑作为新的付酬方法的参考，例如群体或团队激励，像收益共享、利润共享、员工持股计划和股票期权计划。尽管最近那些极端高的激励薪酬形式正被一些联盟、股东及一般公众所诟病（例如，在一些公司，像美国万国宝通银行和美国在线时代华纳公司，已经有决议禁止向高级管理者发放股票期权），但是调查发现，《财富》杂志排名前 1 000 位的公司中，大多数都采用这些方法。[56] 另外，当组织经历着在第 1 章和第 2 章讲到过的技术、全球化、法制化和竞争压力所带来的持续变化时，许多企业都在重新思考和重新设计它们的薪酬计划以适应 21 世纪的要求。例如，报酬系统在知识管理[57] 和全球化中所起的作用已经开始受到关注。[58] 现在正在出现的是一系列被称作“新薪酬”方法的薪酬计划。下面是对这些方法的一个简要概括。[59]

1. *销售额之外的提成*　在所有这些新的付酬计划中，付给销售人员的提成都与组织的战略及核心能力相联系。结果是，除了销售额之外，客户满意度以及销售团队的业绩，比如达到收入要求或实现利润目标，也决定了员工的提成。
2. *奖励领导有效性*　这种付酬方法是基于那些超越了组织财务成功的因素。它也包括一个员工满意度评估，以确认管理者的人事管理能力。例如，在全美保险公司，管理红利是与他们的人际满意分数联系在一起的。[60]
3. *奖励新目标*　除了基于传统的利润、销售额以及产量目标，这种报酬方法的目的是奖励所有（从高层到基层）为诸如客户满意度、生产周期或质量标准等目标做出贡献的员工。

4. 薪酬向团队中的知识员工倾斜 随着团队使用的增多，薪酬开始与进入虚拟团队、产品开发团队、多职能团队或自我管理团队的知识员工或专业员工的绩效联系起来。在有些情况下，这些薪酬的一部分最初是给予接受了额外训练的员工，其假设是，这些新近获得的知识或技能，将会提高他们未来的绩效水平。[61]
5. 技能工资 这个方法承认对于灵活性和改变的需要，它基于员工被证实了的技能付酬而不是他们已经完成的工作。尽管它现在应用在程序性生产或服务技能中，但它面临的挑战是，如何把这种方法应用到新范式的组织中所需要的更多变和抽象的技能上去（例如：信息系统设计、跨文化沟通技能）。
6. 能力工资 这种方法超越了技能薪酬，奖励有更多的抽象知识或能力的员工，比如那些与技术、国际商业环境、客户服务或社会技能相关的员工。
7. 宽带薪酬 和其他方法相比，这种方法与薪酬计划的设计关联更密切。宽带薪酬（broadbanding）被正式定义为这样一种工资策略，它“打破传统的众多工资级别而融合为少量但有宽泛薪级范围的工资级别。”[62] 因此，举个例子，公司会有一个从 25 000 到 80 000 美元的主管工资级别，而不是有 25 000 到 40 000 美元、35 000 到 55 000 美元、50 000 到 80 000 美元这三个级别。它允许管理者给一个主管加薪而不用首先得到更高管理层的许可，因为拓宽的薪级范围直接将主管的工资放在可最大限度接近下一个级别上。宽带薪酬传递的强烈信息是，组织对于变革和灵活性是认真的，不仅在结构和运作流程上，也在它的报酬系统上。简单地说，组织用宽带薪酬把它的钱放在所需要的地方。[63]

这些新的付酬方法当然需要适应新范式的挑战。如果组织期望顾客满意度、领导力、满意的员工、质量、团队工作、知识共享、技能发展、新的能力（比如技术的、跨文化的和社会的）以及非晋升性的员工成长，它们就必须按照新的付酬方法来奖励这些行为。

表彰作为一种组织报酬

薪酬是一种无可置疑的报酬形式。但它并不是组织可以奖励员工的惟一方法。除了钱，*认可或表彰*（recognition）作为报酬形式——对员工杰出绩效的认定和奖励——是组织的报酬系统中至关重要但又经常被忽视的一部分。当人们被问及是什么激励了他们，钱始终在他们的原因列表里。但是，被主管和经理们系统地使用的正式的组织表彰和社会认可，对于员工和他们日常的行为以及绩效的效力都是非常重要的。

表彰与金钱

作为对今天的员工的一种报酬，表彰为什么可能和钱一样重要，甚至更重要的原因可以举出很多。一个最明显的原因是，企业的薪酬体系一般被设计为评估员工的绩效，而且每年只给一次或两次激励报酬。因此如果一个人在 7 月份的工作表现很突出，那么只有到 12 月份的年度绩效回顾之后，管理者才能给这个人一项经济报酬。而从另一个方面看，非经济报酬（比如真正的社会认可）可以在任何时候给予。正是这些更频繁的非经济报酬，对员工的生产率和质量服务行为均有较大的影响。

表彰可以有许多不同的形式，可以是小的，也可是大的，而且在许多时候是管理者可控的。例如，除了社会性认可和正式的奖励，管理者可以赋予一个员工越来越多的责任。Orient-Express Hotels 的人力资源经理指出，“我是授权的忠实信徒，我经常告诉员工，‘我是人力资源专家；你是你自己行为的专家。’我用力握住他们的手并且说‘我信任你。’那确实有效果。”[64] 员工会发现这种形式的认可很有激励性，而结果则是更高的产量和对顾客更高质量的服务。随之而来的是，经理能赋予这个员工更大的责任。与很多经济形式的报酬不同，对于表彰来说，可以获得这种形式报酬的人数，或者隔多长时间给出这种报酬，都是没有限制的。一个报酬专家如是说：

> 如果你选择这么做，你可以使你所有的员工都符合非经济报酬的条件。如果你愿意，你也可以使这些报酬是可见的，并与绩效相挂钩。你不需要等到高层签署批示和周年庆祝的时候，因为非经济报酬并不来自预算或老板，而且很少在雇佣合同和集体议价协议中被提到。此外，……如果你在疏忽中给了一个人多于他所能面对的自由或挑战，你还可以收回它。因此，组织在使用非货币报酬时可以大胆而有创意，因为它们不必承担责任。[65]

研究发现，有许多类型的表彰能促进绩效和忠诚度的提高。[66] 其中有一种越来越受到关注，这就是对下面事实的认可：许多员工都有工作和家庭责任，当组织帮助他们处理这些责任时，忠诚度就增强了。这一发现特别重要，尽管最近有调查显示 25%的最稀缺的员工（教育程度高、专业水平高）报告说他们愿意为了 10%的工资增长而换工作，50%的人愿意为了 20%的工资增长而换工作。[67]

这些数据不是惟一的例子。最近另外一项对全美国商业、政府以及非营利组织中的大量员工的态度和经历的调查揭示：（1）只有 30%的人感到有责任留在现在的雇主这里；（2）被自己的组织高度认可的员工倾向于工作得最好；（3）对自己的工作不满意的人最不可能高产；（4）大型组织（100 人或以上）中的员工倾向于比小企业中的员工更不满意；（5）低层级的员工比高层级职位上的人更不满；（6）答卷者希望他们的公司所关注的事更多地包括公平对待员工，关心他们，以及信任他们。[68]

表彰创造力对竞争优势来说变得越来越必要。一个最新的估计是，专业人员（例如，软件开发人员和其他知识工人）占了整个美国劳动力的三分之一，而他们拿走所有工资和薪水的一半，他们的主要职责是创新、设计和解决难题（即，有创造力阶层)。[69] 为了让有创造力的员工达到最高的绩效，广受尊敬且十分成功的软件公司 SAS 用挑战奖励优秀，重视工作本身而不是工具手段，尽量减少争论。[70]

虽然对于满意度和承诺与产出之间关系的复杂性的研究将在第 5 章进行着重论述，有趣的是，我们在这里注意到，诸如全国员工表彰协会（National Association for Employee Recognition）这样的团体认为，实际的人力资源专业人士和管理者似乎仍然低估了表彰在奖励员工完成目标过程中的有效性。[71] 而且，作为报酬的表彰并不一定非要很成熟或很花时间。事实上，许多公司现在努力使它们的表彰系统都使用非常基本而且简便易行的程序。有效地管理一种正式和非正式的表彰程序需要建立下述步骤：[72]

1. 当引入新的表彰程序和计划的时候，利用所有的沟通工具——包括企业内部的互联网和其他信息共享网络——使每一个人知道正在发生什么。
2. 培养管理者，要求他们将表彰作为全部报酬的一部分。
3. 使表彰成为绩效管理过程的一部分，让每个人都开始使用它。
4. 在公司的沟通渠道比如周报或月刊里的特定位置公布表扬内容。
5. 宣传员工的最优秀表现，以使每个人都知道一些他们能够做的、可以获得表扬的事。
6. 让每个人知道最优秀的管理者正在有效地使用表彰。
7. 不断地审视和检查表彰程序，以引进新的程序和计划，并且去掉那些不再有效的内容。
8. 同时从员工和管理者那里征求关于表彰的想法，因为他们是最有可能知道什么有效、什么无效的人。

有效的正式表彰系统的范例

第 12 章介绍行为绩效管理，关注社会性认可，把它看作是一种有效而权变的强化物，主管和管理者可以把它作为管理人际关系的一种方式。研究已经清楚地证明，这能提高员工绩效。[73] 在本章关于报酬在组织情境中的作用的内容中，我们主要关注的是由组织所实施的正式的表彰程序、薪金与福利（下面将会讲到)。正式的表彰是报酬系统的一个重要部分，这个系统组成了理解和有效管理组织行为的社会认知框架的环境成分（见第 1 章)。

今天有大量正式的表彰系统在被全美国的组织有效地使用。[74] 它们中的许多系统是持续改进的结果，因为组织为了满足员工不断变化着的需要，也在改变和修正自己的报酬系统。但是，所有有效的程序似乎都有两个共同点。第一，它们被设计为奖励那些有效的员工绩效行为和提高员工的满意度及承诺。换句话说，有效的表彰系统可改善员工绩效和促进留任。第二，它们被设计为满足员工特定且变化着的需要。简单地说，一个在过去或在某个企业中行之有效的表彰系统，在其他时候或其他企业中可能不起作用。这就是为什么许多公司在确立一个现在对它们的员工最有效的独特系统之前，都经历了一个反复试验的过程。因此，表彰程序在一个公司和另一个公司之间通常有非常大的差异，它们中的许多内容都是具有高度创造性的。例如，一位实施表彰系统的专家提供了下列有创造性并且有实际意义的建议：[75]

1. 选择一种颜色（没有其他人用的颜色）的报事贴作为你的“表扬簿”。通过把你表扬的话写在你的表扬簿上，来认可你的员工所做的出色工作。
2. 雇佣一个备办食品的人，每周送一次午饭。这种做法除了表示你的尊敬和感激，也鼓励了信息、知识、思想以及创新的解决办法的交流与共享。
3. 要在一项重要任务中使一个团队受到激励，就让他们为这项任务设计一个简单的标志。这不仅会给他们一种同志友爱和凝聚力的感觉，也给了他们一种群体身份和关注。

这些小技巧代表了一些有用的建议，但是许多公司在设计正式表彰系统方面走得要更远，以使它们的所有目标（增加产量、降低成本、更高质量的产品和顾客服务，以及更高的利润）和员工的绩效行为相联系。例如，密苏里州的一家超市连锁店 Dierbergs 在家庭市场上创立了一种称之为“额外行为”的计划。这种正式表彰计划被设计为奖励那些在满足顾客需要方面非常积极主动的员工。这个程序的目的是双重的，使公司成为员工愿意工作的地方，而且使顾客再次光顾。为了达到此目的，公司奖励那些超越他们的职责去为顾客服务的员工。例如，有一次一位顾客在一场暴风雪中把她购买的一些东西遗落在超市的一家店里了。商店经理不想让任何员工在这么坏的天气里出门，因此他叫来一辆出租车，付给司机钱，让他把顾客落下的包裹送回去。还有一次，一个员工在上班的路上认出了一位老顾客正在试图换一个轮胎。他走过去，介绍自己是 Dierbergs 的员工，然后为这位顾客换了轮胎。

Dierbergs 用很多方式奖励这些“额外行为”，包括赠品、证书、电影入场券，甚至包括与首席执行官共进午餐。[76] 它们也通过口头广告（最好的形式，无成本）、回头客、顾客的满意、员工的产量和留任，帮助公司达到了它增加收入的目标。顾客的反馈是充满称赞的，在这个员工辞职率非常高的行业中，该公司的员工辞职率从 5 年前的将近 50%降到了 25%。因为它的努力，Dierbergs 被授予一个奖励，以表彰它在激励和保留员工方面的最佳商业实践。

Dierbergs 不是惟一这样做的公司。越来越多的公司发现，很好地构建并实施员工表彰的报酬系统，能产生正面的成本效益结果。特别是，正式的表彰系统在酒店和餐饮业中变得非常重要，在这个行业中，100%的员工辞职率是很普遍的。实施了表彰系统的公司在它们最优秀的员工的留任方面都经历了重大的改进。例如，在 Sofitel 酒店，人力资源主管报告说，由于组织的表彰系统，年度辞职率从 84%降至 37%。[77] 它的系统中最成功的计划之一叫做“Sofitel 服务冠军”。这个计划管理起来并不昂贵，而且所有的员工都参与。它是这样发挥作用的：当员工做了一件值得注意的事，一位顾客或管理者就会给他们一张小纸片。它很像一个法国法郎（这与酒店的法国主题相匹配）。当一个员工得到了 3 张这样的“法郎”，他或她就能兑换到一张价值 35 美元的赠券，它可以在一个酒店的餐厅里使用。7“法郎”可以兑换为酒店餐厅里的一顿正餐或者一张可以在本地任何一家商店或餐厅里使用的价值 35 美元的赠券。10“法郎”授权给员工一天的带薪假期或一张可以在本地任何一家商店或餐厅使用的价值 50 美元的赠券。

Sofitel 酒店表彰系统的另一个成功的内容是“当月优秀团队成员”计划。这些成员是从酒店中的某一个部门团队（比如：保洁、接待、客房服务、会计、全体决策者等等）中选拔出来的。每一位部门主管都填写一张提名表，提名一位在当月表现杰出的员工。如果被选中，这个员工将获得一张 50 美元的支票，在员工食堂里荣誉享受一顿特殊的午餐，与总经理和部门经理合影，并且这张合影将放在相框里展示，他还能得到一个特别指定的停车位。如果一个人被提了名但没有被选中，这个人将在接下来的三个月中仍然作为候选人。所有的每个月的获胜者和被提名者都被全年记录而且可以候选全年团队成员奖。这个奖的得主能获得 500 美元或到北美的其他 Sofitel 酒店旅行一次的机会。

这种公开表彰计划的一个关键的成功因素是，它被认为是公平的，而且没有获得这种表彰的人也认为那些得奖者是当之无愧的。在 Sofitel 酒店，表彰计划经常基于员工的意见而变化。最近加入 Sofitel 表彰系统的是一个叫做“部门表扬日”的表彰计划。每个月都有一个部门被挑选出来得到其他部门的认可。这种表彰奖励一般都是一些小而不贵的东西，比如一盒饼干。但它已经被证明在员工和部门中非常受欢迎，并且促成了为赢得这种奖励而进行富有建设性而且友好的竞争。

其他组织使用类似的方法去赞誉和表扬它们的员工（参考下面附录的实践中的组织行为学：“表彰员工的一些简易方法”）。例如，在拉斯维加斯的 Fremont Hotel & Casino，75%的人力资源预算被用于表彰计划。其中之一叫做“快速反应的人”，鼓励员工做任何力所能及的事，以帮助在 Fremont 住宿和娱乐的顾客。这样做的员工最终可以被提名为当月的“每月最佳员工”。获胜者会得到 100 美元、公司的任一餐厅里的两人正餐、两张演出门票、一个特别的停车位，以及一件“每月最佳员工”夹克衫。他们也同样有资格赢得“年度员工奖”，这个奖包括额外的一周假期，并且享受一次免费的夏威夷旅行，同时还有 250 美元零花钱，以及与公司的首席执行官共进正餐的两人名额。

除了这些有代表性的表彰系统，在今天的公司里还有许多其他有新意而且有趣的表彰方式。例如，芝加哥第一国民银行分别授予工作区最整洁和最凌乱的员工以 Felix 奖和 Oscar 奖（“奇特的一对”中的人物）。在旧金山的雪佛龙美国公司，被表彰有杰出贡献的员工马上被带到一个大礼品柜面前，允许其从里面选出一件奖品：咖啡杯、笔架、赠券或者电影票。在位于麻省剑桥的一家管理咨询公司 Goodmeasure，一个表现出色的员工被授予一项“Atta Person”奖。在玫琳凯化妆品公司，粉色卡迪拉克、貂皮大衣以及钻石戒指被授予最出色的销售人员。在惠普，市场营销商送阿月果给那些完成重要销售任务或表现出色的销售人员。麻省切姆斯福德市 Octocom Systems 公司的销售人员完成工作定额就可以得到一套瓷餐具。亚历桑那州坦普尔市的 Microage Computer 公司使用的是一种与众不同、而且从长远来看可能会有问题的方法，在这家公司，工作迟到的员工被罚款，而罚金被奖励给按时上班的人。美国战略空军司令部指挥官用可以缝在制服上的铜的、银的或金的钮扣来奖励那些提出建议并被采纳的个人。

表彰员工的一些简易方法

员工对表彰似乎从来不会感到厌烦。从心理的角度看，他们对于表彰似乎从不满足——与他们对食物甚至金钱不同。事实上，对一些人来说，他们得到越多的认可，就还想要更多。幸运的是，表扬别人并不困难，可以有很多方式。一些最简单、最有代表性的方式如下：

1. 练习通过把应该受奖赏的员工叫到办公室里给予特别的专门的表彰，并且感谢他们做出了突出的工作。在这个过程中，只关注具体的表彰而不是其他内容，因此表彰的效果不会由于讨论其他事情而冲淡。
2. 买一项奖品，把它授予部门中最该受奖励的员工。在奖品上记上这个员工的姓名，但要为更多的名字留下空间。为了保证公平度和接受度，在月底要让这个员工挑选部门中下一位获得表彰的员工并且解释为什么选择他。
3. 表彰一位在另一个地点工作而且没有机会常到总部来的员工。处理这种“看不见、想不到”的问题，可以通过传真、电子邮件或留给这个人一封语音邮件说：“感谢你把工作做得这么好。”
4. 在最后的付酬周期写一个便条来表彰一个员工的贡献，把这张便条贴在这个人的薪水支票上。
5. 当你得到了提拔或晋升，带你的工作助手们出去吃午餐以表彰他们在你的晋级中所起的作用。在橄榄球运动中，一个因获胜而赢得所有人注目的聪明的四分卫，总是会特别赞扬本队的人，而且可能带着这些“无名英雄”去吃饭或是给他们买东西。
6. 为一个得到经理祝贺的员工拍照。把一张照片送给这个员工，把另一张放在一个显眼位置让所有人看到。
7. 在一位高级经理来的时候，邀请他参加一次你的团队会议，你在会上因员工的成就而表扬他们。
8. 邀请你的工作团队或部门在一个周六的晚上到你家里去，庆祝一个项目的完成或者一个特别重要的工作基础的奠定。
9. 通过指派一个员工去指导另一个人来表彰他出色的技能或专业技术，同时也证明你对他的信任和尊敬。
10. 下次你听见关于某人的正面评价时，尽快地把它告诉那个人。
11. 注意员工似乎最喜欢的那些表扬和认可的方式，尽可能多地使用它们。
12. 寻找做好事的人——并表彰他们！

有时候，对于一项做得好的工作当场就会给与表扬。[78] 例如，在百事可乐的子公司百胜全球公司——世界上最大以及销售额排名第二、仅次于麦当劳的连锁餐厅公司，首席执行官给了其子公司必胜客的总经理一块泡沫干酪，因为他在这个辞职率通常为200%的行业里实现了仅56%的辞职率。谈到这件事时，这位CEO说：“我不知道为什么任何人都会由于得到一块奶酪而受感动，但是我看见过他们流泪。人们喜欢被赞赏。”[79] 但是正像这部分的开头所指出的，这种有力的报酬仍然没有被充分利用。一项最近的调查结果显示，96%的作答者说，他们对自己的工作贡献得到认可的需要仍未被完全满足。[80] 就像盖洛普公司已故的领导克利夫顿先生曾经说过的那样，“我从没有见过一个受到太多认可的员工。”一种更清楚、成本也更高的组织报酬系统的形式是为员工提供福利。

作为组织报酬的福利

每个正式员工都应该得到福利（benefits），就算他们往往看上去并不十分清楚这一点，[81] 而且也不知道这些福利通常所具有的高价值。[82] 事实上，福利构成了大多数公司开销的一个很大的比例。最近几年这些费用在逐步增加（例如，健康保险通常被引证为过去 10 年里各家公司的单一成本增长最大的一项）。福利费用占工资的 30%~35%之间。因此一家付给某个员工每年 7 万美元的公司，每年还要在福利方面另外支出 22 000 美元，包括人寿和健康保险、退休金、政府规定的福利（社会保障、假期）等。

尽管有一些管理者和小企业主质疑福利的高开销，但还是有很多人相信这笔钱花得很值，因为它是组织报酬系统的一个重要部分，而且有助于吸引、保持和留住优秀的员工。这个原因作为效率工资理论（efficiency wage theory）而为人所知，它认为如果公司付出较高工资和较好的福利，就可以节约资金而且变得更高产，因为它们能雇佣且留住最优秀的人才。这个理论在解释提供福利的重要性方面是特别有用的。这种福利对今天的员工是有吸引力的，而且也是他们所需要的，使他们满意、无压力而且高产出。例如，最近几年随着女性劳动力数量的增多，越来越多的公司帮助它们的员工处理一些与家庭相关的挑战，如提供公司托儿护理、双亲产假，以及灵活的工作时间，以使有小孩或年老亲属需要照顾的员工可以处理这些事情。

总的来说，组织报酬系统中福利的这一部分可以用一些不同的方法归类。下面的内容考察了今天的组织报酬系统所使用的传统福利和新出现的福利。

传统福利

普遍提供的福利有两种类型：那些由于法律有规定而必须提供的，以及大多数企业一般都会给予员工的那些福利。当把福利作为组织报酬系统的一部分时，这些都是标准的供给，而且它们在组织之间大多没有什么不同。

联邦政府要求的福利

政府所要求的一项传统的福利是社会保障。作为官方的老年人和残疾人保险项目，社会保障的最初目的是为退休的人提供有限的收入，以补充他们的个人储蓄、私人养老金以及兼职工作的收入。员工和雇主都被要求交纳社会保障税。另外，员工和他们的雇主都要交纳医疗保险税。还有，联邦政府要求的这个项目既要为员工支付退休福利又要支付医疗福利，尽管支付额是依据一些因素而不同的，例如，一个人选择在哪个年龄开始接受支付。

另一项规定的福利是工人的意外赔偿。这一福利为那些因工作而患病或遭遇意外的人提供保险。雇主支付这种保险的开支。

其他强制要求为员工提供的福利没有指定某种特定的形式，但是要求雇主采取具体的行动。例如，1993 年通过的《家庭及医疗假期法案》要求所有员工数量超过 50 人的组织，为它们所雇佣至少一年的员工提供最多 12 周的无薪假期，以使他们能生孩子、收养孩子、照顾有严重健康问题的家庭成员或养病。在这期间，这个员工的所有现有医疗福利都照发，而且必须允许这个人在假期之后能够回到原来的岗位或者等同的工作岗位。

另一个法定的福利项目是 1974 年通过的《员工退休收入安全法案》。它要求，如果一个雇主为员工建立了退休基金且扣除一定数额的钱放入该账户，那么公司就必须遵从一些特定的规则。这些规则限制了公司从这一基金里提钱的自由，并且为员工保留退休金的权利（当员工有权拥有雇主向该基金缴纳的资金时）以及基金的过户（员工把基金转到另一个退休账户的权利）提供了规则。还有一个法定的福利缘起于 1978 年《怀孕歧视法案》，它保护妇女不会因怀孕而被解雇。再有就是 1981 年通过的《经济复苏法案》，它允许员工向退休金、储蓄或者个人退休账户（IRA）存入的钱是免税的。所有这些项目都为员工提供了政府所要求的福利。

人寿、残疾和健康保险

传统福利的另一个主要类型包括保险项目。大多数公司为员工提供健康保险，而且支付了这个项目的主要费用。人寿保险的保险费所能提供的保护通常以个人的年薪为基础，比如，两倍于这个人的年薪。另外，雇主经常留出最小份额的保险费作为残疾保险。

最近几年来，尽管健康所涉及的费用日益增多，但是它已经成为一种普遍期望的福利。尽管一些公司正在试图通过联合支付和挑选保险公司来控制成本，但为了争取到顶尖的员工并且留住最好的，许多雇主都在扩大保险的覆盖面以包含多种健康护理，比如处方药、视力护理产品、精神健康服务以及牙齿护理。数年前，许多雇主还鼓励他们的员工加入一个健康保护组织（HMO），这个组织在预先付费的基础上提供医疗和健康服务。这种方式目前看来运行得不错，现在越来越多的公司正在执行被称为“疾病管理计划”：

> 疾病管理计划是以往预防医疗的一种复杂的改版。取代过去通过护理管理进行费用配额，雇主更关注慢性病员工的早期医疗干预，因为这些人会花费大约全部健康基金的 60%。[83]

为了控制成本，越来越少的公司支付全额保险费。然而，在多数情况下，雇主仍然支付每月保险费的一部分，而员工自己要支付一定额度的可免税的最小比例的健康保险费。美国劳工统计局报告说，雇主为健康项目每小时的花费实际上是逐年减少的。[84]

退休金福利

除了社会保障部所提供的退休金福利，今天的大多数组织都建立了私人的退休金计划。份额一般同时由雇主和员工分摊，有多种不同的方式。两种最普遍的方式是个人退休账户（IRAs）和 401（k）计划，它们允许员工通过与雇主签署延迟发薪协议，在推迟交税的基础上向基金账户存钱。这些被建立起来的基金在员工退休的时候就是可用的了，而且通常比来自联邦政府每月的社会保障支票所提供的金额要多得多。这些计划许多是以股票的方式来投资的，当市值上升时，这些退休金计划就进展得非常好，但是，当股票的市值下跌时，许多人的退休金会受到很大的冲击。

休假福利

另一种经常被许多人认为是理所应当的常见福利是带薪休假。例如，零售商 Eddie Bauer 十分用心地制订它的福利计划——将宝贵的时间返还给员工、帮助员工节省时间，将节省的时间折换金钱。在 Eddie Bauer，这些福利的其中一种是让员工通过享受公司现场的服务来节省时间，例如，干洗衣物、照片冲印和递送、自动取款机、体育馆、遗嘱的准备以及流感疫苗注射。该公司相信，员工时间的节省将有助于促进生产率的提高和留任。[85] 更传统的时间福利是假期。在许多组织中，员工在加入组织一年后就可以享受至少一周的带薪假期。在第 5 年结束的时候，大多数人都得到至少两周有时甚至四周的假期。另外，一些公司对于员工所放弃的假期也是付薪的，比方说为这个人放弃的每一周假期而支付 1.5 倍的周薪，而且一些雇主允许人们积攒假期，并在某种程度上为任何没有使用的时间而付酬。

另一种形式的休假是宗教节日。还有一种是带薪病假。许多组织每年给员工一个事先决定的病假天数，比如 6 天，而在其他组织中可能没有限制。最后，许多公司允许带薪事假，比如参加亲友的葬礼或出于任何私人原因的事假。

福利的新类型

最近几年，福利的一些“新”类型出现并开始流行。一个例子是健康项目，另一个是在前面提到过的对家庭职责的协助。这些类型及其他的福利正在作为今天的组织报酬系统中的重要组成部分而出现。

健康计划

健康计划也将在关于压力应对的第 8 章中给予讨论，它们是福利项目的一种特殊类型，关注预防员工生理或心理的疾病。有重要的证据证明，有规律地进行身体锻炼的员工更少生病，且因此而降低健康保险的费用和损失掉的工作时间。结果，越来越多的公司鼓励它们的员工有规律地锻炼身体，并在这个前提下建立了健身房或运动中心，或者为员工负担参加当地健身俱乐部的至少一部分费用。另一种健康福利的做法是在一年的工作日中给员工一个经济酬劳，比如每慢跑 1 英里给 1 美元，以鼓励他们锻炼。因此每天在公司的体育馆慢跑 3 英里的人，每周就能得到 15 美元。一些公司还鼓励它们的员工保持他们的体重，超重的员工要向公司付钱，以便减掉多余的重量。例如，一家公司可能为一个员工减掉的每一磅体重付 10 美元。当然，一旦这个人达到了医生所建议的体重，这个体重必须保持住。如果他的体重又长回来了，他可能必须为他超过医生建议的每一磅体重付给公司 10 美元。许多公司发现，相比于让一个人由于健康问题一年旷工 6 天的支出，这些钱只是很小的数目。事实上，为了鼓励每个人保持健康，一些组织付钱给未休病假的人，以示奖励。因此那些健康状况很好的人受到这种激励去保持自己的健康。

生活周期福利

另一类非常流行的新福利是被大家称为“生活周期”（life cycle）福利。这些福利基于一个人的特定生活阶段，包括儿童看护和老年看护等等。

*儿童看护福利*特别流行，而且许多“最佳工作场所”（例如软件开发公司SAS）都有日托。员工可以把他们的孩子放在日托中心，看望孩子并与其共进午餐，然后在下班之后领走孩子。有些公司甚至会安装电视摄像机，员工可以整天看到看护中心里自己的孩子并了解他们一整天的活动情况。这个项目的最基本的福利之一是免去了日托的费用——这种费用可以达到每周 100 美元以上，还可以在上班前、工作中和下班后，或者通过电视监视系统在工作日里与孩子一起度过宝贵的时间。

*老年看护*有几种不同的形式。最普遍的一种是转诊服务（referral services），可以由那些其父母有残疾或需要经常照顾的员工使用。另一种形式是长期健康看护保险，提供家庭看护或家庭护理。

还有一种受欢迎的福利是*员工援助计划*（缩写为 EAPs），最初被设计为帮助有酗酒问题的员工。最近，EAPs 开始处理药物滥用。现在，它扩展到了婚姻问题和理财计划。这些计划的目的，是为需要处理可能对其生活和工作绩效产生负面影响的问题的员工提供帮助。但要注意的是，EAPs 的使用应该是保密的，以使员工不会因为害怕职业受到影响而对是否使用它产生犹豫。

其他福利

最近几年一些其他类型的福利开始出现，它们中的很多是由新经济和创新型的公司所提供的。一个是*门房服务*，帮助员工挑选礼物、代买音乐会门票、安排家居和汽车维修，诸如此类。另一种是用*学费补助*来帮助员工获得大学教育或高级学位。第三种是设立*非保险性福利项目*，用以帮助低工资或兼职工以折扣价购买药品以及获得医疗援助。还有一种是已预先付款的法律服务，可以提供多种形式的帮助，比如法律咨询、遗嘱以及不动产计划和投资咨询。

灵活的自助式福利

每个组织都有自己提供及管理福利的方法，但最近几年来，越来越多的组织都开始提供灵活的*自助式福利计划*。这些计划允许员工自己控制并选择所享受的福利，允许员工把那些最适合他们个人需要的福利组合在一起并享受它们。在这种安排之下，组织将建立一个它愿意为每个员工所支付的福利预算数目，然后员工可以决定如何花这笔钱。例如，一些员工可能想要更多的人寿保险，因为他们的家庭成员很年轻；而另一些人可能想在健康保险上多花一些钱，因为他们的配偶身体虚弱。

越来越多的证据表明，这种自助式项目可以产生不断提高的满意度和日渐降低的辞职率。[86]但是，组织也发现管理这些计划可能稍微有些昂贵，因为福利组合的不同种类太多，而且必须有人去记录、管理每个人选择了什么。另外，员工通常被允许每年改变他们的福利组合，这就使管理这些福利和随之而来的税务牵连问题更复杂了。[87] 最后，尽管员工似乎喜欢自助式福利计划，但不能确保他们总是做出理智的决定。[88] 比如，有家庭的年轻员工可能更倾向于关注眼前，比如为配偶和孩子购买更好的医疗保险，而完全忽略了为未来建立一个退休计划的好处。

总的来说，福利是组织的报酬系统中的一个重要成分。[89] 遗憾的是，因为它们如此普遍而且每个人都可获得，所以它们作为一种报酬的价值经常不被注意到。福利被认为是理所当然的和应该得到的权利，因此对员工的绩效和留任并无多大价值。

小　结

这一章考察组织行为中的报酬系统，它是组织情境的重要部分。对于大多数组织而言，薪酬在组织的报酬系统中占主要位置。有重要的证据说明，薪酬不仅对于雇佣和留住有才华的员工是必需的，而且如果管理得当，就可以对产量、质量和顾客服务等公司期待的结果产生积极影响。特别是，薪酬为员工提供机会去满足低层次的维持需要和高层次的成长与成就需要。管理者遇到的挑战是如何适当地予以奖励。这尤其意味着要建立允许员工知道取得何种结果可以获得报酬的薪酬体系，使这种体系能尽可能客观公平地评估这些结果，并且直接根据结果实行货币激励。

薪酬管理有几种形式。传统方式包括基本工资和奖励工资。但这些对于留住有才华的员工经常是不够的。组织必须为它所期待的结果提供激励。因此，绩效薪酬系统在许多公司中适时出现。它包括个人和群体激励计划。个人激励的普遍范例包括直接基于销售额或工作成果的提成、红利以及股票期权；群体激励包括收益共享、利润共享以及员工持股计划。

最近几年，许多组织认识到它们必须发展新的薪酬计划。一个例子就是提成的依据不单纯依靠销售额，而且还要包含客户服务等其他方面。其他方法包括：技能工资，它是根据员工被证明了的、在某一特定的与工作相关的技能方面的训练和能力的获得；能力工资，根据与诸如技术或领导相关的抽象知识或能力来为员工支付报酬；宽带薪酬，工资层级融合为有更大范围的少量的工资级别。

另一种重要但经常被忽视的组织报酬系统的成分是表彰或认可。与金钱不同，表彰更容易由主管或管理者个人来控制，而且可以容易地加以改变以适应员工的个体需要。社会认可由经理或主管权衡员工在被期待的行为方面的表现来提供，在探讨行为绩效管理的第 12 章中会详细谈到。作为本章探讨的组织报酬系统的一部分，正式的表彰系统可以为想要获得的成果创造性地提供奖励，为此我们还提供了许多实际的范例。

福利是组织的报酬系统中的第三个主要成分。一些福利是由联邦政府所要求的（例如社会保障和员工补偿）。但是，今天组织中的正式员工（临时工不享受，这对于他们是一个主要问题）还享受到许多其他福利，包括带薪休假、宗教节日休假、个人事假、人寿和健康保险，以及退休金。除了这些，还有一些近年才出现并非常受欢迎的福利。例如健康计划、儿童看护福利、员工援助计划（EAPs）、学费补助，以及预先付费的法律费用。最近几年，福利作为报酬系统的一部分的价值提高了，但是它的成本也增加了。今天的管理所遇到的挑战是确保合适的成本—收益比率，并且超越法律所要求的内容，以得到期望的结果，比如员工留任和绩效。

结尾：元分析研究发现

组织行为学原理

对绩效薪酬报酬体系的系统化管理能提高员工的绩效。

元分析结果：

【19 项研究；2 818 个被试；（1）制造业公司中的薪酬激励的 d=1.36；（2）制造业中薪酬激励与绩效反馈和社会认可相结合的 d=1.82；（3）服务型组织中的薪酬激励的 d=0.42；（4）服务型组织中薪酬激励与绩效反馈相结合（在制造业中未进行这种结合）的 d=0.89；（5）服务型组织中薪酬激励与绩效反馈和社会认可相结合的 d=0.27】平均起来：

1. **有 83%的可能性**　制造业中应用员工系统化管理的绩效薪酬报酬体系，要比不使用这种方法更有助于提高员工的绩效。
2. **有 90%的可能性**　制造业中应用员工系统化管理的、与社会认可和绩效反馈相结合的薪酬报酬系统，能比不使用这种方法提高员工的绩效。
3. **有 62%的可能性**　服务型组织中应用员工系统化管理的绩效薪酬报酬系统，能比不使用这种方法提高员工的绩效。
4. **有 74%的可能性**　服务型组织中应用员工系统化管理与绩效反馈相结合的薪酬报酬系统，能比不使用这种方法提高员工的绩效。
5. **有 58%的可能性**　服务型组织中应用员工系统化管理的、与社会认可和绩效反馈相结合的薪酬报酬系统，能比不使用这种方法提高员工的绩效。

正如上面的可能性陈述所示，调节变量分析表明，系统化管理的薪酬（以及它与社会认可和反馈的结合）的影响，依组织类型的不同而有所不同。根据结果，绩效薪酬报酬系统对制造业比对服务业组织有更大的影响。

结　论：

如同本章谈到过的，虽然组织的报酬系统有多种不同的方法，但薪酬在任何讨论或分析中都是排在最前面的。一个自然的假设是，薪酬对员工绩效有正面的影响。尽管有这个假设以及金钱作为一种报酬的普遍性，管理者仍然在寻找可以有效增加金钱激励效果的方法。绩效薪酬或激励薪酬是一个答案，因为它被认为把薪酬直接与绩效结果联系在了一起。它能激励员工，因为它给予了员工一些额外的东西——工资或薪水之外的报酬。但是，就像一般来说薪酬总会有问题一样，本章指出，绩效薪酬也存在着不同的矛盾不一的结果。改进绩效薪酬的一种方法是系统地管理这个计划，以使员工能清楚地知道他们的行为、得到的绩效以及他们的薪酬之间相互依从的关系（比如：如果—那么）。系统地管理这样一个绩效薪酬计划的一种方法，是采取第 12 章将要着重讲述的行为管理步骤。像本元分析所显示的，绩效薪酬这样一种系统的应用，能对员工绩效产生正面影响。

资料来源：Alexander D. Stajkovic and Fred Luthans, "A Meta-Analysis of the Effects of Organizational Behavior Modification on Task Performance," *Academy of Management Journal*, Vol.40, No.5, 1997, pp.1122-1149.

讨论与复习题

1. 代理理论通过何种方式帮助我们理解作为组织报酬系统中重要组成部分的薪酬的？
2. 薪酬是一种有效的组织报酬吗？首席执行官的薪酬是公司中收入最低的员工的 20 倍这一事实，是否会对薪酬作为组织绩效的决定性因素的价值有所影响？
3. "拥有最高全体薪酬的球队通常能在世界职业棒球大赛中获得好成绩。"这一陈述与薪酬作为一种报酬的重要性有什么关系？
4. 为什么许多组织开始用"绩效薪酬"计划补充它们传统的薪酬体系？在这些计划中，个人与群体报酬是怎样的？
5. 所谓的"新薪酬"方法如何能帮助解决今天的组织所面对的一些主要问题？请举例说明。
6. 为什么越来越多的公司开始把表彰作为组织报酬系统的一部分加以发展？为什么不是给员工更多的钱？
7. 福利在组织的报酬系统中起何作用？这些高成本的福利如何能对所期待的组织产出做出更多贡献？

互联网练习：工作场所中的报酬

访问网站 http://www.adcentive.com 和 http://www.corporaterewards.com/index.cfm? track_id=1314. 在这里你可以找到关于如何使用和实施不同的奖励和报酬系统的不同观点。找到目前被组织所应用的不同技巧和程序。而且，在"pay-for-performance（绩效薪酬）"下寻找，可以看到这种方式的报酬系统的其他发展模式。

1. 从你在网站上得到的信息里，你认为这些建议会如何影响工作行为？你认为哪一种将更有效？为什么？
2. 使用一个搜索引擎到达特定的公司，你还能找到什么类型的报酬系统？给出例子并且评价它们在改进工作场所中的绩效方面的价值。

真实案例：究竟给管理者付了多少报酬？

Analog Devices 公司的总裁和首席执行官杰拉尔德·菲什曼去年赚了多少钱？诺伍德（麻省）半导体制造商近来的代理人声明的一个表格中显示，工资、红利和"其他"补贴加起来有 235 万美元。但是，如果你仔细研究合同中难懂的条文并琢磨一些数字，你将看到 235 万美元仅仅是价值 1 270 万美元的全部收入中的一部分，这完全取决于你的计算方法。

薪酬专家说，提供给高层管理者的薪酬和揭示它们的规则是如此复杂，以至于很难把它们算清楚。提出整个价格标签意味着给每个福利分配一个数值，并且选出与去年和明年相比，股票期权的哪部分属于今年的薪水。

合同中的漏洞允许把一些形式的补偿部分或全部隐蔽起来。公司还常常埋伏一些精细措辞的合同条文，它们以丰厚的“金降落伞”和退休计划来诱惑人才。虽然必须告诉股东这些合同的存在，但不必告诉他们预估的价值，尽管它们可能折合数百万美元。例如，Delves Group 估计在 MBNA 被美洲银行收购后，将要支付 CEO 布鲁斯·哈蒙兹 1.02 亿美元。如果证券交易委员会介入的话，有关公司将不得不评估它在代理中的潜在支出。

因此，Analog Devices 公司的菲什曼在 2005 年赚了多少钱呢？请登陆 analog.com 或 sec.gov（找到表格“DEF14A”）下载公司的代理人声明。略过董事会提名表和董事薪酬那部分，找到“总薪酬表”（在经理人薪酬一节中的表 1）。这里你能找到过去 3 年中，Analog Devices 公司奖励给它的高层管理者（包括菲什曼）的工资、红利和股票期权。

因为美国的税法规定公司给管理者可扣除税额的工资最多不得超过 100 万美元，许多公司都使它低于这个门槛，丹尼斯·贝雷斯福德说，他是乔治亚州大学的会计学教授。菲什曼的工资——每年 930 935 美元——没有例外。

相对而言，对于红利和绩效薪酬的其他形式，公司能扣减多少是没有限制的。结果，CEO 们以这种奖励方式揣到口袋里很多钱。拉里·米泽尔——住宅开发商 M.D.C.Holdings 的 CEO——2005 年赚了 2 050 万美元的红利。那远远超过了 2004 年 100 万美元的平均水平，这是从公司的资料档案中可以查到的最新数据。菲什曼则获得 414 445 美元的红利。

在薪酬表中的下一栏，你将看到菲什曼在 2005 年获得“其他年度报酬”1 003 632 美元。根据脚注，这是一个利息报酬。为什么 Analog Devices 公司要付给它的 CEO 利息呢？因为像许多高层管理者一样，菲什曼参与了一个计划，这个计划允许他推迟他的报酬从而延迟付税。在一个单独的表中，Analog Devices 公司主动披露，在它 2005 财政年度开始时，菲什曼的被延迟支付的薪酬账户金额已经达到 1.345 亿美元。因为 Analog Devices 公司用了那些钱，于是要付给菲什曼利息。这位 CEO 最近提走了账户的全部余额。

而且，列在这里的 1 003 632 美元仅仅是脚注说的菲什曼 2005 年实际收到的 874 万利息的一小部分。为什么有这个差距？目前，公司只是不得不计算它们支付的作为薪酬的利息，那是高于“市场利率”的部分——采用 AFR 的 120%进行计算，或者是国内收入服务每月公布的可用的联邦利率。因为当市场利率是 5.57%时，Analog Devices 公司付给它的 CEO 平均利息是 6.48%。0.91%的差异导致的利息报酬就是总薪酬表中列出的。其余的部分，或者基于市场利率要支付的 774 万美元的利息报酬，并没有记在帐上——尽管这种做法可能会因证券交易委员会的新提议的实施而有所改变。“在当前这种有漏洞的制度下，多数计划的延迟薪酬的利息是不被披露的，”黛安娜·道布尔迪说，她是美世公司的经理人报酬服务部的全球主管。

合同中晦涩的条文还约定，如果菲什曼离职或在接管或并购的两年内被挤出去，他有权得到一个“金降落伞”。Analog Devices 公司自己披露，到 2006 年 1 月 1 日，菲什曼已经收到 960 万美元。如果证券交易委员会进行监察，公司将被要求在下一年开始的时候公布这些评估。然而，到目前为止，大多数的代理计划仅说明一个 CEO 预计在其服务期内收到多少红利和工资。达到最近工资和红利的 3 倍是很普遍的。但最大的支付常常来自这样一些规定，比如，加速增长的股票期权兑现，对于多于三年薪酬的降落伞计划给予20%的消费税补贴。虽然你会在合同签署当年填写的10-K或8-K报告中找到一个“管理变更”约定的细节，但你不太可能得到计算这个薪酬计划的价值的足够的信息。

1. 在这个案例中讨论的高层管理者的报酬的伦理含义是什么？
2. 你认为案例中讨论的薪水是绩效薪酬的一种形式吗？
3. 若需要的话，对奖励今天公司的高层管理者你有什么解决方案？你认为管理者的报酬将来会是怎样？

真实案例：中部平原地区的团队奖励

过去，大多数报酬系统被用于个体的员工。但随着团队在今天的组织中的涌现，报酬系统被修改为奖励团队。一个很好的例子是位于内布拉斯加州哥伦布市的Behlen加工公司，绝大多数的一线工人的1 100名员工被组成32个团队。这些团队中有一些只有少数成员，而另一些有60人之多。尽管每个人都得到一份相对低的基本工资，然而薪酬的其他部分是可变的，而且由很多不同的因素决定，包括个人所在团队的绩效。

这家加工公司的可变报酬计划的核心是收益共享，这是一种越来越受欢迎的薪酬形式，它通常是由所有成员按一个固定的比例分享团队得到的正式确认的节约收益和绩效收益。当团队实现了生产目标时，Behlen员工每个月的共享收益可以达到每小时1美元。公司的CEO这样解释公司的报酬系统：“如果你在一个产生股票价值的群体中，例如，从这个过程的开始到结束，经过整个班次，持续整月，如果这个团队实现了特定水平的产量，它的每个成员都在他们的工作领域中得到每小时0分到1美元不等的奖励。”收益的报告是依据产品的实际数量，因此团队中的每个人都确切地知道他们的团队做得有多好。

这家公司的可变报酬系统的另一部分包括利润共享。员工得到利润的20%。最近几年，这使得每个人都得到一份相当于3倍周薪的利润共享红利。还有一部分报酬是员工持股计划。每个员工每年都得到价值相当于其基本工资2%的公司股票。公司的高级经理和工人参加同样的报酬系统，得到同样比例的利润。但是，对于经理来说，绩效是基于他们所在的业务部门扣除销售和管理成本之前的利润总额。

这家公司及这种组织报酬系统在美国中部大平原地区运作得有多好呢？在实行了这个计划的最近8年中的每一年，绩效都超过了最高管理层的预期。除了由于团队所带来的安全、质量以及效率而节约的500万美元之外，这家公司每年都超额完成了它的利润目标。事实上，最近报告的年度利润比预期多了100万美元。它的CEO这样解释：“这是因为人们关注他们的收益共享机会——他们也明白他们的利润共享机会——我们在工厂的每个角落都看到了生产率的实质性提升。”

1. 解释这家公司使用的组织报酬系统。
2. 虽然这种报酬系统显然是非常有效的，但还可以多做些什么？你会给出什么样的具体建议？
3. 如果农业经济变差，这家农业综合企业的销售额大幅度下降，会出现什么情况？什么会影响这家公司所使用的报酬系统？现在你会提出什么样的建议？

真实案例：对不同的人用不同的报酬

各类组织发现，最好的报酬系统必须是钱、表彰和福利的组合。钱当然很重要，但是，如果一个人每月得到 50 美元的奖励薪酬，在一段时间之后这种货币报酬可能就会渐渐失去它的效力。因此经济报酬必须改变，而且需要提供不同的报酬形式。表彰性奖励也是如此，尽管人们从不反对太多的表彰，但组织必须保证奖励是公平的，而且高度创造性的组织往往能对其表彰系统进行不断变革。很多公司都发现这样一个重要事实，对一个人是真正报酬的东西，对另一个人也许并不能产生同样的影响。简单地说，报酬系统中存在个体差异，而且对不同的人必须有不同的报酬。下面是多家不同的企业所提供的一些有代表性的创新的货币和表彰性报酬。

- 位于坦帕的 Busch Gardens 公司给那些工作出色的员工一种"鼓励奖"，而且在得奖员工的档案里放入获奖通知的一个复本。
- 在加州 Montclair 的地下铁机车公司，"每月优秀员工"的姓名出现在当月的电子公告牌上。
- 在 Colin 服务系统——纽约 White Plains 的一家保安公司，一同工作的人投票选出他们认为应该得到"最能给予帮助的员工"和"最优秀员工"称号的员工，由管理者颁发这些奖项。
- 在安利公司（Amway Corporation），在工作任务轻的日子里，一个部门的员工在另一个部门帮忙，在累积了 8 个小时的工作时间以后，员工会得到项目和服务经理亲自写的感谢信。
- 在哥伦比亚的南卡罗来纳联邦金融服务公司，总裁和其他高层管理者把为员工提供午餐或正餐服务作为对他们的一项"做得好的工作"的报酬。
- 在位于新泽西州的一家做全面质量咨询的公司 Gunneson Group International，当一个员工负责做成了生意，该员工就会得到占总销售额 1%~5%的现金奖励，具体比例要根据这宗新买卖对公司的价值而定。
- 在位于威斯康星州皮沃基地区的 Quad Graphics 印刷公司，参加一个致力于戒烟的讨论会的员工能得到 30 美元，公司付给任何一个戒烟一年的人 200 美元。
- 在位于明尼苏达州曼凯托的一家印刷公司 Taylor Corporation，在分发年终红利的时候，员工可以从一个商品目录中自行选择。

1. 为什么越来越多的公司在它们的组织报酬系统中用表彰性报酬去补充货币报酬？
2. 你如何评价上面的每一个例子？它们的优点和缺点各是什么？
3. 如果你为一家人力资源管理咨询公司工作，而且被委派去领导一个开发报酬系统的项目小组，使这种系统能吸引新的".com"公司，你的建议会是什么？

组织行为案例：高额的福利，很少的理解或应用

Velma 公司设计并制造高科技通讯设备。这家公司是一个世界级的供应商，它的三个最大的客户都是在《财富》杂志排名前 50 的公司。Velma 在日本和欧盟也有重要的客户。在过去的 5 年中，公司的销售额增长到原来的 3 倍，而且它面对的最大挑战是雇佣和留住那些技术型员工。特别地，有两个群体对于这家公司的成功至关重要。一是设计人员，他们负责

开发比当前市场上的产品更有效及更具有价格优势的新产品。另一个是制造设备的员工。

为了吸引和留住优秀的设计人员，Velma 有非常吸引人的福利组合。员工的所有健康保险费用和医疗费用都由公司支付（无需个人摊付或扣税）。公司拿出年收入的 10%投入到一个退休项目中，这些资金在 24 个月之内支付给员工。因此，一个年薪 75 000 美元的新产品设计人员将由公司往退休基金里放入 7 500 美元，而且这个人可以自己往里面放入另外的钱。所有的设计人员每年都被赠予 100 股公司的股票（目前的每股销售价格是 22 美元）以及购买另外 100 股的特权（当前每股价格为 25 美元，这种特权对那些工作 10 年或只要在公司工作的员工都很有利）。

对制造岗位员工，执行的是绩效薪酬。每个人每制造一个部件可获得 7 美元，一个平均水平的工人每小时可以生产 3 个部件。任何人若想在周末工作，可以安排，但每个部件的薪酬标准不变。此外，公司给所有制造业员工提供免费的健康保险，并且为他们支付医疗费用。

另一种福利是，公司中的每个人都有资格享受每年 5 天的个人假期，公司会为任何没有使用的天数付酬。Velma 还有大量的日托设施，对所有员工免费，企业还建有一个很有艺术品味的健康中心。

这家公司去年的辞职率是 9%，它希望今年再把辞职率减少 50%。建议采用的策略之一是进一步加强福利组合，使其吸引人的程度达到没有人愿意或承受得起离开公司。一些高层管理者私下里担忧公司为这些员工已经做了太多，而且公司正因这一事实而陷入麻烦：对去年离开的设计人员所进行的离职面谈显示，他们中的许多人都不清楚他们所得到的福利。例如，大多数离开的设计人员报告说，他们被提供给他们的股份所吸引，但他们没有使用特权去购买另外的 Velma 股票期权，因为他们不确定什么样的经济福利是针对他们的。离职的制造岗位的员工报告说，每单位部件 7 美元是可以接受的，然而一个更高的比率会使他们留在这家公司。制造岗位的员工也喜欢公司赠给他们的股票，但对于他们所拥有的购股特权则有些疑惑。

两个群体——设计人员和制造工人——似乎都对公司对他们的退休项目做出的努力感到满意，但是他们当中的大多数都没有往他们的退休基金里放入另外的个人资金。当被问及原因时，他们当中的大多数并不知道可以在税前的基础上这样做，可因此暂时避税且更容易为未来修筑归宿。最后，所有这些离开的人都说他们喜欢公司的日托福利，尽管他们中的大多数都没有年幼的孩子，因此也没使用过它；而且他们认为健康中心也是一个好主意，但他们承认他们的工作太繁忙，从来没时间使用这些设施。

1. 那些离开的员工看上去最理解和喜欢哪些福利？
2. 哪些福利是他们感到疑惑或者认为没什么价值的？
3. 基于你对上述问题的回答和其他相关考虑，你认为 Velma 的管理层应该如何在组织的报酬系统中更好地使用福利？你会给他们什么建议？

第一编体验式练习

练 习

整合学生和教师的需求*

目 标：

1. 在进行体验式练习时“打破僵局”。
2. 在学生和老师之间针对共同的学习目标和需要建立开放的沟通。
3. 激发学生明晰他们的学习目标和辅导需求，并且使他们为此建立承诺。
4. 作为管理教育的“体验式”方法的首次练习。

实 施：

1. 课堂被划分为不同小组，每组有4~6个学生。
2. 每个小组开放地讨论成员希望从这门课程中学到什么，并起草一套学习目标和指导目的。小组也列出他们觉得教师所希望自己达到的学习目标或课程目标。(大约20分钟。)
3. 在每个小组都讨论过之后，每组指定一个发言人在全班面前和教师一起就课程目标进行开放式对话。
4. 教师在教室前面和每个小组代表见面，开始一个关于学习期间的开放式对话。(大约30分钟。)有如下几项活动：
   a. 关于学生和教师的学习目标的开放式讨论
   b. 认识到为了适应这些目标，学生和教师所面对的限制
   c. 认识到能达成一致和不能达成一致的目标的范围，以及可行的折衷办法
   d. 拟定针对学生和教师之间的合作的一套指导方针，以更好地实现双方的目标

练 习

与工作相关的组织行为——对课程的启示*

目 标：

1. 依据参加者自身的工作经验确定课程的主题范围。
2. 介绍经验性学习。

***资料来源**：(1) “Synthesis of Student and Instructor Needs” was suggested by Professor Philip Van Auken and is used with his permission；(2) “Work-Related Organizational Behavior: Implications for the Course ” is from “Getting Acquainted Triads ,” in J .William Pfeiffer and John E. Jones （Eds.）,*A Handbook of Structured Experiences*,Vol.1,University Associates, San Diego,Calif.,1969,and “Defining Organizational Behavior ,” in James B . Lau, *Behavior in Organizations*, Irwin, Burr Ridge,Ill.,1975.

实 施：

任务 1：每个班级成员都做下列事情：

1. 描述过去的工作情境中反映了有关组织行为学知识理论的事例。（一些学生只有兼职或暑期工作经验，但即使最底层的工作在这里也是适用的。）
2. 解释它反映了组织行为学的哪些方面。（时间：学生思考以及大致写下关于这两点笔记的时间是 5 分钟。）

任务 2：班级分成数个三人小组，每个小组完成如下任务：

1. 成员 A 把他（或她）的经验事例讲给成员 B。成员 B 认真地听，并且向 A 解释这件事，告诉他（或她）这件事反映了关于组织行为学的哪些内容。成员 B 在这样做的时候必须完全理解 A 所试图沟通的内容，使 A 满意。成员 C 是观察者，在这个过程中保持沉默。
2. 成员 B 把他（或她）的故事告诉 C，A 是观察者。
3. 成员 C 把他（或她）的故事告诉 A，B 是观察者。（每个成员都有 5 分钟时间用来讲述自己的故事并且被听者所解释。教师将在每个 5 分钟间隔的末尾提醒时间到了，使成员所用的时间相同。总时间：15 分钟。）

任务 3：每个三人小组挑选一个成员向全班讲述自己的故事。教师简短地为全班分析这个故事如何与本课程将要学到的一些内容相关联，比如知觉、动机、沟通、冲突或领导。话题的范围列在本书的目录中。

练 习

组织*

目 标：

1. 确认你一生中接触的一些重要组织。
2. 确定组织的一些相关的特定性质。
3. 描述管理在组织中的重要作用。

实 施：

阅读下列“概述”和“程序”部分，完成随后的“组织剖析”表。

* **资料来源**：Reprinted with permission from Fremont E. Kast and Jame E. Rosenzweig, “Our Organizational Society,” in *Experiential Exercises and Cases in Management*, McGraw-Hill, New York, 1976, pp.13–15.

概　述：

毫无疑问，你最近曾经接触了一些组织。10~15 分钟的回想应该就能得到一个很长的组织的名单。不要被误导，认为只有大的组织比如你的大学或通用汽车是所要考虑的。比如，诊所？那里有医生、护士、秘书还有会计。或者街角的修车场或服务站？本地的酒吧、麦当劳，以及附近的剧院都是组织。你应该毫不困难地列出最近接触过的几个组织。

练习的第二部分会难一些。描述你列出的这几个组织的一些主要特点。研究和描述组织时的一个关键方面是，确定什么特点或因素是重要的。在对组织的分析中所要考虑的一些普遍特点是：

1. 规模(从小到非常大)
2. 正式化程度（从非正式到高度结构化）
3. 复杂程度（从简单到复杂）
4. 目标的性质（组织努力实现的是什么）
5. 主要活动（完成了什么任务）
6. 涉及哪些类型的人（年龄、技能、教育背景等等）
7. 活动地点（工作单位的数目以及它们的地理位置）

你应该能为你刚才想到的每一个组织列出一个你认为相关的特征表写出你认为与你刚才列出的组织相关的特点的列表。

第三个，也是最后和最难的任务。考虑一下这些组织的管理中包括什么。例如，它们的管理者发挥什么样的作用？一个人如何学习成为有效的管理者所需要的技能？你愿意在这些组织的某一家中当管理者吗？

为了达到效果，这个练习要求你仔细考虑你最近与之发生联系的组织，发展出你自己的概念模型来看待它们的特点，而且更加仔细地考虑这些企业中的管理的作用。你也许已经知道了大量关于组织和它们的管理的事，比你想像的内容要多得多。这个练习应该有助于你把思想进行整合。

程　序：

第一步：在开始上课之前，列出 10 个你曾经参加过或最近曾接触过的组织(例如：工作、生活群体、俱乐部)。

第二步：把你表中的 5 个组织填入下页的表格（如果需要，可额外加纸)。

1. 列出组织的名称。
2. 简要地概括你认为最重要的特点。
3. 描述每个组织中的管理的作用。

第三步：在上课期间，组成 5 人或 6 人小组，讨论你们的组织列表，你们认为重要的特点，以及你们对它们的管理的描述。在组织之间寻找主要的相似性和不同。

第四步：根据你们的小组讨论做出选择，完成这样一个清单：“关于组织及其管理，我们希望知道些什么”。准备好把这个清单写在黑板上或大张的纸上，将其与课堂上的其他小组分享。

组织剖析

组织名称	关键特点	管理的作用
1. ____________	____________	____________
	____________	____________
	____________	____________
	____________	____________
2. ____________	____________	____________
	____________	____________
	____________	____________
	____________	____________
3. ____________	____________	____________
	____________	____________
	____________	____________
	____________	____________
4. ____________	____________	____________
	____________	____________
	____________	____________
	____________	____________
5. ____________	____________	____________

第二编

组织行为的认知过程

最佳实践咨询

盖洛普对新情感经济的回答：HumanSigma™

第二编是关于组织行为的微观和个体水平分析。盖洛普的最新研究催生了新的管理标准，HumanSigma™（见 Fleming,Coffman 和 Harter 发表在 2005 年度《哈佛商业评论》上的文章)。这是一种"个体差异"测量，由两种互补的经济因素组成、员工敬业度和客户契约。这两个因素共同测量了组织在管理情感经济和驱动财务绩效中的成就。HumanSigma™ 是衡量组织如何管理和融合员工与客户契约及生产率的可靠指标。这是思考人的差异是如何相互作用的新方式。同时，这是一个融合个体差异的过程或者序列。最后，这是一个衡量企业是否有效地利用个体差异的标准。因为在同一个企业内部的 HumanSigma™ 变异要比同行业中不同企业的变异更显著，所以在组织水平上同时测量和管理一个员工和一个客户更有效。成功地管理这些标准需要管理者和相关人员的主动参与。盖洛普路径表明，人的绩效与财务标准的联系包括：收入、利润和股价，进一步解释了 HumanSigma™ 管理的各个成分。Curt Coffman 和 Gabriel Gonzalez-Molina 在他们的著作《追求之路》（*Follow This Path*）中进一步讨论了这一观点（Warner, 2002）。

什么是员工敬业度

2002 年 4 月的《应用心理学杂志》（*Journal of Applied Psychology*）上发表了对盖洛普的研究进行元分析的一篇文章，表明在员工敬业度（employee engagement）与重要的组织场所测量如生产率、员工留任、客户评估和安全之间存在重要的关系。敬业度高的员工在工作中投入了感情。员工的敬业度是通过盖洛普的 12 个问题，也就是 Q12 测量的。这些问题测量了在微观水平可能受领导者、经理和员工影响的各个维度。那些为了增加员工敬业度而采用绩效管理系统的企业，已经体会到了以上所述的许多绩效改善。

什么是客户情感契约

客户情感契约（customer engagement）是超越了客户满意度和忠诚度的一种对企业品牌或服务的更深层的情感依恋。要想在情感经济时代立于不败之地，组织必须理解、发展和维护有情感依恋的客户。盖洛普的研究开发出 11 个问题（也就是 CE11®）测量客户契约，结果发现其与财务绩效有很高的相关。与员工敬业度相同，这些题目测量的是可以在微观水平加以影响的维度。成功的绩效管理计划产生了与产品、服务和品牌情感依恋密切的客户，促进了企业财务绩效的提高。

为什么HumanSigma™如此有效

HumanSigma™（人力总和）在戴明（Deming）的全面质量管理和朱兰（Juran）的六西格玛的基础上，通过缩小包括员工和客户的情感需要被满足的程度的变化范围来优化绩效。最近的调查表明，由于组织未能管理绩效中与人为因素有关的变量，至少浪费了美国 GDP（10 万亿）的 10%。HumanSigma 研究表明，一般而言，前 10%的组织经营单位产生的收入比后 10%高 7 倍。而且，HumanSigma 跨时间的变化决定了收入增加和后续潜力的大小。因此，仅仅测量 HumanSigma 是不够的，为了实现收入的增加，管理者和员工在 HumanSigma 管理中需要负起责任。早期的证据表明管理 HumanSigma™ 将比其他管理措施带来更多的收入。未来企业的成功将通过在情感经济中融合人类的潜力来实现。

第 5 章

人格与态度

学习目标

- **定义** 人格的整体意义。
- **确定** "大五"人格特质和梅耶-布里基斯人格特质。
- **描述** 态度及其情绪、信息和行为三成分的意义。
- **解释** 工作相关态度的形成前提，以及这些态度所起的作用，态度是如何发生改变的。
- **考察** 工作满意度、组织承诺、亲社会行为和组织公民行为的主要来源和结果。

本章讨论了关于人格和态度的认知的、个人的因素。用这两个心理结构来描述和分析组织行为是非常普遍的方法。然而，和其他认知加工过程一样，人格和态度非常复杂。本章的目的是帮助人们更好地理解今天员工的这种复杂性。关于人格和态度的这样一种分析对于研究组织行为非常重要。[1]

本章的第一节定义并澄清了人格的概念。第二节主要阐述人格的发展和社会化过程。这是理解复杂人格及其发展的基础。接下来再介绍人格理论在组织行为方面的两个主要应用，具体地说就是"大五"人格特质（人们发现它和组织中的绩效有最好的相关）和基于荣格的人格理论的梅耶—布里基斯人格类型量表(MBTI)，后者已成为个人发展和职业评估的一个很受欢迎的工具。本章的剩余部分从态度的本质和维度入手，集中介绍态度。然后详细分析被普遍认为对组织行为最重要的两种态度：工作满意度和组织承诺，以及最近备受重视的两种心理构造：亲社会行为和组织公民行为。

人格的意义

多年以来，对于人格（personality）的确切意义还没有普遍的一致性界定。大多数争议基于这么一个事实：一般公众和从事行为科学研究的人从不同的方面来定义"人格"。大多数人倾向于把人格和社会性成功（优秀的、受欢迎的，或者有"很多个性"）等同起来，倾向于用一个主要的特征（强悍、柔弱或者有教养）来描述人格。当人们意识到成千上万的词可以这样被用来描述人格时，定义问题就变得更加复杂了。另一方面，心理学家站在不同的角度来看待人格问题。例如，大多数人通常采用的、以描述性形容词来定义人格的方法只占了其中很小一部分。然而，学者们在不同的理论基础上进行定义，因此大家还是不能在人格的定义上达成一致意见。

历史上关于人格的重要定义包括*特质论*（可观察的、长时间存在的行为模式），弗洛伊德的*心理分析*或*心理动力学理论*（行为的无意识因素），以及罗杰斯和马斯洛的*人本主义理论*（自我实现和实现个人潜能的动力）。最近的理论——也是本章的主张——是一个整合历史上所有理论的更综合性的观点。更重要的是，这是一个包括天性（遗传和生理学/生物学角度）和教养（环境、发展角度）、禀性特质、人和环境间社会认知的交互作用，以及社会化过程的自我概念。

在正文中，*人格*的意思是人们如何影响他人、如何理解和看待自己，包括他们内在和外在的可测量特质的模式和人与环境交互作用。人们如何影响他人，主要依赖于他们的外表（身高、体重、长相、肤色和其他物理方面的特征）和特质。就外表而言，一个个头非常高的工人和一个非常矮的工人会给他人留下不同的印象。元分析的证据说明，在特定的人格特征上存在着性别差异。[2] 显然，上一章出现的关于知觉的各种分歧，在人格的这些物理特征方面也同样存在。

遗传和大脑的作用

虽然遗传对于人格的作用一直未受重视，但在过去的大约 10 年中，双生子的研究引起了新的注意。一对双生子有同样的遗传基因，但如果把他们分开抚养（比如通过分离的领养），那么他们的相似和相异之处就可以用来洞察遗传和环境的作用，或者说自然和教养之间的相对作用。也就是将一起抚养（如：他们有相似的成长环境和发展经历）的同卵双生子（有相同的基因结构）与分开抚养的同卵双生子（基因结构相同但是成长环境不同）作比较。如果一起成长的同卵双生子具有相同的特质，分开抚养的同卵双生子也具有这些共同点，我们就可以做出这样的结论——遗传（而不是环境）起到的作用最大。如果一起抚养的同卵双生子有相似的特质，但是分开抚养的同卵双生子在人格特质上存在显著差异，就可以说环境的作用更大。

尽管双生子研究通常受到来自政治的影响和缺乏科学控制的批评[3]，大多数行为科学家已经一致认为：基因不仅在物理特征和大脑上起作用，而且也在人格方面起作用。例如，一份最近的来自美国心理学会的报告指出，“过去 20 年关于双生子和领养儿童的研究严格确立了这么一种观点：对于人类的几乎每一个特质和行为，包括人格、一般智力和行为障碍，都有遗传的成分。”[4] 然而寻找影响人格特质的基因是一件很复杂的事情，即使找到了，也只能解释很少一部分的人格特质。例如，最近的一项分析指出：

> 许多基因可以解释人格特质的多样性，那些基因以一种复杂的交互作用的方式影

响一些特质——而且这种影响是微不足道的，一个基因只能解释一个特质的1%到2%的变异。[5]

换句话说，成千上万的基因只对人格特质产生很微弱的影响，环境也是如此。争论不应该是天性或教养，而是天性和教养对人格的贡献各有多大。[6]然而基因也会影响大脑的功能，继而影响人们与环境交互作用的方式，从而影响人格。

大脑——有人把它称为最后的未知领域，因为我们对于它了解得相对较少——也许能够比遗传更多地解释人格。进化心理学家（认为人类不仅随着时代变迁在生理上有进化，在心理上也同样如此）和神经心理学家（主要通过大脑来解释心理特征）在人格的研究和理解上一直以来并不起主流的作用。但最近，由于他们各自研究领域的飞速进展，他们得到越来越多的重视。进化心理学家认为，人类在远古先祖时也许就"预制"好了。正如《哈佛商业评论》最近的一篇文章中写道：

> 尽管今天的人类居住在一个空间探索和虚拟现实的完全现代化的世界里，但他们的活动和石器时代的狩猎者—采集者的活动基于同样的智力本质……例如，在受到威胁时进行对抗的本能，以及交换信息和分享秘密的动力。换句话说，人类是预制定型的。你可以把人从石器时代带出来，但是无法把石器时代从人的历史上消除掉。[7]

最近研究者经常采用社会进化的观点。该理论认为一些社会现象是随着社会进化而产生的，如信任、合作和竞争。研究者是这样解释社会进化过程的：

> 相互关联的人之间进行合作是以血缘关系为基础的。对于个体而言，欺骗一个与他们有血缘关系的亲戚，要招致谴责或愤慨。通过记录谁在什么时间做了什么事情，并对欺骗予以惩罚，信任使不相关的人开始合作……无论怎样，人类的大脑通过进化似乎发展了一种方法，能够识别大量的个体并记录自己与这些个体之间的关系……[8]

只有很少的几种动物（蝙蝠是一个例外）通过进化发展了这种类型的合作和竞争。

在神经心理学领域，由于最近在脑扫描成像技术上的突破，大脑正不断揭示出与特定功能相联系的特定区域。尽管大脑优势理论已经形成了很长时间，而且可能太过于简单（右脑是创造脑，左脑是分析脑或管理脑），但是目前一致公认的是：

> 大脑的前额叶部分负责预期各种事件、掂量行为的结果，而大脑深层区域，包括海马形状的海马和附近的杏仁核与记忆、情绪、动机等有关。[9]

除了左半球和右半球的功能外，功能性磁共振成像（functional magnetic resonance imaging, fMRI）还检测出杏仁核与个体的情绪有关。尽管情绪、思维、人格和行为之间存在着复杂的交互作用，[10]有足够的证据为工作领域提出以下启示：

> 神经科学的最新发现表明，出色的和高质量的表现不只是前额叶的作用——大脑内的决策回路会影响智力——杏仁核也会影响智力……在竞争激烈的经济时代，才能

和情绪管理是先天的竞争优势。[11]

《华尔街日报》报道了这样一项研究：在一个简单的投资游戏中，由于脑损伤而丧失了情绪体验能力的个体，比正常个体做出的金融决策更好。[12] 这说明情绪脑损伤的病人（智力正常）更愿意冒风险，因此得到了高回报，而且他们不大可能对损失做出情绪上的反应。他们在这个游戏中赢得的金钱显著多于其他人。也有一些研究将脑区与特定的组织行为联系起来（例如，脑的伏隔核对金钱的反应和对性或咖啡因的反应方式是一样的，说明金钱本身是有价值的，而不是因为它能购买东西才具有价值）。

主要问题在于遗传和大脑通常在人类行为中所起的作用，特别是在人格方面所起的作用，这一点是毫无疑问的[13]。然而目前，作为整体的心理学领域以及组织行为学本身，仍然被发展的、“软性”或者教养的观点所支配，这同样促进了理解和应用。例如，最近，五项人格特质（称之为“大五”）出现在与工作绩效有关的研究中。[14] 在讨论了更理论化的人格的基本成分——自尊、人与环境的交互作用和社会化之后，我们再详细说明这些具体的特质。

自　尊

在人格理论中，人们尝试努力理解自己，这就形成了自我概念（self-concept）。自我是很多相互作用成分的一个独特的产物，可以看作是来自内部的对于人格的观点。这种自我与广为人知的自尊以及多种智力、情感、乐观主义，特别是效能感等新兴的关于自我的心理变量均有关系，而所有这些内容也都与组织行为领域有关。第 7 章详细描述了这些新兴的有关自我的变量和积极心理能力。

更明确的、得到普遍理解的自尊（self-esteem），和人们的自我知觉能力和自我形象有关。有大量的关于自尊甚至关于自尊的社会含义的研究。最近的一个文献综述发现，那些自尊较高的人也有更高的积极态度、情感和生活满意度，更少的焦虑、失望和抑郁症状。[15] 还有证据显示，自尊可能存在性别和种族差异。最近的元分析发现，在标准的一般性自尊量表上，男性得分略高于女性。[16] 与前人研究相反的是，对超过 50 万的受试者的研究结果表明，黑人的自尊得分比白人儿童、青少年、年轻成人的自尊得分高。[17]

在人格分析的应用上，研究的结果存在分歧，而且关于自尊所假定的价值的争议越来越多。例如，最近一项研究发现，有高自尊的人比低自尊的人能更好地面对失败。[18] 然而，一项较早的研究发现，有高自尊的人在面对压力情境[19] 时倾向于变得自我中心化，当受到威胁时可能会采取侵犯性的甚至暴力的行为。[20] 在回顾研究文献之后，克雷特纳和基尼基（Kreitner & Kinicki）总结道：“高的自尊可能是一件好事，但是只有当自尊像其他的人类特征——诸如创造性、智力和毅力——那样以建设性的、合乎伦理的方式得到教育和引导时，才有可能成为好东西。否则，自尊可能会变得反社会和有破坏性。”[21]

自尊对于组织行为学有着显而易见的意义。尽管这是一个一般性的概念，人们还是尝试把它应用到特定的组织领域。所谓基于组织的自尊（organization-based self -esteem，OBSE）就是“作为组织的成员在组织环境下工作时，个体自己知觉到的关于自我的价值”。[22] 那些 OBSE 得分高的人正面而积极地看待自己，这就和工作中的绩效和满意度有关。[23] 另外，早期[24]和较近期的研究都表明，自尊至少在诸如情绪性、行为性的反应和组织成员的压力等领域发挥着重要的调节作用。[25] 正如曾经提到过的，“研究和日常经验都表明，有高自尊的雇员感到独特、有能力、安全、有权力，以及和周围的人们有很好的关系。”[26] 同样，《工作中的自尊》一书的作者也说过：“如果你的自尊低，你对自己的思考能力没有信心，你可能会害怕做决策，缺乏协商和人际间的技能，并且不愿意或者不能够改变。”[27] 最近的研究发现，领导者可以通过确保实施程序公平和奖赏好的工作来使员工克服自尊问题。[28]

在第 7 章中也会提到，自尊是一个一般性的特质，而其他自我变量，如自我效能，则更多地是针对特定情境和背景的。似乎没有人怀疑自尊在一个人的人格中所起的重要作用，但正如前面已经指出的，其中真正的本质和影响还没有得到确认。就目前而言，在本章剩下的部分以及第 7 章中更具体的有关积极自我概念的内容，将要介绍人和环境的交互作用以及社会化，它们是社会认知基础的重要组成部分。

人与环境的交互作用

稳定的人格特质的维度和自我概念加深了人们对于人类人格的理解。人与环境交互作用这一维度有益于我们进一步理解人格。当然，每一种环境都是不同的。在表面看来这些区别似乎很小，但是当去除个人的认知调节过程（如知觉）之后，它们能带来非常大的主观差异和多种行为结果。特别地，这一维度表明，人不是静态的，不是在所有的情境中采取同样的行为，而是不断变化的和灵活的。举例来说，员工可能根据与他们有相互作用的特定情境而做出改变。例如，我们应该知道，即便是日常工作经验也会改变人。尤其是现在，各种组织经过转变进入新环境中，那些能够发现、培养和留住适应这种动态变化情境的人才的组织将会是最成功的。[29] 有证据表明，员工的人格会影响人际行为[30]、对组织支持的知觉与组织支持所产生的结果。[31] 下一节介绍与目前很重要的、与人与组织交互作用关系密切的社会化过程。

社会化过程

一直以来，关于人格发展的研究都是理解人类行为的一个重要领域。现代发展心理学没有陷入遗传和环境或者成熟（来自遗传和身体发育的变化）和学习谁更重要的争论中。人类是由生理和心理两部分相互作用共同组成的。因此，遗传、环境、成熟和学习都对个体的人格有影响。

至少从历史上来说，关于人格的研究曾经尝试去确定一个人的人格发展中的特定生理和心理阶段。这里的“阶段”的说法本来就是理论性的。现在有很多著名的人格发展阶段理论。然而，正因为人格有很多方面，人们对于划分人格的确切阶段才没有达成一致意见。实际上，现在越来越多的心理学家认为，没有可以确定的阶段。他们认为人格发展包括一个连续的过程，其结果在很大程度上基于可以获得的学习机会和社会化过程。

人们越来越多地认识到，其他相关的个体、团队特别是组织，会对一个个体的人格产生极大影响。这种来自社会环境的连续的影响一般被称为社会化过程(socialization process)。它尤其与组织行为有关，因为这个过程不局限于儿童早期，而是发生在人的整个一生中。具体地说，越来越多的证据表明，社会化也许是对于员工在现代组织中所采取的行为方式的最佳解释。[32] 正如埃德加·薛因（Edgar Schein）所说的："基于组织是把新成员社会化的社会系统这么一个事实，已经到了利用我们的管理知识和管理技能，致力于研究那些来自组织环境的各种影响力的时候了。如果我们不学着去分析和控制组织的社会化的力量，我们就放弃了最主要的管理职责之一。"[33] 一项研究发现，组织采用社会化技能，能够对新成员的调适起到一种积极的长期影响（如，较低的角色冲突和角色模糊，较少的压力，以及较高的工作满意度和承诺）。[34] 相关的研究还发现，社会化过程能够有助于人们更好地寻找工作，[35] 并促进从一线到高层的管理的改善。[36]

社会化起始于母亲和新生儿之间最初的接触。过了婴儿期，其他直系的家庭成员（父亲、兄弟、姐妹）、近亲和朋友，然后是社会团体（同龄人、学校同伴、工作群体中的成员），都有影响作用。人们尤其感兴趣的是薛因的观点：组织自身也对社会化有影响。[37] 他指出，这个过程包括学习那些组织和工作团队的价值观、规范、行为模式。对于任何一个新的组织成员来说，这种学习都是非常必要的。

下面是广泛为人所接受的、员工的组织社会化的特征：

1. 态度、价值观和行为的改变；
2. 社会化的持续性；
3. 根据新的工作、工作团队和组织的实际情况进行调适；
4. 新成员和他们的管理者之间的相互影响；
5. 早期社会化时期的危险性。[38]

因此，组织的成员必须学习这些东西，比如，如果他们在福特公司上班，就不能开一辆本田车，不能公开批评公司，不能穿错衣服类型，不能出现在不该出现的场所。[39] 他们必须了解："谁拥有权力而谁没有；哪些非正式的沟通网络是可靠的，哪些是不可靠的；在他们的部门或单位里，自己可能会碰到什么样的行政上的调动。简而言之，如果他们希望在新的组织中生存并得到发展，他们必须很快地'熟悉内情'。"[40] 对于那些出国执行任务的人来说也是如此。他们必须根据当地的文化进行社会化，采取正确的行动。后面所附的国际应用的实例："在西欧国家赠送礼物"能为在当地正确行动提供一些指导。

使新员工社会化的具体方法包括采用督导或者角色榜样、指导和培训项目、报酬系统和职业规划。成功地进行组织社会化的具体步骤包括下面几点：

1. 提供有挑战性的第一份工作；
2. 提供相关的培训；

运用信息技术培养人际关系

与商业正从工业时代转向合作的网络时代一样，美国的家庭也正经历一场社会变革。父母和子女的作息时间不再相同——不像上一代的方式。许多受过良好教育的父母需要工作更长的时间，他们通过网络电话和电子邮件与子女联系。

同时，孩子们更主动地从事更多的活动，而且通过信息技术来培育他们自己的电子化人际关系网——从学校的朋友到遥远城市的表兄弟。朱莉·摩根斯特恩（纽约的一位时间管理顾问和Task Master的创立者）说："变革的催化剂对工作环境和家庭时间产生了同样的影响。这种催化剂就是技术。"

网络经济时代使得对父母和子女的期望与标准发生了翻天覆地的变化。人们已经不再仅仅满足于让下一代受到良好的教育。相反，目标是将孩子培养成为具有创造性和适应能力的人，不仅能够在竞争中取得成功，还要能与中国和印度的同龄人合作。乔治·梅森大学公共政策教授理查德·弗洛里达在费尔法克斯说："经济的功能第一次依赖于人类能力的提高。""14岁的孩子就懂得与人合作和思考，我们有太多的东西要学习以便将其应用到工作场所中，"英特尔公司的信息和知识管理总监卢克·孔斯说。

典型的过度工作型美国白领——要处理大量的电子邮件，受午夜会议的困扰，碰到意料之外的商务旅行——如何能快速应对工作问题同时处理好家中的新挑战？一些新的经验性方法渐渐出现，在运动场和办公室流传。其中之一是：把技术从压迫者转变为解放者。辉瑞公司高级副总裁和法律顾问玛格丽特·福伦说，"我喜欢科技，"她用黑莓手机管理工作和家庭的时间。"我能在下午3点去看足球比赛，可以看演出，逛书店，参观科学展和看医生。"其他人也掌握了以前所未有的方式将工作职责和家庭生活交织在一起的艺术，前一分钟用来回复工作邮件，下一分钟用来辅导家庭作业。家庭中的年轻成员（更精通多任务和网络）有机会看到哪些在起作用，哪些失败了。伊利诺州SBC公司的总裁卡丽·海特曼与Pitney Bowes公司的一位区域总经理结了婚，在提到女儿时说："我的女儿现在已经工作了，她知道善用时间的重要性；她一直是看我怎样做，现在她也在这么做。"

家庭中的组织在一定程度上反映了工作中的组织。以20世纪50年代和60年代的中产阶级家庭为例（那是一个生产率和实际工资不断增加的黄金时期）。父亲有一份安定的工作，每周工作时间不超过40小时，母亲可以呆在家里抚养孩子。那个时代的家庭成员一起做很多事情。经典的例子是：每天一起吃晚餐。当父母去拜访朋友时，也会带上孩子。事实上，一个家庭就像一个单元，反映了工厂或者大集团自上而下的管理，如通用汽车。

时光跳转到新千年的现在。今天，父母亲很可能都有职业。根据经济政策研究所的计算，夫妻加起来和孩子在一起的时间是68小时，比1979年的59小时有所上升。受过良好教育的夫妻，和孩子在一起的时间更多。同时，他们的工作也发生了变化。机械的工作要么被计算机取代，要么被转移到亚洲。相反，剩下的是更复杂和更具创造性并且很难变成指令的工作。

在家庭中，对健康、丰富的家庭生活的需求更高了。娱乐时间被音乐课和孩子们的游戏所填满，妈妈负责练习，爸爸负责活动。父母意识到大学更欢迎多才多艺的高中生，而这些能力与职场所需要的技能是相通的。加州大学伯克利分校的社会学家安·斯威德勒说："如此多的选择需要高超的管理技巧。"

为了达到这些目标，家庭试图将技术转化为他们的优势。黑莓、手机、电子邮件和其他高科技蚕蚀了办公室和餐桌（甚至卧室）的传统界限。但承受巨大时间压力的员工意识到技术为忙碌的家庭创造了更多共同相处机会，增加了家庭的时间。

国际应用实例

在西欧赠送礼物

无论对于美国人还是对于其他国家的人来说，文化对于理解社会化都很重要。西欧是一个很好的例子。美国在西欧有相当大的生意，所以对于在那里工作的美国人来说，了解如何在地球的那个角落行动非常有帮助。例如，当你和欧洲人做生意时，什么时候赠送礼物会被接受？应该如何赠送礼物？下面是对在西欧赠送礼物的一些有用的指导：

1. 不要在第一次会面时给出生意礼物。这被认为是不礼貌的。
2. 如果你要送给晚餐女主人一束花，请提前送而不要在到达的时候递给她。这样就给了她按需要安排和放置这些花的时间，也避免给其他可能和你同时出现但两手空空的客人造成尴尬。
3. 在送花时，一定要注意你的选择。在法国，菊花和服丧联系在一起。在法国和德国，红玫瑰仅仅是情人间的礼物。
4. 优质巧克力和利口酒是最好的家庭礼物。如果情境要求有更精致的礼物，小的瓷器和银质礼品如烛台都是很好的选择。
5. 不要把香水或者男士古龙香水作为礼物。对于商业礼物来说，无论送给男性或者女性，无论来自男性或者女性，这都太私人化了。
6. 不要把你的名片放到礼物中去。这被认为非常拙劣。但是，你可以在一张空白的卡片上写下留言。

3. 提供及时和持续的反馈；
4. 选择一位优秀的管理者做首任主管以负责社会化；
5. 设计一个轻松的指导项目；
6. 把新成员安置到士气高的工作团队中。[41]

这些经过深思熟虑的社会化策略对于社会化有着极大的潜在影响。最近一项研究发现，一个参加过社会化培训项目的新员工的行为，确实比没有参加这类培训的新员工社会化得更好，[42]且表现出更好的个体—组织匹配。[43]

总之，人格是一个包括多项内容的非常复杂的认知加工过程。它几乎包括本文中提到的所有东西。正如其定义，人格就是整个的人，人格关心的是外表和特质、自我和环境的交互作用。对人格的最佳表述大概要属多年前克拉克洪和默里提出的说法，他们认为：在某种程度上，一个人的人格和所有其他人的人格类似，和某些人的人格相像，也和所有其他人的人格都不同。[44]

"大五"人格特质

尽管人格特质作为行为的长期决定因素一般不受重视，甚至完全被忽视，但近些年来，基于五大因素特质的人格理论得到了越来越多的支持。很多年前，人们发现大约有 18 000 个词可以描述人格，即使在对这些词进行同义归类之后，还有 171 个人格特质。[45]显然，这么多的人格特质是无法应用于实际的，所以人们进行了进一步的精简分析，结果发现了五个核心的人格特质。所谓的五因素模型（Five-Factor Model，FFM）[46]，或者在组织行为和人力资源管理领域的"大五"，这些特质是多年来[47]通过多种分析甚至跨文化研究[48]得到的。

表 5.1 标明了"大五"和它们的主要特征。重要的是，不仅现在在核心人格特质的决定因素问题上有着相当的一致性，而且还有很多研究表明，这五个因子能

表 5.1
"大五"人格特质

核心特质	高分者的描述性特征
责任心	可依靠的，努力的，有组织的，自律的，坚持不懈的，有责任感的
情绪稳定性	平静的，安全的，高兴的，不忧虑的
宜人性	合作的，热心的，关心人的，好脾气的，谦恭的，值得信赖的
外向性	合群的，对人友好的，健谈的，坚定自信的，爱交际的
对于经验的开放性	好奇的，智慧的，有创造性的，有教养的，有艺术细胞的，灵活的，有想象力的

很好地预测工作中的绩效。[49] 最近，元分析的研究表明，大五与绩效激励[50]（目标设定、预期和自我效能感，所有这些都将在随后的章节进行详细的解释）和工作满意度存在正相关。[51] 虽然五大特质大致上是人格的独立因子，但是像红黄蓝三原色一样，五大特质可以以无数种比例组合在一起，并结合其他特征产生一个独特的人格整体。同样与颜色相类似，在描述一个个体的人格时，五大特质中的某一个特质有可能占主导地位。

"大五"对于组织行为学的真正价值在于，它确实恢复了禀赋特质的重要性[52]，显然这些特质和工作绩效相关。重要的是，我们还应该注意这五大特质是稳定的。在大约 30 岁后，随着时间的推移，个人的人格特征图几乎不会改变。[53] 这并不意味着"大五"为员工提供了整个职业生涯的完美的人格特征图，因为不同的工作需要不同的特质，关键仍然在于找到正确的匹配。[54] 下面的内容考察了到目前为止关于各种大五特质与组织中绩效各维度的关系的研究。

责任心的正性影响

人们已经达成一致意见，认为责任心与工作绩效有最强的正相关（大约 0.30）。我们应该看到，这一水平的相关（1.0 是最完美的）说明责任心能解释的绩效不到 10%（相关系数的平方，R^2）。值得注意的是，这一相关仍然是显著的，有责任心的员工具有重要的竞争优势。一项元分析的结果总结道，"可靠的、有毅力的、目标明确的和有条理的个体，在任何现实的工作中都倾向于是高绩效者；从反面来看，那些冷漠的、不负责任的、成就欲低且冲动的人，在任何现实工作中都倾向于是低绩效者。"[55]

从本质上来说，作为一种人格特质，责任心可以与组织行为的其他方面联系起来：有责任心的员工为自己设定较高的目标，有较高的绩效期望，对于工作丰富化（负起较多的责任，这在第 11 章中也会提到）和人力资源管理的授权策略能做出很好的响应。正如所期望的那样，研究表明，那些有责任心的人较少旷工；[56] 最近的一项研究发现，在国际人力资源管理中，移居国外的人的责任心与他们在国外的任务绩效评估有正相关。[57] 另外，最近也有一些研究并不支持上述结论，这种分歧体现了这一人格特质的复杂性。例如，在最近一项研究中，人们发现责任心并没有影响管理绩效的测定；在另一项关于中东国外工作的管理者的研究中，人们发现责任心与出国者在本国评定的绩效相关，而不是和在所在国评定的绩效相关。[58] 另外，有研究表明，个人的能力在责任心与绩效之间的关系中起调节作用（对于高能力的人是正面的作用，对于低能力的人没有作用甚至是负面作用）。但最近的一项研究发现不存在这样的调节作用。[59] 另外一项近期研究发现，当工作满意度很低时，责任心和工作绩效之间的联系很强；但是当工作满意度高时，两者之间的联系相对较弱。[60]

当应用到同伴评价时，正如所假设的，一项研究发现，评估者的责任心和评估的水平有负相关。也就是说，有责任心的评估者不会给出不切实际的评估，但是低责任心的评估者就会给出不切实际的评估。与文化、能力、工作满意度等诸多变量之间的如此复杂的关系表明，与其他心理学变量一样，责任心非常复杂，当然也不是工作绩效的惟一决定因素。[61] 这引发了最近的研究热潮，支持了这样的假设：责任心与外倾性[62] 和宜人性[63] 的交互作用影响了绩效，而责任心和对经验的开放性的交互作用则影响了创造性行为。[64] 在考察其他组织行为动力学影响时，研究同样发现了责任心的中介和调节作用。[65] 换句话说，且不深究这些分析，简言之，关于责任心这一人格特质对各种与工作有关的变量的影响是相当复杂的。然而，在人格的这个领域中，我们有足够的研究证据来证明，在理解人格特质对工作绩效、工作满意度、工作激励可能产生的影响方面，应对责任心给予高度关注，它对绝大多数工作的人事选拔也是有应用意义的。

其他特质的影响

虽然人们发现责任心和绩效之间有最稳定的联系，因而注意力多集中在责任心方面，但在剩下的 4 个特质方面也有一些有意思的发现。例如，被试来自欧洲多国、针对许多职业团队、采用了多种测量绩效方法的一项大型研究发现，责任心和情绪稳定性都与所有的测量和职业有关。[66] 然而，旷工研究发现，责任心与旷工有一个符合预期的逆向关系，而外向性特质强的人更可能旷工。[67]

其他特质有一个更具选择性而仍然合乎逻辑的影响。例如，那些高外向性的人易于获得管理和商业上的成功；那些高情绪稳定性的人在充满压力的情境中更有效率；那些高宜人性的人能够更有效地处理客户关系、解决冲突；而那些对于新经验具有开放性的人更易于精通工作，并能够在一个关于问题解决的模拟情境培训中做出较好的决策。[68] 另一个研究发现，责任心和对经验开放的个体一般采用策略型的管理风格，外倾和开放性的个体一般采用人际管理风格。[69] 有意思的是，在现代工作场所中，随着团队而不是个人的重要性程度越来越高，“大五”还可以预测团队的绩效。一项近期的研究发现，团队成员在责任心、宜人性、外向性和情绪稳定性等特质上的平均得分越高，整个团队的绩效越高。[70] 也就是说，根据情境，在组织行为的研究与应用中，应该关注所有的“大五”特质。

梅耶—布里基斯人格特质问卷

虽然“大五”近来出现在相当多的基础研究中，并被证实通常与工作绩效有显著的相关，而梅耶—布里基斯人格特质问卷（MBTI）是基于一个非常古老的理论[71]，但是它应用广泛，在现实的职业咨询、团队建设、冲突管理和管理风格分析等方面非常盛行。[72] 这个理论可以回溯到 20 世纪 20 年代的创始人——瑞士精神

表 5.2
荣格的理论维度和梅耶—布里基斯人格类型量表

外向性（E）	内向性（I）
你从哪里获得精力？	
喜好户外活动的	安静的
互动型的	专一的
先说后想	先想后说
爱交际的	沉思的
你注意并且收集什么样的信息？	
感觉的（S）	直觉的（N）
实用的	概括的
详细的	可能性的
具体实例的	理论性的
特定的	抽象的
你如何评估和做出决定？	
思维的（T）	情感的（F）
分析的	主观的
用头脑	凭热心
遵循规则的	依环境而定的
公正的	仁慈的
你如何使自己适应外部世界？	
判断的（J）	知觉的（P）
结构性的	灵活的
时间导向的	结果开放性的
决策性的	探索性的
有组织计划的	任其自然的

病学家荣格。他觉得人们可以被分为外向和内向两类，而且人类有两个基本的智力过程——知觉和判断。接着他进一步把知觉分为感觉和直觉，把判断分为思维和情感。这样就产生了四个人格维度或者说特质：（1）内向性/外向性，（2）知觉/判断，（3）感觉/直觉，和（4）思维/情感。他觉得虽然人们通常同时拥有这四个维度，但是对每个人而言，各个维度的结合方式和处于优势的维度都不同。重要的是，他指出一个人的优势特质并不必然比另一个人的优势特质好，两者只是不同罢了。

在荣格建立其特质理论大约 20 年后，在 20 世纪 40 年代，凯瑟琳·布里基斯和伊莎贝尔·布里基斯·梅耶母女俩编制了一套包括大约 100 个条目的人格测验，测验询问受试者在特定的情境中通常会有什么样的感受、如何行动，以此来测量人们在四对特质（16 种典型类型）上的偏好情况。在梅耶—布里基斯人格特质量表中，所考察的问题涉及人们在集中精力时有什么偏好（外向还是内向）；在注意和收集信息时有什么偏好（感觉还是直觉）；在加工和评价信息以及做决定时有什么偏好（思维还是情感）；以及如何使自己适应外部世界（判断还是知觉）。表 5.2 总结了四个关键维度的特征，这四个维度通过组合可以产生 16 种人格类型。例如，ESTJ 是外向的、感知性的、思维性的和判断性的。因为这种类型的人喜欢与他人相互联系（E），现实地看待这个世界（S），客观、果断地做决定（T），并且喜欢结构性、时间进度明确和有序性（J），所以这可能是一种管理者类型。MBTI 使用指南里指出，被研究的大多数管理者确实属于 ESTJ 类型。

正如荣格在建立他的理论时所强调的，没有好的人格类型，也没有坏的人格类型。这正是 MBTI 成为不造成心理威胁、被普遍使用（每年成百万次）的一种人格问卷的主要原因。尽管在确认荣格所提出的人格类型和预测职业选择（如高直觉的人易于选择广告、艺术、教学之类的职业）时，MBTI 显示出了比较好的信度和效度，[73] 但仍然没有足够的研究支持以它为依据来进行选拔决策或者预测工作绩效。[74] 然而，许多公司都使用 MBTI，如 AT&T、埃克森和霍尼韦尔等公司在它们的管理人员开发计划中使用它，惠普在团队建设中也使用它，并且结果似乎是公正的。它可以是讨论个体间相似性和差异性的一个有效的起点，并且有益于个人发展。但和任何心理测量一样，MBTI 也可能被误用。正如一项全面的分析表明，"不恰当的使用方法有：为这个或那个人贴上一个标签，然后作为一个方便的借口说明他们就是不能和其他人一起工作，并且逃避有关个人发展的责任，例如应和他人一起工作以及变得更灵活。一个人的人格类型不是其不恰当行为的借口。"[75]

态度的本质和维度

人格和态度都是复杂的认知导向的过程。区别在于，人格通常被看作整体的人的特征，而特质和态度构建了人格。

态度（attitude）这个词经常用来描述和解释人们的行为。例如："他态度不好。""我喜欢她的态度。""我们的员工由于态度不好，生产了质量低劣的产品。"更确切地，态度可以被定义为一个稳定持久的、以特定方式来感受事物和做出行为的倾向。例如，乔治不喜欢上夜班；他对他的工作任务持有一种负性的态度。

态度有三个方面的特征。首先，态度是稳定的，除非发生了什么事情导致态度的改变。例如，如果乔治换到了日班，他的态度就会变成正性的。第二，态度可以落在从非常赞成到非常不赞成的连续体中的任何一点。现在，乔治的态度可能是比较不赞成的。如果他换成了日班，他的态度也许会变为是非常赞成的。第三，态度直接针对某个事物，是指一个人对这个事物的情绪（有时也说情感）和信念。以乔治为例，这件事就是工作的换班制。下面的章节讨论了态度的各个维度，包括基本成分、形成前提、功能，以及态度如何得到改变。本章剩下部分还会考察具体的与工作相关的态度——正性和负性情感（PA/NA）、工作满意度、组织承诺和组织公民行为。

态度的成分

态度可以被分为三个基本成分：情绪的、信息的和行为的。情绪成分是指个体对于一个事物的情感——正性的、中性的或者负性的。尽管许多基础性的问题仍悬而未决，但是最近人们开始将注意转移到情绪，特别是它与组织行为领域的关系上。[76] 在第 7 章中，情绪作为一种智力类型（EI 或者 EQ）将得到特别的关注。另外，情绪表达对于工作行为来说也很重要——正性的，像一个客户服务代表；负性的，像一个票据收款人或警察；或者是中性的，像一个学术管理者或者公共服务者。*情绪劳动力*（emotional labor）这个词是最近几年出现的，它表示要求工作中的人超越他们的生理和精神上的影响来工作。[77] 在很多服务工作岗位上的人们被要求甚至必须以人际交往的方式，而不是以个人的自然感受来表达情绪。几乎所有和客户、病人或者来访者打交道的工作都有这样的情况。在所有的零售业、超市、百货商店、饭馆、航空服务中都要面带微笑服务，在卫生保健领域要表现出关心，在丧葬行业要表现出悲伤，等等，都是对现代员工的要求。和传统的体力和脑力劳动一样，这种情绪劳动力从消耗和压力的角度来看，也会造成很大的代价。[78]

信息成分包括个体对于某个事物的信念和信息。无论这种信息从经验上讲是否是真实的或者正确的，都不会造成任何差别。一名主管可能认为在员工上岗前，对他进行两周的培训是必要的。事实上，一般员工在接受一项只有 4 天的培训后就能操作得很好。但是，这名主管所利用的信息（即两周是必要的）是他对于培训态度的关键。

行为成分是指一个人以一种特定方式对某个事物采取行动的倾向性。例如，上面所说的主管可能安排他的所有新员工都参加一个为期两周的培训。

重要的是，要记住在态度的三种成分中，只有行为成分能够被直接观察到。一个人不能看到另一个人的情感（情绪成分）或者信念（信息成分）。这两种成分只能靠推断。例如，当主管安排一名新员工参加一次为期两周的培训时，我们只能推断：（1）这名主管对于所需要的培训时间有强烈的感觉，（2）这个人认为这样长时间的培训是必要的。然而，理解态度的功能以及它是如何改变的，对于研究组织行为很重要。

态度的功能

在回顾了大量对于雇主的调查之后，一项分析的结果表明："雇佣过程中最需要着重考虑的，同时也是新员工身上最大的问题，在于他们开始工作时所持有的对工作的态度。"[79] 态度有助于预测工作行为。[80] 例如，一项态度调查显示，由于工作规章制度的改变，员工们感到不安，同时，在接下来的一个星期，员工的缺勤率猛增。于是管理者可以得出结论：对于工作规章制度持负性态度导致了缺勤率的增加。对态度的理解也非常重要，因为态度有助于人们适应他们的工作环境。多年前，卡茨（Katz）曾经说过，态度在整个工作过程中有四大重要功能：调适、自我保护、价值观表达和知识。[81]

调适功能

态度通常有助于人们根据工作环境的变化而进行调适。当员工享受良好的待遇时，他们容易对管理和组织形成一种正性态度。当员工受到严厉斥责和只得到最少量的加薪时，他们容易对管理和组织形成一种负性态度。员工们根据这些态度调整自己以适应工作环境，同时也把这些态度作为今后行为的基础。例如，如果员工得到良好的待遇，当有人问他们对于管理层和组织的看法时，他们倾向于说好的事情。而如果员工受到严厉斥责，得到的加薪又是最少的，当有人问他们对于管理层和组织的看法时，他们倾向于说不好的事情。举例而言，当日本公司废除了终身雇佣制度，日本的员工们体验到负性的态度，并经历了一个非常艰难的调适期。[82]

自我保护功能

除了有助于员工做出调适外，态度还有助于员工保护自我形象。例如，一位年长的经理的决策经常受到一位下级年轻经理的挑战，年长的经理会觉得那个年轻人太张狂、骄傲、不够成熟和缺乏经验。事实上，年轻经理对上级决定的质疑也许是正确的。年长的经理也许不是一个很有效的领导，经常会做出很差劲的决策。另一方面，年长的经理不愿意承认这一点，而努力要保护自我，把责任推到别人身上。结果，年长的经理对于那个年轻人持负性态度。毫无疑问，年轻的经理也会对年长者形成负性态度，认为老板并没有把工作做好。这种态度有助于年轻人保护自我。如果那位下属想要改变这种知觉而认为老板把工作做得很好，那么他必须不再批评老板。很显然，这是年轻人不愿意做的事情。因此，态度能够为行为找理由，能够保护自我。

表达价值观的功能

态度为人们提供了表达价值观的基础。举一个例子，一位坚信工作伦理的经理人会对具体的个人或者实际工作措施表达自己的态度，以此作为反映其价值的方式。一个想要下级努力工作的上级也许会这样说："你工作得很努力。这是这家公司自成立以来的传统，这个传统使得我们走到了今天，我们希望每个人都认同这种规范。"一位坚信有必要支持 United Way 公司商业活动的总裁可能会对高层管理团队说："这个公司里从高层到底层每个人都应该支持 United Way。它是一个很棒的组织，为我们的社会做了很多好事。我不知道如果没有它我们会变成什么样子。"在上面两个例子中，态度成了表达一个人核心价值观的基础。

知识功能

态度有助于提供参考的标准和框架，使得人们能够组织和解释周围的世界。例如，一个工会的组织者可能会对管理当局持负性态度。这种态度也许不是基于事实的，但是它的确有助于个体参与管理。结果，管理者们说的每一件事都被这个工会的组织者看做是一堆谎言，是对事实的任意歪曲，或者是在试图利用员工。不管个体对事实有多么准确的了解，对于人、事件和物体的态度，都有助于个体了解事情的来龙去脉。

改变态度

员工的态度可以得到改变，有时，这么做是为了管理者的利益。例如，如果员工认为他们的雇主不关心他们，管理者就会希望改变这种态度。有时，由于某些障碍，态度改变很难实现。在明确了这些障碍、利用一些方法消除了这些障碍之后，态度就得到了有效的改变。

改变态度的障碍

阻碍人们改变态度的基本障碍有两种。一个被称为*先前的承诺*（prior commitments）。当人们觉得要为先前采取的某类行为负责而不愿意改变态度时，就出现了这种障碍。甚至有理论和研究证实了这种*承诺扩大化*，即决策者倾向于坚持错误的行为。[83]

下面的情节展示了一个承诺扩大化的一个例子：公司总裁毕业于一所常春藤联盟学校。在招聘营销部的新负责人时，他把个人的喜好带入了工作，招聘了一个和他毕业于同一所大学的毕业生。不幸的是，事情不会总是尽如人意。营销经理并不是很优秀。然而，因为公司总裁在雇佣这个经理时扮演了这样一个重要角色，所以他不愿意承认这个错误。利用态度的自我保护功能，这位总裁歪曲了对营销经理的所有负性信息，总是相信事情进展得很好，相信自己做出了正确的选择。

第二个障碍是*信息不充分*的结果。有时，人们看不到任何改变态度的理由。老板可能不喜欢副手的负性态度，但副手也许对自己的行为非常满意。除非老板能够让这个人看到，为什么一种负性态度对职业发展或者加薪或者其他一些期望达到的个人目标有害，否则这个人可能会继续持有负性的态度。尤其当这种态度是由差劲的管理所导致的时候。副手会利用这种负性态度的调适功能：“我无法尊重一位以这种方式对待我的经理。”

提供新的信息

幸运的是，我们可以利用很多方法来克服种种障碍，从而改变态度。其中一个方法是*提供新的信息*。有时，这些信息会改变一个人的信念，渐渐地，就会改变他或她的态度。在一项经典的研究中，人们发现工会的工人对管理层持一种敌意的态度。然而，当一些工人得到提升进入管理层之后，他们的态度就改变了。[84]他们开始了解公司做了一些什么事情来帮助工人。随着时间的推移，这些新信息引发了他们对于管理层的信念的改变，进而引发了他们对于公司和工会态度的改变。他们变得越来越亲近公司，而较少亲近工会了。

利用恐惧

改变态度的第二种方法是*利用恐惧*。有些研究者发现，恐惧能够使一些人改变他们的态度。然而，恐惧的程度似乎对最后的结果非常重要。例如，如果利用低水平的恐惧，人们经常会忽视它们。许多警告就因为还没有强大到唤起他人注意的程度而不起作用。如果利用中等程度的恐惧，人们经常会因了解情形而改变态度。然而，如果利用高水平的恐惧，人们经常拒绝这些信息，因为若信息过于有威胁性，反而不可信了。人们还是固执己见，并拒绝被说服。这里有一个很好的关于禁烟的商业广告案例。美国卫生与公共服务部发现，如果用将要死于癌症的病人来做广告，这种信息就会对吸烟者非常有威胁性，以至于他们会关掉广播，拒绝收听。结果，商业广告没有达到预期的效果。健康官员们发现，商业广告只有在利用和激发起中等程度的恐惧时最有效。

解决分歧

改变态度的另一种方法是*解决态度和行为间的分歧*。例如，研究表明，当工作申请者拿到不止一份聘用书，但不得不做出选择时，他们经常觉得他们最终的选择可能是错误的。然而，这种适度的冲突，或者说不调和，通常不会持续很久。认知失调理论认为，人们会通过态度和行为的改变主动地尝试减少这种失调。[85] 这样，当人们接受新的工作并开始工作时，他们也是从对未选择的公司持负性情感而对选择了的公司持正性情感开始的。结果，新员工会得出结论：他们确实做出了正确的选择。

朋友或同伴的影响

能够使态度发生改变的另一种方法是*朋友或同伴的劝说*。例如，如果乔·史密斯伪造开支账目，但发现他的销售同行们并没有这么做，他可能会改变自己的态度。这里假定，乔喜欢他的同事，那些同事对他有说服性的控制力。另一方面，如果乔认为其他销售人员都太懒了，只要他们懂得如何做假账，他们就会那样做，这样的话他就不会改变对这种做法的态度。

另外，重要的是要记住，当人们对某个特定事件感兴趣时，他们倾向于不顾及自己与他人在当前的行为上的极端分歧。例如，如果其他销售人员告诉乔，他们从来没有伪造过开支账目，而乔每年都要做几千美元的假账，那么乔就不大会让那些朋友影响自己。因为继续以往的做法，他能得到的好处太多了。这就是为什么消除非规范性的行为那么困难。

共同选择的方法

改变态度的最后一种方法是*共同选择*，这意味着把不满意的人们安置于某种情境，让他们参与到有关事物的改进中去。例如，南茜感到越来越有必要改善员工的福利。因此，公司委任她为员工福利委员会的成员。公司给予她参加员工福利决策的机会，这就增加了南茜改变态度的机会。一旦她开始意识到这些福利是如何被决定的，委员会为了确保人们得到尽可能好的福利做了多么久和多么艰难的工作，她很可能会改变自己的态度。

与工作相关的态度形成的前提：PA/NA

除了态度的传统功能和改变态度的方式外，在组织行为学领域近来越来越多并直接关注的，是把情感（感受）特质作为一系列与工作相关的态度的前提因素，涉及工作满意度[86]和动机。[87] 特别地，人们发现正性情感（PA）和负性情感（NA）的倾向性是形成对工作的态度的重要前提。乔治的例子表明，[88] NA反映了体验负性情绪状态的一种人格倾向；那些有高NA的人易于神经质、紧张、焦虑、担忧、不安和哀伤。因此，那些有高NA的人更可能体验负性的情感状态——他们更可能对自己、对别人、对周围的世界持一种负性的态度。越来越多的研究支持了NA的这种偏差效应。[89] 例如，一项最近的研究发现，有负性情感的员工更经常地认为自己是受害者，因而更可能任由自己成为同事的攻击性行为的靶子。[90] 另一项研究发现，NA削弱了支持性的绩效评价反馈与工作态度之间的关系。[91]

那些有高PA的人则有一种正性的倾向，倾向于拥有整体的幸福感和认为自己是快乐而有效地工作着，从而持有正性的态度。PA和NA是否处于对立的两端以及是否相互独立，这个问题仍然是研究讨论和解释的主题。[92] 人们并不需要在相反的情绪状态之间变化，他们可以既高兴又不开心。然而，大多数时候，人们在不同的情绪之间波动，从NA到PA，从PA到NA。处在PA状态的人往往能很好地工作[93]，旷工少[94]，满意度高[95]，而在NA状态时会感到更多的压力。[96] 甚至有证据表明，正性情感基调的团队（成员的平均PA较高）比负性情感基调的团队工作效率高。[97] 也就是说，如果论及组织的产出结果，一个人的情绪或者情感倾向可能会成为一种自我实现的预言。

与大五人格特质相似，PA/NA态度已经发展到相当重要的水平，越来越多的研究者开始关注如何深入探究这一概念。近期的研究关注情感的影响因素（例如员工偏好与组织人力资源政策之间的契合的作用，[98] 或者有关自我的、内在生成的一些信息对NA的影响[99]）以及情感的多水平分析。[100] 除了PA/NA倾向外，研究者还关注工作满意度和组织承诺。

工作满意度

与工作满意度、组织承诺有关的具体的员工态度，是组织行为学领域和人力资源管理的实际操作领域所主要关注的内容。尽管迄今为止关于态度的讨论都有直接的意义，但是工作满意度的讨论集中于员工对工作的态度，而关于组织承诺的讨论集中于员工对整个组织的态度。首先，讨论传统上更受认可的工作满意度。然后讨论得到广泛认可的关于组织承诺的态度。最后，用最近的亲社会或组织公民行为来结束本章内容。

工作满意度意味着什么

洛克（Locke）把工作满意度（job satisfaction）全面地定义为一种情感和认知

的反应或态度，并认为它是“源自对个体的工作或者工作经历的评估的一种快乐或积极的情绪状态”。[101] 工作满意度是员工知觉的结果，知觉的内容是：这份工作能够在怎样的程度上提供那些被认为是重要的东西。在组织行为学领域中，通常认为工作满意度是最重要的、也是最频繁地被研究的一种态度。

虽然最近的理论分析批评“工作满意度”定义得过于狭窄[102]，但是工作满意度还是有三个可以被普遍接受的维度。第一，工作满意度是对于工作情境的一种情绪反应。正是这样，人们无法观察到它，只能推断得到。第二，工作满意度经常是由结果在多大程度上符合或者超出期望来决定的。例如，如果组织参与者感到他们比部门中的其他人工作辛苦得多，但是得到的报偿却很少，他们很可能对工作、老板或同事持负性态度。他们感到不满意。另一方面，如果他们感到他们得到的待遇很好，得到的薪水也很公平，他们可能对工作持正性态度。他们对工作感到满意。第三，工作满意度代表了几种相关的态度。多年来，人们确立了工作的五个维度来代表一个员工对其有情感反应的工作的最重要特征。这些维度是：

1. 工作本身。它的范围包括工作为个体提供的有趣的任务、学习的机会和接受责任的可能性。
2. 薪酬。得到的经济报酬的总量，以及得到的薪酬与组织中其他成员相比被看作是公正的程度。
3. 晋升机会。在组织中得到提升的可能性。
4. 上级的管理。上级提供技术帮助和行为支持的能力。
5. 同事。同事在技术上的精通和社会交往上的互相支持的程度。[103]

这五个维度很多年前就已经提出，而且这些年一直被广泛地用于测量工作满意度，最近的元分析研究证实了它们的结构效度。

工作满意度的影响因素

有许多因素影响工作满意度。例如，一项研究甚至发现，如果大学生的专业和他们的工作恰好一致，这种关系预测了接下来的工作满意度。[105] 不管怎样，根据前述的五大维度可以总结出影响工作满意度的主要因素。

工作本身

工作本身的内容是满意度的一个主要来源。例如，正像第 11 章中将要提到的，与工作特征相关的工作设计方法的研究表明，来自工作本身的反馈和自主性，是与工作相关的两大动机因素。近来有研究发现，这些工作特征和工作复杂度在人格和工作满意度之间起着中介作用[106]；另外，如果员工的工作满足了创造性要求，那么他们容易感到满意。[107] 多年来的调查揭示，在一个更注重实效的层次上，一份让人满意的工作的最重要的成分包括趣味性和有挑战性；最近的一项调查发现，职业发展（不一定是晋升）对于年轻员工和年长员工都是最重要的。[108] 与第 2 章提到的多样性和伦理相一致，一项研究发现，工作满意度与平等的机会、家庭和睦和反骚扰措施有关。[109] 财富榜上的“100 个最佳雇主”，如 VSP，全美最大的眼保健福利供应商，因其创新的人力资源活动而闻名，员工的满意度水平很高。[110]

薪　酬

第 4 章详细探讨了薪酬和福利。工资被看作是工作满意度的一个典型的、但需要复杂认知的[111]多维因素。[112]钱不仅使得人们能够维持他们的最低需要，而且对于满足高层需要也很有帮助。通常，员工把薪酬看作管理者对他们带给组织的贡献大小的看法的一种反映。附加的福利也很重要，但是福利的影响不如薪酬大。一个理由无疑是大多数员工甚至不知道他们获得了多少福利。另外，大多数人倾向于低估自己的福利，因为他们没有意识到福利的重要价值。[113]然而，研究表明，如果员工能够在一系列福利项目中灵活地选择福利的种类——称之为变通的自助式福利计划，那么在福利满意度和整体工作满意度上都会有显著的提高。[114]

晋　升

晋升机会对于工作满意度似乎有多种影响。这是因为晋升有多种形式，伴随着不同的奖励。例如，基于资历获得晋升的人，经常感受到工作满意，但是不如那些基于绩效获得晋升的人更满意。另外，10%的加薪幅度，一般不如 20%的加薪幅度让人满意。这种差异解释了为什么高层晋升比发生在组织低层的晋升更让人满意。同时，晋升的传统意义是顺着等级化的公司层级成功地往上爬，但近年来随着组织的扁平化和伴随而来的授权政策，现在晋升的意义已经变化了。正如本书第一编概述中提到的，处于新范式环境下的员工，不仅知道不可能得到传统的晋升，而且甚至不期望得到传统的晋升。对大多数人来说，一个积极的工作环境、增长才干和拓宽技能基础的机会，变得比晋升机会更重要。[115]

上级的管理

管理是工作满意度的又一个较为重要的来源。第 14 章将讨论领导技能的影响。但现在，人们可以说，影响工作满意度的上级管理的风格似乎有两个维度。一个是员工中心取向，可以通过上级对于员工的个人关注程度来进行测量。通常，员工中心取向的具体表现方式可以体现为：考察员工工作情况，给出建议来帮助员工，以私人和正式形式与下属进行沟通，等等。美国的员工通常抱怨他们的上级没有把这些方面的工作做好。相当多的经验性证据表明，员工辞职离开一家公司的主要原因之一，在于他们的上级不关心他们。[116]

另一个维度是参与和影响，也就是说管理者允许其下属参与一些会影响下属本职工作的决策。在大多数情况下，这个维度会带来较高的工作满意度。例如，一项元分析表明，参与的确对工作满意度有一种正性的影响。上级营造的参与性的氛围，比参与具体的决策，对于员工的满意度有更加实质性的作用。[117]

工作团队

工作团队的特性会对工作满意度产生影响。对于员工个体而言，友好的、合作的同事或者团队成员，带来了一定的工作满意度。工作团队，尤其是一个“紧密”的团队，能够为个体员工提供支持、安慰、建议和帮助。[118] 一个“好”的工作团队或一个有效的团队使工作变得愉快。然而，这不是工作满意度的必要条件。另一方面，如果出现了相反的情形——人们之间很难相处——这个因素对于工作满意度就有一个负面的作用。跨文化的研究也发现，一般来说，如果员工抗拒团队，特别是自我管理的团队，他们的满意度水平将低于他们乐意成为团队一员时的满意度水平。[119]

工作条件

工作条件对于工作满意度也有一定的影响。如果工作条件好（例如，洁净、吸引人的环境），人们会发现比较易于开展工作。如果工作条件很差（例如，燥热、嘈杂的环境），人们会发现要把事情做好很困难。也就是说，工作条件对于工作满意度的作用和工作团队的作用相似。如果条件良好，不会有工作满意度上的问题；如果条件很差，则很可能会出现工作满意度的问题。

除非工作条件实在太差，否则大多数人不会太多考虑工作条件的作用。另外，当出现对于工作条件的抱怨时，有时这些抱怨实际上是其他问题的表现。例如，一个经理可能抱怨说，值夜班的同事没有很好地清理他的办公室，但实际上，他的愤怒是因为当天早些时候参加老板召开的一个会议，他被评了一个较低的绩效等级。但是，近年来，由于不断增加的工作多变性，工作条件有了新的重要性。第 3 章已经讨论过，当代的组织正尝试用多种方法，使得条件变得更加具有支持性而无歧视和威胁性。还有证据表明，工作满意度和生活满意度之间有正性关系[120]，其中的因果关系的方向是：感到生活满意的人，易于在工作中获得满意感。[121]

工作满意度的结果

从社会的整体立场和员工的个体立场来看，工作满意度自身是一种期望的结果。然而，从实际的管理和组织效应角度来说，了解与满意度相关的结果如何变化是非常重要的。例如，如果工作满意度高，员工会做得更好吗？组织会更有效率吗？如果工作满意度很低，会带来绩效问题和效率问题吗？这些年来，研究者和实践者一直在问这些问题。没有单一的结论，结果从弱到强是一个连续体。在考察工作满意度的结果时，对于一系列具体结果进行分析是非常重要的。下面，考察这些结果中的最重要部分。

满意度和绩效

满意的员工会比他们的不那么满意的同伴工作得更好吗？这种“满意度—绩效的争论”已经持续了好多年。虽然大多数人认为存在着正相关，但是目前的研究表明，在满意度和绩效之间没有很强的联系。例如，数年前引用大量研究文献所做的一项元分析发现，在工作满意度和绩效之间只有 0.17 的最佳估计相关。[122] 然而，概念的、方法学的和经验的分析，对于上述弱相关的结果提出了质疑。[123]

所以，最近蒂姆·贾奇（Tim Judge）和他的同事对312个样本包含54 417个被试的结果进行元分析后发现，平均的真实相关达到.30。[124] 这项最新的研究确实发现了工作满意度和绩效之间一种较强的关系，但是仍然没有高过本章前面讨论过的"大五"人格特质中的责任心，与其他心理学概念如自我效能（在第7章介绍）和绩效之间的关系的元分析结果（0.38）相比，也比较低。[125]

也许关于满意度和绩效的最佳结论是：两者之间有一定的正相关，但是仍然没有传统上人们所认为的那样——快乐的员工就是有生产效率的员工。尽管最近因果方向的研究提供了一些支持性的证据（相关研究不能得出因果结论），表明是满意度影响绩效而不是绩效影响满意度，[126] 这种关系甚至会比组织行为领域里的其他关系更加复杂。例如，似乎有很多调节变量，其中最重要的是报酬。如果人们认为获得的报酬是公平的，他们会感到满意，于是这可能带来更高的绩效。[127] 另外，研究证据表明，满意度可能并不必然引起个人绩效的提高，但是确实引起部门[128] 和组织层面的绩效提高。[129] 最近一项以公司为单位（36个公司的7 939人）的元分析研究发现，如果用员工的参与来定义和测量满意度，满意度与绩效结果（生产率、客户满意度甚至利润）之间存在显著相关。[130] 总之，不能将满意度看作人类绩效的终点，但是不断积累的证据表明，满意度应该和本书中讨论的其他因素一起，在组织行为的研究与实践中扮演重要的角色。

满意度和离职

员工的工作满意度高的确会带来低的离职率吗？与满意度和绩效之间的关系不同，研究者发现满意度和离职率之间有一个中等程度的负相关。[131] 高的工作满意度本身不一定保证低的离职率，但是似乎能够起一定的作用。另一方面，如果有相当高的工作不满，则可能有高的离职率。显然，除了满意度之外，其他变量也影响一个员工的辞职决定。例如，年龄、在组织中的任职期限、对组织的承诺（下一节将要讲到）也会起作用。一些人不知道自己可以在其他什么地方工作，因而虽然感到不满意也没有离职。另一个因素是总体的经济状况。当经济形势好、失业率低时，离职率一般会有一定程度的增加，因为人们会去其他组织寻找更好的机会。如果其他组织所承诺的机会更好，那么即使他们目前是感到满意的，很多人还是会离职。另一方面，如果找工作很不容易，并且发生缩小规模、兼并与收购，正如近年来发生的状况一样，不满意的员工也会自愿地留在他们所在的位置上。研究结果证实了这一点，失业率会影响离职率。[132] 然而，总体而言，准确的说法是，工作满意度对于员工离职率很重要。虽然从绝对意义上说，无离职不一定对组织有益，但是人们一般期望较低的离职率，因为招聘新员工会耗费大量的培训费用，新员工在经验上也有不足，加上离职还会造成知识的流失（见第2章）。

满意度和缺勤

研究只发现在满意度和缺勤之间有一个较弱的负相关。[133] 正如和离职率的关系一样，除了满意度，很多其他变量也会决定员工是否留在家里。例如，存在一些调节变量，如人们对自己的工作所感受的重要程度。比如，有关国家政府部门的员工的研究发现，那些认为自己的工作是重要的员工，比那些觉得自己工作不重要的员工有较低的缺勤率。另外，重要的一点是，虽然高的工作满意度不一定导致低的缺勤率，但是低的工作满意度更有可能带来缺勤现象。[134]

增强满意度的其他作用和方法

除了上面提到过的发现，较高的工作满意度还有很多其他作用。有研究报道，高度满意的员工一般会有较好的健康体魄，更快地学会新的工作任务，在工作中出现较少的事故，抱怨也较少。还有一个好的结果是，人们发现，在工作满意度和知觉到的压力之间有一个较强的负相关。[135] 也就是说，通过提升满意度，压力可能会减少。

总而言之，毫无疑问的是，在工作中人们期望较高的员工满意度。它不仅能减少压力，而且正如前面的讨论所指出的，还有助于提高绩效、降低离职率和缺勤率。基于目前的知识体系，下面的一些方针可能有助于提高工作满意度。[136]

1. 使工作变得有趣。世界级的公司如西南航空公司向员工推行了一种有趣的文化。正如第 3 章所指出的，西南航空公司的管理者清楚地表明，对他们不尊敬也是没有关系的；做自己想做的；严肃地对待竞争，而不是为了一己私欲。[137] 一种有趣的文化可能不会使工作本身变得更让人满意，但是确实能消除厌烦以及减少不满出现的可能性。
2. 给予公平的薪酬、福利和晋升机会。这些显然是组织通常使用的、让员工感到满意的方法。正如第 4 章提到的，使得福利更有效的一个重要方法是，提供一种灵活的、所谓自助式的途径。这使得员工能够在备选的方案中选择自己的福利类型。这个方法使得最后的结果和他们想要的一致，因为这是他们自己的选择。
3. 从兴趣和技能的角度把人和工作匹配起来。获得良好的匹配是最重要的事情之一，但是人们还没有注意到，这也是使员工感到满意的方法。当然，这里假定组织了解员工的兴趣所在和技能情况。有效的人力资源管理公司如迪斯尼、福特、IBM 和柯达，把大量的精力用于了解将要雇佣的新员工和现有老员工的兴趣和技能，目的就是要获得人和工作的恰当的匹配。
4. 设计工作使得员工感到鼓舞和满意。除了第 3 点中提到的把员工安置到合适的工作岗位上，这里还有一个建议，可以设计工作以适应员工。大多数人认为乏味的、重复的工作不会让人感到满意。不幸的是，目前很多工作都是乏味的，应当尽可能地改变或者消除这类工作。例如，加拿大宇航公司 Nordavionics 流失了许多有才干的工程师。他们发现通过理解和为工程师们提供更具挑战性的工作和职业成长机会，可以增加工作满意度，降低离职率。遗憾的是，当今社会还有很多需要改变或撤消的枯燥工作。第 11 章就是关于如何设计工作以激励今天的员工并使他们感到满意。有关方法的样例包括增加更多的责任以及构建更多的变化、意义、认同感、自主性和反馈。

总之，大多数组织行为学者和实践中的管理者会认为，工作满意度对于一个组织很重要。然而，也有人提出批评，认为这单单是一个猜想，因为我们对于满意度的正面效应还了解太少。另一方面，当工作满意度很低时，已证明可能对于组织有负面作用。所以，如果仅仅把工作满意度看作一个最低要求和出发点，它对于组织的整体健康和效应很有价值，并且值得在组织行为学领域内进行研究和应用。

组织承诺

在所有和工作相关的态度中，工作满意度得到了最多的关注，但是组织承诺在组织行为学研究中已经得到越来越多的认可。尽管满意度主要关注员工对于工作的态度，而承诺是处于组织层面的，但是多年来人们发现，在工作满意度和组织承诺之间有一个很强的相关。[138] 然而，也总是有一些员工对自己的工作很满意，却不喜欢他们为之工作的具有高度官僚主义作风的组织，或者说一名软件工程师可能对于他目前的工作不满意，但是他对于整个高科技的公司有很高的承诺。

总而言之，科学研究和组织行为学领域通常把满意度和承诺看作不同的态度。在裁员、远程办公、并购以及全球化等新环境下，组织承诺作为被研究和关注的一个非常重要的课题重新出现。虽然有些专家认为，在新环境中，组织的承诺是一个僵死的问题，应该由职业承诺来代替[139]，但是正如下面所说的，一些人却把组织承诺看作21世纪的一个主要挑战：

> 目前的工作场所充满了对于裁员、失去工作保障、技术上的彻底的变化、用较少的资源完成较多任务的压力等等问题的恐惧。经理们需要建立一种关心人的、有生气的工作场所，那将激发员工的承诺。[140]

下面，先定义承诺及其维度，然后总结到目前为止的研究发现结果。

组织承诺的意义

和组织行为学的其他主题一样，组织承诺有着变化繁多的定义和测量手段。[141] 作为一种态度，组织承诺（organizational commitment）最常被定义为（1）保持一个特定组织的成员身份的一种强烈期望；（2）愿意做出较多的努力来代表组织；以及（3）对于组织的价值观和目标的坚信和接受。[142] 也就是说，这是反映员工对组织的忠诚度（loyalty）的一种态度，是一种正在进行的过程，借此组织的参与者表达了他们对于组织及其将来的成功和发展的关注。依据这个定义，组织承诺一般可以由图5.1所示的组织承诺问卷进行测量。

组织承诺态度由许多个人的（年龄、在组织中的任期，以及其他诸如正性或负性情感、内控或外控特质等特征）和组织的（工作设计、价值观以及上级的领导风格）因素决定。[143] 甚至非组织的因素，如在加入组织时做出最初选择后获得其他选择的可能性，也会影响后来的承诺。[144]

图 5.1
组织承诺问卷

资料来源：R. T. Mowday, R. M. Steers, and L. W. Porter, "The Measure of Organizational Commitment," *Journal of Vocational Behavior*, Vol. 14, 1979, p. 288. Used with permission.

下面列出的是代表员工可能持有的、对他为之工作的公司或组织所可能具有的感受。根据你对目前工作的特定组织的亲身感受，请以 7 分制对下列陈述进行评分，以表示你的赞同程度。*

1. 为了有助于这个组织获得成功，我愿意付出超过一般期望的努力。
2. 我和朋友谈及这个组织时，把它描述为一个非常值得为之工作的组织。
3. 我对于这个组织没有什么忠诚度。（R）
4. 为了使这个组织的工作得以开展下去，我愿意接受几乎任何类型的工作任务。
5. 我发现我的价值观和组织的价值观非常相似。
6. 我自豪地告诉别人，我是这个组织的一分子。
7. 只要工作类型相似，我就能在另外一个组织中干得同样好。（R）
8. 在工作绩效方面，这个组织确实把我激发到了最佳状态。
9. 我目前所处环境的非常小的变化都会导致我离开这个组织。（R）
10. 我非常高兴我在当初决断时选择了这个组织而不是其他组织。
11. 一直留在这个组织不会有太多收益。（R）
12. 我经常发现很难赞同这个组织制定的关于员工的重要事务的政策。（R）
13. 我确实很关注这个组织的命运。
14. 对于我来说，这是可能选择的组织中最好的一个。
15. 在我看来，决定在这个组织工作肯定是一个错误。（R）

* 对每个陈述项目的答案由一个 7 点量表来评定，这个 7 点量表的各个数值的意义分别为：（1）非常反对；（2）比较反对；（3）有一点反对；（4）既不反对也不赞成；（5）有一点赞成；（6）比较赞成；（7）非常赞成。"R"表示一个反面表述、需要反向计分的项目。

另外，由于在新环境中很多组织并没有证明它对员工所承担的义务，因而，近来的研究已经发现，一个员工的*职业承诺*（career commitment）是对公司制度和实务的知觉与组织承诺之间的一种缓冲器。[145] 举例来说，即使员工知觉到上级的支持，他们还可能需要对他们的职业的承诺，比如工程或者营销领域，这样才能获得较高的组织承诺。

由于组织承诺的多维度本质，越来越多的人支持 Meyer 和 Allen 提出的三成分模型。[146] 这个模型表述如下：

1. *情感承诺*是指员工对组织的情绪依恋、认同感和投入程度。
2. *留任承诺*是指基于相关员工离开组织而受到损失的一种承诺。这可能是因为丧失了晋升或者获益的可能性。
3. *规范承诺*是指员工感到有责任留在组织中，因为他们应该留下；这就是他们要做的事情。

相当多的研究支持了上述组织承诺的三成分概念。[147] 而且它具有跨文化的普遍性。[148]

组织承诺的结果

和工作满意度的情况一样，组织承诺的结果也是复杂的。早期的研究 [149] 和近期的研究[150]都表明，组织承诺与所期望的结果如优秀的绩效、低离职率和低缺勤率之间有正相关。也有证据表明，员工的承诺和其他所期望的产物相关，如感受到一种热情的、支持性的组织氛围[151]，成为一个愿意帮助人的优秀团队成员等。[152]但是，和满意度一样，有一些研究并没有表明承诺和结果变量[153]之间有较强的相关；另有一些研究表明，组织承诺和绩效之间有一定关系。例如，一项研究发现，低经济需求的人和高经济需求的人相比，在组织承诺和绩效间有较强的相关；[154]另一项研究发现，个体在同一个组织中干一份工作的时间越长，组织承诺对绩效的影响越小。[155]另一项研究发现，和对于组织的承诺相比，对于上级的承诺与绩效的相关性更强。[156]这些研究和其他许多研究都表明，诸如承诺这样的态度非常复杂。[157]不过，总的来说，大多数研究者都认为，这里定义的组织承诺态度是比工作满意度更好一些的预测结果变量的因素[158]，因而值得管理者们加以注意。

增强组织承诺的方法

关于承诺的公开讨论表明，管理者面临着一个矛盾的情境："一方面，目前对团队工作、授权和扁平结构的组织的关注，高度强调自我激励，而这也正是人们期望有承诺的员工所拥有的特点；另一方面，一些环境的力量却起着削弱员工承诺的基础。"[159]德斯勒（Dessler）提出下面几条具体的完善管理系统的方法，可能对于解决目前的两难困境、提高员工的组织承诺有帮助：

1. *严守员工第一的价值观*。用书面语表达出来，雇佣适宜类型的管理者，实践员工第一的价值观。
2. *廓清并沟通你的使命*。明确自己的使命和思想体系；使这些使命和思想体系具有魅力；实行基于价值观的雇佣政策；着重进行以价值观为基础的指导和培训；建立特有的传统。
3. *确保组织公正*。建立全面的投诉程序；提供广泛的双向沟通。
4. *营造一种社区感*。建立起以价值观为基础的同一性；达成分享和类似分享的其他方式；重视联欢、互助和团队合作；聚会。
5. *支持员工发展*。坚持付诸实践；提供第一年的工作挑战；工作丰富化和授权；内部晋升；提供发展活动；提供给员工安全感。[160]

组织公民行为

本章涵盖人格和态度两部分内容，其合适的结尾是亲社会/组织公民行为（Organizational Citizenship Behaviors），简称为 OCBs。组织行为学中这个目前非常流行的概念是 20 年前首先在禀性/人格和工作满意度理论的基础上提出来的。奥根（Organ）把 OCB 定义为"个体的行为是自主的，并非直接地或外显地由正式的奖惩体系引发，这种行为的不断积累能够增加组织的有效性。"[161]

这些 OCBs 的人格基础反映了员工的下列禀性特征：合作、助人、关心人和有责任心。其态度基础表明，员工出现 OCBs 是为了报答组织。动机的许多维度、[162]

工作满意度[163]和组织承诺[164]都与OCBs有显著相关。但对于OCBs来说，最重要的是，员工必须感受到他们得到了公平的待遇，认识到过程和结果都是公正的。许多研究发现，在公正性和OCBs之间有较强的相关。[165]看来，过程公正性通过影响员工感受到的组织支持而起作用，后者反过来促使员工以超出一般工作要求的OCBs进行报答。[166]

除了担任额外角色或超出"责任要求"之外，其他OCBs的重要方面包括，它在本质上是自由的或自愿的，而不是由组织的正式奖惩体系引发的。[167]OCBs能够以多种形式出现，其主要形式列举如下：（1）利他主义（如当同事感到不舒服时予以援助），（2）责任心（如为了完成一个项目而留在单位，工作到很晚），（3）公民道德（如自愿代表公司参加一个社区计划），（4）大度的风格（如虽因团队未听从自己的建议而没能成功，仍能分担团队项目的失败），以及（5）谦逊（如即使被激怒时也保持理解和共情）。[168]研究还考察了OCBs的一些先决条件，例如工作态度可以解释OCBs中的忠诚性，人格可以解释OCBs服务性，国民差异对OCBs有影响，[169]人们对自己的工作的控制程度与OCBs有关，[170]客户知识和人格共同预测了OCBs的参与性，[171]关系的质量和关系的背景影响了基于人和基于任务的人际公民行为。[172]

显然，这些OCBs对于组织很有价值。另外，尽管这些行为通常不能被奖惩体系检测到，但有证据表明，出现OCBs的个体确实能较好地执行任务，获得较高的绩效评估。[173]同时，OCBs的确与团队和组织的绩效和效率有关。[174]然而，与工作满意度、组织承诺一样，仍然有人批评关于OCBs的概念化和研究[175]，因此当然需要更多的研究。例如一项研究发现，的确是OCBs影响了组织结果而不是相反，[176]另一项研究则考察了OCBs的性别差异。[177]尽管大多数研究关注OCBs的正面影响，最近一项研究却发现，起码来说，个体过高的OCBs主动性成分，与高水平的员工角色超负荷、工作压力和工作—家庭冲突有关。[178]但总而言之，今天的管理者们不仅想方设法提高员工的工作满意度和组织承诺，而且致力于增加他们的亲社会的组织公民行为，这是十分明智的。

小 结

在组织行为学的研究中，人格和态度代表了重要的微观认知取向变量。人格代表"整个人"的概念。它包括知觉、学习、激励和其他很多东西。根据这个定义，人们的外在表现和特质、他们的内在自我知觉，以及人和环境的交互作用共同构建了他们的人格。虽然天性对教养的争论继续存在，但是发现遗传对人格有着重要作用的双生子研究，以及近来神经心理学研究中指出大脑对于人格有重要作用的突破，使得大多数心理学家认识到，是天性和教养共同在起作用。然而，教养方面仍然占优势。自尊、人和环境的交互作用，以及人格发展的社会化过程，都与对组织行为的理解和应用有很大关系。

除了近来在基因和大脑研究上的进展对人格的研究有所贡献外，关于相对固定的先天禀赋的研究也以"大五"人格特质的形式再次出现。人们发现，责任心、情绪稳定性、宜人性、外向性和对于经验的开放性——尤其是责任心——与工作绩效有显著相关。另外，梅耶—布里基斯人格特质量表（MBTI）仍然是个人和职业发展方面的一个常用工具。“大五”是基于科学研究的，而 MBTI 是基于历史上重要的荣格人格类型和思维加工理论的。“大五”和 MBTI 这两者如果被仔细地加以阐释和使用，都能够对组织行为学的理解和应用做出贡献。

本章的第二节更直接地探讨了态度。人格针对整个人，而态度是一个人对于某个事物以某种特定方式感受和行为的稳定的倾向性。和人格类似，态度是一个复杂的认知过程，有三个基本特征：态度是稳定的，除非以某种方式得到改变；态度在一个连续体的范围内变化；态度是一个人针对某个物体的感受或情感，以及信念。态度还有三个成分：情绪、信息和行为。态度经常有助于员工适应他们的工作环境。在这个过程中，态度起了四个作用：（1）态度有助于人们根据环境调整自己，（2）态度有助于人们保护他们的自我形象，（3）态度为人们提供了一种表达自身价值观的基础，以及（4）态度提供了参考的标准和框架，允许人们组织和解释周围的世界。

有时改变态度很困难。一个原因在于先前的承诺。另一个原因是有待于改变态度的个人得到的信息不充分。研究表明，引起态度改变的一些方法是提供新的信息、利用恐惧、解决行为和态度之间的分歧、朋友或同伴的劝解，以及共同选择。

人格特质或性情，如正性情感（PA）和负性情感（NA），都是形成工作态度的重要前提因素。然而，传统研究中最重要、且现实生活中给予最多关注的态度是工作满意度。工作满意度是评价个人的工作或者工作经历而产生的一种愉快的、正性的情绪状态。许多因素影响工作满意度。主要的一些因素是工作本身、薪酬、晋升、上级的管理、工作团队和工作条件。工作满意度有许多产物。例如，虽然工作满意度和生产率的关系不清晰，但是低的工作满意度容易带来离职和缺勤，而高的工作满意度常更少造成工作事故，较少带来抱怨，需要较少的时间学习新的相关工作任务，有较少的压力。也有具体的增加员工满意度的方法，如使工作变得有趣、保证公平性、安排恰当的人—事匹配，以及设计工作使员工更加受鼓舞和满意。

与工作满意度密切相关的是组织承诺的态度。它包括员工对于组织的忠诚，由许多个人的、组织的和非组织的变量决定。目前，一般认为承诺有三个成分：情感性（情感依恋）、持续性（离开的代价）和规范性（留下的责任）。与工作满意度一样，组织承诺态度非常复杂，有各种结果，但是总体来看，人们认为组织承诺和绩效、缺勤率与离职率等组织结果有较强的相关。和满意度一样，组织承诺可以得到提高。

结束部分提炼自人格和态度两个方面。超越角色的、亲社会或组织公民行为（OCBs）指的是富有合作性和责任心的禀性特质，并反映在对组织公平待遇的态度上。OCBs 能够以多种形式出现，如利他主义、责任心、公民道德、大度的风格和谦逊。虽然还有人批评 OCBs 的概念化和相关研究，但是越来越多的证据表明，OCBs 和个人、团队以及组织的绩效有正相关。

结尾：元分析研究发现

组织行为学原理

有责任心的员工有较高的绩效。

元分析结果：

【117 个研究，19 721 个被试；*d*=0.26】平均而言，尽责的员工与那些不具备尽责的人格特质的员工相比，**有 57%的可能性**会有较高的绩效。在所有经过测试的“大五”人格维度中，只有责任心与职业团队中所有的工作绩效标准相关。

结 论：

人格测量被广泛应用于对员工的分析和选拔，因为这有助于熟悉和了解今天的员工。尽管多年来研究了很多种人格特质，“大五”人格维度（责任心、外向性、宜人性、对于经验的开放性和情绪稳定性）的出现却是最重要的，因为它们和绩效有关。然而，正如本章所讨论的，“大五”因子中责任心是惟一最有效预测工作绩效的因子。尽责的人能够被描述为可依赖的、努力工作的、有责任的、坚定的和成就取向的——所有这些都是有效的、高绩效的员工所需要的特质。

资料来源：Adapted from Murray R.Barrick and Michael K.Mount, “The Big Five Personality Dimensions and job performance: A Meta–Analysis,” *Personnel Psychology*, Vol.44, 1991, pp.1–26.

组织行为学原理

对工作满意的员工有更多的亲社会行为和组织公民行为。

元分析结果：

【28 个研究，6 746 个被试；*d*=0.47】平均而言，对工作满意的员工比对工作不满意的员工**有 63%的可能性**会表现出较多的亲社会行为和组织公民行为(OCBs)。自评——而不是他评——的组织公民行为是上述关系的一个主要调节变量。自我报告的组织公民行为易于夸大。总之，这些证据支持：除了把 OCBs 主要应用于非管理的、非专业的员工身上的情况，OCBs 和工作满意度之间比 OCBs 和角色绩效之间有更高的相关。

结 论：

某些员工从事超出其基本任务范围或角色范围的工作，对组织效率做出了贡献，这类员工是组织的财富。属于组织公民行为或者 OCBs 的例子有：自愿做额外的工作、帮助同事以及对公司做出正面评价。如本章所讨论的，OCBs 对于组织很有价值，因为虽然 OCBs 不被认为是绩效的传统测度，但是它们仍然能通过支持任务的进展和影响绩效评估而对组织的绩效产生影响。表现出公民行为比如帮助他人或提出革新意见的员工，得到较高的绩效评价。另外，本章讨论的其他态度变量如工作满意度和组织承诺，都可以预测并可能引发 OCBs。

资料来源：Adapted from Dennis W.Organ and Katherine Ryan, "A Meta-Analytic Review of Attitudinal and Dispositional Predictors of Organizational Citizenship Behavior," *Personnel Psychology*, Vol.48, 1995, pp.775-802.

讨论与复习题

1. 请批判性地分析"不同的心理过程可以被看作智力拼图的各个小块，而人格则是完整的拼图"这句话。
2. 什么是"人格"的全面的定义？请就人格的每个主要元素举出简单的例子。
3. 在天性对教养的这场论战中，你更倾向于哪一边？双方可能提出什么主要论点？你将如何解决这种争论？
4. 什么是"大五"人格特质？哪一项似乎对绩效有最大的影响？关于"大五"的知识对你做好管理者的工作能起到什么样的作用？
5. 生成16种类型的梅耶—布里基斯人格特质量表（MBTI）的四个主要维度是什么？MBTI如何才能得到有效的利用？
6. 用你自己的话来说，什么是态度？态度的三个特征和三个成分分别是什么？
7. 态度对个体有四个重要功能。这四个功能分别是什么？
8. 哪些障碍使得人们不能改变自己的态度？态度如何才能得到改变？
9. "工作满意度"这个概念是什么意思？影响工作满意度的主要因素有哪些？
10. 工作满意度的重要结果有哪些？
11. 什么是组织承诺？哪三个成分有助于人们更好地解释承诺的复杂性？为什么在前些年对于组织承诺的理解就非常重要？
12. 什么是组织公民行为（OCBs）？它们如何产生？请举例说明。

互联网练习：测测你的人格

本章关注的是人格特质如何影响工作中的绩效。为了更好地理解这一点，很多组织利用外部资源来测试员工的人格，并尽可能将员工安置到与其本身特质相匹配的工作岗位上。在http://www.personality-test-personality-profiles.com/home.htm.网页上可以找到这类组织。这个网址探讨了它们所提供的服务，并给出了一些人格问题的样例。另一个有意思的网址是 http://www.queendom.com/alltests.html.这里有很多种测试工具，你可以在线测试。其中大多数与工作场所有关。还有一个选择是 http://www.hartmancommunications.com.请浏览这些网站并参加某些测试。然后考虑下面的问题：

1. 你是否对你自己有了更多的了解？如果是，你了解了什么？你认为你的人格将如何对你的工作绩效产生影响？
2. 你是否想要做出一些改变以完善自己？如果是，是哪种改变？如果不是，什么类型的工作可能最适合你的个性？
3. 利用你的搜索引擎，看看你是否可以登陆其他测试人格的网站。如果可行，看看这些人格测试是如何与本章的人格和态度的内容联系起来的？

真实案例：这都是人格的问题

主要由于裁员的原因，未被裁掉的人们更加努力地工作着，并且每年工作更长的时间——虽然有些人对工作感到厌倦且压力重大，但还有些人似乎很好地生存了下来。例如在苹果公司，开发团队由于穿着标有“每周工作 90 小时！我们热爱工作！”的 T 恤衫而出名。目前，高科技公司让其员工工作两倍甚至三倍的时间，这种做法正扩散到经济社会的其他行业。一个最好的例子是，在家里工作的远程工作者越来越多了。给员工配备个人计算机、移动电话、寻呼机和其他设备后，公司就能够和员工保持联络了。然而现在，这类员工大多发现自己一天 24 小时都处于待命状态。随着工作场所的增多，生存的新规则之一似乎是：如果你缺乏全天候工作的个性，那么就不用到这里来应聘职位了。

当然，对某些人来说，工作非常愉快，他们并不在意这些新的规定。就拿企业家韦恩·休伊曾加——一个白手起家的亿万富翁为例。休伊曾加和一个合作者是从一个废品回收公司开始的，他相信他的公司能够比那些小型的废品回收零售公司做得更好，能够把他们的业务抢过来。他非常相信自身的能力；在不久前他的计划实现了。但是，当初他在 1971 年发行他的第一批股票只筹集到 500 万美元的资金时，华尔街并不看好他的计划。到 1984 年休伊曾加离任的时候，该公司股票的市值是 30 亿美元。

休伊曾加的下一个行动是进军娱乐业。他确信电影出租业在日后定有大发展。他又对了。他和合作者只花了 1 850 万美元就买下了白视达公司——从那以后生意开始腾飞，年收入从 4 300 万美元上升至超过了 20 亿美元。1994 年，在他把公司卖给维亚康姆时，又有 10 亿美元落入了他的腰包。

这时休伊曾加又开始寻找新的商机，包括一家废品回收公司、一家安全警报公司和一家二手车经营公司。最后一个是这位投资者特别感兴趣的，因为这带来了新的买车方式。休伊曾加相信，由于新车的价格上涨如此之快，越来越多的人会去买二手车，所以在二手车市场将有丰厚的利润。不管他是对是错，休伊曾加仍然相信自己新的投资决策，那些过去和他一起下赌注的人也相信他在自己的蓝图上又做了一次胜利的决策。

Mirage Resorts 的史蒂夫·温也是同样的状况。温的公司最近被列为《财富》评出的美国十大最受人尊敬的公司之一。为什么？部分原因在于温的个性。他总是很乐观，而且希望他的员工也是乐观的。温的策略是要每个人都保持快乐。如果有人不快乐，温的员工就会让他快乐起来。正如他对他的员工说的那样，“如果你看到一位旅馆客人的脸上有一点点不开心，不用请示上级，直接去处理这件事情。不要收费，把晚餐送去；免收房费。”另外，温会举办精彩的晚会以表彰那些使最多的顾客感到快乐的员工。最近一次晚会是为一名越南裔女士举办的，她被评为年度优秀员工，温把乔治·布什和芭芭拉·布什一起带来向这位女士表示祝贺。这次晚会花费了很多钱，但是，正如温所说的，“这是一种投资”。

1. 为什么在某些公司诸如苹果计算机公司中，员工那么努力地工作，而且工作时间那么长？
2. 你如何以自我概念，特别是自尊的概念来描述韦恩·休伊曾加？
3. 为什么在 Mirage Resorts 有如此高的工作满意度和组织承诺？史蒂夫·温是如何使他的员工快乐的？

组织行为案例：肯离开了公司

每天都有优秀的员工（有价值的员工）辞职。通常，这些员工是因为在别的地方找到了更好的工作岗位而离开的。比如说，肯是东北一家保险公司的一位有经验的保险业务员，他在自己的辞职访谈问卷上潦草地写了下面的话：

> 这份工作并不适合我。我喜欢有更多的外界因素来影响自己的决策——那样就有更多机会来表明我能做什么。但我没有得到足够的反馈来了解我的工作是否做好了，公司也不让员工了解公司的发展方向。基本上，大多数时候我觉得自己像个中转站。

当被问及公司是否可以采取任何措施来留住他时，肯简单地回答说："可能性不大。"

为什么那么多有前途的员工离开了他们的工作岗位？为什么其他员工留在自己的岗位上，但由于缺乏选择而工作绩效很低？一个主要原因——肯的原因——普遍存在但是表面看不到，因为它在许多组织中都普遍存在：无法留住优秀的员工。

公司应当关心像肯这样的员工。通过人力资本的投资，公司实际上可以减少离职率、保护培训投资、提高生产率、提高质量，并且受益于革新思想和团队工作。

人力资源专家和管理者可以通过鼓励向员工授权、增加员工的安全感和认同感、提高员工的"归属感"和能力，来为公司的成功做贡献。怎么做？了解留住最优秀员工的最重要的因素，并且了解什么东西可以增强和削弱这些因素。

肯怀疑他的公司永远不会改变。而其他组织都在采用积极的方法致力于留住员工，结果，它们的离职率就降低了，质量提高了，生产率提高了，同时，这些公司的培训投资得到了保护。

1. 你认为是肯的自尊使他离开公司的吗？
2. 你认为肯对于他所离开的工作和公司的满意度与承诺是什么？这与满意度、承诺的决定因素和结果的研究有什么相关？
3. 这家公司可以从肯的例子中得到什么教训？它现在应当而且能够做的是什么？

组织行为案例：分　享

当拉尔夫·摩根加入 Beacher 公司时，他是一个操作流程设计者。拉尔夫在这个职位上待了 5 年。在这段时间内，发生了两次大罢工。第一次持续了 5 周；第二次持续了 18 周。作为工会的一名成员，在那两次罢工运动中，拉尔夫没有工作。而每次在达成劳动协议前，罢工资金就用完了。

去年，有人问拉尔夫，他是否想要申请一个管理职位。那份工作的工资比他现在的高 2 500 美元，而且其向上晋升的机会是非常诱人的。拉尔夫接受了这次机会。

在参加岗前培训期间，拉尔夫发现自己对那个管理层代表非常恼火。那家伙似乎相信工会的力量太强大了，以至于管理人员不得不努力坚持以免权威进一步丧失。拉尔夫没有说什么，但是他感到那人不了解情况，抱有偏见。然而，过去 6 个月的两次培训使得拉尔夫改变了对公司里工会与管理层双方关系的态度。

一次他与一位工会主管发生了口角，那位主管指责拉尔夫故意刁难一名员工。拉尔夫不敢相信自己的耳朵，"刁难员工？太严重了吧？我所做的只是让他回去工作。"他向有关人员解释道。然而，已经出现了投诉，除非拉尔夫对那个所谓被他刁难的员工道歉，否则他们会继续投诉。另一次事件是纪律问题导致的。在拉尔夫所在部门的一名员工连续迟到了三次，按照劳动协议的规定，拉尔夫遣送他回家而不付给他工资。工会起来保护这个员工，声称该员工实际只迟到了两次。当拉尔夫去人事办公室拿这个员工的上班打卡记录时，第一次迟到的记录却不见了。该办公室的职员是工会的成员，他声称并不知道第一次的迟到记录到哪里去了。

在上述两个例子中，拉尔夫觉得工会是故意使他难堪。这个星期伊始，培训部的经理叫来拉尔夫。“我在考虑让管理者参加培训会议，来讨论工会对于管理层的态度。你过去是工会成员，你会愿意把自己的意见告诉他们吗？比如他们应该做什么准备？他们应该如何做出反应？”拉尔夫说他非常愿意。他说：“我想，让这些人做好对付工会的准备是非常必要的，我也愿意做好我这边的工作。”

1. 当拉尔夫最初成为一个管理者时，他对工会持什么样的态度？最初阻碍他改变对于工会的态度的是什么障碍？
2. 拉尔夫的态度为什么会改变？有哪些因素是改变的原因？
3. 新进入管理者职位的员工会像拉尔夫一样经历同样的改变态度的过程吗？

第6章

动机需要与过程

学习目标

- **定义** 动机。
- **确定** 基本需要、一般需要和次级需要。
- **讨论** 有关工作动机的几个主要的内容理论。
- **解释** 有关工作动机的几个主要的过程理论。
- **说明** 当代的公平理论和组织中的公正理论。
- **分析** 跨文化的工作动机。

动机是一种基本心理过程。几乎没有人否认动机是组织行为学微观研究中最重要的内容。事实上，一项基于数据的综合性分析所得到的结论认为："从本质上来讲，美国人的竞争问题主要是动机性的。"[1]许多人将行为的原因与动机联系在一起，然而通过本书你将看到，行为产生的原因多种多样，并且很复杂，很难仅用动机这一个因素来进行解释。

与许多其他的心理学概念一样，动机是我们理解行为的一个很重要的途径。它与其他的中介过程和环境相互作用，相互联系。我们必须记住，与其他的认知过程一样，动机是不能被观察到的。所有可见的都是个体的行为，而动机只是一个用来帮助解释行为的假设的概念；它并不等同于行为。事实上，在承认"动机的中心角色"的同时，许多当代组织行为理论家都认为"重新重视行为是很重要的"。[2]

本章将动机作为一个基本的心理过程来阐述。动机的应用将在本书的最后部分，也就是工作设计和目标设置的内容中再进行具体的论述。本章的第一节将通过论述动机中不同成分之间的关系来澄清动机的定义。我们将定义和分析整个需要—驱力—诱因环路。本章的第二节将论述不同类型的需要或动机：基本的、一般的和次级的。一般的和次级的动机将作为论述的重点，并且将引用一些研究成果加以证明。接下来的两节主要关注工作动机的内容和过程理论。最后，我们将讨论动机中的跨文化因素，特别关注不同文化间动机的差异，以及在一个国际化的环境中应该如何运用动机理论。

动机的含义

现在，几乎所有的人——无论是实践者还是学者——对动机都有自己的定义。在各种定义中通常包括下面一些词语：*渴望、需要、愿望、目标、追求、需求、驱力以及诱因*等等。严格来讲，*动机*（motivation）这个词最早应该追溯到拉丁文 *movere*，它的意思是“动起来”。在下面这个对动机的综合性定义中，这个意思体现得很明显：*动机是一个过程，源于个体生理上或者心理上的缺失，从而激发行为或者驱力，使个体向着特定的目标或诱因而努力*。由此可见，在理解动机这个概念的过程中，最关键的因素是理解需要、驱力和诱因这三个概念的意义以及它们相互之间的关系。

图 6.1
基本的动机过程

需要 → 驱力 → 诱因

图 6.1 形象地说明了动机的过程。需要唤起了指向诱因的驱力，这就是动机的最基本的过程。从一个系统的观点上来讲，动机存在这三个既相互作用又互相独立的因素：

1. *需要*（needs）。当个体在生理上或者心理上不平衡的时候，需要就产生了。例如，当我们的身体缺少食物和水的时候，需要就产生了；一个人缺少朋友和同伴的时候，需要也会产生。心理上的需要大多数时候是在缺失的基础上产生的，但有时也会有例外。例如，一个拥有很强成就需求的个体，可能已经获得过一连串的成功。
2. *驱力*（drives）。除了一些特殊的情况，[3] 驱力，或者动机（这两个词通常是可以互换的）主要是用来缓解需要。生理上的驱力的定义比较简单，主要是指有行为指向的缺失状态。生理上和心理上的驱力是行为导向的，为指向目标的行为提供了动力。在动机的过程中，驱力处于一个非常中心的位置。例如，对食品和水的需要转化成了饥饿和口渴的驱力，对朋友的需要转化成了亲和的驱力。
3. *诱因*（incentives）。动机环路中的最后一个环节是诱因，指的是可以减轻需要、降低驱力水平的任何事物。获得诱因就可以重新恢复生理或者心理上的平衡，减轻或者消除驱力的影响。饮食、喝水和交朋友都可以使我们恢复平衡，减轻相应的驱力。在上面这些例子中，食物、水和朋友都是诱因。

基本动机过程中的这些因素，是我们对工作动机中的内容理论与过程理论进行区分的关键。在对基本动机、一般动机和次级动机进行讨论之后，我们要进一步了解与组织行为学和人力资源管理的研究和应用直接相关的工作动机理论。

基本动机

心理学家并没有就动机的分类达成统一的意见，但是他们一般都承认，有一些动机是生理性的，非习得的。这类动机有不同的称谓：生理动机、生物动机、非习得性动机或者基本动机。我们在这里使用最后一个称谓，是因为它比其他称谓更加全面。但是，使用基本 (primary) 这个称谓并不意味着这些动机是位于一般动机和次级动机之前的。尽管在某些动机理论中，基本动机是靠前的，但是在许多情境下，相对于基本动机而言，一般动机和次级动机是占主导地位的。一个常用的例子是，神甫因为宗教、社会和政治的原因而保持独身。在这些情境下，一些习得的次级动机远远强于非习得的基本动机。

要界定一个动机是否能够包含在基本动机的范畴之中，必须满足两个标准：首先必须是非习得的，其次是基于生理的。通过这样的定义，我们所知道的最普遍的基本动机包括饥饿、口渴、睡眠、规避疼痛、性以及母性的照顾等等。虽然多年来人们把这些非常基本的生理需求与基本动机等同起来，但是，近年来人们已经认识到，大脑可能在动机中起着作用，就像前一章提到的人格特质一样。[4] 情绪需求尽管构成一种"复杂的电线网"，但其基本原理仍将满足非习得和基于生理的初级标准。虽然神经心理学家刚开始研究大脑在动机中的作用，但人们已经认识到动机在工作场所中的潜在应用。比如，科夫曼和冈萨雷斯–莫利纳指出："许多组织没有看到，并且不想了解的就是，员工的工作绩效及其对客户忠诚的影响，都离不开某种动机力量，这种动机力量由大脑所决定，并且决定了每个人投入工作的特殊才能和情绪机能。"[5] 然而，虽然大脑的神经传导方式多样，人们对于不同的生理动机也有不同的偏好，但由于人类的基本生理结构都是类似的，因此我们所具备的基本动机也都是类似的（接下来将会讨论）。但是对于次级需要而言，情况就大不相同了。

一般动机

通常并不把一般动机 (general motives) 独立区分出来。但是这里之所以将其单独列出，是因为有大量的动机存在于基本动机和次级动机之间的灰色地带。这种类型的动机必须是非习得性的，并且不存在生理基础。基本的需要寻求减少紧张与刺激，而一般需要会引导个体增加刺激量。因此，这些需要通常也被称为"刺激动机"。[6] 尽管并非所有的心理学家都同意这样的观点，但是好奇心、控制、行动，可能还有喜爱等动机能够很好地符合以上的标准。在研究人类行为的过程中，对理解这些一般动机是非常关键的，特别是在研究组织中的行为时。与基本动机相比，一般动机与组织行为的相关性，即使不直接相关，其间接相关也要大得多。

好奇心、控制和活动的动机

早期的心理学家在他们的实验中发现，实验所使用的动物似乎存在着一种天生的驱力，驱使它们进行探索、控制物体或者仅仅是活动起来。特别是将猴子放置在一个不熟悉的或者新奇的环境中时，这种现象表现得尤为明显。通过这种观察，心理学家推测猴子是否存在好奇、控制和活动的动机，他们通过实验证实了这些动机的存在。在这种情况下，心理学家感到完全有信心将动物实验的结论推广到人类的身上。事实证明，在人类身上，这种好奇、控制和活动的驱力更加强烈；任何一个抚养过小孩或者在小孩身边生活过的人，都会发现孩子的行为就是很好的例证。

尽管这些好奇、控制和活动的驱力有时候会使孩子陷入困境，但是当这些驱力伴随着孩子进入成年期时，将会大有裨益。如果这种驱力受到了压抑或限制，整个社会可能变得死气沉沉。在组织中也是同样的道理。如果不允许员工表达他们好奇、控制和活动的驱力，他们可能就得不到激励。例如，每天 8 个小时将员工固定在机器边上或者办公桌前，这些驱力就可能受到压抑。甚至有研究指出，不允许这种类型的驱力得到表达和满足可能会导致更严重的后果。比如，德克萨斯大学的一项研究发现，把大多数时间花在自己对其缺乏控制力的工作上的人，早亡的风险高出 43 个百分点；而那些进行枯燥、被动工作的人，其早亡率也要高出 35 个百分点。[7]

情感动机

在一般驱力中，爱或者情感驱力是非常复杂的一种形式。这类动机的复杂性部分地来自于这样的事实：爱在许多方面与基本驱力比较类似，而在另外一些方面又与次级动机有几分相似。具体而言，情感驱力一方面与基本驱力中的性驱力有紧密的联系，而另一方面与次级驱力中的亲和驱力也存在着联系。正因为这个原因，情感驱力有时候同时被归到所有三种驱力类型之中，有一些心理学家甚至并不认为情感驱力是一个独立的驱力类型。

情感因素得到特殊的关注，是因为在现在社会中它的重要性越来越高。似乎有许多格言也揭示了这一点，“爱是世界的原动力”，“爱情能战胜一切”。当今世界，我们每天都要面对人际间、团体间以及国家之间的冲突，生活的质量、家庭的价值以及个人的权利在现代社会中变得越来越重要了。因此，在对人类一般行为和组织行为进行研究时，情感动机所扮演的角色也日益重要。

次级动机

在研究组织中的人类行为时，相对于基本驱力而言，一般驱力是比较重要的，而次级驱力毫无疑问是最重要的了。随着经济的发展，人类社会越来越复杂，基本驱力已不如一般驱力那么有效，在对行为的激励上更是应该让位于习得的次级驱力。除了个别的例外，饥饿和渴的驱力在经济高度发展的现实世界中，已经不能占据主导的地位。这样的情况很明显会因世界环境的变化而改变，例如，“人口爆炸”、核战争或者温室效应，都有可能改变人类的某种需要。但是对于目前而言，习得的次级动机在组织行为的研究中是占主导地位的。

次级动机（secondary motives）与学习的概念是紧密联系在一起的，关于学习我们将在第12 章进行详细的论述。尤其是，学习中的强化原理在概念上与实践上都是与动机有联系的，当强化被分成基本与次级这两类，并被视作诱因时，这种关系就体现得更加明显了。但是，有些研究认为强化仅仅是一个结果，用于增加个体的动机而重复原有的行为。[8] 在本书中，它们是被区分对待的。然而，我们需要进一步强调的是，尽管可以将不同的行为概念分离出来进行研究和分析，但是事实上，像强化和动机这样的概念并不能成为一个独立成分来产生行为，通常两者之间存在着交互作用。

一种动机若要归为次级动机，它必须是学习得到的。人类许多重要的动机都符合这样的标准。其中一些重要的动机如权力动机、成就动机和亲和动机，经常为人们所提及。另外，当涉及组织行为时，安全和地位的动机也是非常重要的次级动机。表 6.1 举了一些例子来说明重要的次级动机。

权力动机

我们在这里首先讨论权力动机，是因为权力动机较早为人们所认识，并且研究的时间相对较长。权力动机的推崇者是心理学的先驱者阿德勒。阿德勒正式脱离了与弗洛伊德之间的紧密联系，并且在理论上与之相对立。弗洛伊德所强调的

表 6.1　重要的次级动机举例

资料来源：Adapted from Gary Yukl, *Skills for Managers and Leaders*, Prentice Hall, Upper Saddle River, N.J., 1990, p 41. The examples of need for status were not covered by Yukl.

成就需要	安全需要
• 比竞争者更出色	• 有一份稳定的工作
• 完成或者超越一个难以达到的目标	• 免受失业和经济危机的威胁
• 解决一个复杂的问题	• 免受疾病和残疾的威胁
• 成功地完成一项具有挑战性的任务	• 避免身体受到伤害或处于危险的环境
• 发现更好的途径来完成工作	• 避免任务或者决策有失败和被指责的风险
权力需要	**地位需要**
• 影响员工以改变他们的态度或行为	• 拥有一辆舒适的轿车，穿着得体
• 控制他人和活动	• 在合适的公司从事不错的工作
• 占据一个高于别人的权威性位置	• 从一个适合自己的大学拿到学位
• 控制信息和资源	• 居住在合适的社区，属于某个俱乐部
• 击败对手或敌人	• 具有执行的特权
亲和需要	
• 受到许多人的喜欢	
• 被接受成为团队的一分子	
• 与友好的和善于合作的同伴一起工作	
• 保持和谐的关系，避免冲突	
• 参加愉快的社会活动	

是过去、性以及无意识动机的影响；而阿德勒所强调的是个体的将来，他认为占据个体主导地位的驱力是对权力的追求。

为了解释*权力需要*——控制他人的需要或驱力——阿德勒引入了两个概念：*自卑情结与代偿*。他认为每一个孩子都会经历某种程度的自卑情结。当自卑情结与儿童天生的对权力的需要结合在一起以后，它们将规范所有的行为。对内心自卑情结的代偿与天生的权力驱力联系在一起，决定了个体的生活方式。

尽管现代心理学家一般都不承认权力驱力是天生的和占主导地位的，但是近年来这个问题又重新引起了人们的兴趣。在现代美国社会中，对权力的渴望随处可见。政治家可能是最好的例证，而政治丑闻可以使我们能够很好地研究政府和政治对权力的追逐和使用情况。然而，不仅仅是政治家，任何一个在商业、政府、工会、教育或者军队中拥有相当地位的个体，都会表现出对权力的高度渴望。权力动机对于组织的领导以及组织中非正式的政治都有很明显的应用价值。[9] 最近的一些行动导向的文献强调员工授权的价值，并且建议使用权力作为奖赏（让员工进行选择、制定自己的工作目标以及提高他们所承担的责任）来对员工进行激励。[10] 另外，社会权力与个人权力是有区别的。社会权力是有效领导的一个特点，能够用于培养追随者对领导者的信任和尊敬，经常是和领导者的愿景联系在一起的。个人权力主要是指个体支配他人以及实现领导者个人目标的能力。[11] 权力需要已经成为组织行为学研究所关注的最重要的一个动力学因素，我们将在第 9 章中详细地给予论述。

成就动机

尽管人们很早就关注权力动机的问题，并对其进行了长时间的讨论，但是直到最近才出现一些实证研究。而对于成就动机则正好相反。尽管和其他类型的动机不同，成就动机被人们认可的时间并不长，但是因为已经有大量的实证研究成果，关于成就的理解则要比其他动机深得多。[12] *成就*（achievement）可以被定义为个体希望完成挑战目标、在竞争的环境中获得成功以及渴望得到明确的绩效。一个具有高成就需要的个体在这个定义中的各个方面均具有更高的水平。

在研究成就需要的时候，*主题统觉测验*是一个非常有效的工具。主题统觉测验能够很好地辨别和测量成就动机。[13] 这个测验是这样进行的：例如，其中的一张图画上显示有一位年轻人正在耕田，太阳马上要下山了。要求受测者根据他或者她在图片上看到的内容讲一个故事。故事的内容能够投射出个体的主要动机。例如，如果受测者认为图片中的人非常遗憾，太阳都快要下山了，但是他还有好多的地要耕种，他还想在下雨之前将种子播下去。这个反应表明测验者有很高的成就驱力。一个成就动机较低的人可能会说，这个年轻人很高兴，因为太阳快要下山了，他终于可以回家了，喝上一杯酒好好轻松一下。测量成就驱力的研究方法是如此有效，以至于心理学家经常以此为例，说明行为科学是可以产生知识和见解的。

已故的哈佛大学的心理学家戴维·麦克莱兰（David C.McClelland）对成就动机和权力动机进行了大量的研究。麦克莱兰对多个成就动机的各个方面进行了全面的探索，通过大量的研究得出了高成就动机者的一系列清晰的特征。下面就是他获得的高成就动机者具备的一些具体特征。

中等的冒险水平

具有中等的冒险水平可能是惟一能够准确描述高成就动机者的特征。从常识上来讲，似乎高成就动机的个体应该具有较高的冒险水平。但是，实验的结果表明事实并非如此。套圈游戏能够很好地诠释冒险的行为。投掷人可以自行决定在任何位置来完成套圈的动作；高成就动机与低成就动机者的行为是截然不同的。低成就动机者要么站得离目标很近，很轻易地完成套圈的动作，要么站得很远来完成动作。而高成就动机者的行为恰恰相反，他们会根据自己的能力来确定合适的距离，并对自己的能力进行挑战。高成就动机者不会站得离目标很近，因为这样的行为并不能构成对自己能力的挑战，而仅仅是为了将圈套中目标；同样的道理，他们也不会站得离目标太远，这样只是在考验自己的运气，而不是技术。换句话说，低成就动机者要么是低冒险，要么是高冒险倾向，而高成就动机者则具备中等的冒险倾向。这样的现象不仅出现在简单的儿童游戏中，在现代组织中，成人的重要决策和行为也遵循上述原则。[14]

及时反馈的需要

与高成就动机者具备中等程度的冒险倾向紧密相联系的是，他们需要及时的信息反馈。高成就动机者希望他们的行为能够得到及时、简要的反馈，希望别人告诉他们行为的效果。[15]某些爱好与职业能够提供这样的反馈，但是另一些却不行。高成就动机者一般喜欢选择像木工或者机械活这样的爱好，这些活动可以得到及时的、确切的反馈。他们一般不会参与硬币收集，因为这样的活动，这样的爱好需要若干年的时间才能够见到成效。同样，高成就动机者一般选择销售或者是某些管理职位，至少是做这样的工作比较满意。因为在这样的工作中，他们的成就常可用具体的绩效标准来进行考核。从另一方面讲，在研发或教师这样的职业中，很少能够找到高成就动机者，或者说他们在这样的工作中往往会受到挫折，因为这类工作的绩效反馈是不明确的、模糊的，并且需要较长的时间周期。

对成就的满足

高成就动机者完成任务后的满足感是内在的，完成任务本身就令他们满意，他们并不期待必须有相应的物质奖励。其中一个很好的例子就是对金钱的认识，他们并不是像其他人一样表现出对金钱以及金钱能够带来的物质利益的渴望。相反，高成就动机者将金钱看成是反馈的一种形式，或者是对自己工作的一种认可。如果让他们在下面两个任务中进行选择，一个任务比较简单并且有很好的奖励，而另一个任务难度较大且奖励要少。在其他条件都相同的情形下，高成就动机者往往会选择后者。

应用实例

高成就动机者的行为

高成就动机者的最佳代表是那些开创和管理自己事业的企业家。尽管许多这样的企业家并不能在自己的公司呆上超过5年的时间，但是他们中的很大一部分是非常成功的，能够在一段不确定的时间内使企业保持领先。这些成功的企业家是如何行事的？在开始他们新的事业之前，首先要避开哪些潜在的威胁和问题？在创业之前，他们首先要确保企业能够在刚开始的两年内生存下来——对于大多数的小型企业来说，这是最关键的时期。他们所采取的战略性步骤包括：

1. 制订一个五年计划。这可以确保在企业运作的60个月中，他们会有一个明确的目标。这个计划一般按年或者季度提前宣布。
2. 准备充足的资金。他们可能会遇到的一个最大问题是资金链断裂。为了确保这种情况不会发生，成功的企业家一般会准备比自己的预算要多一些的资金储备来以防万一。这样，如果销售并没有像预期的那样顺利，新公司也有足够的资本来度过难关。
3. 对市场进行检验。成功的企业家会对他们的市场进行调查，以确保他销售的产品或者服务在市场上有足够的需求。如果需求不足，他们就会考虑其他区域的市场情况。如果需求是旺盛的，他们就会确定需要进一步开发的具体目标市场。
4. 不要将“不”作为答案。如果银行拒绝贷款，成功的企业家会试图找出其中的原因。如果他们的财务计划存在着漏洞，他们会进行修改。如果是项目的成本太高，他们会想办法降低成本。他们会在必要的时候回到银行申请贷款——或者找其他的金融机构为他们提供贷款。

全身心投入工作

一旦高成就动机者确定了自己的目标，他们就会全身心投入自己的工作，直到顺利完成任务。他们不会半途而废，而是直到他们付出最大的努力以后才会对自己感到满意。他们这种奉献精神常体现在他们外向性人格上，但这可能经常会给他们所接触的人造成负性的印象。高成就动机者通常会被别人认为是不友好的，是“孤独者”。他们可能非常平静，很少炫耀自己所取得的成就。他们对自己的能力有非常现实的认识，不允许其他人阻碍他们目标的实现。很显然，采用这样的一种处世方式，高成就动机者并不总是能够与其他人很好地相处。一般来说，高成就动机者能够成为非常出色的销售人员，但是很少能够成为出色的销售经理。有一些研究证据表明，合作的努力往往会比高成就动机者的竞争的、个人主义的努力要有效得多。[16] 而且，高成就动机者通常喜欢的工作是：工资的奖励能够与绩效相联系，经理能够设定具有挑战性的目标，达到目标以后能够获得实际的报酬。

应用实例：“高成就动机者的行为”可以为那些创业的企业家提供一些战略性的指导。几乎所有这样的企业家都具有相对较高的成就动机。

有关成就动机另一个有趣的研究考察了国家的成就动机对经济增长的影响。在这个研究中，比较不同国家的小学阅读材料中所反映出来的有关成就动机的不同维度，以及国家经济增长的指标。这个研究以及许多其他的研究也表明，年轻人对成就动机的关注程度往往是与国家今后经济的高速增长紧紧相连的。[17] 尽管尚未得到实证支持，对于当今青年人成就动机过低的顾虑是值得深思的。

亲和动机

亲和在人类的行为中扮演一个非常复杂同时也是非常关键的角色。[18] 亲和 (affiliation) 可以被定义为个体寻求他人的认同、遵循他人对自己的期望以及避免与他人发生冲突。那些具有很高亲和动机的个体表现出非常高的愿望，希望自己能够被其他人接受。有些时候，亲和动机可以等同于社会动机或者群体动力学。我们在这里所讲述的亲和动机，并不像社会动机那样包含比较大的范围，也不像群体动力学那样是一个非常综合和复杂的概念。

有一些行为科学家认为，亲和动机是一个非习得的驱力，这使得亲和动机的研究更加复杂。如果一直追溯到霍桑研究，就会发现亲和动机对于组织成员行为的重要性已经非常清晰了。员工，特别是普通的员工具有很强的亲和动机，希望能够被团队所接受，成为团队中的一员。近期的一些研究继续探讨亲和动机在工作动机和工作结果（如离职）上的作用。[19] 亲和动机是群体动力学的重要组成部分，也是本书第 10 章的主题。

安全动机

对于一个像现代美国这样的高节奏、高度技术化的社会而言，安全是一个非常强烈的驱力。不仅因为世界上的恐怖事件，一个普通的美国人在日常生活中经常遇到许多不安全的因素——例如，要清偿房子或者汽车的贷款，要维持与爱人或者伴侣的感情，要继续学业，要进入研究生院学习，或者要获得或保持一份好工作。工作安全尤其会对组织行为产生很大的影响。例如，我们在第 5 章中对组织承诺的讨论表明，由于这些年来的疯狂裁员，[20] 以及临时工和合同工的盛行，各个层次上的员工都对自己的工作感到不安全。

从表面上看，安全与其他的次级动机相比要简单得多，这是因为它主要是基于恐惧而产生的，对于个体而言有躲避的倾向。简而言之，安全动机主要是个体在生活中习得的动机，能够保护他们免受生活突发事件的影响，避免那些使他们的基本、一般和次级动机无法得到满足的情境。

事实上，安全动机远比我们想像的要复杂得多。我们在上面所描述的仅仅是我们有意识的安全动机，似乎还存在着另外一种安全驱力，其结构要复杂得多，并且很难识别。后一种安全动机很大程度上是无意识的，但是可能会对很多人的行为产生影响。那种简单的、有意识的安全动机主要负责我们的保险计划、个人储蓄计划以及在雇佣关系中的一些其他福利。例如华盛顿特区的一家颇有革新精神的保险公司——消费者联合机构从来不主动解雇员工，该公司所提供的最低年薪可以使一个家庭过上有保障的、体面的生活。另一方面，相对复杂的、无意识的安全动机并不容易得到满足，但是可能会对个体的行为产生更大、更深远的影响。尽管我们现在将大部分注意力投向简单的安全动机，但对于无意识的、复杂的安全动机，我们需要投入更多的精力来理解。

地位动机

与安全动机一样，有关地位或者声望的动机也主要是与这个不断变化的社会相联系的。物质生活比较优裕的现代人经常被描绘成地位追逐者。这类个体时常关注地位的物质象征——得体的着装、体面的座驾、适宜的居住地点、游泳池或者是最新的电脑软件和电信设备——而不是关注生活中更基本的、以人为本的价值。尽管地位的象征被认为是现代社会的一个独特产物，但事实是，地位这个概念在地球上只有两个人的时候就已经存在了。

地位（status）可以被简单地定义为个体在团队、组织或者社会中的相对排名。在这个定义下，任何时候只要两个或者两个以上的个体集合在一起，地位的等级总是存在其中，即使每一个个体都具备相等的地位。地位的象征只是试图表明个体在地位等级中的相对排名。这个定义也指出了我们的一个一般性的认识错误，即认为“地位”就是“高地位”。每一个人都有自己的地位，但是可能是高的，也可能是低的，主要取决于所处位置的相对排名。

地位的排名是如何形成的呢？为什么一个人的地位会比另一个人高或者低呢？从决定因素上来分析，地位主要取决于流行的文化价值观和社会角色。地位的决定因素通常具有非常不同的意义，主要取决于特定的文化价值观。文化价值观对地位产生影响的一个例子是个体的年龄。在某些文化中，个体的年龄越大就越有地位。但是在另一些文化下，个体在年龄到达一定的标准以后，地位就开始下降。必须记住，这样的文化影响因素可能会随着时间和环境的变化而发生改变。在一个特定的社会中，还可能存在着多种亚文化，这些亚文化可能与社会中的主流价值观有很大的不同，相应的地位也会产生差异。虽然社会学以及经济学（更多通过名望）在一定程度上都对地位有广泛的研究，但是把地位作为组织中动机因素来进行的研究相对较少。然而，最近有一个研究发现，在对成绩的考虑之外，地位对于一所大学是否被邀请参加 NCAA（全美大学生体育协会——译者注）篮球季后赛有很显著的预测作用。[21] 这导致一个结论——在行为表现之外，地位在竞争中扮演着一个很有意义的作用。[22]

内源性动机和外源性动机

动机不仅可以按照我们前面所讨论的需要来进行分类，也可以通过两个独立而又相互联系的来源来进行分类。描述这两个来源的一种方法是，为其贴上“内源性”（intrinsic）动机与“外源性”（extrinsic）动机的标签。外源性动机对于他人而言是可以触及和观察到的。外源性动机是由其他人或机构进行分配的。在工作环境中，外源性动机包括工资、福利和晋升。外源性动机同时也包括避免惩罚，例如避免解雇或者调职等等。在每一个情境中，动机的每一个方面都是由一个外部人员来确定具体的分配。另外，外在的奖励通常是以一致性为基础的。也就是说，外在的激励取决于绩效的改善，或者要求比同一工作岗位上的其他个体的绩效更出色。对于组织而言，要吸引好的员工进入组织并留住这些员工，外源性激励因素是必需的。外源性激励因素也经常被用于鼓励员工达到更高的绩效水平或者新的目标，而额外报酬则完全取决于绩效的提高。[23] 但是，外源性激励因素并不能完全解释员工个体所付出的每一项努力。

内源性动机是自个体内部产生的。换句话讲，是这些激励因子将个体与任务或者工作本身联系起来。内源性报偿包括责任感、成功感、成就感，它们是通过经验习得的，还包括挑战感或竞争感，它们涉及某些要求比较高的任务或目标。长久以来，完成有意义的工作总是与内在动机相联系的。[24] 像曼兹和内克说的那样，“即使一个任务让我们觉得更有挑战性和更具自我控制感，如果我们不相信它有价值，我们仍然可能不会安然享受这个任务和被其激励。”[25]

我们必须记住，这两种动机并不是完全独立的。许多激励因素既包含外源性动机又包含内源性动机。例如，一位销售人员在销售竞赛中获得了优胜并且得到了奖励，这固然是一种外在激励因子。但是与此同时，在竞争的情境中获得“优胜”，也可能成为更强大的内源性动机。

为了深化对内源性动机与外源性动机的理解，我们使用**认知评价理论**来解释其中错综复杂的关系。该理论认为，一项任务可能本身具有内源性激励，但是当外源性激励因子与这个任务结合在一起的时候，真正的动机水平可能会降低。[26] 设想在电影界，一位已经沉寂多年的演员非常希望能够在某部电影中获得一个角色，那么参与演出的内源性动机就足以使这位演员得到激励。但是，试想这位演员已经成为了万众瞩目的明星，根据认知评价理论，像金钱和地位这样的外源性动机反而会使这位演员对演出的投入降低。换一句话讲，根据这个理论，外源性动机可能会破坏内源性动机。这似乎是一个非常令人困惑的结果，但是有一些研究结果支持这个理论假设。[27] 然而，正如我们在本章的最后部分将要讲到的，我们通过元分析的方法进行考查，发现大量的研究结果证明，外源性的奖励不会对内源性动机产生破坏的作用，至少对于那些有趣的、具有挑战性的任务而言，外部奖励还可以提高内源性动机的水平（见本章最后的**组织行为学原理**）。[28]

当导入了消极的外源性动机概念以后，以上的这些相互矛盾的结果看起来就有意义了。威胁、最后期限、命令、压力以及强加的目标都可能成为降低内源性动机的关键因素。例如，想像以下两种情况之间的差异：为了乐趣而写一本书和为了获得报酬而必须在最后期限内完成写书的任务。[29] 对于认知评价理论也存在许多批评，包括它所使用的被试是学生而不是实际工作环境中的员工，以及导入外部奖励后内源性动机降低的幅度相对较小等问题。[30] 第 7 章中将加入一些社会认知变量（例如自我效能）来进一步讨论此问题；而在第 12 章中，将在强化理论的拓展基础上研究绩效管理。

工作动机理论

到现在为止，我们将动机作为基本心理过程来讨论，介绍了基本动机、一般动机和次级动机；权力动机、亲和动机和成就动机；外源性和内源性激励因子等概念。为了更好地理解组织中的行为，这些最基本的概念需要进行认真研究。但是与组织行为联系更大的是工作动机理论，以上的这些概念只是工作动机理论的

图 6.2 工作动机理论的发展

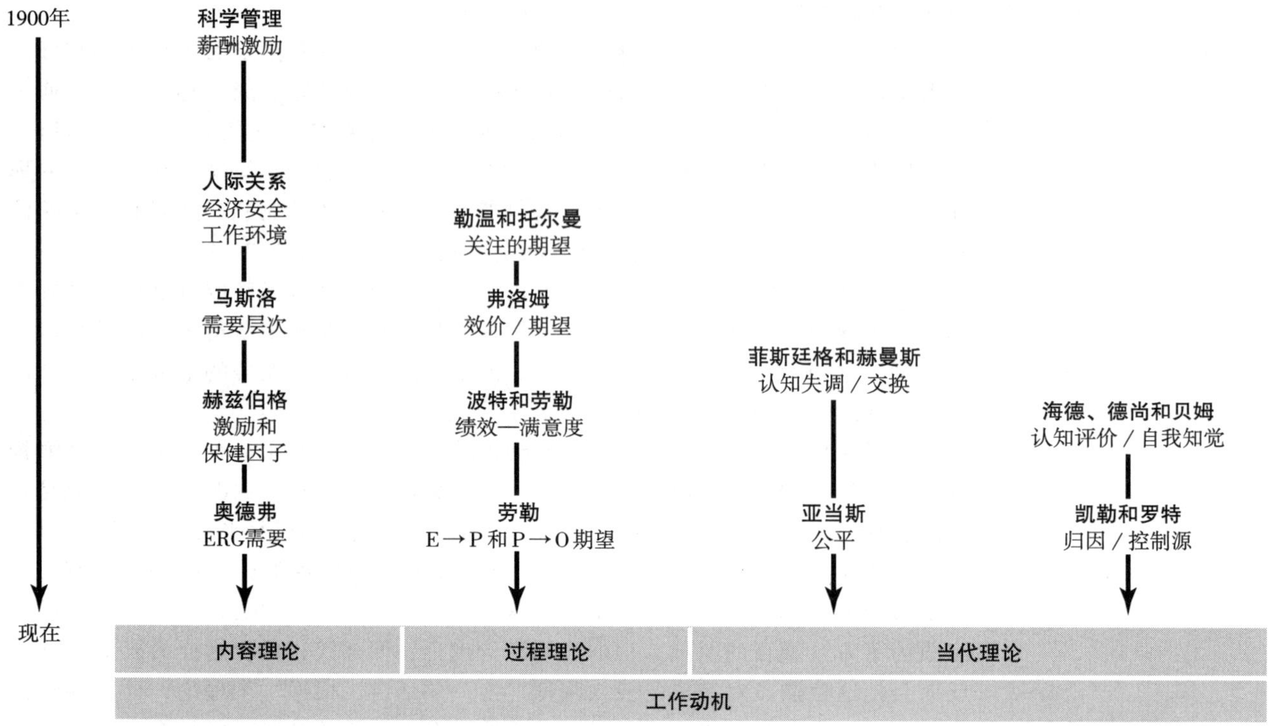

基础和背景。

图 6.2 总结了关于工作动机的不同理论。具体而言，图中显示一共有 3 种主要的流派。内容理论可以追溯到 20 世纪初，当时的科学管理先驱如泰勒（Frederick Taylor）、吉尔布雷斯（F.Gilbreth）和甘特（L.Gantt）等人制定了非常复杂的薪酬激励模型对工人进行激励。接下来是人际关系运动，随后是马斯洛、赫茨伯格和奥德弗的内容理论。在内容理论之后是过程理论。动机的过程理论主要是以期望这个认知概念为基础，与科特·勒温（Kurt Lewin）和爱德华·托尔曼（Edard Tolman）这些社会心理学先驱以及后来组织行为学者如弗洛姆、波特和劳勒的工作密切相关。最后，以社会心理学为根源的公平理论以及由此衍生出的程序/组织公正理论和归因理论在工作动机的研究中也得到了广泛的关注。

图 6.2 的目的是呈现当前各种理论之间缺乏融合的现象。我们不仅需要对各种理论进行整合，对工作动机理论的综合性分析结果也表明，我们需要一个一致的模型和一个有关团队/社会过程的一致理论。[31] 现在，内容理论和过程理论已经用来解释工作动机，研究人员也一直对公平和程序公正的理论保持着兴趣，但是就现有的理论来看，并没有一个达成共识的整体性的理论。此外，与组织行为学中的大多数其他构念不同，近些年的文献综述发现，在工作动机研究中鲜有新的理论建树。[32] 如斯蒂尔斯总结的那样，“过去十多年来，在这个领域没有多少精力集中在真正的理论发展上。”[33] 在本章中，我们将介绍各种工作动机理论的概况。

工作动机的内容理论

工作动机的内容理论（the content theories）试图确定工作中的哪些因素能够激励员工。内容理论学者所关心的是如何确定个体的需要/驱力，以及这些需要/驱力是如何起作用的。他们关注各种不同类型的诱因或目标。个体努力达成这些目标是为了使自己能够得到满足，同时也使工作完成得更好。内容理论被认为是“静止”的，因为在一定的时间内，这些理论只能关注其中的一点或者几点，而且关注的是过去或者现在的状况。因此，这些理论并不能很好地预测工作动机或行为，但是，对于我们理解激励员工的因素来说，它们还是非常重要的。

最初，金钱被认为是惟一的诱因（科学管理）。稍过一段时间以后，诱因又包括了工作环境、安全感或者是民主监督的风格（人际关系）。然后，动机的内容又被认为是“更高水平”的需要或驱力，例如自尊和自我实现（马斯洛）、责任、赞赏、成就和进步（赫茨伯格），以及个人成长和发展（奥德弗）。完整的分析动机的各种内容理论，可以加深我们对于这个概念的理解，同时也可以导出一些能在实际中应用的激励技术，我们将在本书的最后部分进行讨论。

马斯洛的需要层次理论

尽管我们在本章的开始就讨论了人类最重要的基本需要、一般需要和次级需要，但是并没有将它们联系起来建立一个理论。马斯洛在一篇经典的文章中描述了动机的基本组成因素。[34]他基于临床经验得出这些结论，他认为个体的动机需要是以一种等级层次的方式排列的。最关键的是，他相信一个特定层级的需要得到满足以后，它就不再能起到激励的作用了，除非更高层级的需要被激活。

马斯洛将他的需要层次定义为五级（见图 6.3)。简要说明如下：

1. *生理需要*。作为需要层级中最基本的需要，生理需要通常是与我们前面所讨论的天生的基本需要相对应。常见的例子有饥饿、口渴、睡眠和性的需要。根据这个理论，当这些需要得到满足以后，它们就不能起到激励的作用了。

图 6.3
马斯洛的需要层次理论

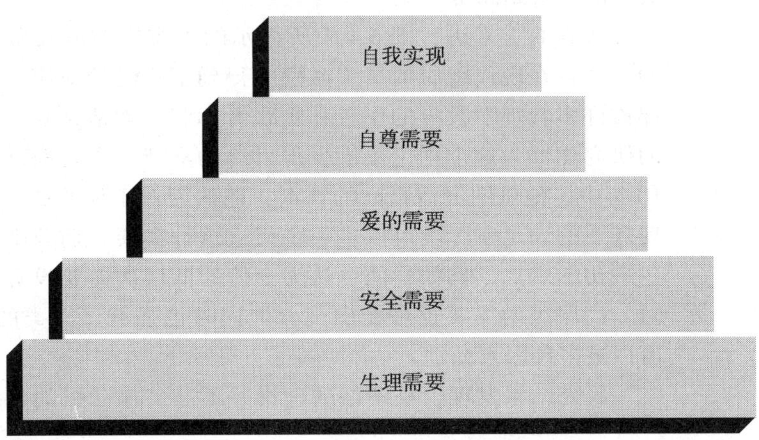

例如，一个饥饿的人可能十分渴望能在附近找到一根胡萝卜，但是，当他或者她吃掉这根胡萝卜以后，个体可能不会希望再找另一根，要激励她就只能通过更高层次的需要。

2. *安全需要*。安全这一层次的需要大致上与保障需要是类似的。马斯洛不仅强调了躯体上的安全，同时也包括情感上的安全。整个有机体很可能是一个寻求安全的机器。然而，如同生理需要一样，当安全需要得到满足之后，它也不能继续担当激励的角色。
3. *爱的需要*。需要层次中的第三种水平。作为一种中间位置的需要，爱的需要与情感和亲和需要有类似之处。和弗洛伊德一样，马斯洛看来也没有找到更好的词语来描述这个层次的需要。使用“爱”这个词可能会引起很多歧义，例如性，它完全是一个生理需要。也许可以用*归属*或者*社会需要*这些词来描述。
4. *自尊的需要*。自尊则代表人类更高水平的需要。个体对权力、成就和地位的需要应该属于这一类。马斯洛特别指出，自尊需要既包括自尊，也包括来自他人的尊重。
5. *自我实现的需要*。这个水平代表了所有低等、中等和高等需要的顶点。当个体达到了自我实现，他应该是充实的，并且实现了自己所有的潜能。自我实现与我们在第 7 章中所讲到的自我概念是紧密联系的。实际上，自我实现是个体将自我的知觉转化为现实的过程。

马斯洛并不想将他的需要层次与工作动机直接联系起来。事实上，他并没有研究组织中的员工激励问题，直到他提出这个理论 20 年以后才有人渐渐意识到这个问题。尽管马斯洛没有这样的想法，但其他的研究者，如麦格雷戈，在他广为流传的《企业中人的因素》（*The Human Side of Enterprise*）一书中引入了该理论，使马斯洛的理论在管理界风靡一时。需要层次理论对现代的动机管理方法产生了巨大的影响。

用一种粗略的方式来表述，马斯洛的需要层次理论可以转换成图 6.4 中所描述的工作动机的内容模型。如果运用到一个实际组织中，员工的低水平的需要一般都能够得到满足，但是只有少数的社会需要和自尊需要和很小比例的自我实现的需要能够得到满足。

从表面上来讲，图 6.4 中所显示的内容模型以及所估计的比例都是合乎逻辑的，并且在现代组织的员工激励中得到了广泛的应用。马斯洛的需要层次理论同样被许多管理学教材的作者和实践者不假思索地接受。遗憾的是，只有为数有限的研究能够为这个理论提供少得可怜的支持。在马斯洛发表了第一篇文章以后的 10 年中，他试图澄清自己的观点，他认为对于那些成长驱动的个体来说，自我实现需要的满足实际上可以进一步促进这种需要，而非削弱。他同时也避免宣扬一些最初的观点，例如，他也认为个体的低层次需要没有得到满足或长期受到压制时，高层级的需要也可能出现。他同时也强调，人类的行为是由多方面决定的，可以被多种因素激励。

研究结果发现，马斯洛的理论并不是工作动机的最终答案，但这个理论使管

图 6.4
工作动机的层次结构

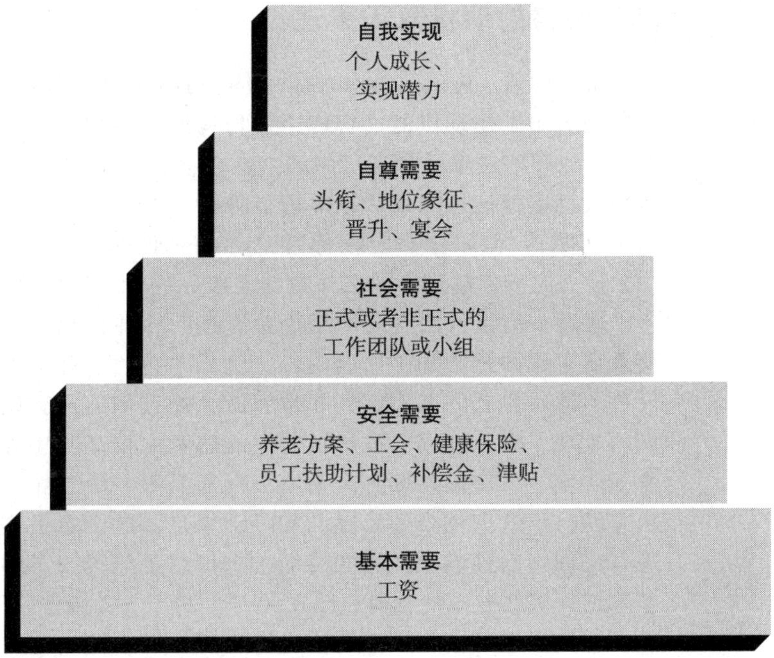

理者意识到员工存在着多种需要。通过一个综合分析得到的结论是："事实上，马斯洛的理论背后隐含的基本观点是有价值的，例如，区分缺失需要与成长需要之间的不同点。"[35]然而，层次的数量和名称并不是非常重要的，同样，正如研究的结果所揭示的，层次的概念也并不重要。重要的是，工作中的员工有多种不同的需要，而其中的一些是"高水平的"。换一句话讲，像自尊和自我实现这样的需要，对于工作动机的内容而言是非常重要的。这些需要的本质以及它们如何与动机相联系的机制并不是很清晰。同时，从最近的研究可以清晰地看到，解雇和裁员这样的事件可以增加员工对于基本需要如安全需要的关注。组织在进行大规模裁员时，一般会通过薪酬补偿计划和（被解雇后）新职介绍这样的措施来消除员工的恐惧和其他强烈的情绪反应，特别是对于那些继续留在公司工作的员工而言。[36]

近年来，人们对人本主义心理学的兴趣再次复苏，[37]下一章将要讨论的是积极心理学，马斯洛是这一领域的先驱之一。这些年，人们一直试图使马斯洛的需要层次理论恢复生机，把它更直接地应用于工作动机。具体来说，接下来会详细论述基于马斯洛概念的赫茨伯格的双因素理论和奥德弗的 ERG 理论。许多人使用马斯洛的理论去建构各种各样的等级/金字塔型理论。一个例子就是 Aon 咨询绩效金字塔（Aon Consulting's Performance Pyramid）：从最初的安全开始，向上升到报酬、亲和、成长和工作生活和谐。[38]毫无疑问，马斯洛的理论已经经受了时间的考验，仍然对工作动机的研究和应用产生重要影响。

赫茨伯格的动机双因素理论

赫茨伯格（Frederick Herzberg）对马斯洛的理论进行了拓展，建立了一个更为具体的关于工作动机的内容理论。与马斯洛不同的是，赫茨伯格许多年前就对宾夕法尼亚州匹兹堡一家工厂中的200名会计和工程师进行了一项广泛的动机研究。他用关键事件法来收集数据并进行分析。在这个研究中，这些专业人士主要回答两个问题：（1）什么时候你感到你的工作非常好——什么能使你有如此感觉？（2）什么时候你感到你的工作糟糕之极——什么能使你如此？

通过关键事件法得到的结论是有趣的，并且相当一致。被试报告好的感觉主要来自工作的经历和工作的内容。例如，一位会计主管被指派安装一套新的电脑设备。他对自己的工作感到非常骄傲，并且知道这套设备可以使整个部门发生巨大的改观。另一方面，被试报告差的感觉主要是与工作以外的周围的事务——工作的环境——有关。例如，一位工程师的第一份工作是做日常的记录，并在老板出差的时候管理整个办公室。实际结果是，这个老板实在是太忙而没有时间对其进行培训，而且当他提问的时候，老板总是显得很不耐烦。工程师对于这样的工作感到失望之极，他觉得自己在像一个奴仆一样做着一份毫无前途的工作。

赫茨伯格对这些回答一一进行分析，得出的结论是，那些使员工感到满意的因素主要是与工作的内容相联系的，而那些使员工对工作感到不满意的因素主要是与工作的环境相联系的。赫茨伯格把这些满意因素称为*激励因子*（motivators），而那些不满意因素称为*保健因子*（hygiene factors）。保健这个术语（就像它在健康领域的运用一样）主要是指那些起预防作用的因素；在赫茨伯格的理论中，保健因子的作用是避免员工出现不满。将以上两个方面结合起来，就构成了赫茨伯格的*动机双因素理论*（two-factor theory of motivation）。

与马斯洛需要层次理论的关系

赫茨伯格的理论与马斯洛的需要层次理论是密切相关的。从本质上讲，保健因子是预防性的，并与环境相联系（见表6.2），它们大致上相当于马斯洛理论中的低水平需要（见图6.5）。这些保健因子可以避免员工的不满意，但是它们并不能使员工满意。从效果上来讲，保健因子好比一个理论上的零水平，是避免员工不满意的一个“最低基准”，也是提供激励的一个出发点。保健因子本身并没有激励的作用，只有激励因子才能够激励工作中的员工，激励因子大致上相当于马斯洛理论中的高层次需求。根据赫茨伯格的理论，个体要能够真正得到激励，就必须选择一份具有挑战性的工作。

表6.2
赫茨伯格的双因素理论

保健因子	激励因子
公司的政策和行政	成　就
监督、技术	认　可
工　资	工作本身
人际关系、上司	责　任
工作环境	进　步

对工作动机的贡献

赫茨伯格的双因素理论为工作动机的内容提供了新的启示。在他提出这个观点之前，管理者主要关注的是保健因子。当组织士气低落的时候，典型的解决方案是提高员工的工资、增加额外福利以及改善工作条件。然而，正如我们前面所讨论的，这样简单化的解决方案是不能起作用的。管理者往往会感到非常困惑，他们支付了更高的工资，为员工提供了极佳的额外福利方案和更舒适的工作环境，但是他们的员工仍然不能得到激励。赫茨伯格的理论可以对这个现象做出很好的解释。管理者若仅仅关注保健因子，恐怕无法真正激励员工。

极少有员工会认为他们并不配得到加薪。而另一方面，可能有许多员工和管理者认为自己得到的待遇还远远不够。通过这样一个简单的观察，我们可以发现保健因子对于避免员工的不满意是非常重要的，但却无法使员工满意。赫茨伯格首先提出，对于保持组织中的人力资源而言，保健因子是绝对需要的。但是根据马斯洛的理论，一旦保健因子得到了满足——在现代大多数企业中的情况都是如此——再对员工运用这些保健因子是不能起到激励作用的。根据赫茨伯格的理论，只有具有挑战性的工作，能够为员工提供成就感、被认可感、责任感以及成长和晋升机会的工作才能够激励员工。

对赫茨伯格理论的批判性分析

尽管用赫茨伯格的双因素理论来解释工作动机仍然非常流行，而且对于实践者而言它也是非常有意义的，但是从学术的角度来讲，该理论过度简化了工作动机的复杂性。当研究者不使用赫茨伯格的关键事件法（进行动机研究）时，他们并没有得到双因素的结论。他们对于赫茨伯格所提到的例子也提出了疑问：对于那些复杂度比较低的工作，例如卡车司机、三班倒的工人或者接待员，他是否可以得到类似的结论呢？当考虑这些工种的时候，保健因子和激励因子可能会产生很大的差异。其他一些因素包括样本的年龄以及不能够控制或者保持恒定的因素也会影响研究结果。从跨国家的角度来看，来自以色列集体农场的年纪比较大的工人希望有比较好的工作环境和便利，而加勒比海酒店的工人则更关心工资、工作环境和赞赏，这是他们的关键激励因子。[39] 这些发现表明，样本和环境可能会影响对激励因子和保健因子的偏好。

最后，像薪水这样的因素既可以促进满意感，也可以导致不满意。例如，当工资不够高的时候，员工就会不满意；但是作为一种成就和认可的形式，也可以使员工感到满意。这些结果表明，双因素理论所做出的解释并不一定很严谨。

尽管存在着很明显的缺陷，但很少有人会对赫茨伯格的贡献产生怀疑。他对马斯洛的需要层次概念做了拓展，并使其更好地解释了工作动机。同样，在工作动机中，赫茨伯格对工作内容的重要性给予了很高的关注，这些因素都是以前很少受到关注或者常常是被忽视的。但是，即使是工作环境也可以更加适合工作者。例如，许多互联网公司中的员工很少直接与客户进行接触，所以他们的着装、外表以及工作的空间可以是非正式的，可以依据员工自己的偏好来进行设计。[40]

赫茨伯格的另一个贡献是有助于工作丰富化的工作设计技术。有关工作丰富

图 6.5
奥德弗的 ERG 需要、马斯洛的五层次需要以及赫兹伯格的双因素理论的关系

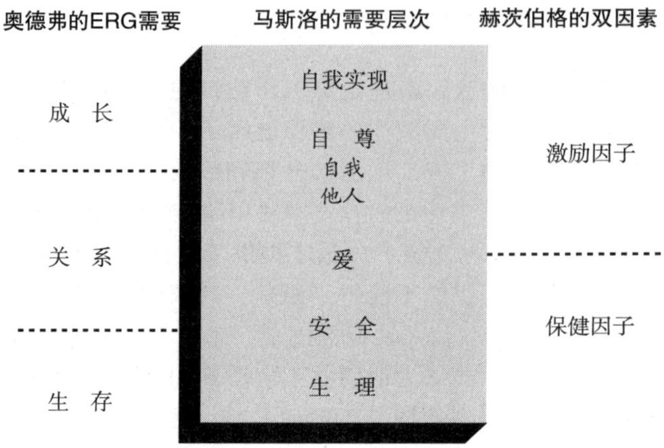

化的内容，我们要到第 11 章才会详细论述。总体而言，赫茨伯格的理论可以使我们更好地理解工作内容因素和满意度，但是，和前人类似，他并没有对工作动机提出一个全面的理论。他的模型仅仅是描述了工作动机的部分内容，并没有描述组织中复杂的激励过程，我们将在下一节重点关注这些内容。

奥德弗的 ERG 理论

奥德弗（Clayton Alderfer）的主要工作是发展了赫茨伯格和马斯洛有关工作动机的内容理论。他所建立的需要类型模型得到了更多的实证研究支持。像马斯洛和赫茨伯格一样，他确实感觉到对需要进行归类的价值，也认识到低等需要与高等需要之间存在着显著的差别。

奥德弗把需要分成三种类型：*存在*（existence）、*关系*（relatedness）和*成长*（growth），因此而得名为 ERG 理论。*存在需要*主要关注的是生存的问题（生理上的满足）。*关系需要*主要强调的是人际间的和社会的关系。而*成长需要*主要是指个体对自身发展的内在渴望。图 6.5 表明了这些需要类型与马斯洛和赫茨伯格理论之间的关系。很显然，它们是非常类似的，但是，ERG 理论中这些需要类型之间的区分并不是十分严格。

奥德弗更加倾向于使用*需要连续体*这样的概念，而不是需要的层次或者双因素。与马斯洛和赫茨伯格不同的是，他并不认为只有在低层次的需要得到满足之后，高层次的需要才能够起到激励的作用，也不认为只有缺失才是激发需要的惟一途径。例如，根据 ERG 理论，个体的背景或者是文化环境可能使关系需要排在存在需要之前；而成长需要得到满足的程度越高，其强度就越大。而且，在马斯洛的需要层次理论中，存在着一个被称为“满足—晋级”的通路，在这条通路上，个体低层次的需要得到满足以后会转向更高层次的需要。而在奥德弗的理论中，他认为还应该存在着另一个*挫折—退缩*（frustration–regression）通路。当较高层次的成长需要缺失，或者由于个人的环境、能力的不足或其他一些因素没有得到满足的时候，个体就会倾向于退缩到较低层次的需要上，并且对这些需要的需求更

加强烈。例如，一个员工已经不能在公司晋升的阶梯上继续前进，而只是完成一些日常的事务时，这样的情况就可能发生。根据奥德弗的 ERG 模型，这个员工在工作中与工作之余都会非常重视关系的需要，而且对工资和福利更加在意。

并没有大量的实验来研究 ERG 理论。尽管其中有一些研究的证据对 ERG 理论的预测效果表示怀疑，但是相对于马斯洛和赫茨伯格的理论而言，当代大多数有关工作动机的研究更加支持奥德弗的理论。总体而言，ERG 理论似乎包含了早期动机内容理论中比较有力的观点，同时更少受到限制。事实上，当考虑到工作动机的复杂性时，一般的内容理论还是缺乏解释力。然而，内容理论确实强调了满足工作中员工的需要。这就要求企业提供充足的资金储备来满足员工的基本需要，使得员工可以得到某些安全感。在简单的生存问题之外，为员工提供健康保险和退休计划也可以使员工对生活的其他方面感到放心。现代的组织更加流行采用团队和小组，对这些团队或者小组进行有效的协调可以增加工作的社会性。最后，几乎所有的内容理论都会指导管理者除了认可员工的成就外，还要将责任分配给员工，或者给员工授权。这样，尽管这些内容理论存在着这样或那样的理论缺陷，缺少实证研究支持，它们依然可以为当代人力资源的有效管理提供有价值的指导。

工作动机的过程理论

动机的内容理论试图说明工作中的哪些因素（例如，自我实现、责任和成长）可以对员工产生激励作用；试图说明被激励行为与这些因素之间的关系。过程理论关注的是动机的认知过程，更重要的是，它想了解这些因素是如何与其他因素相联系的。正如图 6.2 所显示的，源于认知理论的期望概念对于我们理解工作动机的复杂过程非常有帮助。在讨论完过程理论之后，我们会对公平理论和组织公正理论加以分析和探讨。

弗洛姆的动机期望理论

工作动机的期望理论主要来自先驱心理学家勒温和托尔曼的认知的概念，以及经典经济理论中选择行为和效用的概念，正如我们在图 6.2 中所看到的一样。然而，第一个将期望理论运用于工作动机并将其公式化的是弗洛姆（Victor Vroom）。尽管面对许多的批评，弗洛姆还是认为期望理论可以替代内容理论，他认为内容理论不足以解释复杂的动机过程。至少在组织行为学的学术圈，他的理论在解释工作动机方面非常流行，同时也引发了相当多的实证研究。[41]

图 6.6 简要地总结了弗洛姆的理论。正如图中所显示的，这个模型是围绕着效价（valence）、工具性（instrumentality）和期望（expectancy）这三个概念而构成的，因此通常称之为 VIE 理论。

图 6.6
弗洛姆的动机期望理论
(VIE)

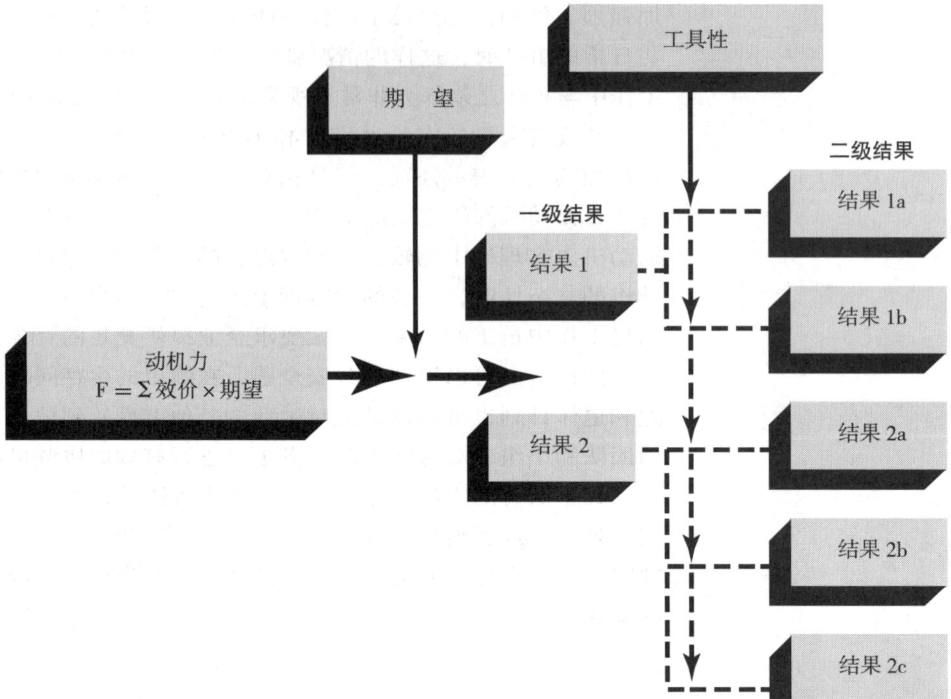

变量的含义

弗洛姆用*效价*指代个体对一个具体结果的偏好强度，同样的含义也可以用下面这些词来表示：*价值*、*激励*、*态度*以及*预期效用*。为了达到一个正性的效价，个体必须倾向于得到这样的结果；当个体对某个结果漠不关心时，则效价为零；如果效价为负，则表示个体倾向于不得到这样的结果。影响效价的另一个因素是一级结果对于渴望获得的二级结果的*工具性程度*如何。例如，一位员工受到激励，朝着更加出色的绩效而努力，他这样做的原因是为了能够得到提升。这里，更出色的绩效（一级结果）被认为是具有工具性的，因为它可以实现员工晋升（二级结果）的目标。

弗洛姆动机过程理论中另一个重要的变量是*期望*。尽管所有的心理学家都认为期望是一个心理或认知方面的概念，但是对于其本质却是众说纷纭，没有定论。[42] 乍一看，期望的概念似乎与工具性的概念是类似的，但是实际上却存在着很大的差异。期望主要是与一级结果的努力相联系的（见图 6.6），而工具性则与一级结果和二级结果都有联系。换言之，在弗洛姆的理论中，期望是一种概率（取值范围为 0~1），表示一个具体的行为或者努力可以导致特定结果（一级结果）的可能性。而*工具性*主要是指一级结果在多大程度上可以产生所期望的二级结果。总体而言，个体做出某个行为的动机强度，取决于结果的效价（其中包括工具性）与期望的乘积。

弗洛姆理论在组织行为学中的应用

弗洛姆的理论与内容理论的主要不同在于它引入了一个认知过程变量，可以反映出工作动机的个体差异。该理论并不描述工作动机的内容，也不说明具体的个体差异在哪里。每个人有关效价、工具性和期望的组合都是不同的。因此，弗洛姆的理论只是说明了动机在概念上的决定因素，以及这些因素是如何相联系的，而没有像马斯洛、赫茨伯格和奥德弗那样，为如何激励组织中的员工给出具体的建议。

尽管弗洛姆的模型并没有为组织中员工的激励技术提供直接的贡献，但是对于理解组织行为而言，这个理论是非常有价值的。它能够非常清晰地说明个人目标与组织目标之间的关系。例如，假设要求工人必须达到某个生产标准，通过测量工人们的产出，管理者就可以确定他们各种个人目标的重要性（二级结果，如金钱、安全和认可）；确定组织目标（一级结果，如产品标准）对于个体达到个人目标的工具性；以及工人对于通过自己的能力和努力可以完成组织目标的期望。如果产出低于标准，可能是工人们不认可二级结果的价值，或者他们可能并没有看到一级结果对于二级结果的工具性作用；或者他们认为他们的努力并不能产生一级结果。弗洛姆认为，这些原因中的任何一个，或者任何组合都可能导致低水平的工作动机。这个模型可以帮助管理者理解和分析工人的动机，并确定其中的一些相关变量，但是它并不能提出具体的解决方案。除了在应用上存在着问题，这个模型与早期的经济理论一样，也假定人都是理性的，可以完成逻辑的计算。这样的假设现在看来是非常理想化的。

弗洛姆理论的重要性

弗洛姆的理论之所以成为一个重要的动机理论并引发大量研究的一个重要的原因是，它使用的并不是一种简单的方法。内容理论过于简化了人类的动机。但是，内容理论在实践中的管理者中是受到广泛应用的，因为它的概念非常容易理解，并能够运用到实际的情境中去。另一方面，VIE 理论认识到了工作动机的复杂性，但是这个理论相对较难被理解和应用。这样一来，从一个理论的角度出发，VIE 模型似乎可以帮助管理者更好地理解动机这个复杂体，但却并不能为他们工作中遇到的动机问题提供实际的解决方案，只能简单地使员工确切地知道对他们的期望是什么。[43]

从某种意义上讲，弗洛姆的期望模型类似于经济学中的边际分析。商人并不会真正计算边际成本和边际收益的临界点，但是对于公司而言，这仍然是一个非常重要的经济学概念。与之类似，期望理论只是试图描述复杂的动机过程，并没打算描述动机的决策是如何完成的，以及如何来解决管理者所面临的激励问题。

波特—劳勒模型

第 5 章中有关工作满意度的论述指出，从人际关系运动一开始，学术界就对工作满意度和绩效之间关系进行论战。内容理论假定满意度可以促进绩效的提高，

图 6.7 波特—劳勒动机模型

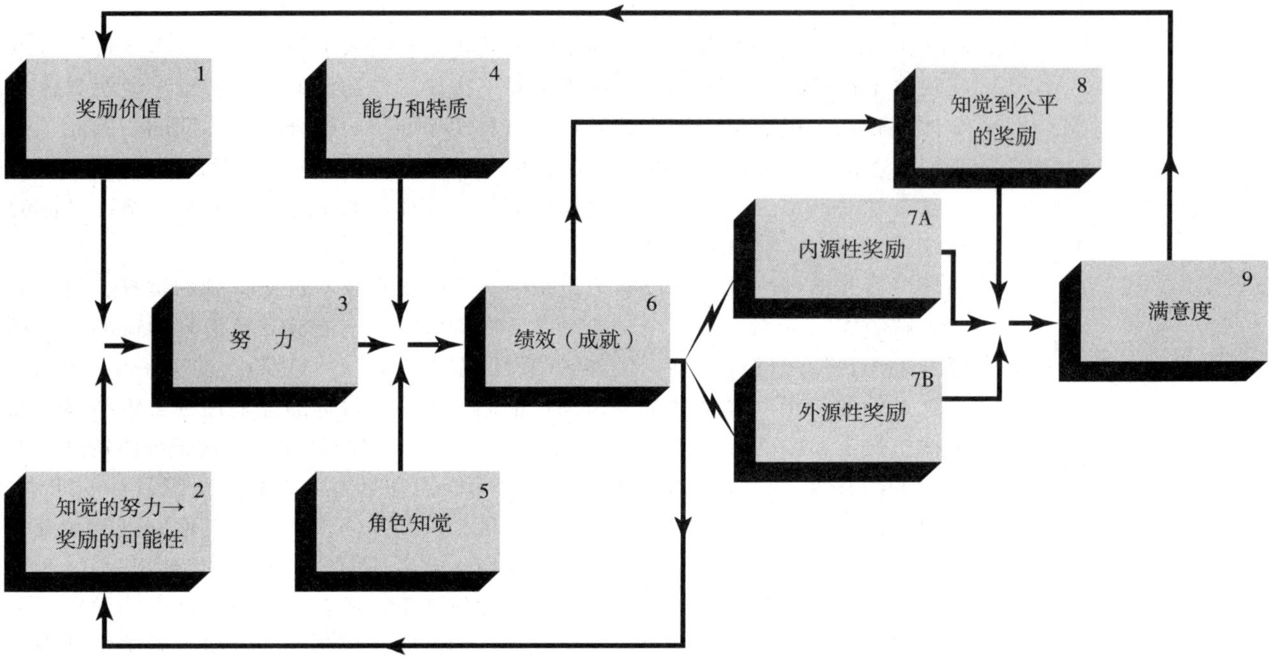

而不满意则对绩效有不利影响。赫茨伯格的模型是一个真正意义上的工作满意度理论，但是仍然不足以说明满意度与绩效之间的关系。弗洛姆的模型同样避免讨论有关满意度与绩效的关系。尽管满意度作为一个输入因子进入了弗洛姆的效价概念中，尽管结果有绩效的含义，但是直到波特（Lyman Porter）和劳勒（Ed Lawler）对弗洛姆的理论进行了改进和扩展以后（例如，用图表的方式而不是数学的方式来描述各种关系，模型中存在着更多的变量，同时知觉的认知过程扮演了核心的角色），他们才真正用工作动机的模型解决了满意度与绩效关系这个问题。

波特—劳勒模型的前提条件是：动机（努力或者驱力）不能等同于满意度或者绩效。动机、满意度和绩效是三个不同的概念，它们之间的关系与传统的观点大相径庭。图 6.7 描述了一个复杂的多变量模型，用于解释动机、满意度和绩效之间的复杂关系。正如模型中所显示的，变量 1、2 和 3 基本上与弗洛姆的模型相同。然而，重要的是波特和劳勒指出，努力（驱力或者动机）并不能直接产生绩效。其中的中介变量是能力、特质和角色知觉。在波特和劳勒的模型中，更重要的是在绩效之后所发生的变化。员工如何认识紧随的奖励将决定员工的满意度。换一句话讲，波特和劳勒的模型认为——从传统的观点看这是一个非常巨大的变化——是绩效导致了满意度。

多年以来，有相当数量的研究对这个结论提供了支持。例如，一个现场研究发现，在一个组织中，员工努力的程度和努力的方向是解释个人绩效的重要因素。[44] 同样，一项全面的研究综述确定了报酬在绩效与满意度关系中的重要性。具体来讲，结论是：当报酬和绩效高度相关时，绩效与满意度之间的关系将更加紧密。[45]

对应用的启示

尽管与弗洛姆的理论相比，波特和劳勒的理论更加具有应用价值，但是这个理论依然是相当复杂的，很难与人力资源管理的实践联系起来。波特和劳勒还是非常尽责地将他们的理论和研究应用于实践中。他们建议实际操作的管理者应该超越传统的态度测量范畴，尝试去测量各类多元的变量，诸如奖励的价值，努力—奖励的知觉，以及角色知觉等等。当然，这些变量可以帮助管理者更好地理解员工的努力和绩效之间的关系。波特和劳勒认为应将注意力放在绩效的结果上，并建议组织重新评估现有的薪酬政策。他们强调管理者应该将注意力集中在测量满意度程度与绩效水平之间的关系上。最近有一篇面向从业者的文章指出，角色知觉的正确性可能在提高员工业绩时被忽略了。[46] 这就意味着，员工更应该将自己的努力集中在能够产生高影响力的行为和活动上，这样可以带来更高的绩效。然而，研究 [47] 和综合分析 [48] 仍然指出，认知的过程与奖励和其他结果之间的关系还是非常复杂的。

对工作动机的贡献

波特和劳勒的模型对于我们更好地理解工作动机以及绩效与满意度之间的关系无疑是非常有价值的，但直到今天，它对人力资源管理实践的影响还是微乎其微。不过，期望模型还是可以为人力资源管理提供某种程度的指导。例如，在模型的前半部分（动机与绩效之间的关系）可以看出，此模型要求排除以下一些障碍：

1. 对于能力、技能或者知识的怀疑
2. 工作在物质上或实际上的可能性
3. 工作与其他人或活动的相互依赖
4. 工作要求中的模糊性 [49]

为了帮助员工克服以上这些障碍，就必须理解其他一些心理变量（例如自我效能，将在下一章中介绍）在努力—绩效之间所扮演的角色。一系列的成功伴随着正性反馈，可以建立员工的自我效能感，转而增强员工这样的感受："我可以完成工作。"这样的结果可能使员工更加努力付出。[50] 除了像自我效能这样的心理概念以外，还有一些实际的考虑，例如，必须存在可以实际表现的机会。例如，竞技运动中有很多替补球员在主力先发受伤的情形下帮助球队获胜。他们可能有足够的效价（胜者可以得到额外的奖金）、工具性或者努力—绩效的考虑（能力结合自我效能），同时具备期望或者绩效—奖励的考虑（相信目标的达成可以导致额外的奖赏和认可）。但是，如果只具备这样的条件，他还是不能够得到成功，除非球队的首发球员受伤，他才能够得到上场的机会。

另外，在模型的后半部分（绩效与满意度之间的关系），给出了下列参考指南：

1. 确定哪些奖励对员工是有价值的
2. 定义期望的绩效

3. 确信这样的绩效是可以达到的
4. 将有价值的奖励与绩效联系起来[51]

上述最后一点曾在第 4 章讨论薪酬对绩效的重要性时提到过。同时，管理者需要知道：下属在准备离开公司时，会以某种方式计算自己未来被雇佣的可能性；更重要的是，员工经常发现绩效和奖励之间的联系是基于团队或群体水平的，这导致员工付出较少的努力。这种现象是出于这样的信念，员工个体的努力程度并不足以提高团队的绩效水平，而相对于针对个人的奖励，团队激励的价值要小。

第 4 章也提到，管理者也会使用非物质的绩效奖励手段而使动机过程理论发挥作用。许多时候员工可能因为以下这些因素而得到激励：优先选择休假的时间，可以自主决定吃中饭的时间（比绩效较低者更早），获得资格认证或者是作为"月度最佳员工"而获得停车位。或者像下面的实践中的组织行为学："如果你能得到这样的好工作"所描绘的，得到一些如定期的带薪休假等新型报酬。赞赏作为期望理论中效价的一种也是非常有效的奖励，这一点我们在第 4 章中曾提及，还将在第 12 章中进行更为详细的论述。

当代工作动机理论

尽管我们一般将工作动机的理论分成内容理论和过程理论，但公平和组织公正理论也已经出现并得到研究者的关注。了解这些理论发展，对于我们学习组织行为学中的工作动机很有帮助。

工作动机的公平理论

尽管公平理论与工作动机的期望理论有差不多一样长的历史，但是直到最近，公平理论才在组织行为学领域中得到了较多的关注。正如图 6.2 所示，该理论的根源可以追溯到社会心理学的认知失调理论和交换理论。对这个有关工作动机的理论贡献最大的，是社会心理学家亚当斯（J.Stacy Adams）。简单而言，**公平理论**（equity theory）认为，对工作绩效和满意度影响最大的是员工在工作环境中知觉到的公平（不公平）程度。换句话说，这个动机理论还是基于认知水平的，亚当斯通过此理论描述了动机产生的过程。

当个体知觉到他所得到的结果和投入之间的比例与其他人对应的比例不相等时，不公平就产生了。表示如下：

$$\frac{\text{本人的结果}}{\text{本人的投入}} < \frac{\text{他人的结果}}{\text{他人的投入}}$$

$$\frac{\text{本人的结果}}{\text{本人的投入}} > \frac{\text{他人的结果}}{\text{他人的投入}}$$

当下面情况发生的时候，个体就会知觉到公平：

实践中的组织行为学

如果你能得到这样的好工作

去年冬天，英特尔公司出资让梅拉妮·斯塔格尼提去享受日光浴。为逃离俄勒冈州 Hillsboro 地区可怕的潮湿，这位负责薪酬福利的经理和她赋闲在家的丈夫约翰带着 5 岁的儿子和 3 岁半的女儿，驾驶着福特 Explorer 型汽车，带上帐篷等去往墨西哥阳光充足的 Baja 半岛。

8 个星期，她完全过着神仙般的生活，她不查看电子邮件、语音信箱、互联网，甚至大多数时候与电子绝缘。现在，她重返办公室继续着每周 50 小时的工作。但是，在吊床上的完全放松生活补偿了她日后的长期工作。她说："旅行中最美妙的部分，莫过于看到孩子们天天在外面玩，在水里嬉戏，自由自在。"

如今，很多公司把员工视为吸附利润的海绵，尤其是针对那些工资年年提升的高级人才。家长式作风已经过时了，精简和节约是时尚。但和看重经济利益不同，也有一小部分雇主将员工视为终身任职专家，慷慨地给予他们定期带薪休假。管理者们坚持认为，这种慷慨大方，实际上会带来实质性的经济收益。员工的定期休假是对网络化世界的一种矫正，因为连续工作会带来信息超负荷。定期休假能留住贤人，降低人员离职率，不然的话，老员工会因为工作倦怠给公司带来损失。《商业教育杂志》最近的一项研究发现，如果雇员和雇主对双方期望都有很好的理解，定期带薪休假所带来的好处就会大大超过其成本。该研究还发现，通过定期带薪休假，员工提高了组织承诺，工作也更有干劲。事实上，定期休假的诱惑力甚至还能使雇主们相信，竞争对手基本上不可能挖走那些数年来享有定期休假的员工。这种休假还可以让管理者有机会了解其他人在告假同事不在时的工作表现。

提供定期带薪休假的公司的数量很少，却很稳定。美国人力资源管理协会的一份年度报告显示，5%的公司提供定期带薪休假。另有 18%的公司提供不带薪定期休假，这越来越成为市场需求放缓时代替裁员的一种方式。然而这个数字是有波动的。乔布斯在 1997 年重任苹果电脑公司首席执行官后，就以严厉的手段否决了这项计划。

另一方面，不仅新兴的公司（如女性时装设计公司 Eileen Fisher）发起了定期休假，连麦当劳这样有着 40 年实施额外津贴的公司也在 2006 年将这种福利扩大为每 5 年一次。"当今所有的关键都在于，你如何区分你自己和公司，"麦当劳的首席人力资源官理查德·弗洛什说："这让我们有资格炫耀自己。"

很多人力资源经理认为，由于定期休假能鼓励人们留下来，因此公司无需再花那么多钱来招聘和培训。指派临时的替补人员也同样能带来某种好处。当英特尔的斯塔格尼提在墨西哥时，她的主管考察了别人在她的岗位上的表现。她回来后，替代者还接着做，而斯塔格尼提则被提升至人力资源的一个新岗位。此外，一次又一次的调查显示，那些新参加工作的人都把假期当作最佳奖励。因此，"提供定期休假还能吸引年轻的能人，"翰威特咨询顾问的雷蒙德·鲍姆拉克说道。

$$\frac{\text{本人的结果}}{\text{本人的投入}} = \frac{\text{他人的结果}}{\text{他人的投入}}$$

在以上的这些情境中，无论是本人的结果和投入，还是他人的结果和投入，都是来自于个体的知觉。年龄、性别、学历、社会地位、组织中的职位、资格认证以及个体在工作中的努力程度，都是可知觉到的输入变量。而结果主要是由各种报酬组成的，例如工资、地位、晋升以及工作中的内在兴趣。这里最关键的是，这样的比例是以个体对自己付出（投入）和所得（结果）以及他人相应的付出与所得的知觉为基础的。这样的认知既可能与他人的知觉或者实际的比例相同，也可能大相径庭。

公平作为工作动机的一种解释

如果一个人知觉到自己的投入产出比与他人的不相等，他/她就会努力使这一比率保持在一个公平的水平上。而这里的“努力”程度就可以作为工作动机的一种解释。动机的强度主要是由个体所知觉到的不公平的程度所决定的。亚当斯认为，这样的动机可以通过几种不同的途径体现出来。为了重新达到公平的状态，个体可以改变自己的投入或者结果、从认知上歪曲投入或结果、离开工作的领域、对他人的投入或结果产生影响，或者改变他人的投入或结果，等等。

在这里需要重点指出的是，不公平的知觉并不只是个体觉得受到欺骗以后才可能出现的。例如，亚当斯研究了过高薪酬对个体公平知觉的影响。他的研究结果发现，人们宁愿获得公平的薪酬而不是过高的薪酬。在计件工资系统下工作的工人感到自己的工资明显偏高时，会降低自己的生产效率来重新恢复公平。但是，通常的情况是，员工会感到与其他员工相比，自己的工资过低（结果）或者工作过多（投入）。在后一种情况下，员工想要恢复公平性的动机，有时从组织的角度来看可能会是难以理解的。例如，在加利福尼亚的奥克兰市，一家电器商店的老板决定让员工自己来定工资。结果非常有意思，没有一个员工增加了自己的工资，其中的一个机械师还主动降低了自己的工资，因为他不愿意像其他人一样努力地工作。

工作环境中公平性的研究

到现在为止，检验亚当斯公平理论有效性的研究结果都支持了原有的理论。一篇文献综述发现，相当数量的实验室研究支持“公平理论”（个体会考察自己与他人的工作投入与结果，如果知觉到了不公平，他们就会努力恢复这样的一种公平性），但是这个理论从真正的工作现场研究中获得的支持是比较少的。[52] 其中一项考察公平理论的现场研究以棒球运动员为研究对象。在第一个实验中，棒球运动员正在试用期，因此他们感觉到自己的工资是不公平的，他们的绩效如公平理论所预测的一样，[53] 在四种不同类型的绩效中有三种绩效（除了击球成功率）降低了。在他们与球队签订了正式的合同以后，他们的绩效又得到了恢复。但是在第二个研究中，同样是以棒球运动员作为研究的对象，只是研究的样本量增加了，却发现研究的结果与理论所预测的结果正好相反。[54] 大致来讲，在试用期棒球运动员的绩效反而提高了。当然，原因可能是，尽管他们感觉到他们的薪酬并不尽人意，但是为了能够在与球队签约时占据有利的位置，他们必须尽量表现自己的能力。换句话说，当个体面临这样的情境时可以选择降低自己的绩效，但前提是他们这样做的结果不会影响他们的前途。[55] 在任何情境下，运用公平理论这样的认知过程理论都不存在一个简单的答案，也不会有百分之百的预测效力。

尽管有些结果看来是不一致的，最新的一些研究运用了更加复杂的统计方法来估计棒球运动员的薪酬公平感，[56] 并且将更多的注意力集中在后续的绩效以及与公平理论直接相关的其他结果上。例如，有一个研究发现，失去年终奖金与之后的绩效下降之间存在着明显的关系。那些在最后分配中失败的球员，也更加可能转换球队或者离开棒球联盟。[57] 在另一个对棒球和棒球运动员的研究中，那些工资过低的球员的行为明显缺乏合作性。[58] 有关公平理论的这些发展与研究，已经超过了为工作动机所做的一种解释，可以作为诸如组织公平等一些更具体的、人们更感兴趣的研究的出发点。

公平理论与组织公平之间的关系

最近的理论进展认为，公平理论可以被进一步扩展到大家现在非常熟悉的组织公平等问题上。[59] 尽管程序公正获得最多的关注，但现有研究证据表明，除此之外，分配公正、人际公正和信息公正也有概念和测量上的独立性（如，结构效度）。[60] 公平理论是这些公正维度的共同基础。例如，公平理论解释了哪种决策结果（工资水平、工资的增长、晋升）可能被知觉为公平或者不公平。在这种条件下，个体关注的是结果，而不是这样的结果是如何获得的。公平理论的基础是对分配公正的知觉，即个体在一个社会的环境下，对分配的结果和数量进行评估，判断其是否公平。用简单的术语表述，分配公正就是这样一个信念，每个人应该得到"他们自己所应得的"。从文化上讲，这是以犹太教和基督教所共有的道德观念为依据的，神的奖赏赋予那些带来美好生活和正确行为的个体，即使是地球上的个体也不例外。这些都充分反映了分配公正和公平的观点。很重要的是，元分析结果证明了员工知觉的分配公正与期望的结果相关，如工作满意度、组织承诺、组织公民行为、离职率和绩效。[61]

程序公正主要关注的是决策过程是否公正。例如，销售代表的工资增长幅度是由其销售房屋或者汽车的数量来决定的。有些同事可能会认为这样的程序是不公正的，认为管理层应该以销售总额作为工资增长的判断标准。之所以得出这样的结论是因为，如果一个销售人员以很低的价格卖出 10 套房屋或者 10 辆轿车，那么事实上他们对公司利润的贡献是很小的，同时这样的销售任务也很容易完成。以较高的价格卖出房产或者轿车可能会花费很长的时间，但是却能给公司带来较高的利润。在上面这个例子中，并不是结果，即得到多少薪水会引起争议。相反，引起争议的是对达到这样结果的过程公正性的知觉。与分配公正一样，元分析的结果发现，员工对于程序公正的知觉与所有积极的组织结果都相关。[62] 甚至，在另一个元分析中，程序公正比分配公正更好地预测了工作绩效，[63] 并且程序公正似乎对于成功地实现组织变革特别重要。[64]

程序公正可能引发平等的问题，而不是公正的问题。平等（equality）的意思就是在晋升的情境中，男性、女性和不同种族和民族的员工有同等的机会，同时所使用的标准并没有歧视性。公平（equity）意味着实际的选择是公平的，选择的标准能够被正确使用，因此最有资格的个体才会被晋升。

与工作动机的传统内容理论和过程理论不同的是，一系列研究持续不断地完善和扩展一般性的公平理论和具体的程序公正理论。比如，在支持公平理论方面，现有研究发现，知觉到"努力–回报"公平的管理者，比那些感到报酬过低和被不公平对待的管理者的绩效更好，对工作更加满意。[65] 另一个研究用社会交换理论来区分人际公正和程序公正，尽管程序公正是员工与组织之间的交换，而人际公正是个体间的交换（如，雇员与上级）。这个研究支持了交换理论所做的预测。[66] 最近关于程序公正的一些研究揭示了有机会发表意见对公平知觉的重要性[67]，以及团体成员资格和地位（如社会名望）的作用对于公平知觉的重要性。[68] 具体来说，在后面所举例子中发现，并不是所有观察者都知觉到了程序不公正（在这个例子中，法官和律师没有知觉到对女性律师的偏见）。最后，一个近期的研究转到了全面公正氛围（程序、信息和人际）的水平上，发现公正氛围与许多工作结果（承诺、满意度和公民行为）都有相关。[69]

总而言之，以公平理论作为基础，组织公正的各种维度在组织行为学的许多动态机制和结果上扮演着重要的角色。组织公正可以解释为什么员工对不公平的结果和不恰当的程序会产生反抗。使用组织公正的原则可以解释为什么员工会使用偷窃、怠工、伪造上班卡甚至对雇主采取暴力等各种形式来进行反抗。[70]从积极一面来说，除了上面所有的研究发现外，近期有研究发现了组织公正的一个回流效应（trickle-down effect）。员工对于公正的知觉不仅仅对他们的态度和绩效有积极的影响，而且影响他们对于客户的公正行为，这又进一步使客户对雇员和组织有积极的反馈。[71]换句话说，组织公正不仅能为员工，而且能为客户和最后的财务业绩带来好处。

归因理论

当代工作动机的另一个理论是归因理论。*归因*（attribution）简单来说就是指人们是怎样对他人或自己行为的原因作出解释。与公平理论一样，它是一种认知过程，在这个过程中，人们得出某些因素影响或者解释某些行为的结论。[72]有两类基本的归因类型：*禀赋归因*（dispositional attribution），即把人们的行为归因于内部因素，如人格特质、动机或者能力；*情境归因*（situational attribution），即把行为归因于外界的因素，如设备或来自他人的社会影响。[73]近年来，归因理论在组织行为学和人力资源管理上扮演着越来越重要的角色。[74]对归因的各种理论、归因类型和归因错误的考察，能促使我们在总体上了解工作动机和组织行为。

归因理论概览

归因理论关注人们的社会知觉和人际行为之间的关系。虽然归因理论数量众多，但是它们有如下一些共同假设：

1. 我们寻求理解我们的世界。
2. 我们常常把人们的行为归因于内在原因或者是外在原因。
3. 我们用相当清楚的逻辑方法进行归因。[75]

著名的社会心理学家哈罗德·凯利(Harold Kelley）强调，归因理论主要关注的是个体解释行为和原因的认知过程。它关注“为什么”组织行为会发生的问题。因为大多数的原因、解释和“为什么”是不能被直接观察到的，因此，理论假定人们依赖于认知，特别是知觉。归因理论家假定人是理智的，并且有识别和了解他们所处的环境中因果关系的能力。归因理论的特点就是寻求因果关系，这一点也有助于解释激励过程。

虽然归因理论在所有先驱认知心理学家的工作中都找得到根源（如勒温和费

斯廷格的理论)，也可以在查莫斯的认知评价观点和贝姆的“自我知觉”概念中找到，但一般认为该理论的创始人是社会心理学家弗里茨·海德（Fritz Heider)。海德认为内部力量（个体特点，如能力、努力和疲劳）加上外部力量（环境特点，如规则和天气）共同作用决定了人的行为。他强调，是知觉到的而非真实的因素对行为起决定作用。人们在知觉到内部特征和外部特征时，有不同的行为表现。就是这个区分归因的概念，对于动机和一般组织行为有重要的意义。

控制源归因

利用控制源（locus of control）的概念，工作行为或许可以由员工将他们的工作结果知觉为是由内部因素还是外部因素所控制来解释。内控型的员工认为他们能通过自己的能力、技能或努力来影响工作结果；外控型的员工觉得结果是不受自己控制的，一些外部力量，像运气或者任务难度决定了结果。对控制源的知觉可能对他们的动机有不同的影响。例如，著名社会心理学家罗特的经典研究发现，技能和环境机遇对行为有不同的影响。另外，许多年来大量的研究一直检验着的控制源模型归因理论在工作场所中的应用。一个研究发现，一般而言，内控型的雇员相对于外控型的雇员更满意他们的工作，更可能担任管理职位，并且更满意参与式的管理风格。[76]其他研究发现内控型的管理者工作绩效更高，[77]对下属更加体谅，[78]没有倦怠的倾向，[79]遵循更富有策略的管理风格，[80]在晋升后很长一个时期内有持续的态度改善，[81]并且在招聘面试中能展现出更积极的印象。[82]另外，归因在组织政治联盟形成的过程中起一定作用。具体来说，联盟成员有很强的内部归因，如能力和愿望，非联盟成员有很强的外部归因，如运气。[83]

上面所列举的以及其他一些研究意味着，内控型的管理者在某种程度上要优于外控型的管理者。然而，由于一些自相矛盾的证据，这种推论得不到保证。比如，一个研究做出这样的结论——理想的管理者是外部导向型，因为研究结果发现外控型的管理者与内控型的管理者相比，开始时有更多的整体结构性和更多考虑。[84]除了在管理行为和绩效上面的意义外，归因理论还可以解释目标设定行为、[85]团体绩效、[86]领导行为、[87]低员工绩效[88]等。即便如此，与组织行为学中的其他概念一样，归因在研究文献里，正经历着相当大的改进。比如，研究已经发现：(1) 低绩效和归因之间的中介因素是员工的责任心和评价者的同情心[89]；（2）绩效归因显著影响了领导者对于表现差的个体所提供的反馈。[90]一篇综述文章得出这样的结论，控制源与组织成员的绩效和满意度相关，并可能调节动机与刺激物之间的关系。[91]

另外，归因与组织象征相关，这实际上意味着，为了了解组织，人们必须认识到组织的象征性特点。[92]这一观点认为，许多组织的基础是归因，而不是物质的或者可被观察到的一些现实的东西。[93]比如，研究发现，象征性是人们形成其心理氛围印象的一个突出的信息来源。[94]

其他归因

归因理论对于更好地理解动机和组织行为做出了很多贡献。但是，除了内外控，其他维度的归因也需要加以说明和研究。比如，维纳就认为应该重视归因中稳定性（固定的或变化的）维度。[95]有经验的雇员可能会对自己能力有稳定的内部归因，但对于努力的内部归因则可能是不稳定性的。同理，这些雇员可能会有关于工作难度稳定归因和关于运气的不稳定归因。

除了稳定性维度，凯利提出影响归因类型的三维理论：一致性维度（在这个情境中其他人也这样做吗?）、一贯性维度（这个人其他时间在此情境下也会这样做吗?）和区别性维度（在其他情境下也是这样做的吗?）。[96]图 6.8 显示了这些维度是怎样影响评价员工行为时所做的归因。为了记住这些维度，不妨这样想：一致性是与人相联系，区别性与任务相联系，一贯性与时间相联系。[97]如图 6.8 所示，如果同时有高一致性、低一贯性和高区别性，则很有可能做出外部或者情境/环境归因。外部归因的原因可能是任务太难了，或者是来自家庭或同事的外在阻力。但是，如果是低一致性、高一贯性和低区别性，则会归因于内部或者人格因素。做内部归因的管理者会得出下属能力不够、没有足够的努力，或者根本就不想做好工作的结论。一些来自现场研究的证据直接支持了凯利模型。[98]

除了凯利之外，其他著名的理论家，如维纳，用归因理论解释了成就动机，并预测了接下来的绩效变化以及人们对他们自己的感觉。[99]一些来自维纳的研究发现下面几点：

1. 厄运归因(外部）使人们不至于对消极结果感到太沮丧，而幸运归因（外部）则会减少成功带来的喜悦。
2. 当人们把他们的成功归因于内部因素而非外部因素时，他们对未来的成功有更高的预期，报告了对成就更强的渴望，并设定了更高的绩效目标。[100]

归因错误

社会心理学家们意识到，人们在做出归因的时候有两个潜在的偏差。第一个叫做*基本归因偏差*（fundamental attribution error）。研究发现，当人们解释他人行为的时候，总是忽略强大的情境力量。[101]人们倾向于把他人的行为归因于个人因素（如智力、能力、动机、态度或人格），甚至在很明显就可以看出来是情境/环境因素导致人们这样做的时候也是如此。

另一个归因偏差是在研究中发现的，指的是人们倾向于表现自己良好的一面。这种*自我服务偏差*（self-serving bias）在一个又一个的研究中被发现；当被告知成功的时候，人们很容易接受这种荣誉（把成功归于自身内在能力和努力），但却常常把失败归于一些外部的情境因素，如坏运气或者问题本身的“不可能性”。[102]比如，运动员在解释他们的胜利时，通常归功于自己，但是他们更容易把失败归于一些其他的因素——糟糕的犯规、裁判不当，或者其他队的卓越发挥。[103]

如果在工作中出现了错误，管理者倾向于把问题归结于下属的无能或是态度不端正，但是一旦涉及到他或者她自己个人的问题，他们就会责难于情境。反过来也是如此。人们把困难归咎于情境，而对成就则作个人归因。同理，如果事情做得很好，管理者则会归因于个人因素，而对下属作情境归因；下属则会归因于他们的个人因素，而对管理者作情境归因。换句话说，这是很典型的组织中管理

图 6.8
凯利的归因模型

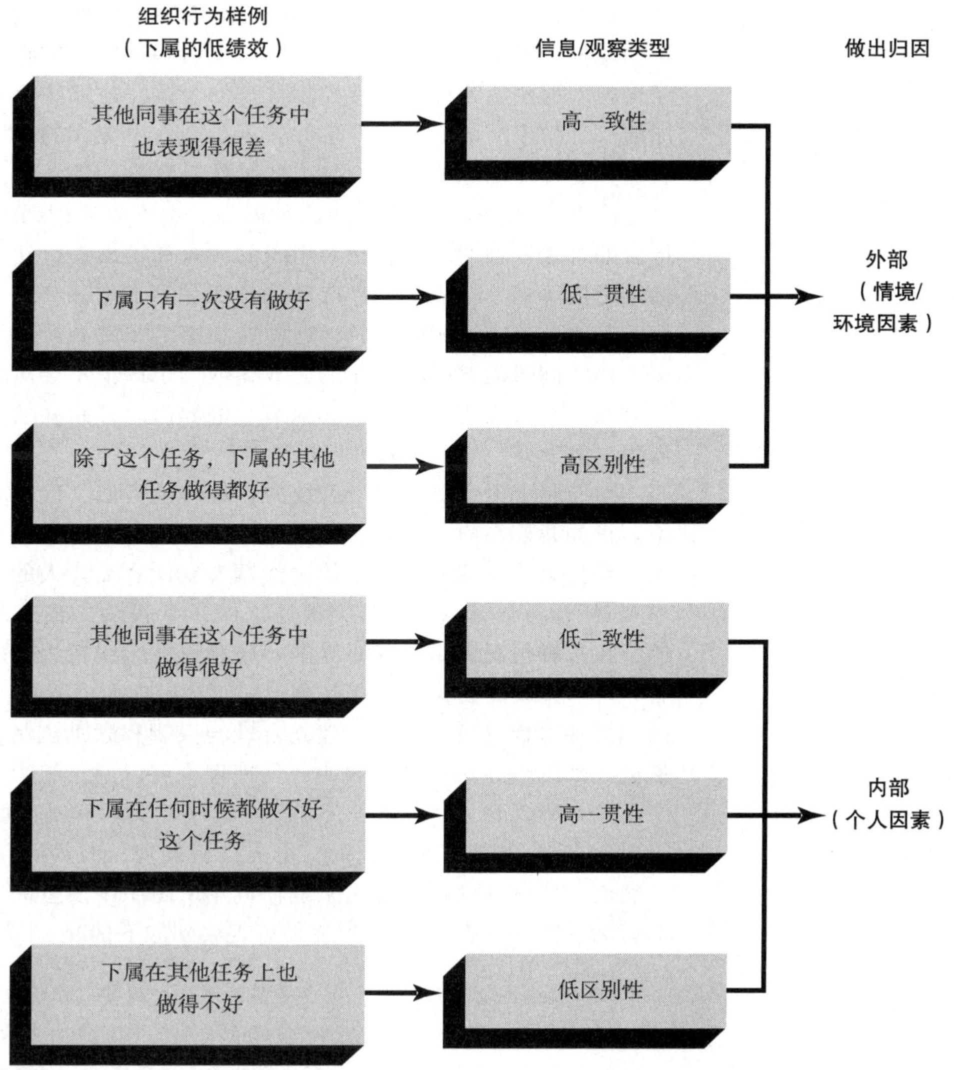

者和下属之间的归因偏差冲突。[104] 为了创造更有价值的关系，理论家和研究者建议增加人际间的相互影响，开放共同交流的渠道和讨论会，创造减少归因偏差的团体活动，以减少双方知觉和观点上的分歧。[105] 虽然马丁科在他的《归因理论》一书里阐述了组织背景下的归因观点的有效性，但理论上说，信息加工方式和情境因素都影响了组织行为的归因模型。[106] 虽然归因理论很复杂，但它在相关应用上似乎有相当大的潜力，而不是仅仅是理论建构上的一些纯学术活动。

其他的工作动机理论：控制和代理

期望与公平的动机理论是从微观的角度来进行考虑，主要来自于当代的认知心理学。从一个更加宏观的角度讲，在组织行为学的动机领域中也出现了另一些理论，其中有代表性的就是控制理论和代理理论。

控制理论（control theory）和我们前面所讨论的其他理论一样，其核心是一个认知现象，即个体所知觉到的对自己生活和工作的控制程度。最近的一些研究结果发现，那些认为他们能够控制自身的个体，与那些没有控制感的个体相比，更加能够忍耐生活中不愉快的事件，承受工作中更大的压力。[107] 另外也有一些证据表明，这种控制感能够影响员工的工作满意度和缺勤率。[108] 另一个版本的控制理论与传统管理的控制功能有更大的联系，也可以运用到组织行为的实际工作中去。传统的有效管理的原则包括对组织的输入和输出进行控制，这样的研究同样也包括人力资源的战略控制。[109] 特别是与现在的工作环境——如员工需要面对不断提高的工作要求——相联系时，这种控制感是非常有帮助的。这样，员工在接受更多工作的同时能够控制工作的完成，他们也许就不会对新工作产生负性情绪。另一方面，有关工作控制的其他细节，例如何时开始和结束任务，如何安排工作的流程，似乎很少与工作动机相联系。[110]

与控制理论主要来自于传统的管理理论类似，代理理论是来自于经济学的理论。正如我们在第 4 章中所谈到的，代理关系主要包括一个或者多个个体（委托人）委托另一个或者多个个体（代理人）代表委托人的利益行使某项工作。[111] 代理理论（agency theory）的关键是这样一个假设，委托人和代理人的利益是分离的，在某种情况下是相互对立的。该理论在组织行为中的应用包括委托人（所有者、董事会成员或者高层管理者）如何从代理人（下属、中层管理者或操作员工）的利益和目标出发，为他们建立合理的报酬和激励机制，以减少双方的分歧。虽然近年来的一些研究证据表明，代理理论可以用于组织行为的某些领域如绩效薪酬、[112] 薪酬合同、[113] 海外子公司薪酬策略 [114] 以及可变薪酬策略 [115] 等等，但是，最近对所有者–绩效实验研究的一个元分析发现，有些研究结果并不支持代理理论。[116] 然而，代理理论经常被用来解释近年来组织中发生的一些过分的丧失职业道德的行为。比如，唐·汉默布里克最近观察到如下情况：

> 如今的高层经理们，至少美国的高层经理被股东价值所极度困扰，那种方式是他们的前辈未曾经历的。这些困扰来自于他们所面对的新的“游戏规则”——这些规则被代理理论家们所赞同，尽管他们自己从未逐字设计过这些规则。[117]

与其他以认知为基础的理论相似，代理理论可以帮助我们更好地理解现代组织中管理者复杂的动机。但是，因为动机的复杂性，像其他的工作动机理论那样，代理理论显然也不是最终答案。对代理理论的一个最主要的批评来自最近的几个研究发现。代理理论强调各种不同类型的外源性动机在塑造行为中所扮演的角色。相反，内源性动机在代理理论中并没有涉及，但是它往往能起到更加关键的作用。这样的情况与在特定情境中控制或者缺乏控制的概念结合在一起以后，由外源性动机模型所产生的偏差可以干扰任何一个研究或者理论的发展。[118] 尽管如此，像近期一个关于员工所有权的讨论那样，当员工成为公司的所有者，公司的销售额、利润和股价涨了 75%；另一个研究显示，拥有员工持股计划的公司比没有员工持股计划的公司，总体股东回报率要高出 7%。[119]

最近，代理理论被扩展到了宏观水平上，它被用来解释特许经营中的财务决策，[120] 并研究使专业服务公司的决策权威性受到限制的各种不同形式的控制。[121]

在后一个研究中，公众的控制、官方的控制以及客户的控制，与专业服务机构所体现出的一定程度的自我控制相结合，减少了决策的自治权。这样，代理理论也与控制理论相关联，未来理论的发展能让我们更好地了解工作动机。

跨文化情形下的动机

在不同国家的组织行为研究和应用中，动机无疑是一个最重要的因素。尽管第 2 章里已讨论过全球环境问题，但在国际背景下，当具体到有关动机的研究，仍然有两个问题值得探讨。第一个问题就是动机本身。有相当的证据表明，在不同的文化下，各个动机的相对重要程度是不同的。这些差异对跨文化条件下何时向员工提供奖励，甚至对是否提供奖励等问题均有启发意义。有一些国际专家认为，某些理论和应用技术存在着文化局限性，这就意味着，在美国可以很好应用的理论和技术，在其他国家可能会失效。[122] 但是，在考虑这些问题之前，不同文化对工作的看法也是一个值得思考的问题。

不同文化下工作的含义

在美国的传统中，工作一般是与经济报酬划等号的。尽管人们有着不同的需求和个体差异，北美人还是一直把工作视作为实现消费而赚钱的手段。因此，对许多美国人而言，在工作上所花费的时间就是金钱。这些观点经常体现在他们会尽可能在较短的时间内完成尽可能多的事情上。美国人也希望将工作的内容明晰化，以便了解组织对他的期望是什么、任务必须在何时完成等。正如我们将在第 11 章中提到的，他们会对那些可以提高他们绩效水平的目标积极响应。

并非所有的国家在激励它们的人力资源时都采用同样的基本假设。尽管工作对于全世界的绝大多数人来说是很重要的，动机的理论和激励的方式或多或少有一些相似，但是其中必定存在着很重要的差异。例如，在西德和东德合并之前，这两个国家的员工的工作动机似乎就存在着很大的差异。[123]

在一个特定的文化下，工作的角色和人力资源的激励可能会随着时间发生变化。例如，近年来，由于美国公司大量裁员以及日益激烈的竞争压力，每个员工的工作时间增加了。而与之相对应的是，在相同的时期，日本员工的工作负担却减少了。[124] 但日本试图要在今后的 10 年中从经济的不景气中重振雄风，那么其工作负荷的情况就有可能发生变化。于是，在一个特定的文化下，在开始对动机的本质进行测量之前，首先需要考虑的是工作的本质和意义。

不同文化下的动机差异

哪些因素可能会影响跨文化的动机差异呢？宗教信仰、不确定性规避和权力距离可以回答这个问题。

宗教信仰的角色

宗教信仰及其所伴随的价值观可以解释不同文化间的动机差异。例如，有一些地区的宗教信仰十分崇尚顺其自然。许多印度人就遵循这样一种思维方式。与之相反，北美的宗教信仰十分崇尚对事物的控制。有一些宗教信仰认为人是可以转世和重生的，而绝大多数的北美人认为人生只此一回，因此他们要在今生今世完成更多的事情。有一些宗教信仰崇尚要像关心自己一样关心他人（集体主义）；而绝大多数的北美人认为，帮助别人的最好的方法是确保自己成功（个人主义）。在某些情况下，这些不同的价值观可能会对不同个体的动机模式产生间接的或者直接的影响。

有一位国际专家指出，那些清教徒式的工作伦理，在北美和一些西欧国家已经不再处于主导地位，但是在首尔、索韦托和智利首都圣地亚哥等地方还是受到推崇的。他指出这些地方以前盛行的是佛教和基督教，清教徒式的工作伦理却像以前在北美和西欧国家一样受到崇尚。之所以出现这样的情况，可能是因为将这些不同的宗教价值观和态度整合在一起，能够有益于在高速成长的市场经济中取得成功。[125]

不确定性规避所扮演的角色

另一个会对动机差异产生影响的因素是与模糊性和不确定性相联系的文化价值观。人们面对不确定性的意愿有多强？他们在多大程度上想知道究竟发生了什么事情，而不愿意进行过多的冒险活动？如果员工的文化价值观愿意接受这样一种不确定的情境，那么与那些希望了解事实情况的员工相比，两者之间激励的方式是完全不同的。例如，那些可以接受不确定情境的员工可能不会具有很强的工作安全需要。或者，那些对于不确定的和模糊的情境容忍性较小的员工，他们可能更加希望客观的绩效评估方法。最近的一项分析得出的结论是：“那些有较高不确定性规避愿望的员工希望工作明确、避免冲突，期望有明确的指导且不希望竞争。减少他人不确定性的方法可以通过对他们进行观察、努力从他们身上获取信息并与他们进行沟通等。”[126]

霍夫斯泰德 (Hofstede) 的研究指出，这种不确定性规避的文化维度或者价值观在不同国家之间会有所差异。在拉丁国家（包括在欧洲和南美的拉丁国家）生活的人一般不太喜欢这种不确定性，地中海国家亦是如此。另一方面，像丹麦、瑞典、英国、爱尔兰、加拿大和美国这样的国家的人，在不确定或者模糊的情境下能够更有效地工作。像日本和韩国这样的亚洲国家则处于这两个极端的中间位置。[127]

权力距离的角色

第三个会对跨文化动机差异产生影响的因素是权力距离。在一个特定的国家中，人们是否可以接受这样的事实：其他人比自己具有更高的权力；或者说他们发现很难与之相处？在美国、英国、加拿大和斯堪的纳维亚国家中，人们不乐意接受这样的观点。另一方面，在印度、墨西哥、日本和韩国则不是这样。这就可以解释为什么像授权这样的管理风格，在美国和斯堪的纳维亚国家这样一些权力距离较小的国家中更容易被接受。一些跨国公司希望使用授权的方法来激励韩国的当地员工时，可能会遇到很大的困难。[128] 另一方面，如果是一个韩国公司在美国的分公司，试图运用授权的方法来激励当地的员工，可能会产生很好的效果。

总体来讲，使用霍夫斯泰德的文化维度进行考察，美国的员工具有以下一些特征：

> 相对较高的男性主义和清教徒的道德规范，较高的个人主义倾向，较小的权力距离，不确定性规避的需要较少，非常需要从工作环境中得到持续的外显信息。[129]

其他文化维度

十多年来，有大量的研究通过测量一系列的变量来考察跨文化的动机差异。这些变量包括清教徒式的工作道德规范、针对 X 理论（独裁风格）和 Y 理论（民主风格）的管理感受、竞争性、储蓄倾向、对金钱的评价、通过服从而获得成就、控制源、成就动机、亲和动机、控制的需要和自治的需要等等。在绝大多数时候，相似的文化下也并不存在一致的模式。相反，在同一个文化下，有一些因素和动机会随着国家或地区、性别和经济地位的差异而发生很大的变化。[130] 因为在对组织行为进行研究时，动机理论和技术的发展绝大多数是以美国为基础的，同时，因为动机在不同的文化下会产生差异，所以，合乎逻辑的外推使用必须考虑理论的普适性和文化的适用性。

不同文化下的动机理论和方法是一致的吗

本章所描述的激励人力资源的内容理论和过程理论以及激励技术，绝大多数都是由美国的学者完成的，研究的对象也大都是美国员工。然而，有一些研究发现可能会提出这样的疑问：这些理论和技术是否在所有的文化中都适用？具体而言，我们（鲁森斯和他的同事）的研究结果发现，以美国为基础的外源性动机因子可以提高俄罗斯员工的绩效，但是参与的方法却不能产生作用。[131] 另一些研究的结果表明，一些基于公平性知觉的动机过程不仅可以在美国产生作用，而且在一些亚洲国家同样也是有效的。[132] 但是，绝大多数跨文化研究者都认为，不同文化之间运用动机激励理论和技术所产生的差异性远远大于共性。例如，阿德勒在对跨文化的动机研究进行综述后，得到的结论是："美国的动机理论（尽管总是被假定为能反映全球的价值观）并没有能为美国以外的行为提供一个一致有用的解释。"[133]

绝大多数针对动机的跨文化研究主要局限于内容理论，如马斯洛的需要层次、赫茨伯格的双因素理论以及麦克莱兰的成就动机理论。这些研究的结果表明，这些内容理论在不同的文化下确实存在着差异。例如，因为中国强调集体需要大于个体需要，所以其马斯洛的需要层次从最基本到最高的排列顺序应为：（1）归属

(社会), (2) 生理, (3) 安全, 以及 (4) 对社会的自我实现。[134]尽管如此, 随着现在中国经济几乎完全转型成市场经济, 虽然改变较慢, 但它的文化价值观(的改变) 可能会慢慢影响动机, 以至于与西方国家更加类似, 至少在一些大城市是这样的。

同样的情况也发生在赫茨伯格的双因素理论和麦克莱兰的成就动机理论中, 在不同文化下这些理论也需要重新整合。比如说, 责任感和成就需要对于不同文化背景下成长的人们可能会不同, 这是毋庸置疑的。例如, 在美国、加拿大和英国, 成就的需要主要是基于两个基本的文化特征: (1) 愿意接受中等程度的冒险, (2) 对绩效强烈的关注。但是, 在不确定性规避这个维度上保持较高水平的文化中, 第一个特征是没有办法得到满足的。结果是, 来自智利和葡萄牙的员工, 他们的需要基础是不同的, 对于较高 (较低) 的成就动机也有不同的观点。[135]在那些并不十分强调绩效的文化中, 也需要对这些理论进行适当的修正。

同时, 一般来讲, 这些理论所运用的框架则更具有广泛适用性。所有文化下的个体都经历过需要的层次 (马斯洛), 都遇到过避免不满意和导致激励的不同因素 (赫茨伯格), 并且和一定程度的成就动机相联系 (麦克莱兰)。并不是说在不同的文化下, 这些理论都会消失或者互相没有关联, 但是在不同的文化下运用这些理论的时候, 其内容需要进行修改。换句话讲, 在所有的文化下都存在着需要的层次, 但是, 不同的文化, 其需要层次的顺序可能是不同的, 正如我们前面所例举的中国的例子。另外, 有许多需要相对而言是普遍存在的。例如, 成就需要以及对有趣工作的渴望在很多不同的文化下都是很高的激励因子。因此, 尽管各个国家员工间绝对的需要水平是不同的, 但是需要的相对位置基本是保持一致的。[136]

对于更加复杂、但是更具有普遍意义的动机过程理论而言, 也存在着同样的问题。正如阿德勒所指出的: "期望理论在不限定具体奖励类型的情况下是具有普遍适用性的。"[137]这个观点意味着, 期望理论具有一定的局限性, 因为该理论只能运用到员工对于工作有很强的控制需要的情境中, 但是, 此问题并不能影响这个理论的有效性。其局限性可能主要是因为, 个人的控制感与团队和组织目标之间存在着交互作用。[138]对于公平理论和强化理论 (第 12 章), 也存在同样的问题。过程本身是具有跨文化一致性的, 但是理论的内容与运用过程则需要关注文化的差异。例如, 在某些文化中, 个体对于不公平特别敏感, 公平相对于平等的重要性可能有所差异。但是一般来讲, 在绝大多数的情况下个体会重视公平问题。[139]公平理论思想的一个最新的变化是有关基于文化的授权感, 如在前苏联实行社会主义和计划经济时的情况。在那样的条件下, 工人们乐于相信回报一般大于投入, 因为那个时代的许多工人得到终身雇佣和免费医疗保障的福利。在这样的情况下, 个体对公平的知觉肯定是不同的。[140]

总体而言, 在国际化环境下理解动机问题的关键是, 首先了解工作的基本含义是什么; 然后, 认识文化中不同的维度可能会对动机产生的影响; 最后, 在不同的文化环境下, 将本章中所提到的动机理论和方法用一种创新的方式运用到人力资源管理中去。

小　结

与组织中的其他问题相比，动机是从一个更加微观的角度来研究组织行为。对动机的综合理解就是需要—驱力—诱因的过程（或环路），最基本的过程就是：需要产生一个活动驱力以实现诱因（任何减轻需要和降低驱力水平的事物）。驱力或者动机，主要可以分成*基本动机*、*一般动机*和*次级动机*。基本动机主要是以非习得的生理需要为基础的，最常见的基本动机包括饥饿、渴、睡眠、避免疼痛、性以及母爱等。一般动机也是非习得的，但并不是以生理需要为基础的。比如，好奇、控制、活动和情感就是一般驱力的例子。次级动机则是习得的，与组织行为学研究的关系也最紧密。对于组织中的成员而言，权力、成就、亲和、安全以及地位则是最主要的驱力。

除了各种不同的需要以外，动机同样可以依据它的来源进行区分——外源性动机和内源性动机。外源性的驱力主要与可见的外在结果相联系（如金钱），通常由他人进行统一监督，以达到激励个体的目的。内源性动机主要与个体的内部相联系，使个体通过自我诱导来进行学习和获取，或在某种意义上使个体获得改善和进步。

关于工作动机理论，存在着几种不同的分类方法。马斯洛、赫茨伯格和奥德弗的模型试图确定员工动机的具体内容（在马斯洛和奥德弗的理论中），或者是工作环境中的因素（在赫茨伯格的理论中）。尽管这样一种内容的方法从表面上来看是符合逻辑的，很容易被理解并可以转化到实践中去，但是研究证据表明，内容理论存在着局限性，很少有研究支持这些模型的理论基础和预测性。这种追求简单的方法所付出的代价是，并不能够真正理解工作动机这个复杂体。但是，从正面的角度来讲，内容模型中所强调的因素很大一部分是被人类关系学家所忽略的。另外，奥德弗的模型具有更大的灵活性，同时赫茨伯格的理论在解释工作满意度方面非常有效，也可以作为实践中工作丰富化行动的指导。

过程理论对工作动机提供了一个更加强有力的理论解释。弗洛姆的期望理论以及波特和劳勒对这个理论进行的扩展和修正，可以很好地解释在复杂动机过程中重要的认知变量以及这些变量之间的关系。波特和劳勒的模型同时也可以解释工作满意度和工作绩效之间的重要关系。波特和劳勒认为绩效导致满意，而不是相反。有一些研究的结果支持期望理论，但是还是存在着概念和方法上的问题。与内容理论不同，期望理论相对而言是比较复杂的，并且很难真正运用到管理实践中去。

最近学术界对公平理论给予了越来越多的关注。基于个体所知觉到的与他人相比的投入—结果的比率，公平理论可以帮助我们更好地理解工作动机这个复杂的认知过程。但是与期望理论相似，它同样存在着一定的局限性，缺乏对人力资源管理的预测作用和实践价值。最近，这些公平理论被运用到对工作场所中组织公正性的分析之中。其他对动机的理解来自于归因理论（如内外控制源和稳定性、一致性、一贯性与区别性的归因）。最后，本书还简单介绍了控制理论和代理理论，这两个理论来自其他领域，已经引起组织行为学研究的关注。

本章的最后一部分阐述了全球化环境。关于动机的跨文化研究主要集中在两个方面。第一，在不同的文化下，动机的差异性、相似性以及动机的相对重要程度都是不同的。第二，研究还需要确定哪些动机理论具有文化局限性，哪些理论在美国以外的文化下仍具有很高的应用价值。

结尾：元分析研究发现

组织行为学原理

认知动机理论中的过程变量可以预测与工作相关的绩效。

元分析结果：

【77 个研究；d=0.47】平均而言，研究结果表明，运用弗洛姆的 VIE（效价、工具性和期望）动机模型相对于不使用该模型，**有 63%的可能性**可以更好地预测工作绩效。但是，深入的分析表明，独立的过程变量与绩效之间的关系可能更加紧密。

结　论：

正如在本章中已经讨论过的，弗洛姆的 VIE 理论是较先进的工作动机认知理论，其主要关注点是那些可以提高员工绩效的过程变量。这个理论的基础是人们的认知，即相信在自己的努力程度、产生的绩效以及所获得的结果之间存在着概率上的联系。尽管元分析的结果显示，VIE 模型从本质上来讲可能不会产生很大的影响，但效价、工具性和期望等个体过程变量可以作为可能的绩效预测因子，为工作动机的认知理论提供支持。

资料来源：Adapted from Wendelien Van Eerde and Henk Thierry，“Vroom's Expectancy Models of Work-Related Criteria：A Meta-Analysis”，*Journal of Applied Psychology*，Vol.81，No.5，1996，pp.575-586.

组织行为学原理

对于有趣的、具有挑战性的任务，外部的奖励可以提高内源性动机的水平。

元分析结果：

【13 个研究；729 被试；d=0.34】平均而言，在员工执行有趣的、具有挑战性的任务时，向员工提供类似金钱的外部奖励，与没有相应奖励的情形相比**有 60%的可能性**可以提高员工的内源性动机。但是，一个中介变量的分析揭示，在某些情况下，外部奖励可能会降低员工的内源性动机，这些外部奖励将员工的注意力从自己从事的工作上吸引过来，尽管这些工作是有趣的或者具有挑战性，但员工工作的目的只是为了获得外部奖励。另外，要确定内源性动机与外源性动机之间的关系，最关键的一点是如何测量内源性动机。

结　论：

尽管员工对工作的内容感兴趣，并且，受到工作本身激励也会努力工作，但组织为员工的绩效提供相应的奖励也同样重要。不过，将内源性动机和外源性动机的激励技术结合以后的效果是非常复杂的。提高内源性动机水平的方法可以是提高员工对自身能力的认识，使他们相信自己能够完成任务；提高他们对自己行为的控制感，或者在工作环境中向他们提供挑战。尽管在许多情况下，外部奖励可以提高员工的内源性动机，但组织必须小心，不要让外部奖励对员工的关键认知过程产生干扰。例如，如果员工在出色完成工作以后得到金钱的奖励，他们可能将自己的绩效归因于自己对金钱的渴望，而不是真正的兴趣或者成就需要。这样的结果就会导致员工在将来的任务中降低其内源性动机，这也是组织希望采取一些非金钱的方式来激励员工的原因之一。正如在本章中所讲到的，工作动机是一个复杂的过程，并不存在一个简单的答案，但是至少在那些有趣的、具有挑战性的任务中，存在着一种可能性，即提供外部奖励可以提高员工的内源性动机。

资料来源：Adapted from Uco J.Wiersma, "The Effects of Extricsic Rewards in Intrinsic Motivation: A Meta-Analysis", *Journal of Occupational and Organizational Psychology*, Vol.65, 1992, pp.101-114.

讨论与复习题

1. 简单定义三类基本的需要或者动机并举例说明。
2. 高成就动机者的特征是什么？
3. 地位是如何被定义的？决定地位的因素有哪些？
4. 对于现代人力资源管理而言，安全动机具有什么样的含意？
5. 内源性动机和外源性动机之间有什么差异？可以同时运用这两种驱力吗？如果可以，应该如何操作？
6. 用你自己的语言简单解释马斯洛的需要层次理论。将这个理论与工作动机和奥德弗的 ERG 理论联系起来。
7. 针对赫茨伯格的双因素动机理论的最主要的批评是什么？你认为他的理论对更好地理解工作动机是否有贡献？为什么？
8. 在弗洛姆的模型中，效价、期望和驱力是什么？这些变量之间的关系是什么，如何与工作动机联系起来？举一个现实生活中的例子进行解释。
9. 用自己的语言来简单解释波特–劳勒的动机模型。绩效与满意度之间的关系是怎样的？
10. 举一个简单的例子说明一个小型企业的管理者可能遭遇过的不公平。在你描述的这个情境中，管理者应该如何行动来获取公平？
11. 公平理论与程序公正是如何联系在一起的？为什么对于今天的员工而言这是非常重要的？
12. 什么是归因理论？控制源归因怎样应用于员工和管理者？
13. 两种主要的归因偏差是什么？各举例说明。
14. 简单描述控制理论和代理理论。这两个理论对于工作动机有什么应用价值？
15. 你认为哪些动机理论具有文化局限性？哪些没有？对你的答案进行解释。

互联网练习：哪种类型的工作能激励你？

既然你已经从本章中理解了人类动机方面的基础知识，知道有哪些因素可以激励你也是非常重要的。请访问网站：http://company.monster.com。花一点时间分析你所感兴趣的工作，然后回答下列问题。

1. 选择其中的一项工作。在这个工作中，哪些工作动机理论可以解释你为何能成为或者不能成为一个优秀的、受到激励的员工？
2. 这项工作是否在马斯洛的每一个层次上都对你产生激励的作用？如何起作用？这项工作如何与赫茨伯格的双因素理论相联系？
3. 使用这项工作作为一个参照点，尽你所能追踪考察波特-劳勒动机模型的每一个步骤(图 6.7 中的内容)。

真实案例：UPS，管理者学习换位思考

在联合包裹服务公司（UPS），规则就是信仰。没有规则，UPS 不可能每天把数以百万的包裹准时送达目的地。但是就在两年前，加利福尼亚州圣拉蒙 UPS 的管理者科瓦德不得不做出是否要反抗这个系统的决定。有个司机需要离开一段时间去照顾他生病的家人，但是公司的规则不允许这么做。如果科瓦德按规则办事，这个司机不论用什么方法休假都会被开除。如果科瓦德允许他休假，那一定会遭到其他司机的炮轰。最后，科瓦德顶住压力，给了司机两周时间，并因此保留住了一个有价值的员工。

科瓦德承认，如果是 6 个月前，他绝不会这样做。是什么改变了他？他与来自得克萨斯州麦卡伦的农民生活了一个月，这是 UPS 不寻常的管理培训项目中的一个内容——社区交流实习项目（CIP）。在为穷人建房、为救助机构募集衣服和为戒毒中心工作后，科瓦德说，他已经能够理解员工回家之后的境遇了。他说这让他成为一个更好的管理者。“我过去的目标是只看业绩，在一些情况下这意味着不关心具体的人，”科瓦德说，“但在那一个月以后，我开始以不同的方式直接接触各种各样的人。”

CIP 开始于 1968 年，来自于 UPS 创始人詹姆斯·凯西的想法，他希望在 UPS 占绝对优势的白人管理者能去关注在许多城市由于贫穷和不公平带来的暴力。到现在为止，近 1200 名在任或前任的管理者参加了全部的项目。这已经演化成 UPS 文化不可分割的一部分，从管理者掌握关键的弹性技能以便适应来自于各种背景的员工，到公司一直以来的严格的规则文化，如送货员怎样交接他们的钥匙、每一秒要走多少步。UPS 需要规则，但是也需要管理者有能力在需要的时候绕过它们。“我们已有 33 万名美国员工，”CIP 的合作者以及这个项目的毕业生沃佛德说道：“有各种各样的性格和非常多样性的员工，我们需要能够管好他们的管理者。”

今年夏天在纽约，8 名管理者参观了 Bellevue 医院的急救室，在 Sing Sing 监狱辅导了面谈技巧并且为无家可归的人提供了食物。这些经验多多少少让他们远离了舒适——不论是多年来首次乘坐公共交通工具，还是第一次面对暴力犯罪，那就是在离他们住的亨瑞街只有几步之遥的地方发生的连环杀人案。“大量的新秀从这个项目中脱颖而出，他们对自己更加自信，并学会快速地解决问题，”研究 UPS 的耶鲁商学院的助理教授索勒非尔德在完成 CIP 后说道，“他们学会了倾听而不是直接做出反应，他们还学会了难以置信的换位思考技巧。”

受过 UPS 项目训练的管理者说，他们更容易去寻找非常规的解决方法。路易威尔的部门管理者霍布斯在纽约下东区生活了一个月，她对没受过教育的成瘾者提出的让年轻人摆脱毒瘾的创造性想法记忆深刻。她认识到，最好的解决方案有时是由离问题最近的人提出来的，因此，她开始与全体员工集体讨论，而不是仅仅与高层管理者对话。霍布斯说道："你开始觉得不管职位高低，没有人拥有所有的答案，答案来自于我们整个群体。"

在贫穷中生活一个月并不会改变世界。但是它可能会帮助 UPS 的管理者不仅仅把员工看作是一台效率机器上的齿轮。

1. UPS 通过 CIP 试着在它的文化里注入新的元素。这样的文化改变看上去像什么？它如何影响着管理者和员工的动机？
2. CIP 项目对于参与的管理者来说，能激发起哪些动机？什么动机理论能解释 CIP 对于参与管理者的可能影响？
3. 众所周知，UPS 给操作员工很高的工资，这一点足够激励他们吗？什么例子能支持你的答案？

组织行为案例：明星推销员

在成长的过程中，杰里·斯莱特总是因为自己的独立而受到父母的表扬。当他开始上学以后，他在课堂内外都表现得非常出色。在学校，他经常担任交通管理员和食堂班长这样的职务。但是他的母亲开始担心自己的孩子，因为他不能和同学很好地相处。面对这个问题，杰里就会回答："是的，我并不需要他们。另外，我能够做的事情，他们并没有能力完成，我没有时间去帮助他们，我需要提高自己。"杰里在高中和大学都非常出色，他的学习成绩在班上总是名列前茅，同时他也是高中和大学田径队中一位出色的长跑运动员。在大学的时候，他不愿意与别人住在一起，自己独住一个单元。毕业以后，他进入了一家大型的保险公司，不久就成为了公司最出色的推销员。杰里非常自豪，在过去 8 年中，他有 6 年成为公司最出色的 5 位推销员之一。

在保险公司的总部，负责主要人员晋升的执行委员会正在讨论中西部地区销售经理职位空缺的问题。人力资源部的经理认为："中西部地区的业绩远远低于其他地区，正在拖整个公司的后腿。我们需要一个进取心很强的人来扭转这种局势。通过广泛的考察，我们建议杰里·斯莱特出任这个职位。你们可以看到，杰里的业绩是非常出色的，而且他的工作积极性也很高。我认为他就是这个职位最合适的人选。"

1. 你是否同意人力资源经理的观点？为什么？
2. 考虑杰里的背景，在本章中所讨论的什么动机在杰里身上表现得最为明显？什么样的动机表现得很低？请给出具体的例子。
3. 对于销售部门的员工来说，什么样的激励是最重要的？而对于管理职位上的员工，什么样的激励最重要？

组织行为案例：他们想要什么？

帕特·利弗勒是美国中西部一家中型制药厂负责生产和运营的副总裁。帕特拥有化学博士学位，但是在这20年中，他从来没有亲自参与过研究和开发新产品的工作。他从一流大学毕业之后直接进入了管理工作。公司并不存在员工离职的问题，但是对于帕特和其他高层管理人员而言，很明显，自己的员工仅仅是在8小时的时间内完成份内的工作，他们并没有充分发挥自己的潜能。帕特对于这样的情况非常失望，因为面对日益增长的成本，公司解决问题的惟一途径是提高员工的工作效率。

帕特请来了人力资源部门的经理卡门·洛佩兹。面对一大堆图表，帕特说："我们的员工到底怎么啦？我们的薪酬调查报告结果表明，我们的薪水在同类行业中已经是最高的了，我们的条件是非常优越的。但是我们的员工还是不能得到激励。他们到底需要什么？"卡门回答："我已经告诉你和总裁不止一次了，仅仅是钱、环境和福利还是不够的。员工需要其他的因素来激励。同时，我也秘密进行了一些随机的调查，员工告诉我他们非常沮丧，不论他们多么努力地工作，与他们那些吊儿郎当的同伴相比，他们得到同样的薪水，晋升的机会也没有区别。"帕特回答道："很好，你是激励方面的专家，我们应该在这个方面怎么做？无论如何，我们必须提高他们的绩效！"

1. 用马斯洛、奥德弗和赫茨伯格的动机理论来解释这个组织所遇到的"激励问题"。上文中人力资源经理所提到的除了薪水、环境和福利以外的"其他因素"是什么？
2. 用一个或者几个过程理论来解释这个公司员工的激励问题。基于那些秘密的调查的结果，你可以猜测一下，这个公司员工的期望、效价以及不公正是什么？帕特应该如何应对？
3. 如果你是这个公司的人力资源经理，你会如何回答帕特的最后一个问题？

组织行为案例：汤姆、迪克和哈里

你负责一个小型的部门，你一共有三个手下——汤姆、迪克和哈里。你这个部门取得成功的关键是尽可能使员工得到激励。下面是对这三个员工的简单介绍：

汤姆是一个很难描述的员工，他的缺勤率远远高于其他人。他非常爱自己的家庭（妻子和三个很小的孩子），并且认为家庭是整个生活的核心。形容汤姆的一个最好方法是将他视为嬉皮士时代的人，他持有那个时代的文化价值观。结果，公司提供给他的一切东西对于他的激励作用是非常小的。他认为工作只是满足他家庭基本经济需要的一种途径。总而言之，汤姆是一个合格的员工，但是，如果希望他完成额外的工作是不可能的。他具备一定的魅力，对待同事也很友好，但对于整个公司而言，他不够卖力。他只是完成自己份内的工作，只需要达到最低的绩效标准。

迪克在许多方面与汤姆恰恰相反。他也是一个讨人喜欢的家伙，但是与汤姆不同的是，他能很好地遵守公司的规章和薪酬制度，他对公司有很高的忠诚度。迪克的问题在于，他不能独立完成工作。他能够很出色地完成分配给他的任务，但是当他独立完成工作时，缺乏必要的创造性。相对而言他是一个比较害羞的人，当与部门外员工打交道的时候，缺乏必要的自信。这些都对他的绩效产生了影响，因为他不能立即将自己或者自己所在的部门介绍给其他的部门或者是公司的高层。

哈里则正好相反，他是一个非常自信的家伙。他是为了金钱而工作的，他愿意为了更高的工资而更换工作。他非常努力地为公司工作，但是同时也期望公司能够给他更多回报。对于现有的工作，如果公司能够支付足够的报酬的话，他并不会抱怨一周工作 60 个小时。即使他拥有一个家庭，也需要照顾年长的父亲。有一次，他还是断然地辞了职，因为管理者并没有如约给他涨工资，虽然他的工资已经很高了。他上一份工作的主管经理认为，尽管哈里的工作非常出色，但是他的个性使得他不得不被炒鱿鱼。他以前的老板说，哈里每时每刻都好像在追逐某些东西，不是薪水，就是福利，他好像永远都得不到满足。

1. 你能否使用本章中我们讨论的动机理论来解释汤姆、迪克和哈里的激励问题？
2. 运用 ERG 理论，说明对每个下属而言，占据主导地位的需求是什么？
3. 如何用公平理论分析汤姆、迪克和哈里的动机问题？

第 7 章

积极组织行为学

学习目标

- **构建** 本章框架，以积极心理学运动为基础
- **讨论** 符合最佳积极组织行为学（POB）标准的自我效能/自信、乐观主义、希望和韧性的相关理论、研究与应用，以及这些因素组合构成的心理资本（PsyCap）
- **介绍** POB 的一种潜在能力——快乐/主观幸福感（SWB）——的理论、研究及应用
- **介绍** POB 的另一种潜在能力——情绪智力（EI）——的理论、研究及应用
- **解释** 情绪和智力在情绪智力中的具体作用

组织行为学的整个领域变得越来越全面（这一点反映在本书第 1 章所详述的社会认知理论框架），最近出现了几个重要变量，有助于更好地理解和有效地应用组织行为学。这种新的积极组织行为方法是由积极心理学运动引发的。积极组织行为学（positive organizational behavior），简称 POB，这个术语由本书作者（Luthans）创立，并将其定义为“对人力资源优势和心理能力中积极方面的研究和应用，对它们的测量、开发和有效管理能提高当今工作场所中的组织绩效。”[1] 除了基于优势[2] 和具有积极心理能力外，作为一个 POB 的概念和阐释，必须符合下列操作性标准：[3]

1. *以理论和研究为基础*。这条标准使积极组织行为学区别于一些毫无理论依据和研究背景的那些流行的、所谓成功学的和自助性的文献，如史蒂芬·柯维的《高效能人士的七个习惯》或斯宾塞·约翰逊的畅销书《谁动了我的奶酪》。正如积极心理学运动和密歇根大学学者的积极组织学派（POS）所倡导的那样，POB 基于不断的理论建构以及持续的基础和应用研究发现。
2. *有效的测量*。与上面提到的理论和研究背景的需求相关，为了进一步与那些大众自助类读物相区别，POB 领域中的概念必须得到可靠和有效的测量。
3. *概念的独特性*。像心理学一样，在组织行为学的历史中，人们已经认识并关注了一些概念，如积极情感、积极强化，甚至幽默。为了避免不过是新瓶装陈酒的批评，POB 涉及到一些独特的、令人激动的概念。尽管对于心理学来

说，这些并不算新鲜，不过 POB 关注的一些积极概念至少对于工作中的应用是相对新颖的。

4. 可发展性。这个标准对于 POB 特别关键，因为这一点就可以将其与大多数的积极心理学研究区分开来。这个标准认为，概念和阐释应该是状态化的（基于情境，对学习、变化和发展开放），与特质化（性格化，基本不随情境和时间的变化而改变）正好相反。尽管状态化标准假定心理能力——从一个连续体而不是二分来看——是能够发展和训练的，但是大多数的积极心理学变量，像道德和性格等，都更特质化，因而是相对固定的。[4]同样，人格和动机理论等特质化概念在主流组织行为学中也是相对固定的。
5. 可用于提高绩效。这个标准再次把 POB 与积极心理学区分开来。POB 关注工作环境，关注积极的心理能力如何能提高人的绩效，尤其是领导者和管理者，当然也包括一般的人力资源。

本章将详细阐述能满足这五个标准的积极心理能力，它们是自我效能/自信、乐观主义、希望、韧性和其他 POB 概念，包括快乐/主观幸福感（SWB）和情绪智力。到目前为止，所有的教科书中，即使对这些积极组织行为学的概念有所阐述，也只是浅尝辄止。然而，现在已经有足够的理论和直接的（或至少间接的）研究证据表明，这些概念与工作中的良好表现有关联。因此，与那些已获确认的诸如知觉、人格、态度、动机等认知变量结合来看，上述积极组织行为学的概念值得给予特别关注。本章以积极心理学运动为结构框架，然后依次介绍下列概念的理论背景、研究和应用：自我效能/自信、乐观主义、希望和韧性。结尾部分将介绍被广泛认可的主观幸福感（SWB）和情绪智力的积极作用。

积极心理学

在积极心理学出现之前，心理学界几乎无一例外地只关注人类机能和行为中消极和病态的一面。为了对抗这一排他性主流，在著名心理学家马丁·塞利格曼（Martin Seligman）的领导下，出现了积极心理学运动。[5]塞利格曼和其他一些人[6]在几年前就开始注意到，人类的优点和积极的特征未能得到足够的重视，而正是这些才使生命有价值。他们开始了积极心理学的研究，希望至少把心理学界的一部分注意力从生活中最不好的事物转移到研究和理解生命中最美好的事物上。积极心理学的目标是用科学方法发现并倡导那些有利于个体、群体、组织以及社区繁荣的因素，它关注最优的人类机能，而不是病态的机能。

在确认这一新领域时，塞利格曼和契克森米哈里这样总结了积极心理学的三个层面：[7]

1. 有价值的主观体验。幸福、满足和满意（指向过去）；希望和乐观主义（指向将来）；以及畅流（flow）和快乐（指向现在）。
2. 积极的个人特质。付出爱和承担责任的能力、勇气、人际交往技巧、审美情趣、感觉灵敏、坚韧、宽恕、创意、远见、信仰、有天赋以及智慧。

3. 促使更多的人做个好公民的公民道德和制度。责任感、教养、利他精神、礼貌、谦虚、宽容以及职业道德。

这些非常“积极的”目标不仅对治疗、教育、家庭生活和更大范围的社会有着显著的意义，而且重要的是它们对组织生活与行为也有价值。与彼得·弗罗斯特最近倡导的在管理和组织中运用共情类似，[8] 积极心理学的取向以及与之相伴随的一些概念能对组织行为学有所裨益，这不仅是出于人本化的考虑，而且在理解以及有效应用方面也有充足的理由。[9] 最近塞利格曼被问道：“如果我们是商人，我们会投资于积极心理学吗？”他是这样回应的：

> 在学术上这个运动是否值得投入时间、精力和努力？我相信是值得的。因为我相信心理学不仅仅只能修正错误，更能识别什么是正确的，并把它变得更好……我希望心理学不只是发现怎样让工作不那么枯燥，更能让我们在工作中找到畅流和意义。

正如我们在本章前言所论述的那样，尽管从积极心理学中能延伸出很多可选概念，但是最符合 POB 内涵标准并将会在这里介绍的是：自我效能/自信、乐观主义、希望和韧性，以及指向未来的快乐/SWB 和情绪智力。

自我效能/自信

首先要介绍的概念是自我效能（self-efficacy），这也是理论发展和研究方面做得最多的积极组织行为学构念。这个概念也可能是与本书中组织行为学理论最相关的，因为正如第 1 章所陈述，社会认知理论既构成了本书的概念框架，也是自我效能赖以产生的理论基础。这归功于著名的心理学家班都拉在过去 30 年里的工作，自我效能已经具备了一定的理论基础，[11] 也具备一些通过基础研究积累起来的知识，[12] 它在很多实际应用（包括工作情境）中的效果也已经获得证实。[13] 让本书讨论的任何概念都比不上的是，到目前为止，9 个大规模的元分析一致表明，自我效能对动机和绩效有显著作用。[14] 在 POB 中，我们将自我效能与自信这两个术语交替使用。我们这样做不仅因为自我效能有丰富理论和研究基础，同样也注意到自信概念更多应用在商业和体育运动领域。[15] 但在比较学术性的讨论中，我们倾向使用自我效能这一术语。下面首先介绍自我效能的含义、作用过程与影响，接着会讨论它的来源与发展，最后讨论自我效能在组织成员绩效上的应用。

自我效能的理论背景和含义

我们在第 1 章总结了班都拉的社会认知理论（SCT）。SCT 把社会/环境的、认知的因素与行为本身结合起来。SCT 用“环境事件”来解释心理机能，以“认知、情感和生理变量”解释内在的个体因素，同时讨论了行为模式。这三者（环境、个体认知特点、行为）交互作用，彼此影响。与个体的符号表征能力、深谋远虑、观察学习能力同属于SCT理论的，是一种关于自我约束和自我反省的理论。自我反省的能力是指人们回顾他们过去在某件事情或工作上的行为和经验，然后对自己能够在多大程度上成功地完成这类事情或工作进行认知分析。自我反省是自我效能的理论基础。[16]

班都拉特别强调，自我效能在自我影响的心理机制中影响最深远也最为重要。他断言，“除非人们相信通过自己的行为能够达到理想的效果，并能够阻止不理想结果的发生，否则他们就没有行动的动机。不管其他动机性因素是什么，这些因素都植根于一个核心信念，即自己有能力实现理想的结果。”[17]

通常使用的自我效能的正式定义，是班都拉早期的一个陈述，即个体关于“自己在多大程度上能够有效地采取一系列必要的行动去处理可能出现的情境”的一种判断或信念。[18]斯塔科维奇和鲁森斯针对组织行为这一领域给出了一个稍微广泛一点的、实用性更强的定义：“自我效能是指个体对自己能力的一种信念(或自信心)，这种能力使自己在特定情境下为了成功地完成某项特定任务而调动起必需的动机、认知资源与一系列行动。”[19]要注意的是，这种定义涉及到特定任务和情境中的行为有效性。在组织行为学领域中使用自我效能时要进一步澄清它的确切含义，因此，需要区分清楚特殊自我效能与一般自我效能的差别。此外，尽管本章前面的部分已经简单地讨论了POB中各种概念之间的区别，可是自我效能与自尊、预期性动机、归因/控制源等组织行为学中紧密相关的概念之间有什么差异，仍然需要阐述清楚。

特殊自我效能与一般自我效能

特殊自我效能是从班都拉的概念发展而来，获得了几乎所有研究自我效能的学者以及心理学界的广泛承认。[20]然而，近年来一些自我效能的研究者把一般自我效能视为自我效能的另一个维度。[21]他们认为除了特殊自我效能外，还存在一种一般自我效能，它反映了人们对自己在各种任务环境中成功完成工作的信念。需要注意的是，这种一般化的自我效能与班都拉对自我效能的描述是完全不同的。具体而言，广为接受的、具有任务特异性的自我效能概念类似于一种“状态”，这样它就符合了POB的标准。特殊自我效能随着特定任务的要求而发生大的改变，个体会在投入精力之前进行认知上的分析。

班都拉认为，自我效能是一种具有任务和情境特异性的认知。[22]相反，一般性自我效能在概念上是与班都拉的观点相对立的——它类似于一种“特质”。也就是说，一般自我效能不会随着时间与情境而改变；在这一点上，它就像是个体的一种人格特质。[23]班都拉以自己多年的理论构建和基础研究为依据提出：“自我效能不是一种去情境化的特质。”[24]然而，班都拉和其他研究者都指出，尽管自我效能不能类比于人格特质，但这并不意味着对特定情境中的自我效能的评价绝对不会发生泛化。[25]事实上，尽管不同情境中的自我效能不一定是固定不变的，但对一项任务中自我效能的判断可以泛化到其他情境，这种泛化取决于情境、任务与个体自身的特点。

总体而言，作为这里要介绍的一种POB概念，自我效能类似于一种状态，指向特定的任务，并且可以培训和开发。例如，一位系统分析人员可能在解决一个特定的编程问题上有较高的自我效能，但却可能在向 CIO（首席信息官）报告并详细描述问题是如何解决时有较低的自我效能。对于 POB 来说，重要的是这种较低的自我效能可以通过培训和开发而提高，从而提升绩效。

自我效能与已有的组织行为学概念的区别

乍看之下，自我效能似乎与组织行为学中一些广为人知的概念非常相似，甚至常常会发生混淆，尤其是自尊（见第 5 章）、预期性动机（见第 6 章）。同样的混淆也常常涉及广为人知的归因/控制源这两个概念。以下关于这些变量与自我效能的区别有助于澄清自我效能的确切含义：[26]

1. 自我效能与自尊。从前面关于特殊与一般自我效能差别的讨论可以看到，毫无疑问，一般自我效能与自尊非常相似，可是这里使用的广为接受的特殊自我效能就很不一样。第一点区别在于，自尊是个体关于自我评价的整体性结构，是有关个人总体价值的自我信念，而自我效能则是个体对自己在特定任务和情境中的能力的信念。第二，自尊是稳定和特质性的，而自我效能则会随着时间推移、个体获得了新的信息与工作经验而改变，它是状态性的。最后，自尊指向自我的各个方面，而自我效能则是个体对自己将来成功完成某项工作的估计。[27] 例如，一位销售人员在向低收入顾客推销一件奢侈品时，他的自我效能是较高的，但同时他的自尊水平是低的，因为他知道自己的职业是建立在向顾客推销他们并不需要的产品之上，这样的消费会削弱顾客为自己的家庭购买基本生活必需品的能力。
2. 自我效能与期望理论。第 6 章在“动机的期望理论”这一题目下简要地讨论了努力—绩效（有时称为 E1）和行为—结果（有时称为 E2）的关系。尽管 E1 和自我效能都说努力会带来绩效，但自我效能的含义更广。自我效能信念还涉及到对能力、技巧、知识的知觉，涉及特定的工作经验、工作复杂性以及更多内容。此外，自我效能会产生一些心理反应，如情绪、压力和机体疲乏。至于 E2（行为—结果预期），它与自我效能的差别就更明显了。两者之间的作用过程是不一样的——自我效能是对自己能够成功地做出某个行为的判断（即“我相信自己能够成功完成这项工作”），而行为—结果则是对该行为可能产生什么结果的判断（即“我相信我的行为会（或不会）带来理想的结果”）。换句话说，个体对自我效能的评价通常发生在他考虑任何预期行为结果之前。[28]
3. 自我效能与归因/控制源。第三个与自我效能接近但是意义不同而又常常相混淆的概念来自于归因理论，尤其是控制源（见第 6 章）。那些对自己的行为及其后果（成功或失败）做内部归因的个体相信自己能掌控自己的命运（即“我的努力或能力可以改变结果”），他们能够承担自己行为的结果。而做外部归因的人则会把结果归结于外部环境（“任务太难了”）或运气，而且不会为自己的行为结果承担责任。班都拉认为，归因/控制源是对行为—结果事件作解释时关于原因何在的信念，而自我效能是个体对自己能否运用好自己的能力和认知资源，从而成功地完成特定任务的信念。[29]

由于上面所说的区别看起来相当专业化，因此必须对它们加以说明，以使读者确信自我效能的确是一个有效的、独立的概念，并帮助读者理解清楚它的确切含义。

自我效能的作用过程和影响

自我效能不仅直接影响个体机能的发挥，而且还会间接作用于其他的重要因素。从直接作用的方面看，自我效能在个体做选择和付出努力之前就开始起作用了。首先，人们总是倾向于权衡、评价并整合关于其自己能力的信息。[30]重要的是，这一最初阶段与个体本身的能力或资源没什么关系，真正相关的是，个体如何知觉或他们在这个情境中是否能运用这些能力或资源来完成既定任务。这种评价和知觉就会导致对个人效能的预期，这一预期又会反过来决定：[31]

1. 在该情境中执行这个特定任务的决策；
2. 将会投入多大的努力来完成这个任务；
3. 会在多大程度上坚持下去，即使出现问题、不利的证据和逆境。

也就是说，从上面的论述可以看到，自我效能可以直接影响：

1. *选择行为*（例如，个体在诸如工作任务甚至职业选择这样的情形中，会依据他觉得自己在每个备选项上将会如何表现来做出决策）。
2. *动机性努力*（例如，当人们觉得自己在某项工作上有较高自我效能时，他们就会干得更起劲、更努力，而如果他们判断自己在某项工作上的效能较低时，他们就不会付出那么多的努力）。
3. *坚持不懈*（例如，高自我效能的人即使遇到了困难或甚至遭受了失败，他们也会卷土重来，迅速重新振作，而低自我效能的人在遇到障碍时则往往倾向于放弃）。

此外，还有一些研究结果证明自我效能能够直接影响：[32]

4. *进取性思维模式*（例如，对自我效能的判断会影响个体鼓励自己的言词，高自我效能的人会对自己说："我知道我能够找到解决的办法"；而低自我效能的人则会对自己说："我知道我做不到，我不具备这样的能力"）。
5. *对压力的耐受性*（例如，低自我效能的人更容易经历压力和倦怠，因为他们预期自己会失败，而高自我效能的人带着自信和承诺迎接潜在的压力，因此他们能够承受压力）。

自我效能对人类机能的发挥有直接影响，这一点在高绩效者身上才可能出现。也许一项特定任务中完成最好的高绩效者，就是那些自我效能高的个体，他们真正投入到该项任务中去（对它持欢迎态度，把它视为一种挑战）；为成功完成该项任务，无论付出多少努力他们都愿意；在遇到障碍、挫折或失败时仍然坚持不懈；

对自己有积极的看法，能够鼓励自己；能够抵抗压力和倦怠。

如果说上述对高绩效者的描述还不够，班都拉还强调，自我效能在决定绩效的其他重要因素中也扮演着关键角色，例如对目标的渴望、结果预期，以及认为某个计划的实行机会等。[33] 设定什么水平的目标、为实现设定的目标付出多少努力，以及在实现目标的过程中遇到问题时如何应对（坚持下去），这些似乎都会受到自我效能的很大影响。[34] 结果反过来也会影响到预期。自我效能高的人预期会成功，因此能够获得有益的、积极的激励作用，而自我效能低的人预期会失败，所以只会得到消极结果所带来的挫折感（即“反正我怎么都做不到”）。在谈到战略制定、创业以及一些国家正努力进行的经济转型时，[35] 班都拉对这些过程中对机会的知觉做了如下的评论：

> 自我效能高的人会关注那些值得追求的机会，并认为障碍是可以克服的。即使在资源有限和存在很多困难的环境中，他们仍然可以通过灵活应变以及坚持不懈来找到办法。那些自我怀疑的人则会陷于困境之中难以自拔，他们认为这是自己难以逾越的障碍，而且会很轻易地说服自己“努力是没有用的”。这样的人即使在充满机会的环境中，也很难取得成功。[36]

不管是直接还是通过其他过程间接起作用，高自我效能和高绩效都是紧密相关的，而且高自我效能对高绩效的预测力很强。很多研究都有力地支持这一结论。不仅在班都拉那本关于自我效能的影响广泛的书中引用了好几百个研究，而且还有前面所说的 9 个元分析（包括我们在本章最后部分报告的研究——元分析研究的发现 [37]），都一致性地发现，在实验情境和自然情境中，涉及不同能力的绩效与自我效能都有很强的正相关。[38]

自我效能的来源

由于班都拉已经在多年研究的基础上提供了关于自我效能的全面而丰富的理论，因此对自我效能的主要来源存在一致的观点。图 7.1 描述了这些主要来源。要记住的是，根据社会认知理论，这四种自我效能的来源只是提供了最原始的素材。个体为了整合和使用这些信息以做出自我效能的知觉判断和形成信念，他必须做选择，进行认知加工与自我反省。例如，班都拉指出，实现绩效的自我效能，“可能会随个体的判断偏差、任务难度、努力程度、获取帮助、工作条件、当时的情绪与身体状态、一段时间内绩效改善的程度，以及在分析和回忆他们取得的成绩时的选择偏差等因素而改变。”[39] 根据它们的重要程度，下面简单总结了自我效能的主要来源：

1. *拥有经验或实现绩效*。这是形成自我效能最有力的因素，因为它直接与成功相关。然而，应该强调的是，达成的绩效并不直接等同于自我效能。跟绩效有关的情境性因素（如任务的复杂性）和认知过程（即对自身能力的知觉）都会影响到对自我效能的判断与信念。班都拉也指出，经验的获得来自持续的努力以及从困境中不断学习的能力。可是从轻易取得的成功中建立起来的效能

图 7.1
自我效能的主要信息来源

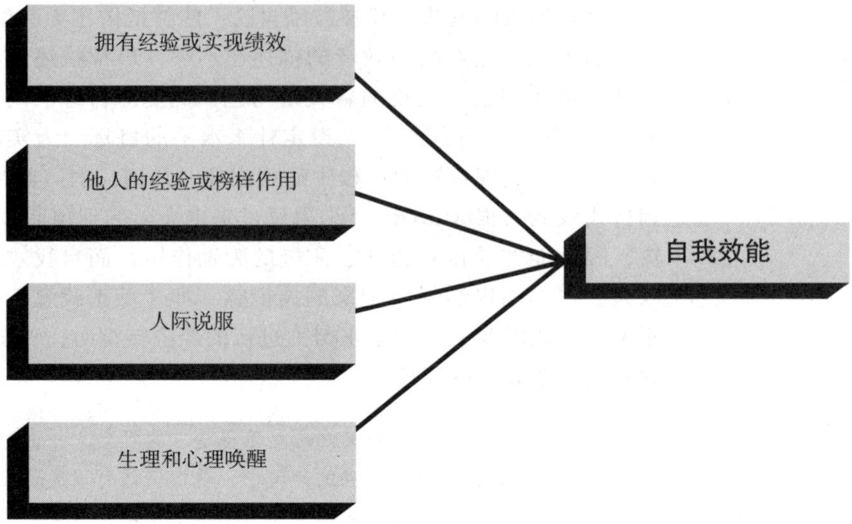

感则不具备持久性特征，一旦难度增加，自我效能马上会发生变化。[40]

2. *他人的经验或榜样作用*。正如个体不必直接经历对个人行为的强化就能获得学习一样（他们可以通过观察那些与自己相关的、其行为获得强化的个体，以他们为榜样进行学习），效能感也是如此。正如班都拉所说的："如果人们看到跟自己相似的人通过持续的努力获得成功，他们就会相信自己也有能力成功。相反，对失败者的观察会使个体怀疑自己进行相似活动的能力。"[41] 须强调的一个要点是，榜样与个体越相似（如在年龄、性别、身体特征和教育等人口统计学特征，以及地位和经验等方面相似）、要完成的工作的相似性越高，对观察者的自我效能的影响就越大。这种替代性质的信息来源对那些没有什么直接经验的人（例如接手一项新的工作）特别重要，而且是一种可以通过培训来提高人们效能的可行策略。
3. *人际说服*。人际说服的影响力不像上面两种作用那么大，而且有时会被过分简化成一种"我能做到"的方法，可是实际上，当那些受尊敬、有能力的人来说服个体，使其认为自己具有完成一项特定工作"所要求的实力"时，个体关于自己效能的信念就可以获得加强。相反，不友善的话以及负面的反馈（如"你做不到"），都毫无疑问会严重地挫伤和削弱个体的信心。即使是一个负面的小评论，或甚至只是非言语的手势，都可能对个体的情绪与效能感产生很大的影响，这样的情况实在是太常见了。不幸的是，大多数人都没有接收到正性的反馈或者他们具有成功完成一项工作的能力的信息，人们更多接收到的是负面信息。不过，人际说服通过向他人真诚地提供客观的信息，接下来再采取行动，切实地帮助个体建立起获取成功或避免失败的能力，从而有助于建立自我效能。当人们在做一项工作的过程中开始感到举步维艰或怀疑自己的时候，这样的人际说服有助于其克服困难，其作用要大于在一项新任务中建立个体自我效能。
4. *生理和心理唤醒*。人们为了评估自己的能力，常常会依赖于自己的生理和情绪上的感觉。这一因素的力量要大于其他因素的影响力，所以，如果这种信息是负性的（例如个体感到很疲倦，或者身体不好或特别焦虑和沮丧，或者感到压力很大），它通常就会极大地损害自我效能感。另一方面，如果这些生理和心理状态是良好的，它们也不一定会对个体的自我效能有很大贡献。当然，这种良好的状态能够起到一个很好的出发点的作用，在这个基础上，其他因素就能对建立效能感产生更好的作用，甚至这种状态本身也能在一项对生理或心理有所要求的工作中唤醒个体的效能感。

对组织行为学和人力资源管理来说，很重要的一点是，上述每种影响自我效能的因素都是高度可塑和可改变的。前面的讨论已经提到过，特殊自我效能是一种状态而不是一种特质。也就是说，通过针对这四种因素来做培训，一定能够提高自我效能。例如，像表 7.1 所显示的那样，培训专家罗伯特·马杰已经针对自我效能的每种来源设计了特定的培训。事实上，帮助受培训者发展自我效能，可能是解决长期以来关于如何将培训效果迁移到现实工作中去这一问题的方法之一。正如马杰所说的：

> 只有在人们具有了强烈的自我效能感以后，他们才会愿意尝试运用他们所学到的知识，并愿意尝试学习新的东西。对自己工作能力的信念，可以使他们在并不总是提供支持的实际工作条件中不那么容易产生受挫感，自我效能有助于他们抵抗被拒绝的

表 7.1 自我效能对有效培训的意义

资料来源：Adapted from Robert F. Mager, "No Self-Efficacy, No Performance," *Training*, April 1992, pp. 34 - 36.

效能的来源	成功的培训以及迁移到工作的关键	关于培训的建议
1. 拥有经验和实现绩效	受培训者必须认识到自己本身就是绩效的原因。	1. 大量的实践，以达到掌握的程度（根据培训目标对掌握下定义）。 2. 把学习分解成一系列可实现的目标，以帮助受培训者检验自己的技能。 3. 针对进步（而不是不足）和贡献做反馈。
2. 他人的经验和榜样作用	使用的榜样应该与受培训者有相似的人口统计学特征，而且目前进行的培训应该与受培训者日后的实际工作相似。	1. 仔细选择那些与受培训者有相似特征的榜样用于培训。 2. 设计的培训应该能让受培训者感到绩效是由榜样的能力而不是其他因素决定的。 3. 榜样应该具有一种任务—诊断性的视角（即把焦点放在任务本身，如果发生错误，就把它视为学习的途径而不是个体的不足）。
3. 人际说服	所有的评论都会产生影响，因此反馈必须采用积极的措辞，以建立受培训者的信心。	1. 支持受培训者使之成功，以便做出正性的反馈性评论。 2. 培训者必须保持注意和敏感，在受培训者在场时总是说正面的话，做积极的事。
4. 生理和心理唤醒	确保受培训者在体验到一些生理或心理症状时，把它解释为是培训任务的特点，而不是个人的不足（如能力欠缺）。	1. 受培训者必须理解到需要投入大量生理上（或心理上）的努力这并不意味着他缺乏能力。 2. 使受培训者达到生理和心理上的适应会有助于唤起学习与追求成功的动机。

打击，也可以帮助他们在遇到障碍和挫折时坚持不懈。[42]

自我效能不仅对培训，而且对于当今职场中的其他许多领域都有很重要的意义。

自我效能在职场中的应用

自我效能理论最初在30年前提出，当时它被作为一种临床领域的理论框架，用于“分析恐惧与逃避行为所发生的改变”。[43]临床使用的结果清楚地显示，系统脱敏、象征模仿和体验直接经验等心理疗法，通过自我效能这一共同的途径能够改变患者的行为。随后，自我效能的应用迅速扩大，超出了临床行为改变这一领域而成功地应用于下列这些方面：（1）改善健康状况，促进病愈后恢复；（2）饮食控制；（3）抵制物质成瘾；（4）学业成就；（5）体育竞技成绩，（6）工作场所中组织行为学与绩效理论的研究与应用。[44]

尽管到目前为止，POB概念在工作场所中的研究相对而言还很少，可是关于自我效能的应用及其对工作绩效的影响，已经有相当丰富的知识。具体来说，斯塔科维奇和鲁森斯的元分析包括了114个研究，涉及21 616名被试。[45]这些研究结果显示，自我效能与工作绩效之间有非常显著的相关，其加权平均相关系数达0.38（本章在末尾详细介绍了基于这个元分析建立的组织行为学原理）。如果换算成元分析中常用的效应大小估计值，转换后的值显示自我效能使绩效提高了28%。[46]相比之下，这个元分析结果反映的自我效能对绩效的作用，要高于其他干预手段的作用，如目标设置（10.39%）、[47]反馈（13.6%）[48]或组织行为矫正（17%）。[49]而且对工作绩效的预测力也大于人格特质（如“大五”）或相关的态度（如工作满意度或组织承诺）等组织行为学研究中常用的变量。[50]

尽管班都拉1997年的专著《自我效能》主要关注的是工作情境，[51]但最近，他又集中回顾了有关自我效能与个人以及组织有效性之间关系的研究。[52]这些关于自我效能作用的研究包括职业选择和发展、新员工培训、工作设计/工作丰富化、支持性沟通、团队（即集体效能）、创新、企业家精神、领导以及压力等组织行为学中的很多主题。除此之外，他又用大量的篇幅讨论了在工作中培养和加强自我效能的策略和原则。

以这些关于自我效能的大量理论和研究成果为基础，下面将针对当今及未来组织中如何更有效地管理员工绩效，给出一些实践建议与具体的指导。

人员选拔

为某项特定的工作雇佣员工，为一个项目指派人员，或者提升某人承担某项明确的工作职责，在这些选拔人员的决策中，评估某个人目前的自我效能大小与强度是很有价值的。“大小”是测量个体相信自己有能力完成何种难度的任务，而“强度”则是指自我效能是否足够有力，以使个体在遇到困难时能够坚持不懈。[53]

尽管自我效能概念最适用于针对职位分配和晋升中的具体任务，但还是可以

图 7.2
为一个汽车销售职位设计的自我效能量表例子

每月卖出的汽车数量	"是"或"否"	确信的强度（0～100%）
我相信我可以卖出 2 辆		
我相信我可以卖出 4 辆		
我相信我可以卖出 6 辆		
我相信我可以卖出 8 辆		
我相信我可以卖出 10 辆		
我相信我可以卖出 12 辆		
我相信我可以卖出 14 辆		
我相信我可以卖出 16 辆		
总　计		

为某项指定的工作或工作整体建立自我效能量表。该量表包括一些难度水平递增的条目。作答者对每个条目给出"是"或"否"的判断（大小），然后用 0~100% 给出实现该任务的可能性（即强度）。图 7.2 就是这样的一个量表。找出回答"是"的条目，把它们的可能性强度得分加总，就得到该作答者的效能分数。这种被称为 Composite I 的计分方法是对自我效能的有效测量，比其他测量方法更可靠。[54]

如果要开发常规使用的问卷条目量表，就应该针对每个具体的选拔目的设计不同的量表。班都拉建议说，这些量表的内容"必须能够体现达到特定绩效水平需要怎样的个人能力，而且一定不包括其他特征"。[55] 当然，人员选拔不能单凭个体目前的自我效能评价，但自我效能已经被证实对绩效有很好的预测力，因此自我效能评价能够对选拔过程有显著帮助。自我效能还可以用作培训与发展需求分析。

培训与发展

正如前面所说的（见表 7.1），因为自我效能是一种状态（而不是一种稳定的特质），而且它的来源已经被确认（见图 7.1 以及相关的说明），自我效能的培训与发展可以对员工绩效管理产生巨大影响。培训可以围绕表 7.1 列出的自我效能的每个来源（以及它们的组合）来设计。

班都拉最近把他关于培训与职业发展的理论分成三类。[56] 第一类他称之为"*指导式技巧学习*"，包括提供指导性榜样以获得一项技能或能力，指导员工完善技能，然后把培训成果迁移到实际工作，以确保个体能够通过自我指导而成功。第二类是关于更复杂的——但在今天各个层次的工作中更常见的——提升决策与问题解决效能的方法。他称之为"*认知性技巧模仿*"，指通过观察成功的榜样在解决问题和做出有效决策时所用的决策规则与推理策略，学习并进而应用这些思维技巧。例如，一项研究通过向管理者提供创造性问题解决的指导和练习，指导他们如何想办法改善组织运营质量和客户服务质量。[57] 第三类是"*自我调整能力的发展*"（例如自我激励或自我管理）。

这一日益重要的自我管理技能培训，包含了一系列相互联系的自我参照性过程，例如自我监督、自我效能评估、个人目标设置以及运用自我激励。[58] 最近一个元分析（117 个研究）评价了行为模拟培训（BMT）的效果：[59]

1. BMT 在学习变量上有最大影响，而对工作行为变量和结果变量也有影响。
2. 尽管 BMT 对知识的影响随着时间的推移逐渐减弱，但是它对技能和工作行为的影响却是稳定的，甚至是递增的。
3. 当以下条件满足时，BMT 的效果最好：
   a. 正面的和反面的样板都要提供；
   b. 练习包括受培训者自己生成的情景；
   c. 指导培训者设定目标；
   d. 受培训者的上级也接受了培训；
   e. 针对受培训者的实际工作制定奖惩。

不管实际的培训是指向于前面讨论过的自我效能的四种来源（见表 7.1 的总结），还是以班都拉提出的这些更成熟的方法为目标，这种对自我效能的培训和发展已经被证明是有效的，[60] 而且将来的发展潜力似乎也是无限的。比如，我们的研究发现，用班都拉的方法对制造业、保险业和公共部门的管理者和员工进行培训，能有效提升他们成功应对多样性行动的效能信念，[61] 并且在一个更大的效能（以及下面论及的其他积极能力）干预研究中，我们可以提高效能水平，并对参与者的绩效产生积极的影响。[62]

其他应用

除了人员选拔和培训与发展，自我效能在压力管理（见第 8 章）、自我管理团队（见第 10 章）、工作设计和目标设置（见第 11 章）以及领导（第 13 和 14 章）等领域也很有价值。其中一种应用是通过提高自我效能以更好地应对压力，[63] 促进自我管理团队更高产 [64] 并获得集体效能。[65] 另外还可以通过工作设计的方法，提供承担更大责任、更具挑战性以及授予个人更大控制权的工作，达到提高在职者自我效能的目的。[66] 在目标设置中，目标的难度和对目标的承诺会受自我效能的影响。相应地，目标的推进和实现反过来又会影响自我效能。[67] 除了这些成熟的应用外，最近一个研究发现，效能可应用于组织的创造过程。研究发现，创造性自我效能（员工对于在工作中能有创造性表现的信念）预测了创造性绩效，超出了来自工作自我效能的预测效果。[68]

关于自我效能的应用，也许影响力最大（至少是潜在的影响力最大）而又仍然在很大程度上被忽视的是领导效能。尽管多年来关于领导的研究已经确认了领导者自信心的重要性，[69] 但迄今还很少有人尝试去测量和研究上面介绍的自我效能理论和研究中的观点，[70] 即领导效能对下属和最终绩效有很大的积极影响（例如领导者可以充当榜样以提高下属的自我效能）。作为 POB 理论基础的一部分和研究领导力的可靠的途径，我们把自信/效能包括进来，[71] 将在有关领导力的一章讨论。除此之外，自我效能对后面第三编“组织行为的动力学”和第四编“实现高绩效的管理与领导”中的大部分章节都有重要意义。

乐观主义

尽管乐观主义在近期的积极心理学运动中是以主要角色出现的，但它早已为心理学家以及一般人所认识。已有大量文献证明，乐观主义对身心健康有积极的影响，乐观主义能带来学业上、体育竞技上、政治上和职业上的成功所必需的一些特征，如坚韧、成就取向和动机等。相应地，悲观主义则会导致消极、失败、社会性疏离，在极端的情况下还会造成抑郁和死亡。

除了该领域的心理学研究者，一般很少为人所知的是，乐观主义也可能导致障碍、机能失调和损失。例如，健康的人会对自己将来的身体状况持乐观心态，因此常常忽略了必需的营养和身体保养；而一个组织中的管理者很可能因为过于乐观而没有为实现目标制定必要的行动计划。[72] 所以，虽然乐观主义在心理学界受到越来越多的关注，但是除了一些一般性知识以外，到目前为止，组织行为学领域在很大程度上忽略了乐观主义，忽略了其在改善员工绩效方面是一个重要的概念和应用手段。

有一句古老格言说："积极思考就是力量"，它的流行得益于一些知名人士的倡导，例如那些作品被广泛阅读、人们耳熟能详的作家，像若干年前的诺曼·文森特·皮尔（励志作家，著有《积极思考的力量》等——译注）和戴尔·卡内基（著有《人性的弱点》等名著——译注），以及较近期的托尼·罗宾斯（通俗潜能开发师，著有《激发你的潜能》、《唤起心中的巨人》等——译注）和斯蒂芬·柯维（著有畅销书《高效能人士的七个习惯》——译注）。另外还有一些政治领袖，如富兰克林·罗斯福和罗纳德·里根。当代心理学家在定义乐观主义时，已经远远超越了这句古老格言含义的范畴。心理学把乐观主义视为一种认知特征，它是一种对结果的积极预期（见第 6 章）或一种积极的因果归因。人们在应用中也常常把乐观主义与希望（下面会详细叙述）和情绪智力这样的积极心理学概念相联系。例如，情绪智力研究专家丹尼尔·戈尔曼（著有畅销书《情绪智力》——译注）在他对情绪智力的论述中就非常强调乐观主义的作用，甚至曾把乐观主义视为情绪智力的特征之一。[73] 然而，正如密歇根大学的心理学家克里斯托弗·皮特森在最近的一个综合性分析中指出的那样："乐观主义并不只是'冷'认知。如果我们忽略了渗透于乐观主义中的情绪特点，就可能认识不到乐观主义既是激励源又是激励的结果这个事实。"[74]

乐观主义的维度

大多数心理学家把乐观主义视为人类的天性或一种个体差异。不幸的是，就像其他心理学和组织行为学的概念那样，围绕着乐观主义还有很多悬而未决的问题。

作为人类天性的乐观主义

早期的哲学家如索福克勒斯（古希腊悲剧诗人，哲学家）、尼采，以及早期的心理学家和精神病学家如弗洛伊德、阿尔波特、艾里克森等人，都曾对乐观主义持否定态度。他们认为乐观主义主要是一种错觉，更准确地知觉现实中的残酷事实，对健康的心理机能更有益。然而在 20 世纪 60~70 年代，认知心理学家开始证明，很多人都倾向于对自己抱有一种比冷酷现实更乐观的看法，心理健康的人尤其有这种乐观的偏差。这种积极性一直以来都被一些人类学家、进化心理学家和神经心理学家描绘成是人类固有的特点——人类本性的一部分。[75]

作为个体差异的乐观主义

与当代心理学主流更一致的看法是，把乐观主义视为一种个体差异（就像其他心理结构一样），即人各有不同程度的乐观主义。视乐观主义为个体差异的关键在于认知期望和因果归因。塞利格曼特别认同这种观点，他用“解释风格”（explanatory style）一词描述个体如何习惯性地对失败、不幸或坏事件进行归因。[76]解释风格超越了他早期对“习得性无助”（learned helplessness）的研究（关于压力和冲突的第 8 章也有涉及）。他先后在狗和人身上发现，如果持续地经历失控感、惩罚和厌恶性事件，最终就会导致习得性无助。这种无助感进一步发展的结果是，即使该动物或人随后有能力控制或逃离那些厌恶性情境，他们仍然会以一种无助的方式行动。然而重要的是，并不是所有个体都会形成习得性无助。大概有三分之一的个体会进行抵抗；他们坚持下来，拒绝屈服，避免自己陷入无助状态。塞利格曼扩展了他关于习得性无助的工作，提出更具有普遍意义、分别针对乐观主义和悲观主义的因果归因或解释风格。

以下分别是悲观主义者和乐观主义者在解释发生在自己身上的坏事件时习惯性使用的因果归因或解释风格：[77]

1. 悲观主义者做内部的（他们自己的错）、持续性的（会保持一段长时间）以及总体的（会破坏他们所做的一切）归因。
2. 乐观主义者做外部的（不是他们自己的错）、非持续性的（只是暂时的挫折）以及特殊的（只是这一情境中的问题）归因。

关于解释风格的研究一直在持续，而且发现内部归因并不像持续性和总体性表现得那么一致。[78]然而对总体而言，不管怎样进行测量，乐观主义与快乐、坚韧、成就和健康等理想特征都有显著的相关。[79]此外，积极心理学在理论构建和研究中，焦点已经从使人们产生问题的方面（如习得性无助、悲观主义和抑郁），转到能使人们获益的方面（如乐观主义、健康和成功）。[80]

关于乐观主义的一些悬而未决的问题

尽管对乐观主义以及情绪智力等概念的研究数量可观，也有了一些明确的结论，但仍然需要对这些概念做进一步提炼以及更深入的研究。皮特森总结并指出了以下三个关于乐观主义的更重要的问题：[81]

1. 小乐观主义与大乐观主义。不同大小和水平的乐观主义可能有不同的作用。

小乐观主义涉及具体、特定的对好结果的预期（例如“我会在 5 点前写完作业，这样我就能看今晚的球赛”），而大乐观主义则指更一般化的、针对“更大”问题的良好预期（如“我们公司会成为业界的领头羊”）。虽然“小”、“大”之间可能有某种联系，但是很可能某人同时是一名“小乐观主义者”和“大悲观主义者”，反之亦然。似乎可以确定地说，联结乐观主义和结果的策略、机制和途径是不同的（例如时间管理与愿景领导）。

2. *乐观主义与悲观主义*。尽管人们通常认为乐观主义和悲观主义是互相排斥的，但事实却不一定如此。有些人既预期会有很多好结果（乐观主义），也会预期有很多坏结果（悲观主义）。有趣的是，在对坏事件所做的归因中表现出来的解释风格，通常独立于对好事件归因的解释风格。换句话说，对坏事件的归因可鉴定（一个人）是乐观的还是悲观的，但对好事件的归因则没有这种作用。对于理解乐观主义而言，看起来对好事件的归因即使不是更重要，至少也是与对坏事件的归因同等重要。
3. *习得与保持乐观主义*。尽管乐观主义有时被描述成一种稳定的人格特质（例如沙伊尔和卡弗提出的作为禀性特点之一的乐观主义），[82] 塞利格曼却发起并领导了对*习得性乐观主义*的推广。习得性乐观主义认为，任何人，包括悲观主义者，都可以学到成为一名乐观主义者的技能。[83] 关键在于，乐观的这种习得性和状态性的特点也符合 POB 概念的要求。模仿这一社会学习过程（例如在相关且重要的环境中令其观察成功的事件和结果）有助于学会乐观主义。相对应地，就像第 8 章讨论压力问题时将会指出的那样，减轻和处理坏事件与压力也有助于保持乐观心态。

总之，作为一个激动人心的心理学研究领域，无论是过去、现在还是将来，乐观主义对于更好地理解和应用人类机能，尤其是对组织行为的理解和应用方面有着非常“乐观”的发展前景。

工作场所中的乐观主义

正如前面讨论过的那样，乐观主义既可以通过激励来引发，其本身又是一种激励源；它具有坚韧、成就取向和健康等理想的特点；它会导致个体对关于自身的坏事件做外部的、非持续性的和特殊的归因；它与职业成功等积极的结果相联系。这些是确定无疑的。推而论之，乐观主义显然可以成为工作场所中的一种很积极的推动力。例如，乐观主义者能够被激励去更努力地工作；有更高的满意度、士气和希望，会给自己设定长远的目标；在遇到障碍和困难时仍然坚持不懈；把个人的失败和挫折归结为暂时的原因而不是自己的不足，并且视为是由过去的特定环境造成的；他们趋向于感觉良好，并在身心上都容易获得鼓舞。下面给出的*应用实例*：“空了一半”还是“满了一半”，是关于工作中的乐观主义者在现实生活中的一些写照。在某些工作和行业中，乐观主义尤其有价值（如销售、广告、公关、产品设计、客户服务以及健康和社会服务领域）。

应用实例

“空了一半”还是“满了一半”

迄今为止，并没有很多关于工作中乐观主义作用的研究，然而实际上当组织成员每天对一些事件做出解释和反应时，乐观主义一直都在发生作用。有些人把“瓶子”（日常的重要事件）看成满了一半（乐观主义者），另一些人则看成空了一半（悲观主义者）。

下面是一些实际的例子：

1. 有两位经理因为上司对他们的负面评价而失去了晋升的机会。
   A. 认为“瓶子已经空了一半”的经理为这种责难而暴跳如雷。他幻想把自己的上司杀死，向每一个愿意听他讲述自己遭不公正待遇的人发牢骚，没完没了地借酒消愁。他觉得生活似乎已经无路可走。他刻意避开他的上司，在公司走廊上与上司迎面而遇时总是赶紧低下头。然而在一次面谈中他承认：“尽管我很愤怒，有一种被愚弄的感觉，但内心深处我很害怕他是对的，我很害怕自己的确是那种一无是处的家伙，害怕我是一个失败者并且无力改变这一点。”
   B. 认为“瓶子还有一半是满的”的另一位没被提升的经理同样受到很大的震动，也深感不安。可是他并没有暴跳如雷，而是给自己分析原因：“我真的不能说这有多出乎我的意料。我和他的观点相差这么大，而且我们经常发生争论。”他不去发泄怒气，而是坦诚地和他的妻子讨论这一挫折，以找出到底错在哪里以及他应该怎样去纠正这些错误。他认识到自己可能没有在工作中全心投入，并决定和他的上司好好谈一谈。事情的发展如下：“和他谈了几次，进展很顺利。我觉得他为自己所做的事情感到不安，我也为自己没有完全发挥自己的潜力而不安。那以后，对我们俩来说情况都好多了。”
2. 另一个持“瓶子还有一半是满的”观点的例子是美国快递公司的安妮。在其下属隐藏了数以百万美元坏账被发现后，公司解除了她的 Optima Card 分部主管的职位。尽管她并没有卷入这一事件，但是作为主管她仍然要担负责任，承担这一挫折对其事业的打击。然而她并没有采取主动辞职的做法，而是仍然对自己的能力充满信心。她接受了一个较低的职位，力图挽救公司不景气的销售服务部门。她针对 Optima Card 部门的问题做了一个自我检讨，结论是她有可能对自己的下属太严厉和苛刻了。她认为这样的风格使她的下属太怕她，以致对她隐瞒了损失。她下定决心要软化自己的风格，使自己变得更坦诚、更有耐心，成为一个更好的倾听者。安妮用这种方法管理有问题的销售服务部门，使它在两年内就实现了盈利。
3. “瓶子还有一半是满的”最著名的例子就是 Home Depot（家德宝，全球最大家居零售企业——译注）的创办者阿瑟·布兰克。1978 年他供职于一家五金器具连锁公司 Handy Dan's 时，由于与老板发生了一些私人冲突而被解雇了。他没有愤怒，情绪平静。他对自己的能力和这种零售业模式抱有信心，经过在 Handy Dan's 公司的挫折后他并没有放弃。当一位投资者对他的想法表现出一点兴趣时，他紧紧抓住这个机会，发挥自己的才干，创立了家德宝。其后的故事已经载入历史。

认为“瓶子还有一半是满的”的乐观主义者用塞格利曼的解释风格来解释坏事情。就像上面的三个事例所显示的那样，这样的方式可以在以后带来积极的结果。“已经空了一半”的悲观主义者倾向于在出现问题或挫折时采取放弃的态度，陷入向下的恶性循环；而“还有一半是满的”的乐观主义者则把挫折视为一种为了将来的成功而必须吸取的教训。

乐观主义的负面作用

尽管乐观主义对工作的积极作用有很多实际证据，但仍然必须牢记，有些学术文献警告说，在某些情况下，乐观主义会导致无意义或不好的结果。例如，皮特森指出，乐观主义可能会指向一些无意义的（如进入公司高尔夫联盟的前 5 名）或不现实的目标（如拼命要达到一个无法实现的销售目标而导致压力、筋疲力尽以及高血压)。[84]而"现实的乐观主义"会比"错误的乐观主义"带来更有效的领导。[85]另外在一些工作中,至少适度的悲观主义是有益的(例如一些技术性的工作,像安全系统的工程技术工作或财务控制和会计工作)。

塞利格曼在大都会人寿保险公司的研究

塞格利曼以他在美国大都会人寿保险公司(MetLife)开拓性的工作,再一次成为职场乐观主义研究的领导者。在与这家大公司的总裁协商后,塞格利曼得以检验一个显而易见的假设:乐观主义和相应的动机、坚韧是销售成功的关键。他让 200 名经验丰富的大都会人寿保险公司销售人员完成建立在他的理论基础上的简明版归因风格问卷(ASQ)。这个 ASQ 的开放式问卷版本通过答题者针对 6 个好结局和 6 个坏结局的表现进行归因,在个人化、持久性以及普遍性几个维度上分析这些归因,以确定该答题者的习惯性解释风格。重要的是,已经发现受测者在该测验中很难假装表现出乐观主义;不同的测验有不同的正确答案,而且它还有"测谎量表",以找出那些没有说出真实情况的被试。结果发现,那些得分属于 ASQ 问卷最乐观主义这一边的销售人员,在最初两年平均卖出的保单,比那些得分属于 ASQ 问卷最悲观主义这一边的销售人员要多出 37%。得分列于乐观主义这一边前 10%的销售人员卖出的保单数量比得分列于悲观主义这一边前 10%的销售人员要多出 88%。[86]

尽管最初的研究获得了引人注目的结果,塞格利曼还是不能从这个相关关系的结果中确定因果方向(也就是说,到底是乐观主义带来高绩效,还是高绩效引起乐观主义)。接下来他又对 104 个新员工做了一个初步研究,其中包括标准的保险业测试以及 ASQ 问卷。有趣的是,他发现新加入的保险销售人员,比接受测试的其他所有组别(如汽车销售人员、日用品交易商、西点军校学生、Arby 连锁酒店的经理、棒球明星或世界级的游泳健将)都更乐观。乐观主义者离职的可能性要小得多(离职在保险业是一个很严重的问题,通常第一年的离职率会达 50%),而且乐观主义得分对绩效的预测能力跟保险业测试得分的预测力一样好。

随后,塞格利曼对 15 000 名大都会人寿保险公司的应聘者实施了一个正式测验,包括保险业测试和 ASQ 问卷。其中 1 000 名应聘者被雇用,重要的一点是,另外还有 129 名在 ASQ 测验中得分属于最高的一半而没有通过保险业测试的应聘者(被称为"特殊雇员")也被雇用了。在其后的第一年,乐观主义者(他们的 ASQ 问卷得分属于最高的一半)卖出的保单只比悲观主义者多 8%,可是在第二年就已经多出 31%。"特殊雇员"(他们没有通过保险业测试,如果不是因为在 ASQ 问卷的得分属于乐观主义就不会被雇用)在第一年卖出的保单数量超过一般雇员中的悲观主义者 21%,第二年超过 57%。他们的销售量跟一般雇员中的乐观主义者差不多。基于塞格利曼的研究,大都会人寿保险公司后来就把 ASQ 作为他们选拔新销售人员程序中的一个重要部分。[87]

工作中的其他研究和应用

除了大都会人寿保险公司的研究之外,到目前为止,直接测量乐观主义对工作的影响的研究还比较少。这些研究中有一项研究以一些有才干的经理为对象,发现他们把自己的失败归因于一个可以纠正的错误，这样他们会继续坚持下去(即一种乐观主义的解释风格)。[88] 其他一些关于乐观主义的研究被用于领导领域。例如，在领导理论中已经承认了乐观主义的重要性，[89] 而一个现场研究发现，军校学生的乐观主义水平与其军事科学教授对他们的领导潜质的评价有显著的相关。[90] 另一个关于企业领导者的研究发现，平均而言领导者比非领导者有更高的乐观主义水平，那些最有效推动变革的人悲观主义水平更低，并且领导者越乐观，下属也越乐观。[91] 此外，只有在少量的公开事例中，乐观主义被特意用于像选拔过程这样的人力资源管理程序中。例子之一是非常成功的 Men's Wearhouse 折扣店（美国一家有影响的男士服装店——译注），它的一名人力资源管理人员这样说：

> 我们不是要找那些有特定教育水平和经验的人。我们的雇用标准是：乐观主义。我们要找那些有热情、能振奋起来、有活力的人。我们需要会享受生活的人。[92]

除了人员选拔之外，另一个关于乐观主义作用的例子是美国运通财务顾问公司提供的。据报道，他们对雇员实施乐观主义精神的培训。[93] 未来，还需要在工作场所中加强对乐观主义的研究和应用。

希 望

在积极心理学运动中，最受关注的是乐观主义，但在积极组织行为学中，“希望”是一个更重要的概念。[94] 提起希望，多数人会想到“希望有好的结果”，“还有一线光明”，或者是朋友、亲人和顾问在你有麻烦的时候给予的乐观建议。然而，在积极心理学中，希望一词有其特定的含义。早些时候在临床心理学中，希望主要被描述为单维的概念，它指人们对能实现目标的一种整体认知。[95] 然而，我们在积极组织行为学中使用的是刚刚去世的积极心理学家里克·斯奈德提出的、受到广泛认可的双维度定义。通过大量的理论研究，他和他的同事们精确地把希望定义为：“希望（hope）是一种积极的动机性状态，基于动力（为目标奋斗的力量）和途径（为达到目标而做计划）而交互地获得的一种成功的感觉。”[96] 更简单来说，希望的这个含义既包括了“意志力”（能量），也包括了“方法力”（途径）。重要的是，迄今为止这方面的大量研究都认为，它对学业成就、体育成就、情绪健康、应对疾病以及其他艰难状况的能力均有积极的影响。[97] 尽管它还没有成为主流组织行为学文献中的一部分，但“希望”这个概念的确与 POB 的标准有很好的契合。

尽管希望可以从积极心理学的每个概念中导出，但不同概念之间还是有重要区别的。从情绪智力的角度看，戈尔曼认为：“一个人抱有希望，意味着他在面对困难的挑战或挫折时不会被焦虑、认为自己是失败者的态度或沮丧的心情所压倒。”[98] 根据乐观主义理论的观点，塞格利曼指出：“我们是否抱有希望，取决于我们的解释风格中的两个维度：悲观主义还是乐观主义，以及表现。把不幸归于暂时和特定的原因，是生成希望的一种技巧。”[99] 可能在概念上，与希望这个概念意思最相近的是*自我效能*（在本章第一节已有详述）。但是，斯奈德[100] 和其他学者

[101] 证明效能（与其他 POB 概念一样）和希望在概念上和心理测量（量表）上都是有区别的（如，希望有结构效度）。

在过去 10 年中，期奈德和他的同事已经建立了一个简短的、采用自我报告法的“希望量表”，其中有像“我精力充沛地追求自己的目标”、“任何问题都有很多解决的方法”这样的条目，[102] 并利用该量表做了大量研究。这些研究发现，希望与目标预期、控制感、自尊、正性情绪、应对力和成就等有正相关。[103] 尽管这一研究的基础表明希望的积极影响主要体现在学业、体育和身心健康领域，把这些结论推广到工作领域的意义还是相当明确的。例如，已经有证据表明，那些在服务行业工作的人，如果抱有希望，那么他们的表现就会更令人满意，[104] 对生活满足度更高，更少地感觉精神疲惫，而且最可能留任。[105] 近来还出现了一些直接在工作领域所做的研究。例如，斯奈德和他的同事在美国正在进行的一项调查发现，希望水平较高的人带来更大的收益，他们的留职率、员工满意度和承诺都比较高。[106] 此外，我们最近进行的现场研究发现，希望水平较高的管理者相应会带出更高绩效的工作团队、更高留职率和更满意的员工。[107] 希望似乎对创业过程也有积极影响。我们发现拥有较高希望水平的企业家，比起拥有较低希望水平的企业家，对自己的事业更满意，认为他们得到了相应的回报。[108]

这些初步研究显示，希望在工作中和在其他领域中的作用一样也能发挥出积极影响力量。人力资源管理中，希望可能在选拔，尤其是某些工作类型的选拔中起重要作用。由于它是习得的，而且是状态性的（可以改变的），不是一种稳定的特质，因此可以通过培训和发展得到加强，以改善工作绩效和提高有价值员工的留职率。[109]

韧　性

与其他符合积极组织行为学标准的概念不同，韧性实际上是反应性而非前摄性的。在积极心理学里，**韧性**（resiliency）被定义为：“一类以积极的调适面对重大逆境或风险的行为。”[110] 作为积极组织行为学中的概念，韧性被认为是“一种从逆境、冲突、失败甚至是成功事件、进步和更重的责任中回弹或是恢复过来的能力。”[111] 这个“恢复”能力涉及对变化和风险的韧性处理、调节、适应以及持续的回应。另外，这些变化和风险代表的是长期让我们不得安宁的心理压力的根源。临床心理学一贯认为，韧性是一种额外的能力，只有少部分人拥有它。但是更近期的理论和研究断定，韧性是“来自平凡而正常人群的日常奇迹”。[112] 再者，韧性既不只是人们努力要达到的一个结果，也不只是为了提高成功的机会而做的投入，它是一个毕生的旅程，一个复杂的过程，只要人们与他们周围不断变化和不确定的环境打交道，这种能力就会随着时间发展起来。[113]

最初关于韧性和适应性的研究主要针对处于危机环境中的儿童和青少年（消极角度），现在的研究已经开始强调韧性的积极方面。[114] 另外，现在人们越来越不只把韧性作为一般人具有的理想化的性格，而是员工、[115] 管理者、[116] 组织 [117] 乃至国家 [118] 必备的一种素质，特别是面对当前美国和其他地区由社会经济和区域政治问题带来的一些混乱和悲惨的事件时。韧性的概念符合积极组织行为学的一个重要标准——状态化，也就是，韧性是可训练和培养的，[119]状态化的概念使得创造和培养具有韧性的个人和组织成为可能。[120]人们已经开发了许多工具来测量韧性，如“自我韧性量表（ER89）”，该量表包括一些类似于“我能在惊讶中很快地清醒和恢复过来”和“我喜欢面对新奇和不平常的情况”这样的条目。[121]

积极心理学家安·马斯腾和他的同事经过扎实的研究，发现三类因素能够影响和提高韧性，它们是：资产、风险和调适过程。[122]通过增加个人拥有的资产，可以提高韧性。而通过教育、培训和经营社会关系以及改善个人可动用的资源质量，可以扩大个人资产。风险因素可以通过合理的生理和心理保健而得到管控。调适过程的增强可以借助于其他的积极心理能力，如自我效能、希望和乐观主义，也可以通过教人们怎样使用有效的处理方法、压力管理、问题解决以及目标设置策略和实践技术来达到。事实上，对韧性会有更大消极影响的，可能是那种把风险情境和具体的有害结果联系在一起的做法，而不是风险因素的数量或发生频率，或者缺乏必要的资产。[123]

有韧性的人的整体形象可以用这些特征来表示：“对现实的坚定接受；深深的信仰，常常持有坚定的价值观，坚信生命是有意义的；并且有不可思议的临危处置的能力。”[124]现在的员工正面临的资源配置全球化、技术变革、裁员、工作–生活平衡、全面的消费者服务导向、压力、心力衰竭的风险和不确定等诸多因素的冲击，韧性正在成为一个不可或缺的因素，它能把那些威胁转化成成长、发展和提高变革适应性的机会。[125]

韧性也是一种积极的力量，不仅能使个体管理者和员工受益，而且使整个组织离开它就不能再生存。[126]动荡和不稳定逐渐成为当今商业环境的典型模式，只有那些能更新它们的适应系统，并且快速地从不断变化的环境中恢复过来的组织，才有可能不断改进乃至保持它们的竞争优势。强大而持久的组织使命、愿景和价值观能创建一种社会感、方向感、目的感，能强化一种有韧性的组织文化。[127]战略规划、团队协作、分权、员工参与和开放的交流渠道，所有这些做法有助于建立一个有韧性的组织，有助于把组织的、单位的和个人的目的和目标联合起来，并且建立一个信任、承诺和有效的组织学习和适应系统。[128]与我们的常识相反，看上去僵化和阻碍创造力的组织规章制度，事实上可以作为一种有效的建构工具，对组织培养应对未来动荡的韧性可能有帮助。[129]

不管在个体层面还是组织层面上，在当前的困难时期，积极组织行为学中的韧性有可能成为发展和可持续的绩效方面最有潜力的影响。虽然关于积极组织行为学中的韧性的理论建构和研究才刚刚开始，但取得的成果已经非常令人鼓舞。[130]

心理资本

以自我效能、乐观主义、希望和韧性四种能力作为基础和出发点，鲁森斯和他的同事针对一般的积极心理学和POB，提出了心理资本（psychological capital）这一概念，缩写为PsyCap。[131]这个心理资本超乎于经济资本（你拥有的物质和经济财产）、社会资本（你知道谁，你的朋友圈）和人力资本（知识、技能、能力和经验），定义如下：

> 个人的积极心理状态有如下特征：（1）有自信通过必要的努力成功完成一项有挑战性的任务（自我效能）；（2）对现在和将来发生的一切进行积极归因（乐观主义）；（3）对目标坚持不懈地努力，必要的时候为达到目标调整自己的方法（希望）；（4）当被问题和逆境困扰时，能支撑和恢复过来，甚至能克服困难达到成功（韧性）。[132]

迄今为止的研究证明，心理资本是一个核心概念，它与绩效和工作态度有关，能被可靠和有效地测量，并具有可发展性。[133]换句话说，心理资本符合了本章开篇所描述的POB标准。

虽然第一本《心理资本》（作者是Luthans、Carolyn Yousset和BruceAvolio，牛津大学出版社2007年出版）刚出版发行，研究还处于各个不同阶段，但是似乎未来有相当大的前景。例如，在一项研究中，来自一个大型高科技制造公司的74名工程管理者经过两个半小时的心理资本培训，目的是提高他们的效能、乐观主义、希望和韧性，如我们在前面章节提到的（概念）。结果表明，他们的心理资本和客观测量的绩效得到显著提高（与匹配的、没有经过干预的控制组相比较）。更重要的是，把这些结果进行效用分析时，发现了270%的投资回报率［结果减去成本（包括参与者的时间成本）后，再除以成本］。[134]在人力资源开发方面，心理资本具备这样的投资回报，说明其潜力无穷，优势巨大。

POB方面的其他概念

虽然自我效能/自信、乐观主义、希望和韧性被认为是最符合POB标准的概念，但是，仍然有一些其他的积极心理能力，[135]如智慧、感恩、宽恕、勇气甚至灵性这样的概念。即便如此，可能有两个概念得到最多的关注，它们是快乐/主观幸福感和情绪智力。因为这两个概念流传最为广泛，而且同样能被认为是积极组织行为学的一部分，所以可单独列出来做进一步的分析和讨论。

快乐或主观幸福感

多年以来，快乐的重要性一直受到广泛认可。正如积极心理学家把通常用法中的“*希望*”与积极心理学研究中的“*希望*”相区别一样，积极心理学家更喜欢用*主观幸福感*（subjective well-being）或*SWB*这一更精确的操作性定义，而不是“快乐”。正如塞利格曼和契克森米哈里最近指出的：“在实际应用中，主观幸福感是一个听起来更科学的、用于描述人们通常所说的‘快乐’的术语。”[136]有时候这两个术语可以互换，但通常认为SWB的含义更广，它被定义为人们关于自己生活的情感上（心境与情绪）以及认知上的评价。[137]根据这个心理学上的定义，决定人们是否快乐或拥有主观幸福感的，不一定是实际发生了什么，关键是人们对发生在自己身上的事在情绪上作怎样的解释，以及如何进行认知上的加工。和希望一样，SWB 也还没有成为组织行为学研究中的主流，甚至不如自我效能、乐观主义、希望和韧性那样直接符合 POB 标准，但是在这里作为 POB 的一部分，已经有一些关于 SWB 在工作情境的研究。

关于主观幸福感的研究背景

积极心理学家埃德·迪纳过去三十年的研究与 SWB 的关系最为密切。[138] 作为积极心理学运动的一个重要组成部分，SWB 的日益普及以及最近受到的重视，反映了注重美好生活、关注使人快乐的事物这一社会趋势。现在几乎所有人都认为快乐比金钱更重要（在最近一项针对 42 个国家共 7 024 名大学生的调查活动中，只有 6%的被调查者认为金钱比快乐重要）。[139] 在学术意义方面，迪纳和他的研究小组突破了对快乐的简单感受以及只把人口统计学特征与快乐相联系等以往研究的局限。在三十多年前，绝大多数研究都是用一些人口统计学特征来描述一个快乐的人，例如年轻、受过良好教育、属于某种性别、已婚以及收入高。[140] 今天，研究者对隐藏在生活满意感内的过程更感兴趣。具体地说，关注的焦点已经从“什么人是幸福的”（即人口统计学特征）转向“人们在什么时候、因为什么原因而感到幸福”，以及“这些过程中的什么因素会影响 SWB”。[141] 为了全面了解 SWB 的性质，迪纳和他的同事列出的 SWB 成分如下：[142]

1. *生活满意感*。个体对自己生活的总体评价。
2. *在一些重要方面的满意感*。工作满意度是其中的一个例子。
3. *积极的情感*。常能体验到愉快的情绪和心情。
4. *低水平的消极情感*。很少体验到不愉快的情绪和心情。

积极心理学家在这些年的研究中已经开发出许多有效测量整体 SWB 以及其各成分水平的方法。尽管问卷法被用得最多，[143] 但也有一些研究使用了自然实验样本，甚至是生理测量、调查、回忆、反应时等各种各样的手段。近年来的研究主要集中于一些 SWB 的基础变量，包括人格、目标、适应以及应对。

气质与人格类型

已经有研究表明，人格是 SWB 最强而且最具有一致性的预测源之一。[144] 有一些证据显示,存在与 SWB 相关的气质倾向（也就是说，某些人可能具有一些由遗传决定的特质，使他们从长期来看会倾向于快乐或不快乐）。[145] 然而，和其他与 SWB 相关的变量一样，不能就气质倾向在 SWB 中的作用得出一个简单的结论，因为还存在着很多与之交互作用的其他变量和过程。一些人格特质（倾向），如外向性，与积极的 SWB 有关，而神经质则与消极的 SWB 相关。[146] 除了“大五”人格（见第 5 章）中的外向性，最近的一个元分析也发现“大五”中的另一个维度——宜人性——也同样能预测主观幸福感。[147] 然而，正如上面已经指出的那样，人格特质对 SWB 的影响很可能是它与个体置身其中的环境和特定情境交互作用的结果。

目标的作用

关于 SWB 的另一种研究取向集中于目标过程。对工作情境尤其有意义的是最近的一些研究，它们发现实现目标的过程与 SWB 相关。[148] 获得有助于目标实现的资源，比获得与目标不那么有关系的资源能更有效地预测 SWB。[149] 而且人们在实现那些自己高度看重的目标的过程中，比他们快要成功地达到自己不那么看重的目标时的感觉要更好一些。[150] 此外，那些被渴望的目标太高或太低，会损害 SWB（也就是焦虑感、厌倦感太高）。[151] 换句话说，仅仅设定了目标以及拥有资源去实现这些目标，并不一定能确保快乐或主观幸福感。[152]

适应和应对

关于 SWB 的第三种研究取向是适应与应对。研究表明，人们能相当快地适应大多数环境。尽管由于人格特点上的原因，人们的确倾向于对好事情或坏事情做出激烈的反应，但从长期来看人们是倾向于适应变化的，并恢复到最初的 SWB 水平。[153] 最近的关于适应性的一些研究对工作情境很有意义。例如，有一个研究发现，像晋升、被解雇等生活中的一些重大事件对 SWB 的影响在不到三个月的时间里就消失了；[154] 而在另一个研究中，最近的收入变化对工作满意度有预测作用，但收入的平均水平则不具备预测力。[155]

应对策略比适应更具有主动性，而且某些策略比其他策略更有影响力。例如，有一个研究发现，那些赋予日常事件积极意义、并采取问题中心式应对方式的 HIV 病毒携带者有更积极的主观幸福感。[156]

在对现阶段关于 SWB 三个主要过程以及研究结果做总结时，迪纳和他的同事强调，三者中的任何一个单独起作用，都只是必要条件但不是充分条件。他们指出，遗传的人格特质、目标、适应性/应对力三者之间是互补的关系，需要在将来的研究中进行整合。简要概括一下，到目前为止对于是什么引起了 SWB 还没有明确的答案，而且去寻找幸福感的单一原因是没有意义的。[157]

关于主观幸福感的跨文化研究

与积极心理学和 POB 的其他概念不同，SWB 在不同文化中得到了广泛研究。有些研究使用了来自许多国家和地区的大量样本，其中一些有趣的发现如下：[158]

1. 较富有的国家有较高水平的 SWB。
2. 即使在控制了收入水平这一变量后，某些国家的 SWB 水平还是出乎意料地高或低。例如，拉丁美洲的巴西、智利和阿根廷，它们的 SWB 水平比根据它们的富裕程度所预测的水平要高，而包括俄罗斯在内的东欧国家，其 SWB 水平则比根据收入水平预测的值要低。
3. 日本的情况很特殊，它的收入水平高，但 SWB 水平相对较低。
4. 最近针对发展中国家——中国、印度和尼日利亚——的调查并没有发现早期研究所显示的那种极端低的 SWB 水平。
5. 在那些进行过重复研究的国家，尽管近年来的收入水平有了很大的增长，但

SWB 得分并没有提高。

6. 在不同文化类型的国家（例如个人主义国家与集体主义国家），一些变量（如自尊、参照群体、婚姻状况和社会支持）与 SWB 有不同的关系。

可以根据这些国家和文化来对上述发现进行直接的解释。迪纳最近倡导建立一个长期的 SWB 的国家指数，以使公司领导和政府政策制定者更有可能在他们的决策中考虑 SWB。[159]

工作中的主观幸福感

尽管组织行为学或人力资源管理教科书中并没有包括 SWB，但关于 SWB 的研究却实实在在地把工作以及工作场所作为它的重要领域之一，并且已经有一些这方面的研究，特别是关于 SWB 与工作满意度（见第 5 章）之间的直接关系。对 34 个研究的元分析结果显示，工作满意度与生活满意度有 0.44 的相关。[160] 为了确定到底是工作满意导致 SWB 还是 SWB 带来工作满意（相关研究不能揭示作用方向或因果关系），贾奇和他的同事使用成熟的统计技术手段做了进一步的研究。他们发现 SWB 能够显著地预测五年后的工作满意度，但工作满意度无法预测 SWB。[161] 因此，似乎是那些对自己生活感到满意的人会在工作中获得更多的满意感。[162]

除了工作满意度，失业对 SWB 的影响也得到了研究。多年的数据研究表明，失业是引起低 SWB 的典型原因。[163] 尽管像乐观主义和希望一样，关于 SWB 的研究已经有了一个良好的开端，但 SWB 所能带给工作和积极组织行为的理解与应用的潜在的研究贡献还仅仅属于浅层次的水平，尚待进一步的深入研究。

情绪智力

尽管情绪智力（emotional intelligence, EI）出现得比 POB 早，而且在学术上特别是管理实践上有更广泛的认识，但是它并不是符合我们 POB 定义的概念。在满足 POB 标准上，其主要的缺点在于，情绪智力的有效测量和它与绩效之间的关系只有有限的研究支持。然而这种情况在不远的将来会有所改变，这也就是为什么在这里把它包括进来的原因。接下来首先探讨情绪智力的两个概念成分：情绪与智力。在分别考察这两个重要的心理学维度后，这两者的结合就是情绪智力，成为能够理解并应用于组织行为学的一个有力的积极取向的概念。

情绪的作用

多年来情绪都是心理学的一个主要变量，和其他 POB 概念不同的是，情绪在组织行为学领域同样也获得关注。[164] 和其他心理学概念类似，关于“情绪”的确切定义与含义还没有获得一致意见。然而大多数心理学家都同意，能够最好地描述情绪的，是个体对某事有何“感受”。这样的情绪性感受指向某人或某事，含义不像“情感”（affect）一词这么广（正如关于人格的第 5 章在讨论正性和负性情感时所用的那样），而且比“心境”（mood）一词更强烈和明确。下面总结了情绪、情感和心境的具体区别：

> 情绪是对某个对象的反应，而不是一种特质。它们具有对象特定性。当你“为某事而高兴、为某人而生气、为某事而害怕”时，你就在表达你的情绪。而心境就不指向某一对象。当你并不具体针对某事某物时，情绪就转化为心境。因此当一位同事批评你对客户的说话方式时，你可能对他生气（情绪）。可是后来你会发现自己只是陷于一种一般化的沮丧之中。这种情感状态就是心境。[165]

情绪过程

情绪是怎样产生的？是什么导致了情绪的发生？一个非常简单的、外行人都会想到的解释是，情感是与理性思维相对立的过程。通俗的说法就是，情绪来自于“心”，而理性思维来自于“脑”。例如，一位年轻的经理在面临两种任务的选择时，可能会经历如下的认知加工过程：“我的‘头脑’告诉我应该参与计划 A，因为它更可能成功，而且更有利于我的职业发展。可是我的‘心’却认为计划 B 会更有趣，我更喜欢那些同事，而且我更会为我们取得的成果感到骄傲。”显然，这样的情绪常常在人们的决策、活动或行为方式上压倒理性思维。

传统的心理学研究认为，人格特质（像外向性、神经质或责任心）和心境状态（包括正性和负性的）都有各自的影响作用或情绪过程。然而为了更真实地描述实际的复杂情形，有研究者最近指出：（1）心境与人格特质中有关情绪的个体差异交互作用，共同影响情绪过程；或（2）人格特质使个体更偏向于某种心境，从而影响情绪过程。[166] 换句话说，上述的（1）指出，某人要有积极的心境，必须首先要具备责任心这样的人格特质以体验愉快的情绪（或受到此类人格特质的强化）。上述（2）表明个体必须具备外向性这样的人格特质，才能产生一种正性的心境，这一正性的心境又会继而使个体体验到愉快的情绪。这些关于情绪过程的调节与传递模型，有助于解决以往的研究困境，例如以往在考察心境和人格特质对情绪的作用时，往往会得到不一致结果。[167]

情绪的类型

就像情绪的定义一样，关于情绪的类型还没有完全统一的说法。表 7.2 总结了一些基本情绪以及心理学文献中最常提到的对它们的描述。重要的是，所有这些情绪在工作中都是很常见的。例如：

- 在紧急救护小组解决了一个又一个危及生命的紧急事件后，胡安爱上了自己的这个团队。
- 当上司向全体销售人员宣布玛丽刚刚拿下了本季度公司最大的订单时，她感到高兴。
- 杰米吃惊地听说本公司今天的股价跌了 2.5 点。
- 乔治认为新的技术方法会取代自己的位置，因此非常害怕。
- 兰特为艾莉森感到伤心，因为艾莉森所做的事情比她应该做的要多，却得不到主管的认可。

表 7.2
情绪的类型

资料来源：Adapted from H. M. Weiss and R. Cropanzano, "Affective Events Theory," in B. M. Staw and L. L. Cummings (Eds.), *Research in Organizational Behavior*, Vol. 18, JAI Press, Greenwich, Conn., 1996, pp. 20–22 and Daniel Goleman, *Emotional Intelligence*, Bantam Books, New York, 1995, pp. 289–290.

积极的基本情绪	其他描述
爱/喜欢	接纳、爱慕、渴望、热爱、陶醉
快乐/高兴	愉快、满足、幸福、喜悦、乐趣、享受、迷恋、激动、兴高采烈、狂喜
惊 讶	惊愕、惊奇、吃惊、震惊
消极的基本情绪	**其他描述**
恐 惧	焦虑、警觉、忧虑、担心、疑虑、恐惧、惊吓、害怕
悲 伤	哀痛、失望、伤心、忧郁、绝望、痛苦、沮丧
愤 怒	暴怒、恼怒、生气、愤慨、敌意、易怒
厌 恶	轻蔑、侮辱、憎恶、反感、嫌恶
羞 耻	内疚、懊悔、悔恨、困窘、羞辱

- 兰恩很愤怒，因为他已经是第二次没获得提升。
- 马克很厌恶地区销售经理在划分销售区域时对其同事斯蒂夫的偏袒。
- 肯特要求报销某次出差的费用，而他压根没有参加那次出差，因此感到羞愧。

正如上面列举的代表性例子，各种情绪都可能在工作中发生。并非言过其实的是，大部分个人决策以及很多管理和组织上的决策，都是基于情绪过程而不是理性分析做出的。例如，职业抉择常常是根据快乐的情绪、情感甚至是恐惧而做出的，并非是对什么最有利于自己的职业生涯做分析的结果。[168]事实上，管理决策常常是由像恐惧或愤怒这样的负性情绪驱动的，并非像传统的理性经济与财务模型所说的那样，是基于边际成本、投资回报以及其他类似的标准。[169]同理，来自于积极心理学运动重要的基础研究表明，体验积极情绪的能力可能是一种人类的基本潜能，并且它是研究人类繁荣的核心内容，[170]积极情绪同样能应用在当今组织螺旋式的上升中。[171]

情绪分类与维度

除了区分不同类型的情绪，表 7.2 也显示出这些情绪可以被归为正性和负性情绪两大类。个体在工作中体验到的是正性还是负性情绪，与他实现了目标（正性）还是没有实现目标（负性）有很大关系。[172]例如，如果销售人员完成或超额完成了他们的销售目标，他们就会感到愉快、轻松，并喜欢他们的客户。可是，如果他们没有达到要求，就会感到悲伤、厌烦、内疚，可能还会抱怨或迁怒于上司或客户。

除此以外，也可以在一个维度（连续体）上描述情绪。一个经典的情绪连续体如下所示：[173]

愉快——惊讶——恐惧——悲伤——愤怒——厌恶

表 7.2 就是以这个顺序安排的，只是在最前面增加了极端的正性情绪——爱/

喜欢，在最后面增加了一种极端的负性情绪——羞耻。

关键在于，两种基本情绪之间离得越近，在表达这些情绪时他人就越难以看出区别。例如，几乎每一个人都可以很容易地区分出正性和负性情绪的表情表达，但却不一定能轻易区分出同一类别之内的不同情绪（如愉快和惊讶，或愤怒与厌恶）。然而，回到“*情绪劳动力*”（emotional labor）的例子[174]（在第 5 章中曾提到过，是指要求服务人员表现出人为的、非自然的正性情绪，如微笑），大多数老练的顾客都能轻易地看出区别。例如大多数常常坐飞机的乘客可以区分出真诚自然的微笑或“祝你愉快！”与一个愤怒或厌恶的订票人员或乘务人员被迫发出的、虚假的微笑和不真诚的问候之间的区别。非言语的表情线索和声音的语调通常可以明显而且清晰地显示出真实的情绪是什么。近期的组织人际关系研究指出，不仅仅是消极情绪，积极情绪也需要以社会能接受的方式呈现出来，而消极情绪的合理表达方式通常是掩饰情绪。[175]

情绪劳动力不仅会使员工机能失调（如压力和衰竭），[176]而且也是与有效的客户服务相背离的。优秀的客户服务公司，如西南航空公司就认识到这一点，他们只雇用那些有积极人格特点的员工。正如西南航空公司的创办者以及精神领袖赫布·凯莱赫所声称的那样：“我们需要那些带着笑容与善意把工作干好的员工。”[177]正是通过把幽默与愉快作为雇用的首要标准，西南航空知道（学术界也赞同[178]），他们的员工在与顾客以及同事交往时，会更倾向于表达积极的、真实的情绪（而不是付出情绪劳动）。

多数学者以及企业管理者都会赞同下面这一系统性评价：情绪渗透于组织生活中的方方面面。[179]然而在本章中情绪之所以被单独列出来加以特别的关注，是因为情绪智力的普及以及它与积极组织行为学的研究和应用的潜在关系。情绪智力高的人不仅可以识别他人的情绪，而且能够成熟地控制自己*内在的情绪*，不表达像愤怒或厌恶等令人不快的、不成熟的负性情绪。这种内在情绪与表达情绪的区分，[180]和前面关于情绪的含义、认知过程、类型/种类/连续体的讨论，以及与下一节的智力相结合，就构成了情绪智力作为组织行为学一种新兴力量的基础与出发点。

智力的作用

智力是心理学研究的一个重要内容，但它在组织行为学中的地位却很不起眼，甚至没有地位可言。约一百年前，阿尔弗雷德·比奈开创了纸笔测验用于考察巴黎小学生的智商（IQ）。后来在一战期间美国军方把这个测验用于招募新兵，随后它就在学校以及企业界获得了广泛应用。IQ 被认为在个体出生时就已经确定，并且可以预测个体将来在学业、职业、生活中的成就。然而，和人格（在第 5 章论述）一样，在最近几年，研究者重新开始了关于智力的天性和教养的争论，同时也承认多元智力的概念。

天性与教养

与人格相似(见第 5 章)，近期在基因和神经科学研究方面的突破似乎为智力的天性（生物性）观点提供了更多的支持。比如，一个研究揭示 IGF2R 基因（人类成长的感受器基因）的变异与极高的 SAT 分数相联系；其他研究证明 IQ 分数与某些脑区的灰质数量相关。[181] 这类发现被大量公布，但是研究者常常忽略掉其他方面，比如，所识别的基因只能解释 SAT 分数 2%的差异，并且接下来的研究甚至不能重复最初的结果。[182]

在智力的培养和发展方面，同样有一些有趣的发现。比如，一些理论和研究提出“刻板印象威胁”或许可以有助于解释不同种族、性别、年龄和社会群体之间平均 IQ 分数的差异。[183] 例如，一个研究发现，电视商业作品描绘了女性的刻板印象行为，弱化了她们在数学测验中的表现，从而减少了她们追求和数字有关的职业兴趣。[184] 同样，跨文化的研究清楚地指出，在对智力定义和测量的时候，人们往往依赖于习得的文化价值观和思维方式。比如说，西方文化下的人们把智力作为一种个体进行分析和理性思考的方式；而在东方文化下，智力则被看作是社会成员用以认识矛盾和复杂性的方法。[185] 除此之外，“许多心理学家相信测验能够免除文化偏见，这是 20 世纪测验理论专家一直传播的一个观点，但它与实验证据相矛盾。”[186]

多元智力的观点

霍华德·加德纳（Howard Gardner）极大地推动了心理学与教育学领域中的智力研究。1983 年，他出版了一本具有里程碑意义的著作《智力的结构：多元智力理论》。[187] 比奈的 IQ 基本上是测量两个相对狭窄的维度：数学/逻辑与语词/言语能力。除了这两个维度，加德纳的多元智力还包括其他的 5 个维度，如表 7.3 所示。在研究多元智力的这 7 个维度时，加德纳发现智力并不完全由遗传决定，也不是在出生时就已经定型，而是可以进行培养与塑造的。

加德纳理论中所指的*多元智力*（multiple intelligences）必须满足以下三个标准：可测量；被个体所属的文化所看重；个体需要发挥创造性或解决问题时能够依靠的力量。加德纳郑重地指出，他所阐述的智力是：一种新的概念，不应该与其他学术领域或学科相混淆；一种包含若干子过程的能力，不应该等同于学习风格、认知风格或工作风格；完全建立在实证研究结果的基础上，可以被新的实证研究结果所修正或补充。[188] 重要的是，多元智力中的各维度是同等重要的，多数人在其中的三或四个维度上表现优越，而且因为这些维度都不是固定不变的，所以总存在改善的空间。

关于智力的这种扩展性观点对心理学产生了极大影响，很多教育工作者已经把多元智力作为学校和课堂教育的新范式。[189] 然而，到目前为止把多元智力运用于企业界的例子还很少，即使有也主要用于培训活动，例如 3M 公司、Coseco 保险公司和 Northeast Utilities Service 公司。[190] 组织行为学界甚至还很少有人知道多元智力。然而，随着最近把情绪智力补充到加德纳所说的传统的智力的 7 个维度中去（见表 7.3)，认识到这个概念的重要性并掌握它所提供的理论基础，对在工

表 7.3 加德纳的多元智力

资料来源：Adapted from Lou Russell, *The Accelerated Learning Fieldbook*, Jossey-Bass/Pfeiffer, San Francisco, 1999, pp. 60-70. For the original work see: Howard Gardner, *Frames of Mind: The Theory of Multiple Intelligences*, Basic Books, New York, 1983 and Howard Gardner, "Are There Additional Intelligences? The Case for Naturalist, Spiritual and Existential Intelligences," Unpublished White Paper, 1996. It should be noted that emotional intelligence is not necessarily recognized as an MI by Gardner.

初始的智力维度	特　征	著名的例子
1. 逻辑/数学能力	分析加工、运算、数量化	科学家爱因斯坦
2. 语词/言语能力	用语词进行思考以及传授知识	管理咨询师汤姆·彼得斯
3. 人际交往能力	理解他人、表现出互动、共情、幽默感	演艺人士奥普拉·温弗瑞
4. 内敛性	安静地思考、喜欢独处、目标取向、独立、坚韧	企业界大亨霍华德·休斯
5. 视觉/空间知觉能力	使用心理模型、从三维空间的角度思考问题、生成如何到达某地或解决问题的认知地图	建筑师弗兰克·赖特
6. 音乐能力	对音调、旋律、节奏的敏感，在表演者和听众身上都可以看到这一能力	作曲家沃尔夫冈·莫扎特
7. 身体/肌肉运动知觉	身体活动，包括整个躯体，跳跃或舞动的过程	篮球运动员迈克尔·乔丹
"新"的智力维度	**特　征**	**著名的例子**
8. 自然主义的能力	必须在自然中生存，擅长区分自然和城市生活	歌手约翰·丹佛
9. 存在主义的能力	非宗教的，了解自己的职责和使命	民权领袖马丁·路德·金
10. 情绪智力	情绪方面是成熟的，能察觉到自己的愤怒，对自己以及他人的情绪做出回应	和平主义运动领袖甘地

作场所中理解和运用情绪智力来说非常必要。

作为认知能力的智力

尽管组织行为学和人力资源管理领域几乎完全忽视了多元智力，多年来却对"能力"这个相对狭窄的概念给予了认可和关注。在工作情境中，能力是指成功完成一项工作所必需的才能和技能。研究者已经确认了一些与工作有关的身体上（如双手的灵敏度、手眼协调能力、体能强弱、精力、灵巧度）和心理上的智力或认知能力。可是，除了那些需要相当多体能活动的工作（如在建筑业、制造业、维修服务、体育或健身俱乐部的工作）以外，今天的大多数工作都更重视认知能力。

尽管有些独特的工作要求一些特殊的心理能力（如会计工作就需要具备数字处理能力），多数工作，包括会计或室内装饰设计师，都需要具备"一般心理能力"（general mental ability，GMA）。多年来心理学家已经提出了很多心理能力，表 7.4 总结了普遍认为对提高工作绩效最有用的一些心理能力。

值得注意的是，已经有相当多的研究证据表明，运用于人事选拔、职业培训计划的 GMA 能很好地预测整体工作绩效。具体而言，施密特和亨特用元分析方法总结了 85 年来的研究成果，他们发现，预测工作绩效效度最高的是：（1）GMA

表 7.4 与工作绩效相关的认知能力

资料来源：Adapted from M. D. Dunnette, "Aptitudes, Abilities, and Skills," in M. D. Dunnette (Ed.), *Handbook of Industrial and Organizational Psychology*, Rand McNally, Skokie Ill., 1976, pp. 478 – 483.

心理能力	该能力的特征	工作中的例子
言语理解能力	理解书面或言语的信息，了解字词的含义以及字词间的关系	负责组织关于性骚扰政策的主管
数字能力	迅速并准确地进行算术运算	汽车销售人员计算销售税和他们的佣金
视觉空间能力	知觉空间模式，想像如果一个物体的位置改变了它会有什么变化	一位建筑师向客户描述一处修改
知觉的速度	迅速辨别出视觉上的异同，完成要运用视觉知觉能力的工作	一位质量控制工程师注意到产品的一处缺陷
记忆力	机械记忆的能力，能贮存与回忆过去的事件/经历	一位知识管理者运用他过去在公司工作的经验，向一个新组成的项目团队提供建议
归纳推理能力	识别从特殊到一般的逻辑推理过程	一位研发部门的科学家结合几个相互独立的研究结果来设计一种新产品

加工作样本测试；（2）GMA 加诚信测试；（3）GMA 加结构性面试。[191]（2）和（3）还有一个优势，它们对于新手以及有经验者的选拔都有很高的预测力。一个更深入的研究结论是，GMA 对较复杂工作的预测效度较高，而对不那么复杂的工作的预测效度较低。

情绪智力的含义

从多年来情绪在心理学研究中所占据的重要地位和加德纳关于多元智力的论述出发，即是最近的情绪智力的出现。尽管情绪智力的起源可以追溯到多年前所谓的"社会智力"，关于情绪智力的第一个综合性的理论以及定义，却通常被认为应该归功于两位心理学家彼得·萨洛韦和约翰·迈尔（Peter Salovey and John Mayer）。在情绪理论以及多元智力的基础上，萨洛韦和迈尔这样定义情绪智力："社会智力的一个子系统，指监控自己以及他人的感受和情绪、辨别不同情绪并运用这些信息来指导自己的思维和行动的能力。"[192] 然而使这个概念广受关注的却是心理学家兼新闻记者戈尔曼 1995 年出版的畅销书《情绪智力》。他把情绪智力（EI）定义为：

> 认知自己和他人的感受、进行自我激励以及在自身和在与他人关系中管理情绪的能力。[193]

表 7.5总结了戈尔曼所确定的、与理解工作行为最相关也最有影响的主要情绪智力维度。

如先前提到的那样，情绪智力之所以没有成为 POB 概念的主要维度，原因在于 EI 的两种发展潮流。第一种是将情绪智力流行化，只重应用的趋势，这在很大程度上是因戈尔曼的畅销书而产生和促进。不幸的是，这种应用取向被认定在理

表 7.5 戈尔曼提出的关于工作中情绪智力的维度

资料来源：Adapted from Daniel Goleman, *Emotional Intelligence*, Bantam Books, New York, 1995, pp. 43 - 44, and Daniel Goleman, *Working with Emotional Intelligence*, Bantam Books, New York, 1998, p. 318.

情绪智力的维度	特 征	工作中的例子
自我觉察	对自己的了解；对当前的真实感觉的认识	约翰意识到自己现在很生气，因此他需要先冷静下来并在做出重要的人事决策前收集更多的信息
自我约束	控制自己的情绪以利于而不是阻碍手头的工作；摆脱负性情绪并回到解决问题的建设性轨道上	安布尔控制住自己不表现出不安的情绪，也不大声反对客户的投诉，而是了解事情的真相
自我激励	坚持追求理想中的目标；克服负性的情绪冲动，在实现目标后才感到满足	尽管缺乏资源以及最高管理层的支持，帕特还是克服了这些挫折，坚持成功完成了该项目
共情	能够敏感地觉察并理解他人的感受；能够感觉到他人的感受和需要	团队的领导知道成员精神疲惫，所以她在午休时把所有人都带出去玩保龄球，以帮助他们恢复精力。
社交技能	能够敏锐地观察社会环境；自如地与他人互动，形成社交网络；能够引导他人的情绪和行为方式	杰里米从他的职员的一些非言语的表现看出来，他们并不接受公布的新政策，所以会议结束后他一个个找他们面谈，解释他们如何可以从新政策中获益

论、研究和为之谨慎开发的测量方面都有问题。而情绪智力研究的另一股潮流、走理论和研究取向的社会心理学家如萨洛韦、迈尔等人在这些方面就做得更多。[195] 如迈尔所说的那样，“如果要让‘情绪智力’这个术语和智力一样重要，它就必须包括人们怎样思考情绪以及情绪如何有助于思考，但是大多数的领域没有涉及到这些。”[196] 尽管如此，虽然迄今为止理论、研究和测量的质量仍良莠不齐，但戈尔曼的畅销书的确是以一些理论和研究为基础的，这在一定程度上克服了概念和测量方面的问题，[197] 所以我们这里也将其作为未来一种潜在的 POB 概念进行讨论。

重要的是，正如加德纳此前提出多元智力一样，戈尔曼清楚地把智商和情商区分开来。关于情商（有时候会模仿 IQ 的叫法而称之为 EQ）的文献谨慎地指出，这两个概念当然是两回事，但也不一定是相反的。例如有一个针对 IQ 和 EQ 的分析提出：

> 有些人天生两种智力都很高，另一些人则两种智力都很低。研究者一直试图去了解的是，这两种智力之间如何实现互补，例如一个人处理压力的能力是如何影响他全神贯注地运用智能的。[198]

正如神经系统和大脑的活动影响 IQ 一样，戈尔曼认为大脑通路也有助于情绪智力起作用。然而，从人类大脑几千年的进化历程来看，IQ 主要是与进化较晚的、位于大脑顶部的新皮层（思维脑区）相联系，而情绪智力则是由进化早期的、与情绪冲动相联系的内下皮层所决定的。然而要注意的是，与通常被认为主要是由遗传决定并且固定不变的 IQ 不同，戈尔曼发现人格和行为理论中讨论的因素也会对情绪智力起作用。因此，戈尔曼提出了一个关于情绪智力的综合性理论基础，这一理论基于人类大脑的功能，同时认为学习也在情绪智力发展的过程中起作用，这样满足了 POB 标准中的可发展性标准。在戈尔曼最初的一本书中他这样写道：

> 遗传赋予我们一系列情绪装置来决定我们的气质。可是涉及情绪的大脑环路特别具有可塑造性，气质不是天生注定的。我们儿时在家里以及在学校的一些情绪体验塑造出我们的情绪回路，使我们在情绪智力上表现得更能干——或更不能干。[199]

在他的第二本书《工作中的情绪智力》里，戈尔曼进一步探讨了学习与情绪智力的发展对成年个体的影响：

> 我们的情绪智力水平并不是在出生时就固定下来的，也不是只在童年的早期才会发展。与 IQ 在十多岁以后就很少改变这一点不同的是，情绪智力似乎在很大程度上是习得的，而且随着我们的生活和经验教训而不断发展——我们这方面的能力可以持续提高……关于情绪智力的增长可以用一个我们都很熟悉的词来描述：成熟。[200]

遗传因素、大脑、人格特质（见第 5 章）以及学习/发展的作用似乎是矛盾的，由此产生了一些对戈尔曼关于情绪智力论述的批评。[201] 然而，最近有研究结果证实，大学生在参加商业管理课程后可以提高其情绪智力。[202] 戈尔曼也指出："一些多年来对人们的情绪智力进行追踪的研究显示，随着人们能够更恰当地控制自己的感情，社交技巧更成熟，他们在情绪智力上的表现也越来越好。"[203] 总而言之，尽管围绕着情绪智力的发展与测量还存在一些争论，但它不仅具有直觉上的吸引力，也已有了一些在工作情境中得到成功应用的证据，因而值得给予特殊的关注。[204]

工作中的情绪智力

1995 年《情绪智力》出版的时候，戈尔曼最初是把它定位于教育领域，该书获得了很好的反响。然而，出乎他意料的是，这本书也获得了来自企业界的极大反响。戈尔曼回忆当时的情形时说："读者的信件、传真、电子邮件和电话如潮水般涌来，很多人要求和我讨论或向我咨询，我觉得自己就像在做一次环球旅行，与从 CEO 到秘书的成千上万的读者共同讨论把情绪智力用于工作意味着什么。"[205] 对于各个层级的工作者而言，最有吸引力的地方在于他们认识到，成功和有效工作与戈尔曼描述的情绪智力（即自我觉察、自我约束、自我激励、共情以及社交技能）之间的相关程度，要高于与传统上的智力（IQ）、技术专业水平甚至经验的相关。

戈尔曼关于工作中情绪智力的论述

基于外界对第一本书的积极反应，戈尔曼把新闻界的观点（通过研究大量杂志的报道和咨询公司面试专家的意见）与学术界的观点和研究相结合，出版了他的第二本专著《工作中的情绪智力》。在书中的第一部分他指出了这样的一个事实，即对于所有工作，尤其是出色的领导来说，EI 比 IQ 或者专业技术水平都更有价值。接下来他列出了一些有助于产生出色绩效的、自己可以掌握的工作能力，如主动性、值得信赖、自信心与成就动机等。然后他指出了一些有助于形成有效的组织中关键的人际关系技能（"针对人的技巧"），如共情、政治意识、适应多样化、团队合作以及领导。最后两章则阐述了如何培养个体的 EI 能力、如何构建高情绪智力的组织。戈尔曼认为，高情绪智力的组织不仅会在未来形势严峻的时候最有效益和竞争力，而且也是最让人满意和最理想的工作场所。同时他确实也提醒读者：情绪智力并非无所不能。然后他总结说：

> 在个体的层面上，情绪智力的元素可以被认识、评估以及提升。在团队的层面上，它意味着恰当地调整人与人之间的互动，以使团队更优秀。在组织的层面上，它意味着修改价值体系的层级结构，使情绪智力获得优先考虑——具体来说就是要在招聘、培训与职业发展、绩效评估和晋升中更重视情绪智力的作用。[206]

最初支持情绪智力的理论和研究

除了戈尔曼的专著，到目前为止关于工作中的情绪智力还没有太多的理论发展或研究。最近一个来自于学术界的理论分析指出，情绪智力可能有助于员工个人的适应和转变。[207] 至于实证研究方面，也有一些纵向研究的结果显示，EI 对生活成功水平（经济富裕、对生活的满意度、友谊、家庭生活等方面），包括职业成就的预测力要强于 IQ。[208] 这类的研究成果已经被用到一句好记的话语上："IQ 使你获得工作，而 EQ 使你获得升迁。"[209] 最近的调查的确显示，大多数人力资源管理者认为这句话很有道理，[210] 而且也有证据表明情绪智力的这种价值也可能适用于高技术领域工作，如 AT&T 的贝尔实验室中的科学家和工程师。在把评为"明星"级员工的 10%到 15%的科学家/工程师与其他人做对比时，研究者发现学术上的天赋或 IQ 都无法很好地预测工作中的生产率。实际的差别是在于，这些明星级员工运用了他们的诸如社交技能这样的情绪智力维度，去建立一种人际关系和友谊的社会网络，这样他们在解决问题或处理危机时就可以有所依靠或获得必要的帮助。[211] 此外，著名的"创造性领导研究中心"发现，那些"中途出局的管理者"（有望成为明星员工但最终没有成功）失败的原因正是在于情绪智力类型上的问题（糟糕的工作关系、太独裁、太有野心、与上层管理者的冲突），而不是由于缺乏技术性能力。[212] 除了实证研究外，最近出现了一些关于如何成功执行情绪智力项目的个案研究，例如，美国运通财务顾问的项目，[213] 这是有关怎样把情绪智力应用到工作团队和个体的案例。正如专栏实践中的组织行为学："管理者的智力"所示，这样的案例激发了新的、更广泛的应用。[214]

与关于人员选拔的研究结果相矛盾

关于情绪智力优于 IQ 的研究结果和结论，似乎与施密特和亨特所做的大量实证研究以及元分析的结果相冲突。本章前面关于智力的一节也讨论过，这些在人力资源选拔领域内非常有名的研究者，在他们多年研究的基础上非常明确地说："在其他条件相同的情况下，智力较高的员工会有更好的工作绩效，这一点对于所有工作都成立。智力是工作绩效的主要决定因素，因此以智力为标准招聘员工会带来工作绩效的显著提高。"[215] 施密特和亨特至今也没有在他们的分析中提到过情绪智力，不过造成这种矛盾的原因之一可能是在于对智力的定义。

施密特和亨特把智力视为一般的心理（或认知）能力（GMA），这比传统上用

管理者的智力

为什么新上任的管理者有的会获得惊人的成功，而有的却只能痛苦地失败？数十年来，雇人的管理者和公司董事会花费了大量的精力，试图找出是什么因素使未来的商业明星与那些庸碌之辈区别开来。是魅力吗？是情绪智力吗？或者仅仅是拥有他们所从事行业的渊博知识？

贾斯廷·门克斯认为以上都不是。他颇有创见地在《管理者的智力：伟大领导者的共同点》中论辩道：洛杉矶的心理学家和商业顾问用具有说服力的证据表明，真正的答案是，所有优秀的领导者拥有出色的推理和问题解决技能，正是这些特质使得管理者能够走出冲突信息的迷雾，并“创造一个精心设计的解决方法以适应即将到来的各种情况。”在那些卓越的领导者中，作者列举了杰克·韦尔奇、戴维·帕卡德和山姆·沃顿的例子，因为他们是优秀的批判性思考者，拥有像该书名称所提到的那种难以琢磨的智力。

门克斯从一堆复杂的研究中提取并且用可理解的语言重新描述了这种能力。然后，他用一些成功 CEO 的访谈补充了这一结果。这些 CEO 包括如雅芳公司的钟彬娴，以及戴尔公司的凯文·罗林斯，他们讨论了自己的雇佣哲学和领导风格。钟彬娴的一个批判性思考的例子是：在主管产品营销部时，她的决策总是会与雅芳所有重要的销售人员进行商量，而不是简单地通过自上而下的公告方式强力推行。大部分的女性销售代表阻止雅芳转入高价位的消费路线，因为她们担心消费者不会购买。在一个全国性的销售代表会议上，钟彬娴只问代表们一个问题：她们自己实际上用了多少雅芳的产品？大部分被迫承认她们并没有使用雅芳的产品，并且很快领悟到钟彬娴的想法——公司的产品在市场上已经太落伍了。

门克斯认为传统的工作面试无法发现人们的管理智力。他说，面试仅仅是候选人炫耀自己过去成就的工具，事实上也许值得相信，也许根本就不可信。同时，面试官几乎不可能知道有希望的候选人是怎样处理未来的挑战的。作者也讨论了那些最流行的补充面试的方法，从人格测量到情绪智力测验，他的结论是，这些方法中的大部分都有缺陷。有趣的是，门克斯主张，虽然 IQ 测验因为它的种族偏见而遭到抛弃，但是它“无疑是管理才能的有效的指标”。但是那些测验同样有它们的局限，他说道，因为大多数测验坚持用多项选择题而且并未涉及现实世界的商业问题。

他认为最好的测验能够测量完成任务、与他人协同工作，以及评价自我和快速适应的能力。门克斯仔细分析了它们的每一个特点，定义了优秀管理者用以解决问题的 17 种关键技能。其中一些能力涉及区分初级目标和次级目标、预期可能和不可能发生的结果以及了解他人内心的想法。如果潜在雇员有这些才能，最好的识别方法是什么？答案是包含假设商业问题的口头测验，因为绝大多数商业决策都是在这种实时对话情境中做出的。

门克斯提供了一些问题和答案的样例。有一个问题问道，当一软件公司面临着激烈的价格竞争时，是否应该将其编程业务外包到境外。门克斯说并没有所谓正确的答案，但是他给质疑这种做法的候选者以最高的分数，那些人认为这样做会影响现有员工的士气，他们注意到在新产品开发、维持和顾客服务上对国外依赖的风险，所有这一切都可能导致意料之外的结果。

于与情绪智力做对比的 IQ 含义要更广。他们认为 GMA 是一种相对固定、不随时间变化的“特质”，而对情绪智力的描述和研究结果都指出它更多的是一种状态，可以随着时间的推移而改变，并且能够获得发展。所以，由于情绪智力可以逐渐获得发展，因此它的价值可能会最终超过开始工作时就已经确定并且保持不变的 GMA 特质。支持这一论断的例子是一位英国的研究者在 13 个国家对 7 000 名管理人员所做的调查，他发现较年长和成熟的领导能够更好地“与某事件的核心人物讨论那些可能触及到他们痛处的话题，并且找到不会产生愤恨情绪的解决方法。”[216] 也就是说，这些较年长的领导可能多年来已经使自己的情绪智力得到发展，能够更有效地处理那些日益常见的涉及到情绪的问题和事件，可是他们的 GMA 还是维持原状。上述的推理以及其他假设还需要验证。然而，目前可以确定的一点是，有大量的实证研究证据支持施密特和亨特关于 GMA 价值的观点，而关于情绪智力的价值，尤其是它在预测工作绩效上相比于智力的优越性还只是刚刚开始讨论，而且大部分都是定性的、轶事性的证据。

在领导中的应用

戈尔曼最新的研究方向已经把情绪智力从一种人员选拔的工具，转向一个范围更广的领域——领导。[217] 他从一个咨询公司包括 20 000 名管理者资料的数据库里随机抽取了一个大样本（N=3 871）做分析，找出了与情绪智力的各个成分相对应的六种独特的领导风格。[218] 社会心理学的先驱人物麦克莱兰早前曾经发现，具有情绪智力能力的领导者，其工作效益优于不具备这些能力的领导。例如，在一个针对一家全球性食品饮料公司的分支机构的领导者的研究中，麦克莱兰发现，那些具备情绪智力能力的领导者中，有 87%的人的绩效奖金数额排在前 1/3，而且这些部门的年度收入都能超过目标的 15%~20%。[219] 因此在这些发现的基础上，戈尔曼认为有必要识别出与每种领导风格相对应的特定的情绪智力能力，如表 7.6 所示。

对情绪智力的其他应用

基于戈尔曼广受关注的影响以及慢慢积累的理论与实证研究，今天的组织开始运用各种情绪智力理论。例如，美国空军发现情绪智力得分高的新兵取得的成绩比情绪智力得分低的新兵高 2.6 倍，因此开始发展和使用情绪智力测验作为招兵的手段。[220] 像美国运通、美国银行、福特、通用电气、CIGNA、Blue Cross Blue Shield 以及 McNieil/强生等大公司都以开发成套的情绪智力策略而闻名。例如，福特把集体性情绪智力用于它的 Lincoln Continental 团队（约有 1 000 名雇员，10 亿

表 7.6　把领导风格与情绪智力联系起来

资料来源：Adapted from Daniel Goleman, "Leadership That Gets Results," *Harvard Business Review*, March–April, 2000, pp. 82 - 83.

领导风格	特　征	能　力	领导的例子
强制型	指导的；要求立即服从	自控力、主动性、成就动机	在危机中这样的领导能够有效地推动事情（项目或员工）的进展
权威型	引路者；动员员工实现自己的愿景	自信、共情、促进改变	这种领导在要求新的愿景或方向的情境下是有效的
关系型	创造出和谐与合作的氛围；最关心的是人的因素	共情、关系建立的能力、沟通能力	这种类型的领导能有效地修补团队成员之间的裂痕，在危机中能有效地激励员工
民主型	通过鼓励参与而达成一致意见；使每个成员都参与其中	协作精神、团队领导力、沟通能力	这种领导能有效地促进意见统一，使大家接受重要的决策和规划
模范型	制定高标准；是行动的榜样	责任心强、成就动机、主动性	这种领导能有效地使一个高动机/能力的团队迅速出成果
教练型	支持、帮助和使员工获得发展；指导他人怎样为未来的发展完善自己	自我觉察、帮助他人发展、共情	这种领导能有效帮助员工改善绩效、为未来而进一步发展自己的优势

美元的预算)，而这个团队成为最早实现或超越所有经营目标的团队之一。[221] 在服务业，Blue Cross Blue Shield 把情绪智力应用于咨询与培训，帮助员工处理变化的、涉及情绪的工作情境以及实现职业目标等。[222] 也有一些在国际范围内应用情绪智力的例子。例如，中国香港的电信部门和政府雇员参加了情绪智力培训，以能够更好、更有效地处理和解决涉及情绪的事件和投诉。[223] 总的来说，关于情绪智力在工作中的重要性和适用性是毋庸置疑的，可是正如积极组织行为学的其他概念一样，与其他较为确定的 POB 变量相比，将来确实还需要更多的理论发展、有效测量以及实证研究。

小 结

本章介绍了才刚刚起步的积极组织行为学，或简称 POB。它基于最近的积极心理学运动——寻找优势，寻找哪些是人们做得好的方面，而不是关注人的机能失调和挑人毛病。除了积极性外，POB 的成分要满足 5 个标准：（1）以理论和研究为基础，（2）有效的测量，（3）概念的独特性，（4）可发展性，以及（5）可用于提高绩效。本章中符合 POB 标准的心理能力（或心理资本）是自我效能、乐观主义、希望、韧性、快乐/主观幸福感和情绪智力。

本章用大部分的篇幅讨论了自我效能的理论、研究和应用。社会认知理论与 POB 的标准契合得最好，它指出环境、行为和个人认知这三个方面是交互作用的，对个人能力的自我反省是自我效能理论的基础。自我效能是指个体对自身能力的一种信念，这种能力使其在某一特定情境下，为了完成某一特定任务，需要调动其动机、认知资源，并采取一系列行动；自我效能是一种状态而不是一种特质。通过班都拉的理论构建和广泛的研究，已确定决定自我效能的四个主要信息来源。按它们的重要性从高到低排列，依次是拥有经验或实现绩效、他人的经验或榜样作用、人际说服、生理或心理（情绪）唤醒。每个来源都可以用于培训和职业发展以提高自我效能。

自我效能最开始是作为一种临床技术用于改变患者的行为，可是很快就被成功地应用在很多其他方面，如健康、教育和体育竞技。与其他 POB 概念不同的是，自我效能和工作绩效有很强的正相关，已经有很多研究积累了这方面的大量知识。斯塔科维奇和鲁森斯的元分析（包括 114 个研究、共 21 616 名被试）发现，自我效能和工作绩效的加权平均相关高达 0.38，而且非常显著；转换后显示，自我效能可以使绩效提高 28%，这一效应相当引人注目（高于其他常见的组织行为学干预手段的元分析结果）。在如此丰富的理论和研究基础上，在实际情境中有效地运用自我效能有重要的价值。除了应用于培训和职业发展以提高自我效能，并因此有助于使培训效果迁移到实际工作和提高绩效之外，对自我效能的测量也能够用于人员选拔过程。自我效能还可以用于更有效地进行工作设计、目标设置以及团队和压力管理。

除了自我效能/自信，其他被认为符合 POB 标准的积极能力还有乐观主义、希望和韧性。尽管对乐观主义的关注已经有相当长的时间，也确认了乐观主义和生活中很多积极事情的联系，但是把它作为一个心理学和 POB 变量并应用于工作情境，相对来说还是较近期的事情。乐观主义既是激励源又可以由激励引起，有证据表明它不仅仅是人类天性的一部分，而且它作为个体差异来源之一的作用获得了更多的支持。塞利格曼的开创性工作是把乐观主义作为一种由个体认知决定的预期和归因（即解释风格）来研究的。具体而言，悲观主义者对坏事情做内部的、持续性的和整体的归因，而乐观主义者则会做外部的、非持续性的和特殊情境的归因。尽管追求无法实现的目标可能会导致一些机能失调的后果（例如压力），而且在有些情况下组织会需要一些适度悲观的员工（如安全设备工程人员或会计），可是一般来说，现实的乐观主义对生活和工作都是非常有益的。尽管这方面的研究才刚刚开始，但塞利格曼在大都会人寿保险公司所做的大量研究工作得到的结果，可以证明乐观主义能够对组织中的个体绩效产生非常积极的作用。

除了乐观主义，希望这个与其密切相关但是在概念和实证上有区别的概念同样符合 POB 标准。心理学中关于希望的研究以及它在组织行为学中的可应用性，都显示希望不仅仅是“预期有好结果”这种指向光明的信念。尽管戈尔曼和塞利格曼都是分别在情绪智力与乐观主义中讨论希望，然而最受关注的是斯奈德单独针对希望所做的研究。他对希望的定义不仅是着眼于个体实现目标的决心，而且还包括个体对形成有效的计划、找到正确的途径、为实现目标进行自我激励等方面的信心。简单来说，希望的定义包括“意志力”（力量）和“方法力”（途径）。关于希望与学业的、体育竞技的、心理和生理健康的积极表现的关系，已经有很有力的证据支持，那么将来把它用于工作情境就显得非常有希望。

第四个在 POB 中被认可的积极能力是韧性。与其他 POB 变量有很大不同的是，韧性往往更多是反应性的而非前摄性的。同样来源于临床心理学，特别是针对问题儿童和青少年的研究，韧性以对巨大灾难或风险的积极适应为特征。在 POB 上，它被描述成一种从逆境甚至非常开心的事件中复原（或恢复）的积极能力。近年来，无论在员工层面、管理者层面还是在组织层面上，韧性这种复原能力都十分重要且备受期待。尽管在工作情境中的研究才刚刚开始，但是随着环境更加的不确定和动荡，发展和管理韧性有不可限量的潜力。

虽然自我效能、乐观主义、希望和韧性被确定是最符合 POB 标准的概念，但是其他概念在未来也有可能性被吸纳进来。本章介绍的其他潜在的 POB 概念是快乐，或积极心理学家更喜欢用的称呼“主观幸福感”（SWB）以及情绪智力(EI)。特别地，已经有一些研究是关于工作与 SWB 的关系的。例如，迪纳的工作与 POB 的关系最密切。就像本章介绍的其他积极心理学概念的情况，迪纳更关心影响生活满意感、一些重要领域里的满意感（包括工作满意度）、积极的情感和低水平的消极情感的基本作用过程。尤其受关注的是人格、目标、适应力以及应对能力的作用。与其他概念不同的是，研究者对 SWB 进行了广泛的跨文化研究。作为 SWB 的一个范畴，已经有一些针对工作与工作环境的研究。值得一提的是，已经发现 SWB 对工作满意度有显著的预测力，而且失业会使 SWB 降低。尽管如此，未来需要更多的研究去论证 SWB 对绩效结果的影响。

对于情绪智力，首先介绍了它的两个主要成分：情绪（感受）和智力。尤其是智力在组织行为学中一直是处于次要的地位。如果说对它有所认识，也只局限于数学/逻辑和语词/言语能力等传统的、具有稳定性的维度。多元智力，特别是情绪智力的观点，仅仅是在近期才受到关注。情绪智力是从戈尔曼开始获得广泛推广的，情绪智力是指了解并控制自己和他人情绪的能力。尽管情绪智力比其他POB能力需要相对更多的理论、测量和基础研究，但是它的普及和直观的吸引力是不能被否认的。越来越多的证据表明，情绪智力的特征（如自我觉察、自我约束、自我激励、共情和社交技能）不仅在预测未来生活的成功上比IQ有优势，而且还可能在工作情境中对高绩效有重要的、未被发掘的潜在贡献。

结尾：元分析研究发现

组织行为学原理

特定任务中高自我效能的员工表现得更好。

元分析结果：

【包括114个研究，共21 616名被试；d=0.82】平均而言，在一项特定工作中自我效能高的员工，**有72%的可能**会出现比自我效能低的员工有更好的绩效。元分析所揭示的调节变量是任务复杂度和该研究的情境。具体来说，在越复杂的工作中，自我效能对绩效的影响就越小，但该影响还是高度显著的。另外，实验情境研究中的自我效能的作用要大于现场研究中的情况。

结 论：

尽管在组织行为学研究和应用中，POB概念正变得越来越常见和重要，可是，迄今只有自我效能有足够的研究积累去做可应用于组织行为学原理的元分析。毫无疑问，自我效能已经成为预测员工绩效最好的因素之一。今天的工作环境充满了不确定性、变化以及复杂的任务，组织所面临的挑战是如何能够在增强员工关于自己个人能力的信念上起作用，以实现组织的绩效目标。除了自我效能以外，乐观主义、希望、主观幸福感和情绪智力等POB变量也显示了它们在理解并有效应用组织行为学理论方面的强大潜力。

资料来源：Adapted from Alexander D. Stajkovic and Fred Luthans, "The Relationship between Self-Efficacy and Work-Related Performance: A Meta-Analysis," *Psychological Bulletin*, Vol. 124, No. 2, 1998, pp. 240-261.

讨论与复习题

1. 积极心理学与一般心理学有什么区别？
2. 积极组织行为学的5个标准是什么？不同的POB概念是怎样满足这些标准的？
3. 什么是自我效能？为什么认清自我效能是一种状态而不是一种特质很重要？这对工作情境有什么意义？
4. 反驳或支持以下论断：一位高自我效能员工的特征可以成为“高绩效者的最好描述”。描述这个论断，并以工作情境中的例子加以说明。

5. 获得广泛认可的自我效能的四种来源是什么？每种来源可如何用于提高员工的效能以改善绩效？
6. 积极心理学中的乐观主义是如何超越那句老话“积极思考就是力量”的？举例说明“小乐观主义”和“大乐观主义”有什么不同。除了销售领域，用一个例子说明乐观主义在哪个方面有助于提高工作绩效。
7. 在积极心理学中，希望的概念是如何超越“指向光明的建议”这一含义的？为什么在对希望的讨论中提出，希望对企业家精神和跨国人力资源管理特别有意义？
8. 为什么韧性在现在这个时期如此重要？请举例说明。
9. 什么是心理资本（PsyCap）？为什么它可能为组织提供竞争优势？
10. 什么是主观幸福感？对它的跨文化研究有什么结果？你是如何解释这些不寻常的结果的？
11. 情绪是什么？它与心境有什么区别？指出一些基本的情绪，举例说明它们在工作中是如何表达的？
12. 什么是加德纳理论中最初的七个智力维度？哪两个与传统的 IQ 关系最密切？三个“新”的智力维度是什么？你觉得十个智力维度里有哪些对有效的管理者来说是最有意义和最重要的？
13. 简单来说，什么是情绪智力？情绪智力中哪些主要维度对工作情境特别有意义？为什么对一名有效的管理者来说 EI 可能比 IQ 更重要？
14. 在本章所列举的 POB 概念中，你认为哪个在影响员工绩效方面有最大潜力？为什么？

互联网练习：你的 IQ 和 EQ 怎样？

了解心理学变量的价值和作用的一个好办法是首先了解你自己。通过了解自己，你才能更好地了解他人。如果你想比较自己的 IQ 和 EQ 有何异同，网上有一些这样的测验。你可以访问 http://www.queendom.com 去做一些认知练习，包括一个 IQ 测验。但要记住的是，这些测验不具有科学效度，你应该只把它们看作有趣的信息而不要太认真。访问 http://www.authentichappiness.com 测测你的幸福感。同时，要全面了解积极心理学请访问 http://www.positivepsychology.org，要了解积极组织行为学的背景和最新情况，请访问 http://www.bus.umich.edu/Positive 和 http://www.gli.unl.edu。

1. 你的智力测验结果是否出乎你意料？考虑到 EQ 可以通过学习改变，是否有些方面你应该尝试去改善？
2. 你认为你身边的同事或朋友会怎样回答这些测验题目？这一点是否有助于你更好地了解他们的行为？
3. 你是否同意本章论述所说的 EQ（EI）可能比 IQ 更重要，以及 EQ 可运用于工作中有效的人际关系和绩效？为什么？
4. 真实的快乐和/或积极的组织学识和行为在工作应用中有什么影响？

真实案例：高科技——高恐惧

通俗性和学术性报刊都在宣称，今天组织中的先进技术是多么美好。例如，B2B（企业对企业）模式可以极大地削减公司的成本。然而，事情的另一面，也就是高技术革命带来的消极后果，却很少有人提及。尽管那些在电脑陪伴下长大的年轻员工能够接纳并适应工作环境中的IT变革，而且公司各阶层都会有一些中年或更年长的员工对IT带来的挑战持欢迎态度并为之兴奋，可是今天各个年龄段的相当一部分（如果不是大部分的话）员工不仅抗拒IT变革，而且感到非常恐惧。

新技术环境中充满了急剧的变化，今天的员工也被各种情绪反应所困扰，从惊讶到恐惧到愤怒，甚至还有羞耻感。过去经济环境中的那些有能力和安全感的员工曾经是非常乐观的，对自己的工作职责也很有效能感，可是现在他们已经变成悲观主义者，开始怀疑自己是否拥有在新的高技术环境中获得成功所要求的能力和认知资源。

下面是最近列出的、在今天的组织中随着先进技术的应用而产生的人力资源问题：

1. 感到被打败、受威胁，因为无法赶上工作变化上的要求而产生羞耻感。
2. 一些员工认为，新技术实际上没有使他们获得授权，相反却使他们受到奴役。
3. 害怕变得无能、愚钝而抗拒变化。
4. 解决问题的能力日益减弱，因此绝望感和担忧日益增长。
5. 失去上司、同事和下属的尊敬。
6. 由于工作时间过长、压力过大而发生生理机能失调，缺乏社交甚至会带来荷尔蒙分泌紊乱。
7. 喜怒无常、沮丧、筋疲力尽，而且注意力减退。

显然，这些感受、观念、恐惧和生理/心理机能失调正在使人们付出代价，同时它们也会影响到工作质量、生产率和留职率。

1. 今天的组织中先进技术的正性和负性作用有怎样互相牵制的关系？一些老员工难以适应的状况是否真的值得关注？也许他们早晚都会过时，是不是完全可以由技术来取代他们的工作？总的来说，你对技术的影响有何感受？
2. 考虑到上述例子中IT技术的消极影响，自我效能、乐观主义、希望、韧性、情绪智力和SWB发挥作用的空间很大。为这些积极心理学变量能够发挥的作用各举一个例子进行描述。
3. 大体上说，积极心理学变量是如何有助于解决案例中所列出的那些问题的？如果一个部门里的大部分员工都是年长且不熟悉计算机的雇员，他们在旧的体系下非常有效能，那么该部门的管理者应该如何运用这些概念，使本部门的经营活动更成功地过渡到一个新的、技术成熟的运作系统中去？

组织行为案例：HEI的人力资源问题

阿什丽·詹姆斯以优异的成绩毕业于州立大学的管理专业，她接受了Hospital Equipment Inc.（HEI）人力资源管理部门的一个初级职位。HEI是一家制造医院用病床和金属家具（床头柜、桌子、橱柜等）的中等规模公司。自从35年前老詹姆斯·罗宾逊成立这家公司以来，医院病房产品系列一直都为 HEI 带来丰厚的利润。然而最近几年，HEI 的市场份额已经被几家大的办公家具公司所蚕食，这些公司既有本国的，也有来自于国外的，它们正在进军医疗产品市场以实现多元化经营。

罗宾逊先生在过去几年中已经处于实际的退休状态，他的独子罗伯在三个月前成为公司的 CEO。罗伯先是当了两年的产品工程师，后来在过去四年中一直主管公司运营。罗伯在高中时是三项体育竞技的明星运动员，也是学生会主席。然后他进入州立大学的机械工程系，以班上头几名的成绩毕业。

作为 HEI 的新一代领导人，罗伯为公司设定的愿景是从一家正走下坡路的、生产技术含量低的病床和金属家具的生产商，转变为一个高技术的医疗设备生产商。罗伯很有信心，他认为尽管这将会是 HEI 的一个极大的转变，但现在已经有足够的基础和组织文化，至少能够建立一个以手术室设备业务为中心的新部门。

罗伯的市场部经理委托一家市场研究公司做了一个调查，发现手术室设备市场正处于供不应求的状况，而且从使病人获得舒适和照顾的创新性技术角度来说，这一市场远远落后于其他医疗保健设备供应行业。在这些调查结果的支持下，该市场部经理非常热心地支持罗伯关于 HEI 未来发展的规划。

可是财务部门和运营部门的人员却是另一种态度。财务部经理对未来很悲观。HEI 由于从现有生产线获得的收入减少，已经陷入现金流的压力之中。尽管公司目前没有什么长期债务，可是随着老罗宾逊的退休，公司已经失去在本地借贷机构的社会关系和老友，剩下的就只有那些决策者在其他城市的大投资银行。运营部门的新主管多年来一直与老罗宾逊有亲密的关系，而且在过去四年里基本是他在协助罗伯工作，他对未来也很悲观。在最近一次管理层会议上，罗伯请大家对他为 HEI 规划的愿景提意见，这位运营主管愤怒地冲口而出："我知道我们必须做些什么！可为什么是医疗设备？我对我们的工程师和操作人员胜任这个新领域的能力绝对不抱任何希望。你也知道，几乎所有员工都至少在公司中呆了 15~20 年。他们太习惯于过去的模式了，而我们能够建立一个新的医疗设备部门的惟一方法就是不得不从零开始，我实在想不出来我们可以从什么地方获得融资！"

罗伯衡量了高层管理团队的建议，咨询了他父亲的意见，自己做了一些研究，接触了行业内外的社交网络，最后决定继续他的计划。他还决定由现有的雇员来运转该新部门，而且不寻求外部融资。这时候他把年轻的阿什丽从 HR 部门调过来，给了她如下的任务：

> 阿什丽，我知道你在公司里的时间还不算很长，可是我相信你能够处理我要交给你的挑战。很可能现在你已经知道，HEI 遇到了一些困难，而我已经决定我们必须进入一个新的发展领域，成立一个医疗设备部门。我看到的是，我们必须首先解决一些实际的人员问题，然后才可能使这个新部门获得成功。我自己也在运营部门工作过好几年，确信公司在工程技术和运营方面都有足够的人才，可以承担起过渡性的工作，并成功达成公司的目标。可是我需要你的协助。你在州立大学有没有学习到如何使人们更积极、更乐观和更有自信的方法？我真的觉得这就是问题所在，从管理层一直到一线员工都是如此。我想你用一个星期的时间去想想这个问题，去找每个相关的人谈谈，做些调查，然后给我一个具体的方案，报告一下人力资源部能够做些什么来帮我解决这个问题。HEI 的生存发展可能就要看你能提出什么建议了。

1. 根据这个案例所提供的有限信息，你会在自有效能、乐观主义、希望、韧性、快乐和EI方面怎样评价罗伯？怎样评价运营部门的主管？在评价时务必具体。这些评价对HEI公司的未来又意味着什么？
2. 你对财务经理的悲观态度有什么看法？市场部经理的乐观态度呢？这对罗伯和公司有什么意义？
3. 你是否赞成罗伯的决定？你是否愿意为他工作？为什么？
4. 如果你是阿什丽，你会向罗伯提出什么样的具体方案？你会如何实施该方案？

第二编体验式练习

练　习

自我知觉与自我概念的发展*

目　标：

1. 帮助学生考察自己的自我概念，并把这一自我概念与自己认为他人会如何看待自己做对比。
2. 探讨人格中的自我概念是如何基于来自他人的反馈而形成的（事实是，我们“通过他人看到自己”）。
3. 激发学生思考人力资源管理是如何涉及到知觉与人格的。

实　施：

1. 让学生拿出一张纸，从顶部到底部对折。
2. 让学生写下“我对自己的认识”以及“我认为别人是如何看待我的”这两句话。
3. 让学生在每句话下面写下 5 个形容词，这 5 个形容词是他们认为能够最好地描述他们如何看待自己以及别人如何看待他们的。
4. 学生之间互相交流他们的两组形容词（两人一组、三人一组或全班一起分享），并做简单的讨论。每个人都可以说出自己最引以为豪的是什么特点。
5. 指导者也可以参与这个练习，和学生分享他或她自己的两组形容词。

* “自我知觉与自我概念发展”练习由 Philip Van Auken 提供，此处的引用得到了他的允许。

练　习

动机问卷*

目　标：

1. 亲身体验工作动机理论中的一个概念——这里指著名的马斯洛需要层次理论。
2. 获得自己对人力资源管理中使用激励技术的观点的反馈。

实　施：

下面动机问卷中的每个陈述有 7 种可能的选择：

1. 请圈出 7 种选择中最符合你自己观点的相应数字。例如，如果你“非常同意”，请在数字“+3”那儿划一个圈。
2. 你必须在大约 10 分钟的时间里完成所有项目。

* The “Motivation Questionnaire” is reprinted from “Motivation: A Feedback Exercise,” in John E. Jones and J. William Pfeiffer (Eds.), *The Annual Handbook for Group Facilitators*, University Associates, San Diego, Calif., 1973, pp. 43–45, and is used with permission.

	非常同意	同　意	有点同意	不知道	有点不同意	不同意	非常不同意
	+3	**+2**	**+1**	**0**	**–1**	**–2**	**–3**
1. 工作出色的员工应该获得特别的报酬和提升。	+3	+2	+1	0	–1	–2	–3
2. 好的职位描述有助于员工更确切地了解对自己的要求是什么。	+3	+2	+1	0	–1	–2	–3
3. 有必要提醒员工，他们的工作成绩取决于公司有效竞争的能力。	+3	+2	+1	0	–1	–2	–3
4. 上司应该非常关注雇员工作条件。	+3	+2	+1	0	–1	–2	–3
5. 上司应该努力在员工中建立一种友好的工作氛围。	+3	+2	+1	0	–1	–2	–3
6. 对获得高工作绩效的个体进行表彰，对员工来说意义重大。	+3	+2	+1	0	–1	–2	–3
7. 冷漠的管理方式会挫伤员工的感情。	+3	+2	+1	0	–1	–2	–3
8. 员工希望看到自己的实际技能和能力在工作中发挥作用。	+3	+2	+1	0	–1	–2	–3
9. 公司的退休福利制度和股权计划是留住员工的重要因素。	+3	+2	+1	0	–1	–2	–3
10. 几乎所有的工作都可以变得更刺激、更有挑战性。	+3	+2	+1	0	–1	–2	–3
11. 很多员工都希望自己在做每件事情时都发挥出最好水平。	+3	+2	+1	0	–1	–2	–3
12. 管理层可以通过资助一些下班后举行的社交活动来表达对员工的关心。	–3	+2	+1	0	–1	–2	–3
13. 在自己工作中得到的自豪感实际上是一种重要的报偿。	+3	+2	+1	0	–1	–2	–3
14. 员工希望自己是本工作岗位上最优秀的。	+3	+2	+1	0	–1	–2	–3
15. 非正式工作群体中的关系质量是相当重要的。	+3	+2	+1	0	–1	–2	–3
16. 针对个人的激励性奖金可以改善雇员的绩效。	+3	+2	+1	0	–1	–2	–3
17. 对员工来说，与高层管理者的接触很重要。	+3	+2	+1	0	–1	–2	–3
18. 一般来说，员工喜欢自己制定工作计划，在最少的监管下，自己做出和工作有关的决策。	+3	+2	+1	0	–1	–2	–3
19. 工作中的安全感对雇员来说是重要的。	+3	+2	+1	0	–1	–2	–3
20. 有好的工作设备对雇员来说是重要的。	+3	+2	+1	0	–1	–2	–3

计　分：

1. 把你在问卷中圈出的数字写在下表相应的位置上。

陈述的序号	分　数	陈述的序号	分　数
10	________	2	________
11	________	3	________
13	________	9	________
18	________	19	________
合计	________	合计	________
（自我实现需要）		（安全需要）	
6	________	1	________
8	________	4	________
14	________	16	________
17	________	20	________
合计	________	合计	________
（自尊需要）		（生理需要）	
5	________		
7	________		
12	________		
15	________		
合计	________		
（归属需要）			

2. 在下表中记录你的总得分。每一行代表一种需求，针对你在每种需求上的合计得分在相应的方格内填一个 X。

	−12	−10	−8	−6	−4	−2	0	+2	+4	+6	+8	+10	+12
自我实现													
自　尊													
归　属													
安　全													
生　理													

用得少　　　　　　　　　　　　　　　　　　　　　　用得多

通过这份表格，你可以看到自己对马斯洛需要层次理论中的五种需要的相对重视程度。这个问题没有正确或错误的答案，可是多数工作动机理论家都暗示，多数人主要关心的都是高级需要（即归属、自尊和自我实现需要）。

第三编

组织行为的动力学

最佳实践咨询

盖洛普的组织行为动力学方法：利用团队的才能

在盖洛普看来，组织行为动力学的首要议题就是：团队应该由一位其才能(talent)与其角色相称的人所领导。某些个体拥有将人们团结在一起以使总体大于部分之和的技能或者才干。成功团队实践的核心就是一个领导才能的问题。

为了一个共同的目标，将每个个体独特的才能整合在一起，这样就可以创造出一个最好的团队。团队工作的绩效并不总是优于个体单独工作的绩效。在盖洛普的方法中，最好的团队恰恰是用正确管理发挥每个个体才能的团队。为了建立一个卓越的团队，每一个成员都必须意识到他们自己能够对团队做出何种贡献，并确信其他成员也知道他们的贡献与其特定才能是相匹配的。这样，每一位成员都很关注自己对于团队的最佳贡献。团队成员也因此不会背负领导、队友或者自己给予的不适当预期。换句话说，人们期望自己能表现出最好的绩效，同样也期望能得到最好的回报，这样，人们就可以一种理想的方式做出响应。

盖洛普发现，优秀的团队领导会鼓励下属用大量时间增加自己的知识、技能和经验以提升其才能，剩下的时间，则通过与其他团队成员建立伙伴关系、发展支持系统或者以优势消除劣势等方式克服自身缺陷。优秀的团队领导会关注团队成员才能上的差异。比如，有些人喜欢开发性的工作，这种人通常在项目未完成前早早地就开始感到厌烦，他们生活的乐趣就是“创造开始”。相对于“许可”(permission)，这种人往往对“行动”(action)更感兴趣。他们往往被视为“纵火者”，因此可以给他们不断地调换团队，将其安排在那些正需这样的分析型人才来摆脱困境的事务上。相应地，可以安排那些注意力集中、细心的人从事程序性的事务。这样的组织行为动力学就是基于才能的。组织鼓励人们去发挥其自身特点而不是忽略或阻挠其特定倾向，这样的组织就能对个人产生最大的积极影响。

优秀的团队领导会问这样的问题：“我的团队的每一位成员的才能分别是什

么？我能够为我的团队成员提供怎样的经验、技能和知识，以帮助他们提升自身的才能？我的团队的绩效问题是不是由于缺乏可通过培训而得以发展的某些技能和知识所导致的？绩效问题是不是由于缺乏相应的才能所导致的，而这些才能通过培训也无法得到提高？我的团队是否欠缺能够互补的一些才能？”类似地，当团队的每个成员都遵循基于各自长处的方法时，他们会问自己这样的问题：“我的岗位能够发挥我最大的才能吗？为了进一步提升才能，我可以做什么？那些我最擅长的工作是如何影响我自己和整个团队的绩效的？我们团队中哪个人的才能可以与我结成良好的伙伴关系？”

总而言之，盖洛普的观点就是，卓越的团队正是那些个体在其中可以发挥其长处的团队。

第8章

压力与冲突

学习目标

- **定义** 压力的含义。
- **明确** 组织外部、组织内部以及群体的压力源。
- **考察** 应对压力的个人特征。
- **描述** 个体内部以及个体之间的冲突。
- **讨论** 压力和冲突的影响。
- **介绍** 应对/管理压力的策略以及冲突解决中的谈判技巧。

传统上，组织行为学领域是分开研究压力和冲突的。不仅从概念上讲它们很类似，而且个体、群体和组织的互动更多地和冲突有关，但是，在个体（个体间）层次上，二者又可以联系在一起。因此，本章将压力与冲突合并阐述。从概念上，本章将按照由微观到宏观的顺序展开，先介绍压力的含义；接着考察压力产生的原因；随后从个体内部和个体之间的层面阐述冲突；继而探讨压力和冲突的影响；最后介绍应对管理压力和冲突的方法，重点放在解决冲突的有效谈判技巧上。

压力的产生

压力（stress）研究方面最权威的学者、心脏病专家罗伯特·埃利奥特给出了解决压力的处方："第一条戒律是，别为小事烦恼。第二条戒律是，所有的事情都是小事。如果你无法对抗也无法逃避，那么就顺其自然。"[1]然而目前组织中真正出现的情况是，"小事"困扰着员工，员工也没有"顺其自然"。压力已经成为当今最流行的词语和理所当然的关注焦点。

当代环境的要求

相当多的证据表明，大多数经理人报告他们有工作压力，[2]近来的环境正使这一情形变得更糟。例如，全球化和战略联盟使得管理者奔波旅行的压力[3]以及频繁搬家[4]的情况剧增。在最初几章中谈及的、由先进信息技术带来的另一个重要的环境影响催生了一个新概念："技术压力"（technostress）。[5]民意测验表明，爆炸式的技术发展给各层次的员工都带来了种种问题：

- 丧失隐私
- 信息泛滥
- 缺乏面对面的接触
- 必须不断学习新技能
- 由于缺少知识而不能获得晋升

虽然近些年来对安全和隐私的需求已经有所增加，许多雇主仍然对雇员进行紧密的监控，以防雇员窃取公司信息，或由于浏览与工作无关的网页而致使生产率下降。最近一项关于工作场所表现的调查发现，几乎有四分之三的雇主至少会在某些时候监控雇员对于网络的使用。正如太阳微系统公司的首席执行官斯科特·麦克尼利所言："你没有隐私，接受现实吧！"[6]除了全球化和先进信息技术，有证据表明劳动力的多样化也会导致特定的压力问题[7]，不断被迫加班的员工表现出更高的压力水平。[8]调查指出，只有不到三分之一的美国人的工作方式是传统的每天朝九晚五，相对于其他发达国家，美国人的休假时间要少很多（美国只有两周，而意大利有六周，英国有四周，日本也有三周多）。[9]近期的研究表明，对于一些管理人员而言，过多的工作时间，有时甚至放弃法定的假期，这一切都是他们自己强加给自己的，他们因此而获得了金钱和心理上的奖励。[10]但是，也有证据表明，长时间的工作以及竞争性的工作压力正在透支他们的生命。近期研究指出，工作要求与枯竭（burnout）中的精疲力竭（exhaustion）成分有直接关系，[11]而且一项大规模的调查发现，如果要求在下面两者之间进行选择——工作两周并付给额外报酬，或休假两周——美国人中选择后者的人数是前者的两倍。[12]

压力不仅对于受害者本人及其家庭有极坏的影响[13]（这在本章后面部分将要讨论），而且对组织的损害也很大。纽约医学院美国压力协会会长最近在提到美国工作场所中因为压力所付出的代价时指出：

> ……通过对缺勤率、员工离职率、直接的医疗费用、员工的薪水及其他法定的费用、生产率下降、事故等等方面的估算，估计每年将近有2 000亿到3 000亿美元的损失，而且这些问题在整个公司分布很广，从邮件收发室一直到管理层。[14]

欧盟同样感受到了这种压力。欧盟最近的一项报告指出，压力是第二大最常见的威胁职业健康的病症（背痛位居第一），在欧盟，工作日缺勤中至少有一半可以归因为压力。[15]也就是说，工作场所的压力似乎越来越糟，代价不断增加。然而，在详细论述压力的问题之前，我们有必要介绍一下压力的确切含义。

什么是压力，什么不是

通常，压力被认为是一个贬义词。人们认为压力是由一些不好的东西引起的（例如，一个大学生被留校察看，爱人病得很重，或者老板正式批评下属的绩效太差）。这样的压力的确带来苦恼。但是，压力也有好处，例如，一个大学生名列教务主任的表扬名单上；一个有魅力的、令人尊敬的熟人邀你面谈；一个员工获得了晋升。这样的压力就是良性压力（eustress）。括号中的这个词是压力研究的先驱从希腊词根 eu 创造来的，意味着“良好”。关于工作场所的压力，近来康奈尔大学的研究者们完成了一项针对 1 800 名经理人的大型研究，明确了“坏”压力的例子，如办公室政治、官僚主义、停滞不前的职业生涯；也明确了“良性”压力的例子，如增加工作职责带来的挑战、时间压力和高质量的任务。[16] 最近的一项元分析发现，*障碍性压力源*（hindrance stressors）（组织政治、官僚主义、角色模糊，以及一般来讲可能会阻碍个人成长和目标达成的不必要的要求）对动机和绩效有消极的影响；另一方面，*挑战性压力源*（challenge stressors）（高工作负荷、时间压力、高度问责，以及一般来讲被看作是为了学习和成就而需要克服的障碍）对动机和绩效则有积极的影响。[17]

另一种有趣的描述区分了两种类型的能量——“紧张能量”（tense energy，一种压力驱动的状态，可以用一种对压力和焦虑的持续感知来形容），以及“平静能量”（calm energy，一种压力释放的“畅流”状态，表现为较低的肌肉紧张度、意识警觉、平静的身体感觉、创造性智力的增强、身体活力以及深深的幸福感）。[18] 也就是说，可以从许多不同角度来看待压力，而科学词典里所描述的压力是最不精确的。*压力*（stress）这个词也可以和*过失*（sin）这个词作比较：两个词都很简短，都是关于情绪的词，但都可以用来指代那些需要很多词才能说清楚的事情。[19]

虽然关于工作压力的含义有很多种解释，也存在很多争论，[20] 但是伊万切维奇和马特森把压力简单定义为“个体和环境的交互作用”，然后继续详细定义压力在工作方面的含义：“一种适应性反应，受个体差异或心理过程的调节，即任何外部（环境的）行动、情境或事件导致的人在心理或生理方面出现的极端结果。”[21] 注意，这个定义中有三个关键成分：（1）它指的是对情境或事件的反应，而不是情境或事件本身；（2）它强调了压力可能受个体差异影响；（3）它着重指出“过度的心理或生理要求”，因为只有特殊或不一般的情境（与小的生活调适相对）才能够真正产生所谓的压力。[22]

在另外一个定义中，比尔和纽曼把*工作压力*定义为“因为人与其工作的相互作用而产生的一种情况，表现为人自身发生了变化，这种变化迫使人们偏离了正常的功能。”[23] 本章将这两种定义合并并加以简化，这样*压力*就可以定义为对于外部情境的一种适应性反应，它导致了组织成员生理、心理或行为上的变化。

同样重要且需要指出的是：

1. *压力不是简单的焦虑。*焦虑仅仅是情绪和心理范围的变化，而压力还引起了生理方面的变化。因此，压力可以伴有焦虑，但是两者并不等同。
2. *压力不是简单的神经紧张。*和焦虑一样，神经紧张可能是由于压力，但是二者并不相同。无意识状态下人们会表现出压力，但有些人能够很好地进行“控制”，而不会表现出神经紧张。

3. *压力不一定是破坏性的、不良的或需要避免的*。良性压力并不是破坏性的或者不良的，而是人们需要得到而不必要避免的东西。当然，关键在于一个人如何处理压力。压力是不可避免的；苦恼是可以预防和有效控制的。[24]

什么是枯竭

就近来越来越流行的“枯竭”（burnout）一词而言，一些压力研究者认为枯竭是压力的一种，[25]而其他压力研究者认为它的含义还包括许多其他成分。[26]一位压力和创伤恢复专家对压力和枯竭进行了如下区分：“压力是正常的，有时是相当健康的。然而，当应对压力的能力下降时，我们就可能在走向枯竭。”[27]职业发展领域一位前人力资源专家约翰·伊佐提出，枯竭可能是“缺乏基本的工作目的感和工作成就感”的结果。他进一步解释：“得到更多的平衡或者拥有更多的个人时间，会有助于你应对压力——但这对于应对枯竭的状况并没有帮助。”[28]这个领域的研究表明，枯竭不一定是个性或行为失误等个人因素导致的，因为假如是因为这些因素，组织只要更换或解雇他们即可。一位著名的压力研究者克里斯蒂娜·马斯拉克认为，事实上情况可能恰好相反。她说：“一项广泛的研究结果表明，枯竭不是人们自身的问题，而是人们工作的社会环境的问题。”[29]她认为枯竭导致孤立感和失控感，这使得枯竭的人不同程度地对其他人、对工作产生影响。[30]另外，枯竭与所谓的服务性职业如护理、教育和社会工作等有密切联系。所以，即使严格说枯竭与压力有些不同，但这里的两个词被看作是相同的，可以相互替换使用。

最后，冲突也与压力在概念上是相似的。虽然在分析压力与冲突的原因、作用和管理方面有重叠之处，但本章将同时介绍这两个内容。除了个人内部的冲突，两者最主要的区别在于，组织行为领域的冲突更多地和人际、群体之间层面上的意见不一致或对抗相联系。在考察压力源之后，人们就会注意到这些层面上的冲突。

压力的原因

图 8.1 总结了当今员工面临的压力。如图所示，这些原因有来自组织外部，也有来自组织内部的；有来自对员工有影响的群体的，也有来自员工自身的。

组织外部压力源

尽管对工作压力的分析大多忽视了外部因素和外部事件的重要性，但人们已经越来越清楚地意识到这些外部因素和事件有极大的影响。从一个开放系统的角度来看待组织（也就是，这个组织在很大程度上受外部环境的影响），很显然，工

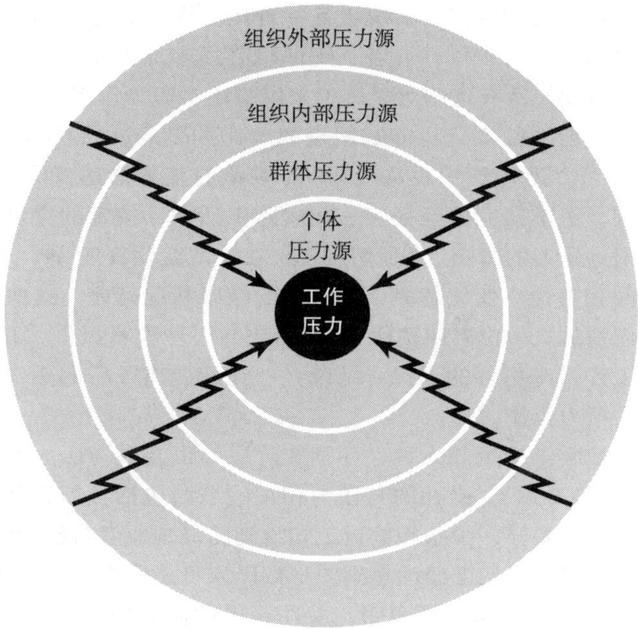

图 8.1
影响职业压力的压力源类别

作压力不仅仅局限于在组织内部以及在工作时间内发生的事情。最近的一项研究发现，工作场所以外的压力源实际上与对工作的负性情感和体验有关。[31] 组织外部的压力源包括下面这些内容，如社会/技术变化、全球化、家庭、搬迁、经济和财务状况、种族和性别、居住地或社区环境。

在最开始的几章中已详细介绍，过快的变化速度会对个人的生活方式造成很大影响，这种影响自然也会波及他们的工作。虽然医学延长了人类的寿命，根除或至少减少了多种疾病的威胁，但是现代生活的快节奏增加了压力，损害了个人健康。健康（wellness）被定义为"个人肩负起'增进健康计划'的责任而达成的生理、精神和社会幸福感上的一种和谐有效的平衡。"[32] 由于人们易于陷入匆忙的、流动性的、都市化的、拥挤的、来去匆匆的现代生活方式，他们变得焦虑[33]，健康一般都会遭到破坏；工作中影响压力的潜在因素越来越多。相当可观的证据表明，个体的健康和努力拼搏之间的平衡对于可持续发展非常关键。忽略健康会使高级主管将自己置于失败的风险之中，甚至面临死亡。[34]

一般认为，一个人的家庭对于个体的压力水平有很大影响。家庭环境——无论一次短暂的危机，如一场争吵或者家庭成员患病；还是夫妻双方、长辈与子女之间的长期的紧张关系——对于员工来说都会是一个重要的压力源。另外，近来的一种趋势是员工越来越难以处理好工作和家庭的平衡。随着员工的工作时间延长，晚上把越来越多的工作带回家做，[35] 越来越多的压力正产生于工作—家庭关系中，[36] 尤其是在工作时间和空闲时间的协调方面。另外有工作的人还要找时间照顾老人和孩子，这方面的问题也变得突出，产生了很大压力。[37]

由于调动或者晋升导致的搬家也会带来压力。例如，在全球化过程中，外派管理者（那些离开祖国出去工作的人）可能要经历文化冲击，当他们归国时（重新在祖国定居）可能会感到孤独。这两种都是显著的压力源。[38] 近年来对于大多数人来说，他们的经济状况也是一种压力源。为了满足基本生活需要，很多人被迫去谋求第二份工作，或者其配偶也必须参加工作。这种状况减少了娱乐和家庭活动的时间。所有这些对于员工来说要比本职工作产生的压力更大。

生活上的变化可能是缓慢的（比如变老），也可能是突然的（比如配偶的死亡）。小说和电影中对这些突发的变故有很多描述，认为其可以给一个人带来巨大影响。医学研究已经证实，在实际生活中，特定的突发生活变化的确能够给人带来颇具压力的影响。[39] 他们发现，在生活变化程度和个人其后的健康状况之间有一定的相关性。变化越多，接下来的健康状况越差。这些生活变化还能够直接影响工作绩效。一位名叫费伊·克罗斯比的心理学家报告，和其他生活伤害相比，离婚给工作带来更多的干扰。她说："在配偶离开后的头 3 个月，无论男女，都无法集中精力工作。"[40]

社会学变量如人种、性别和阶层等也会成为压力源。随着工作场所的多样化(参见第 2 章)，潜在的与压力相关的东西包括：信念与价值观的差异、奖赏或晋升机会的差异、少数族群员工知觉到的歧视或者自己与组织之间的不匹配。[41] 这些年来，研究者们已经注意到，少数民族可能比白人有更多的压力源。[42] 虽然最近一项对最新研究的回顾表明，女性比男性体验到更多的压力，[43] 但早期的一项基于 15 项研究的元分析发现，在体验和知觉工作压力方面没有显著的性别差异。[44] 还有证据表明，无论是在男性占主导地位的工作上，还是在女性占主导地位的工作上，女性都较多地知觉到工作的要求。[45] 另外，处于中等和较高阶层的人可能有一些特定或普遍的压力源。一个人来自哪个社区或者地域，也会成为一个压力源。一位研究者指出了一些可能的压力源，如住宅条件、获得服务和购物的便利性、邻居的友善性、噪声和空气污染的程度等。[46] 现在，全球化增加了文化多样性，新近的研究证据表明，不同文化群体对相同的冲突事件的知觉是不一样的（如美国和日本）。[47] 因此，人们在分析组织外部压力源时，除了必须考虑种族和性别因素外，还必须考虑国家文化因素。

组织内部压力源

除了组织外部存在潜在的压力源之外，也有一些压力源与组织自身相关。虽然组织由一群个体组成，但仍有很多特定的针对组织的宏观层次维度，其中包括了潜在的压力源。[48] 图 8.2 表明，这些宏观层次的压力源能够被划分为：行政政策与战略、组织结构与设计、组织流程以及工作条件等几类。这些组织内部的压力源有一些具体的例子，包括有责任无权力、无处诉苦、表彰不足，以及缺乏清晰的职位描述或者报告关系。[49] 应该注意的是，随着组织发生巨大的变化以适应来自环境的挑战（这在前面介绍性章节中已经提到，如全球化、信息技术爆炸和多样化），对于个体员工而言，工作中随之出现了越来越多的压力源。正如新近描述过的，组织现在必须迅速、灵活、反应敏捷，它们必须对不断变化的竞争环境做出快速响应，不断地改进自身。[50] 例如，近来德勤会计事务所做的一项研究发现，为了在现代超竞争性的环境中生存，84%的美国公司在战略方面正在经历至少一个重大变化。为了在竞争中取胜，在这种紧张压力之下，职场中普遍存在诸如业务

图 8.2
宏观层次的组织内部压力源

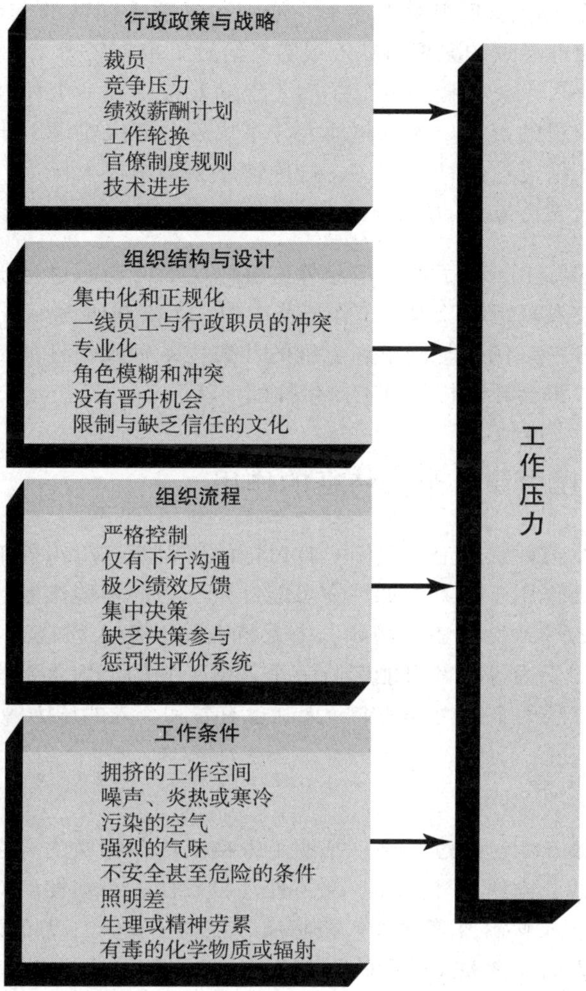

流程再造、重组、缩小规模等等变化。特别地，裁员的钟声不断地在员工耳边响起。[51] 真正的失业，或仅仅受到可能被解雇的威胁，都给员工带来了无穷的压力。另外，裁员中的“幸存者”“经常感受到担心将来被裁、失去朋友和同事以及工作量增加等带来的巨大压力”。[52] 也就是说，对于幸存者而言，裁员经常意味着更长时间的工作和更多的压力。[53] 研究发现，这种长期的职业要求会导致压力。[54]

群体压力源

第 10 章将讨论群体对于行为的巨大影响。群体也可能成为一种潜在的压力源。这些群体压力源可以划分为两方面：

1. *缺乏群体凝聚力*。第 1 章曾经谈到历史上著名的霍桑研究，从那个例子我们可以清楚地看到，凝聚力或者“归属感”对于员工，尤其是处于组织较底层的员工非常重要。如果出于任务设计的原因，或由于上级管理者阻止、限制员工凝聚到组织内部来，或者由于这个团队的其他成员对某个员工的排斥，由此导致的凝聚力缺乏很容易给员工带来压力。

2. *缺乏社会支持*。员工在很大程度上会受到一个相互关联的群体中一个或多个成员的影响。通过与他人分享快乐和解决难题，员工会感觉很好。如果一个人缺乏这类社会支持，这种情形会带来很大压力。甚至有研究表明，缺乏社会支持带来的压力会如此之大，以至于会造成健康问题。[55]

实际上，除了群体本身外，群体层面的动态过程也可能产生压力。例如，一个研究发现组织政治是工作环境中的一个潜在压力源；[56]另外一项研究发现，社会压力源——例如与同事和上级的冲突，各种社会性的反感或憎恶——如果长时间持续，都会导致相关员工产生抑郁症状。[57]

个人压力源：个人特征的作用

在某种意义上，我们一直讨论的压力源（组织外部的、组织的、群体的）最后都会作用于个人层面。在可能产生压力的情境维度和个人特征方面，研究者有更多的一致性看法。例如，个人特征如 A 型人格模式、个人控制、习得性无助、心理耐受力等，都可能影响一个人感受到的压力水平。另外，由挫折、目标、角色而导致的个人内部冲突，无疑也有着和个人的压力源相同的含义。

A 型人格

第 5 章讨论过人格，指明了人格禀性和特质的复杂性及个体差异。然而，诸如独裁、固执、外向性、支持性、自发性、情绪性、对于不确定性的耐受度、焦虑性、成就需要等种种人格特质，在关于个人压力的研究中还没有涉及到。[58]但是，人们非常关注所谓的 A 型人格（Type A personality）。

虽然从 20 世纪 50 年代起，心脏病研究者们为了预测心脏病的突发问题，在其研究中使用了性格类型和行为模式，但真正使 A 型人格及其相反的 B 型人格流行起来的，是在 20 世纪 60 年代后期弗里德曼和罗森曼在压力研究中的使用。这两种类型被描述为是相对稳定的特征，而且弗里德曼和罗森曼的研究发现，A 型人格与感受到的压力以及危险生理结果有高度相关。[59]然而，近年来，越来越多的证据表明，A 型人格并不比其他人有更大的患心脏病的危险。

表 8.1 使得读者有机会了解自己是倾向于 A 型还是 B 型人格。美国人大多数是 A 型人格，而管理者属于 A 型人格的比率更高。一个研究抽样发现，管理者中有 60%的人显然是 A 型人格，而只有 12%的人是 B 型人格。[60]

弗里德曼和罗森曼把 A 型人格定义为"一种行动—情绪情结，它可以在这样一类人身上观察到：他们可以长期不懈地努力，以越来越少的时间获得越来越多的东西，而且如果需要的话，可以是针对其他事或其他人的对抗性努力。"[61]表 8.2 简单地总结了 A 型人格和 B 型人格的特征。显然，A 型员工（经理人、销售人员、专业人士、秘书或者普通操作工人）感受到相当大的压力。他们是这么一类人：

表 8.1　A 型—B 型人格的自测

资料来源：Adapted from R. W. Bortner, "A Short Rating Scale as a Potential Measure of Pattern A Behavior," *Journal of Chronic Diseases*, Vol. 22, 1966, pp. 87 - 91.

为了考察您属于 A 型人格还是 B 型人格，请在下面各个维度的连续数字中最能代表您的行为的数字上画圈（其中两端的语言描述代表极端的情况）。

我对约会很随便	1	2	3	4	5	6	7	8	我从来不迟到
我不是竞争性的	1	2	3	4	5	6	7	8	我非常具有竞争性
从不感到匆忙，即使处在压力之下	1	2	3	4	5	6	7	8	我总是感到匆忙
一段时间只做一件事情	1	2	3	4	5	6	7	8	尝试同时做很多事情；考虑接下来我将要做什么
做事情很慢	1	2	3	4	5	6	7	8	做事情很快（吃饭、走路等）
表达感觉	1	2	3	4	5	6	7	8	"保留"感觉
有很多兴趣	1	2	3	4	5	6	7	8	除了工作几乎没有兴趣

您的总分是：__________　乘以 3：__________。对于您的分数的解释如下：

分数值	人格类型
低于 90	B
90 到 99	B+
100 到 105	A-
106 到 119	A
120 及以上	A+

1. 在既定的期限压力和超负荷条件下长时间地努力工作。
2. 经常在晚上或者周末把工作带回家，不能够放松下来。
3. 经常与自己竞争，设定较高的产出标准，并似乎必须努力保持。
4. 在受到其他人工作努力的刺激情形下，或者在受到上级管理者的误解情形下，容易有挫折感。[62]

相反，如表 8.2 所示，B 型人格非常悠闲，他们有耐心，对于工作和生活抱一种非常放松、低调的态度。

现在，人们已经认为，A 型人格实际上不能预测心脏病，有 A 型人格的人也可以放松下来，他们能比 B 型人格的人更好地应对压力。最近的研究表明，并不是与 A 型人格密切相关的急躁，而是愤怒和敌意导致了心脏病问题。[63] 一位著名的医学研究者指出，"A 型人格"的概念可能有些言过其实，他说："做一个以工作为第一、紧张匆忙的人，不一定对心脏有害。有害的是你的敌意和愤怒水平很高，而且在与他人相处时对自己的敌意和愤怒不加任何掩饰。"[64] 这一论断也得到了另一位组织精神病学家的支持，他在日本、德国和美国的工人中对压力的起因进行了广泛的研究，得出结论："员工们如何处理自己的攻击性是决定他们是否会面临心脏病、高血压和其他健康问题的关键因素。"[65] 然而，在完全消除 A 型人格与严重的身体疾病之间的联系之前，人们应该注意到，愤怒、敌意和攻击性有时与 A 型人格一起产生。

除了围绕 A 型人格对健康影响的论战之外，另一个问题是，A 型人格的人与

表 8.2
A 型人格和 B 型人格的描述

A 型人格描述	B 型人格描述
总是运动的	不关心时间
行走很快	有耐心
吃饭很快	不吹牛
说话很快	目的在于寻求乐趣，而不是为了获胜
没有耐心	休闲时没有负疚感
同时做两件事情	没有紧张的最后期限
不善打发空闲时间	行为温和
被数字困扰	从不匆忙
以量计算成功	
好斗的	
有竞争性的	
常常感到时间不够用	

B 型人格的人相比，是否更容易有更好的绩效并且能够获得更大的成功。非常清楚，A 型人格的人表现得更好，[66]一般会从“捷径”走向高层。他们比 B 型人格的人更成功。然而，在高层中，他们似乎并没有 B 型人格的人那么成功。B 型人格的人通常不过度地野心勃勃，通常更有耐心，看事情的视野更开阔。[67]其关键可能在于从 A 型人格行为转向 B 型人格的行为，但大多数 A 型人格的人不能也不愿进行这样的转换，或者说他们也不能采取行动以对付自己的 A 型人格特征。

个人控制

除了 A 型人格模式外，另一个重要的特性倾向是个人对于控制的知觉。正如第 5 章中讨论过的工作满意度问题一样，人们对于自己控制能力的感觉，在决定其压力水平方面有重要作用。特别地，如果员工感到他们对于工作环境和自己的工作几乎没有什么控制性，那么他们会感到压力。[68]有研究已经表明，如果员工对他们的工作环境有一种控制感，比如有机会参与影响自己的决策过程，他们的工作压力就会减弱。[69]康奈尔大学的医学研究者们开展的一项大型研究发现，那些失去控制感的员工，尤其是处在相对较低层的员工，患高血压的危险性是一般人的 3 倍。研究者们认为，缺少控制感使得压力转化为身体疾病。他们还发现，如果人们面对一份高压力的工作，但还可以控制其情境，那么他们也不会产生高血压问题。[70]一项关于医院环境的研究也发现，员工对于工作中经历的控制程度的知觉与压力有关，这反过来影响诸如血压等生理问题，也影响了工作满意度等心理问题。[71]一项新近的研究同样发现，如果员工感知到组织公正，那么工作控制就会对压力和紧张产生影响。[72]也就是说，也许并不是工作控制本身，而是员工对于公平的知觉对压力产生了影响。

习得性无助

控制感的缺失可以追溯到塞利格曼进行的经典的习得性无助研究。第 7 章在介绍相关的乐观主义时谈到过这个概念。[73]塞利格曼在无法逃避电击的狗身上进行实验，结果发现，这些狗最终都接受了电击这个现实，而不再尝试逃避。后来，当这些狗能够轻易地学会逃避时，它们也没有逃避——它们已经习得了无助感。其他研究发现，人也有这种习得性无助，[74]这就可以解释为什么有些员工似乎放弃了，似乎接受了工作环境中的压力源，即使当采取某种调整能得到更好的结果时也是如此。

最近，塞利格曼和他的同事们致力于研究人们对其失控感的归因。具体而言，他们指出，当人们把失控的原因做如下解释时，他们更易于感到无助：

1. 与他们自己的个人特征有关的东西相联系（这与外界、环境力量相对）；
2. 是稳定而持久的（而不仅仅是短暂的）；
3. 是综合的、普遍的（很多情形下都是这样，而不仅仅是在生活中的一方面如此）。[75]

关于控制感和特定的习得性无助的深入研究，将帮助人们进一步洞察压力问题，并寻找解决压力问题的方法。

心理耐受力

每个人都已经看到，在面对压力源时，人们有很大的个体差异。有些人似乎在面对最轻微的刺激时就会崩溃，而有些人在面对极度压力的情形时似乎仍能毫不慌乱。那些能够成功应付极度压力的人似乎有一种“耐受”性。

科巴莎和她的同事们（Kobasa et al.）研究了一定压力下被测定为耐受力高和耐受力差的经理人。她发现，耐受力高的经理人患与压力有关的疾病的比率较低，他们具有一种承诺的特征（他们高度投入到自己的工作中），喜欢挑战（他们相信变化才是正常的），有控制感（他们感到他们能够影响周围的事物）。[76]她认为，**心理耐受力**（psychological hardiness）这种先天的特征在这些人和压力源之间设置了缓冲器，帮助他们抵御了压力。

这些来自耐受力的缓冲能力可能是组织目前乃至将来，越来越要求其各层级的员工要具备的一种重要的品质。正如有人说过：

> 为什么工作似乎是如此的苛求？这不仅仅是前面所说的延长的工作时间或者指令不清的问题，虽然工作中已经充斥了这些成分。就在你想到你本应采取一种更从容的节奏时，各种各样的压力，从参与式管理技术的压力到双职工的极度疲惫，再到接近50岁时仍然发现自己的工作量不断增加时的沮丧，恰恰交织作用在一起，来压榨那些已经小有成就的成功者的精力。[77]

科巴莎的研究可能说明，那些有耐受力的人在这样的环境下能够生存甚至茁壮成长，但是那些没有耐受力的人可能会遭受压力和冲突带来的有害结果。正如积极心理学的研究者使用与之相近的“坚韧”（toughness）概念所总结的：“一旦一个人变得坚韧，并因而体验了成功应付压力所必须的持续活力（伴有最小程度的紧张），那么这个人就有可能将更多情境看作挑战而不是威胁。”[78]

个人内部的冲突

虽然压力和冲突常常是被分开论述和处理，但在这一章中是将两者结合在一起，这主要因为个人压力源和个人内部冲突有概念上的相似性。下面先以挫折、目标和角色等术语来说明个人内部的冲突形式，然后再简单介绍图 8.3 所示的一些更宏观的相互作用和冲突模型。

因挫折而产生的冲突

一个人在其达到期望的目标之前，其驱力或动机如果受阻，此时他就感受到挫折。图 8.4 呈现了挫折产生的过程。每个人遇到的障碍可能是外显的（外在的，或物理的），也可能是内隐的（内在的，或者说心智—社会心理的）。这个挫折模型不仅对于一般的行为，而且对于具体的与工作相关的行为都非常有用。工作挫

图 8.3
组织行为中的冲突层次

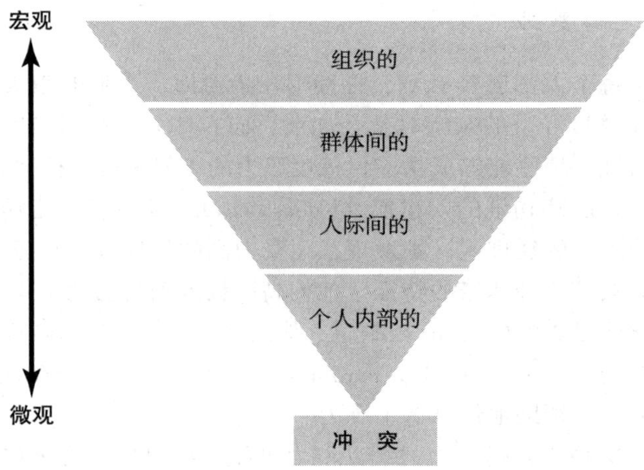

图 8.4
一个挫折模型

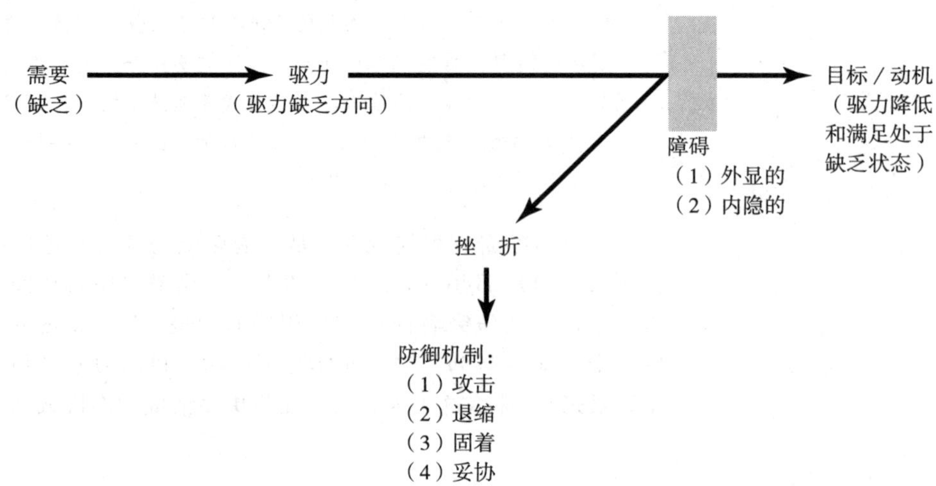

折的一个对抗性结果可能是偷盗公司财产，甚至是工作中的暴力行为。例如，关于工作场所中的暴力的一篇综述文章指出，近年来有 1 000 多名美国人在工作时被谋杀。虽然这些谋杀案件大多数不是由与工作相关的事件引起的，但是谋杀仍然被认为是工作场所中死亡的第二大原因（仅仅排在交通事故之后），而且是工作场所中女性死亡的第一大原因。甚至有人指出，工作场所中的谋杀是美国谋杀案类别中增长最快的一种。[79]

有关工作场所中攻击和暴力的研究正与日俱增。虽然工作场所出现的攻击行为在自我报告中大都是遭受挫折后的一种反应，但有研究证据表明，个体差异（如易怒、归因风格、消极情感、复仇态度、自我控制、以及攻击性文化的熏陶等）也可以解释这种攻击，[80] 而且互动中的公正性和不合理的监管等情境因素同样可以解释这种攻击。[81] 另外一项研究发现，人格变量，如压力反应和压力控制等，同工作场所中的攻击有关，而且攻击的出现取决于知觉到的自己被别人当作牺牲品的程度。[82] 攻击的形式可能取决于对组织公正的知觉，[83] 而且最近一项研究表明，工作场所的暴力犯罪率可以预测人们所报告的发生在工作场所的攻击事件数量。[84] 执行一种防止暴力的政策，并向监管人员和雇员提供工作场所暴力意识方面的培训，似乎可以减少雇员之间的暴力发生率。[85]

除了攻击与暴力行为外，挫折带来的退缩性反应可能是引起员工“动机性问题”的主要因素。员工们可能变得冷漠或者“在工作中退缩”，也许是因为受到了挫折，而不是因为缺乏动机。很多员工的动机受到一些没有希望的工作、高度专门化的工作以及故意刁难的上级管理者的阻碍。类似于攻击，同样有研究证据表明，人格变量会影响员工表现出何种方式和类型的退缩性行为。[86] 同时，对于挫折的固着反应也许可以用来解释不理性的官僚行为。（规则本身变成了目的，遭受挫折的员工可怜地适应了那些障碍。）妥协可能有助于解释职业中期的变化（受挫折的员工绕过障碍），或者“在工作之外求生存”（受挫折的员工不能实现被激发的工作目标，于是他们在工作之外寻求满足）。这些对于挫折的反应常常对组织损害极大，因为这会带来与攻击、退缩和固着等相关的机能障碍。拿妥协的例子来说，员工的动机被迫放到了组织之外。到目前为止，我们的讨论虽然已经表明挫折具有消极的一面，但是我们仍不能对这种负性作用轻易做出任何假设。

在有些例子中，挫折实际上为个人的绩效和组织目标带来了一种正性影响。一个例子就是那些对于能力和成就有高需求或具有高度自我效能感（参见第 7 章的讨论）、能够把工作做好的员工或管理者。这种类型的人如果在工作中受挫，可能以一种传统的防御性行为来做出反应，但这种挫折可能有利于提高绩效。这类人会更加努力地去克服障碍或者过度补偿，或者寻求与组织目标更加相容的新的方向和目标。一项新近的研究表明，高自我效能者的压力和紧张水平要比低自我效能者低。[87]

另外，我们应该记得，实际上，防御机制本身对于个体来说并不是坏事，它在心理调适过程中起着重要作用，只有当它在一个人的性格中起主导作用时才是不健康的。同时，那些曾经成功地克服过挫折，了解到障碍可以被克服或找到更现实目标的人们，与那些从未有此体验或者经历过过度挫折的人们相比，对于挫折的容忍性更强。同样有证据表明，“宣泄”（venting）（一个人表达对他人的负性情绪反应）对绩效有不利影响，并会放大消极性。[88]然而，总体而言，管理的一个主要目的应该是消除那些正使员工遭受挫折或者将使员工遭受挫折的障碍（包括假想的、真实的或潜在的）。这个目标可以通过重新设计与员工动机更加和谐的工作，或者通过提高人们克服前进道路上的挫折障碍的技能而实现（见第 11 章）。

目标冲突

对个人而言，另一个常见的冲突来源是一个兼有正性和负性特征的目标，或者两个或两个以上相互竞争的目标。尽管在挫折中，动机在目标达成之前已经受阻，但是在目标冲突的情境中，是两个或者两个以上的动机相互阻碍。为了分析的方便，下面介绍一般意义上的三类相互独立的目标冲突：

1. *趋向—趋向型*冲突。这种情况下，个体受激励而趋向两个或者两个以上的正性目标，但这些目标又是相互排斥的。
2. *趋向—规避型*冲突。这种情况下，个体受激励而趋向一个目标，但同时受激励需要规避这个目标。对于个体而言，同一个目标中既包含正性特征也包含负性特征。
3. *规避—规避型*冲突。这种情况下，个体受激励去规避两个或者两个以上的负性目标，但这些目标又是相互排斥的。

上面每一种目标冲突的形式都存在于现代组织中，只是在程度上有所变化，但趋向—规避型是与冲突分析最密切相关的。

趋向—规避型冲突来自对组织成员既有正性又有负性影响的组织目标。心理学的基础研究表明，在一定范围内（时间或者空间），一个特定的组织目标的正性方面比负性方面更强更突出。另一方面，当一个人越来越接近目标时，目标的负性方面才变得明显和突出。在某种意义上，当到达趋向—规避平衡点时，个体可能会感到犹豫或者不能继续向前推进。举一个例子，从事长期计划的管理者一般对于他们为将来制定的某个目标（一个战略规划）非常有信心。然而，当到了真的要投入资源和实施计划时，此时的负性后果显得比他们在制订计划阶段表现出来的负性后果要大得多。在这样一种情境中，经理人可能到达了趋向—规避的平衡点。表现为产生了大量的内部冲突和压力，这又会导致优柔寡断、生理反应，甚至抑郁。

这种趋向—规避型冲突及其后果对于本书介绍章节中所说的当代组织中的决策者及相关责任人来说是很常见的。正如《财富》的封面故事中谈到的，“对幸存者而言，这种变革的感觉就好像：惊慌的、负疚的、痛苦的、解放的、失去方向的、让人兴奋的、授权的、挫折的、履践责任的、困惑的、挑战的。”[89]也就是说，正如这些词所暗指的，近年来许多管理者已经体验到了非常混杂的感觉，也就是采取了趋向—规避反应。随后的*应用实例*：“应对冲突的目标”为我们提供了一些现实世界中的例子。

应用实例

应对冲突的目标

管理者应该如何应对相互冲突的目标？一条途径是，意识到冲突存在于每一个组织之中，它是不可能避免的。例如，许多管理学专家声称，为了使变革发生，高层管理者必须当众表示自己支持变革。另一方面，这些专家又指出，变革需要以领导为主体，但中下层管理者也必须乐于参与。那么领导该怎么做？是自己站出来，还是鼓励员工去承担这种责任？这两种途径看起来是冲突的。

或者，可以考虑一下独立/依赖型的冲突。组织要求其管理者独立，主动行动并对其小组负责。但是，当一个管理者发起的一项行动要以其他小组的行动为基础时，往往就会号召对方发扬牺牲精神，鼓励其“更好地做一个团队参与者”。

另一种冲突是收入增长和成本压缩之间的冲突。如果管理者将所有的时间都放在尽力扩大业务上，那么他们将面对成本失控的危机。如果他们把重点放在将开支保持在可控范围之内，那么他们将会被质问为什么不增加他们的业务收入。

管理者该如何去应对这些冲突呢？一个途径是认识到冲突经常会形成一种困境：授权还是结盟。成功的管理者同时采取两种方法，并且努力平衡二者。例如，通用汽车公司一直存在一种冲突，一方面是通过规模经济达到较低的单位成本，另一方面是为了满足客户需求缩短产品面市时间。而在 IBM，一直存在着增长业务（提高收入）和增加利润（降低成本）之间的冲突。在梅赛德斯-奔驰公司，一直存在着希望设计和制造高质量轿车（工程部门强调的重点），但还有一个派系则认为人们不愿意购买这种轿车，因为他们既不期望也不欣赏这种创新（营销部门强调的重点）。成功的管理者往往是那个能够最好地平衡这些冲突需求，同时又不会忽略组织总体目标的人。通过有效的冲突管理，所有相关的努力都能够服务于共同的目标，而这一目标对所有卷入其中的人和整个组织都有益。

角色冲突与角色模糊

与规范（“应该的”行为）这一概念密切相关，角色是指由既定规范衍生出的一组期望所规定的一个位置。生活在当代社会的人们的一生担当着一系列的角色。一种典型的社会角色是孩子、儿子或女儿、青少年、大学生、男朋友或女朋友、配偶、父母以及祖父母。上述每一种角色都得到普遍的期望，就像一部剧本中的角色一样扮演出来。

除了按照刚才提到的一系列角色，现代社会中的成年人同时还有很多其他角色。一个成年的中产阶级男性同时担任丈夫、父亲、供养者、儿子（对于年长的父母而言）、工人或者管理者、学生（夜校培训课程）、青年棒球队的教练、教堂信徒、一个社交俱乐部的成员、一个桥牌玩家、扑克俱乐部的成员、社区团队的官员、周末高尔夫球手等等角色，这并非一件不寻常的事情。当然，女性也同时承担许多角色，这些角色有时还彼此冲突。[90]虽然男性和女性带到组织里的诸多角色都和他们的行为有关，但在考察组织行为的研究中，组织角色是最重要的。诸如数字化设备操作员、文员、团队领导、售货员、工程师、系统分析员、部门主管、副总裁和董事会主席等等角色，常常会带有相互冲突的要求与期望。新近的研究证据表明，这种冲突不利于健康[91]和绩效，而且可能会受到文化差异的影响。[92]例如，一项针对跨国大型企业首席执行官的研究发现，当公司中有外国合伙人且处于支配地位时，角色冲突较低；而当本地人处于支配地位时，角色冲突较高。角色冲突与文化距离呈负相关。[93]

角色冲突有三种主要类型：一类是人与角色之间的冲突。个人的人格与其对角色的期望之间可能存在冲突。例如，一个产业工人，同时也是工会成员，他被指定领导一个新的生产小组。这位新的团队领导人可能并不真正认为自己能够严格控制手下的工人，要他变得精明严厉是与其个性相违背的，但是，这是对一个团队领导者的期望。第二类是由矛盾的期望引起的*内部冲突*，这个期望涉及到如何扮演一个既定角色。新的团队领导人在与团队成员共事时应该独裁还是民主？最后，必须同时扮演两个或者两个以上角色的要求导致了*角色间的冲突*。工作角色和非工作角色经常会出现在这类冲突中。例如，在一家计算机公司工作的一个成功的管理者说，她常常从早上 7:30 一直工作到晚上 11:30。她长时间的工作导致了某些关系的破裂。当她得知母亲病得很重时，她回忆说："我只有大约 5 分钟的时间用来担心，一会儿电话铃又响了。你在工作中需要如此投入，以至于都没有感觉到生活已经完全背离了你。"[94]

那位生产小组的领导者和那位迅速获得晋升的管理者显然是组织角色冲突的极端例子。对于不同的人和不同的情境，在现代组织的任何一个情境中，人们也会经历以上一种或三种冲突，只不过程度有所不同而已。工程师并不明确自己真正的职权。前台办公室的文员也不知道是否要对一个工会组织的活动做出反应。这类例子不胜枚举。问题不在于角色冲突和角色模糊是否存在——这些问题的确存在，而且似乎是不可避免的[95]——而在于决定如何解决或管理角色冲突的问题。[96]

交互作用的冲突

除了个人内部的冲突与压力有密切关联之外，交互作用中的冲突也是组织行为的重要动力。这一节特别关注交互作用的冲突，这类冲突会发生在现代组织中的人际层面和团队间的层面。

人际冲突

大多数遭遇人际冲突的人常常把冲突归因于对方的性格问题或者缺陷。例如，第 6 章提到的关于归因理论的研究，讨论了所谓的基本归因错误，其中指出，人们把其他人的行为归因为其个人因素，如智力、能力、动机、态度或人格。然而，惠腾和卡梅伦跳出了这种表面解释的圈子，他们提出人际间有四类主要的冲突。[97]下面给出概括介绍：

1. *个人差异*。由于成长、文化和家庭传统、社会化过程的不同，每个人都有一个独特的环境背景。因为没有人有相同的家庭背景、教育和价值观，所以这种差异可能是冲突的一个主要来源。来自这些差异的不一致意见"常常让人变得高度情绪化，并且披上道德的色彩。关于到底谁是正确的这样的问题的不一致意见很容易转化为谁是道德上正确的这样的激烈争论"。[98]
2. *信息不充分*。冲突的这一来源主要源自组织中的沟通失败。或许冲突中的两个人采纳了不同的信息，或许其中有一个或两个人都得到了错误的信息。与个人差异这一来源不同，信息不充分这一冲突来源不受情绪控制，并且一旦得到更正，就不会存在愤恨。

3. 角色不相容。这类人际冲突类型来自个体内部的角色冲突（前一节已经讨论过）和团队间的冲突（将在下一节讨论）。具体而言，在现代的扁平化组织中，管理者的职能和任务是高度依赖性的。然而，这些经理人的个人角色可能是不兼容的。例如，生产经理和销售经理有相互依赖的职能：一个支持另一个。但是，生产经理的主要任务是缩减成本，而缩减成本的一个方法是减少存货。另一方面，销售经理的主要任务是通过扩大销售而增加收入。销售经理可能对顾客有送货保证，这就和生产部保留的低存货水平不相符了。于是从这种角色不相容性中产生了冲突，这只能通过高层管理或者通过高级信息技术来解决。
4. 环境压力。这些类型的冲突可能被一种充满压力的环境放大。在资源匮乏或者缩减、裁员、竞争压力或者高度的不确定性的环境中，所有类型的冲突都会变得更有可能发生。“例如，当一位宠物食品生产商宣布，所有的管理者中将有 1/3 的人要按照新推出的三班倒工作制进行工作，大多数管理者由于担心自己与家庭正常生活时间相矛盾而考虑重投简历、谋求新的工作。另外，由于谁将被要求在晚上工作具有极大的不确定性，会引发管理者的明争暗斗而影响正常的管理工作。”[99]

除了像前面那样明确人际冲突的几种主要来源之外，分析个体之间相互作用的动力也非常有意义。一种方法是通过一个人面对其他人的反应类型来进行分析：(1) 强制的（决断的、不合作的）；(2) 随和的（非决断的、合作的）；(3) 回避的（不合作的、非决断的）；(4) 妥协的（处在决断与合作之间）；(5) 协作的（合作的、决断的）。[100] 类似于角色冲突，有研究指出了个体间和组织内冲突的复杂性[101]，它并不总是坏事。例如，一项研究发现，高绩效团体有着如下特征：(1) 较低水平的但渐增的过程冲突；(2) 低水平的关系冲突，但在接近项目最终期限时有所上升；(3) 在团体互动的中心位置有中等程度的任务冲突。[102]

群体间的行为和冲突

除了人际（其中包括群体内部）冲突之外，多年来社会心理学家还致力于群体间冲突的研究。群体间的行为可以被具体定义如下：“依据所归属的群体身份，只要一个群体中的成员与另一群体或其中的成员有集体的或个人的相互作用，群体间的行为就产生了。”[103]

为了解释群体间的冲突，首先需要明确几个先决条件。下面是对这些先决条件的概括介绍：[104]

1. 资源竞争。现今，大多数组织资源有限。组织内部的群体为预算资金、空间、供给、人事和支持服务而竞争。
2. 任务的相互依赖性。如果组织中的两个群体以一种相互作用的方式甚至在单方向（比如一个连续的技术加工过程）上有一种依赖，这与群体之间相互独立相比较，就更容易产生冲突。相互依赖群体（例如研发和生产）的目标、优先级和人事等越多样化，它们之间越容易产生冲突。

3. 权限模糊。这里可能涉及“势力范围”问题，或者说是责任性重复。例如，当一个群体努力获得更多的控制或想要在期望的行为上居功，或者在不被期望的行为中放弃或推卸自己的责任时，冲突就产生了。
4. 地位争斗。当一个群体努力提高自己的地位，而另一群体把这种现象看做是对自己在地位层级中所处位置的一种威胁时，冲突就产生了。与另一个在奖赏、工作任务、工作条件、权力或者地位象征等方面有相同待遇的群体相比，某一个群体也会感到自己受到了不公平的待遇。人力资源部门就经常理直气壮地感到自己与市场部、财务部以及生产部门相比受到了不公平的待遇。

冲突中的群体与良好合作的群体相比，其行为是不同的。这里有一个实际的例子：

> 为了向客户提供一整套的服务，Litton 工业的一个分部需要把东西部的运作部门整合在一起。西海岸小组已经负责呼叫中心大约 30 年，工作很努力，但是拒绝变革。东海岸运作部门是通过近期的几次并购拼凑在一起的，专门从事企业范围的咨询工作。这支东海岸小组工作随心所欲，喜欢冒险，不关心 Litton 的文化和传统。由此导致的冲突实际上使得两个群体之间没有任何沟通，也没有统一的方向感。这里隐藏着一个问题，双方间的内耗降低了公司的效率。[105]

近来有研究表明，处于这样的冲突中的群体会改变他们，也会改变对彼此之间的关系的知觉。例如，一项针对 70 个高层管理团队的研究发现，在团队内部，信任的程度调节了任务冲突（对于群体决策的不一致的知觉）和关系冲突（关于人际间不相容的一种情绪性知觉）两者之间的关系。[106] 另一个研究发现，群体内部的低凝聚力和群体之间的消极关系与更高的群体冲突知觉有显著相关。[107] 总的说来，当今大多数专家强调，要先对各个层次的冲突情形做一个成本—收益分析，然后建立一个争端解决系统。[108] 最近，专家们又通过先进的信息技术设置了这样一类系统，用以消除传统的（如层级性和职能性的专门化）组织设计中固有的冲突。

压力和个体内部冲突的影响

正如已经指出的，压力和冲突对个体员工或者他们的组织绩效并非只是有害处。实际上，一般认为低水平的压力和冲突甚至能够提高工作绩效。例如，一项研究发现，适度的压力，诸如来了一个新的上级管理者或者非自愿地被调职等，可能对于信息搜索有积极的作用，[109] 可能会引导员工采用新的更好的方法来开展工作。同时，适度的压力能够激发员工的“活力”，从而增加活动性、变化性，最后带来整体上更好的绩效。处在特定职位，诸如销售或者创造性领域（例如在时间压力下工作的报刊记者和电视播音员）的人，他们似乎会受益于适度的压力。处于其他一些工作岗位上的人（如警官或者医生）则可能不会从稳定的、中度的压力中受益。

还有研究表明，难度水平、操作任务的性质、个人的特征（诸如前面讨论过的 A 型人格、个人控制和习得性无助、心理耐受力）、其他心理品质（诸如负性情感[110]——参见第 5 章）、神经质[111]等也可能影响压力和绩效之间的关系。然而，得出以下这个结论还是可靠的：

1. 事实上，有许多种类的任务，其绩效很大程度上受到压力的影响。
2. 当压力达到很高水平时，绩效通常会迅速下降。[112]

高水平的压力和冲突带来机能失调的后果，这应引起当代社会的高度关注，也是人力资源有效管理中需要特别关注的重点。高水平的压力和冲突带来的问题，可以表现在一个人的生理、心理或者行为等诸多方面。

压力和冲突带来的生理问题

许多年来，大多数备受关注的基础研究都致力于考察压力对于身体健康的影响。与压力有关的身体健康方面的具体问题包括：（1）免疫系统问题，使得身体抵抗疾病和感染的能力降低；（2）心血管系统的问题，如高血压和心脏病；（3）肌肉骨骼系统的问题，如紧张性头痛和背部疼痛；（4）肠胃系统的问题，诸如痢疾和便秘。[113]例如，心脏病突发是充满压力的华尔街的一种生活方式（有时会带来死亡）。在股票交易所工作的 5 000 名 18~65 岁的男性，心脏病的死亡率比全国平均水平高 60%。这里工作的员工是最先安装心脏起搏器的。[114]由于恐怖主义的威胁、公司丑闻以及市场下滑等原因，近些年华尔街的情况变得更为糟糕。一项新近的关于华尔街经纪人的新闻故事写道：

> 红利是很久远的历史了。由于每一个人（证券交易委员会、美国证券交易商协会、检察官）都希望找到罪魁祸首，因此那些依然留在行业中的人正在苦苦挣扎。目前有大约 1 000 件正在为不满的投资者们寻求巨额补偿的诉讼。[115]

显然，这些严重的身体疾病对于个体有重大的影响；但不总是非常明显。而同样严重的是，诸如心脏病之类的身体问题可能对组织造成不良影响。伊万塞维奇和马特森给出下列工作表，用以计算一个拥有 4 000 名雇员的公司中，由于员工患心脏病而带来的人员替换成本。[116]

1. 员工数目	4 000
2. 45~65 岁的男性（0.25×第 1 行）	1 000
3. 估计每年死于心脏病的人数（0.006×第 2 行）	6
4. 估计每年由于心脏问题提前退休的人数（0.003×第 2 行）	3
5. 由于心脏疾病带来的公司年度人员损失（第 3 行与第 4 行之和）	9
6. 年度替换成本：雇佣和培训新的员工来代替有经验的员工所需的平均开销（第 5 行×$50 000）	$450 000
7. 如果按照目前的比率，最后还将死于心脏病的员工数目（0.5×第 1 行）	2 000

这些数据只是一种估计，但是它们非常清晰地解释了单单心脏病一项将会如何影响一个组织中的成本与员工数目的变化。显然，并非所有的心脏病都与压力有直接联系；环境条件和个人的总体健康状况、遗传和用药史也一定会有影响。然而，似乎有足够的证据说明，压力能够而且的确对这种让人恐惧的疾病以及其他身体疾病有相当的影响。

压力和冲突带来的心理问题

虽然人们对于压力和身体健康的关系给予相当的关注，尤其在医学界是如此，但是这还比不上人们对于压力给心理健康造成的影响的关注。即使不是直接地，压力也会间接地引起心理问题，同生理疾病相比，这对于日常工作中的绩效影响可能同等重要，甚至更为重要。

高度的压力可能会伴随愤怒、焦虑、抑郁、不安、易激动、紧张和烦躁。一项研究发现，压力对于如破坏行为、人际间的侵犯、敌意和抱怨等攻击行为有最强的作用。[117] 这些压力带来的心理问题转而与差劲的工作绩效、较低的自尊、[118] 对上级管理者的怨恨、不能集中精力做出决策、工作不满意等有特定的相关。[119] 压力的这些结果会直接降低组织的效率。例如，美国疾病控制中心报告，心理压力是多种关于工作保险诉讼的来源。[120] 近来的法庭案件也披露出与压力有关的问题，源于雇主的员工薪酬保险制度导致的雇佣问题。[121] 专家预测，如果有关压力的员工赔偿诉讼数目以现有的比率持续增长，那么在这么一个与心理问题相关的健康状况急剧下滑的时代，[122] 这类诉讼将超过其他所有诉讼。[123]

更为明显的是，压力可能会对处于关键职位上的管理者的处事风格和效率造成一种微妙的、但非常现实的影响。例如，处在持续压力下的管理者可能变得格外喜怒无常，其下属很快就会学会不要去打搅他，甚至有重要信息也不向他汇报，因为他可能“拧下你的脑袋来”。有时，这样的管理者也会意识到他们的这种行事方式；他们也许会感觉到自己没有按照这个重要位置的期望来行事，从而体验到自尊的丧失。在这种状态下，他们也会耽误事情，他们会把事情搁置起来，不做出所需的决定。最后，他们会抱怨说，老板总是希望他们按照以前的方式工作，从而开始从整体上憎恨工作。同事、下属和老板都会讨厌这样的管理者，认为是“卑劣的人格”造成了这样的行为，而事实上这些问题是由压力和冲突带来的。如果管理者的心脏病突发，每个人都会感到很遗憾，会说他或者她原来承受了如此大的压力；但是，一个管理者的情绪化、低自尊、决策上的无能以及对工作和老板心存不满则会引发他人愤怒，人们会说这个管理者“可恨得无药可救”，或者“无法与任何人共事”。心脏病和心理问题都是同一个原因造成的（过多的压力和冲突），虽然人们对待它们的方式不同，但是心理问题给绩效带来的负面影响则是相同的，有时甚至更糟。

压力和冲突带来的行为问题

正如本书中已经提到的其他问题一样，行为的分析可能是最有帮助的——这在分析工作压力和冲突的影响时也一样。伴随高压力水平可能产生的行为包括节食或者暴食、失眠、过度吸烟和酗酒，以及药物成瘾。当人们意识到总人口中有6%的人成了酗酒者，另有10%的人有饮酒问题，而每年人们要消耗几十亿剂量的安非他明和巴比妥酸盐类物质时，[124]由酒精和药物滥用引发的潜在行为问题变得越来越清晰。例如，某公司存在上班时饮酒问题，于是公司引进了一个测量员工呼吸中的酒精浓度的仪器。该公司的工会主席说："许多人每天来上班时都喝得醉醺醺的。"[125]虽然公司还没有使用这个仪器，有人已经在无意中听到一个员工说："我想我中午不能再去酒吧了。"[126]因为工厂里会使用许多危险性的设备，所以酒后操作可能会带来危险；但除了危险之外，这些问题显然还会增加怠工、缺勤和离职现象。

多年来有不少研究证据表明，压力尤其同缺勤和离职率有一定的关系。[127]例如，员工感到压力，于是在行为上就表现为喝醉酒，并且第二天呆在家里不上班。然而他们会觉得这样喝酒很不好，他们会觉得"第二天早上"自己使得每个人都失望了，最终导致辞职或者被公司解雇。随着缺勤率上升，离职率也相应增加，公司不得不派人顶替缺勤或者离职的人，这些都会让组织付出很大代价。这种躲避带来压力的工作或者离职，是对情境的"逃避"反应。实际上，和"战斗"反应相比，即个体留在产生压力的工作岗位上，并且变得愤怒或者攻击性增强，这种"逃避"反应可能更健康一点。

正如压力和冲突带来的心理问题一样，通常，同事或者上级管理者并不把行为问题归因于压力因素，于是也很少付出同情心。但是，与压力的心理和生理症状相似，行为问题也可以得到控制，得到更有效的管理，甚至被个人和组织防止。下一节将讨论这些应对策略。

压力和冲突的应对策略

到目前为止，本章所讨论的内容，以及前面和后面章节中的大多数内容（例如，关于工作设计、目标设置、组织行为矫正、群体动力学、沟通技巧、政治策略、领导风格、组织流程和设计、决策技能、控制技术、对变革的管理，以及组织发展技术的讨论），至少间接地为更有效地管理和应对压力与冲突提供了一些方法。甚至，理论界已经发展出一些关于压力应对的整体理论，[128]一些关于人格[129]和信任[130]在应对组织压力和冲突中所扮演角色的基础研究，以及如何将压力转化为成功的实用性指导。[131]专栏*应用实例*："把时间管理起来"介绍了一些可以用来应对压力的简单技术，诸如时间管理；另外还有很多应用性方面的文章中介绍了避免压力和枯竭的方法和技巧。[132]

人际和群体内部层面的交互行为导致冲突而不是压力，在应对和管理上有相应的解决方法。例如，解决冲突的双赢策略，或规避、缓和、包容或正视[133]等其他形式的策略，都是为人熟知的冲突管理方法。有很多不断涌现的基础研究指出了冲突管理如何影响当今组织的成功。[134]市场上总是有很多供实践者参考的解决工作中冲突的书籍，[135]但是更学术性、以研究为基础的书籍则重视谈判技巧。我

应用实例

把时间管理起来

对管理人员而言，产生压力的一个主要原因来自于时间压力。无论一些管理者工作有多快，无论他们投入了多少时间，他们依然不可能处理完所有的事情。处理这一问题的一个最有效的方法是使用时间管理技术。今天，许多组织（从美国大通银行到埃克森公司再到施乐公司）都在培训他们的管理人员如何在更短的时间内完成更多的事情。以下是对有效的时间管理最有帮助的一些措施：

1. 制作一个“要完成”的事情的清单，确定每一件在当天必须完成的任务。这有助于明了工作进度。
2. 尽可能细致地向下属委派工作。
3. 决定你的最佳工作时间——上午或者下午，并确定这个时间段最困难的任务。
4. 在一天中留出些许时间，比较合适的是至少一个小时，以防有来访者或者其他的打断。
5. 所有来电都让秘书去接，如此就可以免去那些琐事或者不需要你个人注意的事情的打扰。
6. 每周有一两天在办公室吃午餐以节省时间，并给自己处理桌上文件的机会。
7. 把办公桌转个方向，这样你就不会与门和走廊有目光接触，使来访者却步。
8. 站着阅读。当处于一个不太舒服的姿势时，一般人会读得更快更准确。
9. 在下午四点半到五点之间打电话，这时人们倾向于长话短说以便早点儿回家。
10. 不要为今天没有完成的工作而感到愧疚。把它们列在明天“要完成”的事情清单的首位。

们接下来先总结个体和组织应对压力的策略，然后将以解决冲突的谈判技巧作为本章的结尾。

个体的应对策略

今天，大众媒体更加关注自助治疗、自助方法、减肥节食、健康食物和身体锻炼。为了自己的幸福，人们真正地负起了责任，或者说知道了他们应该负起责任。个体应对压力的策略是很有意义的。换句话说，正如专栏“实践中的组织行为学”所表明的，控制和积极改变生活的价值对于大多数人来说已经不言而喻。今天，除了身体健康，这种应对责任还包括心理健康、精神活力以及道德规范。[136]

下面是一些措施，个体可以采用这些具体措施来消除或者更有效地管理那些不可避免的、长期的压力：

1. 锻炼。现今，重要的不是你是赢了还是输了，而是你是否获得了一些有益的锻炼。为了通过锻炼以对抗压力，所有年龄段的人都在散步、慢跑、游泳、骑自行车，或者打垒球、网球、壁球。虽然这看起来很有用，而且许多外行和医生也都这么认为，但是仍然没有证据直接证明锻炼可以直接减少心脏病或者中风突发的概率。然而，似乎没有人怀疑锻炼有助于人们更好地应对压力，即使那仅仅是一种副产品，如放松、增加自尊、让人的脑子脱离工作一段时间，锻炼会使得人们在日常工作中做得更好。[137]
2. 放松。无论一个人在一段时间内放松一次，还是采用某些具体的放松措施，如生物反馈或冥想，其目的就在于消除即时的压力情境，或者更有效地管理一个长期的压力情境。放松的意思可以是拿着一本好书蜷在火炉前，或者看

无为而治

当索菲·范德布勒克于1999年被任命为施乐复印机公司加拿大研发总管时，她没有搬到位于安大略省米西索加的总部，而是在一年半的时间里于每周一从她位于纽约的家中出发，开两小时42分钟的车抵达总部，然后一直工作到晚上11点。晚餐吃完油炸玉米饼后就寝于附近的假日旅馆，接着一直工作到星期二下午4点，然后回家。星期三她在位于纽约她家附近的韦伯斯特的施乐研究部度过。星期四和星期五则再次往返于米西索加。

在过去14年中，范德布勒克一直住在同一个地方，这种事情她已经习以为常。她曾坐飞机前往康涅狄格州的斯坦福德和哈特福德上班。怀着第二个孩子的时候，她工作的地方有7个小时的车程，她一周都住在公寓里，而将她刚蹒跚学步的女儿埃琳娜和身为工程师的丈夫巴特留在家里。

但是范德布勒克并不认为自己是一个女强人。在某种程度上，她只是做了她必须做的。10年前他们在Adirondack山露营时她丈夫患上严重的哮喘病而不幸去世，留下范德布勒克一人抚养远在大洋彼岸（欧洲）的三个孩子。从那时起，她就避免试图完成所有工作，而是聚焦于最重要的事情。

现年44岁的范德布勒克之所以能成为一个如此成功的管理者，部分缘于其区分优先顺序的能力。1月1日，这位在施乐工作了14年的资深管理者成为了首席技术官，管理600位研究和工程技术人员，并且掌管着公司每年在研发上投入的7.6亿美元的资金。“在技能、知识和智慧上索菲都是万里挑一的，但她依然保持着她的谦逊。”IBM系统和技术部首席技术官伯纳德·迈耶森这样说道，20世纪90年代早期开始他和范德布勒克都在IBM的托马斯·沃森研究中心工作，此后一直都是朋友。

现在，从她家到施乐的韦伯斯特研究部是一段只需要12分钟的很轻松的旅程，但是范德布勒克最近的工作将是一项巨大的挑战。

对于一项一旦出错就必须付出上百万美元代价的工作来说，乐观似乎是一个前提条件。许多困难的工作都是这样。在韦伯斯特，范德布勒克的典型的工作日开始于早上6:40，这时她要为17岁的埃琳娜、15岁的阿尔诺以及13岁的乔纳斯准备早餐。7:15分孩子们坐上去学校的巴士后，她开车前往工作地点，路上通过收音机收听BBC新闻。在办公室里，一整天一般都是和会议分不开的，与会者大都是从由她负责的分布在世界各地的其他四个研究中心派遣过来的人。一月份的一天，范德布勒克穿一身时髦的套装，配着一条丝绸围巾和一双高跟长统羊皮靴，从一个会议赶往另一个会议，时不时地用黑莓手机处理电子邮件，或者拿起她经常使用的1公升容量的酸橙矿泉水瓶子吸一口。她尽量在下午六点半赶回家陪孩子们吃饭。大多数夜晚她都把时间花在阅读打印出来的、白天没有处理的电子邮件上。

范德布勒克是一个效率很高的人，她教会自己不要同时处理所有的业务。在她职业的早期，她一心想着如何把工作完成，以致假定所有的人都会理解她。作为施乐人才发展计划的一部分，公司给她指派了一名管理教练，教练建议她放开一点，谈谈她自己。范德布勒克笑着回忆当她在星期一上午的会议上讨论她的周末滑雪旅行时同事们的惊讶。接着她参加了周四晚上的小组野餐，烤鸡翅、喝啤酒。惟一的规则是：别谈工作。她说：“这是人类组织结构，应该花时间去聆听（员工）所关注的事情。”

这么多年过去了，施乐依然有许多人甚至不知道她是一个寡妇。丈夫去世后，范德布勒克全身心地投入工作之中。与人交流时，她时常会引用一条一直指引她的中国谚语：“塞翁失马，焉知非福。”那场悲剧之后，除了职业生涯的出众表现，范德布勒克也眼看着她的家庭逐渐壮大起来。他们是一个亲密的群体，她认为自己的孩子“很有同情心”，这是一种在当今很多青少年身上都很少见的特质。

一些“休闲的”电视节目（非暴力的节目或者某种体育节目）。最近甚至有研究证据表明，那些用写作的方式生动地描述生活中压力事件的人，也会在健康方面受益。[138]冥想包括肌肉和思想上的放松；一个人慢慢地重复一个平静的词组或单词，或者集中精力想像一个安静的画面。有研究证据表明，这样的冥想能够对人产生一种理想的生理[139]和心理[140]影响。这是否能够对工作压力产生实际的影响还无法定论。然而，一些公司已经在应用这个方法了。例如，一个有规律地使用冥想方法的股票经纪人说过："人们已经普遍知道，这个工业社会中充满压力。所以当许多人大量饮酒的时候，我们则去冥想。这并不是说我们没有感受到压力，只不过压力对我们的影响没有那么大罢了。"[141]

3. *行为上的自我控制*。第 12 章具体讨论了行为管理的内容。通过有意识地管理自己行为的发生前提和结果，人们能够获得自我控制。例如，销售经理人如果整天都面对一定量的顾客抱怨，他们就需要有一个助手来筛选所有这些抱怨，并把真正有问题的抱怨传达给经理人，这样就改变了行为发生的前提。如果他们在与一个特别愤怒的顾客会面之后仍然保持镇定和冷静，就应该给自己奖赏一次额外的空闲时间，这就是对行为结果的管理。除了管理自己的行为以减少压力之外，人们还应该更加清楚自己的缺点以及那些预示麻烦的"红色"警报。他们应该避免某些会使自己陷于压力状态的人或情境。也就是说，这个策略就是个人应该控制情境而不是让情境控制自己。
4. *认知治疗*。除了行为上的自我控制技术之外，很多临床心理学家也带着认知治疗技术进入了压力领域。如埃利斯的理性情绪模型和认知行为矫正等技术已经作为减少工作压力的个人策略得到了应用。通过班都拉的社会认知理论建立自我效能感的方法（自信，见第 7 章）也得到了应用。[142]研究表明，低自我效能感的个体在情绪和生理上都受到压抑，而高自我效能感的个体却不会受到强工作负荷的折磨。[143]因此，必须通过成功的绩效经验、他人的间接经验、人际说服以及控制生理和心理状态等，增加或者提高个体战胜压力情境的效能感（如同个体减少压力的应对策略）。[144]
5. *工作网络*。多年来，来自社会心理学研究的一个清楚的发现是，人们需要而且会从社会支持中受益。[145]作为一个减少工作压力的策略，工作网络可以促使人们同那些值得信赖、感同身受的同事建立一种密切的联系。他们会成为良好的倾听者和建议提供者。当需要提供支持以使某人顺利通过一个压力情境时，这些朋友就出现了。今天，这样的联盟，尤其是有目的地建立起来的这种联盟，就被称为工作网络（networks），现在也被称为社会资本（social capital）。[146]虽然社会支持和压力减少之间的联系看起来很复杂，[147]但是已有研究证据表明，工作网络可能有助于人们更好地应对工作中的压力，[148]有助于人们成为更有效、[149]更成功的管理者。[150]

组织应对策略

组织应对策略是指通过管理以消除或者控制组织层面的压力源，从而阻止或者减少员工的工作压力。在本章开始，组织压力源被分为：整体政治与策略、流程与职能的结构与设计，以及工作条件（见图 8.2）。组织层面的冲突管理所面对的一项主要挑战是，回答诸如"你如何保证相关信息在两个具有不同文化的组织部门间有效传递，如何鼓励为稀缺的公司资源而竞争的小团体中的成员共同工作"

这一类的问题。[151] 逻辑上，人们应该集中于上述各个领域以发展出一套组织应对策略。也就是说，为了消除或者减少工作中的压力，每一个具体的压力源都应该得到具体分析。例如，在政策领域，人们应该注意尽可能公平和公正地制定绩效评估和薪酬方案。在结构领域，人们应该采取措施以避免高度的形式化和专门化。在健康领域（比如消除危险，增加亮度，减少噪声，温度适宜等）以及流程与职能方面（例如增加沟通和信息共享、澄清或解决目标的模糊或冲突）同样应该采取一些措施。随着全球化进程的加快，管理外派人员压力的应对策略已经得到了越来越多的关注。一项新近的研究发现，针对外派人员适应的问题聚焦式应对策略，其效力的发挥会受到文化距离和职位层级的调节，但不受委派时间的影响。[152]

当今的一些公司，如惠普公司和大型软件公司 SAS，都意识到它们在充满竞争的商战中向员工施加了大量的压力，并正在以相当大的努力减少公司的压力。如惠普要求员工在拥有工作目标的同时，也要有个人/休闲目标（如减肥、锻炼、陪伴家人）。如果员工没有达到自己的个人/休闲目标，上级管理者就要负责任了。比如完成一个任务后，员工就可以在下午 2 点离开公司，带女儿去玩滑旱冰，那么同事们就会受到鼓舞，好像得到了一份大订单一样。而 SAS 的员工不仅拥有所有的正常福利，他们还能享受到营养咨询服务、青年节露营以及定点医疗服务。这个公司的 4 000 名员工的 700 名日托儿童随后会被招收进入公司自己的幼儿园。

商业健康协会估计，当前有上千家公司为员工提供应对压力的训练，从咨询服务、午饭时间的压力管理研究会、有关健康的出版物，到帮助员工从紧张状态解脱出来的公司健康中心。有证据表明这些压力管理计划越来越多，而且得到了严格的评估。[153] 其中有些计划颇具创造性。例如 Pixar（电影《玩具总动员》和《虫虫危机》的制作者）创立了 Pixar 大学（PU），其中就有专为数据操作员工准备的免费的室内锻炼课程，包括太极、姿势模仿、即兴表演和变戏法等。[154]

一般而言，当今大多数公司正通过工作—家庭行动来努力减少压力和冲突。这里包括组织制度创新（如工作和工作责任的重构、远程联络、兼职工作和工作共享，以及弹性工作时间），以及工作生活受益政策及计划（如就地照管孩子和照料老人、带薪休假和带薪病假、个人/家庭事假，以及限制出差的频率和距离等）。[155]

员工援助计划（employee assistance programs，EAPs）也成为组织帮助员工应对压力的一个很有价值的策略。目前，EAPs 已经在超过半数的拥有多于 50 名员工的美国组织中得到应用，而且人们发现这个措施能够稳定地减少缺勤、降低健康护理支出和减少纪律问题。[156] EAPs 为员工提供特殊的服务，如信心咨询或致力于探讨个人以及与工作相关的问题。他们还提供家庭研讨会和咨询（与婚姻、单亲、双职工等有关）、压力管理研讨会、放松学习班，以及其他各种支持。通常，仅仅是 EAPs 所提供的想法——知道自己可以获得支持——就可以帮助员工在当今环境中更轻松地去面对压力。[157]

由于压力是近年来的裁员造成的，除了工作—家庭计划和 EAPs 之外，人们最近还着重考察了那些被裁掉和得到保留的人。例如，人们建立了有关应对失业的理论模型，[158] 并且开展了有关的基础研究。[159] 研究的一个分支考察了程序公正

（对于公正的一种知觉，在第 6 章中已经讨论过）对于那些受裁员影响的人的作用。在三个研究（分别针对那些已经被解雇的人、公司裁员后的幸存者和已经确定将要被解雇的人）中，人们发现程序公正有一种正性的影响。[160]下面是关于这些研究的一个总结：

> 所有这三个研究表明，公司管理者的裁员方法可以减弱解雇的负性影响。与在裁员中得到充足的信息和公正对待的员工相比，当员工认为用以决定裁员的程序没有公正地操作时，他们会变得更有敌意。当人们认为程序是公正的，即使被解雇，员工仍然会支持和信任他们的公司。[161]

经历裁员的组织需要确保那些被解雇的人尽可能地积极，那样他们就不会有负性的反应（如在一个社区中，甚至在对待顾客时）。然而，人们更加关注的是前面提到过的患有“裁员幸存者综合症”的人。在一次公司裁员过程中的幸存者这样描述这种现代疾病：“正当我们开始觉得我们的工作很安全时，他们改变了对待我们的规则。我们不知道谁做出了这样的决定，不知道我们可以信任谁或者我们应该做什么。周围越混乱，我们的生产率就越低。”[162]关键问题不仅在于这些幸存者是否摆脱了压力，而且在于压力是否在影响他们的绩效。

下面是一些有助于裁员公司解决上述幸存者综合症问题的措施：[163]

1. *做好准备工作*。在休斯敦的康柏计算机公司裁减 2 000 名员工之前，公司的人力资源部开展了一次全面的沟通运动，训练所有的经理人如何裁员，以及如何帮助留下来的人。
2. *了解幸存者的情绪*。俄勒冈州辞退了 1 000 名员工之后，专门为幸存者开放了一些工作场所，使得他们能够排遣挫折感、增加技能，把变革看做一次成长的机会。
3. *裁员后的沟通*。加利福尼亚的一个户外服饰制造企业巴塔哥尼亚公司，在裁员 20%之后，安排了每月一次（后来每月两次）的公开论坛。在论坛活动期间，员工可以在工作时间与 CEO 会面，可以向 CEO 提问，可以了解到公司的进展。在 Pitney Bowes 公司的工作支持会议上，管理者奖赏 50 美元给提出最强硬问题的员工。
4. *明确新的角色*。我们不仅需要就公司蓝图进行沟通，同样重要的是，要向员工解释清楚其工作是否会改变、如何改变，以及每个人与减员后公司新蓝图的关系如何等等。

谈判技巧：超越冲突管理

近年来，谈判已从产业关系领域走到前台，成为一项必备的管理技能。正如尼尔和巴泽曼所提到的：“每个人都在谈判。各种形式的谈判都是解决差异和资源配置的一种普遍机制。”他们把谈判定义为“在相互依赖但并没有共同偏好的各方之间的一个决策过程。正是通过谈判，各方才能够决定，在这种关系中，每一方应该付出什么以及可以得到什么。”[164]

虽然一些组织行为专家指出，在谈判策略和冲突管理之间存在相似性，[165]但是谈判超越了冲突解决，成为个人和组织获得成功的一种管理技能。例如，一个经理人可以通过谈判成功地得到一次加薪或者从厂商那里得到一个好价钱。在本章的剩余部分，我们将首先指出谈判中常见的一些偏见和错误以及传统的谈判技巧，然后集中讨论一些要想使谈判获得成功所必需的新型技巧。

传统的谈判方法

普通人及管理者在谈判时，常常会有一些偏见和犯一些错误，这会阻碍他们理性地谈判，阻碍他们从情境中尽可能多地获益。近来的研究指出，为了和解问题，谈判者倾向于重复他们的错误。[166]对这些常见性错误的研究总结如下：

1. 谈判者易于受到框架、发言形式、谈判中信息形式的过度影响。
2. 当一个先前选择的行为过程不再是最合理的选择时，谈判者还是易于越来越不理性地坚持这个先前的选择。
3. 谈判者易于假定他们的利益获得必定是以对方的利益损失为代价的，因此会错过双方共同获益的机会。
4. 谈判者在判断时容易囿于不相关的信息，如一个最初的提议。
5. 谈判者易于依赖轻易可以获得的信息。
6. 谈判者不善于考虑基于对手角度的信息。
7. 谈判者易于过分相信自己所支持的项目获得成功的可能性。[167]

除了这些普遍性的偏见问题外，传统的谈判者一般会采取一种分配性的或者立场性的谈判方法。*分配谈判*（distributive bargaining）假定有一个“固定的馅饼”，于是致力于如何得到最大的份额，或者“馅饼的一块”。在现代组织中，团队越来越流行，针对分配谈判中的团队有效性的研究也越来越多。一个研究发现，不仅仅是个人，团队在谈判的问题上也能够相互受益，并发现共同的兴趣。一般人们会认为在谈判中团队比个体具有相对的优越性，然而这一点并没有得到实际结果的支持。[168]妥协、强制、顺应和规避等前面提到过的冲突管理策略，似乎都与分配谈判策略有关。正如惠腾和卡梅伦所说的：

> 当双方为了找到一个共同的基础而做出牺牲时，妥协就出现了。妥协一般对于寻求权宜之计更有兴趣……强制和顺应都要求一方为了解决冲突而放弃自己的立场。当冲突的双方无法解决问题时，他们就会妥协，因为他们假定解决冲突的代价太大，他们宁愿根本不去解决它。[169]

与分配谈判密切相关的是通常使用的*立场谈判*（positional bargaining）方法。这个谈判的方法是指相继地采取然后又放弃一系列的立场。一个最简单的形式，就是一个人在一个开放式的市场中讨价还价。然而，立场谈判也会在国际外交中发生。费舍和尤里指出，这种立场谈判能够产生一种有益的结果，“它会告诉对方你需要什么；它在一个不确定的强制情境中提供了一个链接点；并且它能够最终产生一个可接受的协议。"[170]

分配性的和立场性的谈判都有一些简单的策略，如"强硬人物"或者"强硬"；"轻松接触"或者"柔性"；甚至"差异分离"。"强硬"策略的特征包括：以胜利为目标、不相信他人、捍卫自己的立场、制造威胁、努力在意志上占上风以及施加压力。相反，"柔性"策略包括下列特征：目标是达成一致、相信他人、轻易地改变自己的立场、做出让步、努力避免意志的竞争，并且屈服于压力。[171]强硬的谈判者一般处于支配地位，会提出直接的要求。但是，研究[172]以及日常的实践都表明，实际上存在着比这些传统的谈判策略更加有效的谈判方法。

当代的谈判技能

谈判中传统的分配性和立场性谈判以及强硬和柔性策略已经被一些新的方法所代替。惠腾和卡梅伦建议采用一个整合的方法，采用问题解决的技术来获取双赢结果，[173]他们所持的观点是"把饼做大"。作为一种基于合作性（而不是一种妥协的、强制的、顺应的或者规避的）的策略，整合谈判（integrative bargaining）要求谈判者采用如下技能：（1）设定高级目标；（2）把人与问题分离开来；（3）关注利益而不是立场；（4）创造双方受益的选择；（5）采用客观的标准。[174]

下面是一些在近来实际指导中有效的谈判技巧，我们按照它们对于使用者的风险进行了分类：

1. 低风险的谈判技术
   a. 奉承——微妙的奉承通常能够起到最佳作用，但是奉承的标准会随着年龄、性别以及文化的因素而改变。
   b. 先提出容易接受的观点——这有助于建立信任，并为提出强硬观点提供动力。
   c. 沉默——在获得让步时这可能是有效的，但是必须谨慎使用以免激怒对方或使对方不满。
   d. 扩大的开放立场——这会引起讨价还价，从而表现出对方的立场或者可能改变妥协点。
   e. "哦，请不要这样对我"——这会引起同情，但是也可能引发对方的杀手本能。
2. 高风险的谈判技术
   a. 突然发脾气——愤怒的爆发可能打破僵局，从而达成一个人的观点，但也可能被看做不成熟或是可操纵的，从而使得对方更加坚持他们的立场。
   b. 高抛球——采用这个策略是通过表现得屈服于对方的立场而赢得对方信任，但当立场被一个更高的权威推翻时，在信任的基础上就能够获得对方的让步。
   c. 布韦尔主义（"要么接受要么放弃"）——此名来源于通用电气的前任副总裁的名字，他在劳工谈判中只提供一个选择，这是一个高度主动出击的策略，有可能导致对方的愤怒和不满。
   d. 等到最后一刻——使用延迟策略之后，当知道最后期限即将来临时，提出一个有理由的但是对自己有利的提议，使得对方别无选择，而只能接受。[175]

除了这些低风险和高风险的策略外，还有许多其他谈判技术，如两人团队采用“红脸—白脸”策略（一人强硬而另一人和善），以及各种心理策略，如坚持在某人家里召开会议，把会议时间定在不方便的时间，或者利用电话或开小会打断商谈。[176]甚至关于在一次谈判中是否采用、何时采用和如何采用酒也有规可循。正如 Saber 公司的总裁所说的，当有日本人来参加谈判时，就意味着会出去吃晚饭，并且会喝上几杯，用日本米酒敬酒。[177]由于全球化以及这一过程所引起的不同国家的团体间谈判的增加，对于跨文化谈判动力学和谈判策略的研究正在涌现。[178]

除了前面提到的有效谈判的技能指导之外，还有一个选择可以代替立场谈判以及软性对硬性的策略，这就是哈佛谈判课程中的内容。这个不同于传统谈判的选择就是所谓的原则性谈判（principled negotiation）或者基于价值的谈判方法。这种谈判方法有四个基本成分。简单地说，它们包括：

1. 人。　把人和问题分离开来。
2. 利益。　基于利益，而不是立场。
3. 选择。　在决定做什么之前，产生许多可能的选择。
4. 标准。　坚持基于某些客观标准得出结果。[179]

原则性技能超越了硬性对柔性的方法，把游戏变成基本价值的谈判。例如，在柔性洽谈中，双方是朋友；在硬性洽谈中，双方就是对手；但是在原则性谈判中，他们是问题解决者。柔性洽谈的方法是信任对方，在硬性洽谈中是不信任对方，而在原则性谈判中，谈判者不依赖于信任开展谈判过程。另外，在柔性洽谈中谈判者提出建议，在硬性洽谈中谈判者提出威胁，但在原则性谈判中他们寻找共同的利益。[180]这些原则性谈判的技巧可以得到一个明智的一致性协议。正如费舍和尤里所指出的：

> 这个方法使你可以高效地在一个共同决策上逐步达成一致意见，把你自己从立场中分离出来，而不用耗费由于坚持自己的立场而带来的所有交易成本。把人和问题分离开来，使得你能够直接并同时与其他谈判者一起处理问题，从而达成可能的友善协议。[181]

随同社会的、情绪的、行为的、领导的、团队的和沟通的技能一起，这些谈判技巧越来越多地被认为不仅对冲突管理很重要，而且对于一般管理的有效性也很重要。

小　结

本章考察了压力和冲突。虽然压力对于个人（例如压力研究之父汉斯·塞利认为完全没有压力的状态只有死亡）或者组织（低水平的压力可能带来绩效提高）而言并不总是有害的，但是，压力仍然是组织行为领域中人们所面临的最重要和严峻的问题之一。在总体上，压力能够被定义为对外部环境的一种适应性反应，表现为组织成员的生理、心理或行为偏离。正如个人压力源和个人特征那样，压力的原因还可以被分为组织外部的、组织内部的以及群体的压力源。结合起来或者单独来看，它们代表了施加在现代劳动者身上的大量的潜在压力——存在于组织的各个层级和各种类型的组织中。

除了压力，人际与群体层面的交互行为的动力以及由此而产生的冲突，在组织行为的分析和研究中扮演了越来越重要的角色。冲突和压力在概念上和实际上都是相似的，尤其在个人层面更是如此。在个人内部层面上，冲突包括挫折、目标冲突、角色冲突和角色模糊。当指向目标的行为受到阻碍时，挫折就产生了。目标冲突有趋向—趋向、趋向—规避或者规避—规避三种类型。角色冲突和角色模糊来自对于个体所拥有的各种角色期望之间的抵触，可以通过角色冲突、角色内部冲突或者角色间冲突的形式表现出来。

对于人际间的冲突，我们首先从来源角度（个人差异、信息不充分、角色不相容以及环境压力）加以考察。然后通过强制、顺应、规避、妥协和合作等各类反应类型来对其进行分析。群体之间的冲突也变得很重要。人们认为资源竞争、任务的相互依赖关系、权限模糊和地位争斗等，是群体间冲突产生的前提因素。

压力和个人内部的冲突作用可能带来生理问题（心脏病、溃疡、关节炎，甚至癌症），心理问题（情绪变化、低自尊、憎恨管理、决策上的无能和工作的不满意感），或者行为问题（怠工、缺勤、离职和事故）。人们找到了许多个人的和组织的策略来应对这些压力所带来的问题。锻炼、放松、行为上的自我控制技术、认知治疗技术和工作网络是一些潜在的有用的应对策略，个人可以应用这些策略来对抗现存的压力。从一种更加预防性的取向来看，组织的管理在于尝试消除压力源、减少工作—家庭冲突，以及实现员工援助计划（EAPs）。现代组织尤其注重解决裁员带来的压力，这种压力不仅影响了被解雇者，也影响了幸存者。为了管理这种压力，裁员的组织必须与那些被解雇的员工达成全面的沟通，并且采用公正的程序。为了解决幸存者综合症，裁员的组织可以采用一些方法，如做好准备工作、了解幸存者的情绪、裁员后的沟通，以及明确新的角色。在任何情况下，无论在个人层次还是组织层次，人们必须采用一些措施来防止现代员工面临越来越大的工作压力。

本章的最后一部分集中讨论了谈判的技巧。超越产业关系和冲突管理，谈判技巧越来越多地被认为对于有效的管理和个人成功非常重要。传统而言，谈判者依赖于分配性和立场性谈判。但由于其简单的硬性或者软性策略，这种传统的方法目前受到了更有效的谈判技巧的挑战。可行的低风险策略包括奉承、先提出容易接受的观点、沉默、扩大的开放性立场，以及“哦，请不要这样对我”。高风险的策略包括突然发脾气、高抛球、布韦尔主义和等到最后一刻。另外，传统的分配性和立场性谈判的替代方法是整合性谈判，它采用解决问题、合作的策略，原则性的、基于价值的谈判方法，重视的是人、利益、选择和标准。这些谈判技巧超越了硬性对软性的策略，改变了游戏，最后带来一个双赢的明智协议。

结尾：元分析研究发现

组织行为学原理

每周超长时间工作的员工将会出现更多的健康问题。

元分析结果：

【21 个研究，37 623 名被试，d=0.26】平均而言，与每星期工作时间较短的员工相比，每星期工作时间超过 48 小时的员工**有 57%的可能性**出现健康问题。进一步的研究还指出，较长的工作时间常常与不良的生活方式行为如吸烟过多、进食不足、缺少锻炼等有关，这些行为会进一步导致健康问题。

结　论：

由于工作任务过重、工作不安全性以及绩效压力的不断增加，很多人的工作时间越来越长。结果，对于压力和疲劳水平的担忧也越来越多，这引起了一些消极的组织结果，如缺勤、绩效降低和医疗费用增加。那些由于工作时间过长而导致心理和生理上压力增加的员工，觉得工作是超负荷的。这种超负荷加上长期处于其他工作压力源的作用下，就会带来各种与工作相关的受伤、事故及心血管疾病等健康问题，还会带来一些心理疾病，如抑郁和焦虑。然而，正如本章关于压力的介绍一样，个体和组织能够采用一些应对措施防止压力的不良影响。有规律的锻炼、按照健康的食谱进食、拿出部分时间休闲等方法可以有助于个体减轻压力。组织也可以通过营造一种支持性的气氛、精心的工作设计、减少角色冲突和角色模糊等来帮助员工。

资料来源：Adapted from Kate Spark, Cary Cooper, Yitzhak Fried, and Arie Shirom, "The Effects of Hours of Work on Heath: A Meta-Analytic Review," *Journal of Occupational and Organizational Psychology*, Vol. 70, 1997, pp. 391–408.

组织行为学原理

A 型人格比 B 型人格有更大概率体验到心脏节率反应。

元分析结果：

【78 个研究，3 008 名被试，d=0.22】平均而言，与 B 型人格的人相比，A 型人格的人**有 56%的可能性**更多地体验到心脏节率反应（心率和血压）。调节变量分析表明，A 型人格的人在得到正性或负性反馈以及口头干扰或者受到批评的情境中，会有较显著的心血管反应。重要的是，这个研究并没有表明 A 型人格的人必定会有更多的心脏病突发，而只是表明 A 型人格的人有较多的心脏反应。

结　论：

心血管疾病是西方工业化社会中成年人死亡的主导因素。压力和人格/行为类型（如 A 型和 B 型）对于心脏问题的影响受到了大量关注。由于 A 型行为与心血管疾病之间有最显著的联系，所以A型人格的特征和A型人格的影响得到了细致的研究。正如本章所提到的，A型人格是匆忙型的和竞争性的；而B型人格更加休闲，更加注重相互间的关系。A型行为似乎是组织所期望的，研究也表明大多数管理者实际上是A型人格，但是最高层管理者中B型人格占多数，而且B型人格的人一般绩效也要好一些。然而本章中的冲突和压力问题提示，A型人格的人不一定需要改变自己的性格，而这样的改变似乎也是不可能的。但是为了防止出现心脏病等身体健康问题，这些A型人格的人需要学会更好地应对那些可能引起愤怒等情绪反应的压力情境。关键问题在于愤怒，而不是过度的活动。

资料来源：Adapted from Scott A. Lyness, "Predictors of Differences between Type A and B Individual in Heart Rate and Blood Pressure Reactivity," *Psychological Bulletin*, Vol. 114, No 2, 1988, pp. 266–295.

讨论与复习题

1. 如何定义压力？压力总是对个体有害吗？请解释。
2. 影响工作压力的压力源一般有哪些种类？请分别给出例子。
3. 可能影响个体对于压力反应的个人特征有哪些？请分别给出例子。
4. 什么是挫折？它有哪些表现？如何应用挫折模型分析组织行为？
5. 请解释趋向—规避型冲突。并给出一个组织中发生过的实际例子。
6. 人际冲突的主要来源有哪些？你认为哪些和现代组织最相关？
7. 冲突中的群体如何行动？群体间冲突的发生有哪些前提条件？
8. 工作压力会对生理、心理和行为产生影响。请针对每一点给出一个例子，并引用一些关于工作压力及其影响结果之间的研究发现。
9. 个人层次和组织层次都存在应对工作压力的策略。总结和评价多种防止或更有效地管理压力的策略。
10. 裁员引起的幸存者综合症是一种现代疾病，这指的是什么？组织应如何帮助员工消除这种疾病？
11. 比较传统谈判技巧和新的谈判技巧之间的异同。你为什么认为新的技巧有助于达成更好的协议？

互联网练习：管理组织中的压力

请访问 http://www.mhhe.com/business/management/buildyourmangementskills/typesStress/exercise.html, http://www.stress.org, 以及 http://www.stresstips.com. 这些网址提供了关于工作中压力的负性作用方面的信息。其中还有一些在个人生活中管理压力的有用技巧。当浏览这些网页时，请思考下面的问题：

1. 你认为工作中的哪些事情引起的压力最多？这与网站上提到的内容相符吗？请给出一些具体的例子。
2. 组织可以做哪些事情以利于压力管理？你认为哪种方法最为有效？这些方法中存在什么问题或者不足吗？

真实案例：当员工真的无法应对时

直到 1990 年美国国会通过了美国残疾人法案（ADA），美国大多数公司才决定在一个个案例的基础上处理这些问题，而且问题的处理还经常依赖于雇员受到了多大的挑战以及上级管理者以多大的同情做出反应之类的因素。然而，甚至连 ADA 也无法给员工很大的帮助，因为它无法决定应该在多大程度上去包容那些遭受能力丧失痛苦的人们。这条法规要求雇主向丧失能力的员工提供“合理的”帮助，包括精神上的帮助。但是既然心理问题是非常主观和个人化的，在这类问题上雇主不得不去努力创立清晰的应该如何处置的政策。

在过去的几年中，法庭开始描绘公司应该怎么做。当人们出现精神疾病的现象时雇主会左右为难，而法庭给出的指导非常同情雇主们面临的此类情境，这一点对于雇主来说是个好消息。如果一个员工出现抑郁或者自杀倾向，雇主必须努力寻找帮助他或她的方法，例如允许员工获得一个短期休假或者更换员工的工作时间。但是专家说，公司不必降低工作标准、不必容忍员工干坏事，或者专门给员工安排一个原本不必要的工作——由于害怕违反法律，有些雇主采取了上述措施。去年，美国最高法院一个重要的案例进一步澄清了这条法规，具体规定了如果一个患有精神疾病的员工能够通过药物治疗变得和正常人一样，那么这样的员工就不能被称为能力丧失。平等雇佣机会委员会（EEOC）的一个联合法律顾问佩姬·马斯特洛尼说：“大多数法庭以狭义的观点来看待 ADA 所指的能力丧失的人。”

任何指导都是受欢迎的，因为自从 1992 年 ADA 生效以来，精神疾病给雇主带来了一个最困难的挑战——也是带给法庭的一个挑战。根据国际劳工组织的报告，每一年，单单临床上的抑郁就造成美国大约 2 亿个工作日的浪费。在最近 5 年中，EEOC 归档的关于精神疾病治疗的起诉翻了一番，使其成为 ADA 起诉中最多的一类。

最高法院的决定则更进了一步。有个案例，两姐妹由于视力不好而没有资格成为美国航空公司的飞行员。法庭裁定，这两个姐妹不能根据 ADA 歧视法向法庭起诉，因为她们的这种能力丧失是可以校正的（可以通过眼镜或者隐形镜片）。从此以后，中级法院也应用这类规则，认为雇主可以考虑引入药物治疗等起缓和作用的干预方法。也就是说，如果一种抗抑郁的药物使得一个抑郁的人能够正常活动，那么他或者她就不能被认为丧失能力，也就不能提出受歧视起诉。

这一新的指导有助于雇主避免采取一些不合理的行动。一位费城管理律师 K·蒂亚·伯克说，现在很清楚，公司不必降低工作标准来帮助有困难的员工，而她本人的一个律师事务所也是这么做的。伯克说，雇主也不必像其他律师事务所那样设计责任较轻的工作。她说：“许多雇主是如此不情愿卷入到这些案例中来，他们会退让和屈服，提供超过了合理要求的东西。”

1. 你认为当一个雇员有心理疾病时，雇主有什么责任？你认可这个案例中提到的目前这种法律氛围吗？
2. 雇主应该如何管理以包容那些有心理疾病的人？
3. 从压力和冲突的研究与管理中你学到了什么，它们可以有效地应用到工作中的精神疾病问题上吗？

真实案例：持续的压力

虽然很多员工觉得很难控制工作中的压力，但是至少当他们回到家时是轻松的。然而，随着工作本质的改变，家也已经不再是曾经的避难所了。在高信息技术条件下，在顾客要求24小时服务的前提下，越来越多的员工随时待命或者干夜班工作，而这种情况以往只在工厂工人的工作中出现过。例如，现在有许多沃尔玛的商店、Walgreens的药店和超市是永不关门的。还有长岛鹿园中的Heartland高尔夫公园。一个希望在后半夜练习发球的高尔夫球手，可以在凌晨3:00去这个公园。这种“永不关门”方法是如此之受欢迎，以致在采纳这一措施的最初90天内，来打球的人如此之多致使午夜的排队时间增加到了2个半小时。然而渴望打高尔夫球的人一点也不介意，因为场地的光线很好，他们可以像在大中午玩球一样。

全美的商家已经意识到，如果他们在“正常”时间之外仍然开门就会在利润底线上增加不少利润。一个研究公司估计，这个策略增加了5%的整体利润，这可是一个相当大的数目，因为随着竞争的加剧，越来越多的商家意识到他们的利润空间正在缩小。

在某些例子中，增加工作时间的决定是应顾客要求而做出的。Kinko’s公司发现，人们经常在他们正常营业时间结束后敲他们的店门，要求让他们进店影印一些他们急切需要的东西，于是该店把经营时间改为了24小时。正如最近一篇新闻报道中所说的，“公司的……商店非常吸引夜间活动者：每一个梦中醒来想要买一些私人物品的人，以及从事第二职业又为第二天的工作做最后准备的人”。在芝加哥，Kinko’s在Stouffer复兴旅馆——国际管理人员的理想之地——的大厅设立了一个办公室，来自不同时区的客户可以随时下来要求旅馆向国外传真一些资料，以及帮助他们印刷一些书面资料。那个旅馆并没有准备好提供这些服务，所以要求Kinko’s帮助客人完成这些工作。顾客对于这种新的服务项目非常满意，旅馆也非常高兴能够让顾客满意，因而非常感谢Kinko’s的有益安排。

银行也开始提供24小时的服务。除了周围无处不在的ATM机之外，现在，一些银行开始提供全天候的服务：客户来到银行，可以在10分钟内弄清楚自己是否有资格获得购买新车的贷款。越来越多的银行也开始提供从安全存款箱到1 000美元的信贷，再到透支防护措施等客户服务。客户所要做的只是在任何时候来到银行，并提供必要的信息。

有人批评这种做法，认为这样发展下去会造成商业消费增加、员工压力增大的结果。总之，与朝九晚五工作制相比，当人们晚上工作很晚或者每天工作15个小时，他们可能不仅会犯更多的错误，而且会变得疲劳甚至倦怠。然而目前美国所有的员工中大约有2/3的人（大约7 500万人）并不是按照传统的朝九晚五的工作制工作的，而且工作时间超长的人越来越多。另外，处理国际事务的公司（如经纪人公司）发现他们在欧洲和亚洲的业务要求他们随时工作。一位总部在美国的经纪人在早上只有非常短的起床时间，或者随叫随到，因为欧洲的股票交易正在进行。而就在这位经纪人于傍晚（美国东部时间）整理其太平洋地区股票交易时，离亚洲股票交易开市只有几个小时了。简单地说，在越来越多的行业中，出现全天候的工作都是可能的——当然，人们还不得不承受由这种生活方式带来的压力。

1. 如果公司突然宣布，每个人都要一天24小时待命，因为公司开始向客户提供全天候的服务，那么A型人格的人会有什么感觉？
2. 心理耐受力如何帮助人们应付现在出现的这种全天候的工作方式？
3. 面对这些新的全天候方式引起的压力，员工和组织可以采取哪些方法应对？

组织行为案例：对不起，没有空座了；旅途愉快

吉姆·米勒在友好航空公司做票务代理已经有三年了。这个工作正在变成一种烦扰。为了努力减少近几个月来友好航空花在装备上的消耗，管理层决定做两件事情：（1）监管每次航班，尽量不留一个空位；（2）增加他们对客户的服务，根据他们的名字来开展工作。吉姆当然在应用这一新政策时首当其冲。当进行旅客登记时，他必须非常有礼貌和非常友好；根据培训要求，在每次登记完后，他必须以"旅途愉快"这句话结束。当然，当过多的旅客确认了订票来办登机手续，而飞机上没有足够的座位时，问题就出现了。很正常，那些人会对吉姆感到非常不满，有时会向他叫喊甚至威胁。面对这些情况，吉姆就会变得"心烦意乱"。他满头大汗，满脸通红。公司关于遇到这些情形时该如何应对的指导非常模糊。当吉姆要求上级管理者给出建议时，上级只是告诉他努力为旅客安排下一次航班，但是态度一定要友好。

1. 吉姆遇到麻烦了吗？这类工作压力会带来哪些生理的、心理的和行为上的变化？
2. 公司在帮助吉姆减轻工作中的压力方面可以做些什么？
3. 吉姆在这种情境下可以尝试哪些个人应对策略？

组织行为案例：令人苦恼的胃疼

当桑迪·赛米斯特离婚时，她已经 40 岁了。为了抚养她的两个孩子，她被迫参加工作。桑迪大学一毕业就结婚了，从来没有真正地离开家从事过一份全职的工作。然而，由于她非常积极、受过一定的教育又比较成熟，她应聘 Devon's 百货商店人力资源经理的工作并且得到了聘用。这个工作要求管理 3 个男性与女性服装部门。桑迪在 Devon's 连锁的另一家百货店接受了大约两个月的培训。在这两个月的培训中，她不仅销售商品，也学到了管理者的职责。在她参加管理工作的第一天，桑迪发现，由于商店大小的限制，6 个服装部门都位于同一个区域。除了桑迪，还有另外两个其他部门的管理者。这 3 个管理者共同管理 28 名兼职和全职的员工。由于多个部门挤在一起，所以所有的员工都要了解每一个部门的商品。Devon's 的销售哲学是一次部门的或者全商店的销售工作完成之后，才开始下一次的销售工作。因此，当一次销售结束而另一次销售开始之时，那些基于固定工资和提成的售货员和主管们都在忙于记账和重新标记商品。更糟的是，Devon's 希望员工在每天大量的销售之后关门下班之前，对每一样商品进行标记。结果压力增大，顾客也常常不高兴甚至很生气。然而，所有的员工意识到，当客户不高兴时，他们的提成也不会好。作为一名管理者，公司期望桑迪严格地执行公司的政策。在管理职位上工作不久，桑迪就开始患有严重的头痛和一种令人苦恼的胃疼。她想要辞职，但是事实上她不能辞职，因为薪水很高，她也需要这些薪水来抚养自己的孩子。

1. 你认为桑迪的健康问题应该归于什么原因？可能有哪些组织外部、组织内部、群体和个人的压力源？
2. 这个公司能够采取什么措施来减轻它的管理者的压力？桑迪可以尝试哪些个人应对策略？

组织行为案例：花光薪水

詹姆斯·埃默里是4个孩子的父亲。他来自一个勤奋努力的移民家庭。他在成长过程中逐渐产生了成就需要和权力需要。现在，他所做的工作是一家大型制造公司中永无尽头的流水线工作，他觉得自己薪水很低。这是他为了维持生活所能做到的事情，于是他开始在工作时做白日梦。每到发工资的日子他经常去街对面的酒店，通常都要花去很多钱。第二天，他不仅会宿醉，而且非常抑郁，因为他知道他妻子无法靠这些钱维持家里的开支了，他的孩子也会经常得不到必要的生活用品。

现在他已经不能再这样下去了。起先，他想到老板那里寻求帮助和意见，但是他实际上对自己都不够了解，当然他无法知道也不能相信他的老板可以非常了解他，能够和他公开地讨论他的问题。于是，他到工会代表那里，把自己的经济困难告诉了干事，同时诉说了自己多么憎恨自己的工作。代表就给詹姆斯说一些他想听到的话："这个棉纺公司是你所有问题的来源。工作条件甚至不如一个奴隶，更不用说能够适于我们了。工资也太少了。当我们目前的合约到期时，我们所有人必须团结在一起，努力争取我们应该得到的东西——更好的工作条件和更多的工资。"

1. 利用挫折模型的术语来解释詹姆斯的行为。
2. 引用这个案例中的一个具体的角色冲突的例子。
3. 工会代表建议的是哪种冲突解决策略？你认为詹姆斯真正面临的问题是工作条件和工资问题吗？为什么？
4. 如果可能的话，我们可以做些什么来帮助这个世界上像詹姆斯这样的人？从人力资源管理的角度来回答这个问题。

第9章

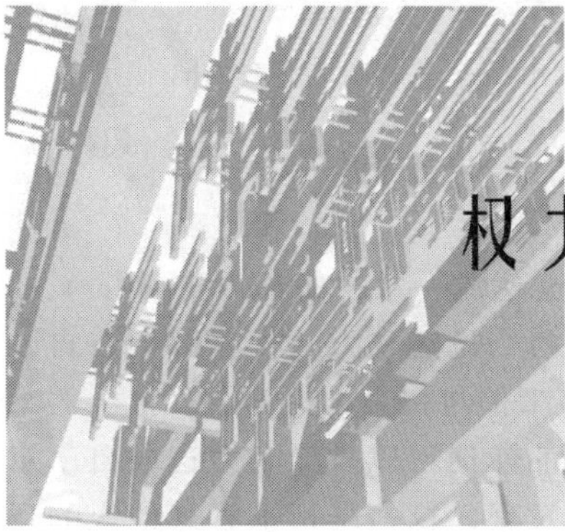

权力与政治

学习目标

- **定义** 权力及其与权威和影响力的关系。
- **确定** 权力的不同分类。
- **讨论** 权力的权变观点。
- **描述** 对员工的授权。
- **叙述** 权力的政治含义。
- **列举** 在现代组织中获得权力的一些政治策略。

多年来，群体、非正式组织、互动行为、冲突以及压力等概念作为重要的组织行为动力因素已经得到了相当的重视；但权力和政治却还没有。正如罗莎贝斯·坎特多年前观察到的，“权力是美国最肮脏的词汇。相对于权力，谈论金钱和性要容易得多。”[1]但现实正在向这样一种情况发展，任何人只要在正式的组织里面呆上一段时间，就会很快发现组织是高度政治化的，而权力就是这个游戏的名称。例如，今天的大多数公司的一个主要问题并不是制定有效的战略，而是贯彻和实施这些战略。[2]最近的一项对于管理人员的大型调查认为“试图执行一种与现存权力结构相冲突的战略”是战略实施的主要障碍。[3]但是，以一种权力的政治学观点来看，这一调查同时也表明，“在组织中组成联盟以及获得有影响力个体的支持，这方面的能力将会极大地有益于执行所制定的计划。”[4]

权力和政治不能再被避而不谈了，而是必须要作为组织行为中的一种重要的动力过程来加以认识。举例来说，JWT集团的高层管理者约瑟夫·唐奈就发现了权力的动力过程——如何运用它以及如何滥用它。他因为提议免除公司CEO兼董事长唐·约翰斯顿的日常工作职责而突然遭到解雇。还有一些其他的例子。例如，刘易斯·格卢克斯曼将彼得·彼德森从前雷曼兄弟公司的领导者位置上拉下来。每一天，在组织的各个层次，权力游戏和政治运动都在不断地发生着。

本章的第一部分将确定权力的含义，并阐释权力与权威及影响力的关系。下一部分将集中讨论权力的不同种类，特别是弗伦奇和雷文对权力的经典分类。在回顾了一些关于权力类型的研究之后，我们将关注一些权变模型（例如，目标的影响和权力的整体一致性模型)。接下来讨论给下属授权的最普遍的途径。最后一部分将关注组织政治。特别关注当今组织看待权力的政治视角，以及为获得权力所运用的具体的政治策略。

权力的含义

尽管组织行为学领域中在概念的定义上很少会达成一致，而权力（power）的定义可能比绝大多数概念都要更为多样化。几乎每个论述权力的作者都会有自己不同的定义。回顾过去，著名的社会学家马克斯·韦伯将权力定义为：“社会关系中扮演某种角色的个体处于一种特定的地位，从而使他得以排除阻力达成自己意愿的可能性。”[5]最近，关于权力的一个文献搜索发现，权力是指不管其他人的意愿和阻力而完成事情的能力，或者赢得政治斗争和扫除反对势力的能力。权力理论家强调权力的积极方面，认为权力是不受任何反对者影响，调动资源完成某些目标的基本能力。[6]费伏尔可能是与权力研究联系最紧密的组织行为理论家，他简单地将权力定义为潜在的力量，更具体地讲是“影响行为、改变事物进程，克服阻力和驱使他人做其本不会做的事情的一种潜在的力量。”[7]

权力的定义与权威（authority）和影响力的概念会有重合。例如，上面的定义就用到了影响（influence）一词来描述权力。管理理论的先驱切斯特·巴纳德用“非正式的权威”（informal authority）来定义权力，许多组织社会学家将权威定义为“法定的权力”（legitimate power)。[8]为了更好地理解权力，必须搞清楚这些概念间的区别。

权力、权威和影响的区别

第6章将权力动机定义为想要操控他人并具有凌驾于其他人之上的需要。从权力需要这个概念的含义推断，“权力”可以被定义为让个体或团队去做某事，让个人和团队以某种方式发生改变的能力。拥有权力的个体具有操控和改变他人的能力。这样的权力定义可以将它和权威及影响力相区分。

关于定义的一个主要的争论集中在这样一个问题上：权力是可观察到的对他人的影响，或者仅仅只是对他人的潜在影响？可以提出这样一个争议，最具有权力的人往往最少需要展示出外在的证据以表明他们拥有权力。他们的存在就足以改变其他人的行为，而不需要动一根手指或说一句话。这使得权力的研究更为困难，但同时也注定它不能被忽略。[9]一个走后楼梯来躲避有威胁性的同事的员工，正是被其同事所影响，尽管对方甚至并不知道自己有这种威胁他人的能力。

权威是法定的，并且是权力的一个来源。权威是控制或改变他人的权利(right)。权力无须法定。而且，必须区分自上向下的经典的官僚式的权威和伯纳德所指的自下向上的基于接受的权威。伯纳德将权威定义为“在一个正式组织中进行沟通（命令）的人物，他之所以能有这样的作用，是因为他个人的德行或能力被组织的成员或他沟通的对象所接受。”[10]

这种对权威的接受理论很容易和权力相区别。格里姆斯提出："合法的权威是对组织共同的集体目标的促进或追求。而权力作为另一个极端则是对个体或与群体依从相关的特殊目标的追求。"[11]

影响力通常被认为在范围上比权力更广。它包括以通常的方式改变他人的能力，诸如通过改变他们的满意度和绩效。与权力相比，影响力更多和领导力相联系，但显然两者都包括在领导过程中。权威不同于权力是因为它具有合法性和接受性，而影响力比权力更为广泛，但这两个术语如此接近以致它们可以互换使用。

前文的讨论指出尚缺乏权力的操作定义，这种概念上的模糊就是权力为什么很大程度上在组织行为学的研究中被忽视的原因。然而，特别是当它与现在关注的焦点——组织政治——相联系时，权力的研究可以很大程度上增加对组织运行方式的理解。

权力的分类

大多数关于权力的讨论经常会以一个关于社会权力的五种来源的回顾开篇或结束，这是由社会学家约翰·弗伦奇和伯特伦·雷文提出的。[12] 这个经典的权力分类理论是论述整个章节的一个必要的基础和出发点。大多数组织行为学的例子和应用源于以下五种权力。

奖赏权力

这种权力源基于个人控制资源和奖赏他人的能力。而且，这种权力的目标必须重视这些奖赏。在组织中，管理者拥有许多潜在的奖赏资源，诸如加薪、晋升、有价值的信息、好的工作安排、更大的责任、新的设备、奖励、反馈和认可等。用操作条件学习的术语来讲，这意味着管理者拥有给予正性强化的权力。用期望动机的术语来讲，这意味着此人具有提供正性效价的权力，并且其他人知觉到了这种能力。

为了更完整地理解这种权力源，必须记住，接受方的知觉是关键。如果管理者给下属提供自己认为是奖赏的事物（例如，晋升和更多的责任），但这些人并不看重它们（他们对更大的职责没有安全感或有比晋升更重要的家庭责任），那么管理者就并不真的具有奖赏的权力。同理，管理者可能并不认为自己在给予下属奖赏（他们平静地倾听喋喋不休的抱怨者），但如果下属认为这是奖赏（管理者非常仔细地倾听他们的抱怨），管理者就具有奖赏权力。同样，管理者可能并不真的有实际上的奖赏（他们也许会说他们对高层管理者有很强的影响力，可以说服他们晋升自己的下属，但实际上他们没有），但只要他们的下属认为他有，他们就确实拥有奖赏权力。

强制权力

这种权力源基于恐惧。具有强制权力的人有能力对另一个人施加惩罚，或给此人造成不良的后果，或至少可以通过恐吓对方，让其相信自己可以给予惩罚或带来不愉快的结果。对于大多数人来说，对权力的负面印象就源于这种形式的权力。在组织中，管理者常有权将下属解雇、降级或减薪，尽管工会和法规在一定程度上削弱了这种权力。管理者还可以用这些惩罚性的后果直接或间接地恐吓雇员。用操作学习的术语讲，这意味着此人具有给予惩罚或负强化（结束惩罚性的结果，这是一种负性控制的形式）的权力。用期望理论的术语来说，这意味着不服从权力所有者的意愿就会被惩罚。例如，如果对组织的规则、指导或政策不认真遵守，就会有被惩罚的危险。可能就是这种恐惧使绝大多数人能按时上班，并且当老板经过的时候看起来很忙。换言之，许多的组织行为可以用强制权力而不是奖赏权力来解释。

法定权力

根据弗伦奇和雷文的界定，这种权力源来自于其他人的内化的价值观，通过将权力授予一个代理人来影响他人。这些人感觉他们有义务接受这种权力。这和通常所说的权威几乎相同，并且和奖赏权力及强制权力密切相关，因为具有法定权力的人同时也处在具有惩罚和奖赏能力的位置上。但是，法定权力与奖赏和惩罚权力的不同之处在于它不依赖于与其他人的关系，而是基于这个人所拥有的位置或角色。例如，人们具有法定权力是因为他们的头衔（如执行副总裁）或地位（家庭中最年长或是公司的主管），而不是他们的人格或他们如何影响他人。最近有研究发现，当 CEO 同时兼任董事会主席时，人们会认为他更有权力。[13]

法定权力有三个主要的来源。第一，当前社会、组织或团队中盛行的文化价值观决定什么是法定的。例如，在一些社会，人越年长越具有权力。这一点对于一些生理属性、性别或工作也是一样的。在组织中，管理者通常具有法定权力，因为雇员相信私人财产法律的价值以及等级结构的价值，在这种结构中担任高层职位的人被设定为对低层具有权力。对于一些组织中的职能性职位来说也是如此，例如，工程师在公司的运营领域具有法定权力，会计在财务事物中具有法定权力。在组织中盛行的价值观也决定法定权力。例如，在街道上的一群社会青年中，最狠的那个才可能获得法定权力；而在一个工作群体中，工会管理者可能具有法定权力。

第二，人们可以通过被接受的社会结构来获得法定权力。在一些社会中存在一个被接受的统治阶级。但另外一些组织和社会也可能具有一种被接受的社会结构，从而被赋予了法定权力。例如，当蓝领工人接受一家公司的雇佣时，他们实际上接受了公司的等级制度并承认他们上级的法定权力。

第三种法定权力源可以来自被指定成一个强有力的个人或团体的代表或代理。被选举成为官员，担任委员会的主席，成为公司董事会的成员，或成为工会或管理委员会的成员，都是获得这种形式的权力的例子。

上述几种形式的法定权力都制造了一种接受和被影响的义务。但在实际操作中通常对权力的范围和限度提出问题、疑惑或异议。考虑下面的内容：

> 一个执行官可以合理地期望他管辖的主管努力和勤奋工作，但他是否也可以影响主管到对手公司进行间谍活动，周末加班不回家，参加某个俱乐部或私人团体？一个教练可以合理地期望他的运动员遵照某种动作范式，但他是否也可以指导运动员在运动之外的生活方式？一个作战指挥官可以合理地期望他的士兵攻击一个军事目标，但他是否也可以命令他们攻击他认为是间谍的平民？一个医生可以合理地期望一个护士照料一个病人或验尸，但他是否可以命令护士协助完成一个违背其意愿的流产手术？[14]

这些灰色地带显示了当今社会许多人的看法，他们认为传统的法定权力正在遭受腐蚀。而这些不确定性也表明了权力的复杂性。

参照权力

这种类型的权力源自其他人想与运用权力的代表者保持一致的需要。他们希望与有权力的人保持一致，而不在乎结果。人们授予某人权力是因为他有吸引力，具有令人期望的资源或个人特点。

广告中的名人策略就是利用这种类型的权力。广告运用影视和运动明星来产生让人信赖的效果。购买商品的大众认同某个名人或被其吸引，从而使这个名人有告诉大众去购买什么商品的权力。例如，一个研究综述发现，由漂亮的人所阐述的论点，特别是情绪化的论点，更具有影响力。[15]

时令性是运用参照权力的名人广告一个非常有趣的方面。只有赛季中的职业运动员（例如，夏季和初秋的棒球运动员，秋季和初冬的足球运动员，冬季和初春的篮球运动员）被运用在广告中，因为他们在这段时间非常显眼且处在公众关注的最前沿，因此具有参照权力。赛季过后运动员就被遗忘，参照权力也所剩无几。当然少数超级明星是例外（例如沙奎尔·奥尼尔，迈克尔·乔丹，韦恩·格雷茨基，泰格·伍兹），他们已经超越赛季，在全年都具有参照权力，甚至在他们退役之后。

在一个组织中，参照权力与我们已经讨论的几种权力差异较大。例如，具有参照权力的管理者必须对其下属具有吸引力，这样他们才希望与其认同，而管理者是否具有奖赏或惩罚的权力，或者他是否具有合法性则并不重要。换句话来讲，依赖参照权力的管理者对下属必须具备个人吸引力。

专家权力

最后一种权力源是基于其他人在多大程度上认为权力所有者具有知识和专业性。专家被认为只在某个特定的领域具有知识或理解力。所有的权力源都基于个人的知觉，但专家权力对知觉的依赖性可能更强。特别地，在专家权力被认可之前，权力运用的对象必须知觉到权力的代表者是可靠、值得信赖和相关的。

可靠性来自于具有可信的资格；即个人必须真的知道他所谈论的问题，并且能够出示表明其知识的证据。有基础研究指出，可靠性对知觉到的权力具有显著的积极影响，[16]更多的证据来自日常的经验。例如，如果一个非常成功的橄榄球教练给一个有抱负的青年球员一些如何截球的建议，他会仔细地倾听——教练被赋予了专家权力。在这个案例中，教练具有专家权力是因为他在橄榄球方面具有非常丰富的知识。他之前是一个明星球员并且带出了冠军队的事实是他可靠性的证明。如果这个教练试图给出如何打篮球或如何管理一家公司的建议，他将只具有值得怀疑的可靠性，因而只有很少或不具有专家权力。对于狂热的球迷或球员而言，教练必须具有一般性的参照权力（即教练对他们很有吸引力），这样他们才可能被教练对任何问题——篮球或公司管理——的言论所影响。例如，作为成功的篮球教练的帕特·赖利和里克·皮提诺就写了关于如何有效管理公司的畅销书。

在组织中，专业人员只有在自己的职能领域具有专家权力。例如，工程师在生产方面具有专家权力，但在人事和公共关系方面则不具备。其他专业人员也是如此，诸如计算机专家和财务人员。例如，在小公司中的计算机专家可能是惟一真正懂得如何使用最新软件的人，这方面的知识给予他相当大的权力。

但是，正如已经指出的，专家权力是高度选择性的。而且，除了可靠性之外，代表必须具有可信赖性和相关性。可信赖性指寻求专家权力的人必须具有诚实和率直的声誉。对政治人物来说，丑闻将损害其在选民眼中的专家权力。商业领域近些年的情况也是如此。人们往往对自己信赖的商业领袖的可靠性持盲目信念，对此有人专门唱反调：

> "9.11" 事件和安然公司的倒闭给我们敲响了警钟。我们长期以来一直秉持着我们的工作和生活处于安全网络之中这样一种错觉，而没有认识到——或者甚至没有质疑过这些网络实际上非常脆弱。这种高度的信任使我们放松了警惕，因而更加难以保护自己。[17]

除了可靠性和可信赖性，为了具有专家权力，个人还必须具有相关性和有用性。回到早先的例子中，如果橄榄球教练发表关于国际事件的言论，这将既不具有相关性，也不具有有用性，因此橄榄球教练在这个领域将不具有专家权力。

很明显，专家权力是最脆弱的权力类型，但那些很少具备其他类型权力的管理者和专业人员，必须经常依靠专家权力作为其惟一可以运用的权力。随着组织专业化和技术化的程度越来越高，组织各层次成员的专家权力正变得越来越重要。一些组织已经正式认可了这一点，它们特意安排一些低层级的具有专家权力的员工参加组织高层的决策会议。例如，英特尔公司的前 CEO 安德鲁·葛洛夫表示："一般而言，公司业务运行所依赖的知识更新越快，知识权力和职位权力的分歧可能越大。因为企业的生存依靠知识，因此我们每天都将'知识权力者'和'职位权力者'聚在一起，共同制定影响我们未来前途的决策。"[18]

我们还要记住，弗伦奇和雷文承认存在其他的权力源。例如，一些组织社会学家提出任务相互依赖产生的权力源（两个或更多的组织参与者必须互相依赖）。举例来说，执行官对一个主管具有法定权力，但因为这个执行官必须依靠这个主管正确和及时地完成工作，这个主管对于执行官也具有权力。有研究表明，那些和他们的老板具有这种相互依赖关系的组织成员能得到更多的加薪，[19] 而且这种关系甚至能提升教授和学生之间关系的质量。[20]

与相互依赖密切关联的是将信息的使用作为一种权力源。如果一个人控制信息流或者在信息表达给他人之前负责进行解释，他就具有信息权力。信息权力与专家权力不同，因为个人只需要在“正确的位置”上来影响或分配信息，而不必具备产生或解释信息的专业知识。[21]

除了认识到可能存在其他类型的权力源之外，弗伦奇和雷文也指出不同权力源之间是相互关联的（例如，管理者使用强制权力可能会降低其参照权力，并且有研究表明高强制权力和奖赏权力可能会导致其专家权力的降低），[22] 而且同一个人可以在不同的时间、不同的环境下运用不同类型的权力。

最近的研究表明，弗伦奇和雷文的五种基本权力基础或许可以加以整合，发展为一个整体性的权力模型。[23] 这个更为整体性的模型具有内部一致性，并且与五种独立的权力基础显著相关。它还可以解释在研究权力与其他因素如抵制、顺从和控制的关系时的其他一些附加变量。研究发现，程序公正可能在权力基础中起一定的作用。一个研究指出，尽管权力基础与有效的工作反应是相关的，对程序公正的知觉在二者间起到了调节作用。[24] 这意味着，雇员倾向于按照权力所有者表现出来的行为的公正性形成评价性的知觉，并相应地做出反应。特别地，当行为表现得公正且合理时，雇员对于上级运用的权力影响会给予更为积极的反应。这些发现以及前面讨论的情境和时间的影响，产生了组织中权力的权变模型。

权力的权变观点

在组织行为和管理的其他领域，权力的权变观点已经出现。例如，费伏尔简洁地阐述，权力来自于处在“正确”的位置。他将组织中正确的位置或职位描述为管理者应该具有：

1. 对预算、设备、职位等资源的控制权，并可以用其培养合作者和支持者。
2. 对广泛的信息途径的控制，这些信息包括组织的活动、其他人的表现和评价、事情进展情况以及谁在负责等。
3. 正式的权威。[25]

已有一些研究[26] 支持这种具有洞察力的观点，而且也有研究结果得出了如下的权变结论：

1. 团队成员的专业性越强，参照权力对他们的影响力越大。
2. 高级别的参与者对任务愿意付出的努力和兴趣越小，低层级的参与者更有可能获得与这个任务相关的权力。[27]

除了这些整体上的权变结论，越来越多的研究指出，一些因素对权力的发挥具有调节作用，诸如组织的相互依赖性和一个部门在多大程度上控制其他部门的运行，[28] 或者其行为在权力知觉中的角色。[29] 而且，被影响目标的特点（也即他们的可影响性）对于可成功运用的权力类型也有重要的调节作用。下面讨论被影响目标的特点以及一个整体的权变模型。

权力目标的可影响性

绝大多数关于权力的讨论都暗示，权力是所有者对目标的一种单方面的影响过程。但是，根据本书所持有的社会认知理论，权力应是所有者和目标之间的相互关系，这一点现在已经越来越明确。考察目标的某些特点可以更好地理解权力关系。下列特点被认为对于目标的可影响性特别重要：[30]

1. 依赖性。在权力关系中，目标对所有者的依赖性越大（例如，当目标不可能脱离这种关系，认识到没有其他选择，或认为所有者的回报是独一无二的），目标的可影响性越大。
2. 不确定性。研究已经表明人们越不确定一个行为的适合性和正确性，他们越容易被影响去改变这个行为。
3. 人格。很多研究证明了人格特点和可影响性之间的关系。一些研究的发现是显而易见的（例如，不能忍受模糊性的人或那些高度焦虑的人更容易被影响，那些亲和需要高的人更容易被团队影响），但另一些则不是（例如，自尊和可影响性之间既存在正性的联系，也存在负性的联系）。
4. 智力。智力和可影响性之间并不存在简单的关系。例如，高智商的人可能更愿意倾听，但因为他们自尊感较高，他们可能对施加的影响更为抵制。
5. 性别。尽管传统上人们普遍认为女性被抚养的方式使得她们更容易遵从影响，但现在有研究显示这种观念正在发生变化。[31]随着女性自身和社会对女性角色看法的改变，性别对于可影响性的区分作用越来越小。
6. 年龄。社会心理学家通常认为 8~9 岁之前儿童的可影响性随年龄增加，接着在青春期之前可影响性随年龄降低，之后就保持平稳。
7. 文化。显然，社会的文化价值对人的可影响性有巨大的作用。例如，像西方文化强调个人主义、差异和多元化，这些特点倾向于降低可影响性；而亚洲的一些文化则强调一致性、认同和服从，这些特点倾向于增加可影响性。正如下面国际应用实例："需要留多长时间就留多长时间"中所指出的：控制议程和时间在外国文化中可以被用于获得权力和影响力。

这些目标的个体差异使权力的有效使用变得更为复杂，并表明了运用权变模型的必要性。

一个整体的权力权变模型

除了权力目标之外，在权力关系中还有许多其他的权变变量，它们可以从各种不同类型的权力理论中推断出来，例如可信度和监督。所有这些变量可以整合为一个整体性的权变模型，在其中，不同的变量互相关联。

社会心理学家赫伯特·凯尔曼[32]对于影响过程的经典研究可以用于建构一个权力的整体权变模型。图 9.1 整合了弗伦奇和雷文的权力源以及凯尔曼的权力源，该模型支持权力的三个主要过程。

根据这个模型，目标是以服从（comply）的方式来从权力所有者那里获得有利的反应或避免惩罚。组织中绝大多数上级都必须依靠这种过程。但为了让下属

需要留多长时间就留多长时间

近年来，许多从事跨国业务的美国公司懊恼地发现，海外的接待方运用日程安排获得了对来访贵宾的权力。最近从日本回来的一个商务律师讲述了他的经历：

“我到日本去和当地的一家大公司协商许可协议的问题。我们已经和对方接触了三个月，并且在此期间已经就合约的具体条款初步达成了一致意见。这家公司的总裁认为我作为代理律师最好能够亲自去一次东京，并和他们就合同中尚未确定的一些问题进行最后的协商。我周日到达东京，并计划下周五晚上离开。当我下飞机之时，对方已经在机场等候了。我按照当地的习俗和他们一一见面，30分钟后我上了一辆舒适而豪华的轿车。

第二天一早对方就向我索要返程机票，并表示这样他们的秘书可以为我确认飞机时刻是否有调整。我非常高兴地告诉了他们。接下来的四天我们将时间都花在各种各样其他的事情上——观光、打高尔夫球、钓鱼、在城中最好的餐厅就餐。他们为我安排好了每一件事。但到周四的时候我开始感到担忧，因为我们还没有开始谈及合同的事情。接下来，在周五早上，我们进行了一个大型会议。绝大多数时间都花在讨论我代表的公司想在合同上进行的那些变动上，直到吃午饭的时候我都还没有发言的机会。我们在下午4点才吃完午饭，我只剩下4个小时的时间就要去机场赶飞机了。这段时间，我努力向他们阐述我们希望在合同上进行的修改，不知不觉中就到了要去赶飞机的时间。在半路上，对方拿出一个新的合同，告诉我他们已经将希望进行的修改加入其中了。他们已经在合同上签了字，并向我表示我只需要在上面签字就可以了。因为我不想一无所成地回去，所以签了字。结果这个合同的条件对他们要有利得多。这件事给了我一个教训，使我明白时间是一种重要的权力源。如果你知道其他人的时间安排，你就知道这个人必须服从什么样的时间限制，这样就可以按照有利于你的方式安排行动。从这次事件以后，我将所有的机票、订单等材料都在美国就处理好。当对方问我会留多长时间时，我有一个预先准备好的回答：‘需要留多长时间我就留多长时间。’”

服从工作指示，上级必须有能力给予奖励或惩罚（即，有办法控制其下属获得的结果），并且需要密切关注下属（也即，需要监控下属）。

人们要对这个目标认同（identify），这并不是为了从权力所有者那里获得有利的反应，而是自己愿意这样做。但为了让别人通过认同过程去工作，权力所有者必须具有参照权力——对目标非常具有吸引力——而且非常显著（卓越）。例如，凯尔曼的一个研究发现，英俊的明星运动员的发言对学生产生了很大的影响，也就是说，这些学生认同他。但是，几个月之后再来调查时，发现学生已不再受其影响。这个英俊的运动员这时已经不再出名，也就是说，学生的心目中已经没有了他的位置，而他之前的话经过这段时间后已经没有影响力了。正如前文所讨论的，除了少数超级明星外，运动员很快会被人遗忘，这时他们甚至对大部分原先自己的支持者也不再具有参照权力。当他们退役或不在赛季之时，他们就不再突出，从而也失去了他们的权力。

最后，人们将进行内化，因为这与他们自己的价值结构相容。但是，如图9.1所示，为了让人们进行内化，权力所有者必须具有专家权力或法定权力（可信度），而且是与问题相关的。显然，这个权力过程是最有效的。例如，凯尔曼在研究中发现，内化的权力对被试具有持久的影响。

虽然研究者在建构和测量服从、认同和内化的方法上还存在问题，[33]但是，这个权力模型在理解管理者和上级在何种条件下怎样影响下属方面是非常适用的。许多人必须依靠让别人服从的方式，因为他们既不具有吸引力而且在工作中也不

图 9.1
基于弗伦奇—雷文和凯尔曼理论的一个整体的权力权变模型

要求的权力源	权力过程	目标的可影响性	要求的条件
奖 赏 强 制 手段—结果—控制	顺 从	希望得到有利的反应；想避免来自权力所有者的惩罚	权力所有者必须监管目标
参 照 吸 引	认 同	发现和权力所有者之间有一个自我满意的关系；希望和权力所有者建立和保持关系	权力所有者必须有知名度；权力所有者必须占据目标影响者意识的核心位置
专 家 法 定 可信度	内 化	遵从权力所有者，因为这样和自己的内在价值相一致	权力所有者必须是和问题相关的

具备参照权力，或者他们缺乏可信度或不具有专家权力或法定权力以使内化发生。凯尔曼的研究表明，内化具有最持久的影响力，而且正如模型所显示的，不必监视或非常显眼。换句话说，通常所认为的领导力（在后两章讨论）更多的并不只是与服从相联系，而是与人们认同领导，甚至与内化领导所要完成的事业相联系。在组织高度自治化和扁平化，以及组织文化强调开放、授权和信任的今天，这个内化过程是特别令人期待的。

权力的两面性

除了权力的来源、情境性、特点，还可以区分其他不同类型的权力。众所周知，正如第 6 章所指出的，已故的社会心理学家戴维·麦克莱兰在权力需要的影响方面进行了相当多的研究。他的研究表明，存在两种主要类型的权力：正性权力和负性权力。

正如引言所指出的，多年来权力经常具有的是负性的内涵。人们常用的“权力饥渴”这个词，就反映了对权力的负性感受。根据麦克莱兰所说，权力

> 与过度饮酒、赌博、更多的侵略性冲动、收集“标志声望的用品”如敞篷汽车等相联系……关注这种个人化权力的人更易超速、发生事故以及与人发生争斗。如果……被政治官员所拥有，特别是在国际关系领域，结果可能凶多吉少。[34]

麦克莱兰认为，这种权力的负性使用是与*个人权力*（personal power）相联系的。注重权力这一“面”的人首先关注的是他们自己以及如何才能获得成功；他们是非常“自我”（I）取向的，正如一句话所表达的：“如果这个项目完成，我应该获得青睐，因此我可以得到加薪和提拔。”麦克莱兰认为这种个人权力很原始，而且实际上具有负面作用。

与之相对的是麦克莱兰指出的*社会权力*（social power）。其特点是“关注团队的目标，寻找可以驱动团队成员的目标，帮助团队塑造其成员，主动为团队成员提供实现目标所需要的手段，让团队成员感到自己具有实现目标所需要的能力和力量。”[35] 换句话说，社会权力是非常“集体”（We）取向的，正如一句话所表达

的："我们将成为公司中最棒的部门，我们都将获得奖赏。"根据这种社会权力的定义，管理者可能经常处于这样一种不稳定的位置，即在表现个人的主导性和表现出更多的社会性之间徘徊。麦克莱兰收集了一些实践证据，表明社会权力的管理者是非常有效的。但在某些方面，这种权力在组织有效性中可以扮演的角色，与更为人性化的立场是对立的，这种立场强调民主的价值和参与决策的重要性。最近也有一些实践证据可能不支持麦克莱兰的观点。一项研究发现，具有高度权力需要的人可能压制信息流，特别是那些与自己期望的行动相违的信息，因此会对有效的管理决策产生负面的影响。[36]

对于权力的负性使用可以出现在诸如性骚扰等情境中。权力所有者威胁被骚扰的对象，如果她们不屈从，则会利用所拥有的强制权力给对方带来负性的结果。这种性骚扰被称为交换性性骚扰。一个有敌意的工作环境（含有性意味的笑话、眼神和动作）是另一种不正当地将自己的权力运用于他人的方式。在所有这类有问题的环境中，骚扰的发生是因为拥有威胁另一个人的权力，特别是那些处在下属位置上的人。不过，尽管有这样一些对权力的争议，权力在当今的组织中显然是不可避免的。如何使用权力以及使用何种类型的权力，会对人的表现和组织的目标产生重要的影响。

授权的具体事例

与社会权力紧密关联的是给雇员授权的技巧。*授权*（empowerment）可以定义为"根据组织成员所具有的知识和内在动机，确认他们应该拥有的权力，并将权力下放给他们。"[37]授权是具有在自己的责任范围内进行决策的权力，无需事先得到另一个人的许可。尽管授权与传统的委派权力相似，但有两个特点是它所独具的。一个是鼓励雇员运用他们自己的创造性，正如Cummins发动机工厂所说的"只管去做吧"。[38]第二个特点是被授权的雇员在获得权力的同时还能获得资源，这样一来，他们不但可以进行决策，而且可以将其实现。

授权可以通过创造"在雇员中分享目标，鼓励更大规模的合作，以及更为重要的，将增加了的价值传送给顾客"，从而将一个停滞的组织转变为一个充满活力的组织。[39]为了做到这一点，组织必须克服某些障碍，例如不够耐心，想当然地认为雇员具有所有必需的技能而没有首先检查他们是否具备，以及由于矛盾的奖励和榜样行为而造成困惑。这意味着必须将权力和自我信任、管理的权威、期望的个体责任承诺相联系。[40]为了达到这一目的，授权必须被纳入到组织的文化价值中，通过参与、创新、信息获取和承担责任使之可操作化。

授权的复杂性

授权假定雇员愿意接受责任，愿意改进他们的日常工作过程和关系。最近的一个调查表明，几乎所有的美国工人确实感到个人的责任，并期望提高质量和业绩。许多公司现在发现，授权培训在向员工展示如何更为积极地参与和使事情有所进展方面特别有用。还有实证研究表明，当参与作为授权的一部分时，生产业绩得到了提高，[41]并且管理者认为他们确实得到了授权。[42]

佐治亚—太平洋公司的化学分部就是一个很好的例子。在这个部门，一位质量及环境保障监督员和一个一线操作员在接受过授权培训后，开始分享如何更有效地准备某种化学检测样本的想法。在得到一个解决方案后，他们利用他们被授权的地位制作了一个演示录像。部门经理看完这个录像后，让他们将录像与其他工厂的质量保障监督员分享。在这个过程中，这两位监督员和操作员鼓励其他的雇员就这个录像提供反馈，并贡献他们的思想。结果，他们共同开发出一个在整个公司范围内更为有效的样本检验系统。

在授权的同时，必须要考虑对其他管理者的影响。例如，授权策略开始实施时，中层管理者将发现自己处在一个需要面对两种文化的两难境地中。一种文化要求他们“放弃控制”，而另一种文化要求他们“保持控制”。这些矛盾的价值观导致了角色冲突。要使授权成功进行，就必须解决冲突。[43]当授权和参与为组织中的所有成员提供了新的行动途径，强化了他们沿着新思想进行下去的决心时，授权是最有效的。[44]一些批评认为，只有当组织的“诗意的浪漫”和“修辞的严谨”两方面有共鸣时，权力和授权才会被唤起。这意味着，一个人必须能够理解和解释这个计划的每个方面。因为放弃控制和保持控制之间存在冲突，只有解决这个冲突，才能使雇员得到授权。因此，在授权时必须注意避免折衷主义，才能使授权真正有效。[45]

授权是一种创新

授权鼓励创新，因为雇员有权尝试新点子和进行决策，这促使他们采用新的方式来完成工作。例如，在一家大型的客户商品公司，两个工程师被授权来设计和检测一个新的室内产品。在花费 2.5 万美元后，他们发现这个产品达不到期望的结果，设计是失败的，效果很不好。第二天，公司总裁派人找到他们俩。当他们来到经理办公室时，发现自己是作为荣誉嘉宾参加一个聚会。总裁当场解释说，他感谢他俩的努力，虽然还没有成功，但确信他们将来会成功。通过鼓励他们授权后的创新努力，这位总裁增强了这两个雇员继续产生新的设计思想的信心。这种创新的氛围通过雇员授权大大得到提升。

信息获取权

当雇员根据授权可以获取信息时，他们的合作意愿会得到提升。在通用磨坊等公司，自我管理的工作团队被给予任何完成工作和提高产量所需要的信息。这包括利润和亏损、制造过程、购买流程等广泛的信息。而且，如果雇员期望额外的培训，即使这些培训对他们主要的工作而言是无关紧要的，也会被采纳。作为这种信息获取权的结果，与旧的等级结构下只提供有限的必要信息相比，工作团队能够更有效地管理和控制运作。在“开放式管理”（open-book）的文化价值观下，应用内联网的技术，被授权的雇员可以获得所有有效完成工作所需的组织信息（知识）。

负责和责任

尽管雇员被授权进行他们认为会使组织获益的决策，他们还必须对结果承担责任。这种责任不是为了惩罚错误或促成即时的、短期的结果，相反，其目的是确保相关人员付出他们最大的努力以达成既定的目标，并且相互之间对自己的行为负责。当这些行为展现出来时，管理者可以继续授权雇员按照自己的方式和进度进行工作。应该提高授权雇员在组织中的信任程度。被授权的员工感觉“我们是在一起做这件事情”，并且几乎可以自我强制并负责任地行动。[46] 在当今竞争市场下的开放和授权的组织中，信任是必须具备的。

将授权付诸实施

管理者可以通过多种方式实施授权。两种常用的方式是：（1）运用 Kaizen（一个日本术语，意思是“持续改进”）和“想干就干”原则（just do it，JDIT）；（2）建立信任。目标是将授权与行为驱动的结果取向相联系。这种方式可见于 Cummins 发动机公司。该公司提供了一个五天的培训项目，期间将 Kaizen 与 JDIT 相结合。其原则或操作指导包括：（1）放弃习惯性、僵化的想法；（2）思考如何去完成任务，而不是为什么任务不能被完成；（3）从质疑当前的做法开始；（4）立即着手改进，尽管其中只有 50%可以被完成；（5）立即改正错误。[47]

Cummins 授权培训的第一天由对 Kaizen 和 JDIT 原则的内涵的讨论开始。参与者学习团队工作需要什么和如何运用团队来解决问题。第二天将这些思想应用到需要提高的工作领域。3~5 人组成的跨职能的 JDIT 团队被送到工作基层去观察、记录和评价工作实务。第三天将确认的和经过评价的思想应用到工作基层。接下来的一天用于评价已经取得的进步，并考察是否还需要进行最后的改变以使新的工作方式更为有效。培训的最后一天用于将结果报告给管理者组成的听众，解释进行的改变并展示取得的结果。

建立信任也很关键。雇员和雇主之间违背信任（有时被称为“组织无信仰”）意味着建立起来的心理契约被忽视或发生了破裂。一旦这种情况发生，对报酬和贡献的知觉将被重新估计，通常会导致组织承诺和对组织的投入程度的降低。[48]

如果管理者和雇员达成一项协议，而此时他们之间的信任可以平衡掉不信任时，“最佳的信任”便产生了，因为在组织关系中总会有一定程度的怀疑。达到最佳水平的信任是指达到这样一个点，即不信任低到一定的程度而不会发生分裂，而信任强到可以保持信心不断推进工作。[49] 不信任对于任何变革，包括授权而言，都是导致崩溃的主要原因。即使在组织的最高层，不信任也可以对工作产生负面影响。即使信任被重建，这种影响还会持续一段相当长的时间。[50]

信任建设与授权的原则相匹配。当存在信任时，专业的和合作的关系可以通过职能或等级序列达成。这保证了在组织中快速传播思想和信息的能力。一个共享的思想库发展了起来，鼓励人们持续地挑战旧的流程，并且慎重地冒险以进行创新。这培养出了高质量的团队，他们分享知识，解决问题。[51]

在极端的情况下，一些组织鼓励采用愚蠢和趣味的方式来建立信任。马特·温

应用实例

授权和信任

如果组织希望充分发挥其人力资源的潜力并保持他们的忠诚，应该如何进行人员管理呢？对于这个问题有许多种解答。例如，一些研究者指出，理想的领导会做这样的一些事情：开发和授权下属，分享权威，鼓励建设性的挑战。还有如领导学大师沃伦·本尼斯所指出的，领导者必须建立信任，而且这是一个双向的过程。管理者必须信任雇员，雇员必须相信老板永远不会丢弃他们。

最近对几百家公司的一个大型的访谈研究，可以为如何进行人员管理这一问题提供一些启示。雇员反映他们的生产率和服务期取决于老板如何对待他们，其中有40%的人回答对老板不满意，同时也表示，如果有机会的话他们希望离开公司到别处谋职。相反，那些认为自己的老板很不错的人中只有11%的人表示希望离开公司。

这个研究的意义是非常清楚的。十年前，强硬的领导者可能是相当有效的，那时美国的公司正在通过裁员来精简和调整。但是，那个时代已经过去了。正如一位分析人士指出的："美国的公司已经进入到更为柔和的阶段。"而且，最近的研究数据表明，绝大多数的工人认为，有一个关心自己的老板比钱和附加的福利更为重要。

特别地，雇员反映说，对于帮助他们发展技能、提供好的督导和调整工作时间表以适应他们的个人需要的公司，他们会具有高度的忠诚。请看加州圣拉斐尔一家计算机辅助设计公司 Autodesk 的软件工程师玛莉·莫斯的例子。她的第一个老板引导她通过了一个六个月的实习期，调整她的进修时间安排，并为她在最后几个星期提供休假；她的第二个老板问她希望多高的起薪，并支付给她比其要求的还要高五千美元。接着这个老板的上级找到玛莉，并问玛莉是否愿意由他来做玛莉的督导。当玛莉同意之后，这个上级让玛莉写出短期和长期的目标，并和她一起工作，以确保这些目标得以实现。玛莉的第三个老板花时间和她讨论职业目标，当她表示自己希望由一个设计和编写程序代码的程序员成为一个软件工程师时，他推荐了玛莉需要学习的课程，并且给玛莉假期让她去学习。之后，一家竞争公司来挖玛莉，并承诺提供7 000股的股票期权，每股只支付不到1美元，但玛莉拒绝了。后来，那些股票期权的价值已经超过了一百万美元，但在回顾自己当时的决定时，玛莉仍然感觉留在这家公司是正确的选择。像她这样的人不止一个。

最近的研究表明，与那些关心人的老板相比，那些不关心人的老板其员工的离职意向要高出3倍。这就是为什么如此多的公司现在开始实施督导制。例如，旧金山的连锁店 Macy's West 最近开始了一个新的计划，为每个新管理者安排督导，并告诉所有管理者他们35%的薪水将与他们在留住下属方面的成效相联系。密西西比的国际纸业公司实施积极强化的培训，其目的是改变管理者的管理方式，使他们更友善和更容易接近。这种变化的原因可以用 Autodesk 公司的管理者玛莉·莫斯的话来总结，"工作满意度和挑战性对我来讲和金钱一样重要——只要我感到得到了回报。"简单而言，温和的和关心人的方式可以对激励员工起到长期的作用。

斯坦和卢克·巴伯是帮助公司建立更好授权环境的管理顾问，他们使用特殊的策略，诸如用香槟来庆祝雇员伟大的失败，以去除负性的耻辱感。他们设计出一些活动，包括安排一个特定的时间段允许在走廊上跳舞，糖果奖励，以及化装日等，在化装日，工人要以穿上猫王的标志性服装等方式来释放压力。当工作有趣味时，雇员感到更放松，而且有真正被授权的感觉。[52]

尽管授权实施程序多种多样，但它们都建立在对此过程的收益和损失的仔细评估，以及组织的成员在多大程度上准备好了接受这个思想的仔细权衡之上。应用实例"授权和信任"表明，当今的员工已经准备好了接受甚至主动要求高水平的授权和信任。但是，一些组织发现高水平的授权非常有效，而另一些却发现授权较少时组织工作更有效率。为了解释这种差异，鲍恩和劳勒建议组织首先确定它们将选择四种授权水平中的哪一种：（1）非常少的卷入，比如传统的生产线工厂；（2）中等程度卷入，比如采用建议程序和质量圈的组织；（3）相当实质性的卷入，就像那些工作被设计成雇员可以应用多种技能和拥有很大的自主性的组织；（4）高度卷入，就像那些员工分享信息、共同工作以解决问题和完成任务的组织。[53]

总之，授权可以被看作在组织中社会权力的分享。个体雇员分享目标并付出努力以达到这些目标。这培养了创造性以及对组织的结果和未来的更高程度的投入。

权力的政治含义

政治和权力是非常紧密联系的概念。对于组织政治，一个流行的观点是，一个人如何可以在组织中不断爬升。《未来的冲击》、《第三次浪潮》和《权力转换》的作者阿尔文·托夫勒观察到，“组织总是存在内部的政治斗争、权力斗争和明争暗斗，这就是平常的生活。”[54]甚至存在这样的观点，认为权力和政治之间存在反转的关系。例如，最近出版的一本关于人力资源实务的书指出，在争夺有限的资源时，缺少权力的人力资源经理必须运用更多的政治。“缺乏政治技巧的人只会赢得能够容忍压力的名声，而不会让人信服。”[55]这种政治技巧很大程度上与权力的获得相联系。[56]在这种最新的观点下，权力和政治紧密地缠绕在一起。认识当今组织中追求权力的政治现实，并且考察一些获取权力的特殊技巧，对于理解组织行为的动态过程有着特别的价值。

组织中权力的政治观点

经典的组织理论学者将组织描述为高度理想的结构，在其中，权力精确地按照命令链运行，并且管理者具有法定权力。第 10 章对非正式管理角色以及组织的讨论描绘了另一个更为现实的组织视角。在这个更为现实的组织视角中，权力在政治方面的重要性才展现了出来。[57]正如费伏尔指出的：“组织，特别是大型组织，正如政府一样在根本上是政治实体。要理解组织，必须要理解组织的政治，正如要理解政府必须要理解政府的政治一样。”[58]

这种组织的政治观点与理性的、理想化的模型迥异。例如，沃尔特·诺德指出了政治权力的一些明显的现实，从而驱散了关于理想的、理性结构的和人本主义的组织的某些梦想。他提出了有助于集中考察政治现实的组织中权力的四个基本假定：

1. 组织由相互竞争资源、能量和影响的联合体组成。
2. 各种联合体寻求保护自己的利益和影响的地位。
3. 权力不平等的分配本身就具有反人性化的效果。
4. 组织中权力的运用是更大的社会系统中权力运用的一个非常重要的方面。[59]

换句话说，政治性的权力游戏在当今的组织中是变动着的，也是非常现实的。[60]组织政治的研究者得出如下的结论：

> 组织中的政治只是生活的一个现实。多年来个人经验、感受和轶事已经支持了这样一个信念，即组织中的行为在本质上通常是政治性的。最近，一些概念性和经验性的研究更进一步支持了这个观点。[61]

现今一些大型的组织甚至将政治的特征形式化，创立政治行动委员会（PACs）来支持某种管理职位。例如，一个 CEO 提议建立一个 PAC，并且有目的地建议未能有所贡献的雇员“应该质疑自己对公司的贡献和期望”，[62] 从而引起了大家的广泛关注和浓厚兴趣。但就像其他方面的组织动力学一样，政治并不是一个简单的过程，它在不同的组织有所不同，甚至在一个组织中的不同单位之间也不同。从文献中引用的一个广泛的定义是，“组织政治由团队和个体进行的有目的的行为组成，其目的是在冲突发生或可以采取行动的时候来增加和保护自己的利益。”[63] 最近的一种观点同样认为，组织中不同形式的权力与特定的学习过程相联系，这就有助于解释为什么一些政治观点可以被制度化，而另一些则不能。[64] 传统的观点认为，组织成员的政治行为倾向于被看作是为了使私利最大化的机会主义，[65] 但近来的一种反驳观点认为，组织政治事实上是组织民主的基石，正如最近的一项理论分析所指出的：

> 政治对于真正的组织民主的发展是至关重要的。它提供了实用的建议，指导人们以一种建设性的政治“头脑”进行工作，而且强调了这种行为巩固而不是破坏了组织权力的再分配过程。[66]

因此，正如今天组织的其他动态过程一样，政治的本质是非常复杂的，而且依然被作为研究对象以期更好的理解。

对于组织政治的研究已经确定了几个与组织的政治化而非理想化程度相关的维度。它们可以总结如下：[67]

1. *资源*。政治的程度与资源的关键性和稀缺性之间直接相关。而且，当有新的“尚未被占有”的资源注入时，政治将受到鼓励。
2. *决策*。比起例行的决策来，模糊性的决策、缺乏一致意见的决策、不确定的以及长期性的决策，将导致更多的政治。
3. *目标*。目标的模糊性和复杂性越高，政治越多。
4. *技术和外部环境*。一般而言，组织的内部技术越复杂，政治越多。同样，如果组织在一个混乱的外部环境中运作时，政治也会更多。
5. *变革*。一个组织重组、一个计划内的组织发展的努力，乃至因外部力量导致的一个非计划内的变革，都会促成组织政治。

上述内容意味着一些组织和组织中的一些单位将更为政治化。但是，出于同样的原因，当今绝大多数的组织符合这些高度政治化的要求。也即，它们拥有有限的资源，进行模糊的不确定性的决策，具有不明确但复杂的目标，具有复杂程度日益增加的技术，并且正在经历巨大的变革。组织面临的这些现实情境使它们更为政治化，权力游戏更为重要。迈尔斯指出：“简言之，条件如果*威胁*到了掌权者的地位，或*鼓励*了那些希望增加自己权力基础的人，那么它就会刺激组织政治的强度，增加政治性的而不是理性决策行为的比例。”[68] 例如，有观点认为，相对于理性结构，中世纪的宫廷宠儿、君臣支配关系以及封地制的结构，可能更适应当今高科技、高创新性的组织政治环境。[69] 近来的理论发现，组织中实际存在着地盘性，“通过组织中的物理空间、观点、角色、关系以及其他可能的拥有物，组织成员可以而且的确变得区域味十足。[70] 下一节将会讨论在当今的组织中获取权力的一些政治策略。

获取权力的具体政治策略

一旦我们认识到并且接受了当今现实的组织在很大程度上是一个政治系统，接下来就需要确定一些非常具体的、帮助组织成员更有效地获取权力的策略。例如，最近的一个研究发现，以上级为中心的政治策略会产生更高程度的职业成功，而以工作为中心的政治策略则会产生较低水平的成功。[71] 另一项最近的政治策略分类包括：[72]

1. 信息策略。以政治决策制定者为目标，游说或提供现场文件或技术报告的信息。
2. 经济刺激策略。以政治决策制定者为目标，提供经济刺激，诸如荣誉性的付费演讲或免费旅行。
3. 选民建设策略。[73] 间接以政治决策制定者为目标，通过选民的支持达成目的，这些选民包括诸如雇员、供应商、顾客，或公共关系和记者招待会。

过去 20 年，研究者曾提出各种各样的获取组织权力的政治策略。表 9.1 列出了这些策略中有代表性的一些内容。学者也进行了政治策略方面的研究。例如，尤克尔和法尔布得出了当今组织中常用的 8 种政治或影响策略。这些策略如表 9.2 所示。尤克尔和他的同事发现，顾问性技巧和理性说服技巧应用最多，[74] 而鼓动性的诉求最为有效。[75] 一些当代组织理论家采取了比表 9.1 和表 9.2 中建议的大多数策略更富分析性的途径。例如，费伏尔的策略包括不确定性管理、控制资源和建立联盟。[76] 其他的人采用了更为程序性的途径，诸如这样的分析：建议成功的政治行为包括保持人们愉快，培养接触，运用权财达成目的。[77] 法学教授特雷莎·拜内尔最近创造了“驯鹿游戏”这个术语（来自“红鼻子驯鹿鲁道夫”这首歌）来描述社会活动为某些而不是所有员工提供与其他组织成员交往的机会，这种活动有助于建立个人的权力基础。例如，老板邀请三个男性下属打一场高尔夫，而没有要求女性下属，就是进行了一个驯鹿游戏，它在给予获得权力和影响力的途径方面可以被看作是歧视性的。[78] 正如下面实践中的组织行为学：“工商管理硕士并非进入高层的通行证”所表明的，名校学位就是通向高层的敲门砖这种传统思想已经过时。

杜布林为现代管理者给出了一个更为复杂和适用的策略列表。[79] 对他和其他人建议的策略样本进行仔细考察，可以给我们提供有关现代组织中的权力和政策的重要启示。

实践中的组织行为学

工商管理硕士并非进入高层的通行证

很少有人认识到，MBA 学位并没有那么神奇的作用。事实上，对于那些寻求高层职位的人而言，工商管理硕士文凭甚至不是一个必要条件。《商业周刊》的研究发现，不到三分之一的管理者是凭借工商管理硕士的文凭爬上他们的职位的。如果你觉得一份高等学府的毕业证书是一件必需品，那么请三思。拥有工商管理硕士文凭的管理者只有一半出自在 2004 年《商业周刊》的排名中位居前 10 的学校。

对于工商管理硕士学位的青睐者的好消息是：如果能够从高等学府毕业，那么时间、努力、金钱方面的投资都将是值得的。在我们的研究中，标准普尔 100 公司的高管中那些拥有工商管理硕士文凭的高薪管理者在 2004 年的平均收入（包括工资、奖金、股票及股票期权）接近 840 万美元，而没有这一学位的管理者的收入只有 710 万美元。但是这些"价值"的大部分既不是源自各个学校的优点，也不是源自各种因素的复杂的相互作用。

《商业周刊》考察了标准普尔 100 的每一个公司中收入最高的五个管理者，发现了一些令人惊讶的数字。这 500 个管理者中只有 146 人拥有工商管理硕士学位，而且，只有 71 个人拥有排名前十的商学院的工商管理硕士学位，他们中的三分之二拥有的都是以下三所学校的学位：哈佛商学院、斯坦福大学商业研究生院以及宾西法尼亚大学的沃顿商学院。

高级猎头们表示，虽然一个工商管理硕士学位可能有助于在刚刚毕业后找到第一份工作，但是它对整个职业生涯的帮助几乎是不存在的。"在我们生活的这个纯粹的达尔文主义的世界里，血统一无所用。" Crist联盟主席皮特·克里斯特说道，"本能、努力工作以及天生的智商才是关键。"

在商学院金字塔的顶端，存在一种自我实现预言现象。高排名吸引了大量的申请者，从而使这些学校可以进行充分的挑选。例如，斯坦福拒绝了十分之九的申请者。这样的结果是：那是聚集了可以在任何环境下都获得成功的天才学生。如同斯坦福的组织行为学教授费伏尔所言："如果你足够好，以至能够被录取，那么很明显，你已经有足够的天分和能力，无论在哪里都可以做得很好。"

表 9.1
在组织中获取权力的政治策略

在组织中获取权力的政治策略
接受劝告
保持灵活性
促进有限的沟通
展示自信
控制信息的渠道和接近掌握信息的人
以活动为中心，不用代理
建立保护者和被保护者的关系
刺激有野心的下属间的竞争
中和潜在的对立者
进行策略性的替换
让非承诺者产生承诺
形成一个获胜的联盟
成为专家
建立个人地位
把握好平衡与取舍
使用研究数据支持自己的观点
限制关于真正意图的沟通
从琐碎的争论中脱身

表 9.2
研究中总结出的政治策略

资料来源：Adapted from Gary Yukl and Cecilia M. Falbe, “Influence Tactics and Objectives in Upward, Downward, and Lateral Influence Attempt,” *Journal of Applied Psychology*, Vol, 75, 1990, p. 133. Used with permission.

策　略	描　述
压力策略	运用命令、威胁或恐吓使对方赞同一个要求或支持一个提议
向上呼吁	说服对方使其相信一个提议是更高管理层支持的，或让更高管理层协助自己获得对方对一个提议的准许
交换策略	明确表示或暗示对方，使其了解如果赞同一个要求或支持一个提议将得到报偿或实际的利益，或者提醒对方如果他这样做将再次获得过去曾得到过的利益
联合策略	寻求他人的帮助，以说服对方做某事，或者将他人的支持作为说服对方做某事的依据
迎合策略	在请对方做某事之前让其处于良好的情绪中，或对施加影响者有赞许的看法
理性说服	采用逻辑性的争论或事实证据来说服对方：某个建议或要求是显然的，并且很可能达成任务目标
鼓动性呼吁	提出一个情绪化的要求或建议以激起对方的热情，这是通过阐述对方的价值观和理想，或者增加对方能够完成这个任务的信心实现的
磋商会策略	努力参加决策或计划，讨论如何实施一个提出的政策、策略或变革的过程

维系与掌权者的联盟

正如已经指出的，在组织中形成联盟（联合）对于获取权力非常重要。一个明显的例子是和其他部门的重要成员或更高层级的成员形成的联合。不是如此明显但同样重要的是，与老板的秘书或经理助理，也即那些与权力所有者有密切关系的人形成联盟。对某城市公交公司的一项研究发现，在正式的系统之外存在一系列联盟，并且它们在使部门内和部门间的工作得以完成方面扮演重要角色。[80] 例如，上级和某些司机的合作使得汽车在最糟糕的雪天能够出车，并且使汽车在司机短缺的夏季假期期间保持正常运营。

拥抱或摧毁

在现代组织的权力游戏中可以将马基雅维利的原则作为策略。一个管理学方面的作者已经将这些原则运用到现代组织生活中。例如，对于组织的接管者，他给出了下面的建议：

> 指导原则是，对于被接管公司的高级管理者，要么给予热烈的欢迎和鼓励，要么将其架空；因为如果他们被架空，他们将失去权力，而如果他们只是被降级，他们仍然会保持联盟，并且充满怨恨，时刻想夺回自己所失去的东西。[81]

分而治之

这个众所周知的政治和军事策略也可以运用到现代组织中来获取权力。其假设是那些被分割的成员不会自己形成联盟，不过这一点有时并未被证实。例如，在一个公司中，财务主管可能会在市场部门与生产部门之间制造冲突，因为他们都希望公司总裁能够从有限的预算中多分配给自己一些。

控制有价值信息

对管理工作的观察研究明确地证明了获取和传播信息的重要性。[82]在政治上敏锐的组织成员小心地控制信息以获得权力。例如，首席信息官（CIO）可能在一个重要的会议之前向设计工程师透露一些新的价格信息。现在这位 CIO 就获得了某些权力，因为这个工程师欠了他的情。在新的信息时代，产生的信息量快速增长；对它们进行适当的管理可以提供权力。特别地，像这位 CIO 一样的知识管理者在新经济公司中可以变得很有权力。

快速展示

这个策略在一些即刻进行的项目或任务上颇为管用，其目的是为了得到有关人士的注意。一旦获得了这个积极的关注，就获得了进行其他项目的权力，通常是难度更高和更耗时的项目。例如，管理者努力使得一个知识管理项目获得通过（见第 2 章）的一个重要的但又常被忽视的策略是，在产品质量、服务或流程方面展示一些快速、客观的改进。

收集和使用借条

这个策略是指权力寻求者应该给别人好处，但是要确定对方拥有可以回报的东西，并且愿意在自己提出要求的时候给予这种回报。《教父》这本书和同名的电影以及流行的 HBO 电视系列片中的 Tony Soprano 非常有效地使用这个策略以获取权力。

避免决定性的约定（费边主义）

这个策略要求变革缓慢且自然地进行，采取渐变演化而非革命性的方式。通过避免激怒他人，权力寻求者可以缓慢但保险地获得其他人的信任与合作。

攻击和指责他人

一些人使用的一个政治策略是努力使他人看上去“很坏”，从而使自己看上去“不错”。他们通过指责和攻击将责任推到他人身上。这是不道德和不可接受的，但却是许多组织常使用的方法。

一次前进一小步（骆驼脑袋先进帐篷）

这个策略包括一次只前进一小步，而不是尝试一次推进整个的一个大项目或进行重构。一个小的变革可以作为立足点，权力寻求者可以在这个基础上实现更大的目标。

等待一次危机（事情在变好之前总是变得更坏）

这个策略使用的是“没有新闻就是好新闻”的反面；也即，坏消息可以获得关注。例如，许多规模较大的大学的院长只有当他们的学院出麻烦时，比如他们的任职受到威胁时，才能得到最高管理层和理事会的关注。只有在这样的危机情况下，他们才能得到必需的资金来使学院的工作得以继续开展。

慎重地接受忠告

这个政治策略更关注如何保持权力而不是如何获得它。与传统的关注参与管理和雇员授权的观点不同，它建议至少一些管理者要避免给他们的下属“打开门”去分享决策制定。其思想是，如果管理者让下属参与并且形成这种期望，将侵蚀这个管理者的权力。

意识到资源依赖

最有权力的下属单位和个人是那些有价值的资源供应者。控制其他人或其他部门所需要的资源会产生相当大的讨价还价的权力。

所有这些政治策略都是发生在当今组织中的游戏和战争的一部分。在某个层次上讲，它们是不可避免和无法阻止的。但在另一个层次上讲，它们对于生产和职能是破坏性的。它们可以妨碍参与和授权计划，导致人们浪费时间和资源。因此，许多管理者相信他们必须采取行动来停止这种游戏和地盘之争，其手段是通过建立信任和目标分享计划。[83] 当一个组织处于危机中时，这些努力显得尤为重要。有效的危机管理必须在一定水平上包括对社会政治和技术结构的干预，主要目标是瓦解个人、团队和部门的反职能的政治议程，以解决危机。[84] 某些在行的观察者甚至建议管理者应该读莎士比亚的书，以便了解当今组织中所使用的政治策略的阴险和复杂程度。[85]

权力和政治的结语

显然，在组织中用于获得权力的政治策略之中，我们所讨论的这些策略仅仅是代表性的，无法做到面面俱到。也许相对于本书所讨论的许多其他话题而言，权力，特别是政治方面的研究是比较缺乏的，[86] 还需要建立框架和指导原则来评估当今组织中的权力和政治的道德性。这种对道德性的关注已经超越了成功和效率的概念。例如，在一个研究所确定的 10 种最不道德的行动中，有 3 个是直接具有政治性的：（1）和卖主达成协议以获取个人收益；（2）根据关系密切程度给予不同的薪酬；（3）根据个人的好恶进行雇佣、培训和提升，而不是选择那些最有资格的人。[87]

为了帮助克服这些组织政治对组织道德的负面影响，可以依照下面的指南行事：

1. 保持沟通渠道公开畅通；
2. 塑造道德化、非政治行为的角色榜样；
3. 当心只为维护自己利益行动的游戏者；

4. 保护个人的私有利益；
5. 总是使用价值判断，常问"这公平吗"？[88]

正如一个分析所指出的："当涉及组织政治的伦理道德时，尊重正义和人权显得尤为重要。"[89]

权力和政治除了上述比较极端的道德方面的影响外，一些功能不良的影响也会出现，诸如道德退化、产生胜利者和受害者，以及时间和精力被用于互相攻击而不是完成工作。[90]有证据表明，政治在决定基本工资和奖金方面扮演着重要的角色，[91]而且在一个组织中，权力的斗争和政治的搅乱战术为分享计划敲响了丧钟。[92]有一些实证研究表明，那些被观察到更多参与政治活动的管理者，相对在晋升方面更为成功，而在单位绩效、下属满意度和承诺方面更不成功。[93]还有研究证据表明，这种在组织中谋求晋升的政治行为，而不是有效的组织绩效，其影响可能是跨越文化的。[94]

权力的动力过程还在不断地继续着。特别地，信息技术和互联网/公司内联网提供了以前不存在的信息通道。随着组织边界的减少，以及有着更广泛甚至全球化的渠道获取智力资本，组织的政治系统和过程已经发生了显著变化。[95]而且，美国和世界其他国家（特别是亚洲）的经济涨落，已经显著地改变了传统的权力基础和过程。在目前的社会环境下，许多雇员对于有意义的工作的兴趣与对政治和获取权力的兴趣一样高昂。换句话说，当今的组织参与者对美好生活和善意的热情，可能正在取代他们对权力的无情的追求。[96]

但关于权力和政治，有一件事是保持不变的：现代的、复杂的组织倾向于创造一种促进权力寻求和政治活动的氛围。而且，在当今的环境中，这些政治活动已经超出了传统的组织界限。例如，微软通过艰难的方式学习到，当面对反托拉斯法的时候，迎合型的政治策略与威胁政府调解者相比，可能是更为成功的方法。其他诸如思科等新经济公司从微软的教训中学到，当与企图改变或损害组织内部操作和发展的外部机构和个人打交道时，调查和小心采取最佳的政治手段是很重要的。[97]权力和政治是现代组织生活的现状，希望今后会有更多关于这方面的研究，可以帮助管理者更好地理解它们的动力过程、意义和成功应用。

小　结

本章讨论了现实组织行为中最重要的动力过程之一——权力和政治。"权力"和"政治"有许多不同的含义。权力可以从权威和影响中区分出来，但大多数定义将这三个概念等同看待。多年来对于权力的关注主要集中在弗伦奇和雷文对社会权力类型的划分上：奖赏权力、强制权力、法定权力、参照权力和专家权力。最近，权力的一些权变模型被发展出来，这些模型考虑了权力目标的可影响性（即，他们的独立性、不确定性、人格、智力、性别、年龄和文化背景）。整体的权变模型也刚刚开始出现。与弗伦奇和雷文权力的权变模型密切关联的是麦克莱兰的权力观。他认为权力存在两面性：负性的个人权力和正性的社会权力。最后，讨论了授权的具体事例。这个流行的方式不仅仅只是决策权的分派，而且包括了参与、创新、信息的获取权以及负责性。

政治与权力的关系非常密切。本章特别从资源、决策、目标、技术、外部环境以及变革的角度考察了现代组织中权力的政治。一些具体的政治策略包括：维系与掌权者的联盟、拥抱或摧毁、分而治之、控制有价值信息、快速展示、收集和使用借条、避免决定性的约定、攻击和指责他人、一次前进一小步、等待一次危机、慎重地接受忠告以及意识到资源依赖。在所有这些策略中，需要记住的是，权力和政治都是现代组织生活的现实反映。对于这些动力过程的研究可以显著地提高对组织行为的理解水平。

结尾：元分析研究的发现

组织行为学原理

个人主义文化价值导致组织中权力和政治更少被遵从。

元分析结果：

【133 个研究，4 627 名被试；d=0.41】总体来讲，与个人主义文化价值较弱的组织（例如，集体主义文化价值主导的组织）相比，高度个人主义文化价值的组织**有 61%的可能性**导致更低程度的政治和权力的遵从。调节因素的分析表明，在美国，组织中多数派的数量越大，或女性所占的比例越大，遵从的情况越严重。有趣的是，从 20 世纪 50 年代开始，遵从的水平已经下降，当时“组织的男性”和“穿灰色法兰绒套装的男性”控制着大型公司的权力和政治。

结　论：

正如本章所讨论的，在组织权力和政治中存在许多复杂的动态因素。遵从性（conformity）就是这样一个维度。通过遵从组织或群体的规范来获得接受和合作的权力，可以促进组织的有效性。但是，遵从也可以是麻木和功能不良的，因为它可能扼杀创新或导致不道德的决策。一个机敏的政治管理者必须能够洞察盛行的文化价值，从而可以利用遵从性或将其影响减至最小。即使在牺牲更好的决策或道德标准的情况下，参与者在遵从时仍会感到一定程度的压力。在美国，尽管这种压力在过去的几十年似乎已经削弱了，但它似乎仍是文化价值观的产物。一些社会不能容忍异议，强调集体主义的思想和行动；另一些则培养独立和自由的思想。从权力和政治的观点来看，遵从对于组织的有效性有利又有弊。遵从可以有助于管理者的权力，追求遵从的政治策略有望获得期望的标准及行为方式。

资料来源：Adapted from Rod Bond and Peter B. Smith, “Culture and Conformity: A Meta-Analysis of Studies Using Asch's (1952b, 1956) Line Judgement Task,” *Psychological Bulletin*, Vol, 119, No. 1, 1993, pp. 111-137.

讨论与复习题

1. 您如何用自己的语言定义权力？权力与权威和影响有什么不同？
2. 对弗伦奇和雷文的每一种权力类型进行界定，简要总结并给出一些实际的例子。
3. 应用权力的权变模型，在秋季、冬季、春季和夏季，你将用谁来做产品广告？解释你的选择。
4. 描述雇员授权，特别注意它的操作及其与有效结果的联系。授权与传统的代理及社会权力有什么联系？
5. 本章指出“政治权力游戏在当今的组织生活中是非常现实的”。用本章的术语来解释这个描述，并给出第一手的经验来证实它。
6. 指出本章讨论的3~4个政治策略。解释它们可以怎样用在实践中以帮助某人在当今的组织中获得权力？它们在网络公司中如何起作用？

互联网练习：权力的运用和滥用

请访问 http://www.mhhe.com.business/management/management_tutor_series/sourcesOfPower/index.html.，这里提供了权力源的背景介绍。使用本章讨论的经典的弗伦奇和雷文的五种权力源作为框架分析一些工作：如何可以有效地使用一种或多种权力源，从而使之变得更为有效或更为无效？例如，一家航空公司的机长通过拥有高水平的法定和专家权力可能变得更为有效。一个不同类型或风格的管理者，诸如一个新产品设计团队的领导，可能通过具有高水平的参照权力而更为有效，但使用法定权力则可能损害其有效性。你可以在 www.monster.com 等网站上找到一些管理者的工作列表，或在美国工作库网址 www.ajb.dni.us 等网站上找到一些具体工作的例子来进行权力分析。

1. 对于每一种权力源，列出在网上找到的可以应用这些权力源的一个具体的工作门类。
2. 思考一下你曾经服务过的管理者，他们应用了何种类型的权力源？其效果如何？
3. 如果你可以在一种权力类型上变得更为突出，你愿意选择哪种权力类型？这是否依赖于你所工作的组织特点？为什么？

真实案例：还 击

在当今的知识管理中，有一个领域必须把权力作为重要因素来对待，这就是知识产权的保护，特别是专利的保护。当一个公司保护了它的专利，它就在市场上获得了知识权力。但是，如果这个专利不能够阻止违反者，它就没有什么价值了。一个很好的保护专利的例子是美国一家小的高科技公司 Fusion 系统公司和日本巨型产业公司三菱之间的战争。

几年前，Fusion 公司开发出了一个核心技术，使得它可以制造微波能量达 500~6 000 瓦的高强度紫外线灯。公司在美国、欧洲和日本获得专利。第一批大订单之一来自 Adolph Coors 公司，该公司需要用其烘干啤酒罐上的装饰。其他的客户包括日立、IBM、3M、摩托罗拉、Sumitomo、东芝、NEC 和三菱。三菱公司购买了 Fusion 的灯后马上将其送到研究和开发实验室进行拆解研究。三菱掌握了这个产品的技术后，马上开始通过复制和修改 Fusion 的高强度微波灯技术来编写专利申请。Fusion 起初并不知道这件事情，但当它着手调查的时候，发现三菱的专利申请中有将近300页都是与自己的技术直接相关的。Fusion开始通过正式的协商解决问题，但努力失败了。而且，三菱雇佣了斯坦福大学的研究机构来研究这个事情，这个机构得出结论，认为这家日本公司可以很稳固地捍卫自己。但是，Fusion公司雇佣的哥伦比亚大学应用物理系的主任不同意他们的结论，他在对照双方的专利材料后指出，三菱公司确实很大程度上依据了Fusion公司开发的技术，而且三菱公司的灯在技术上没有任何明显的突破。

接下来，三菱公司向Fusion公司提出了一个交易：如果Fusion公司为在日本使用“它的”专利优先权向三菱公司支付使用费，三菱公司将不会控告Fusion公司侵犯专利。这样三菱公司将免费得到在全世界范围内使用的Fusion公司所有技术的权力。Fusion公司对此的反应是向美国贸易代表办公室寻求帮助。公司还得到了经济立法委员会、议会技术转让委员会、美国驻日本大使的商业秘书的支持。当争执交由法院审理时，三菱公司在面临政治压力的情况下让步了。同时，Fusion公司继续在核心技术领域进行开发，并且在日本和世界市场上保持其领导地位。Fusion公司相信只要它在这个技术上保持专有权，竞争者将无法侵蚀它的市场权力。

1. 专利给这家公司提供了何种类型的权力？这与在一家公司中的成员努力获取的权力是同类的吗？
2. 三菱公司采用了何种政治策略以获得针对Fusion公司的权力？使用表9.1中的材料，确定和描述出它所使用的三种权力。
3. Fusion是如何进行成功还击的？用表9.2中的材料确定和描述出它所使用的三种方法。

组织行为案例：错失良机

罗杰·艾伦是一个不断进取的人。公司中的每个人都认为他有一天会成为公司的总裁。他的顶头上司哈里·沃登认为由罗杰·艾伦掌舵只是一个时间上的问题。

现在的公司总裁是做营销出身。她从一个销售员做起，通过向顾客和公司推销产品和自己的能力逐步升到了总裁的位置。事实上，市场部是一个非常好的通向公司高层的“加油站”。罗杰是最优秀的销售员，而且有消息说，哈里·沃登将在两年内退休，而罗杰将会接替他的工作。但是，罗杰不是非常确信他是否想成为主管营销的副总裁。国际销售领域提供了另一个新的位置。罗杰对欧洲的销售一无所知，但这是公司第一次在美国之外的新业务，而他认为自己也许希望去尝试一下。他向哈里询问了这件事，但这位副总裁努力让他放弃。实际上，哈里似乎认为罗杰考虑这个工作简直是疯了。“罗杰，”他说道，“这不适合你。现在的职位舒适而安逸，你不需要向任何人证明自己，你是这里最优秀的。只要按部就班地走下去，你就会成为总裁。不要离开现在的位置，继续跑完最后一圈。只要每小节前进4码，最后就可以成功破门。”罗杰并未被说服。他想最好还是和总裁直接谈谈这件事。他这样做了。总裁对于罗杰对国际市场的想法非常感兴趣，她说，“如果你真心想开创这个新部门，我将举荐你担任这个职位。”

罗杰仔细考虑过这个事情后，决定亲自到欧洲帮助建立一个立足点，而不是坐在这里等欧洲分部建好。他将自己的决定告诉了哈里：“哈里，我已经和总裁谈过了，她告诉我这个新的国际销售计划将得到公司的大力支持。这是行动的好机会。我清楚我可以坐在这里，舒适地度过接下来的若干年，但我还是想去做这个国际销售工作。”哈里再一次告诉罗杰这是一个错误的决策，“你正在扔掉一个黄金机会。但是，如果你希望这样，我会支持你。”

一个星期后，当公司从销售部选择了另一个人来领导这个国际分部时，罗杰感到自己像是受到了重重的一击。总裁向他解释说：“我认为你想做这个工作，所以我推荐了你。但是，委员会其他成员投票反对。我可以告诉你，你显然没有强烈地向哈里推销你的想法。他引导这个委员会相信你其实对整个事情没有下决心。实际上，哈里告诉大家，在你向我表明想法后你和他谈过这件事，他认为你对整件事情实际上并不确定。这时，我感到告诉其他成员你对这个计划多么有兴趣是一件很愚蠢的事情。哈里这样一说，整个委员会认为你和他谈过之后已经转变了主意，因此他们想讨论其他的候选人。”

1. 在公司中谁拥有权力？哈里·沃登拥有的是什么权力？
2. 您认为罗杰在进行公司政治方面做得很好吗？如果他进行得很好，为什么他没有得到国际销售的工作？
3. 如果你处在罗杰的位置，你会采取什么措施？你会运用什么政治策略？

第10章

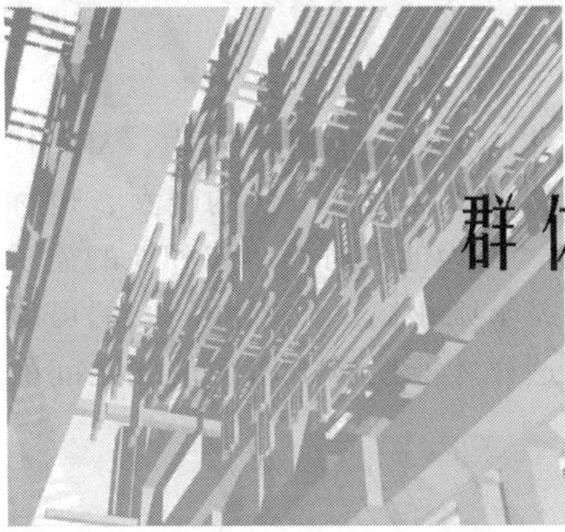

群体与团队

学习目标

- **描述** 群体的基本特征、群体形成的动力过程以及各种类型的群体。
- **讨论** 群体研究对管理实践的意义。
- **解释** 非正式群体和组织的重要动力过程。
- **分析** 群体思维的影响。
- **介绍** 团队概念及其实践。

本章从群体的角度讨论组织行为的动力过程，包括正式的和非正式的群体，以及越来越流行的团队概念和实践。第一节讨论群体形成的方式、各种类型的群体、群体的一些动态过程和功能，以及群体方面的研究发现。第二节将讨论非正式角色和组织的动力学特征，然后对群体思维做一个分析。本章的最后部分特别介绍团队这个概念，区分了工作群体和团队，特别关注自我管理团队和跨职能团队。本章还将讨论如何通过培训和评估使这些团队更为有效。

群体的本质

在组织行为学的研究中，群体被广泛认为是一个重要的社会学和社会心理学分析单元。[1]当进行动力学分析时，对于群体的研究就特别有价值。群体动力学是社会情境下群体成员的交往和影响。当这个概念被运用到组织行为的研究中时，其焦点是正式和非正式工作群体以及组织中团队成员的动态过程。

工作群体和团队的数量正在激增，虽然它们首先运用在像丰田、摩托罗拉、通用磨坊和通用电气这样的巨型组织中，但目前的调查显示，大多数美国制造业公司现在都运用团队，而且团队在服务行业也得到广泛应用。但是，正如组织行为学其他领域一样，群体的研究和应用目前存在相当多的争议和变化。例如，在评论组织行为学领域的群体状况时，奥德弗指出：

> 群体和团队在某种程度上就像天气——几乎每个人都在谈论，但只有少数人在从

> 事与之相关的工作。对于群体动力的研究、实践和教育，目前正处在一个发酵期。在实践工作中，我们听到领导们大胆地表示要鼓励团队合作、支持员工授权，并建立促进全面质量管理的组织文化。而每一个决心都依赖于对群体的深入理解和在群体中采取有效的行动。[2]

而且，今天群体所处的社会环境正在发生变化。例如，有观点认为，X 一代以及现在的所谓“回声潮一代”（目前正老年化的“婴儿潮”一代的子女，也称“千禧一代”——译注）难以运用群体来进行管理，因为他们对群体亲和性的需求很低，而对个人的成就和“做好自己的事情”的需求则很高。解决此问题的可能方法就是建立细致的报酬机制和绩效测量方式，这样才能使员工增强彼此之间的合作和协作。[3]

群体和群体动力学的含义

在开始讨论团队之前，我们先讨论群体和它们的动力过程。理解这些内容是理解组织行为学的基础。依据不同的观察角度，*群体*（group）可以用许多不同的方式进行定义。一个全面的定义可以这样表述：如果组织中存在群体，其成员：

1. 是被鼓动和激励而加入其中的；
2. 认为群体是一个人们彼此互动的统一体；
3. 为群体过程做出不同程度的贡献（也即，一些人为群体贡献更多的时间和精力）；
4. 通过各种形式的互动达成一致或不一致。[4]

正如群体没有一个统一的定义一样，对于*群体动力学*（group dynamics）的含义也没有一个普遍认同的定义。自从群体动力学之父勒温在 20 世纪 30 年代使这个术语变得流行开始，这么多年来不同的内涵被附加其上。一个标准的观点认为，群体动力学描述了群体*应该怎样*组织和运作，群体动力学强调民主领导、成员参与和全面合作。另一种群体动力学的观点认为它由一套*技术*组成，这里，角色扮演、头脑风暴、专题小组讨论、无领导小组、群体治疗、敏感训练、团队建设、交互作用分析和乔哈里咨讯窗（Johari window）等概念传统地等同于群体动力学，一如更为现代的自我管理和虚拟团队。最近一个新的群体技术的例子是被称为“创造性磨擦”的方法。这种方法不是制造“个人间的摩擦”，而是寻求思想和观点之间的碰撞。其目标是在群体中产生更大的创造力。[5]第三种观点与勒温最初的概念最接近，强调从群体的内在本质角度考察群体：它们是如何形成的，它们的结构和过程怎样，它们如何起作用，以及如何影响个体成员、其他的群体和整个组织。下面的章节将主要针对群体动力学的第三种观点进行讨论，并为工作团队的讨论打下基础。

群体形成的动力

为什么个人要形成群体？在讨论一些非常实际的原因之前，简要回顾一些有关团队形成或者人们为什么会相互亲和的经典社会心理学理论将很有帮助。解释亲和性的最基本的理论是接近性（propinquity）。这个有趣的词意思很简单，是指人们相互交往是因为他们在空间上或地理上彼此接近。这个理论可以预言，在一个教室中紧邻而坐的学生，比坐在相对角落中的学生更容易形成群体。在一个组织中，在同一个工厂、办公室的雇员，或者办公室相邻的管理者，比那些在物理空间上距离较远者更可能形成群体。有一些研究支持接近性理论，从表面上看用这个理论来解释群体的形成具有很多优点，其缺点是此理论不是分析性的，没有着手解释一些群体形成的复杂现象，也不能解释全球化和电子化、在线网络和电子通讯（也就是，以电脑空间联系而非物理上接近的虚拟团队）等现代发展。这些新近的发展为空间或地理上的接近性赋予了新的含义。在群体问题的研究中，还需要进一步考察群体形成的其他理论和实际原因。

群体形成的理论

一个比简单的相近性理论更为复杂的群体形成理论源自乔治·霍曼斯（George Homans）的经典理论，该理论建立在活动、交往和情感等概念的基础之上，[6]这三个要素之间互相直接联系。人们共同进行的活动越多，他们交往的次数就会越多，他们相互之间的情感（喜欢或不喜欢的程度）也会越强烈；人们之间交往越多，他们之间共同的活动和情感也会越多；人们之间相互的情感越强烈，他们之间共同的活动和交往也会越多。这个理论对于群体形成和过程的理解具有重要意义。其主要元素是交往（interaction）。一个群体中的人相互交往并不只是在物理距离上的接近，而且也是为了通过合作和解决问题完成许多群体目标。

还有许多其他的理论试图解释群体形成的过程，其中许多理论只是局部性的，并不完整，但它们在本质上是相互补充的。其中最全面的理论之一是西奥多·纽科姆（Theodore Newcomb）关于群体形成的经典的平衡理论（balance theory）。[7]该理论认为，人们之间互相吸引是基于他们对共同的目标具有相似的态度。平衡理论如图 10.1 所示。个体 X 将和个体 Y 交往，并建立关系/形成群体，因为他们具有

图 10.1
群体形成的平衡理论

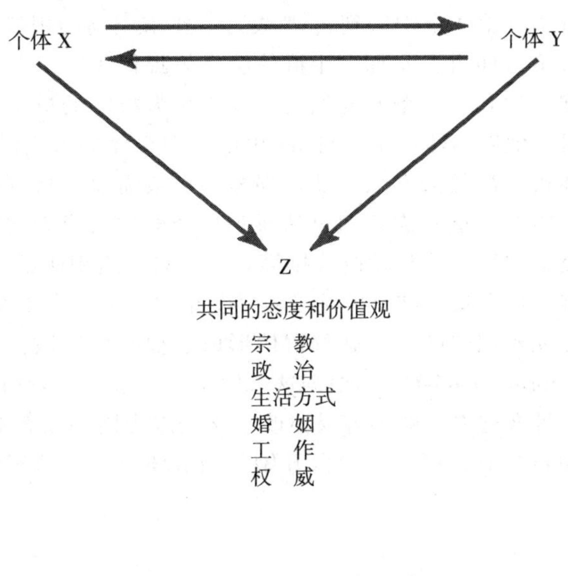

共同的态度和价值观（Z）。一旦这个关系形成，参与者们将努力在吸引和共同态度之间保持相应的平衡。如果出现不平衡，将会付出努力恢复平衡。如果平衡不能被重建，关系将瓦解。接近性和交往都在平衡理论中发挥着作用。

另一个描述群体形成的理论来自社会心理学的交换理论。[8]它的功能与第6章所论及的工作动机理论类似，团队的交换理论基于交往的回报—成本比较。为了产生吸引和亲和性，必须存在一个最低水平的正收益（回报大于成本）。交往中得到的回报将满足需要，而付出的成本招致焦虑、挫折、窘迫或疲乏。接近性、交往和共同的态度在交换理论中都发挥了作用。

除了这些群体形成的经典社会心理学解释外，我们还需要讨论一下群体发展通常可以被确定的几个阶段。[9]这些阶段可以简要总结如下：

1. 组建期（forming） 这个最初始阶段的特点是不确定性，甚至是混乱。成员还不能确定群体的目的、结构、任务和领导权。
2. 激荡期（storming） 正如阶段的名称所表达的，这个发展阶段的特点是冲突和对抗。（在这种通常是情绪化主导的氛围中，群体成员间可能对角色和责任存在大量的争论和冲突。）
3. 规范期（norming） 最后，在这个阶段，成员开始进行合作和协作。他们产生了“主人翁”的感觉，形成了内聚力、群体认同和同志感。
4. 执行期 （porforming） 在这个阶段，群体功能得到充分发挥，群体努力去高效地完成在规范期内达成一致的任务。
5. 解体期（adjourning） 这个阶段代表群体的终结，永久性的群体不会经历这个阶段。但是，具有特殊目标的项目团队和任务团队在目标达成之后将解散，并形成新的组合，开始一个新的循环。

群体形成的实用性

除了从概念上解释群体的形成和发展外，加入或形成一个群体也存在一些非常实际的缘由。例如，组织中的雇员可能出于经济、安全或社会方面的原因而形成一个群体。从经济方面讲，工人们为了完成一个按照群体奖励计划付酬的项目如收益分享（第4章中谈到），[10]或为了要求更高的报酬，会联合起来形成一个群体。从安全方面讲，参加一个群体给个体提供了一个联合体来对抗不平等的和单边的待遇。比如，一个研究发现，处于少数群体的员工若获得一个联网群的成员资格，对于他们的留任是很有帮助的。[11]但个体加入或形成群体最重要的实际原因是，群体可以满足大多数人非常强烈的社会需要。特别地，工人通常都有非常强烈的亲和需要。这个需要通过从属于一个群体或成为团队的一员得到满足。早至霍桑研究就解释了亲和动机（见第6章）对于组织中的人的行为有着重要的影响，而且多年来社会身份和有效性已被证实是组织中一个重要的群体过程。[12]

更近期提出来的一个解释群体形成过程的理论被称为间断均衡模型（punctuated equilibrium model）。[13]根据这个模型，在第一个阶段，群体的目标和任务得到确定，并且在这之后就不容易更改，这是因为惰性或者对变革的系统抵制的缘故。在某一中点之后，第二个阶段开始。当群体成员突然意识到如果不改变策略，群体的目标或任务将无法完成时，这个阶段就开始了。这个群体生存的“中年危机”以策略的改变以及随后表现出来的、用来完成任务的活动能量的迸发为特征。这个模型的名称来源于群体生命前半阶段存在的均衡以及第二阶段转折性的行为调整。尽管对这个模型的研究还很初步，但它具有相当直观的吸引力，因为它符合大多数人在群体项目中所具有的共同经历。

群体形成和运行的动力模型还需要改进，以便整合人口统计学上的多样性和全球化等问题。一个分析指出，群体内的“断层线”可能导致群体成员依个人特征形成不同的圈子，并导致子群体的冲突。[14] 成员差异和多样性是导致这种冲突的主要原因。另一个研究发现，在最初的阶段，人口变量的差异会形成低合作的群体规范。但是随着时间的推移，如果团队规范改变越多，那么这些规范会因成员间的接触而变得更具合作性。[15] 在国际化方面，另一个研究指出，群体效能，或群体有效工作的信念以及实际上的业绩，可能受到跨文化变量的影响，诸如集体主义和任务不确定性。[16] 而且，个人的自我效能和集体的自我效能之间可能存在联系。例如，班都拉及其同事的研究揭示，社会经济地位会增加个人的自我效能，而这又会增加集体效能感，并通过统一行动进行有效的社会变革。[17]

群体类型

群体的类型多种多样。刚讨论过的群体形成的理论是基于两个人之间的吸引关系——这是一种简单的二人群体。当然，现实世界中群体通常比二人结构要复杂得多。有小型和大型群体、主要和次要群体、联盟群体、会员群体和参照群体、内外群体以及正式和非正式群体等等。每种类型都有不同的特点，对其成员都有不同的影响。

基本群体

*小群体*和*基本群体*通常在使用时可以互相替代。但严格说，它们存在差异。一个小群体只需要符合小规模这一个标准。通常这一标准没有精确的数字规定，但可接受的标准是群体必须小到成员之间可以进行相对持续的、面对面的或近来流行的电子化的交往和沟通。而基本群体除了小以外，群体成员之间还必须有同志感、忠诚和共同的价值观。因此，所有的基本群体都是小群体，但所有的小群体并不都是基本群体。

家庭和同伴群体是基本群体的两个例子。最初，基本群体被局限于社会群体，但霍桑研究（见第 1 章）的结果促进了一个更广义概念的产生。工作群体无疑具有基本群体的特点。研究发现，无论处于什么样的背景或环境中，基本群体对于个体的行为都有巨大影响。越来越多的公司，诸如通用磨坊、联邦快递和 3M，已经开始通过将雇员组织成为*自我管理团队*来发挥基本群体的力量。重要的是，这些团队天生就是工作群体，具备我们所讨论的所有动力学特征。团队成员共同工作来实现一个功能、制造某种产品或提供某种服务。因为它们是自我管理的，因此它们也具有诸如工作计划、组织和控制的工作职能。例如，在 3M 公司，自我管理团队有权采取正确的行动去解决日常问题，它们也有直接获取信息的渠道，也可以计划、控制以及改进它们的运作。本章最后一部分将详细讨论这个团队的概念和实务。

联 盟

尽管最近的研究指出，社会结构将影响日益普遍的组织间的战略联盟模式，[18]但在一个更为微观的层次，组织内个体和群体的联盟长时间以来一直被认为是群体动力过程重要的组成部分。不同的学者对联盟这个概念的使用方式不同，关于联盟文献的一个全面综述认为联盟应该具备这些特点：[19]

1. 个体组成的互动群体；
2. 是成员们为了特定目标有意构建的；
3. 独立于正式的组织结构；
4. 缺乏正式的内部结构；
5. 对成员身份有共同的知觉；
6. 以问题为中心提出成员的目标；
7. 外在的形式；
8. 协同的成员行动，就像一个群体一样行动。

尽管具有其他类型的群体所共有的特征，但联盟是独特的，通常非常有力量，而且常常是组织中的有效实体。例如，一个研究发现，一个大型组织中的雇员形成联盟来克服小的冲突和无效的管理，以使工作得以完成。[20]

其他类型的群体

除了基本群体和联盟外，还存在其他类型的群体，它们对于组织行为学研究也很重要。两种重要的群体区分是会员群体与参照群体之间以及内群体与外群体之间的区分。会员群体和参照群体的区别是，在会员群体中成员确实属于该群体，一个实例是手工业工会的会员。而参照群体是那些个体愿意从属的群体——那些个体认同的群体，一个实例是享有声望的社交群体。内群体的成员具有或分享同样的主流价值观，而外群体成员则只是从外部向内进行观望。所有这些群体和组织行为学的研究都相关，但正式和非正式群体最能够被直接应用于组织行为学。

在现代组织中存在很多正式的工作群体，诸如委员会。职能部门委员会（财务、市场、运营和人力资源）和现在的跨职能团队就是一些例子。一些常设委员会如公共事务委员会、申诉委员会或执行委员会，甚至董事会，也是这样的群体。[21]在当今的并购环境及全球经济形势下，一种新的委员会或团体涌现出来。例如所谓的“小派系”团体，其成员来自有限的实体（通常为两个），比如合并整合团队、双边任务组以及合资企业团队。[22]当这些正式的委员会聚在一起开会谈论时，它们的成员通常都会感到不满。实际上，一项调查发现仅有42%的成员认为这些会议有效果。[23]为了解决这些问题，最近几年，这些群体的视角和功能都已转变到团队上来，而团队现在变成了当今的组织中最重要的群体类型。

非正式群体是出于政治、友谊或共同兴趣的原因而形成的。出于政治原因，非正式群体的形成可能是为了分享报酬或有限的资源。友谊群体可能在工作中形成，并延伸到工作场所之外。对于运动等方面的共同兴趣也可以使成员形成非正式群体。下一节将对这些非正式群体的动力过程进行更详细的考察。

群体动力学研究的意义

从第 1 章中所谈到的霍桑研究开始，已经有大量群体方面的重要研究间接运用于更好地理解组织行为。[24] 总体而言，这些年的研究证明，群体对个体员工的有效性和组织的有效性都有积极影响。前者的例子包括：有助于了解组织和自己，获得新的技能，获得不是针对个人的报酬，以及满足重要的社会需要；后者的例子包括：强化一系列的理念和技能，增强决策和控制，促进变革，以及提高组织稳定性。[25]

除了这些一般性的结论外，在社会心理学方面有一些具体的研究与组织行为的关系更为密切。比如，针对多年来许多研究的一个元分析发现，群体内聚力对于绩效有显著的正性影响。[26] 但是，对于群体绩效更重要的影响因素可能是领导。比如，一个高内聚的群体被给予积极的领导，则会产生最高的生产力。在另一面，高内聚的群体被给予差的领导，则会导致最低的生产力。[27] 一个高内聚的群体就像一个在管理者手中的定时炸弹一样。高内聚的群体的前进方向，是突破生产纪录还是严重限制产出，取决于它如何被引导。管理者手中的低内聚群体则更为安全。领导不会对这种群体产生高的正性或负性影响。但是，如果管理者希望将生产力最大化，他必须建立一个高内聚的群体，并给予正确的领导，重要的是，一段时间之后，这个高内聚的群体可能发展成为自我管理的群体。

知名群体研究专家理查德·哈克曼（Richard Hackman）最近的研究支持了领导方式在群体绩效上的重要作用。哈克曼在他的书中写道："工作团队可以在有些时候比传统的工作单元表现得好。但是，它们在有些时候也会比传统的工作单元表现得差。"[28] 他总结道，群体效果没有完美的解决方案，但是领导者可以创造出提高群体效果的条件。更具体地说，领导者可以控制的这些条件（诱导作用）包括：（1）为群体工作设立令人信服的方向；（2）设计与激活群体结构；（3）确保群体在支持性背景下运转；（4）提供专家的指导。[29] 最近其他的研究也支持了领导方式对工作群体绩效能够产生重要影响。[30]

换言之，哈克曼与其他人的理论构建和现场研究的结果表明，从经典的社会心理学理论和研究上来分析组织行为学可以得到一些有价值的观点。历来有着重要地位的霍桑研究也同样证明了这一点，因为继电器操作员和线圈绕线员都是有高度内聚力的工作群体。正如第 1 章所指出的，为什么一个高内聚力的群体（继电器操作员）会有高水平的产出，而另一个高内聚力的群体（线圈绕线员）产出却很低，其原因在于采用的引导/监管方式的不同。换言之，领导和群体动力因素，诸如内聚力，都会对组织中的群体表现产生重要的影响。表 10.1 简要总结了一些增加和削弱群体凝聚力的因素。除了领导的意义之外，最近的一些研究表明，时间在群体内聚力方面能够起一定的作用。在一个研究中，长时间相处使得群体

表 10.1
增加和削弱群体凝聚力的因素

资料来源：Adapted from Andrew D. Szilagyi, Jr., and Marc J. Wallace, Jr., *Organizational Behavior and Performance*, 5th ed., Scott, Foresman/Little, Brown, Glenview, Ill., 1990, pp. 282–283.

增加群体凝聚力的因素	削弱群体凝聚力的因素
认同组织目标	不认同组织目标
频繁地互动	群体规模大
个人吸引力	不愉快的经历
群体间竞争	群体内的竞争
有利的评估方式	由一个或更多成员控制

成员有机会进行有意义的交往。重要的是，对于今天的群体环境而言，表层的多样性因素（年龄、性别、种族差异）正在随时间减弱，而深层次的差异性（态度和价值观）则在不断增强。[31]

群体/团队效力

除了来自社会心理学的基础研究，更为应用性研究聚焦于群体和团队对于雇员行为的影响，特别是对雇员满意度和绩效的影响，这方面的研究也已经得到了重视。下面是对利用群体来增加满意度和绩效的方法的一个全面总结：[32]

1. 围绕完整的群体来组织工作；
2. 让群体负责成员的选拔、培训和奖酬；
3. 利用群体增强行为的规范性，让群体像工作中那样，也参与工作之外的行为；
4. 以群体为单位分配资源，而不是以个体为单位分配资源；
5. 允许甚至鼓励群体间的竞争，并以此来增强群体内的团结。

一个对研究文献的综述指出，有三个因素在群体有效性中扮演着重要角色：(1) 任务关联性（群体成员共同工作的密切程度）；(2) 成果关联性（是否以及如何对群体业绩进行奖酬）；(3) 潜力（成员相信群体可以是有效的）。[33]

要评价群体或团队的有效性，首先需要仔细确定标准。有效群体的特征包括：值得信赖、组成成员之间保持可靠的联系、沿组织的方向和目标前进。当成员"融入"，开始协作，产生期望的相互影响，长时间展示那种支持组织的活力而不随环境变化时，上述标准就达成了。[34]影响群体成功水平的因素包括所执行的任务类型和群体本身的组成。自我管理团队的成功水平各不相同，它取决于群体的任务主要是概念性的还是行为性的。[35]当群体由各类成员组成时，这种群体构造被证明是最理想的。只由一种类型的成员构成的群体，诸如任务"塑造者"（定义群体任务的人），和由塑造者、协调者、完成者和团队管理者混合组成的群体相比，更少获得成功。[36]最近其他关于群体构成的研究发现，具有高认知能力、成就动机和开放性的成员具有更高的绩效。[37]

著名的领导学大师沃伦·本尼斯认为，有效的群体具有共同的梦想，他们为了追求梦想，会放弃个体的自我来应对冲突。他们还从"群组"或公司领导那里获得保护，有真实或假想的敌人，将自己视为正在获取胜利的奋斗者，并为了成功而牺牲个人利益。[38] 他们的领导者给予指导、解释、信任和期望，展示出对于行为、冒险和紧迫性的偏好。其他的研究者认为，在那些获得突出业绩的“激情群体”中，其成员认为自己的工作是独特且重要的，工作任务令成员着迷，任务在人际关系中占据首要位置。建立激情群体要求更少的微观管理、更多的非正式（与正式相对）的反馈，以及通过让有经验的成员与其他新群体共同工作，从而将成功的激情群体行为榜样化。在这种方式下，要求领导者较少干预群体的工作，并且强调群体性而非个体性报酬，其结果是群体可以更迅速地完成任务。[39]

群体的形成方式可能会影响群体某些方面的效力。当群体建立后，成员间的社会比较和竞争随之产生。这可能对成员展示的组织公民行为（见第 5 章）产生影响。公民行为包括利他主义、责任心（或做一个“好士兵”）、谦恭、运动员精神和公民美德，它们的共性都是为组织和群体的利益着想。在组织实践中，认识到组织公平 [40] 和群体规范，[41] 可以影响这些组织公民行为，从而促进群体的绩效水平。

群体效果也会因一个非惯例性的事件而受到影响。以前的关于群体方面的文献指出，有三种行为是适应非常环境或事件的关键：（1）信息的收集和传播；（2）任务优先级；（3）任务分配。最近的一项运用飞行模拟对航空公司人员进行的研究发现，与行为本身相比，关键适应群体行为的时间选择对绩效贡献更大。[42] 换句话说，信息必须在正确的时间收集，必须合理地安排优先级，任务必须在可以成功适应非常事件的框架下分配。

非正式群体的动力学

除了正式设定的群体和团队，非正式群体在工作场所中也对组织行为起重要作用。正式和非正式群体的主要区别在于，正式群体具有组织正式确定的目标和关系，而非正式群体则没有。除此区别，认为正式和非正式群体是两个截然不同的实体那就错了。这两种类型的群体共存且不可分割。每个正式的组织都有非正式的群体，而每个非正式的组织也最终会演化出一些正式群体的形态。

非正式群体的规范和角色

除了单一的社交活动，如在会议上握手以及回复对方电子邮件以外，群体动力学分析的最小单元是规范和角色。许多行为科学家对这两个单元进行了区分，但从概念上讲它们是非常类似的。*规范*是行为“应该”怎样。它们是群体对可接受的行为的描述。规范如果符合下列标准，将被群体强化：

1. 帮助群体生存并提供利益；
2. 使群体成员的行为简化或可以预测；
3. 帮助群体避免窘迫的人际问题；
4. 表达群体核心价值或目标，明确群体的独特性。[43]

角色由一系列规范所组成，这个术语在组织中的使用与它在戏剧方面的应用有直接联系。一个角色是个体可以扮演的一个身份，一个指定角色的内容是被流行的规范所规定的。也许角色最好可以定义为一个身份，已建立的规范对这个身份有一定的期望。当今团队中可以包括如下非正式角色：

1. 边界啮合者，他的角色是那些原本不会相互交往的单位或群体间的润滑剂或桥梁。
2. 缓冲者，他预防和过滤了可能导致群体成员混乱及士气受损的负面的或令人失望的新闻和信息。
3. 游说者，他向他人宣传自己的群体对外界来说是多么的成功和重要。
4. 谈判者，他得到群体授权，为了群体的利益去争取资源和签订协议。
5. 发言人，他是群体的喉舌。

这些非正式角色在组织中有很大的作用，并且被有效的管理者所重视。正如实践中的组织行为学："真正起作用的办公室图表"中所反映的那样，越来越多的公司及其管理者决定采用非正式网络图来协助他们的管理。

非正式组织

像正式组织一样，非正式组织也有积极的作用和消极的作用。和正式组织不同，非正式组织的消极作用得到了更多的关注。例如，与目标相冲突、限制产出、从众、阻碍进取以及抵制变革等，都是常被提到的非正式组织的消极作用。但最近组织分析者已经开始认识到了它积极作用的一面。例如，下面的列表指出了非正式组织可以提供的一些实际利益：[45]

1. 使组织成为一个更有效的完整系统；
2. 减少管理者的工作量；
3. 弥补管理者的能力缺陷；
4. 为雇员提供一个安全的情绪释放渠道；
5. 促进沟通。

因为非正式组织的不可避免性及其影响力，应该积极利用非正式组织来实现组织目标，而不是让它成为管理者的负担。正如一个领导的分析所指出的，"非正式社会网络具有巨大的影响力，有时会超过正式组织的影响力……领导可以超越个人的正式职位，产生非正式、隐藏的和非授权的影响。"[46]

群体和团队的消极作用

到目前为止，我们的讨论主要针对群体和团队的积极的影响和功能，但群体和团队可能产生的一系列消极影响也需要加以注意。工作群体和团队可能存在违反规范、角色模糊或角色冲突、群体思维、冒险倾向和社会性懈怠。

真正起作用的办公室图表

两年前，住在英格兰 Cheshire 的一个信息技术管理者肯·洛克里奇把家搬到了世界的另一边。他的公司——MWH 全球工程和环境咨询公司，正把它不同的信息技术办公室重组成一个单一的全球分部，在新西兰更划算的海滨上建立起集中的服务中心，并提拔洛克里奇来管理公司的全球网络、系统以及办公需求。“基本上，我的职员彼此都不认识，”他说。

为了帮助自己适应新的环境，洛克里奇随身带着一张图，那是他公司的图表。几个月前，MWH 针对其 IT 雇员做了一项调查，询问他们向哪位同事咨询得最频繁，他们向谁求助专业问题，谁提升或降低他们的工作动机。用一个软件程序分析完员工的这些回答之后，公司做出了一张代表人际关系的由节点和连线构成的网络图，看起来有点像航空公司的星形结构航线图。该网络提供给洛克里奇一张图——在某种意义上，这是公司的一幅 X 射线图——是关于其辖区的工作如何得以完成的一张图。这使他得以了解传统的组织结构图中缺失的那些人们之间无形的、非正式的联系。

洛克里奇用这张图找出他需要马上面对面与之交谈的技术专家，这些人与他人有很好的联系。投入工作 6 个月后，当亚洲区的一个重要经理人离职，他就回头参照这个图表，联系与这个离开的经理人关系最密切的人，从而降低损失。“就像是你到了一座蚂蚁山的顶峰，能够看到哪里是活动频繁的地方，”他说，“它真正帮助我了解谁是玩家。”

虽然不是什么新鲜事——IBM 的独立咨询者和研究者已经使用这种非正式网络图表多年——但人们正越来越快地将社会网络分析当作一个管理工具。鉴于目前对管理才能的重视，公司都急于发现和培养组织内最在行的员工。而当创新变得对企业生存更为关键，这种管理工具让管理者了解那些能够带来激动人心的新点子的员工及其与不同群体间的非正式交往。这样一种鸟瞰的方式也可以发现群体本该交流而未交流的明显的空隙。凯特·埃利希，研究合作的 IBM 公司专家说：“使合作可视化能让人们更容易地谈论这个问题。”

虽然知识分享是使用这个工具的最常见的原因，但是管理者们也发现了其他的一些用途。去年，比利时一个医药和化学公司 Solvay 开始用图表来协助其领导方式的转变，或者叫“指挥棒交接”，菲利普·德劳龙，一个知识管理项目专家就是这样说的。“你有一张能够提供给继任者的图表，并且你能说：‘这些是你应该知道的我与人们的交往关系，’”他说。

就所有的好处来讲，非正式网络的图表也会带来破坏。“这个图会让领导者感到相当大的威胁，”Zia Khan 的负责人卡岑巴赫说道，“因为在组织结构图中具有高地位的人在这个非正式图上却更受孤立。”弗吉尼亚大学的罗伯·克罗斯建议，在使用社会网络分析时，重要的是与那些不需要较多联系的员工更好地进行交流：对有些人来说这没什么问题，比如花大部分时间与顾客在一起或是在某个领域拥有专长的人，他们会出现在这个人际图的外围。图表还能够指出哪位员工可能存在过多的联系，从而找到潜在的瓶颈。

保密性也是一个很棘手的问题。图表上反映出谁有优越的联系而谁没有，这一旦传得太开，会具有破坏性。“我知道我选的是谁，但是当我看到这个图表时可能发现他没有选我，”航空航天和国防承包商 Raytheon Co.综合部的负责人特雷西·考克斯说。现在，这位为公司的七个业务开展人际网络分析的人说，假定一位员工“知道他对老板没有价值，那么其实不仅仅他知道了这一点，连他的 50 个最亲密的朋友也都知道了。”

于是，那张考克斯与群体共享的图表是经过了严格加密的，仅就员工的一般特征比如工作职位进行描述。考克斯为每个人提供一张包含个别群体中联系最多的人员的清单。个人可以要求看他们所在这部分的图表，并得到一对一的解释，但是他们的上司却不能查看这些材料。

违反规范和角色模糊或角色冲突

如果群体规范被违反，会出现反社会行为。极端行为包括性骚扰和偷盗。其他的行为包括说谎、造谣、消极怠工和缺勤。最近的一项研究发现，长期暴露于反社会行为中的群体成员更容易采取反社会行为，并且对同事不满意感增加，特别是当其同事表现出比他更高的反社会行为时。[47]

规范中对角色的描述和个体对角色的反应之间可能存在差异。*角色模糊*发生在员工个体不清楚某个情境下的指令之时，或者用更为直白的话讲，就是“不知道自己该干什么”。不清楚的工作描述、管理者的命令不完整以及缺乏经验，都会导致角色模糊。这种模糊性可以影响个体在群体或团队中工作的有效性。在团队成员面临下列情况时*角色冲突*会发生：（1）被要求完成冲突的任务，或者（2）被要求完成与个人价值观相矛盾的任务。在群体中，角色的不平等会导致冲突增加，特别是当群体从事不道德和反社会的行为，或者当群体要求其成员遵守一套规则，而正式的领导和组织又要求遵守另一套规则之时。

群体思维和从众问题

具有高凝聚力的群体和团队可能给组织带来一个消极作用，这一点已经得到了许多关注，它就是著名的社会心理学家爱尔文·贾尼斯（Irving Janis）所提出的*群体思维*（groupthink）。他将其定义为“由于群体压力所导致的思考能力、事实检测和道德判断的退化”。[48]实际上，群体思维是源于个体成员面临从众或达成一致性的压力。发生群体思维的群体和团队是如此服从于达到一致的要求，以至于在决策时不会对其他方案进行实事求是的评价，那些怪异的、少数人的和不受欢迎的观点遭到压制。

贾尼斯已经总结了政府政策制定群体的很多历史性的失败（例如，英国在二战前对希特勒的绥靖政策、美国对珍珠港偷袭的毫无防备、古巴的猪湾入侵事件以及越南战争的升级），这些失败都可以归因于群体思维。尼克松执政期间的水门事件、里根执政期间的伊朗门事件、克林顿执政期间的白水事件以及布什执政期间的伊拉克战争也都是例证。虽然回溯式分析质疑了距今十多年前的挑战者号航天飞机灾难中的群体思维的结论，[49]也注意到2003年2月1日哥伦比亚航天飞机重返地球时的悲剧性解体中的问题，但是这些年来（美国）国家宇航局在挑战者号的重大发射任务中的决策过程一直是从群体思维的角度进行分析的。例如，当美国国家宇航局的官员向承包商抱怨延迟的时候，从众的压力就非常明显，此事件中的另外一些群体思维的表现列在表10.2中，比如管理者无懈可击、没有异议和思想防御的错觉以及对工程师意见的排斥等，这些都已经被用于分析挑战者号发射中的决策。

虽然我们用历史上声名狼藉的事件生动地阐释了群体思维的陷阱，但这种现象也可以发生在商业公司、医院或任何类型的组织和工作群体中。最初，群体思维的模型至少在应用到领导行为和决策等领域时得到了部分的支持，[50]并且最近几年有些企业比如世通公司已经用其来分析一些伦理问题。[51]但是，最近组织行为研

表 10.2
群体思维的症状

资料来源：Adapted from Irving L.Janis, *Groupthink*, 2d ed., Houghton Mifflin, Boston, 1982, pp.174–175.

1. 存在无懈可击的错觉。有过高的乐观和冒险。
2. 群体成员在忽视警告时往往有合理的理由。
3. 不假思索地接受群体内的道德观，忽视值得怀疑的道德问题。
4. 反对群体的人被刻板地认为是邪恶、懦弱和愚蠢的。
5. 质疑各种刻板印象的任何成员都会面临直接的压力，忠诚的成员不会质疑群体前进的方向。
6. 对于任何与群体一致性的偏离，都存在一种自动纠正。
7. 存在无异议的错觉，沉默被解释为同意。
8. 自命为思想卫士，以保护群体不受任何不利信息的影响。

究方面的文献对群体思维进行了批评。首先，几乎没有什么研究来检测群体思维的主张，主要原因在于研究中很难确定哪些做法是群体思维的指标。另外，仅有的一些研究结果只为这一模型提供了非常有限的证据。而且，对于群体思维持续的、非批判性的接受本身就是群体思维的体现。[52] 出于这个原因，一些组织行为学理论家/研究人员呼吁，要么废除群体思维模型，要么重构它的工作机制，或者改变其分析问题的方式。[53] 一个尝试是将假设整合到群体决策及问题解决的文献中，以考察它们能否为从众和群体思维提供支持。这些分析表明，群体思维模型的流行可能是源自于它的直觉性，而非研究支持。需要重复过去的研究以确认先前的发现，而且这些研究需要通过一段时间的积累。如果缺乏这种研究的严格性，人们可能就会无条件地接受任何模型和理论，即使顶多是概略性的经验主义的发现。

风险转移现象

甚至在群体思维导致超常冒险之前，群体的“风险转移现象”就已经出现了。多年前的研究表明，与通常人们的想法相反，群体决策与个人决策相比更为冒险。[54] 当然这个结论必须以与结果相联系的价值来调和，但这些年绝大多数研究发现，群体讨论会增强个体成员在某个方向上的最初的倾向。[55] 这被称为群体引导的态度极化，意味着如果雇员在群体讨论之前已经有一个支持或反对的态度，群体讨论的结果是在同样方向上更为极端的态度。

透视各种消极作用

风险转移、极化（polarization）以及群体思维等症状，提醒我们应该注意和小心群体中的这些不利现象。[56] 为了克服这些潜在的灾难性影响，应该鼓励少数群体和不受欢迎的观点能够自由表达并使之合法化。通用电气、博士伦、苹果电脑公司、福特汽车公司、强生、联合包裹服务公司等企业不仅允许，而且鼓励群体/团队工作和委员会中的冲突和争论。

尽管许多研究表明，成功的公司倡导群体成员间这种开放性冲突和积极的争论，但有一些研究却指出了群体间一致性的价值。这种表面上的矛盾可以用下面的建议加以解决：

一致性可能对在同一行业中竞争的那些小型、非多元化的私人公司更加有益；而那些要处理复杂问题的多元化的大型企业，则可能会从开放式讨论和反对意见中获益。[57]

社会性懈怠

另一个最近认识到的群体和团队中的消极作用被称为社会性懈怠（social loafing）。社会性懈怠指的是，个体作为群体中的一员时，会降低自己的努力和表现水平。其主要原因是，群体中缺乏对员工业绩的反馈、任务没有内在激励、存在着某些成员的不勤奋被其他成员付出的努力所掩盖的情况，还有就是被称为“傻瓜效应”（sucker effect）的现象，即不想付出比别人更多的努力。社会性懈怠中存在着固有的文化成分。研究已经发现，个人主义和自利价值观文化下的群体更容易发生社会性懈怠。而另一方面，在强调集体主义的文化下，群体的目标和“主人翁感”占主导，因此人们更关注集体的好坏，社会性懈怠的现象较少发生。[58]

社会性懈怠在大型团队中更容易发生，因为大型团队中个体的贡献更难以确认。为了减少个体推卸自己的责任，为了确保每个人都为团队充分贡献，团队的规模应该保持尽量小，并且任务明确化，以使个体成员的贡献可以得到确认和评估，同时建立团队时只选择有积极性的雇员。[59]

工作场所中的团队

前面对于群体动力过程的讨论可以作为理解团队的背景和基础，而且团队和群体这两个术语经常互换使用。但是，团队在现在组织中变得如此流行，以致它需要被特别讨论。团队这个术语对于组织来说并不是一个新词，团队工作这些年来也一直备受关注。例如，著名的质量大师约瑟夫·朱兰先是在20世纪50年代将“团队方式解决问题”传播到了日本，后在80年代传播到了美国。今天，团队变得越来越流行。《财富》前1 000家公司中各种类型的团队的流行程度如下：

1. 几乎所有的公司都使用项目团队（不同的管理/专业雇员在一个限定的、但通常是可以扩展的时间内完成一个项目）。
2. 绝大部分公司使用平行团队（在常规的组织结构之外还平行存在的问题解决或质量团队）。
3. 大部分使用永久性工作团队（负责产品制造和提供服务的自治的工作单元）。[60]

首先我们会讨论团队的含义，并批判性地分析当今组织中的一些自我管理的团队，之后讨论如何培训自我管理的团队以使它们更为有效。

团队的本质

尽管团队这个术语经常被用于任何群体，特别是使个体共同工作和激励他们，但是一些团队专家对团队和传统的工作群体进行了区分。例如，曾合作撰写过一部著作专题论述如何使用团队来创造高绩效组织的几位作者指出，工作群体和团队之间的区别与工作结果相关：

> 一个工作群体的业绩是其成员的个体业绩之和，而团队的业绩不但包括个人的业绩，还包括“集体工作结果”。一个集体工作结果必须由多人共同完成……它反映了团队成员的共同贡献。[61]

他们接着指出了工作群体和团队之间的具体差异：

1. 工作群体具有强有力的、明确的、集中的领导；而团队的领导角色是分享的。
2. 工作群体具有个体的职责；而团队则包括个人和共同的职责。
3. 工作群体的目标与组织的目标是相同的；而团队具有特殊的目标。
4. 工作群体具有个体的产出；而团队只有集体的产出。
5. 工作群体进行有效率的会议；而团队鼓励开放的、积极的问题解决式会议。
6. 工作群体对业绩的测量是间接的（例如，整体业务的财务表现）；而团队通过直接测量集体的工作产出来衡量业绩。
7. 工作群体讨论、决策并授权；而团队讨论、决策并完成实际的工作。[62]

问题的关键在于，由于团队具有集体配合的效果，因此它们确实超越了传统的正式工作群体（整体大于部分之和）。

使用团队来生产产品始于那些著名的、重视质量的大型公司，诸如日本的丰田、美国的摩托罗拉和通用电气，后来这种方法迅速得到推广。很多不同行业的公司，如施乐（办公设备）、Monsanto（化工）、惠普（计算机）和 John-sonville 香肠公司均开始使用自我管理的团队，他们有时也称之为自主团队。与诸如目标管理、全面质量管理等其他流行的管理方式一样，在最初的兴奋过后，人们现在认识到虽然自我管理团队非常重要，但它并不是惟一的解决之道。与其他引人注目的方法和高绩效的工作实践（比如 360 度反馈系统）相似，人们对团队的应用已经相当广泛，而且有很高的热情。比如，在过去的 10 年，Steelcase 公司已经在它主要的 12 个北美工厂里三次尝试建立高效的工作团队，他们坚信最终会获得成功。[63] 现在在 Steelcase 和其他大部分组织中，[64] 越来越多的注意力集中到了群体/团队的动力过程（前面已讨论过）和跨职能团队、虚拟团队及自我管理团队上。

跨职能团队

作为扁平化设计运动（见第 3 章）的一部分以及对机能失调的官僚性功能自治的再认识，跨职能团队的应用引起人们的关注。这些团队由来自不同部门、不同职能领域的专业人员组成。例如，美国海军发现，通过建立跨职能团队来管理和提高那些影响外部客户及任务绩效的核心过程，可以提高生产率。[65] 在麻省总医院——美国最优秀的医院之一，外伤急救团队的医生创建了一个各职能间密切无间地配合的方法，有效地治疗枪伤和刀伤等有生命危险的病人。[66] 下面的应用实例：“跨职能团队的卓越生产率”提供了这些例子的详细内容。

确保跨职能团队绩效的关键在于两套标准：团队内部的标准和组织的标准。

应用实例

跨职能团队的卓越生产率

过去5年中，跨职能团队变得越来越流行——这很合乎情理。研究表明，将每个人的能力和技能相结合，所有的人都可以对团队做出不同的贡献。这样就可以减少完成任务所需的时间，同时提高生产率和利润。

惠普公司是使用有效团队的一个很好的例子。尽管该公司有许多革新做法，但它的分销组织却是二流的。平均而言，公司需要花26天才能将产品送到顾客手中，而且雇员必须在互相纠缠在一起的70个电脑系统间往返穿梭以获取信息。于是公司决定重建分销流程，减少运送时间。公司的两个经理负责这个项目。他们从本公司和其他公司召集了一个35人的团队，并开始检查工作流程。首先他们检查了现在完成工作的方式，并开始注意削减工作步骤和缩短整个过程。接着，团队完成了一个两周的培训，以使团队成员熟悉现在的流程。然后，团队重新设计了整个工作流程，并让这个跨职能团队的每个人都能接受。最后，他们实施了这个流程，并改正了系统中留存的错误。在这个过程中，他们积极向员工授权，并设法使送货时间降到了8天。这使得公司的库存减少了20%，同时提高了对客户的服务水平。

另一个很好的例子是美国麻省总医院负责外伤急救的跨职能团队。急诊病房中平均每天会有200个急诊病人，而且其中将近1/3的人会被送到外伤中心。在这个中心有一个由医生、护士和技师组成的“无缝团队”。每个人负责完成一项任务——检查伤口、操作IV、启动设备，然后，有某人会领导团队并决定治疗的方案。通常是由一名医生负责，但是也可能会由一名精通相关领域的实习医生或护士发出指令。正如一个主治医师所说的，“没有谁是周围其他人的老板。只要是好的想法，我们都一视同仁。”工作是高强度的，但也是有回报的，人们可以享受高水平的专业化，并运用自己的能力来处理问题，特别是在这种要拯救生命的情境下，必须做出快速和专业性的决定。

第三个例子是美国海军突击队（SEAL是海、陆、空所有领域的首字母缩写）。这些人会经受数月的常规体能训练，在这个过程中，每个人都训练如何使用自己的技能来为团队做贡献。一名突击队的官员在评论那些不能达到要求的队员时这样说：“如果你是那种只知道索取而不能给予任何回报的人，那么你就要走人了。”这种努力的结果是形成了能胜任各种工作（从教导纳米比亚的看守如何追捕偷猎者，到训练新加坡的军队如何与潜在的恐怖主义分子进行斗争等）的高绩效团队。

在各个例子中，每个团队成员的贡献都极大影响了团队工作的成功。通过将自己融合到整个团队的活动中，每个人都可以达到自己的目标和组织的目标。

为了提高与跨职能团队间的协调性，组织必须采取如下步骤：（1）仔细选拔人员，（2）明确建立团队的目标，（3）确保每个人都理解团队如何运作，（4）进行高强度的团队建设以使每个人都学会如何有效沟通，（5）取得值得注目的结果以保持高昂的士气，并使成员看到他们努力的结果。[67]最近的研究证据也表明，团队成员的整体和跨职能训练，可促进信息分享、团队交往和团队绩效。[68]

虚拟团队

随着信息技术的进步、全球化的不断发展以及对速度的要求，团队成员之间不再需要进行面对面的交流。成员之间可以通过电子方式进行远距离沟通：诸如电子邮件、聊天室、博客、电话和视频会议、传真、卫星传输和网站。由远距离的成员组成、完成以知识为基础的任务的团队，可以称之为*虚拟团队*（virtual teams）。而且，那些以电子通勤方式进行工作的人通常也是虚拟团队的成员。虚拟团队在全球、在协作性行动以及日常行为中都变得越来越突出。最近的研究预测，在未来若干年后，将近四分之三的美国人每天会在虚拟空间交往上消耗比现在多十倍的时间。[69]

虚拟团队已经发展到可以进行操作化定义和理论构建的阶段，[70]不断增加的研究支持它的更大的应用。一个全面的定义是："虚拟团队是一组带着共同目的、相互独立工作的人，他们通过高科技在跨时空、跨组织的层面上沟通与协作。"[71]虽然与技术或操作团队有较大的联系，但是现在整个组织中都可以发现虚拟团队。比如，IBM 公司就有一个高级虚拟团队，负责在整个公司内推行工作任务和策略。这个团队包含 28 个成员，他们来自所有的部门，可以为了任何目的而马上形成。

从研究上来看，虚拟团队的关键是选择适合任务和信息要求的交流媒体。[72]例如，对于像制定战略这样复杂的任务，有效虚拟团队使用的方法是同步技术（synchronous technologies），它允许成员在同一时间进行沟通。视音频会议是同步技术的例子；而在低复杂性任务下允许延迟沟通，诸如电子邮件、聊天室、博客、群体日程表、布告栏和网页等非同步的技术都可以使用。电子邮件的低成本使之成为收集数据、产生数据以及解决技术上或人际间冲突的极好方式。[73]虚拟团队可以非常有效，因为它们很灵活，是信息和技能驱动的，而非时间和地点驱动。[74]但是，组建虚拟团队时一定要小心。它们必须和当下的任务相匹配。例如，与面对面的会议和电话会议相比，网上聊天室可能带来更多的工作和更差的决策，除非接受过足够的训练和具备使用这种技术的经验。[75]总之，虚拟团队毫无疑问会继续得到快速应用，但是需要更多的研究与应用来回答如何使虚拟团队更有效。

自我管理团队

作为授权运动的一部分，随着平等主义的文化价值观在众多公司中的兴盛，团队正在被建立或改造为自我管理团队。自我管理团队可以被定义为"一群负责管理和完成技术性任务，从而为内部或外部客户提供产品或服务的雇员。"[76]例如，在惠普公司和哈里—戴维森公司，自我管理团队可以在不经管理者直接同意的情况下雇佣人员、组织和购买设备。这些团队的表现是非常积极的。[77]

相当多的类似言论阐述过自我管理团队的价值，[78]而研究和文献方面也已经证明了类似观点。到目前为止，研究和实践文献都支持自我管理团队。例如，最近对自我管理团队中授权问题的研究发现，这类团队中的工作满意度、客户服务[79]和团队组织的承诺均得到了提高。[80]一项复杂的包含 70 个研究的元分析表明，自我管理团队在生产率和团队的态度方面有积极影响，但未发现一般性的态度、缺勤和离职率有显著变化。[81]这个关于自我管理团队对生产率的作用的发现非常有说服力，而且一些更近期的研究发现，自我管理对于态度也有更积极的作用，[82]但仍然存在一些实际问题需要克服。例如，一项对 500 个组织的 4 500 个团队的深度访谈，发现了导致自我管理团队无效的一系列个体和组织因素。[83]个体的问题包括：

1. 团队成员不愿意放弃旧的做法和放弃权力及职位。
2. 不是所有的团队成员都具备有助于团队的能力、知识和技能。团队效率低是因为某些成员比其他成员承担更多的责任。

3. 作为团队成员，雇员经常会面对针对其个人信念的冲突和挑战。对于群体有效的事却往往对个人无效。[84]

这个调查发现组织水平的问题涉及薪酬与报酬体系，许多体系仍旧仅针对个人；这样团队就没有什么动力来给出更好的表现。[85] 一个对 300 家大型公司的调查发现，其中只有 9%的公司对团队薪酬表示满意。[86] 下一节和最后一节将讨论如何使各种类型的团队更为有效。

如何使团队更有效

团队的有效性可以用团队目标实现情况及团队工作对组织的整体贡献程度来衡量。先前的研究通常没有考虑到团队是如何作为组织的一部分发挥作用的，[87] 因此，对于团队有效性的研究可能没有揭示一个团队成功的完整情况。

团队要更为有效就必须克服一些问题和常遇到的消极作用。[88] 以长期标准衡量团队有效性的模型包括：创造一个良好的环境，使支持、承诺、报偿、沟通系统和物理距离都保持同步，以使团队在一个促进生产的环境中工作。[89] 任务应该设计得互相关联，团队要保持小规模（少于 10 人），而且要选拔有能力和有积极性的成员。而且，团队凝聚力应该通过建立同质的群体或克服多样性群体的潜在问题来达成，这可以通过鼓励交往和互动，让团队具有一定程度的独特性，从而令成员愿意加入来实现。[90] 团队的成功通常会产生更高的凝聚力，并且外部竞争者的存在也可以达到这个效果。有充足的研究证据和实践经验表明下面的方式可以提高团队有效性：（1）团队建设，（2）合作，（3）领导，（4）在全球化的环境下理解文化问题。

团队建设

团队建设始于首先要认识到，工作群体需要时间和培训，才能发展成为有凝聚力和有生产力的单位。一个有效团队的建立具有一条明确的学习曲线。[91] 这条学习曲线也有例外，比如：一个对职业篮球队的研究发现，经过一段较长的时期，早期的绩效与后期的绩效实际上存在着负相关（反转关系）；[92] 而且对 9.11 劫机事件中冲向五角大楼的飞机的分析也表明，团队并不总是需要长期的发展过程。虽然 FBI 的报告认为恐怖分子命令飞机坠毁是因为英勇乘客的反抗，[93] 但是最近至少有一个分析表明，乘客和机组人员当场形成一个有效的团队使飞机下降，从而解决了一个严重和复杂的问题。在这个生死攸关的时刻，团队形成打破了有关学习曲线的一般理解："乘客与机组人员以一种只可能是由长期形成的成熟的团队反应的方式进行反应。但是没有一个乘客有过劫机的经验，而且机组人员的训练集中在服从而非反抗。"[94] 然而，一般来讲，至少在正常的工作团队上，有效的团队确实需要经过一段时间的发展。

最初，一些雇员可能不愿意加入或接受群体。只有当他们看到团队的成功和团队成员的满意之后才会改变态度。一旦建立了团队，就必须存在某些形式的责任。管理者对于团队的一些不确定性应该有所准备，这最多可能会持续两年的时间，在此期间生产率可能还会有所下降。随着团队的成熟，成员理解了团队工作的基础，更清楚地理解了自己的角色，就能够更有效地进行团队决策和追求团队目标。[95]

有效的团队建设产生一种拥有者[96]和参与者[97]的感觉，并使团队成员将团队视为一个整体和吸引人的工作场合。[98]当团队成员分享集体智慧、[99]体验到授权[100]时，团队建设就成功了。团队建设包括快速学习；当各种想法可以自由流畅地产生时，这种学习就可以发生。[101]研究表明，当团体成员间的教育水平多样化时，会对信息使用的广度和深度有积极影响，但可能缺乏对团队可获得信息的整合。[102]高质量团队建设培训必须符合组织的文化，具有设计良好的目标，使成员能将所学技能转换于工作场所，通常安排在一个独立的环境中进行，甚至可以使雇员离开舒适的环境，但不会将舒适感降低到阻碍学习的发生。爬绳乃至烹饪等训练都可以使团队成员更好地团结并学会如何共同工作。[103]

一个有效团队培训的例子是表 10.3 中列出的通用电气的 10 步骤模型，该模型被成功运用到电子分销和控制部门。培训官表示，这个培训使得通用电气的团队“由愿意奉献和共同工作的成员构成，他们保持高标准，表现出高生产率和对卓越的追求。”[104]

除了按照这个步骤进行培训外，必须对团队不断地加以监控和评价。有五个关键领域需要被监督和衡量：（1）团队的任务，（2）目标达成，（3）授权感，（4）沟通，（5）积极的角色和规范。[105]

团队建设过程可以在公司董事会这么高的层级上进行。要进行这个工作，仅仅具有智商是不够的，成员必须具备一定的情商（请见第 7 章），并且感到他们是真实团队的一部分，这个团队具有清楚、稳定的界限，需要成员间的互相合作。[106]成员必须学会实现自己的承诺，哪怕这意味着个人某种程度的牺牲。[107]像高效团队一样运作的董事会可以为公司带来重大的竞争优势，[108]并形成更符合伦理的公

表 10.3
开发有效自我管理团队的培训指导

资料来源：Adapted from Paul E.Brauchle and David W. Wright, “Training Work Teams”, *Training and Development*, March 1993, pp.65–68.

培训步骤	小　结
1. 建立可信性	培训师必须首先建立自己的知识和可信性。
2. 允许公开讨论	受训者必须在培训前将顾虑和困惑清理干净。
3. 提供定向	培训师必须提供具体的言语指导和清晰的期望及行为模型。
4. 对过程进行调查	培训早期，即要求团队确定自己的问题和关注点。
5. 设定群体目标	受训者通过达成一致来创立自己的使命，然后设定目标，并通过具体的活动和行为来达成这些目标。
6. 促进群体过程	受训者必须学会群体如何运作，并被传授诸如名义组群和配对比较等技巧。
7. 建立群体内过程	这包括建立会议的形式，可能包括报告、发言、讨论问题、提出解决方案、采取行动和制定新的安排。
8. 建立群体间过程	虽然团队是自我管理的，但团队领导必须与他人沟通，沟通对象包括主管、经理及其他团队。
9. 改变培训者的角色	随着团队变得更有经验以及授权的增加，培训者将担任一个渐趋被动的角色。
10. 结束培训者的参与	此时，团队已经独立，并进行自我管理。

司治理。[109]

合 作

高效的团队领导并不单独行动，他们召集一个由有才干的人组成的团队，并想办法使每个人都发挥出创造性，有效地组织他们共同努力。[110] 合作能起重要作用的最好的例子，是计算机"开放源代码"操作系统——Linux 和免费网络浏览器 Firefox 的开发过程。[111] 这些有效（也有竞争力）的产品，就是通过数千个程序员和多家公司所形成的一个自愿的、自我组织的团体完成的。就像最近《哈佛商业评论》一篇标题很贴切的文章"合作规则"的作者提到的那样，"绝大多数领导者甚至愿意拿自己的祖母来换得这样高效、合作无间、富有创造力的 Linux'黑客'。"[112] 正如在"免费软件"的编制过程中那样，合作的过程包括学会在承诺一个共同的议程的群体情境中提高人际互动。各种发展的里程碑可以表明，这些合作技能正在被学习和有效地应用。[113]

群体领导

无论是自发出现的领导，还是任命的领导，有两种方式可以影响群体的表现：（1）他们如何选拔成员和（2）他们影响这些成员的策略。[114] 有些策略有助于促进更为团队导向的气氛，如：取消或减少群体领导专用的办公室，消除其在津贴与特权方面的特殊性，以及减少领导头衔。[115] 最近来自于程序公平的研究（见第 6 章）表明，团队成员感到他们被公平对待时，则他们对领导更满意，[116] 有更低的缺勤率和更高的绩效。[117] 同时，领导需要继续保持清醒和果断，即使他们和不同的人、不同的团队在不同的环境下工作。

正如知名的团队研究者理查德·哈克曼和鲁斯·威格曼所描述的，"团队领导采用许多方法来提高团队的效果，包括构建团队和建立团队目标、配置完成工作所需的资源、去除阻碍工作的组织障碍、帮助个人提高其贡献、作为一个整体与团队一起工作，以及帮助团队成员更好地使用集体资源等。"[118] 有效的领导者知道如何通过认可群体的成功来教导[119] 和分享荣誉，[120] 但是，最重要的可能是获得团队成员的信任。[121] 最后，作为第 7 章讨论的积极性作用的延续，最近的研究发现，当领导者表现出积极性，成员也倾向表现出更积极的行为（即"接触传染效应"），且表现出更好的服从性。[122]

文化和全球化问题

虽然当今的全球化团队不可避免地要在多元文化下开展工作，但是最近的证据显示他们正面临问题。一个对 70 个全球企业团队的研究发现，仅仅 18%的团队认为他们的绩效是"相当成功"的，剩下的 82%与预定目标有一些差距；三分之一的团队评价他们的绩效为相当不成功。[123] 这个结果同样受到另一个发现的支持：全球化团队中抵制团队做法的员工会出现较低的工作满意度和由此引发的一系列问题。[124] 更关键的是，一些文化中的价值观抵制团队。[125] 例如，在一项对墨西哥管理者的研究中发现，大多数管理者坚信，如果公司采用自我管理的团队，将会出大问题。[126]毫无疑问，只有消除这些文化的障碍，才能建立起有效的团队。在最近一个对德国—日本合资企业的研究中，国家文化仍然是解释团队中关系模式的关键因素。[127]比如在美国，工作团队可以借鉴体育团队的成功模式。但是在其他文化中，[128]比如亚洲或欧洲，如果使用体育团队来做比喻，“可能会令人迷惑不解、降低工作积极性，结果适得其反。”[129]

研究表明，为了促进这种群体努力，创造一个“混血”的团队文化可能有助于业绩提高。[130]在这个研究中，团队异质性和团队有效性之间存在一个 U 型的关系，同质性和高异质性团队的长期业绩会优于中等程度异质性的团队。正如前面对领导的讨论所指出的，群体成员的选择在群体有效性中起着重要的作用。除了仔细筛选，一些实用法则包括如下：（1）适应每种文化（比如，在个人主义文化下谨慎使用团体报酬，但是在集体主义国家则可以大胆使用）；（2）改变团队在每种文化下的执行方式（比如，在美国，成员应该参与到人员选拔、报酬系统、任务分配；但是在阿根廷、中国、墨西哥，这样的方式是不需要的）；（3）尊重当地的法规（比如在芬兰，劳动法律不允许使用团队报酬）。[131]同样，在跨文化合作团队上，知觉到的程序公平对成功也是相当关键的，[132]特别当联盟的团体成员间有较大的文化差异时。

为了帮助克服那些与更为个人主义文化相联系的问题，建议允许团队进行自愿结合，或者成员自愿参加。那些自愿加入的人更愿意合作，体验到更大的满意度，有更高的积极性，违纪问题更少。而且，在创建团队或集体的过程中，如果成员参与团队目标设定过程，则他们会有更高的动机和满意度。[133]

正如对以上这四个过程的回顾所显示的，关于如何建立更为有效的团队，目前仍然存在大量的问题需要研究。同时，越来越多的团队正在被用来完成任务。这使得对团队和绩效的研究仍然是组织行为研究的一个重要领域。

小 结

群体在组织行为研究和应用中是一个重要的领域。群体形成、群体的类型和过程、群体中非正式角色与群体的动力过程，以及工作群体和团队的消极作用，所有这一切都与组织行为的研究紧密关联。群体形成在理论上可以解释为接近性；活动、交往和情感；吸引和一般态度间的对称性平衡；报偿—成本交换。组织的参与者也出于实际的经济、安全和社会原因形成群体。许多不同类型的群体存在于现代组织中。从概念上讲，群体包括主要群体、联盟和会员群体及参考群体等。群体已经得到多年的研究，来自经典的社会心理学研究和越来越多的来自组织行为学学者的发现，可以用于组织行为的实践。

本章的后半部分讨论和分析了非正式组织和群体的动力学。非正式规范和角色以及非正式组织与真实组织密切相关，而且常常就是真实的组织。非正式结构与正式结构并存。传统上只强调非正式组织的消极作用。最近，非正式组织的积极方面也得到了认识。

群体和团队的消极作用可从下列方面加以考察：反社会行为的规范违反、角色模糊/冲突、群体思维/从众、风险转移、社会性懈怠。本章还对一些新型团队进行了讨论。最初，大部分出版物都是关于质量小组的，但现在自我管理团队成为了亮点。自我管理团队被作为制造和服务行业应对高技术与质量挑战而应用。至今，自我管理团队在提高工作业绩方面相当成功。除了自我管理团队外，跨职能团队和虚拟团队也是取得成功的新型团队。多元文化环境中的全球化团队曾经历过许多问题，但一些有帮助性的解决方案正在出现。无论是全球性公司还是地方性企业，建立有效的团队要求长期恪守一些原则，需要开创一种适宜的环境，强调支持、承诺、报偿、沟通、物理空间、群体规模、成员感和凝聚力。然后，团队一旦形成，其有效性可以通过团队建设计划、强化合作和有效领导来加强，并且，通过对功能的、地域的或文化的多样性及全球化等问题有一个更好的理解，也能够增强团队的有效性。

结尾：元分析研究发现

组织行为学原理

高凝聚力群体和团队有较好的绩效。

元分析结果：

【16个研究，372个群体；d=0.92】平均而言，高凝聚力的群体和团队**有74%的可能性**比低凝聚力的群体和团队有更好的业绩。研究发现，这种关系非常直接，没有发现调节变量。

结　论：

理论上讲，高凝聚力群体和团队的努力方向是完成群体目标，他们积极参与群体活动。这样，群体和团队的凝聚力和业绩之间的关系就需要被特别关注。群体的凝聚力使得群体和团队可以在其行为规范和所需的团队工作方面对其成员施加有效控制。另一方面，低凝聚力的群体在对其成员施加控制和强化行为标准方面存在很大的困难。而且，正如本章指出的，高凝聚力群体有发展出群体思维的倾向，这是一种消极的作用过程。因为高凝聚力群体倾向于和组织强烈认同，群体成员在决策时可能倾向于达成一致，而没有对其他人提出的意见进行批判性思考。尽管如此，群体凝聚力通常会增加团队成员的满意度并提高组织业绩，这是出于与其他成员保持良好、紧密关系的强烈动机。

资料来源： Adapted from Charles R.Evans and Kenneth L.Dion, "Group Cohesion and Performance, A Meta-Analysis," *Small Group Research*, Vol.22, No.2, 1991, pp.175-186.

讨论与复习题

1. 简要讨论群体形成的主要理论。你认为哪种理论与组织行为的研究最相关，为什么？
2. 非正式组织有哪些积极作用和消极作用？
3. 群体思维的主要症状有哪些？请根据你自己的经验举例说明。

4. 什么是社会性懈怠？如何克服？
5. 当今组织中的工作团队与传统的工作团队有何不同？
6. 哪两种方式可以建立和保持自我管理团队的有效性？
7. 描述跨职能团队和虚拟团队。为什么这些类型的团队成长非常迅速？
8. 应该如何衡量团队的有效性？

互联网练习：以团队为基础的组织中的工作环境

许多组织现在已经认识到团队工作的价值。实际上，许多公司已经在它们的网页上强调团队工作。请登陆 www.IBM.com，看看该公司在雇佣机会上对组织的描述。注意其在群体和团队动力学方面所做的强调。现在访问一些你当地公司的网页，看看它们是否以及如何强调团队的使用。以这些例子为背景和出发点，回答下列问题（使用团队的方式来讨论和回答这些问题将是非常好的练习）。

1. 在使用团队进行工作时，需要花更多的时间来完成任务。这是否是决定团队方式有效与否的一个重要因素，为什么？
2. 除了时间，还有哪些重要的因素需要考虑？列举组织中团队的两个优势和劣势。
3. 组织类型和其工作/项目对于如何及何时使用团队有重要关系吗？使用 IBM 或者其他你所找到的例子来回答。

真实案例：团队，重要的是团队

跨国公司管理者面对的最大挑战是如何管理跨文化的群体和团队。在本国有效的方法可能在其他文化下毫无价值。例如，在 20 世纪 90 年代末，当日本经济持续低迷的时候，很多美国的跨国公司趁机进入日本市场。大型美国销售商建立起大规模仓储商店，提供大量价廉物美的商品。但是，日本的顾客觉得这些商店太大，而且许多产品不够人性化，因此还是喜欢去本地的小型商店。正如一个日本商学院的营销学教授指出的，“零售是一个非常本地化的生意，并不容易成功。”

对日本雇员的管理面临同样的挑战。在美国行之有效的方法在日本常常毫无价值。例如，在美国，让工作群体之间互相竞争并奖励获胜的团队是非常平常的事情。而在日本的集体主义价值观下，公开地与他人竞争是不被赞成的。那些获胜的人感到很尴尬，而那些输了的人会感到很羞愧和没有面子。一个日本的跨国银行中负责一个主要部门的美籍经理就是一个很好的例子。这个经理为了提高部门的利润，产生了一个非常简单的想法，结合两个期货合约来创造一个套利的情况（例如，在不同的市场上同时购买和卖出同一个保险和外汇，以便从价格差中获利）。许多非日本公司的同行都在从这种计划中获利，因此该经理认为自己的银行也可以这么做。但不幸的是，事实并非如此。当他将这个想法报告给高管层时，这些日本的管理者则说服其他的同事反对这个计划。因为他们了解日本文化。由于这两个合约分别由两个部门负责，一个部门将获利，而另一个部门将亏损。虽然银行将从整体的交易中获利，但日本的经理意识到这将使亏损部门的人员在同事面前丢脸。

同样的情境也适合在当地同一个市场相互竞争的日本公司。对于每个竞争公司，都存在社会压力使它们保持自己的相对位置。索尼公司不会企图驱逐三菱公司而成为本行业最大的公司。只有当日本公司进入到国际市场时，它们才激烈地竞争市场份额——这是在海外市场与外国公司竞争，而不是相互之间的竞争。

绩效评估是另一个好例子。如果一个美国雇员工作不佳，他可能被替换。但在日本这种事情很少发生。所以当美国和日本公司成立合资公司，并安排团队来完成任务时，日本人不使用这种个体绩效要求。美国人要的是结果，而日本人更重视所有人在团队中的合作和互助。和谐比生产率更重要，日本人很少会直接针对某个业绩差的员工采取行动。但是，同事或团队成员在非正式的场合，如喝酒或钓鱼的时候，会巧妙地将这个低业绩的员工指出来。

美国和日本团队的另一个差异在于，美国管理者努力使下属知道应该完成什么，何时完成，以及应该取得多大的进步和业绩。例如，老板可能会说，“我希望你们调查我们主要的竞争对手，告诉我它们今后六个月要投放市场的三种产品。”而日本管理者则会更为间接和模糊。日本管理者可能会这样说，“你们认为我们的竞争对手未来在产品方面可能会有什么变化？”作为这些不同风格指导的结果，美国团队将写一份非常短、非常具有针对性的报告，其中包括很多具体的信息。而日本团队将递交一个非常长、非常细节化的报告，包括竞争者的所有方面，提供大量的信息来说明明年将投放市场的众多产品。

1. 根据你在本章所学的知识和你对本案例的理解，如果你作为一家大型跨国公司的培训部专员，你对下面的这些任务有什么样的建议？
   a. 你怎样使日本子公司的团队更为有效？
   b. 你如何使一个将同时在美国和日本市场上投放新产品的跨职能研发团队尽可能有效？
2. 你个人对案例中所提到的“日本人对团队中的每个人保持合作和互助更感兴趣，和谐比生产率更为重要”有什么样的看法？
3. 你如何解释日本人比美国人更早采用团队工作的方式，但他们在过去的十年却发生了经济问题？你如何向公司的CEO解释，尽管长期以来日本竞争力存在问题，你却仍建议使用团队。

组织行为案例：学校里来的年轻人

肯特·西克斯是州立大学的二年级学生。他在家乡最大的一个工厂找到了一份暑期工作。他需要在工作的第一天向仓库主管报到。主管将他安排到一个小组中，这个小组负责从货车上卸下原材料，并装上成品。

工作两周之后，肯特吃惊地发现这些工人完成的工作是如此之少，好像他们永远都站在那里闲聊，甚至在工作的时候跑到其他地方躲起来。肯特经常发现只有他一个人在装车，而其他人则站在一边袖手旁观。当肯特向这些工人抱怨的时候，他们清楚地告诉他，如果他不想干可以辞职，但如果他向上级投诉，他将会后悔。尽管肯特被这些工人有意地排除在外，诸如一起休息、周五下午下班后一起到街对面的酒店喝酒，但昨天他找到一个年长的工人，并对他说：“我搞不懂你们是怎么回事，我只是努力去做我自己的工作。报酬很好，我只是不想在这里闲混。我几周后就会离开这里回到学校，我希望能更好地了解你们，但说实话，我确信我很高兴自己不像你们这样。”这个年长的工人回答：“年轻人，如果你在这里工作的时间和我们一样长，你也会和我们完全一样。”

1. 运用一些理论来解释这个工作群体形成的原因，这是什么类型的群体？

2. 主管在这个群体中扮演什么样的角色？
3. 这群工人和肯特的主要的非正式角色是什么？肯特在这个群体中的地位如何，为什么？
4. 为什么肯特没有被这个群体接受？你同意那个年长工人最后的回答吗？为什么？

组织行为案例：蓝带委员会

梅耶·山姆在政府部门的首次任期即将结束。他清楚自己的工作记录还是不错的，除了在有争议的住房问题上。他一直在尽量避免处理住房问题，并且拿定主意要把这个问题拖到选举之后。选民在这个问题上分歧很大，无论他做出有利于哪方的决定都会失去大量选票。但是随着来自双方压力的不断增大，他必须要做些事情作为回应。经过一段时间的思考和犹豫之后，他终于想到了一个解决此两难问题的好办法。他任命了一个委员会来研究这个问题并给出一些意见。为了确保这个委员会的工作在选举结束之前不会完成，选择合适的人非常重要。山姆从各种背景的人中挑选人员组成了"蓝带"委员会。山姆给公众的解释是"这样有关各方都能有发言权"。他组建的这个委员会非常庞大，委员从市政规划的博士、不动产代理商到当地保守的市民，还有少数民族的领袖。他精心选择了那些对住房问题公开表达不同观点的人。

1. 你认为山姆使用这个委员会群体来拖延自己对住房问题表明立场的策略有用吗，为什么？
2. 这个群体的一些重要动力学问题是什么？你认为这个群体可以就城市的住房问题达成好的解决方案吗？
3. 你认为他们会产生群体思维吗？
4. 山姆展示了什么样的非正式角色？你认为他是一个有效的管理者吗？你认为他是一个有效的政治家吗？它们的区别是什么？

第三编体验式练习

练 习

群体和冲突解决*

目 标：

1. 比较个体和群体的问题解决和决策
2. 分析群体动力过程
3. 演示冲突并指出解决方法

实 施：

1. 将任何数量的人分成 4~5 个人一组的多个小组。
2. 用 15 分钟时间让个人完成练习，用 30 分钟时间让小组对结果达成一致。
3. 每个人和小组都需要有一个工作表。也可以为大家准备一些铅笔、记录纸（黑板或新闻纸）、记号笔或粉笔。

过 程：

1. 每个人用 15 分钟时间来读这个故事并回答随后的 11 个问题。每个人都可以随时查看这个故事，但不能和其他人商量。每个人需要在他认为正确的问题后面圈"T"，在他认为错误的问题后面圈 "F"。如果他认为一个问题无法依据故事的内容判断正误，则需要圈 "?"。
2. 15 分钟后，每个小组进行集体讨论，对所有问题的回答达成一致。每个人都不得涂改自己个人问卷上的答案。群体进行决策时需要遵循的基本原则如下：
   a. 群体决策需要达成一致。投票、交易、平均意见、投硬币都是不允许的。
   b. 不允许小组的某个成员为了达成统一意见而放弃自己的个人意见。
   c. 不允许小组成员通过非理性的争论来维护自己的意见，而需要通过说理和推论来支持自己的意见。
   d. 每个小组成员都需要意识到必须通过事实来解决争论。不让群体成员感到威胁和防御，就可以提高他们的理解力和创造力。

评 分：

1. 30 分钟的群体工作之后，练习的领导应该宣布正确答案。评分基于 11 个问题中正确选择的数量。每个成员的分数自己评价，有专人负责计算群体的得分。然后，练习的领导收集：
   a. 每个小组的群体决策得分。
   b. 每个小组的所有成员的个人平均得分。
   c. 每个小组成员中个人的最高得分。

* **资料来源**：Alan Filley，*Interpersonal Conflict Resolution*，Scott，Foresman，Glenview，Ill.，1975，pp. 139–142，as adapted from William H.Haney，*Communication and Organizational Behavior*，Irwin，Burr Ridge，I11.，1967，pp.319–324.

2. 答案应当被贴在记分表上。如果小组的得分高于个体得分的平均数或者高于个体得分的最高值，应当特别标注。小组应当讨论个体成员解决意见分歧的方式，以及在这一过程中的基本原则。他们可以考虑在达成一致的过程中经历的障碍和个体与群体之间差异的可能原因。

故　事：

一个店主刚关上商店的电灯，这时，一个男人出现并向他要钱。店主打开了收银柜，收银柜里的东西被洗劫一空，抢钱的男人迅速离开了。一位警察随即接到了报告。

请判断下列关于故事的陈述是否正确：

1.	店主刚关掉灯，一个男人就出现了。	T	F	?
2.	抢劫者是个男人。	T	F	?
3.	一个男人没有索要钱。	T	F	?
4.	打开收银柜的那个男人是店主。	T	F	?
5.	店主洗劫了收银柜，然后跑掉了。	T	F	?
6.	某人打开了一个收银柜。	T	F	?
7.	要钱的男人洗劫了这个收银柜里的东西后，就跑掉了。	T	F	?
8.	虽然收银柜里有钱，但故事并没有说明有多少钱。	T	F	?
9.	抢劫者向店主要钱。	T	F	?
10.	这个故事涉及一系列事件，其中只提到三个人：店主、要钱的男人和警察。	T	F	?
11.	下列事件是正确的：某人要抢钱，一个收银柜被打开了，里面的东西被洗劫一空，一个男人冲出了商店。	T	F	?

记分表

小组编号	小组得分	个人平均得分	个人最高得分	小组得分是否高于个人平均得分?	小组得分是否高于个人最高得分?

练 习

美国国家宇航局月球生存任务 *

目 标：

决策过程面对的一个挑战是，如何在时间和其他资源有限的条件下获得最佳信息。这常常是非常困难的，因为信息并不是那么显而易见。信息总是经过人们的筛选处理，而这些人可能没有、也可能存在分歧，他们中的一些人甚至并不关心能否做出一个好的决策。这个练习可以帮助你看到收集信息、制定群体工作程序、分析不同的贡献以及处理冲突和动机的过程。这个练习的目的在于帮助你理解个人决策和群体决策的优点和缺点。

指导语：

你们是一群宇航员，原计划在月球表面和另一艘宇宙飞船会合。但因为机械问题，你们的飞船被迫在离集合地点 200 英里以外的地方降落。在着陆的过程中，大部分装备都被损坏了。由于能否生存取决于能否到达集合地点，你们必须从剩余的装备中挑选出最重要的东西来完成这 200 英里的行进。

实 施：

1. 下面列出的是 15 个未被损坏的装备。你们的任务是评价每一个装备对于到达集合地点的重要性。
2. 在第一列上（第 1 步）填一个数字，1 代表最重要的装备，2 代表其次重要的装备，以此类推，一直到 15 代表最不重要的装备。你们有 15 分钟来完成这部分练习。
3. 个人评价完成之后，你们需要分成不同的小组，每个小组 4~7 人。
4. 各小组接下来评价这 15 个装备的重要性。此评价需要的是小组成员经过讨论后达成的一致意见，而不能是成员意见的平均。尽管让所有人都完全同意对每一个装备的重要性评价不太可能，但至少大家可以接受达成共识的评价。在评价的过程中，应当将不同的意见看作是收集更多信息、明确问题和刺激群体寻求更佳方案的方式，这一点非常重要。
5. 小组的排序应当列在第二列中。（第 2 步）
6. 练习的第三阶段由主持人给出专家的评价结果，放在第三列中（第 3 步）。

评 分：

1. 每个参加者都需要计算个人评分和专家评分之间的差异，以及小组评分和专家评分之间的差异。
2. 然后将两个“差别”列分别求和。所得分数越低，说明与专家评价的观点越接近。

* **资料来源：** This exercise was developed by Jay Hall, Teleometrics International, and was adapted by J.B. Ritchie and Paul Thompson, *Organization and People*, 2d ed., West, St.Paul, Minn., 1980, pp.238–239. Also see James B.Lau and A.B.Shani, *Behavior in Organizations*, 4th ed., Irwin, Burr Ridge, Ill., 1988, pp.94–99.

美国国家宇航局记分评分表

装　备	第1步 个人的评价	第2步 小组的评价	第3步 求生专家的评价	第4步 个人评价和专家评价之间的差异	第5步 小组评价和专家评价之间的差异
一盒火柴					
压缩食品					
50英尺长的尼龙绳					
降落伞绸					
便携式加热器					
两把45毫米口径手枪					
一袋脱水Pet牌牛奶					
两个100磅的氧气瓶					
星座图（标示月球的星图）					
救生筏					
磁力指南针					
5加仑水					
信号弹					
便携式急救包，内有注射针					
太阳能FM接受发射器					
			总　计		
			（分数越低越好）	你的得分	小组得分

练　习

TGIF（感谢上帝，终于到星期五了！）*

目　标：

这个练习提供了一个体验和考察群体动力各个方面的机会。尽管这个活动本身是娱乐性的，但它反映了管理者和自我管理团队需要面对的许多同样的挑战，那就是有效管理一个合作过程所必需的决策和人际行为技能。

实　施：

这个练习要求拼出一系列普通或熟知的短语或单词。每个题目包括一个数字，这个数字是解开难题的线索。例如，作为例子的短语是“7-D.of the W.”。

* **资料来源**：Professor Steven M.Sommer，Pepperdine University，developed the exercise around the two anonymous activity sheets.Used with permission.

数字 7 是短语的一部分，也是解开这个短语的关键，根据这个线索，这个短语应该为“7 Days of the Week”（一个星期的 7 天）。另一个常见的例子是“12-E.in a D.”，其答案是“12 Eggs in a Dozen”（“12 个鸡蛋是一打”）。

活动表 A

指导语：下列每个例子包括一些单词的字头。补充缺失的单词。例如：

7 – D. of the W. 7 Days of the Week

1. 26 – L. of the A. __________
2. 7 – W. of the A. W. __________
3. 1001 – A. N. __________
4. 54 – C. in a D. (with the J.) __________
5. 12 – S. of the Z. __________
6. 9 – P. in the S. S. __________
7. 13 – S. of the A. F. __________
8. 88 – P. K. __________
9. 18 – H. on a G. C. __________
10. 32 – D. F. at which W. F. __________
11. 90 – D. in a R. A. __________
12. 200 – D. for P. G. in M. __________
13. 8 – S. on a S. S. __________
14. 3 – B. M. (S. H. T. R.) __________
15. 4 – Q. in a G. __________
16. 24 – H. in a D. __________
17. 1 – W. on a U. __________
18. 5 – D. in a Z. C. __________
19. 57 – H. V. __________
20. 11 – P. on a F. T. __________
21. 1000 – W. that a P. is W. __________
22. 29 – D. in F. in a L. Y. __________
23. 64 – S. on a C. B. __________
24. 40 – D. and N. of the G. F. __________

程　序：

1. (5 分钟)。学生应分散而组成 4 到 5 个人的小组。
2. 在进行任务之前不要阅读要讨论的问题。
3. (20~30 分钟)。各小组尽可能地完成所选活动表（A 或 B）中给出的问题。
4. (5 分钟)。指导者读出题目的答案。小组可以提出其他的解决方案。
5. (15 分钟)。在课堂论坛上，通过回答每个讨论题，各小组讨论并比较他们的体会。
6. 作为后续的活动，完成另一个列表。这个后续活动可以用于展示有效的群体发展、有效的团队工作（在讨论完第一个列表出现的问题之后），或者群体对个人施加的影响力（先由学生自己完成列表，然后作为一个小组完成列表）。

活动表 B

讨论问题：

1. 群体是如何解决列表上的问题的？你们是否找到了解决方案？你们是作为一个群体解决问题的吗？是否每个人都试图独立地解决整个活动表中的问题，然后汇总大家的意见？小组成员是否扮演了不同的角色？记录者、鼓励者、思想产生者，还是间谍？
2. 解决所有 24 个问题对于群体有多重要？团队在最开始是否设定了一个要达到的目标？这个练习的挑战性有多大？ 当你们完成列表时发生了什么？是否产生了承诺？最后几个问题是比较让人头疼的，你们的小组是否失去了动力？
3. 描述群体的气氛或人格。是否每个人都在努力程度、解决多少问题等方面达成了一致？在完成列表遇到困难时，小组成员是否开始出现不同的反应？是否一些人坚持要完成任务，而另一些人则表示应该放弃？

4. 是否有些成员试图控制整个过程？建议的解决方案是什么？你们在练习过程中相处如何？是否存在冲突？是否在争论不同解决方案时出现争斗？是否每个正确答案的提出都使成员感到兴奋和骄傲？还是会产生一种解脱的感觉，感觉离完成任务又近了一步？
5. 群体是否发展出任何规则来规范成员的行为？在群体正式解决问题之前，就任务安排进行讨论的过程中，是否有群体发展的过程？随着时间的推移，行为或期望发生了什么变化，群体在行动上是否更为集中？是否出现了某种形式的自我约束以保持团队的集中，防止在和其他小组进行比较时感到窘迫？
6. 公众关注有多重要？你们是否曾关注其他小组表现的情况？你们的小组是否侦察过其他小组的答案？你们和其他小组是否进行了任何交易？

练 习

群体和政治*

目 标：

1. 了解你自己的权力需要和政治取向。
2. 考察人们获取权力的原因，以及采用什么样的政治策略可以获得权力？

实 施：

用“最不认同”和“最认同”来回答下面每个问题，即使你很难决定哪种回答能最好地表达你的意见，也需要从中选择一个。

	最认同	最不认同
1. 只有傻瓜才会纠正老板的错误。	______	______
2. 如果你有某些机密的信息，你会按照对自己有利的方式发布。	______	______
3. 我会很小心地避免雇佣比我教育水平更高的下属。	______	______
4. 如果你帮了别人，记住一定要取得回报。	______	______
5. 如果有机会，我会想办法和有权力者交朋友。	______	______
6. 我喜欢这样的主意：说自己竞争对手的好话，以使他被调离开我的部门。	______	______
7. 为什么不以他人的工作为荣？他们也会同样对你。	______	______
8. 如果有机会，我会帮助我的老板做私事。	______	______
9. 当我听到老板讲的笑话，我会开怀大笑，即使我认为这个笑话一点也不好笑。	______	______
10. 我肯定会参加公司的野餐，即使那天我有更喜欢做的事情。	______	______

*资料来源：Reprinted with permission from Andrew J.DuBrin, *Human Relations*, Reston, Reston, Va., 1978, pp. 122-123.

第四编

高绩效的管理与领导

最佳实践咨询

盖洛普达到高绩效的管理方法

由于本书的最后一编涉及达到高绩效的管理与领导，而这又是盖洛普的主要业务内容，所以我们先来了解管理部分，然后是领导。

达到高绩效的管理从测量开始。如果员工的才干得到了恰当的匹配，他们才有可能把我们要测量的事情干得更好。但我们要测量什么呢？在盖洛普的实践中，我们希望在一个结果明确的环境中工作。因此，每一位员工都必须了解他们的客户——内部的或者外部的。在这种关系中，可以在数量和质量上对员工绩效进行测量，以产生正确的期望。一旦“测量什么”的问题找到了答案，才有可能发展出客观的、得到认同的测量方法。在盖洛普，我们相信“如果你有一个无法测量的工作，那么它根本就不是一份工作。”

请注意，测量并不意味着对过程惟命是从。除了关心诸如安全等问题外，测量的目的在于给主动性、创造力、个性化以及为员工工作环境的改善提供空间。我们将集中于绩效问题。

我们已经发现，只注重数量可能会适得其反。因此，我们总是把质量评估纳入进来，而决定质量的是顾客。当然，有些问题在大多数工作环境中都会出现——时效性、正确性和响应度等等。通常，我们发现其他因素例如“个人接触”也应该包括进去。当人们最终看到他们做出了什么，以及他们的努力是如何被接受的，他们就有了一个去了解“他们还能有哪些提高”的基准和理由。

在盖洛普，我们推荐这样的报酬系统，即它认识到人们可以被不同的东西激励。比如，有些人愿意挑战自我，而其他人选择在“更广阔的范围内”进行竞争。除此之外，我们还考虑了人们对于表彰方式的不同偏好。对一个不喜欢与他人比较或者“孤僻”的人，给予公开表彰也许达不到预期的效果。

选择正确的测量对象是非常重要的，因为你将由此获得比你计划测量的东西更多的信息。某些问题（比如说安全问题）会非常棘手。测量“上报的事故减少率”也许就会出现这样的结果：更少的上报！同样，在呼叫中心，一些公司已经认识到，基于较短“通话时间”的奖励对客户服务是有害的，只会造成高绩效的表面假象。

内源性动机实际上是盖洛普研究测量和表彰时的前提假设。因为盖洛普相信为达到理想结果，应该使人的才干得到“恰当匹配”，盖洛普希望将个人安排到对他而言是“自然的”角色中去。通过这种方式，员工对他们完成很好的事情才会有内在的满意感。常常从一开始，他们的工作就含有合适的测量方法，并且由于他们的才干得到了恰当的“匹配”，他们就拥有在其角色中持续发展和改善的先决条件。随着这种情形的持续，迅速的提高就成为动机的“基础”，它支撑了整个测量和报酬系统。

显然，盖洛普不赞成晋升应该作为奖励的想法。员工也不应该因为工龄受到奖励，高绩效才是关键，对结果的测量以及个性化的表彰方式才是恰当途径。

盖洛普对高绩效领导的研究

盖洛普的领导研究并不过分强调目标的完成，而关注于持续的过程。这个过程包括绩效的提高和组织的成长。然而，在盖洛普看来，这些是伴随领导过程的必然结果。作为核心，领导的作用不仅仅在于创造希望、可能性和未来。这里没有“终点”，尽管一路上可能获得各种成功。最佳的领导不仅使个人和组织朝向其最高的目标，还应该创造出愿景，让人们能够迈向新的还未能达到的经验和绩效水平。

在盖洛普的研究中，领导已经被证明是员工留任和忠诚度的“主要驱力”。在一个迅速变化、高离职率的环境中，领导成为一种“更高层次”的结构，它通过未来、愿景、价值观和文化的构建影响着员工，这种行为表明了对员工的关心、尊重与重视。

领导者禀赋才干

盖洛普对领导的研究主要基于对人的才干的研究。尽管这乍看起来像一种“特质方法”，但才干并不植根于个性或“风格”。对盖洛普来说，才干是可测量的，是思想、感情和行为的稳定集合。才干是各种技能和竞争力获得发展的“土壤”。正是这种个人才干创建了一种基础，由此“技能”得到发展、“发挥”和“衰竭”。从其最主要的方面来说，才干更多的是关于人们能去做什么，而不是他们应该去做什么或者可能被管制或胁迫去做什么。有了这样一种测量才干的可靠方法，盖洛普把注意力集中在那些明显地把最佳绩效或成功领导者从“普通人”当中区分出来的才干。

领导者与管理者

第一个必要步骤就是区分领导与管理。盖洛普发现，管理者和监督者对所谓的“第一突触”（他们自己及其所管理的个体之间的关系）施展最强有力的影响（突触，神经学术语，指神经通路上两个相连的神经元的联结部位。——译注）。而另一方面，领导者则“跨越距离”施加影响。尽管文献也认可间接的领导（一个特定职位上的领导对并不直接向其汇报的个体施加影响），但盖洛普认为这种“远距离的领导”并不是领导者的“间接职能”，而是领导者的*基本活动*。

谁是领导者？对盖洛普来说，领导者就是那些成功地把支持者（不只是直接群体）引向共同的“目的地”，这个目的地同时也孕育着未来。尽管每个人都或多或少拥有这种能力，并在某种程度上运用它，但是对某些个体而言，这些才能确实在更大的范围或程度上得到更频繁的运用。这些个体就是领导者。当然，其他变量，例如具体情况、时代精神、环境、追随者，也会发生作用。这就是为什么领导者需要拥有应对这些挑战的才干，这也是为什么盖洛普不仅测量领导者的才干，还包括对领导的支持者的各种相关测量。

盖洛普已经开发出测量管理和领导力的相关方法，这些方法使领导者能够了解其自身的才能及其在支持者当中的影响力。此外，盖洛普认为，最为重要的是把管理的问题分离出来，将管理的职能明确化，领导也同理。幸运的是，这些方法和测量方式在问题与职能、管理者与领导者之间都有关键的“交叉”，从而使得整个组织能利用关于有效结果的全部信息。

领导与环境的匹配

盖洛普赞同领导的权变理论，认为领导和环境必须“匹配”。对领导者来说，用与所在环境相“匹配”的方式来发挥其才干也是非常重要的。自我意识是成功领导的一个重要因素，因为它调节了对其他才干的有效运用。盖洛普的研究也表明，根据不同的环境“调节”其才干的能力最终造就一名成功的领导者。如果个体的才干适合其角色，并以与角色和环境相匹配的方式被运用，那么这就是盖洛普所说的领导“优势”。因此，对才干的测量对工作安排、发展和继任计划都有指导价值。

盖洛普所确认的领导力要求

在盖洛普评估中，领导的过程是指领导者对七种需求的反应（See Barry Conchie, *Gallup Management Journal*, 2004.）第一种需求是领导者*了解自我*。在盖洛普的研究中，这个持续发展的过程在自我觉知方面具有极大的重要性。了解一个人的优势和劣势并依此行动，就是为了最佳地发挥自我并降低由于“盲点”

造成的盲目行动。对优势的了解也让领导者个人能以真诚的、道德的形象出现在他人面前。

领导者还需要让自己和别人明白经验的意义，其主要原因是为了减少组织中的恐慌。忧虑会分散和削弱人的精力，使之偏离于积极的活动。领导者能够通过对有问题的"现实"的简短解释来打消人们的恐慌，这并不是说，领导者对所有的问题都有答案，但是人们需要知道他们的领导者对相关事情是"在意的和关心的"。

领导者需要进行指导并被指导。特别是在当今迅速变化的世界中，领导者本身需要不断地改变以适应他人的发展变化。关注现有和未来问题的一个最优方法就是密切留意其后起之秀的担忧与希望。而且，领导者也需要那些对自己的实践提出挑战的人。这些监督性的关系有利于领导者的持续发展。

成功的领导者应战略性地、持续性地发展支持者。对领导者来说，每天都是招兵买马的日子。没有一个领导是没有追随者的，而且，这些追随者都是自愿追随的。通过建立个人信任，领导者赢得人们对其提出的愿景和价值观的忠诚。在此过程中，领导者还需要言行一致。领导者都知道"朋友们有来有去，但敌人却是不断增加的"。

领导者给员工灌输价值观。由于未来通常被表述为组织目标或使命的"体现"，领导者应该使它更浅显，并且使人们体验到共鸣。领导者把共同的人类理性和激情调动起来，这传达给员工一种意义、目标和方向。领导者激发员工的真诚的动机，并帮助员工提高敬业度。

领导者应致力于愿景的实现。在盖洛普看来，对领导者来说，构建愿景是一个持续的过程，愿景来源于组织的价值观和目标，它是对一种愿望、对某种可能的共同展望，以及共同未来的表达。随着组织的发展，愿景不断被重塑，因为一连串的价值观能不断找到新鲜感及不断使用各种宽泛的表述。尽管具体的目标支持着愿景，目标应该逐步实现，但愿景永远是存在于遥远的可能性之中。领导者的工作就是使愿景保持这种状态。

领导者要用大胆创新的目标激励员工。成功的领导者用富有挑战性的远大目标告诉员工，他相信他们能做到。这传达了一个极为重要的信息。可是与组织使命和愿景距离太遥远的崇高目标，也可能被知觉为那是领导者"满足个人的自私行为"。但是，当领导者成功地创造出一连串的价值观、愿景、政策、行动和挑战时，就可能达到非凡的结果：未来的方向和希望被创造出来，组织的效力得到了促进。

第 11 章

通过工作设计和目标设置管理绩效

学习目标

- **讨论** 作为达到高绩效管理方法的工作设计的背景。
- **定义** 工作设计中的工作丰富化和工作特征方法。
- **介绍** 工作设计中的工作生活质量、社会技术以及高绩效工作实践方法。
- **解释** 从研究中获得的目标设置理论和指导。
- **描述** 目标设置在整体系统绩效中的应用。

有些元分析研究结果支持这样的传统认识：过去良好的工作经验与工作绩效有关。[1]（换句话说，工作者相关经验越多，他们往往就能把工作干得更好。）而且，一个对大约 1 000 名人力资源管理实践者的调查发现，他们的认识与许多领域内的研究结论间存在很大的差异。例如，与研究结果相比，实践者很少相信智力和人格测验能预测员工的绩效。[2]然而，也有许多来自研究和实践的结果支持这样的观点：特定的工作设计和目标设置可以改善绩效。本章的主要内容就是通过两种重要的实用技术改善绩效，它们是工作设计和目标设置。越来越清楚的是，恰当的工作设计对员工满意度和工作质量都有积极的影响。目标设置也是一样，它常常被用来说明理论和基础研究能够导致绩效提高。本章的目的就是要提供一些背景知识，回顾相关研究，阐述它们在组织行为学领域中的一些有效应用。

工作设计

工作设计（job design）可以定义为管理者用来确定工作内容（包括所有相关任务）的方法以及构建和修改工作的过程。在组织行为的研究中，特别是从最近许多趋势上来看，工作设计是一项越来越重要的应用技术。最重要的是，由于新的信息技术的引入，正像在第 2 章中讨论的那样，特别是互联网、企业内部网和电子商务的使用，工作的性质正在发生改变。所以，出现了两种新的情况。第一

图 11.1
工作设计的各种方法

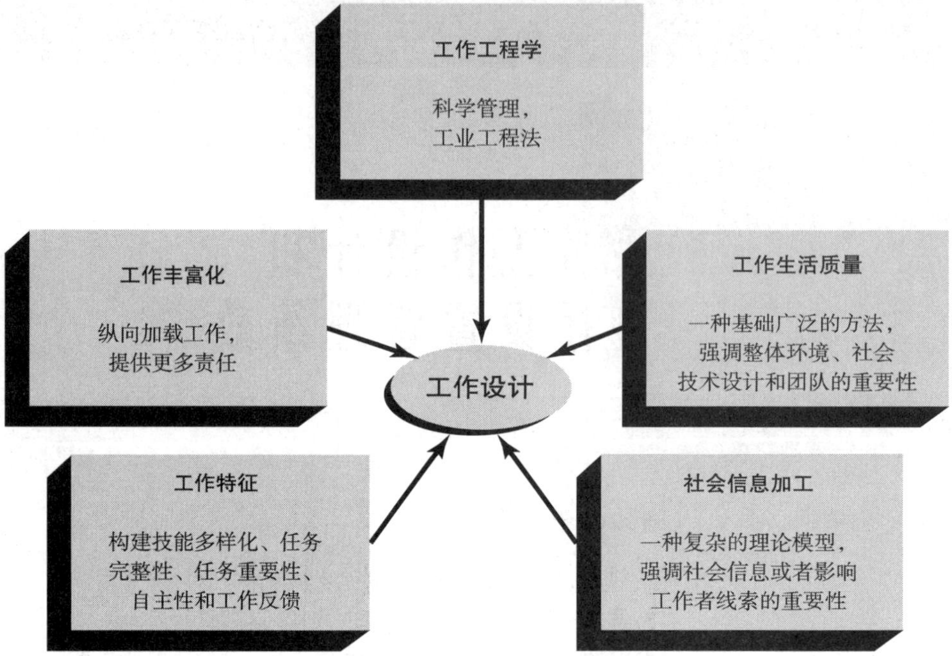

种是工作时间和非工作时间的界限正变得日益模糊。携带手机或个人数字助理（PDA）的个体，和拥有传真机与互联网服务的家庭办公室，都可能在非办公时间"办公"。而且，实际上他们一天中的每一刻都随时待命，无论是行车时间、候机时间还是飞往世界各地的时间。第二种情况与第一种也有关系，就是电子通勤工作和电子工作的增加，在这种情况下，员工花更长的时间在家中办公。越来越多的组织提供给员工先进的信息技术让他们在家中使用。这些趋势为工作设计带来了新的挑战。建筑在不断增长的理论和研究基础上的工作设计，也正在被广泛地应用于管理实践中。

起先，组织行为学只关注工作设计中的工作丰富化问题。现在，随着*工作生活质量*（QWL）成为美国以及全世界的一个主要社会问题，工作设计也采取了一种更广阔的视角。图 11.1 总结了工作设计的各种维度和方法，以历史上重要的*工作工程学*为开端。工作丰富化仍然是组织行为学和工作设计文献中的主要议题，但是正像在第 6 章中讨论的那样，它是从工作特征而非赫茨伯格激励模型的角度来看的。社会信息加工取向承认工作设计的理论复杂性，而 QWL 方法承认工作设计中环境或文化（参见第 3 章）的整体重要性以及更具体的社会技术和团队技术的作用。

工作设计的背景

关于工作设计的观点最早出现在 18 世纪的文献中，特别是英国经济学家亚当·斯密在他里程碑式的经济学著作《国富论》中指出，如果每一名工人都被指派干一件小的、常规的、重复性的任务，那么大头针生产线的生产率就会大幅度提高。这样，一个人的工作是“钢丝矫直”，另一人的工作就是“钢丝剪钳”，还有一人的工作是削尖针头，等等。这种专业化工作设计能极大提高生产率，为在一百多年以前开展的科学管理运动铺建了舞台。弗雷德里克·泰勒与弗兰克·吉尔伯特等先驱科学管理者借助了时间和动作分析等技术系统地研究了工作。他们的目标是为了使人力效率在工作中达到最大化。泰勒指出，任务设计可能是科学管理中最为突出的惟一因素。

科学管理方法发展到今天，通常被称为工作工程学（job engineering）。这种工作工程学的取向涉及产品、工序和工具设计；车间布置；标准操作程序；工作测量和标准；工作方法和人–机互动。这是在一百多年中占主导地位的工作设计分析形式，它与近几十年来的自动化并肩发展，并与自动控制（自动反馈控制机制）、人工智能（AI）的精密计算机应用、专家系统以及计算机辅助设计（CAD）紧密相连。这些计算机系统通过减少任务和工作流的不确定性，从而产生了积极的影响。[3] 先是蓝领的生产工作，然后是白领的办公室和服务工作，它们都变得越来越专业化（员工只做一项或很少的任务）和标准化（员工每时每刻以同样的方式工作）。

当产品在传送带上不断移动，工人就把一个个螺帽拧到螺钉上去，这个常常被引用的生产线上的例子在全美国的制造工厂中都非常流行。同样类型的专业化工作在其他领域也变得越来越普遍，其中包括银行、办公楼、医院、学校以及其他每一种组织环境。人们的共识是，这些高度专业化和标准化的工作非常有效率，并能对员工进行高度的控制。一直到现在，还很少有人对工作设计的传统工程方法提出质疑。高层管理者可以决定和看到工程作业带来的即时的成本节约，但是，质量、旷工以及离职率等间接效应却常常被忽视了。从成本的角度看，空间密集的物理工作环境（例如，拥挤的工作间）能节约成本，但就像最近的研究所发现的，这种拥挤的工作场所会导致更高的离职率和迟到率以及更低的满意度。[4]

从 20 世纪 50 年代，一些实践型的管理者（比如 IBM 的创立者托马斯·沃森）已经开始寻求拓展工作工程学的一些原则。在 50 年代和 60 年代，两种比较盛行的方法是工作轮换和工作扩大化。制订这些计划是为了利用工作工程学方法中劳动力分工的优势，同时也为了减少工作工程学方法对员工满意度和绩效的负面影响。

工作轮换

工作再设计的一种最简单的形式是让员工在短时间内（一个小时、半天、每天）从一种工作转到另一种工作中。比如，在麦当劳，一名员工今天也许炸薯条，明天去烤汉堡包，后天去站前台，大后天去打软饮料。工作轮换（job rotation）的这种形式有几种优点。第一，工伤的可能性降低，因为每一位员工在工作日都必须重新关注一项新的工作任务。而且，重复性的疲劳损伤（比如，腕骨关节综合症）也会减少。第二，因为员工又学会了一套任务，他们就更加灵活，能够取代任何一名没到或离职的员工。第三，从基层提拔上来的主管对整个业务如何运作也会了解得更多。在麦当劳，一位仅在六个月后就从普通员工提拔上来的经理，在这个单位中也许从事过每一个生产工作职位。工作轮换的一个主要劣势在于，最终每一个工作任务都会变得和其他任务一样枯燥无味。换句话说，长期看来，炸薯条和烤汉堡包之间没有本质区别。因此，工作满意度或绩效就会降低。然而，最近的一些研究却表明，轮换是有积极影响的，[5]特别是对于交叉训练和发展员工去承担更宽的责任来说更是如此。[6]无论如何，作为工作再设计的一个选择方法，它总比什么都不做要好。

工作扩大化

工作扩大化（job enlargement）涉及增加每个员工执行任务的数量。如果沃尔玛的收银员或者上货员除自己本职工作之外，还负责服务客户、确定买卖、协助信用证书申请、安排货品以及再订购等任务，他的工作就是扩大化的。在扩大化工作中的员工能够在执行任务时使用更多的技能。然而，很多时候，扩大化却会降低效率，因此减缓工作速度。请想像一下在沃尔玛为了享受个人化的服务而必须忍受的等待。这样的情况下，与那些综合服务型百货商店相比，其在低劳动成本上的竞争优势将会迅速减少。然而，扩大化并不一定会导致员工满意度和承诺的增强。比如，最近裁员的一个主要副作用就是给公司留用员工安排了扩大化的工作。幸存者带有"我将是下一个被裁者"的焦虑，却承担更扩大化的工作，他对组织的满意度和承诺均会减少。

新的挑战

工作轮换和扩大化都被当做横向工作加载计划。就技能和责任而言，这些任务都在同一个工作层面。尽管沉闷和厌倦仍然是一个很大的问题，[7]但在过去的几年中，人们已经转移了注意力，关注员工在工作中所面临的新的艰巨挑战。比如，由于组织的裁员以及信息技术的发展，工作骤然变得更加艰难，员工必须换一种新的思维方式去适应无法预料的变化。比如在制造业，生产线方法正在被灵活的、针对不同用户的生产和计算机集成化制造（computer-integrated manufacture, CIM）所取代。这种新的制造方法要求工人对付一种不断扩张的产品线和尖端技术。在白领服务业，类似的变化也在发生。比如，银行出纳员不仅需要掌握计算机操作能力，还必须是市场营销和客户服务代表——而不仅仅是数字计算者和普通职员。

对学者和从业者来说，工作设计在当今的人力资源管理中有特别的重要性。[8]工作设计是必不可少的，这样才能够减轻压力（见第 8 章），增强积极性（见第 6 章），提高员工的满意度、承诺（见第 5 章）以及绩效，从而使组织能够在全球市场上进行有效竞争。这不仅是美国公司的现状，而且，正如后面的"国际应用实例"所显示的那样，相同的挑战在其他地方——比如中国——也正在发生。

工作丰富化

工作丰富化（job enrichment）是对工作设计中早期较简单化的工作轮换和工

长时间工作的中国人

董桥波（音译）是北京电信软件服务行业一家小型私营企业的高级经理，主要客户是中国移动通讯股份有限公司。董先生今年30岁，未婚，每个月赚近2 000美元，几乎是城市员工年平均工资的两倍，但是他每周要工作6天，总计达60小时。尽管超时工作约20小时，但他没有收到额外的报酬。“除了超时工作，我别无选择，”董经理说。“无论如何，努力工作是我的职责。”

300多英里外，在重要的产煤中心山西省，31岁的刘博（音译）的工作时间则非常不同。作为太原中学120名教师中的一员，他教历史课，一周工作5天，总计40小时。为此，已经结婚的刘老师每个月能赚不到200美元，但是对自己这份工作感到很高兴。“我只想教书，”刘老师说，作为国家聘用的教师，他能享有像医疗保险这样的社会福利。“我喜欢我的工作，因为我面对很少的压力，并且能拥有属于自己的空闲时间，”他说。

在快速变革的中国，类似董经理和刘老师这样的情况同时存在，根据国际劳工组织的一项研究，中国人每周平均工作44.6小时（美国人是39小时）。而且52%的中国工人每周工作超过40小时，大大超过了美国（28%）。

然而，国际劳工组织的数据也指出，在中国劳动力内部存在很大的差异，工作时间与个体是在国营单位还是在快速成长的私营企业有关。在国营单位，工作时间更短，而私营企业平均每周工作时间超过46小时。“中国人，特别是年轻人，在他们的工作中面临更多的压力，”马明洁说，她是北京中国青年报社会研究中心的主任。根据这个中心4月份的一个调查，65.6%的人每天工作多于8小时，20%的人多于10小时。

另外，国际劳工组织的研究发现，51%的中国工人——不像日本和韩国——没有加班费，曾湘泉（中国人民大学劳动人事学院院长）说。蓝领工人为了赚更多的钱而工作更长时间，白领这么做却是为了晋升或个人满足，曾院长说。

再看看吴宪勇（音译），他是体育用品制造商李宁公司负责市场和国际业务部的副总裁，李宁正在同阿迪达斯和耐克争夺中国市场，并最终参与国际市场竞争。“我想将李宁建成一个全球性的品牌，”吴说，他通常每周工作60小时而没有加班费。

法律要求每周工作5天，44小时，每年两周的休假，定期的年假和至少1.5倍的加班费。而且，法定的工作时间是从1995年以前的一周6天接近50小时降下来的。但这并不意味着法律被广泛地遵守，特别是在经济快速成长而未调控的时期，或者是外来务工人员涌入的地方。“这是一个很多地区还有待发展的大国，”托马斯说，“我们看到了劳动法运用的差异。”

尽管中国的雅皮士们正开始对空闲时间赋予价值，尽管劳动法正在对工人进行更好的保护，但是，私营企业的快速增长可能意味着更长的工作时间。“这里出现一个推拉效应，”国际劳工组织的托马斯说。而且那意味着，至少在接下来的一个时期，所有每周工作60小时的人将有助于中国经济保持高速增长。

作扩大化技术的扩展。因为它是赫茨伯格双因素激励模型的直接产物（见第6章），所以其出发点就是：为了激励员工，工作必须以提供成就、回报、责任、成长和发展的机会为目的而进行设计。这种技术需要“丰富化”工作，使这些因素被包括进去。特别地，工作丰富化与纳入更多种类的工作内容的工作设计有关；它需要更高水平的知识和技能；就计划、指导和控制自己的工作绩效而言，它给予员工更多的自主权和责任；为实现个人成长和工作价值提供机会。与横向加载工作的工作扩大化相反，工作丰富化是纵向加载工作，不一定会有更多的任务去执行，但是却有更多的责任和义务。比如，这个方法不是让某人干枯燥、专业化的任务，然后让另一个人去做任务的另一个琐碎部分，最终有一个检查员进行核查。工作丰富化则意味着给员工一个完整的工作单元（工作扩大化），重要的是，让员工检查他们自己的工作（责任），并在其工作上加上自己的标志（负责）。

作为一种应用技术，工作丰富化并不是现代管理所面临的所有工作设计难题的万能药。在注意到有记载认为此种工作设计方法不可行后，米勒总结说，最大的问题在于，传统的工作丰富化很少提到失败在何时发生和为什么发生。[9]对此有些解释认为工作丰富化很难真正实行，许多员工就是喜欢干原来熟悉的工作而不是丰富化的工作。一般来说，员工，特别是工会也会抵制变革。一些员工已经表示，他们喜欢更高的薪酬而不是丰富化的工作，还有人更喜欢现在的工作社交圈和交友的模式，而不喜欢有更多的责任和自主性。最终，工作丰富化也许会抑制个人在工作中的社会生活。

尽管有一些潜在的局限，工作丰富化仍然是一个可行的方法。最近的研究不断地给出证据表明，它能产生极为有成效的结果（更多的员工满意度和客户服务，更少的员工工作超负荷以及工作失误）。[10]还有一个近期的研究发现，在复杂的、有挑战性的工作丰富化环境以及支持性的、非控制性的监管环境中，员工更有创造力。[11]但是，管理层必须选择性地使用工作丰富化，并对复杂的人和环境变量有正确的认识。[12]有关工作丰富化的工作特征模型正是往这个方向发展的第一步。

任务设计的工作特征类型

为了解决相对简单的赫茨伯格工作丰富化方法（人们更愿意称之为*传统的工作丰富化*，orthodox job enrichment, OJE）中的局限，一批研究者开始关注特定工作特征或者工作范围与员工动机之间的关系。理查德·哈克曼（Richard Hackman）和格雷格·奥尔德姆（Greg Oldham）开发出最受广泛认可的*工作特征模型*（model of job characteristics），[13]如图 11.2 所示。这个模型认识到，特定的工作特征对特定的心理状态有影响，员工的成长需要强度有一个重要的调节变量。对核心的工作特征简要总结如下：

1. *技能多样化* 是指工作要求员工运用不同技能和能力以及知识范围的程度。
2. *任务完整性* 是指工作是否有一个明确的开始和结束。员工执行的一个工作模块的完整性如何？
3. *任务重要性* 涉及工作的重要程度。它既包括内部重要性（任务对组织来说

图 11.2
哈克曼—奥尔德姆关于工作动机的工作特征模型

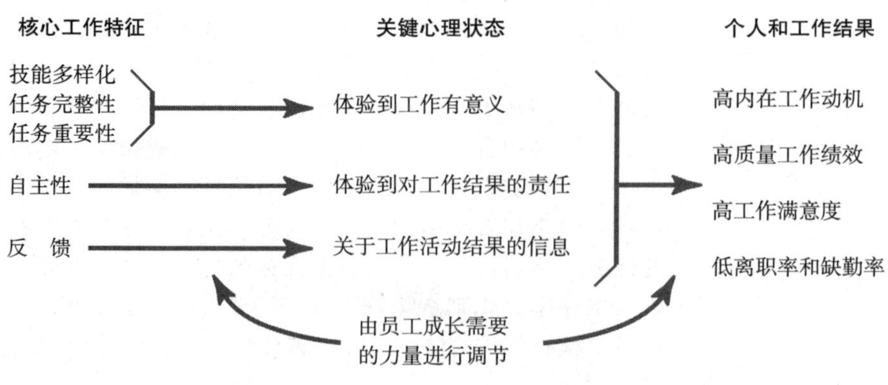

有多重要)，也包括外部重要性（员工在告诉亲戚、朋友和邻居他们的工作内容和工作组织时能有多自豪)。

4. *自主性* 是指工作的独立性。员工在安排他们自己的工作、决策或者决定达到目标的途径时，能有多大的自由度和控制力？
5. *反馈* 是指关于进展和绩效的客观信息，它可能来自于工作本身或者管理者或者一种信息系统。

对于关键的心理状态可做如下总结：

1. *意义性*。这种认知状态涉及员工把他们的工作知觉为有多重要和值得做的程度。
2. *责任感*。这种状态涉及员工感到他们对完成工作承担的个人责任或义务。
3. *对结果的理解*。这种心理状态直接来自于反馈，它涉及员工对于他们的工作表现的理解程度。

本质上，这种模型说明特定的工作特征会产生关键的心理状态。就是说，技能多样化、任务完整性和任务重要性会使员工体验到工作的意义；自主性使之有责任感；反馈使之理解结果。这三种心理状态越多地存在，员工在工作中表现好的时候就会对自己感觉越好。哈克曼说："这个模型假定，当个人得知（了解结果）他自己（体验到的责任感）在一项自己所看重的（体验到的意义性）任务中表现良好时，他就获得了内在奖励。"[14]哈克曼还指出，这些内在奖励会强化员工，使他们表现更好。如果他们表现还不够好，他们就会更加努力，试图获得良好绩效带来的内在奖励。他总结说："其净结果就是一个永久存在的积极工作动机循环，而它是由自然产生的奖励所带来的。可以预见这个循环能够持续下去，直到三种心理状态中的一种或更多不再存在，或者直到个人不再看重由良好绩效带来的内在奖励。"[15]不仅哈克曼和奥尔德姆提供了原始研究支持这些关系的存在，随后的研究也强烈支持核心工作维度和关键心理状态之间，以及这些状态和预料的结果之间的关系[16]（还可参见本章结尾的*组织行为原理*)。

根据哈克曼—奥尔德姆的特征模型，一个丰富化工作的例子就是外科医生。他们必须使用多样的技能和能力；他们通常可以很方便地确认出完整的任务，因为病人从开始到结束都是由他们治疗的（就是说，外科医生参与了预诊和手术，对术后事宜和跟踪治疗负责)；他们的工作具有生死攸关的重要性；他们有很大的自主性，因为外科医生对与病人有关的所有决策有最终的定夺权；而且在手术过程之中以及之后都有明确、直接的反馈（对生命信号以及"手术刀"—"手术刀"反馈式沟通的实时监督)，因为病人的康复和之后的健康必然取决于手术成功与否。根据这个解释，决定外科医生主要工作动机的是这些工作特征，而不是成长过程中发展出的需要，也不是由第 6 章所讨论的过程理论所假定的他/她的效价、工具性和期望值。

另一个极端是最传统的蓝领和白领工作。所有五项工作特征在这类工作承担者的知觉中几乎是不存在的，因此这也有助于解释在这些低水平工作中的激励难题。换句话说，工作设计（而不仅仅是工作者个人）有助于解释在这种方法下的工作动机。

诊断和测量任务范围

利用哈克曼—奥尔德姆模型诊断工作所具有的任务范围有好几种方法。比如，一位管理者也许只要根据五大核心维度的客观分析就能评估一项特定工作，正如在外科医生的例子中所看到的一样。还有人建议使用一个专门设计的检核表来检查其核心维度中的不足之处，它涉及使用监察员或检验员、可使用的劳动力或者纵横控制范围等方面。[17]哈克曼和奥尔德姆还开发出一份问卷——工作诊断性调查（Job Diagnostic Survey，JDS）——以及更加系统地进行研究。调查会得出一个量化的分数，它可以用于计算一个整体评价值或工作丰富化或越来越多地被称为工作范围——以区别于赫茨伯格的工作丰富化。这种*激励潜能分数*（motivating potential score，MPS）如下所示：

$$MPS = \left(\frac{技能多样化 + 任务完整性 + 任务重要性}{3}\right) \times 自主性 \times 反馈$$

请注意，把技能多样化、任务完整性和任务重要性的工作特征加起来要除以3，而自主性和反馈不作处理。而且由于技能多样化、任务完整性和任务重要性是相加的，所以如果其中任一个甚至两个都完全被忽略或者为零，那么个人仍然可能体验到工作有意义；但是，如果自主性或者反馈被忽视，那么由于乘法关系，工作就不能提供任何激励潜能（MPS = 0）。

JDS是广泛用于测量任务特性和任务范围的工具。超过200个实证研究都探索了工作激励对工作满意度和绩效的影响。大多数对此模型的支持都来自于哈克曼和他的同事，他们声称，在丰富化工作中（根据JDS测量出的它们的特性）的人，肯定能更受激励和更加满意（尽管证据不是那么确凿），并且可能有更好的出勤和绩效记录。[18]在一项研究中——极少数考虑长期影响的研究之一——发现了一些相当鼓舞人的结果。对隶属于一家大型控股公司的38家银行的1 000名出纳员的工作重新设计干预获得了如下结果：

1. 对工作特征的改变知觉迅速，并在一段相当长的时间内保持在一定水平。因此，员工知觉到他们工作中有意义的变化，并倾向于在一段时间内承认这些变化。
2. 满意度和承诺态度迅速增加，但是很快就减到原来的水平。
3. 绩效起先并没有提高，但是在更长的时间段内确实有显著增加。这意味着管理者和研究者需要在评估工作设计干预的效果时更加耐心。[19]

除了这种大规模的纵向研究外，对工作特征模型的元分析也发现了对此模型以及此模型对激励、满意度和绩效发生作用的普遍支持。[20]最近，关于工作特征和工作满意度关系的研究揭示了一些新的现象。员工对工作的知觉也许可以解释整体和内在工作满意度为何会提高。因此，感觉到工作特征增加的员工也许在短期会体验到满意，因为他们对于工作的知觉被激发起来了。[21]然而，其他的研究试图在理论上精炼和拓展工作特征模型，它们在调节变量/关键心理状态[22]（见图 11.2）和结果维度[23]上得出了矛盾的结果。这个模型在跨文化方面也未能成功，研究发现该模型未能提高一组俄罗斯工厂工人的绩效。[24]尽管有这些矛盾的结果，工作特征模型总体上来说还是有大量积极的研究证据，并与目标设置（本章的后半部分会讨论到）一起，仍然是高绩效人力资源管理的最有效的实用技术之一。

重新设计工作的实践指南

具体的行动指南如图 11.3 所示。这些容易操作的指南使得工作设计在人力资源绩效管理方面更加流行和实用。一个实际的例子就是在一家大的百货商店的应用。[25]在一项培训课程中，销售员的工作按如下方式重新设计：

1. 技能多样化　要求销售员努力想出和使用：
   a. 不同的销售方式
   b. 新的货品展示方式
   c. 记录销售和保存记录的更好方式
2. 任务完整性　要求销售员：
   a. 按美元记录个人每天的销售额
   b. 记录销售或顾客数量
   c. 划出个人展示区域，个人对其负责，并使之整齐、有序
3. 重要性　提醒销售员：
   a. 销售商品是商店的基本目标
   b. 展示区域的形象对销售很重要
   c. 这是针对顾客的“商店”；他们被告知，殷勤与令人愉快的服务能建立商店的声誉，并为将来的销售打下基础

图 11.3
为达到高效人力资源管理而进行工作重新设计的具体建议

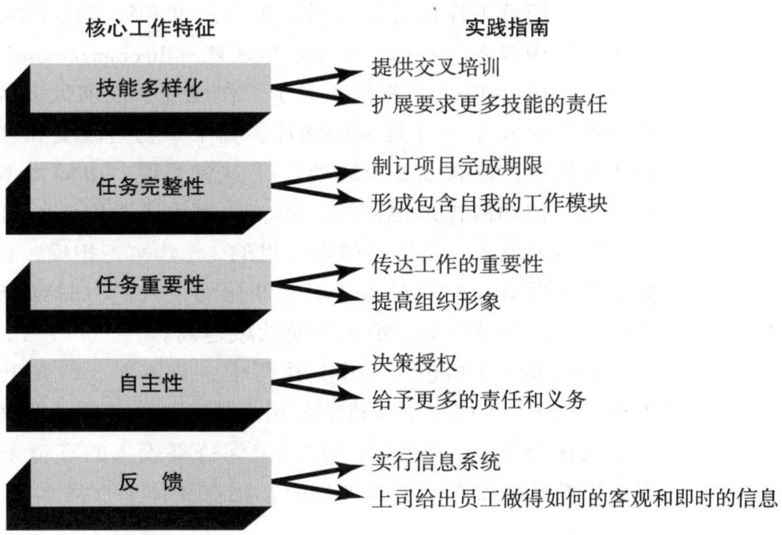

4. *自主性* 这些销售人员被：
   a. 鼓励开发和使用他们各自独特的方式和销售风格
   b. 容许选择他们自己的休息和午餐时间
   c. 鼓励对政策和运行中每一阶段的变化提出建议
5. *来自工作本身的反馈* 销售人员被：
   a. 鼓励保持他们自己的销售额记录
   b. 鼓励保持一个销售/顾客比率
   c. 提醒：与顾客建立良好的关系就是成功；他们被告知如果潜在顾客带着对商店及其雇员的好感离开，这个销售员就是成功的
6. *来自中介者的反馈* 销售人员被鼓励：
   a. 在销售技巧方面互相学习和帮助
   b. 从他们的老板和相关部门找出关于他们工作各个阶段的信息
   c. 邀请顾客对商品、服务等等给出反馈和建议

研究发现，销售人员表现良好（与顾客交谈、展示货品、处理退换等等）和表现不良（与同事和来访者闲聊、懒散地站着、没有合理原因擅自离岗）的行为，都在向所要求的方向转变；另一个分析也表明销售人员的满意度更高了。除了工作没有重新设计之外，控制组中的销售人员与实验组的条件均相同，结果，他们的绩效行为没有任何改变。因此，这个研究证明工作特征方法可以在实际应用中带来理想的绩效和满意度结果。[26] 许多知名的公司都根据工作特征模型重新实施了工作设计。[27] 例如，为了在工作中建立自主性，服务业（例如，迪斯尼、利兹酒店）和零售业中的一些著名公司允许他们的一线员工无论如何都要为“客人”/消费者提供恰当的服务。例如，在非常成功的 Container 商店，为了满足消费者的任何需要，每个销售人员都有一把商店钱柜的钥匙。

投入、懒散与社会信息加工

为了理解工作设计及其对员工满意度和绩效的影响，有一种理论取向是把个人在工作中投入（engagement）和懒散（disengagement）的因素考虑进来。威廉·卡恩（William Kahn）提出，对于工作设计，以前大多数的看法本质上都是区分为动态组织卷入（一个运动的图片，其中事物是改变和移动的）的静态观察（一个静止的景象，没有改变或运动）。[28] 这就是说，以前大多数的理论构建和研究都表明，员工在如何投入他们的工作、如何承诺于他们的组织以及如何在工作中越来越冷漠的表现上，是相当稳定一贯的。[29] 其实正相反，更切合实际的假定是，员工对工作的反应是时涨时落、不断变化的。人们有时候能更加融入到工作中去，有时候却对正在进行的事情更加漠然或远离。

组织成员在角色（工作）执行中，身体上、认知上和情感上的角色融入产生了个人投入。[30] 在一个由建筑公司人员参加的年轻人训练营的研究中，卡恩描述出使个人在身体上、认知上和情感上保持高投入的环境条件。一名营地辅导员报告说，当教授高技能的潜水课程时，他在身体上（潜水）、认知上（教课同时寻找理

想的潜水条件）和情感上（在担心潜水者安全的同时向他们解说海洋的神奇）有高度的投入。一名建筑承包人报告说，他在身体上（为一项任务“忙得团团转”）、认知上（寻找改进工程设计的方法）和情感上（为他人提供一个支持性的、团队建设的环境）有同样的感受。简单说来，在这两个例子中，员工都能全身心地投入到工作中去。

有三种心理条件能加强员工投入到工作中去的可能性。这些条件被知觉为有意义、安全感和可获得性。心理上的有意义是指个人对自身从身体上、认知上和情感上能量的付出有所回报的感觉。有意义是认为任务是值得做的、有用的或有价值的体验。当员工不用担心会对自我形象、地位或职业产生负面结果而能够自由表现时，这就是心理上的安全感。安全感和信任是在可预知的、一致的、明确的和非恐吓性的环境中建立起来的。心理的可获得性是指个体有这样的感觉：充足的体力、情感和认知资源在一个特定的时间能够被利用。减少心理可获得性的因素包括精力的损耗、个人的不安全感和外部生活的侵入（个人问题消耗了可用于工作的精力）。积极的自我角色体验能够从个人情感角度加强雇佣感受。更强的个人投入理应能促使个体在工作中投入更多的努力和热情。这对员工和组织来说就是一个“双赢”的局面。

心理懒散也许用“做做样子”这个短语来总结是最合适不过的了。换句话说，懒散在如下情况中发生：个人在心理上与工作疏离，为了在身体上、认知上和情感上保护自我而消极行动。个人懒散看起来似乎是一种防御机制，在这种机制中，员工的行为是机械的、疲倦的、缺乏兴趣的、分离的和缺乏努力的。[31] 在某一时刻个体在情感上是冷漠的，他们把自己所想所感都隐藏起来，以至于磨灭了本可以投入到工作中的精力和创造力。最近盖洛普的调查显示，大约每 5 个美国雇员中就有一个报告有懒散感，并且在世界的其他地方也发现了相同的结果。[32] 第 6 章中赫茨伯格描述的许多不满意者（面对低薪、恶劣的工作环境和压抑人的监管），就是主要的可能变得懒散的人。盖洛普最近的研究显示，工作不匹配和管理者的失败可能是最主要的原因，[33] 并且学术分析大体上也显示个人环境的不匹配是员工懒散的一个难题。[34]

重要的是，应该注意在做同一件工作时，投入和懒散的程度是随时间变化而变化的。而且，未来的研究也可以去探查在什么条件下过度投入对组织不利。以下是两个可能的例子：比如，员工太热情了，使周围的人感到很痛苦；或者销售员在公路上行驶时打手机谈话太过投入，而有可能卷入一场交通事故中。而且，关键的角色塑造者（如主管）也许能影响到使员工保持投入或变得懒散的环境。与主管有消极相互作用的员工则最有可能进入懒散期。

卡恩对工作投入的研究主要依赖于个体与同事和客户发生的社会性联系。换句话说，角色的专注程度是社会性地构建起来的。这个观点来自于早期对工作设计的社会信息加工（social information processing，SIP）理论。[35] 从社会信息加工角度来看，有 3 个主要因素可以影响员工在工作中的知觉、态度和行为：

1. 对真实任务环境的认知觉察；
2. 过去的行为、受到的强化与习得的经验；

3. 在即时社会环境中提供的信息。

在许多年前提出SIP观点的萨兰西克和费伏尔认为第三点最为重要。请注意，是“即时的”社会环境影响了个体，同样地，个人投入和懒散可能会受到普遍环境的影响。卡恩对工作投入的描绘包括了社会系统、个人关系、群体和群体内动力过程以及与主管的关系等维度。盖洛普的研究者也强调了卓越的管理者在工作投入这个社会过程中所发挥的重要作用：

> 系统、过程或自我定向的团队——无论它是如何的现代、流行或完美——都不能取代一个卓越的管理者。因为卓越的管理者是工作群体内员工之间、员工和顾客之间以及员工和他们服务的组织之间的情感维系。[36]

因此，工作投入理论、社会信息加工理论和最近盖洛普的研究都表明，社会信息和社会线索影响到雇员对其工作的知觉和反应。

工作生活质量、社会技术设计和高绩效工作实践

到目前为止，对工作设计的讨论主要围绕着工作丰富化、工作特征、工作投入和社会信息加工。接下来在讨论工作生活质量和与之相关的社会技术方法以及高绩效的工作实践时，我们将采用一种更为宏观的视角。

工作生活质量

工作生活质量的观点并不局限于某种特定的工作设计技术。相反，工作生活质量更关注整体的工作氛围和文化。*工作生活质量*（quality of work life，QWL）关心工作对人和组织有效性的影响，强调人们应该参与到问题解决和决策的过程中。有大量证据表明，被真正授权并在一个参与性和问题解决的框架中工作的员工，对其组织和工会（如果他是工会成员的话）有更高的忠诚度。[37]有研究证据显示，这种高参与度的工作生活质量对员工的离职率和生产率均有积极的影响，这种影响甚至是跨文化的。[38]由于已经证明的积极影响，最近也强调将工作生活质量扩展，进而包含员工和顾客（健康护理中的病人）的安全。[39]

工作生活质量计划最重要的目标是改变和改善工作环境，从而使人、技术和组织的交互作用朝向更有利的工作体验和更理想的结果发展。至于如何才能真正实现目标，以及工作生活质量中的质量到底是什么意思（质量可能是更高的薪水，或者是更敬业，就像前一节所描述的），现在仍有许多争论。同时，这种方法已经在很多领域得到应用，如在人力资源管理领域，工作分享、弹性工作时间和4天10小时工作日等方法，都是努力改善工作体验质量的例子。在组织行为领域，需要特别注意有悠久历史的社会技术方法和更近期的高绩效工作实践。

社会技术设计

工作设计的*社会技术方法*（sociotechnical approach）因许多年前瑞典的萨博和沃尔沃汽车工厂的实践而变得非常流行。沃尔沃首席执行官皮尔·盖伦哈默在确信公司正在经历严重的旷工和离职问题之后，开始在公司进行社会技术改革。这些问题主要与员工的价值观之间的冲突有关，他们希望做更有意义的工作，并要求掌握有效制造汽车的技术性工作程序。

在沃尔沃进行的改革反映出更自然的工作模式，它由自我分配和监管工作的自治工作群体来实施。群体中的每一位成员都为了相同的群体目标而努力，除了领导者，他们都获得同样的报酬。在起初一些较小范围的尝试之后，整个工厂都使用了这一新方法。很快，离职与旷工现象减少了，员工报告说工作生活质量有所改善。高层管理者相信转变是成功的，尽管没有进行系统的结果分析。公司领导者报告说，在沃尔沃有"错误的开始、过失、全然的失败以及时不时的精彩突破"。[40]但客观说来，新的工厂在沃尔沃所有的公司中有着最低的生产线成本，这一事实是毋庸置疑的。

沃尔沃计划在历史上非常有名，美国的一些公司也开拓性地尝试了这种社会技术方法。一个被广泛引用的例子发生在堪萨斯州托皮卡市的通用食品公司。这家生产 Gaines 宠物食品的工厂进行了重新设计，以推进共享责任、自主工作小组和小组指导员（而非上级）的做法。诸如停车位特权等地位象征也被取消。

在通用食品厂的最初效果是相当好的。员工表现出积极的工作态度，管理层说，操作过程只需要较少的员工，次品也低于产业标准，成本得到了大幅节约。但不幸的是，这种效果并没有持续多久。工厂里的一些管理者公开反对这个计划，因为它削弱了他们的权威。最终这项计划被放弃。

更近期的社会技术方法涉及自治和自我管理的团队。早期的应用是在宝洁、数字设备公司和 TRW 公司中进行的。后来，日本质量小组（quality circles）的做法使其他公司也开始在它们的社会技术尝试中引入团队。大多数公司都把自治与授权策略结合在一起，这包括通用磨坊、联邦快递、3M 和惠普等公司。许多公司都尝到成本节约和生产率提高的甜头。[41]但日本的质量小组模型却从来没有在美国流行起来，而在第 10 章谈到的团队管理的方式在许多工厂中正被成功地执行，例如，在 Ralston 食品公司，正如管理者所描述的那样：

> 工作小组，特别是那些自我指导的工作小组，在过去的几年中带来了破纪录的产出水平，并且降低了生产成本。工作小组为许多职能负责——从支持投资计划、沟通、客户关系以及成本控制，到纪律、绩效评估、安全以及聘任等每个方面。作为管理者，我们放弃这些职责花了一些时间，但是，尽管时常有人感觉恢复传统的管理角色要更容易，尽管关注结果一向是维持我们成长的一个关键因素，我们依然坚持着参与过程。[42]

这种新的方法，包括这些自我管理的团队，更多地被看成是高绩效工作实践，而不是一种社会技术方法或技巧。

高绩效工作实践

高绩效工作实践（high-performance work practices，HPWPs）（有时用系统取代实践）是为了提高组织的财务和运营绩效。[43]高绩效工作实践方法也许是迄今所描述的工作设计方法中内容最丰富的一个。尽管对它有许多定义，但最近一个详尽的综述报告总结说，最好的定义是“持续地将战略、目标和内部运作与外部的环境要求协调起来，以达到组织绩效最大化的组织系统。”[44] HPWP 的重点在于实现人、技术、信息和工作之间的匹配。因此，还必须有进一步的匹配——公司内部环境与外部环境的要求（包括满足顾客需要和期望）的融合与匹配。[45]

正如定义所表述的，高绩效工作实践成为一种关于人、工作和绩效的思考方式。按照这种思路，必须创造出一种全面的组织文化，并突出如下变量：对组织战略的关注、系统的组织设计、鼓励创新、内部与外部的客户服务方法、合作、团队工作以及新的组织价值观系统。而且，支持高绩效工作实践的文化包括更高层次的开放式沟通和信任，领导者必须既考虑组织需要也要关心员工。近期的研究已经发现，高绩效工作实践事实上与财务和运营绩效[46]以及特殊的领域比如安全是正相关的。[47]

高绩效工作实践有几个核心方面，它们尤其与组织行为研究、理论构建和实践有关系。[48]第一，这种方法拓展了对人和技术“匹配”概念的理解，纳入了工作体验、组织文化等其他元素，这些因素也许与工作生活质量有关。第二，这种方法在基于团队和非经济报酬之外还突出了授权。而且，员工会因为他们特定的能力和学识而得到奖励。高绩效工作实践也强调了和“员工工作与其能力不匹配”有关的缺点。比如，许多组织最近有这样的经历，管理者执行了太多的低级活动（它们有时被称为“侍役活儿”）。这种时间上的错误分配使得中高层管理者应该关注的战略重点被忽略了。[49]

也许最重要的是，高绩效工作实践坚持有效的人力资源管理选拔和评估实务。包括多样性的选拔者和对选拔者的有效培训（比如，像在评价中心中发现的），以及新颖的绩效评估方法和提供反馈的途径（比如，360 度反馈系统）。高绩效工作实践的目标超越了简单地将员工与组织中现有的技术结构相匹配的做法，它将匹配纳入组织过程、信息流动和管理运营中。例如，在高度成功的澳大利亚旅行社航空中心，人们发现它的高绩效工作实践与财务绩效有关，正如市场策略和运营/物流方法的改进所产生的效果那样。[50]

许多能整合成高绩效工作实践的组织行为学文献都与实际工作预览（realistic job previews）有关。最近一项元分析表明，有效的实际工作预览不仅与招聘过程中的退出、初期工作期望、自动离职或其他离职有关，还与更高的绩效有关。[51]这预示着运营和财务目标与高绩效工作实践有着积极的联系，因为实际工作预览能够更多地促成所需要的“匹配”。

而且，新的工作场所似乎尤其适合于高绩效工作实践。正如第 2 章和第 3 章指出的那样，包括网站、电子邮件、电话会议、数字网络和电子商务在内的先进信息技术意味着传统的组织结构和技术正在被重新构建。在这种新的环境中，组织不仅在信息流动上变得无边界，在人际互动上也是无边界的。个体员工也许能超越传统界限进行研究，接受指导，超越产业或国家边界与朋友或同伴合作并进行创新。许多“工作”的性质也发生了改变或成为“无职位”，从相对静态的形式变为不断更新的形式，其中，学习或者知识获得和分享，必须与新的技能以及积极的组织行为（POB）（见第 7 章）相互补充，以接受和有效应用其所需的概念、过程和实务。因此，正像在高绩效工作实践文献中提到的那样，强调创新、选择最适合的管理方法、奖励有能力的人、发展员工以及设定质量绩效目标，都能够与新的信息技术驱动的工作环境很好地匹配。[52]

最后，高绩效工作实践方法也在一定程度上有助于解释跨国组织行为问题。比如，最近的一项研究表明，前苏联独联体中的许多成员国在努力转向市场经济过程中的主要方法部分是基于文化的。[53]尤其是在俄罗斯，自前苏联解体之后，其经济经历了一个长达 15 年以上的困难期。有几种文化维度需要确认，从而能够理解典型的俄罗斯工作环境。特别地，俄罗斯文化是高度“排他主义”的，这种信仰认为环境决定了思想和实践应该被如何应用。换句话说，关系和信任比规则更重要。对独联体文化进行过深入研究的汤皮诺总结说，前苏联解体后的管理者和企业家（大多数是更年轻的人）是高度个人主义的，寻求关心他们自己和他们的家庭，并预期其他人也是如此。[54]俄罗斯人往往也更加情绪化，在一种弥漫性文化中工作，即公众场所和私人场所被认为是类似的，所以个体倾向于小心地保卫其公共空间。最后，俄罗斯的管理阶层往往也更看重被称为“归属”的文化维度，它强调地位是来自于年龄、性别和社会关系而不是成就。

由于这些文化维度，高绩效工作实践的一些变量也许能与俄罗斯的情形有很好的匹配并产生积极的结果。特别地，高绩效工作实践看起来在俄罗斯的工作场所是有用的，它们包括多来源（360 度）反馈、绩效工资、自我管理团队和员工授权。[55]如果组织文化能被恰当地控制以反映独联体状态的文化维度，那么它就能与当地的文化良好地匹配，从而提高人力资源绩效。

高绩效工作实践方法使本来关于工作生活质量的宽泛概念更加集中于有效的实践。而且，通过将与工作生活质量和社会技术方法相关的概念、自我管理的团队、授权、文化（国家和组织的）整合到一个整体的系统中，未来的理论构建和研究都有可能是增值的。我们可以进行一些研究，探索能将所有这些因素有效融入一个系统的条件，这个系统是在组织及其环境背景中最小的研究单元（工作设计）。另一个不仅相当流行、而且经过了精细的基础和应用研究的激励技术可以提高个人和组织绩效，这就是目标设置。

目标设置

目标能否完成是影响个体、部门以及整体组织成功水平的一个因素。目标就是个体或群体希望在工作中达到的绩效标准。目标设置（goal setting）就是通过建立有效的和有意义的绩效目标从而激励员工的过程。经常被引用的例子就是组织行为科学应该从一个合理的理论基础延伸到精细的研究，再发展为更有效的管理实践的实际应用。

关于目标设置已经有了大量的理论发展，它们主要来自于埃德温·洛克（Edwin Locke）和他的同事所做的基于认知心理学的工作。为了检验这个理论，在实验室和实际环境中针对目标设置的各个方面进行了许多研究。最后一点，也是对于组织行为这一应用领域很重要的，目标设置已经成为人力资源管理实践和整体绩效系统的一种有效工具。

目标设置的理论背景

洛克发表的一篇论文通常被认为是目标设置理论的开创性标志。[56]他提出，目标设置理论实际上又回到了19世纪末和20世纪初的科学管理问题上。他把科学管理的第一位倡导者弗雷德里克·泰勒誉为“员工激励理论之父”。[57]洛克说泰勒“对任务的使用是现代社会目标设置的前身”。[58]

尽管洛克认为，工作激励的期望理论（见第6章）最初忽略了目标设置，仅仅是一种“认知享乐主义”，[59]但他的目标设置理论与之却非常相似。他基本上接受行为的目的性（源于托尔曼开创性的认知心理学理论）和价值或效价以及后果的重要性。因此，正如在工作动机的期望理论中，价值观和价值判断作为重要的行为认知决定因素，它们被定义为个人采取行动以期能获得或保持的事物。情感或渴望是个人体验这些价值观的方式。除了价值观，意图或目标也在行为的认知决定因素中扮演重要角色。当然，这里洛克的目标设置理论超越了工作激励的期望理论，因为人们奋力要实现目标以满足他们的情感和渴望。目标给人的行为提供了一个方向性，并指导他们的思想和行为要达成这个而不是那一个结果。这样，个体根据这些意图或目标做出回应和行动，即使目标最终没有实现。相应地，后果、反馈或者强化都是这些回应的结果。

目标设置理论的主要维度

图11.4总结了目标设置理论。元分析和最近的研究为此理论提供了支持。[60]许多年前，对组织行为学领域的学者进行了一项调查，要求他们基于科学的效度和实际的用途评价15种主要的工作激励理论。目标设置理论在效度方面列第一，在实际用途方面列第二。[61]

就像前面提到的，除了意图或目标这个概念，洛克的理论与其他的过程理论（最明显的是期望理论）非常类似。特别地，近期对目标理论的改进中涉及难度[62]

图 11.4
洛克有关工作激励的目标设置理论

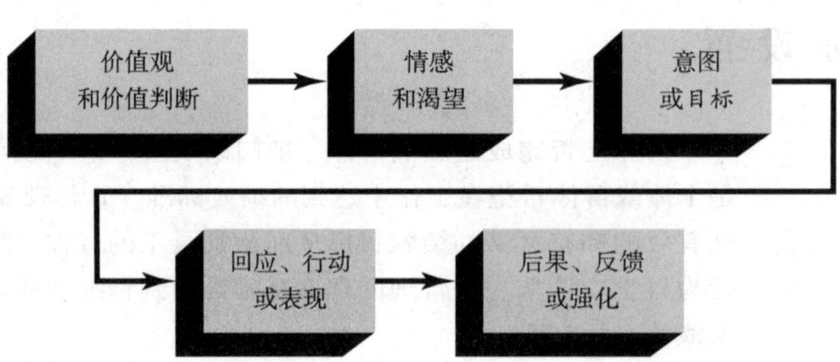

和整体目标设置研究[63]，都使用了在第 6 章描述的诸如期望、效价和工具性的概念。而且，归因理论也被应用于目标设置。[64]尽管期望理论经常被认为是目标设置的理论基础，洛克审慎地指出，目标设置不是惟一的或者也不一定是最重要的工作激励概念。他认为需要和价值才是工作激励的更基本的概念，这些概念与个人知识的概念同为目标的决定因素。[65]

目标设置理论的改进

和许多其他的理论家不同，洛克一直不断地改进和发展他的理论。最近他开始关注承诺在其中发挥的作用。他从一开始就认识到，如果没有对目标的承诺，目标设置就不可能生效。然而，为了澄清关于目标使用的一些模糊性，洛克和他的同事这样定义*承诺*（commitment）："为达成目标所付出的个人忠诚和意志，与目标的来源无关。"他们还建立了一个认知模型去解释这个过程。[66]现在，承诺已经被公认为目标—绩效关系的调节因素，[67]对工作满意/组织承诺起影响作为。[67]一项元分析发现，目标承诺会显著地影响目标的实现。[69]

洛克是行为的认知解释的积极支持者，并直言不讳地反对其他理论。他认为，目标设置实际上给其他理论提供了潜在的解释——不论是弗洛姆的 VIE 理论，还是马斯洛以及赫茨伯格的动机理论（见第 6 章），特别是基于操作性的行为主义理论（见第 12 章）。[70]

尽管洛克批评操作性的行为主义太过机械，他却支持班都拉的社会认知理论，[71]认为它与目标设置理论是相容的。正如在第 1 章中指出的，这个社会认知理论为本书提供了框架和概念模型。洛克承认社会认知理论包罗万象的本质。特别地，他感觉社会认知理论不仅包含了目标设置，还为角色模型增加了重要维度，对目标选择和目标承诺以及自我效能有着重要影响，而自我效能则影响了目标选择、目标承诺和对反馈的反应。[72]

对目标设置影响的研究

洛克的理论引发了大量的研究。尤其是洛克和他的同事进行的一系列实验室研究，以及洛克的合著者加里·莱瑟姆和他的同事进行的一系列现场研究，它们都试图检验目标设置和绩效之间的关系。[73]在过去 15 年中，为了改进和扩展目标设置理论和实践，人们开展了无数的研究。最近，洛克和莱瑟姆总结了 35 年来关于目标设置和任务动机及绩效的工作：

> 根据目标设置理论，具体而有难度的目标已被证明可以提高工作绩效，研究证据来自于实验室、模拟和实际的工作情景，并且涉及至少 8 个国家的 40 000 多名参与者的 100 项以上的不同类型任务……效果不仅适用于个体，而且对群体、部门及整个组织都是适用的。[74]

特别是，洛克和莱瑟姆在模型中将目标与绩效和满意度联系起来，如图 11.5 所示。下面的章节将进一步讨论这个模型以及与目标设置理论有关的更多研究。

图 11.5
目标与绩效和满意度之间的关系模型

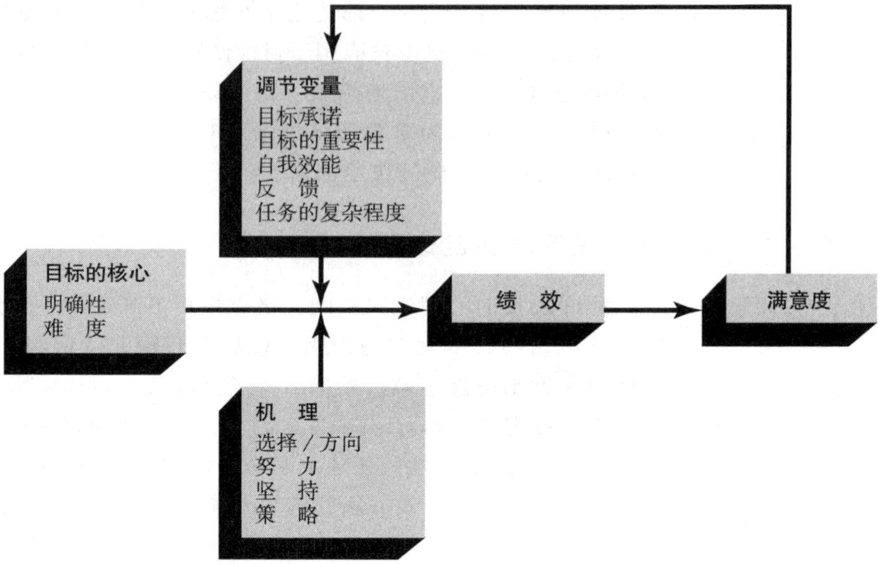

具体目标的重要性

已经发现，明确的或具体的目标比模糊的或者宽泛的目标（比如，“尽你全部的努力”）以及没有目标更有效。具体目标能产生更高水平的绩效。比如，销售人员应该有具体到金额或销售单位的目标，生产部门应该根据数字、百分数和日期设定目标，其他所有部门应该采用可测的目标或者具体的尺度和日期，而不是诸如“尽你的全力”或者“努力做得比去年好”。

困难的和有挑战性的目标的重要性

除了明确描述的目标外，绩效目标也应该是有挑战性的而非简单的或常规的。同时，目标应该是可完成的，而不是太困难以至于追求这个目标的过程是令人沮丧的。下面的应用实例：“运用弹性目标”具有一定的实际指导意义。

最近的研究指出了目标难度和随后绩效之间关系的一些中介变量。两种形式的反馈能够促进目标实现：（1）过程反馈；（2）结果反馈。过程反馈涉及个人或单位在朝向目标的努力中表现水平的信息；而结果反馈涉及实际的目标本身。[75] 其他的研究者也探究了竞争在目标难度与绩效关系中的调节作用，但结果是有分歧的。一项研究表明，缺乏竞争并且目标难度较大，会导致更高的绩效；而另一项研究则没有发现与竞争有关的影响。[76]

在另外一系列研究中发现，知觉到目标难度对自我报告的工作绩效有负面影响。换句话说，认为工作是高度困难的员工往往绩效水平更低。然而，在同一项研究中还发现，目标的难度如果与目标的明确性结合起来，员工会有更多的努力，这反过来会有助于员工更积极地评价自己的绩效。[77]

应用实例

运用弹性目标

目标设置被广泛地认为是一种提高绩效的技术。然而，不加区别地制定雄心勃勃的目标会产生许多问题。史蒂夫·克尔（著名的组织行为研究者及高盛的现任首席学习官和执行总裁）指出许多组织都无法有效地使用所谓的“弹性目标”。目标被设定得非常高，但是必要的支持却常常不足。比如，高层管理者也许会要求员工增产25%，但却没有给他们提供必要的知识、工具和途径来实现这一宏伟的目标。结果，完成这些新的苛刻挑战的惟一方式，就是更长时间地工作——经常占用员工自己的时间。事实上，克尔认为，在美国的所有地方，为了完成组织为他们所设定的目标，人们不得不在晚上和周末工作。

然而，这个结果并不是必然的，只要企业认真地研究需要做什么以及如何着手。克尔推荐了三条规则，它们也许能帮助组织制定弹性目标，而且不需要耗尽其人力资源就能实现。它们是：（1）不要设定使员工压力过大的目标；（2）如果目标要求员工发挥到极限，不要因为失败而惩罚他们；（3）如果要求他们做他们从来没有做过的事情，给予他们所有可能的工具和帮助。

应该如何设定目标呢？克尔确信太容易的目标不能改善绩效，而太难的目标让人们无法实现——所以他们放弃了。弹性目标迫使他们超越他们已经习惯的方式，因此能够提高绩效。但是，重要的是，它们仍然是能实现的。同时，组织必须愿意为个人对弹性目标的实现而给予奖励。怎样才能做到呢？一种方法就是用钱。经济奖励非常直接，并能够鼓励个体继续保持努力。然而，如果管理层决定给予他们三分之一的绩效收益（即收益分享），他们必须坚守承诺，不能因为绩效收益太多了而反悔。如果组织遵守这些使用弹性目标的简单建议并按绩效支付报酬，他们就能提高其生产率，员工也能因为他们的努力而得到应有的回报。

目标接受、参与和承诺

具体目标一旦被员工接受并对其负有承诺，那么非常有可能对绩效产生积极影响。这种对于目标的拥有性和接受性可以通过参与过程而得到最佳实现。[78] 自我承诺既可以是针对个人的或自我设定的目标，也可以是针对被分配的目标，特别是在目标还很模糊的时候。如果目标是具体的而不是宽泛或笼统的，则承诺往往会变得更强。如果目标被知觉为是可实现的，金钱激励也能增强对目标的承诺。[79] 有关目标承诺的复杂调节作用以及研究结果的分歧，部分原因可归结于测量的困难，近期的一些研究可解决这些问题。[80]

自我效能和目标

正如我们在第7章详细描述的，自我效能是对个体能够成功完成一项具体任务的知觉或信念，它与目标承诺相关。[81] 表现出更高水平自我效能的人，往往会设定更有挑战性的个人目标，也更有可能实现它们。人们对自己设定的个人目标通常比对他人设定的目标（即强制的目标）有更强的承诺。[82] 自我效能也与强制的目标有关。一些个体可能会排斥强加给他们的目标，但如果他们具有自我效能，他们仍然可以保持高水平的个人目标。而且，如果强加的目标是无法实现的，个人目标和自我效能以及绩效则有可能被降低。[83]

客观和及时的反馈

研究还发现，客观和及时的反馈比没有反馈好。正如前面指出的，这个作用可能与达成目标的过程或目标内容（实现程度）有关。这样说也许是恰当的：反馈是成功应用目标设置的必要条件，但不是充分的条件。[84] 最近的一个研究发现，每天的反馈对生产率和员工满意度均有积极影响。[85] 在另一个研究中，对个人和团队目标的反馈大大影响了做出的决定。[86] 通过现今“专家系统”的技术所汇集的“及时”信息，也能被有效地用于提供及时的反馈。[87]

目标设置的其他调节因素

尽管来自目标设置理论和研究的实践指南也许与组织行为领域其他方面的指导一样直接，但是仍然有一些其他调节变量。除了在图 11.5 中所讨论的承诺、重要性、自我效能和反馈外，还应该注意任务复杂性[88]（在洛克和莱瑟姆的模型中也提到过）以及在文献中发现的其他因素，并且应该注意到有一些研究发现是相互矛盾的。比如，由莱瑟姆和萨里进行的研究表明，支持性的领导风格有重要的调节作用；而且与先前的研究相反，具体的目标所产生的绩效并不比笼统的目标(比如“尽你的全力”）高。[89] 然而，其他的研究的确得出了目标水平和绩效之间的显著相关。[90] 领导风格可能也会影响目标承诺。最近的研究表明，领导—成员交流和目标承诺之间的交互作用可解释一群销售员工中绩效水平的显著差异。[91] 还有研究表明，仍有一些未被探究的领域，比如数量和质量目标之间的区别，[92] 这些领域也许限制了目标设置的应用并使之更加复杂。

关于目标设置的告诫

安布罗斯和库利克最近做了一个关于目标设置的全面综述，用他们的话说，围绕目标设置和绩效的关系，还有一些边界条件应该在应用目标设置时要格外关注。[93] 第一，一项研究指出，目标可能会使个体的注意力局限于与目标实现直接有关的那些行为上，从而舍弃了其他理想的行为。这种类型的视野狭隘在另一项研究中也有所体现，在这个研究中，要求学生修改一个招聘手册中的语法错误。这一点他们都做到了，但对手册内容却没有作任何改进。而那些目标设置得更笼统(比如，把它修改得更好）的学生却对语法和内容均作了改进。[94] 而且，困难的目标抬高了管理者和员工愿意承担的风险程度，而这也许与最终目标是背道而驰的。[95] 同时，一项研究发现，目标限制了被试去帮助那些需要帮助的人，而这一点恰恰是团队工作所提倡的。[96] 其他的研究也发现，困难的目标会导致紧张，给绩效加上了“知觉的天花板”，导致员工忽视非目标内容，鼓励短期思考、不诚实或欺骗。[97] 然而，洛克和拉瑟姆也的确提供了克服这些潜在不利后果的具体方法，比如利用更好的沟通、奖励和设置榜样。[98]

最近，对学习目标与绩效结果目标的价值产生了一些争论。设定非常有雄心的“弹性目标”以追求数量的增加，同时不提供实现这些目标的方法，可能不仅会导致压力和极度疲劳，还可能助长不道德的行为。正如塞茨和莱瑟姆所指出的那样，“在首先是知识和技能的获得，而不是要求增加努力和坚持的情境下，应该设定一个具体而有挑战性的学习性目标而不是一个结果目标。”[99] 不过，总体而言，设定具体的、有难度的、被下属接受并得到进一步反馈的目标会有积极的影响，这一点毋庸置疑。

其他与目标设置相关的理论和绩效管理技术

前面的许多讨论都直接与目标设置理论、研究结果及其对管理者个人或部门的绩效提高有关。除了已经证明了与绩效的关系的目标设置外，最近研究者关注的一个相关的方向是目标取向（goal orientation），这个概念最先是由卡萝尔·德韦克（Carol Dweck）在对儿童的研究中提出的。她发现一个特质性的人格维度与在成功情境下追求目标相关，它可以分为（1）学习目标取向（那些想通过控制有挑战性的情境来发展能力的人）和（2）绩效目标取向（那些通过寻求有利的判断来证明和验证能力的人）。[100] 尽管传统智慧支持绩效目标取向，组织行为学领域的一项重要研究却支持相反的结论。[101] 该研究得出结论说，学习目标取向对与工作有关的行为和绩效有积极的影响。[102] 这种学习目标取向特别与今天环境下的有效绩效有关，因为，今天的环境要求员工对挫折进行主动的、问题解决式的反应，对新观点采取创新和开放的态度，并且适应新的不断变化的形势。[103]

除了目标导向等与目标设置不同的理论之外，还有其他与目标设置有关的绩效管理技术。其一是标杆法，它其实是目标设置的一种形式，尽管它意味着更为全面并常常被描述为全面质量管理的一部分。标杆法（benchmarking，也译作“标杆管理”）是以识别变化作为具体目标，将工作和服务方法与最佳实践和结果相比较，从而实现更高质量的产出。重要的是，标杆法使用目标设置以确定所要追求和明确的目标，并以此作为将来行动的基础。标杆法还涉及同时从组织内部和外部寻找提高绩效的方法。

标杆法中有一些因素与本章前面提到的高绩效工作实践（HPWPs）类似，它们都是整合性的方法，目的是把绩效管理技术纳入管理系统中。高绩效工作实践的重点在于合理配置人力资源以提高绩效；而在标杆法中，关键在于促进组织不断学习，然后基于程序和工作任务形成具体的改革目标，这常见于世界级的组织。有效使用了标杆法的公司包括 IBM 和 Magnavox。在与施乐、摩托罗拉、3M、惠普以及一些使用准时库存制的日本公司进行比较后，IBM 设定自己的作业标准。[104] Magnavox 为一系列人力资源实践设定了标杆，他们将这些实践转化成 14 项培训测量（现在一般被称为矩阵），同样也取得了显著的成功。[105]

在应用实例中讨论过的弹性任务或目标，是与目标设置有关的一种当前非常流行的技术。弹性目标被定义为迫使组织采用全新运作范式，以显著改变其流程的方法。[106] 用与标杆法类似的方法，弹性目标试图把内部运作和文化与外部最佳实践整合并协调起来。弹性目标的例子包括通过具体的数字、百分数和日期来增强动机、提高绩效和改善创造性决策。

有国际性意义并与目标设置有关的一个应用领域是目标来源。关于如何实行跨文化目标设置计划仍然是一个大问题。在目标设置计划中，下属常常从主管或领导者那里接收到信息。如果那位领导（目标来源）不被信任，这个信息就可能受到排斥。如果那位领导或目标来源受到信任，目标接受和承诺以及绩效就可能更高。最近在英国进行的一项研究证实，由于一些关键的历史和文化原因，更加信任工人代表而不是主管的英国工人，确实更多地接受和服从工人代表们传达的目标。[107] 目标来源的影响在跨文化环境中的应用表明，由于权力距离等文化维度的原因，目标设置过程中的本土国家的国民与侨胞或者来自于另一个国家的人相比，对本国雇员有更多的影响。

目标设置在组织系统绩效中的应用

除了利用目前为止讨论的各种技术来使目标设置对个人和部门绩效产生影响外，目标设置也是传统使用的目标管理（MBO）的基础。MBO是针对计划、控制、人事测评和整体系统绩效的管理方法。然而，MBO已经存在多年，所以它本质上远远早于目标设置研究和理论。目标管理方法的提出应归功于最近去世的著名的管理大师彼得·德鲁克，他提出这个概念，并指出设定目标和依据结果进行评价的系统方法能够提高组织绩效和员工满意度。今天，人们已经不再使用MBO这种说法。它已经发展成为一种使用目标设置并依据结果评估的整体系统绩效方法。比如，洛克和拉瑟姆指出："MBO可以被看成应用于宏观的或组织层次的目标设置。"[108]

目标设置的应用以及依据整体组织系统结果进行的测评，一般遵从图11.6中描绘的一系列系统的步骤。如图所示，一旦设定了整体目标，并且当组织发展到适应绩效系统的时候，个人的目标也就被设定了。这些个人目标由每一对管理者–下属决定，从顶层开始，逐层向下，一直到整个系统内部都设定了目标。这个过程有点像下面的描述，老板会接触他或她的每一位下属并且说道：

> 你知道，我们已经完成了系统绩效改善方案和发展计划，现在正是设定个人目标的时候。我希望你在下个星期二之前根据你的职责范围制订一套计划。记住，这套计划必须与高层管理团队开发出来的组织整体目标（你有副本）相一致，而且应该能对

图 11.6
目标设置（或目标管理）在系统绩效中的应用

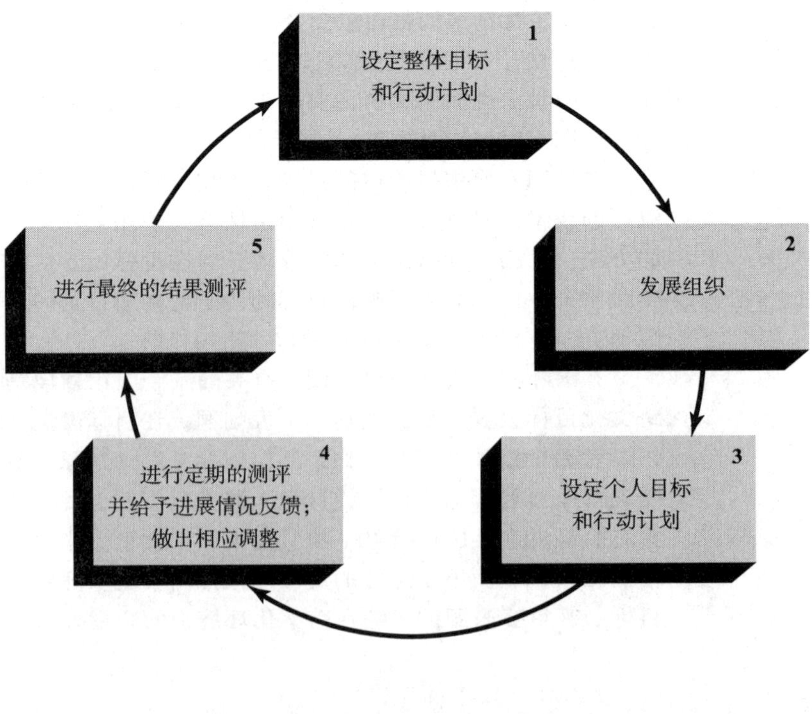

你所接触的所有人——包括我、与你同层级的其他单位以及你的下属——的目标有所贡献。你的目标必须是可量化和可测量的，并且有一个目标完成期限。对于你的职责范围，我也会给出一些我认为是最优先事项的建议。我们还将坐下来一起探讨，交换意见，直到达成一致。

与目标设置研究一样，如上所列的目标应该是具体的、有难度的、自我控制的和被接受的。像整体目标那样，这套个人目标也应该附有行动计划，它阐述了如何具体地执行这些目标。

尽管目标设置与图 11.6 所示的系统绩效方法联系最紧密，但反馈和依据结果进行测评也发挥了重要作用。个体将依据目标的执行情况而得到反馈和评价。这种反馈和评价过程会按一定周期（在大多数系统中至少每季度一次，但每年一定会有一次）进行。评价是诊断性的而不只是单纯的评估。这意味着下属的管理者应该去评定为什么目标实现或者未能实现，而不只是失败了就给予惩罚，成功了就给予奖励。

定期检查可以服务于提供反馈和评估目标的完成情况，它们为改进目标提供了机会。每一个组织都在这样一个动态的环境中运行：在某一阶段的开始（通常是一个财政年度）设定目标，但由于条件改变，几个月后目标也许就不再适用。工作重点和条件都是在不断变化的，这些都应该在定期的检查中进行控制并做出必要的变动。对个人目标以及在较小程度上的对整体目标的持续改进，能够创造出一种适应变化的灵动的机制。对具体目标的反馈需要围绕着期望和支持。例如，Mattel 公司的领导建议说，“如果组织中没有一个人知道正在发生什么、你对他们的期望以及他们所拥有的未来，那么人们不能也不会为你做得更多。一个季度与他们谈一次是不够的——你不得不用各种不同的形式，每天重复指导、鼓舞和安抚的言辞。”[109] 在每年的检查期间，根据所得的结果进行全面的诊断和评估，这样，系统又重新开始运行了。

对目标管理类型执行系统的早期研究得到一些矛盾的结果。[110] 然而，更新的研究得出的结论是，整体的目标设置系统对员工满意度有很小的正面影响，但是对绩效却有大得多的、尽管也是有限的影响。[111] 对目标管理的一项元分析（在随后有具体讨论）发现，70 个研究中的 68 个都表明它显示出生产率的提高。[112] 成功的目标管理计划与目标设置理论有相同的过程，它包括具体的目标和期限、反馈、决策参与、承诺和接受。其中，参与对目标管理的成功尤为关键。当一个大型的石油公司需要在一个非常短的时间内做出比较大的组织变革，管理团队依赖于被他们称为“直接参与”的方式而尽快展开行动，同时获得员工的高度投入。[113] 把个人目标和组织的整体目标结合起来，对于目标管理计划的成功是非常重要的。

对心理契约的影响

一般来说，目标设置特别是目标管理创造了一个组织与员工的心理契约。在工作的任何交换情形中，总是存在正式和非正式的期望，它们涉及应该有哪些付出，以及应得到哪些回报，后者尤其与在本书导言中讨论的人力资本的新观点有关。增加新的目标也许会打破心理契约中现有的关于现状的观念，导致抵制计划或重新协商报酬。请注意，目标和绩效之间的任何联系都隐含着心理契约。可以预料到，那些要求达到更好的绩效却无法对其人力资本给予相应回报的组织，将面对越来越多的消极反应和抵触。[114]

违反契约的许多其他情形都会限制目标设置和目标管理成功的几率。它们包括重组、缩小规模，以及对临时工的更多依赖和全球化。目标设置在一定程度上构建了工作中的一种社会角色，它与心理契约的其他因素缠绕在一起。[115]因此，要想成功应用目标设置计划，必须明确随之将如何影响员工现存的心理契约。[116]

小 结

本章探讨了高绩效组织中两个最为重要的应用领域。第一个部分研究了工作设计。尽管对工作设计的关注可以追溯到在 19 世纪末 20 世纪初的科学管理运动，但最近将人力资源管理视为一种竞争优势的观点，又引发了对工作设计的新的兴趣和研究。更早期的工作工程学、工作扩大化和工作轮换等方法，起初被工作丰富化方法所取代，随后又被工作特征方法所取代，这种方法涉及能促进员工满意度和绩效的心理或动机状态。已有研究发现，诸如技能多样化、任务完整性、任务重要性、自主性和反馈等特征与员工满意度和工作质量有关。但是，员工知觉这些特征的方式，以及成长需要强度等调节变量的重要性，都被证明对工作范围、工作满意度和员工绩效之间的关系有重要的影响。而且，诸如工作投入和社会信息加工（SIPA）等以理论为基础的方法，也不断涌现出来被用于解释社会效应。越来越多的注意投向更宏观的方面，工作生活质量则是工作设计的社会技术性方法。瑞典的沃尔沃工厂和美国通用磨坊以及其他公司开展的社会技术设计也具有重大的历史意义。由于公司开始尝试基于人力资源管理的方法来解决它们的竞争问题，对自我管理团队和其他高绩效工作实践（HPWPs）的关注也就越来越多。这种高绩效工作实践的应用据说非常成功。然而与其他在本章中讨论的技术一样，在未来仍然需要深入系统的研究。

本章的最后一部分讨论了目标设置的理论、研究和应用。洛克在认知观点的基础上，提出目标设置这个比较完善的动机理论。该理论强调目标和绩效之间的重要关系，实验室和现场研究都证实了这个关系。特别地，如果具体的、有难度的目标被接受并且提供了对进展情况和结果的反馈，那么往往能得到最有效的绩效表现。其他的理论方法包括目标取向以及作为目标设置方法的延伸和系统性的应用的标杆法、弹性目标法和目标管理。目标管理已经发展成为一种整体绩效系统方法，它对满意度和绩效有着虽小但却是积极的影响。目标设置和其他提高绩效的方法也许忽视了对心理契约的影响。为了获得成功，人力资本必须获益并得到回报（奖励）。

结尾：元分析研究发现

组织行为学原理

工作丰富化和工作再设计策略的使用能够降低员工离职率。

元分析结果：

【20 个研究；6 492 名被试；$d = 0.35$】平均而言，执行工作丰富化和工作再设计技术的组织，**有 60%的可能性**比不使用这些技术的组织有更低的离职率。进一步的分析表明，在工作丰富化和离职率之间没有调节变量。

结　论：

过多的离职对组织造成的损失非常大，它带来生产率的降低，培训、招募和选拔时间的增加，工作效率的降低，以及诸如客户服务和承诺等间接的损失。不幸的是，试图减少离职率的公司常常得不到如何解决这个问题的实践指导。尽管提高薪水、实施岗前培训、利用离职前会谈、建立培训项目以及改善选拔过程的确有助于减少离职，但工作丰富化和工作再设计也是减少离职的一个非常有效却经常被忽视的策略。正如你在本章了解到的，工作丰富化和工作再设计策略包括纵向的工作负载或者工作深度的拓展，这是通过增加员工自己工作中的个人责任来进行的。它还可能包括对工作的计划、组织、控制和评估。应急的方法也是必要的，因为工作被丰富化或再设计的难易程度不同，而且不是所有的人都乐于增加责任。然而，丰富化的工作能够提高员工动机、满意度、绩效，以及降低本原理所阐述的——离职率。

资料来源：Adapted from Glenn M. McEvoy and Wayne F.Cascio, "Strategies for Reducing Turnover : A Meta-Analysis," *Journal of Applied Psychology*, Vol.70, No.2, 1985, pp.342–353.

组织行为学原理

员工越感觉到工作是根据工作特征模型（JCM）中的特征进行设计的，他们就会越满意、受到激励的程度也越高。

元分析结果：

【72 个研究；超过 18 000 个被试；$d = 1.6$】平均而言，与那些没有知觉到这些工作特征的员工相比，知觉到工作特征模型中的特征在其工作中表现明显的员工，**有 87%的可能性**具有更高的内在工作动机和工作满意度。进一步的分析表明，JCM 中的关键心理状态在工作特征和结果的关系中扮演着调节变量的角色。

结　论：

有着深入研究支持的工作特征模型假定，融入工作的五大核心工作特征（任务完整性、任务重要性、技能多样化、反馈和自主性）会影响关键心理状态，它包括体验到的意义、对结果的理解、体验到的责任感，这些方面又进而会影响到工作结果。这五大工作特征都是根据工作者的知觉来测量的，它们被综合成一个叫做激励潜能分数（motivating potential score，MPS）的单一指数。这个指数反映了工作在多大程度上可能会影响员工动机和满意度。总体来说，工作特征模型为预测员工动机和满意度以及诸如工作质量和缺勤率及离职率等组织结果提供了一种方法。

资料来源：Adapted from Yitzhak Fried and Gerald R.Ferris, "The Validity of the Job Characteristics Model: A Review and Meta-Analysis," *Personnel Psychology*, Vol .40, 1987, pp.287-322.

组织行为学原理

相比于常规的、宽泛的目标如“尽你的全力”，有难度而又具体的任务目标能产生更高水平的绩效。

元分析结果：

【超过 50 个研究；5 800 多名被试；*d* 范围=0.44 到 0.58】平均来说，与简单或宽泛的目标相比，有难度而具体的目标（如果被接受）**有 62%到 66%的可能性**可以产生更高水平的任务绩效。环境（实验室或现场）被发现对这种关系有调节作用，实验室研究通常能得到更显著的结果。

结　论：

和工作设计一样（如 JCM），目标设置有大量的研究支持；但是与 JCM 不同的是，目标设置是当今组织中用来提高员工绩效而常常使用的激励技术。目标有助于阐明对组织来说最重要的目的感和使命感。如上面的原理所表明的，已经发现目标难度和目标的具体性在众多的任务和环境中与任务绩效有显著的相关，这是因为具体而富有挑战性的目标有助于集中员工的注意力，使他们关注应该完成的任务并发挥出最佳的水平。而且，如本章指出的，目标必须是具体的、可测量的，这样员工才能确切知道目标是什么，并跟踪自己的进展情况。作为绩效指示器的目标设置代表了当今最有力也最为一致的组织行为原则。另外，在组织行为学领域中几乎没有哪个方面是目标设置理论无法发挥作用的。比如，目标设置在认知动机理论、自我效能、寻求反馈的行为、工作设计以及行为管理等方面均受到广泛的承认。如何在组织行为学领域中开展理论、研究和应用，目标设置理论做出了示范。

资料来源：Adapted from Anthony J. Mento, Robert P. Steel ,and Ronald J. Karren, "A Meta-Analytic Study of the Effects of Goal Setting on Task Performance: 1966-1984," *Organizational Behavior and Human Decision Processes*, Vol.39, 1987, pp.52-83.

组织行为学原理

运用目标管理(MBO) 能提高组织绩效。

元分析结果：

【70 个研究；*d* = 2.6】平均说来，与那些不使用 MBO 的组织相比，恰当使用 MBO 系统的组织**有 97%的可能性**表现得更好。进一步的分析发现，高层管理者的

承诺是一个调节因素。如果高层管理者支持目标管理，在绩效上的平均增长就会更高。

结　论：

目标管理已经流行了许多年，但它仍然是目标设置的一种应用方法，是绩效管理的有效工具。具体地说，MBO 是一种结合了目标设置、决策参与和目标反馈的管理系统。通过这个过程，管理者和下属共同设定目标、分享信息并讨论获得成功的策略。尽管有些人批评 MBO 是一种无法达到理想目标的"风尚"，MBO 的支持者却指出，之所以得到分歧不一的结果，是因为不同的或者不好的 MBO 实施方法，而不是这个过程本身。整体上看，关于 MBO 的研究几乎都得出了有吸引力的证据，尽管在近些年它被称为别的东西，这一切都说明 MBO 是组织应该关注的一种管理方法。

资料来源：Adapted from Robert Rodgers and John E .Hunter, "Impact of Management by Objectives on Organizational Productivity ," *Journal of Applied Psychology Monograph*, Vol. 76. No.2, 1991, pp.322–336.

讨论与复习题

1. 比较工作设计中的工程学方法和工作丰富化方法。
2. 哈克曼–奥尔德姆模型中的核心工作特征有哪些？如何计算一项工作的激励潜能？教授和看门人的工作在这些特性上的得分如何？请具体分析。
3. 描述在什么情况下员工会对工作表现出投入或懒散。
4. 假如通用磨坊的前任员工认为社会技术设计存在许多问题，那么你觉得这种方法的前景如何？你认为工作生活质量标准是否应该被法律化？为什么？
5. 用你自己的话描述目标设置背后的理论。检验目标设置理论的研究一般都有什么发现？
6. 总结目标管理整体绩效系统的五个基本步骤。对于这个方法的研究有何发现？
7. 目标设置如何与目标取向、标杆法、弹性目标以及心理契约相联系？

互联网练习：在西南航空公司，工作的激励潜能是什么？

许多公司在网上公布其提供的工作机会。请登陆 http://www.southwest.com./careers/，看一看西南航空公司的职位空缺。运用哈克曼–奥尔德姆的工作特征模型所列出的工作完整性、重要性、技能多样化、自主性和反馈，针对所列出的工作就每一个特征进行分析。

1. 从工作设计的角度，哪一个工作有最大的激励潜能？最少的是哪一个？
2. 在你认为设计得不好的工作中，提出一些改进它们的方法。
3. 把这些工作与其他公司网上公布的工作信息相比较。然后，浏览本地的制造业公司和公共部门的网站，查看其提供的空缺职位或职位描述。你是否认为某些行业比其他行业有更多好的工作机会呢？

真实案例：使它成为一个工作的好地方

组织试图运用多种方式来提高绩效，比如对传统的、官僚的组织重新设计以及使工作更加专业化，它们已经成为提高员工满意度和绩效的一种方式。也可以通过重组使组织成为一个更加令人愉快的工作场作。在现实世界中，有许多种方式可以实现这个目标。

Inhale Therapeutic Systems 是加利福尼亚北部的一家小型新兴公司，专门研发新颖的药物传输技术。公司中的每个人，包括公司的董事长，都与其他四个人同在一间较大的房间(他们称它为“牛棚”) 内办公，这四个人来自不同的层级并有不同的职能。他们之间没有任何墙壁或者屏风。这种安排迫使人们互相交谈，虽然需要限制他们闲聊的时间，但这种安排也减少了写留言条和电子邮件——因为在大多数情形中，信息的直接接收者都在同一个“牛棚”里。每 9 个月公司就把每个人都轮换一次，重新安排他们的同屋者。这种安排似乎提高了团队合作并减少了办公室政治。

在 West Bend Mutual 保险公司，高层管理者想让工作场所尽可能地令人舒适。管理层把钱花在刀刃上，购买设备使某些工作站的工作人员可以调节温度、空气和噪音水平。来自 Rensselaer Polytechnic Institute 的研究者分析了这些变化带来的影响，得出的结论认为，那些被允许可以控制周围环境的人，比那些不能控制环境的人在生产率上至少高出 3%。公司的管理层相信生产率实际有更大幅度的提高，也许在 5%~10%之间。另外，新的工作站也成为招募和保留员工的一种资本。

其他公司为了解决激励问题也自问：我们还能做些什么以使组织成为更宜人的工作场所？在太阳微系统公司，某些高层管理者提出了一个更为偏激的问题。请注意，他们的许多员工是从来不去办公室的，因为他们在外面与客户打交道或者在家办公，他们就问：如果使用办公室的人是那么少的话，我们为什么还要调节办公室温度和清扫办公室？这使得管理者考虑减少办公空间；如果不来办公室的人因为偶尔的会议和面谈需要聚集在一起，他们可以在旅馆或会议中心租借场地。尽管这不是太阳公司最终采用的方式，但这的确说明，让每个人都朝九晚五地呆在办公室的老套做法已经是过去式了。

现在开始出现一个涉及“好事做过头”的有趣问题。像 Inhale Therapeutic Systems 或 West Bend 保险公司那样的新工作安排，有没有可能使人们的交流过于方便，从而导致他们过度兴奋或者分心？而且，现在所做的改变也许又因为明天技术的改变而变得不适合，从而需要再次改造工作场所。然而，一些工作设计专家也指出：

> 积极的方面是那些建立新工作场所的人认识到，并没有一个关于工作场所的完美模板可供组织上下统一使用。在尝试中如果发现有不合适的因素，应该及时做出调整。“我们认识到的一件事是，我们不仅要评估可能的一切，还要评估它能走多远多快”。这似乎宣告了集团建造“综合大厦”的终结，以及建造有效工作场所新时代的开始。

1. 工作的再设计如何使绩效和工作满意度提高？在你的回答中，请加入对图 11.2 的讨论。
2. 在本案例中所举的例子如何与工作特征模型相联系？
3. 我们在将来能看到更多的工作场所再设计吗？为什么？

组织行为案例：塑鸡奖章

凯利·赛勒实在无法忍受他所在部门的表现了。他知道他的员工干的是一份令人厌倦的工作，既定的技术流程并没有给他留下多少自由发挥的空间，他没办法通过工作丰富化的方法来使工作更容易些。然而，他却坚信肯定有某种方式使枯燥的工作变得更有意思。“至少我想为我的员工进行探索并提高他们的绩效”，他想。

凯利这个部门的员工在小型吹发机的发动机生产线上工作。根据组装的发动机的不同，整个生产线共有 25~30 道工序。流程非常简单，每个工人只需要完成整个操作中的一个或两个步骤。每一个员工都有指定的工作台，一整天都待在那个地方。凯利决定尝试一些方法来改善绩效。首先，他决定把部门组织成工作团队。每个团队的成员都能在不同的工作台上轮换。他还允许每个团队自行决定把任务分配给他们觉得合适的人。接下来，凯利决定每天都公布每个团队的绩效，并给最高绩效的团队一个可放在其工作台上展示的“塑鸡奖章”作为奖励。生产经理从工程角度考察后，却不太赞成这个尝试性的建议。

1. 你认为凯利的工作再设计方法有用吗？根据哈克曼—奥尔德姆模型，列出凯利的员工在再设计工作前后的核心工作维度。他可以使用什么方法提高这些维度？
2. 凯利虽然受到技术流程的限制，但仍然决定重新设计工作，对此你如何理解？这是社会技术工作再设计的一个例子吗？
3. 如果这种尝试没有效果，生产经理迫使凯利回到以前的任务设计，会出现什么情况？

组织行为案例：人力服务的具体目标

杰姬·乔丹是一家州立人力服务机构的地区经理，此机构为听力受损者提供工作培训和康复计划。她的职责包括开发特殊项目以及监管顾问。杰姬碰到的一个麻烦与项目主管凯瑟琳有关，她是针对听力受损者的特殊项目的三年联邦计划负责人之一。凯瑟琳对此项目的资金和目标负有直接的责任，提供这笔赞助的联邦机构要求这笔三年的款项依据“明确的进展状况”进行分配。杰姬与凯瑟琳的矛盾就与这个限制性条款有直接关系。她不断要求凯瑟琳为这个赞助计划制定出一些具体的目标，她希望这些目标是具体的、可见的和可测的。而凯瑟琳给杰姬的目标总是模糊的、不可测的套话。这样，杰姬就不停地要求更大的明确性，但是凯瑟琳的回应总是说：正在做的工作本身就是非常有意义的，而且占据了她所有的时间。抽出精力制定一些具体的目标只会使赞助计划的目的落空。杰姬最终不得不放弃努力，她不再督促凯瑟琳。一年以后，联邦政府终止了这笔赞助金计划，因为这个计划缺乏“明确的进展”。

1. 你认为杰姬要求凯瑟琳制定更加具体的目标的这一做法正确吗？为什么？
2. 你认为联邦政府会对杰姬推行的目标设置方法满意吗？
3. 如果你是杰姬，你是否会用不同的方法处理这种情形？你会怎样处理？

第12章

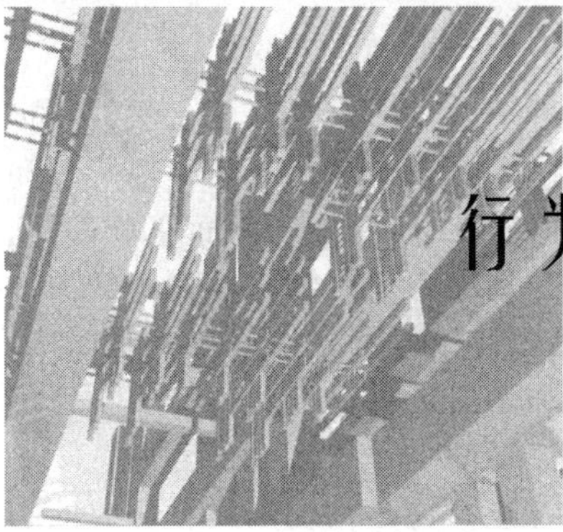

行为绩效管理

学习目标

- **定义** 学习理论：行为主义的、认知的和社会的。
- **讨论** 强化原则，并特别关注效果律、正性和负性的强化及惩罚。
- **分析** 组织报酬系统，强调经济和非经济性报酬。
- **提出** 行为绩效管理或者组织行为矫正的步骤和结果。

从某种程度上说，本书全部内容都是探讨如何在当今组织中为达到高绩效而管理和领导员工。当然，许多章节（比如，第4章关于报酬系统，第6章关于动机，第7章关于积极心理学概念以及第3编的所有章节）都直接或间接地与如何更有效地管理人力资源有关。与此有关的还有那些被极力推崇的流行方法，如最近的爱德华·戴明的“全面质量管理”，史蒂芬·柯维的“高效能人士的七个习惯”，或者彼得·圣吉的“学习型组织”。学术性的或者咨询性的解决方案都未必会错，尽管学术性方法也许不能那么直接地付诸应用，但通俗作者的技术往往都是没有研究支持的“权宜之计”和过眼烟云的“时尚”。与此不同的是，本书的最后一编（前一章关于工作设计和目标设置，本章关于行为管理，后面两章涉及领导）关注的是那些有理论基础的、有研究支持的并得到广泛而持续应用的高绩效的管理和领导方法。与工作设计和目标设置类似，行为管理也满足这些标准。正如一位行为管理的倡导者明确指出的：

> 如果在一段时间内实行行为绩效管理，然后又全盘抛弃它而使用另一种方法，这绝不是一个好主意。它是一种解释了人们如何行为的科学，是再严肃不过的事情了。在不断变化的世界里，行为科学应该仍是我们进行决策、应用新技术、努力让员工发挥最佳水平的基石和起点。[1]

本章的目的是提供一个有关学习理论和学习原则的全面概述，它是行为管理方法的基础和前提。第一节总结了学习理论：行为主义的、认知的和社会认知的。接下来，我们先关注有关强化和惩罚的原理，然后再讨论经济和非经济的奖励。本章的最后一部分专门介绍了行为管理。我们也考察了组织行为矫正（O.B.Mod.）

的步骤及其基础研究和应用。

学习理论的背景

尽管学习理论在组织行为学中不如激励理论或人格理论那么流行，但学者和从业者都认为它在人力资源的理解及人力资源的有效发展和管理方面非常重要。事实上，几乎所有的组织行为都直接或者间接地受到学习的影响。比如，员工的技能、管理者的态度、助手的动机、销售人员的乐观和自信或者会计的着装风格，所有这一切都可以是习得的。有效运用学习理论和学习原理，就能够分析和管理员工的行为，从而提高他们的绩效。[2]

任何理论最根本的目的都是为了更好地解释现象。完善的理论具有普遍性的应用意义，并有助于预测和控制。因此，一个完善的学习理论应该能够解释学习的所有方面（如何、何时以及为什么），具有普遍的应用性（比如，对儿童、大学生、管理者和工人），并能预测和控制学习情境。但迄今为止，还不存在这样的学习理论。尽管某些学习原则获得了普遍的承认——比如强化——它们使得预测和控制变得可能，但在对一般意义上的学习的理解以及某些具体原则上却仍存在较大的争议。这并不意味着没有人致力于发展出一套学习理论，实际情况恰恰相反。行为主义和认知观点的方法以及新兴的社会认知理论（在第 1 章它为本书搭建了一个概念框架）获得了广泛承认。这些学习理论对于研究一般组织行为，特别是行为绩效管理非常重要。

行为主义理论

最传统和得到最多研究的理论来自于心理学中的行为主义思想流派（见第 1 章）。学习和组织报酬系统的大多数原则（见第 4 章），以及本章讨论的行为绩效管理方法，都是基于行为主义的理论，或者行为主义。[3]

经典的行为主义学家，如俄国的先驱者伊凡·巴甫洛夫和美国的约翰·华生，都把学习归因于刺激与反应（S–R）之间的关系或联系。操作行为主义者，特别是美国著名的心理学家斯金纳（B.F.Skinner），更多地关注结果在学习中的角色，或者是反应—刺激（R–S）联系。[4] 对这种联系（S–R 或 R–S）的强调使一些人将它们归为学习的*联结主义理论*（connectionist theories）。这种 S–R 联系涉及经典的或反应性的条件作用；而 R–S 联系涉及工具性或操作性的条件作用。理解这些条件作用过程对研究学习问题来说至关重要，条件作用原理也是理解和矫正组织行为的出发点。

经典条件作用

巴甫洛夫使用狗作为被试的经典条件作用实验无疑是行为科学中曾经进行过的最著名的一个研究。巴甫洛夫利用一个简单的外科手术程序精确地测量一只狗分泌的唾液量。当他在这个实验中把肉末（无条件刺激）给狗时，他注意到大量的唾液分泌（无条件反应）。在另一方面，当他只摇铃（中性刺激）时，狗并未分泌唾液。巴甫洛夫进行的下一个步骤就是在摇铃的时候给那只狗一些肉末。这样进行了几次之后，巴甫洛夫只摇铃却不给肉沫，而狗只听到铃声就分泌唾液了。这只狗一听到铃声（条件刺激）就发生了经典的条件作用而分泌唾液（条件反应）。这样，*经典条件作用*可以被定义为：当先前的中性刺激与一个无条件刺激结合起来之后，就变成了一个能引起条件反应的条件刺激。换句话说，S–R 联系被习得了。巴甫洛夫实验是一个重大的突破，对理解学习有着持久的影响。

尽管经典条件作用有着普遍适用的理论的可能性，而且它在诸如营销等领域不断得到改进和应用，[5] 但是大多数现代理论学家都认为，它仅仅代表了人类学习与行为中的一小部分。尤其是斯金纳，他觉得经典的条件作用只解释了反应性行为，这些反应性行为都是被一个刺激所引起的非自主性反应。他认为更复杂、但却很普通的人类行为不能仅由经典的条件作用来解释。在解释他为什么放弃这种刺激—反应的心理学时，斯金纳说："一个有机体行为的更大的一部分处于刺激的控制之下，这种刺激是有效的，惟一原因就是它们与强化的结果相关。"[6] 因此，斯金纳通过广泛深入的研究，提出如下假设：*行为是行为结果的函数*，而不是引起刺激的经典条件作用。他认为绝大部分对环境施加影响的人类行为，都是为了得到期望的结果。这类行为是通过操作性条件作用而习得的。

操作性条件作用

*操作性条件作用*主要关注因行为的结果或 R–S 而发生的学习行为。它不关注经典或者反应性的条件作用所引起的行为。关于经典的和操作性条件作用的不同可以总结如下：

1. 在经典条件作用中，刺激的变化（从无条件刺激到有条件刺激）将会引发一个特定的反应。在操作性条件作用中，在一个特定的刺激条件下，许多种可能反应中只有一种反应发生。这种刺激条件在操作性条件作用中作为一种线索，它并不引起某种反应，只是为个人发出反应提供线索。操作性条件作用的关键之处在于反应的结果会是什么。经典条件作用下的行为的强度和频率主要由激发性刺激（在行为产生前的环境事件）的频率决定。操作性条件作用下行为的强度和频率主要由结果（行为发生后的周围事件）决定。
2. 在经典条件作用的过程中，无条件刺激每次都是作为一种奖励。在操作性条件作用中，只有当有机体做出了正确的反应才给予奖励。有机体必须根据环境（或者说*操作性条件作用*）来行动才能获得奖励。这种反应在获得奖励过程中是工具性的。表 12.1 列举了一些经典（S–R）条件作用和操作性（R–S）条件作用的例子。

操作性条件作用比经典条件作用对人类学习有更大的影响。尽管斯金纳在 1990 年去世了，但关于他的争论仍然很多，[7] 他的观点也常常被误传，[8] 操作性理论也不断得到改进和拓展。[9] 过去的分析承认他的理论有许多局限，[10] 但是它的贡献是不容置疑的；在许多领域诸如市场营销 [11] 和绩效管理 [12] 方面，它都有着广泛

表 12.1
经典条件作用和操作性条件作用的例子

	经典条件作用	
	(S)	(R)
	刺 激 ——→	**反 应**
个 体：	被针刺到	缩 回
	膝盖骨被敲了一下	小腿弯曲
	被电流击到	跳起来/尖叫
	被巨响惊到	跳起来/尖叫
	操作性条件作用	
	(R)	(S)
	反 应 ——→	**刺 激**
个 体：	工 作	获得薪水
	与他人交谈	认识更多的人
	进入一家餐馆	得到食物
	进入图书馆	找到某本书
	提高生产率	受到奖励
	完成一项困难的任务	受到表扬并得到晋升

的应用。操作性条件作用至少在非常简单的层次上解释了许多组织行为。比如，可以说员工一周工作 5 天、每天 8 小时，就是为了吃饭、穿衣以及为他们自己和家庭提供保障。工作（条件反应）是工具性的，因为它有助于获得食物、衣服和住所。

从操作性分析也可以直接获得一些有意义的启发。组织行为可能会改变环境条件并对员工行为有着重大的影响。[13] 管理者研究组织行为的影响结果则有助于实现预测和控制的目标。一些组织行为研究者的确使用操作性条件作用的方法去分析承诺扩大化（决策者倾向于在花了冤枉钱后仍旧再投资）以及管理者工作的有效性等问题。[15] 另外，这个理论也为本章描述的许多行为绩效管理的实施提供了一个框架。

认知理论

如第 1 章所述，认知理论有助于理解一般的组织行为和学习；作为社会认知理论的一种先导性知识，也有助于更好地理解行为绩效管理。[16] 爱德华·托尔曼（Edward Tolman）被公认为认知心理学理论的先驱。他认为*认知学习*由认知环境线索和期望之间的关系构成。通过控制性实验，他发展并检验了这个理论。实际上，尽管行为学家在他们的研究中基本上都是与动物被试打交道，托尔曼却是在心理学实验中首先使用后来被广泛应用的白鼠做实验的人之一。他发现针对一个目标（食物），白鼠能够学会在复杂的迷宫中跑动。托尔曼观察到，在迷宫的每一处，期望决定了白鼠所做的选择。换句话说，白鼠学会将这个选择与有关的某种认知线索联系起来，最终引向食物。如果白鼠最终获得了食物，线索和期望之间的联系就被加强，学习行为就发生了。与经典和操作性方法中的 S–R 和 R–S 式的学习相比，托尔曼的方法可以被描绘为 S–S（刺激—刺激），亦即学会了线索和期望之间的联系。

在另一个较早地证明了认知学习的经典研究中，沃尔夫冈·科勒（Wolfgang Kohler）给非洲黑猩猩设计了一道难题：让它去拿一个悬挂在屋顶、仅仅用手接触不到的香蕉。起先，这只黑猩猩试图跳起来，但是很快就放弃了这种做法。然后它找到了一个放在房间另一个地方的箱子，把它拖到目标的下面，爬上去把香蕉拿了下来。科勒把这种更为复杂的学习称为"顿悟"。对这个问题的解决看起来是一个整体性的，而不是按照操作条件理论所说的塑造一系列新反应的过程。在那个时候（1927 年），著名的社会哲学家和评论家伯特兰·罗素总结说："有两种学习的方式，一种是通过经验，另一种就是科勒所说的'顿悟'"。[17]

作为现代认知理论的先驱者，托尔曼的 S–S 联系与科勒的顿悟学习也对早期的人类关系运动产生了巨大的影响。第二次世界大战之后开始的工业培训计划（在今天也仍有很多方面的应用）就在很大程度上采用了他们的思想。这些培训计划应力求能够加强认知线索（监管、组织和工作程序）以及员工期望（为好绩效发放的激励薪酬）之间的联系。这个理论认为，把接受命令或遵从指导与收到经济报偿之间建立一种联系，员工将学会和提高其生产能力。这些年来非常流行的对创造力和问题解决的培训也是同样的道理，它们都应用了顿悟学习的思想。

今天，认知科学更多地关注人员胜任力的结构和过程（比如，记忆和信息加工的作用），而不是曾经主导学习理论的获取和传递过程。[18]在组织行为中，认知方法主要应用于动机理论。期望、归因、控制源以及目标设定（它们都是现代工作动机研究的焦点）都是认知概念，它们代表了组织行为的目的性，许多研究者现在都关心认知和组织行为之间的关系或联系。[19]

社会学习和社会认知理论

如第 1 章所述，社会学习理论为本书过去的若干个版本搭建了一个概念框架。然而，与社会心理学中构建的理论类似（它主要得益于受到广泛推崇的心理学家阿尔伯特·班都拉的工作），[20]本书的这个版本以及对学习的概述都认识到向更加综合的社会认知发展的趋势。在讨论社会学习之后，将转入社会认知及其衍生物——模仿和自我效能。

社会学习

这种关于学习的理论第一次把行为主义和认知的概念结合了起来，并强调了认知、行为以及环境决定要素的相互作用和互惠的本质。社会学习理论借用了经典的和操作性条件作用理论中的许多原则，认识到这一点非常重要。同样重要的是，社会学习理论又超越了经典和操作性条件理论，因为更多的学习并不是通过事前刺激和随机结果得来的直接学习。社会学习理论假定，学习也可以通过替代或模仿以及自我控制过程（见第 1 章）发生。因此，社会学习理论赞同经典和操作性条件作用过程，但同时也认为它们范围太狭窄，所以加入了替代、模仿和自我控制过程。

社会认知

这种理论在近些年才出现，它超越了社会学习理论。社会认知理论因为更多地关注自我控制机制，从而拓展了学习和矫正性行为。具体来说，如第1章所示，社会认知理论确认出人们用于发出、控制和维持其行为的五种能力：（1）符号（象征）化，（2）预见，（3）替代/模仿式学习，（4）自我控制，（5）自我反省。[21]这些人类能力包括了认知过程、社会学习以及自我效能。从社会认知衍生物的模仿和自我效能的角度进一步探察社会学习，就能更好地理解学习，并为行为绩效管理提供理论基础。

模仿过程

替代或者模仿的各种过程基本上都包括观察学习。“根据社会学习理论，模仿可以解释用操作性或反应性条件作用难以解释的某些行为习得的现象。”[22]

许多年以前，米勒和多拉德（Miller & Dollard）指出，学习未必一定来自于非连续的刺激—反应或者反应—结果关系，相反，学习可能通过模仿他人而发生。班都拉说：

> 尽管行为在某种程度上可以通过奖励和惩罚被塑造成新的模式，但是，如果仅以此方式进行的话，学习将会是极其枯燥费力和危机重重的……非常难以想像，一个向每一位新成员传授语言、风俗、职业活动、家庭规范以及某种文化的教育、宗教和政治实务的社会化过程，仅是通过对偶然行为进行选择性强化，而无视那些用自己的行为对其文化进行言传身教的人的作用。人们所表现出的大多数行为或多或少都来自榜样的影响。[23]

班都拉做了大量的研究，证明人们可以向其他人学习。[24]这种学习过程分两步。第一，这个人观察其他人如何行动，从而形成一幅关于行为及其结果（奖励和惩罚）的心理映像。第二，这个人根据形成的映像进行行动，如果结果是正性的，他或她就倾向于再次进行这个行动。如果结果是负性的，这个人就倾向于不再进行这个行动。当然，这些正性和负性的结果都与操作性理论紧密相关。但是，由于这里存在模仿活动的认知和象征性表征，而不是非连续的反应—结果联系，模仿其实就超越了操作性解释。特别地，班都拉总结说，模仿包括相互关联的亚过程，比如注意、记忆、肌肉运动再现以及强化。

自我效能

尽管第7章对此进行了详细的描述，自我效能最近也被视为行为绩效管理中的组成部分。[25]班都拉把*自我效能*（self-efficacy）定义为“相信个人有能力组织和执行用于达成某种成就的行为”。[26]尤其当员工面临某一特定的任务或工作时，员工的效能将决定他/她是否能做出必要的行为，能付出并保持多大程度的努力，以及遇到困难甚至失败时能表现出多少的毅力和韧性。[27]换句话说，相信自己能够圆满完成任务的人（高自我效能），会比那些认为他们会失败的人（低自我效能）做得更好。对组织行为学领域非常重要的是，一系列研究都发现，在自我效能和工作绩效之间存在着显著的相关。[28]而且，那些具有高自我效能的人往往倾向在困境或绝境中保持冷静。[29]换句话说，有大量的证据表明，高自我效能的员工倾向于坚持和出色地完成工作，而体验不到压力和筋疲力尽。和先天性的人格特质不同，效能是一种可以被训练和培养的状态。正如在第 7 章详细描述的那样，对效能的投入被认为是一种获得的经验、替代/模仿学习、社会说服以及生理/心理唤醒。[30]经历了成功的管理者及其员工都通过模仿受到了训练，或者他们在某一任务或工作中受到激励和鼓舞，因此他们将拥有更高的效能并能表现得十分优秀。这些似乎都对培养管理者和员工的自我效能，从而提高其绩效有着重大的实用价值。[31]

学习的原则：强化和惩罚

强化和惩罚都在学习过程中起到了核心的作用，并为行为绩效管理提供了原则。大多数的专家都认为强化比惩罚更重要，认为强化是最重要的概念和应用原则。然而，对强化的理论解释也存在一些争论。第一个对学习中的强化做出理论分析的是心理学先驱爱德华·桑代克（Edward Thorndike），他的经典的效果律在今天仍然具有主导作用。

行为的各种规律

用桑代克自己的话说，*效果律*（law of effect）就是：“在对相同环境做出的几种反应中，那些能引起满意［强化］的反应……将更有可能再次发生；那些能引起不满［惩罚］的反应……将不太可能再次发生。”从严格的实证角度来说，大多数行为主义科学家，甚至那些有强烈认知倾向的科学家，一般都承认这个法则的效度。效果律已经在有高度控制的学习实验中被一次又一次地证实，并且在日常的学习经验中可以直接观察到，有时它被称为行为法则，即理想的或者强化的结果将增加前述行为的力度，并增加未来再次发生此行为的可能性；不理想的或受到惩罚的结果将减少前述行为的力度，并减少未来再次发生此行为的可能性。有时还会加入第三条法则：如果行为之后并没有任何后果（既没有正性的也没有负性的事后结果），在一段时间后这个行为将会逐渐消失（因此它也被称为消退原则或消退法则）。[32]

对强化理论的批评

尽管行为法则被普遍接受，但是有时候个体的认知理性会抵消它们的作用。比如，具有不正确的自我效能观念的人，也许不会受到其行为结果的影响。这对工作场所中的管理者来说，确实是一个问题。那些具有错误的自我效能观念的人，一次又一次地经历失败，却并没能从错误中吸取经验，或者对管理者提出如何改正这个错误的建议无法做出回应。他们具有高自我效能（他们相信他们的行为是恰当的，所以能成功地完成任务），但是他们是错的。[33]除了认知加工会削弱效果律这种批评之外，如果强化理论被当成一个总体性的理论或者是学习的一个绝对要求时，还存在一些问题。

托尔曼和科勒的经典研究为认知理论提供了最初的支持，不认为强化是发生学习的必要条件。比如，托尔曼进行了场地学习、潜伏学习和转移学习实验，试图证明强化并不是学习发生的前提条件。具体说来，在场地学习中，他训练了一只老鼠在一个T形迷宫中往右转，其结果是老鼠获得食物奖励。然后让老鼠从迷宫的另一端开始。按照操作性理论，由于过去的条件作用，这只老鼠应该往右转。然而，这只老鼠转向食物曾被放置的地方。托尔曼认为行为是有目的性的，这只老鼠已经形成了一种如何得到食物的认知地图。随着时间的流逝，行为主义者们能够用有更多控制性的实验去反驳托尔曼的研究，而科勒关于顿悟的结论也能够用其他的强化理论来解释。[34]

最近，德西（Deci）[35]以及德西与瑞安（Deci & Ryan）[36]通过他们的认知评估理论和实验室研究，认为外在结果（即奖励）对涉及毅力和创造力的内源性动机（见第6章）有负性影响。这些发现引发了大量的、结果不一致的后续研究。对大约100项研究的一篇综述发现，某些奖励可能会有破坏性作用，但是，同等数目的研究也发现它或者没有作用，或者有正性的作用。[37]从这个广泛的综述得出的结论是：（1）奖励的破坏性作用只有在高度有限制的、容易避免的条件下才能发生；（2）经典和操作性条件作用机制是理解奖励对工作动机积极或消极影响的基础；（3）使用由行为理论派生出的程序，可以很容易地获得奖励对绩效的积极作用。[38]

最后，一个针对96项研究所做的元分析发现，奖励的惟一破坏性作用就是得出奖励与绩效无关却为此花在实验室活动的时间。[39]与操作性理论解释相比，也有系统的研究反驳了认知评价理论。[40]然而，尽管有许多实证的和理论的不一致性，通俗作家阿尔菲·科恩等人仍然继续写相关的文章（不是做研究），比如一些以“用奖励惩罚”和“为什么激励计划失效”为标题的文章。[41]基于他自己的假设以及德西和瑞安的理论和研究，与大量的强化理论和研究明显不同，科恩做出了毫不含糊的如下陈述：“根本问题在于，为了更好的绩效而提供的任何奖励都注定是无效的。”[42]

不幸的是，科恩这些基本上没有理论支持的陈述对现实世界的人并不是毫无作用的。这是因为管理者确实在绩效薪酬计划中遇到了麻烦。[43]比如，在对相关文献做了广泛的回顾后，劳勒总结说，程序/设计限制了绩效薪酬的效果，而不是强化理论或支持性的基本研究方面的原因。[44]最近还有一个研究发现，高度分散的奖励系统（即在最高和最低薪酬之间有巨大的差别）也许对个体和组织绩效都有负性的影响，特别当协同努力（比如在团队中）很重要的时候。[45]然而，同样地，这不是说关于强化的理论/研究是错误的，导致问题的其实是执行过程本身。正如班都拉指出的：“所谓（只有）思想指导行为的说法，不过是一种方便的简略陈述，并没有为思想赋予力量。”[46]因为“如果人们……基于信息线索采取行动，但是却不受行动结果的影响，那么他们是无法维持多久的。”[47]作为最后的总结，可以说强化理论和学习一样是不完美的，仍然需要进一步发展。然而，强化确实提供了一个很好的理论基础和指导原则，关于执行中的问题则需要有效的行为绩效管理来克服。

强化在行为管理中的应用

*奖励*和*强化物*的说法常常可以通用，但是在行为绩效管理中，它们却有明确的定义和用法。一个经常被引用的对强化的间接定义是这样的：它就是与个人寻求奖励有关的任何事物。这个定义没有什么价值，因为*奖励*和*强化*是同义反复，而不是操作性定义。现在，我们可以依据行为法则给出一个更加操作性的定义。具体来说，在行为管理中的*强化*被定义为会引起强化前行为的重复发生并加强的一切事物。另一方面，简单地说，*奖励*就是那些给予奖励的人所认为的令人向往的某些事物。

强化是基于其功能而被定义的。只有加强了事前行为并诱发其再次发生，才是强化。比如，某管理者也许以公开表扬那位在一份报告中找出一个错误的员工作为奖励，但是研究发现这个员工的感受是窘迫的，并受到同事的斥责，这样，找错的行为在未来就会减少。在这个例子中，这个"奖励"并不是强化性的。除了在强化和奖励之间做出明确区分，行为管理还要求区别正性强化和负性强化。

正性和负性的强化

关于*正性强化*、*负性强化*和*惩罚*的说法有许多含糊之处。首先，必须理解强化，无论是正性的*还是*负性的强化，都加强了行为并增加了重复此行为的可能性。但是，正性和负性的强化刺激却是以完全不同的方式影响行为的。*正性强化*通过*给出*一个令人期望的结果从而加强和增加了这个行为。*负性强化*则通过以人们不希望的结果作为威胁或者*中止*或*收回*所希望的结果，从而加强和增加了这个行为。图 12.1 简要总结了正性与负性强化和惩罚之间的区别。因为员工成功地完成一项任务而给予承认和关注，是一个正性强化的例子（如果这的确加强并随之增加了在任务中所发生的行为）。在另一方面，当主管在工作区来回走动，一个工人不得不繁忙地工作，这就是负性强化。忙碌起来就不会受到主管"斥责"。

负性强化比正性强化更加复杂，但是它与惩罚却不是一样的。事实上，它们对行为有着不同的影响。负性强化加强和增加了行为，然而惩罚却削弱并减少了

图 12.1
正性强化、负性强化和惩罚的操作性定义总结

……的结果 伴随	奖　励 （令人期待的）	有害刺激 （令人讨厌的和不受欢迎的）
实　施	**正性强化** 行为增加	**惩　罚** 行为减少
取　消	**惩　罚** 行为减少	**负性强化** 行为增加

行为。然而，它们都被认为是行为负性控制的形式。负性强化其实是社会恐吓的一种形式，因为个人之所以产生某种行为，就是为了避免惩罚。更清楚地了解惩罚将有助于进一步说明它与负性强化有何不同。

使用惩罚

惩罚是行为管理中被最广泛地使用但却得到最少理解并难于控制的一个方面。无论是抚养孩子还是在复杂的组织中与下属打交道，父母和主管或经理最常求助的是惩罚而不是正性强化。惩罚通常被认为是强化的反面，但对改变行为同样有效。然而，这种与强化的简单类比并没有充分的理由，原因在于惩罚是一个非常复杂的现象，它需要很小心地定义和使用。[48]

惩罚的含义

惩罚削弱行为并倾向于减少其随后的发生频率。惩罚通常施于不受人欢迎或有害的结果，但是如图 12.1 所示，它也可以被定义为收回一个令人期望的结果。因此，剥夺一位表现不好的管理者的某些组织特权可以被视为惩罚。

尽管惩罚在实施不令人期望的结果和收回令人期望的结果之间存在差别，但是为了使惩罚有效，它必须对事前行为有所削弱或减少。在许多情形中，主管认为他们在惩罚员工，但其实是在强化员工，因为他们对员工给予了关注，而关注往往是强化性的。这就解释了一些主管们常有的抱怨："我让乔进来，痛骂了他一顿；然后他回去了，但却还是犯错。"从操作性定义看，主管认为乔受到了惩罚，但事实上主管所做的不过是通过给予他关注和承认而强化了乔的不令人期望的行为。与强化一样，惩罚是依据其对行为的作用而被定义和操作化的，而不是依据个人认为是怎么样或者应该怎么样而进行的。

执行惩罚

关于执行惩罚的观点非常多，其中既有绝不能使用的可怕警告，又有它是矫正行为的惟一有效方式的说法。至今，研究还不能完全支持其中的任何一种观点。然而，毫无疑问的是，使用惩罚往往会导致许多不受欢迎的副作用。[49]孩子和成人都不喜欢被惩罚。被惩罚的行为往往只是被暂时地压制了而不是永久地被终止了；被惩罚的人往往会变得忧虑或不安并对惩罚者心怀憎恨。因此，使用惩罚作为控制行为的策略是一个双输的方法。除非惩罚是非常严厉的，否则被惩罚的行为很快就会再次出现。但是惩罚越严厉，诸如憎恨和报复的副作用就会越大。就像"实践中的组织行为学"专栏描述的那样，年终绩效评估的"强迫等级分布"就可以被解释为一种惩罚，而且具有不良的副作用。

为了使惩罚带来的问题最小化，执行惩罚的人必须对被惩罚的行为提供可选择的正确做法。如果做不到，不受欢迎的行为往往会再次发生，并在被惩罚的人心中产生恐惧和不安。这种惩罚必须是及时的，比如，因为下属在一个星期前违反了制度，而现在才把下属叫到办公室来并痛骂一顿是毫无作用的。当执行惩罚

艰难的绩效评估

假期购物、岁末年关、家庭情感剧，这些并不是12月份惟一的压力源。12月是公司着手每年可怕的评估的时刻，这些评估通常是带有官僚主义的，而且总是很费时间的绩效评估。这个过程很残酷：大约三分之一的美国公司所采取的评估系统是将个人与同事相互比较，有些甚至会解雇那些低绩效者。

拥护者称这样的“强迫等级分布”的系统保证管理者对绩效有客观的评价，但是这种做法正不断受到质疑。面对一连串的认为排名是基于年龄而非真正绩效的员工投诉，越来越少的公司还在采用这种有争议的管理手段。批评者认为这样做是不公平地惩罚了由明星和落后分子混合组成的群体，而且阻碍了冒险行为，而公司赖以发展的关键就是创新。一项新的研究质疑了强迫等级分布的长期价值。“它是一个零合游戏，而且阻碍团队合作。”史蒂夫·克尔斯说道，他是高盛公司的执行总裁，负责该公司的领导培训计划。

即使是通用电气——支持该实践的最有名的公司——也在尝试为该系统增加更多的灵活性。前首席执行官杰克·韦尔奇要求经理们将人才分到三个群体中——最好的20%，中间的70%，最差的10%，这些群体的大门为所有人开放。而18个月前，通用电气主动开展了一项行动，提醒管理者们使用常识来评定员工的等级。

最近一个研究为该理论提供了有力的数据支持。Drake大学管理系副教授史蒂夫·斯卡伦发现强制等级，包括解雇底端的5%或10%，导致了惊人的16%的生产绩效的提高，但这种情况仅仅出现在头两年，接下来的收益持续下降，从第三、四年的6%到10年后的0增长。“在一两年内，对于有困难的公司这是一个很好的手段，但不能作为长久之计。长此以往，员工们将注意力放在如何跟他人竞争而非合作。”密歇根大学商学院的戴夫·乌尔里克教授如此评论。

雅虎公司准备今年对其评价系统进行改变，将员工的绩效与绝对标准而不是其他员工相比较，现在他们正在寻找更好的对话和较少地削弱士气的分类方法。雅虎主管人力资源的高级副总裁莉比·萨廷知道，在Sunnyvale（加州）公司技术主管的绩效评估讨论会上，总是会有这样的评论：睁一只眼闭一只眼吧，“我想把你放到那个位置，但是人力资源部却不许我那样干。”这种做法使许多绩效评价的结果令人费解。今年，雅虎去掉了其绩效分类评级，希望评价能更多关注实质而不是对等级的解释。

但是那样并不表示雅虎对所有的员工都盲目乐观。为了更好地寻找和发现高绩效者并给予他们必要的奖励，以防止他们跳槽到其他公司，该公司今年实行了“整体评级”系统来决定如何分配薪酬增长。这个系统要求管理者对每个工作部门的所有员工排列出等级——例如，一个20人的部门会排出等级1–20——而加薪和红利奖金与等级排列的结果相对应。在绩效评价期间，员工会被告知他们的薪酬增长是如何与他人相比较的。

一些雅虎的管理者对这个新系统不是很有信心，“这会降低团队的士气，”一位高级工程经理抱怨说，而且他说他还得到一个更狠的消息，要他炒掉绩效最差的人。雅虎说这个新系统不会自动解雇底层的群体，而是专门为了奖励那些高绩效的明星员工。

实际上，雅虎这一引进新系统取代老系统的举措表明，一个公司为了找到既能培养鼓励优秀人才的文化、又促使低绩效人员变得坚韧的评价系统，是多么的艰难。无论是叫整体评级、强迫分级还是其他不同名称，“没有魔法般的系统，”萨廷说，“我们仅仅想确保我们做对了，我们投资给我们最想留下的人才。那才是最重要的。”

时，需要铭记的是其他看到这次惩罚的人也会受到影响。

惩罚的指导

有效行为管理的黄金法则就是：为了改变行为，我们应付出不懈的努力去强化而不是惩罚。而且，与惩罚在减少不受欢迎的行为中的效果相比，使用强化策略在增加令人满意的行为上一般也有更好的效果。正如在关于惩罚的一项研究中所指出的："为了成功，［惩罚］必须以一种有序的、理性的方式被执行——而不是为了管理者泄愤或驱散失望而随便进行的。如果使用时很有技巧并含有对人类尊严的关照，那么它才有可能是有用的。"[50]在行为管理中，惩罚是一种学习性经历，绝不单单是一种为了证明对他人的掌握和控制的恐吓性经历。也许最佳的实践建议就是古老的热火炉惩戒法则——就像火炉一样，惩罚应该事先给予警告，而且惩罚是及时的、一致性的和客观的。另外，最新的方法强调惩罚应该是随情况而定的（一群 19 岁的辍学学生应该与年薪 10 万的专业人士不同），并且是循序渐进的。循序渐进的惩罚开始也许只是说明性的口头陈述，然后是受惩罚的人所签署的书面协约，接下来是带薪或无薪的停止工作，最后一步才是终止合同。

组织报酬系统的作用

正强化的结果对员工行为如此的重要，组织报酬系统对行为绩效管理也至关重要。组织也许拥有最新的信息技术、深思熟虑的战略规划、详细的工作说明以及全面的培训计划，但是如果人们与绩效相关的行为得不到强化，没有依据管理原则实现上述要素（技术、计划等等）[51]或建立起行为操作（即，有足够的动机）[52]，组织将不会获得任何积极效果。换句话说，回到斯金纳原来的那个概念，只有当存在强化性结果时，事前线索（技术、计划等等）才有力量对行为进行控制、塑造或者提供规范。正如一位行为管理顾问指出的：

> 公司总是经过完美的设计以制造它能够制造的东西。一旦它遇到质量问题、成本问题或者生产率问题，那么与这些不受欢迎的结果相联系的行为就会被强化。这并不是个假想，这就是人类行为铁一般的无情现实。[53]

对绩效管理的挑战在于要理解真实的行为，要消灭不受欢迎行为的强化刺激，而更重要也是更有效的是强化令人期望的行为。因此，组织报酬系统成为带来绩效提高和成功的一个关键的、又常常被忽略的因素。

第 4 章专门介绍了报酬系统，它是本书社会认知模型中组织环境（还有结构和文化）的核心部分。正如我们所指出的，金钱（薪水）主导了组织的报酬系统。接下来的内容分析了在行为绩效管理中使用的经济和非经济的强化刺激。

关于金钱作为强化刺激的分析

不幸的是，传统金钱报酬系统（见第 4 章）的惟一强化功能就是通过诸如底薪技术等方法，强化员工每两周或每月打开信封看支票或存款单的欲望。这些传统的付薪计划必然面临无法提高各个水平员工的绩效的问题。[54]但是，尽管仍有不少困扰传统付薪方式的难题，最近的研究分析却总结说，根据实际情况发放金钱奖励的方式对员工行为有积极的影响。[55]然而，即便奖金也存在不足之处，这主要是因为执行中的问题，比如绩效测量不准确，对主管的反馈不能接受，由于金额太小限制了对奖金的渴望，在奖金和绩效之间缺乏联系，以及潜在的非预期的后果，如只关注与薪酬相关的活动和行为。[56]有些负责薪酬事务的人士认为，奖金只会让员工更不高兴，因为他们会觉得这是奖励过去绩效而不是激发他们改善未来绩效的一种不公正的方法。[57]此外，一项关于奖金的实验室研究给出了如下结论：

1. 除非奖励额度至少达到底薪的 6%~7%，否则它将无法对员工行为产生预期的效果。
2. 超过了一定的数值点，增加奖金数额不会再带来绩效的提高。
3. 当奖金数额太少时，员工的士气会受损。
4. 调整生活费用和资历工资以及其他非奖金性的薪酬增长应该明确地与奖金分开。
5. 对具有较高底薪的员工给予较小比率的奖金是不利于激励的。[58]

换句话说，传统的底薪制和奖金都存在一些问题。

在第 4 章谈到的"新薪酬"计划（比如，同时在个人和团队水平上的绩效薪酬，按客户或员工满意度付薪，按知识付薪、技能薪酬、能力薪酬以及宽带薪酬）就克服了这些问题。[59]例如，由美国薪酬协会资助的一项大型研究对激励绩效方面的投资回报进行了分析。绩效提高带来的价值等于付给员工报酬（不包括培训、通讯和咨询带来的相关成本）的 134%，或者说，相对于在报酬上每付出 1 美元，能得到 2.34 美元的收益。[60]

以基础研究的术语来衡量，最近由斯塔科维奇和鲁森斯在世界上最大的信用卡业务公司进行的一项现场实验获得了如下的发现：

1. 传统上实行的绩效薪酬计划（就是说，通过正规渠道来宣布，不同的绩效水平得到不同薪酬金额）确实提高了绩效（11%）；但是
2. 通过下文所讨论的行为绩效管理方法来实行同样的计划（就是说，指明那些能带来货币报酬的核心绩效行为）则能带来绩效 32%的提高。[61]

换句话说，由于绩效行为得到增加，强化理论和原则从而能够证明金钱实际上是一种有力的强化物。重要的是，实行传统的薪酬计划时，金钱也许就不是一种强化物，但是，明确指出核心绩效行为时，金钱才可能成为有力的强化物。

这个原理对组织报酬系统中（见第 4 章）非常昂贵的福利计划同样适用。灵活的福利计划以及那些参考绩效水平的计划都能获得更好的效果。[62]现在，越来越多的公司（根据美国薪酬协会最近的一项调查，增加了 18%）都开始依据员工绩效来决定福利的数额与内容，而不是沿袭按资历定福利的传统。比如，在 Owens-Corning 公司的"奖励和资源计划"中，员工能更清楚地看到他们的工作是如何通过额外薪酬得到加强的，这些额外薪水是以更多的福利形式出现的。[63]

非经济奖励

正如第 4 章指出的，金钱是最明显的组织报酬，但是非经济报酬也日益受到

更多的关注。事实上，一项要求员工对各种报酬进行重要性排序的调查发现，非经济报酬的排名远远高于经济报酬。[64] 比如，在各种工作环境下对 1 500 名员工进行的研究发现，个性化的、来自管理者的即时表扬，在 65 个评估条目中被认为是最重要的。然而，这些员工中超过一半的人报告说他们很少得到这样的奖励。[65] 同时，一家人事安置公司报告说，员工离开公司的首要原因是缺乏赞扬和认可。[66] 同样，刚才引用过的斯塔科维奇和鲁森斯的研究也发现，与按传统方式实行绩效薪酬相比，社会认可（24%）与绩效反馈（20%）都能带来更高的绩效（11%）。[67] 最后，在快餐业开展的一项研究中，我们（彼得森和鲁森斯）发现，金钱刺激在开始阶段对利润、顾客服务、员工保留有很大的作用，但是随时间的推移，除员工保留外，经济刺激和非经济刺激起相同的影响。[68] 换句话说，作为行为绩效管理的强化物，非经济因素的力量毫无疑问是非常强大的，但它又是常常被忽视的。

表 12.2 总结了非经济奖励的一些主要类型。请注意，尽管它们被认为是非经济的，它们可能仍然要花费组织的钱。同样，这对消费品、实用品以及视觉和听觉奖励来说也是如此。其中，工作设计是一个特例，通常不能，但也有可能被认为是一种组织奖励。第 11 章对此已给予了详细的描述，这里就不再复述了。另一方面，社会认可、关注以及绩效反馈在行为绩效管理中就相对比较容易实行，它们不需要花费成本（除了某些绩效反馈的情况），但也许比那些需耗费成本的非经济奖励更加有力。这几种就是主要的强化物，值得专门介绍。

社会认可和关注

非正式地提供认可和关注（和赞扬，如果是真诚的）对大多数人来说往往是非常有力的强化物。而且，很少有人会对它们感到厌烦。然而，与金钱强化物类似，社会性强化应该与员工的表现相一致，这样才会给员工绩效带来积极的影响。比如，不真诚的或者随意给予的赞扬动作或话语（正如在原有的人际关系方法中）也许不会产生什么作用，甚至是惩罚性的相反结果。但是，依据目标行为的绩效而实行的真诚的社会性强化物，则能对大多数员工产生有效的正性强化作用。与使用金钱奖励相比，这种策略的额外收益就是它对组织来说几乎没有花费任何成本。

重要的是这种来自被看重的人（比如，老板、同事、下属、朋友、配偶等）的关注和赞赏作为非正式的社会性赞许，也许不仅在行为管理中作为强化物能比金钱产生更大的作用，在正式的表扬中也能发挥作用。与社会认可和关注不同，正式的表扬随着时间的流逝，很容易就演变成虚伪之举而得不到接收者的看重，或者变得违反团体或文化规范。正如鲁森斯和斯塔科维奇最近指出的：

> 诸如惠普公司的“金香蕉”或者许多公司实行的“本月明星员工”等类型的正式的认可奖励，在一开始确实是一种强化物，但是随着时间的流逝，它就会变味，成为一种空洞的奖励。最先一批的员工之星也许是每位员工都认可的，但后来的选择就会变得越来越有争议和主观，结果往往是选择了不太符合甚至完全不符合的员工。这个时候，公司政治常常就有了施展的舞台，而那些真正应该得到认可的员工则会觉得受到了欺骗。在这种情况下，这项计划实际上产生了消极的作用（比如，本想奖励 B 结

表 12.2 非经济奖励的种类

消费品	实用品	视听设施	工作设计	正式认可	绩效反馈	社会认可和关注
工间休息茶点	办公用品	带有窗户的办公室	更多责任	对业绩的正式认可	非口头绩效信息	友好的会面
免费午餐	墙壁装饰	有线音乐	工作轮换	内部时事通讯报道	口头绩效信息	非正式认可
食物篮	公司轿车	因私使用互联网和电子邮件	特殊任务	报纸/电视中报道	书面报告	对工作建议的赞许
复活节火腿	钟　表	工作场所的再装修	交叉培训	庆祝/宴会	绩效评估（包括 360 度评估）	对劝告的赞许
圣诞节火鸡	奖　品	公司文献	知识培训	推荐信	绩效图标	轻拍肩膀
公司中的家庭宴会	纪念品	私人办公室	有权安排自己的工作	当众认可/赞赏	具体测量数据或绩效信息	微　笑
公司郊游	戒指/胸针	大众演讲或课程	弹性工作时间		从绩效或问题解决获得自我信息	言语或非言语认可或赞赏
宴　会	家用电器和家具	读书俱乐部讨论	弹性休息时间			
休　假	个人/家用电脑		工作共享			
旅　游	家用工具		参与决策			
娱乐/运动活动	园艺工具		参与团队			
教育课程	服　饰		自我管理团队			
	俱乐部特权					
	使用公司休闲设施					
	使用公司公共场所					
	因个人活动使用公司设施					

> 果却奖励了A)。而且，从（集体主义的）文化价值观和个人差异的角度来说，尽管每个人都希望他们的努力得到认可，但是并不是每个人都希望被公开地排除在外，而这往往就是正式认可计划可能造成的后果。[69]

随着团队概念的流行，也有迹象表明团队也能给其成员带来社会强化，产生理想结果。比如，前面引用过的美国薪酬协会进行的研究就发现，团队建议计划（作为组织绩效奖励计划的一部分或者独立实行）尤其有助于组织的成功。重要的是，使用非经济奖励的团队建议计划，比通常使用经济奖励的基于个人的计划能产生更好的效果，其比例是4:1。[70]比如，非经济奖励的团队建议计划如被采用，每一条建议带来的平均价值，对一家较大的航空公司来说是46 200美元，对一家制造厂来说是14 500美元，对一家报社来说是19 344美元，对一家银行来说是19 266美元。[71]

绩效反馈

毫无疑问，尽管当今先进的信息系统能制造大量的数据资料，但是个体仍然得到非常少的关于其绩效的反馈。一般来说，人们都强烈地渴望知道他们做得如何，他们很投入地寻求反馈。[72]尽管在研究中发现反馈的作用很复杂，[73]但人们基本上都认可行为管理中的反馈提高了个人绩效。[74]一个全面的综述（30个实验室实验和42个现场实验）得出结论说，绩效反馈有积极的作用。[75]同时，斯塔科维奇和鲁森斯的研究也发现，尽管比不上金钱和社会认可所产生的效果，但绩效反馈的做法仍能带来高达20%的绩效改善。[76]重要的是，这比按传统方式实行的绩效薪酬计划（11%）要高得多。作为行为管理的一般性指导政策，绩效反馈应该尽可能是积极的（positive）、即时的（immediate）、图解的（graphic）和具体的（specific）——因此，其首字母缩略字就是PIGS——这样它才能是有效的。[77]

尽管其重要性得到了认可，但是，关于反馈本身究竟是否能自动带来强化效果以及是否太过于简单化，学者们对此仍然存在分歧。[78]比如，在总结了关于反馈的研究文献后，一位研究者说，反馈的作用依赖于诸如反馈信息的性质、使用反馈的程序、反馈接收者的个体差异以及任务性质等因素。[79]例如，有一项研究发现，与目标设定中外来的反馈相比，自我产生的反馈对技术型或工程型员工有更强大的效果。[80]同样，另一项研究也发现，被试对具体的反馈比对模糊的反馈评价更为积极，他们更喜欢反馈中暗示他们干得不好的原因来自于外界，而不是由于其内在原因。[81]

另一观点认为“行为性反馈”（导致学习和适当结果的反馈）比批判性、负性反馈更为有效，[82]而且反馈的来源似乎也很重要。[83]正如一项研究发现的，不仅反馈的数量和频率很重要，发出信息的一致性和有用性也很重要。个体对来自正式组织中的反馈的态度正性最少，来自于同事的反馈次少，来自于主管和任务的反馈再次少，最喜欢自发产生的反馈。[84]多来源的反馈是最有效的，[85]360度反馈系统（个体匿名地被老板、下属、同事，有时还有客户评价）可以在一个软件系统中自动运行，提供了更为及时、客观以及花费更少的反馈。而且，研究也发现对奖励的选择与反馈交互作用，对一种实验室练习的任务绩效有积极的影响；[86]但是对于那些在快餐店里处于高度模式化工作的工人，即便他们获得了正性的反馈，但并没有提高他们的绩效。[87] 尽管有许多限制和考虑，但是关于绩效反馈的一个大体的指导原则是，它对于行为绩效管理来说是一种非常有效的强化物。

行为绩效管理或组织行为矫正

行为绩效管理是建立在行为主义、社会学习、社会认知理论，特别是强化原则的基础上的。图 12.2 生动地描绘了其历史发展以及迄今受到的班都拉社会认知理论影响的理论构建。成熟的组织行为矫正或者说组织行为矫正模型则如图 12.3 所示。这些简化的步骤在图 12.4 中列出。根据现有的学术研究和学者的观点，还有其他一些行为绩效管理的系统性方法。[88] 最近大多数行为管理研究的元分析发现，只有 72 个研究符合纳入分析的标准（使用强化干预，任务绩效测量，计算效力的统计信息）。我们发现平均 16%的行为绩效的提高是因为采用了这些行为管理方法。[89] 然而，组织行为学领域最重要的、得到普遍认可的，是组织行为矫正模型。在最近一项元分析中，19 个研究中的 2 818 名被试符合组织行为矫正的标准(可在本章结尾处查阅其细节和结果)。[90] 以下的讨论总结了行为绩效管理中应用组织行为矫正模型的具体步骤。

步骤 1：绩效行为的确认

在第一步中，确认对绩效有重大影响的关键行为（制作或出售一件产品或者向客户或顾客提供一项服务）。在每一个组织中，无论什么类型或水平，每时每刻都有大量行为发生。其中有些行为对绩效有重大影响，但有一些不是这样。组织行为矫正第一步的目标就是确认*关键行为*——可以解释 70%~80%的绩效的 5%~10%的行为。

确认关键行为的过程可以按两种方式进行。一种方法是让与工作关系最密切——直接主管或实际工作承担者——的人来决定其核心行为。对个体管理者或一个团队来说，这个行动与作为问题解决方式的组织行为矫正是联系在一起的。此做法的优势在于最了解工作的人可以最准确地识别关键行为，而且，因为此人参与工作，他或她就更能忠诚于组织行为模型的过程，直至其圆满地完成。

另一种确认关键行为的方法是一种系统的*行为审查*。这种审查使用内部专家员工和外部顾问，同时利用人力资源管理中普遍使用的工作分析技术，系统地分析每一个所涉及的工作。个人化方法（工作承担者、直接主管或团队对审查提供重要的信息）的好处就能通过这种审查方式实现。而且，这种方法也可以实现由与工作行为最接近的人提供信息的优势。

无论使用哪种方法，一些指导原则在确认关键行为中都是大有帮助的。第一，只考虑直接的绩效行为。诸如缺乏忠诚度和团队合作的群体或者某人总是“混时间”等内容是不能接受的。只有诸如旷工或出勤、迟到或准时，或者最重要的是执行或不执行某一特定任务或程序等直接绩效行为，才会在组织行为矫正中起到

图 12.2
组织行为矫正的概念基础的发展

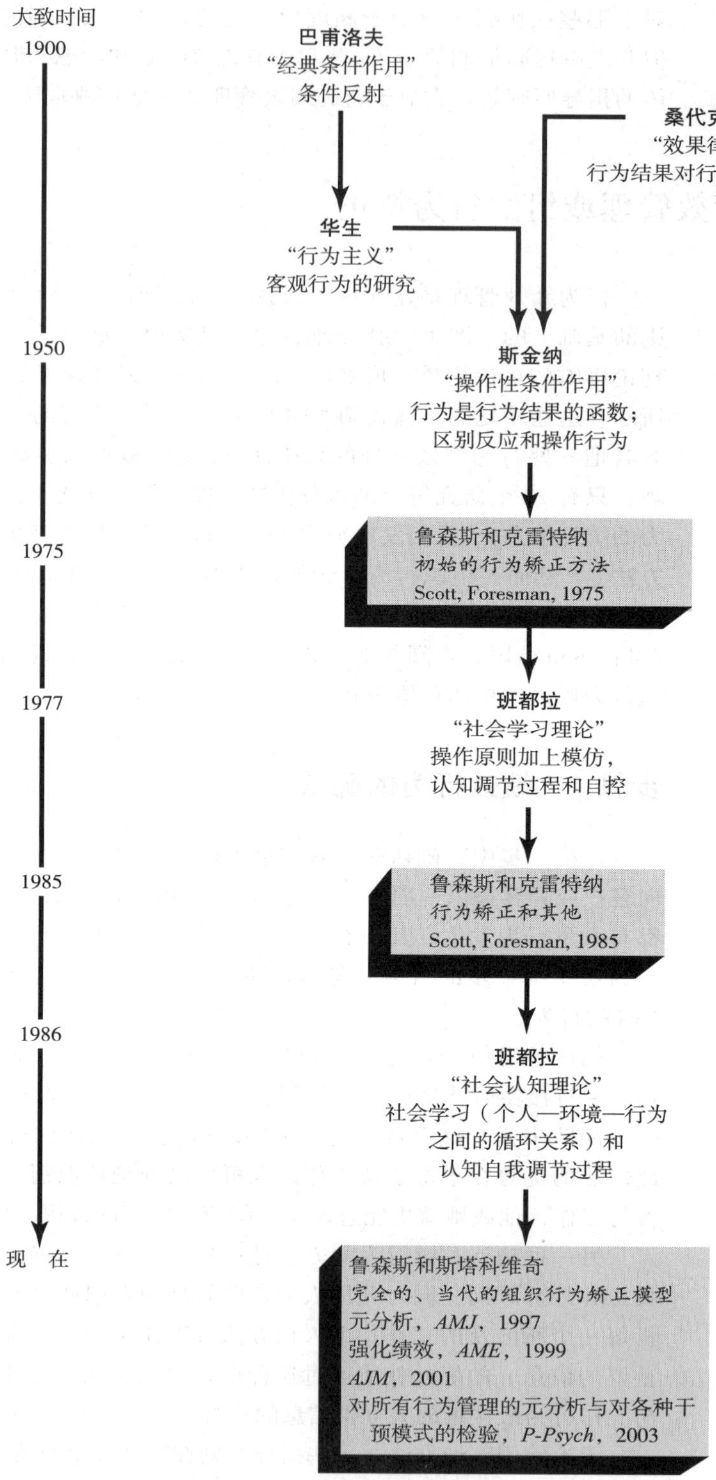

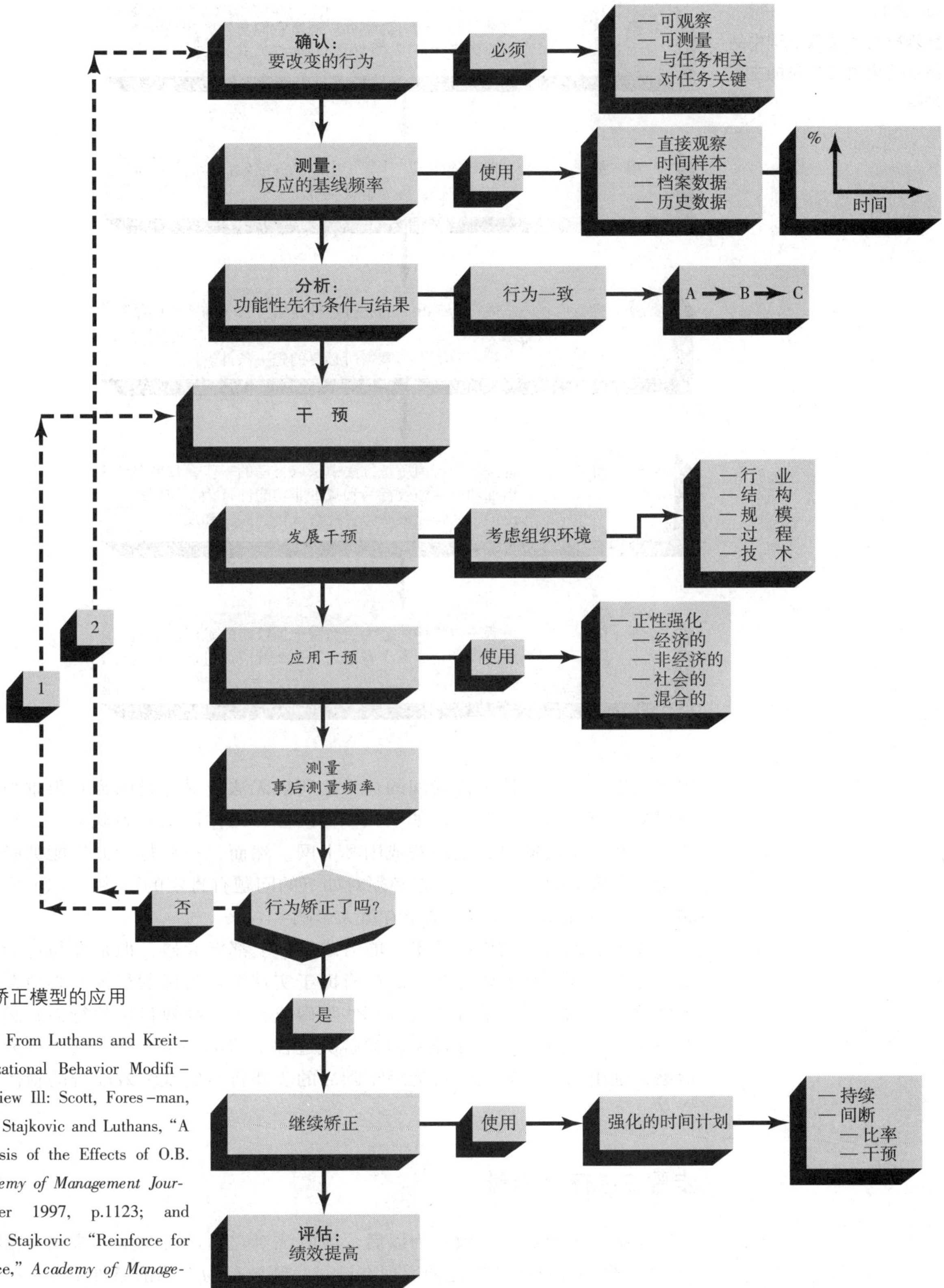

图 12.3

组织行为矫正模型的应用

资料来源：From Luthans and Kreitner, Organizational Behavior Modification, Gleniew Ill: Scott, Fores-man, 1975, 1985; Stajkovic and Luthans, "A Meta-Analysis of the Effects of O.B. Mod." *Academy of Management Journal*, October 1997, p.1123; and Luthans and Stajkovic "Reinforce for Perfor-mance," *Academy of Management Executive*, May 1999, p.53.

图 12.4
鲁森斯行为绩效管理中的组织行为矫正方法的主要步骤

1. 确　认　与绩效相关的行为事件。通常它们与生产产品的质量或数量或者员工提供的服务行为有关。

↓

2. 测　量　在现有条件下，步骤 1 中确认的绩效行为的发生频率如何？这被称为基线测量。

↓

3. 分　析　绩效行为（B）的先行条件线索（A）与产生的结果（C）是什么？这种A—B—C分析方式是制定一种有效的干预策略所必要的先决条件。

↓

4. 干　预　这是组织行为矫正方法中采取行动的一步，目的是要增加功能性绩效行为和减少非功能性行为。使用最广泛的正面强化策略包含社会认可 / 关注和反馈。

↓

5. 评　估　最后一步的评估是为了确保干预策略的确促进了绩效的提高。如果没有做到，那么就应该进行另一轮分析和干预。

主要的作用。一些诸如混时间的行为之所以无法接受，是因为它很难被测量。它可以被分解可测的行为，比如不在工作岗位，工休回来后表现懒散，在饮水机旁耗费时间，打扰同事，玩游戏或因私上网。然而，一种行为如果能被确认为适合组织行为矫正的关键行为，它必须对如下的问题有肯定的回答：（1）它是否能被测量？（2）它是否对绩效结果有重大影响？

大多数组织在它们的技术、能力或培训上都无大碍，但是在与行为有关的绩效上存在问题。功能性行为（那些有助于实现绩效目标的行为）必须在频率上得到强化和增加；非功能性行为（那些阻碍或者破坏绩效目标的行为）必须在频率上得到削弱和减少。与在任何问题解决过程中的第一步一样，这些行为必须正确地被识别出来，否则组织行为矫正随后的步骤将对实现绩效改善的整体目标毫无意义。

步骤 2：行为测量

在第一步确认完绩效行为以后，就应该对它们进行测量。基线测量就是确定（通过观察和计算或者通过抽取现有记录）绩效行为在当前条件下发生的次数。这种基线频率常常本身就是很明显的。但有时候人们却发现在第一步中确定的行为比预期发生的频率要高得多或低得多。这种基线测量也表明问题也许比我们想像的更大或更小。在某些情况下，基线测量也许会导致“问题”被放弃，因为它发生的低（高）频率现在被认为是不需要改变的。比如，出勤也许在第一步被确认为需要改善的关键行为，主管报告说某人“从来都见不到人”。然而，基线测量却表明此人平均 96%的时间都是在岗的，而这个水平被认为是可以接受的。在这个例子中，基线测量把出勤问题排除出去。当然，相反的情况也有可能发生。出勤状况也许比想像中的还要遭糕。

基线测量的目的在于为关键行为提供客观的频率数据。基线频率计算是在现有条件下对行为强度的操作性定义。这种精确的测量是任何科学方法的鲜明特点，它使组织行为矫正从主观的人力资源管理方法中脱离出来。尽管这种基线是在干预之前建立起来的，但认识到测量可以在介入之后发生也很重要。忙碌的管理者也许会认为他们没有时间客观地记录行为频率，但是至少在一开始他们应该做记录，从而有效地使用组织行为矫正方法。然而，大多数测量可以从现存的为其他目的而收集的档案资料中抽取（就是说质量和生产力数据），它们可以比较容易地得到。

步骤 3：行为的功能性分析

一旦确认绩效行为并获得了一个基线测量标准，那么就可以进行*功能性分析*(functional analysis)。功能性分析既确认目标行为（B）的先行条件（A），也确认其结果（C），或者简单点说，进行一种 A–B–C 分析方法。正如在行为主义学习理论和操作性条件作用理论中讨论的，事前和事后的环境都对理解、预测和控制组织中人的行为至关重要。表 12.3 描述了简单操作的 A–B–C 功能性分析方法。记住，在一种操作性方法中，认知协调过程并不参与其中。这样一种省略也许与全面理解组织行为以及行为矫正和自我控制过程的的认识不利，但是从实际应用的角度出发，这样的 A–B–C 功能性分析足够了。[91] 在 A–B–C 功能性分析中，A 是事前线索，B 是在步骤 1 中识别出的绩效行为，C 是随之的结果。表 12.3 列出了一些关于出勤和旷工的 A、B 和 C。对旷工的调查表明，工作单位大小、工人责任心、组织日程安排是被用于提高员工出勤的三大有力的事前影响因素，而反馈、奖励和惩罚则是有效的控制程序。[92]

组织行为矫正的功能性分析步骤使这种方法具有问题解决的性质。在实施干预之前，必须确认引发并且有时会控制行为的事前线索，确认维持当前行为的后果。在这一步骤中，必须要搞清楚如果员工的生活必须依靠这些行为的话，他是否能够执行确认出的绩效行为。如果答案是否定的，可能就会出现不得不关注的“A”问题（即设备、培训甚至期望）。然而，情况常常并非如此。如果员工的生活依赖于绩效行为，并且他们也能够做出这些行为，但他们并没有这么做，那么就会出现“C”问题。他们知道如何做理想的绩效行为，而且各方面必要的支持都具备了，但就是没有强化的结果。这种不足是行为管理所面临的一个大问题和挑战。后面所附的“*应用实例*”对一个生产主管时常碰到员工未事先安排的停工这一类

表 12.3
功能性分析的例子

资料来源：Fred Luthans and Mark Martinko, "An organizational behavior modification analysis of absenteeism," *Human Resources Management*, Fall 1976, p.15. Used with permission.

出勤行为的功能性分析

A →	B →	C
事前线索	**行为**	**结果**
对任何后果的意识	按时上床	报酬计划
广告	上闹钟	休假
会议	醒来	礼物和奖励
备忘录	穿衣服	期望的职位
调适	送孩子上学	社会
公告板	离开家	关注
对任何后果的观察	找一个照顾小孩的人	认可
社会地位和压力	开车去工作	奖励
暂时性线索	工作报告	反馈
特殊事件		出勤的数据
天气		

缺勤行为的功能性分析

A →	B →	C
事前线索	**行为**	**结果**
生病/事故	起晚	惩罚计划
宿醉	睡懒觉	口头谴责
缺少交通工具	留在家里	书面谴责
交通问题	喝醉	扣工资
没有照顾小孩的便利	钓鱼/打猎	停工
家庭问题	在家工作	解雇
公司政策	参观	来自同事的社会结果
群体或个人规范	照顾生病的孩子	逃避工作
资深/年龄		毫无成效
对任何后果的意识/观察		

问题做了分析。

步骤 4：干预策略的发展

组织行为矫正方法的前三步都是干预这一行动发生的序曲。干预的目的就是要加强和促进绩效行为或削弱和减少阻碍绩效的行为。可以使用的策略有好几种，但是主要的方法是正性强化以及惩罚—正性强化。

正性强化策略

正性而非负性强化是组织行为矫正中非常有效的一种干预策略。原因是正性强化策略代表了行为的*正性控制*的一种形式，而负性强化代表了行为的*负性控制*的一种形式。传统上乃至今天，组织在很大程度上依赖于负性控制。人们来工作是为了不被解雇，当主管经过时他们看起来很忙碌是为了不受到惩罚。在正性控制中，人们来工作是为了为其部门目标做出贡献而受到认可，或者无论主管在还

应用实例

实践中的功能分析

在组织行为矫正应用的实际例子中，一家大型制造公司的生产主管确认出未事先安排的停工是影响他的部门绩效的关键行为。似乎工人总是在磨洋工，当他们不在机器上工作时，时间——以及不可挽回的生产力——就浪费了。在完成了对这种关键行为的基线测量后，主管被证明是正确的。资料显示，未事先安排的停工（被定义为因事先安排的计划或者因获取材料之外的原因而离岗）比较频繁地在他的部门发生。于是进行了功能性分析以确定这种关键行为的事前线索和结果。

经发现，时钟充当了这种关键行为的事前线索。此部门的工人在上午 8 点开始工作，在上午 10 点这一规定时间他们休息；中午有吃午饭时间。下午 1 点再次开始工作，在 3 点休息一次，在 5 点下班。功能性分析表明，几乎总是在上午 9 点、11 点、下午 2 点和 4 点的时候，许多工人离开工作岗位呆在休息室里。换句话说，时钟对工人来说成为一种提示他们进行规定外休息的线索，即在上班后和第一次休息时间之间，在第一次休息时间和午饭时间之间、在午饭和下午的休息时间之间，以及在下午休息时间和下班之间。时钟并非导致了这个行为，它仅仅是引发这种行为的线索。在另一方面，这种行为有时是在时钟的刺激控制之下的，因为时钟规定了这种行为何时发生。但是，到底是什么原因维持了这种行为？关键行为是其结果的函数。功能性分析表明，未事先安排的停工的结果是：逃离枯燥无味的任务（即未事先安排的停工行为被负面强化），或与同事和朋友见面和抽根烟（即未事先安排的停工行为被正面强化）。通过这样一个功能性分析，事前线索和结果都被分析出来，这样就能制定一种有效的干预策略。

是不在他们都很忙碌，这是为了获得激励薪酬或者因为他们要获得社会认可和关注以及对他们工作出色的反馈。通过一种正性强化而进行的干预策略比负性控制更加有效，持续得也更久，它能够创造出一种更为健康的和更有生产力的组织氛围。

作为一种组织行为矫正干预策略的正性强化物可以有多种形式，只要它能带来绩效行为的增加。基本上，对采用这种方法的管理者来说，金钱被认为是合理的或者有时候被认为是惟一的正性强化物。然而，正如在第 4 章以及本章前面部分所提到的，金钱是非常有力的一种强化物，但它常常又是无效的，因为它不能作为被管理行为的结果而被合理地颁发。除了钱，同样有效却没有花费，而且所有行为管理者都可以使用的正性强化是社会强化物（关注和认可）以及绩效反馈。这些强化物（金钱、认可和反馈）都可能是，而且已经被证明是一种提高员工绩效的有效的组织行为矫正策略。[93] 事实上，图 12.5 中最近的证据显示，当三种强化物同时使用时，产生的效果比单个使用或任意使用两个强化物之和更强，成功的可能性更大。[94]

惩罚——正性强化的一种策略

毫无疑问，正性强化策略是组织行为矫正中最有效的一种干预方法。然而，更现实地说来，在有些情况下，削弱和减少不理想行为的惩罚是不可避免的。比如对于必须马上消灭的不安全的行为来说，这就是非常合理的。然而，正如在前面指出的，一定要尽可能地避免由使用惩罚而带来的诸如仇恨和报复的消极副作用。受惩罚的行为往往只能被暂时地压制，比如，如果主管因为一名下属某种不良行为而对其斥责，那么当这名主管在场时这种行为就会减少，但是当主管不在

图 12.5 金钱、认可和反馈等干预措施的成功概率

资料来源：Adapted from Alexander D. Stajkovic and Fred Luthans, "Behavioral Management and Task Performance in Organizations: Conceptual Background, Meta-Analysis, and Test of Alternative Models," *Personnel Psychology*, Vol. 56, 2003, p. 174. (N = 72 studies and total sample of N = 13 301).

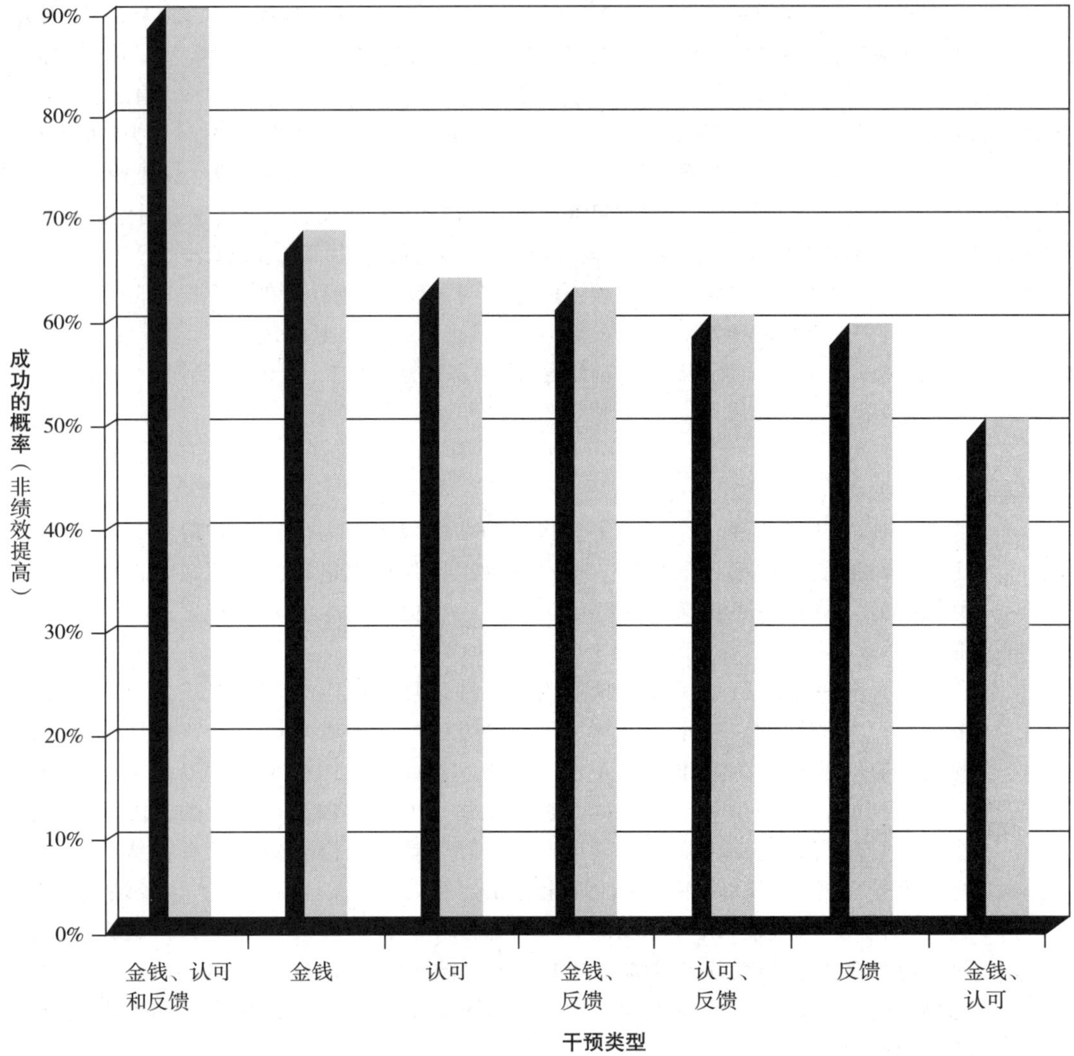

时这种行为又会出现。此外，受惩罚的人会变得非常焦虑和紧张；对惩罚的依赖也许对员工满意度有毁灭性影响，并带来不必要的压力。

然而，使用惩罚最大的问题也许在于主管将很难从惩罚者转化为正性强化者的角色。有些主管和管理者在对付下属时太多地依赖于负性的方法，以至于他们几乎不可能再有效地使用正性强化。这对人力资源管理来说是非常不利的，因为正性强化是改变员工行为更为有效的方式。如果惩罚被认为是必需的，那么对于期望的理想行为（比如，安全的行为）应该尽一切可能进行正性强化。使用这种

联合策略将会使理想行为开始取代个人行为总体中的不受欢迎的行为。惩罚在组织行为矫正干预中不应该被单独使用。如果惩罚绝对是必要的，它只能与正性强化结合起来使用。

步骤 5：保证绩效提高的评估

大多数人力资源计划的一个显著弱点是缺乏系统的、固定的评估。对人力资源计划中的评估进行的一项全面的分析揭示，传统的方法就是“由一两名呆在集团办公室里的副总裁以及许多在现场的管理者对计划进行评估，也许还包括一批未来的实习生。这个计划会持续被使用，直到某位有权力的管理者认为这个计划不再适合为止。所有评估都是基于各种看法和判断的”。[95] 这种危机重重的评估已经使一些有效的计划不得不终止，而无效的计划却变得固定化。无论是哪种结果，都会产生严重的信用危机。当今所有针对人的计划，无论是政府的社会服务计划还是人力资源管理计划，都处在合理评估和责任明确的压力之下。人力资源管理者不再享有只要尝试某种新鲜不同的东西就能期望员工改善绩效的好处。现在，任何事情都必须被证明是有价值的。正如在甄选和评估技术的效度的问题中，所有人力资源管理技术的系统性评估应该从头至尾地进行。

组织行为矫正试图通过把评估作为整个过程的实际的一部分来解决面对的可信度和可靠性的问题。在这个方法的最后一步，使用了柯克帕特里克（Kirk-patrick）著名的四水平（反应、学习、行为改变和绩效提高）评估。反应水平指人们是否使用这种方法和那些使用者是否喜欢它。如果组织行为矫正被很好地接受，并得到积极的反应，这种方法更有可能被有效地使用。并且，反应水平出于下列原因是有帮助的：（1）积极的反应有助于确保组织的支持；（2）它们可以为将来的计划提供信息；（3）好的反应可以增加其他水平的评估（学习、行为改变和绩效提高）；（4）它们可以在不同组织部门间提供有用的比较数据，以及随时间变化的数据。[96]

第二个水平的评估是学习，这在第一次实行组织矫正方法时特别重要。使用这种方法的人是否理解这个模型中这些步骤的理论背景、基本假设及其原因和含义呢？如果不理解，这个模型就会再一次被低效地使用。第三个水平关注行为改变。行为是否真的发生了改变？步骤 2 为这一水平的评估给出了客观数据。第四个，也是最后一个水平——绩效提高——是最为重要的。组织行为矫正的主要目的不是仅仅要得到有利的反馈、学会一些概念以及改变行为。由于对最重要的目标（即提高绩效）有所贡献，这些维度当然很重要。只要有可能，就应该使用“硬性”测量（比如，关于质和量的数据、离职率、缺勤、顾客抱怨、员工抱怨、安全、病休长度、服务的客户数量以及投资收益率）以及科学的方法对行为矫正的作用进行系统评估。

行为管理的应用

有大量的研究对行为绩效管理，特别是五步骤的组织行为矫正方法的有效性进行了评估。在非制造业和制造业以及服务导向的组织中都有着广泛的应用。除了所描述的组织行为矫正方法的直接应用，许多基础研究对实验心理学中的操作性和社会学习以及社会认知变量展开了探索。许多年以来，尤其是最近，在许多领域中出现了大量针对行为管理方法在改善员工绩效作用方面的研究，下面的内容就是对这些领域的总结：[97]

1. 员工生产率　目前为止，多数应用集中在绩效产出上。大量的研究清楚地表明，员工生产率或者任务的完成受到行为管理技术的积极影响。无论是在何种环境中使用何种干预技术，员工产出的质和量绩效均有提高。
2. 缺勤和迟到　这也许是应用中第二大领域。此领域的研究通常使用小额的金钱激励或者奖券激励，作为对准时出勤的奖励或作为对缺勤或迟到的惩罚。对此类文献所做的一项全面的调查发现了非常积极的结果。[98]六个采用最可信方法的研究发现，缺勤率减少了 18%~50%，迟到率减少了 90%。一项研究发现组织行为矫正计划与一家银行的员工出勤之间有积极的因果关系。[99]
3. 安全和事故预防　大多数组织，特别是制造业公司以及其他使用危险设备的公司都非常关注安全问题。然而，由于事故都以相对较低的频率发生，大多数研究都集中在减少安全隐患或者增加安全行为（比如，戴耳塞，在一个研究中只有 35%~95%的人遵从；[100]戴安全帽；在危险设备区保留安全看守）。一项研究综述表明，在这些领域中，行为管理技术取得了巨大的成功。[101]一些真实的公司案例有 Boston Gas，在这个公司中，没有发生过事故的员工可以进行抽奖；在 Virginia Power 公司，有安全工作习惯的员工可以赢得 50~1 000 美元；南方新英格兰电信公司给予没有发生过事故的员工赠券；在 Turner Corporation 这家设在纽约的工程和建筑公司中，如果员工达到安全目标，他们就能获得公司股票。所有这些公司都报告说使用行为管理方法降低了事故率。最近，一家在南卡罗来纳州拥有 225 名员工的金属开采企业 Southern Fineblanking 报告说，在实行了针对安全问题的行为管理计划之后，事故减少了 33%，伤害所造成的平均成本从 1 400 美元降至 500 美元。[102]
4. 销售业绩　销售经理和培训者传统上依赖内在激励技术激励其销售人员，以提高他们的绩效。比如，一位行为绩效管理顾问告诉一家公司，应该给其销售人员实行强有力的、多媒体的培训计划，这将教给他们有效的销售技巧。然而，当热情高涨的被培训者结束了培训计划，并开始使用培训计划中教给他们的东西时，他们却得不到任何反馈或强化。在几个星期后，这种热情开始消退，最重要的是，实际的销售成绩开始下降。[103]换句话说，尽管这些销售人员也许在培训中已经获得了有效的销售技巧，环境并没有支持（强化）对这些技巧的使用。行为绩效管理方法是这种动机—技能—传授方法的另一种选择，在这种方法中，诸如客户取向、建议性陈述和总结性陈述等重要的销售行为被识别、测量、分析、干预和评估。在对饭店、零售店、批发机构和电话运营商中的销售人员所做的调查发现，行为绩效方法的使用取得了巨大的成功。[104]当事前和结果干预策略联合起来使用时，在诸如酒和甜点销售、平均客户交易、客户援助、销售预测、销售电话频率、电话服务销售以及机票预定等领域，都显示出有极大的改善。一项对快餐餐馆的研究也发现，事前线索（"还需要我为你拿一些炸薯条吗?"）显著地增加了顾客购买，[105]而且另一个最近在同一行业的研究表明顾客服务有显著的增长。[106]一项研究还发现，组织行为矫正方法在一家大的零售商店中对销售、岗位缺勤以及懈怠行为也有成功的应用。[107]

尽管这些结果并非完全彻底，也不一定就是反映了本章描述的组织行为矫正模型，但是它们却是这种行为绩效管理方法得到不断应用的证明。此外，大量的定性综述[108]和定量（元分析）综述[109]都支持了这些结果。

制造业与服务业的应用

正如我们不断引证的，具体的组织行为矫正模型已经得到直接的基础研究检验，并在制造[110]和服务型组织中（零售、银行和医院）[111]都发现了积极的绩效结果。组织行为矫正方法也已经走向国际化，它对俄罗斯工厂工人[112]和零售员工[113]以及韩国电信员工[114]的产出都有积极的影响。

早先提到的斯塔科维奇和鲁森斯所做的两项元分析研究，尤其是关于行为矫正（另一项是针对所有行为管理技术）的研究以及本章结尾所提出的原理，都对这里定义的组织行为矫正和任务绩效的关系进行了研究。[115]总体结果表明，在所有研究中，组织行为矫正平均能带来 17%的任务绩效的增长。进一步的分析解释了组织行为矫正对制造业公司（33%）的平均影响力要大于对服务类组织（13%）的影响，但是组织行为矫正在两个领域中的效果都很显著。组织行为矫正在制造业和服务类组织中应用效果的差别解释如下：

> （1）绩效结果的定义和精确测量；（2）员工行为的性质和绩效结果公布中所涉及的工作过程。第一点是指服务类组织的更加模糊和复杂的绩效结果（比如，客户满意度、回头客）与制造业组织中有形的绩效结果（比如，生产率和质量）之间在定义和测量上的差别。第二点是指具体实施服务的员工的行为和制造一件有形产品的过程之间的差别。服务绩效行为和结果比制造业组织中的绩效行为和结果更加复杂，更难以辨认。[116]

尽管组织行为矫正在服务业比在制造业组织中更难以应用，但它在两类组织中都是有效的，现存的挑战在于如何让它在服务类组织中的应用更加有效。这些元分析发现的总体意义就是，诸如组织行为矫正模型中的这些行为管理方法，能够有助于当今组织去迎接所面临的提高绩效的挑战。

小　结

学习是一种重要的心理过程，但是在组织行为中，对学习的研究不如对人格、态度或动机那么普遍。而且，对于是否存在不同类型的学习及其理论解释（行为主义的、认知和社会的），人们还没有得到一致的广泛意见。尽管关于学习理论存在不少争论，但是对操作性条件作用的分析和实验已经得出许多公认的原理。强化基本上被认为是学习过程中最重要的一个原则，也是与行为绩效管理最为相关的。基于经典的效果律或者说“行为定律”，强化可以被操作性地定义为任何可以加强某种行为强度和倾向于引发行为重复发生的事物。强化物可以是正性的（使用理想的结果）或者是负性的（终止或收回一种不理想的结果），但是它们都能增强这种行为并增加其发生的频率。在另一方面，惩罚减少这种行为发生的强度和频率。消退（没有强化）是一种特殊的情况，它也能逐渐减少这种行为。

学习理论，特别是强化原则，主要直接地应用于行为绩效管理。经济和非经济（社会关注/认可和绩效反馈）的强化物都很重要，也比较复杂，在行为绩效管理中必须很小心地加以应用。行为管理可以通过组织行为矫正的几个步骤被有效地实行：识别与绩效相关的行为；测出它的基线发生频率；功能性分析此行为的事前线索与结果（A–B–C）；通过正性强化策略进行干预以增加关键绩效行为；进行评估以确保干预确实提高了绩效。一般性的行为管理方法，特别是组织行为矫正，都已经被证明对制造业和非制造业以及服务业组织中的员工绩效有着正性的影响。

结尾：元分析研究发现

组织行为学原理

组织行为矫正提高了员工绩效。

元分析结果：

【19 个研究；2 818 名被试；$d = 0.51$】平均说来，与不使用组织行为矫正方法相比，使用五步骤的组织行为矫正模型去系统管理与绩效有关的员工行为，**有64%的可能性**会产生更高的绩效。进一步的分析指出，组织行为矫正对绩效的效果，受到组织类型和所使用的强化物的影响。经发现，组织行为矫正方法的效果在制造业组织中优于服务类组织。在制造业组织中，经济、反馈和社会认可等干预之间没有显著差异，但是这些干预形式的组合在服务类组织中能产生更大的影响。

结　论：

正如你在本章所学的，强化理论的首要假设就是，行为是其结果的函数。它与作为感知、归因、人格、态度和动机的基础的内在认知范式不同，相反，它是外在的行为的范式。鉴于工作设计和目标设定都是认知范式的应用技术，组织行为矫正方法代表了将行为范式用来管理员工行为的一种有效方式。特别地，通过培训主管和管理者使用五步骤组织行为矫正模型的确认、测量、分析、干预和评估技术，绩效确实能得到提高。重要的是，除了经济报酬干预，无成本的绩效反馈和社会关注/认可，也是在行为绩效管理中使用组织行为矫正方法去提高员工绩效的有效途径。

资料来源：Adapted from Alexander D. Stajkovic and Fred Luthans , " A Meta-analysis of the Effects of Or-ganizational Behavior Modification on Task Performance," *Academy of Management Journal*, Vol. 40, No. 5, 1997, pp. 1122–1149.

组织行为学原理

在组织行为矫正方法中使用反馈和社会认可这些非经济干预，能提高员工绩效。

元分析结果：

【19 项研究；2 818 名被试；（1）在制造企业中使用反馈，$d = 1.48$；（2）在制造企业中同时使用反馈和社会认可，$d = 1.49$；（3）在服务类组织中使用反馈，$d = 0.19$；（4）在服务类组织中同时使用反馈和社会认可，$d = 0.53$；（5）在服务类组织中使用社会认可（没有在制造企业中使用社会认可方面的研究），$d = 0.44$】。平均而言，（1）在制造类公司中，员工**有 85%的可能性**只收到绩效反馈；（2）在制造业组织中，员工**有 85%的可能性**同时得到反馈和社会认可；（3）在服务类组织中，员工**有 55%的可能性**得到反馈；（4）在服务类组织中，员工**有 65%的可能性**同时收到反馈和社会认可；（5）在服务类组织中，只得到社会认可的员工**有62%的可能性**比那些行为没有被绩效反馈或社会认可强化的员工更好。

结　论：

在有效提高员工绩效的方法中，提供绩效反馈和社会关注/认可这类非经济奖励也许是最受忽视的一种。尽管适时给予的经济刺激也许是强大的强化物，但无花费的反馈和社会关注/认可也可以是强大的强化物。事实上，许多员工在不同的环境中对非经济奖励比对金钱的反应更加积极。除了绩效，研究也表明员工离开组织的一个主要原因就在于主管的反馈和认可不足。所有的员工都希望了解他们做得怎样、并希望主管能对他们的贡献给予关注。因此，有效的主管和管理者应该好好利用反馈和社会关注/认可，把它们作为高昂的而且时常又是管理不善的激励薪酬和绩效薪酬计划的另一种替代性选择。

资料来源：Adapted from Alexander D. Stajkovic and Fred Luthans, " A Meta-Analysis of the Effects of Or-ganizational Behavior Modification on Task Performance." *Academy of Management Journal*, Vol. 40, No. 5, 1997, pp. 1122–1149.

讨论与复习题

1. 你同意学习包含在每一个人所做的几乎每一件事情中这一说法吗？请给予解释。
2. 行为主义、认知、社会学习和社会认知理论的主要内涵是什么？
3. 经典条件作用与操作性条件作用之间有何区别？
4. 正性和负性强化之间的区别是什么？负性强化和惩罚之间的区别是什么？请举出说明。
5. 如何才能让金钱成为行为管理更有效的强化物呢？
6. 哪些是非经济强化物？如何利用它们去提高员工绩效？
7. 组织行为矫正的五个步骤是什么？简要总结每一步骤中有助于提高员工绩效的关键维度。

8. 行为管理在哪些领域中得到成功应用？
9. 总结关于组织行为矫正元分析的结果。基于这些发现，你能给予人力资源管理部门哪些建议？

互联网练习：将行为管理原则用于提高运动员的绩效

强化和行为管理的原则能够而且应该在所有运动项目中都有所体现。使用搜索引擎，登陆各种运动网站，看一看强化如何在运动员的表现/绩效中发挥作用。比如，你可以比较高尔夫运动员（http://www.pgatour.com）和橄榄球运动员（http://www.nfl.com）。

1. 在你所选择的运动中，有哪些具体的强化物推动运动员的行为和相应的表现？
2. 对于大学生运动员和职业运动员来说，强化物有何不同？
3. 教练如何有效地使用行为管理？给出某运动项目中的具体例子。

真实案例：为失败支付巨额报酬

看一看让 CEO 们下台所支付的巨额解聘费——失败似乎从未这么奢侈。

事实上，如果行政支出的快速增长已经成为一个难题，那么集团董事会给予失败的 CEO 慷慨的离职费这一现象，不仅对于股东，对于工人也同样是充满讽刺意味的。最新的证据是：在 8 月 25 日，宝洁集团透露它支付给刚刚出局的 CEO 德克·贾格 950 万美元——尽管其掌权不超过 17 个月，而且使宝洁的股票下跌了 50%，使宝洁的股东损失了 700 亿美元的财富。但是与 Conseco 公司比起来，宝洁似乎还算小气的，在今年更早的时候它支付给斯蒂芬·希尔伯特 4 930 万美元的遣散费。

但是，如果真的有什么恶人存在，绝对不是贾格或者希尔伯特。恶人是公司的董事会，他们通过提供如此慷慨的降落伞，其实是传递了负性的信息：失败也有它的好处。内尔·米诺（华盛顿特区的一位股东、活动家）认为："这是股东的错。"对于像米诺这样的活动家来说，这完全就是集团自己造成的。许多 CEO 都是董事会成员，他们作为外部指导者监督他们自己。

但从他们的角度看，集团董事认为巨额的支付并非总是没有道理的。在道格拉斯·艾维斯特——他在去年 11 月从可口可乐集团获得 2 550 万美元的遣散费——的例子中，董事们选择用长远的眼光看待他的表现。可口可乐集团的一位董事，纽约投资银行家赫伯特·艾伦说："此人为可口可乐奋斗了 25 年，做出了卓越的贡献。"像艾伦这样的股东也担心惩罚失败的 CEO 只会增加招聘管理者的难度。"你会在这个圈子留下一个非常坏的名声。"艾伦说。

作为可口可乐集团的前 CEO 的得力助手，艾维斯特做的是一名自由人的工作。但是因此他已经获得了丰厚的报酬，按《商业周刊》的估算，在他离任前获得不少于 1 亿美元的酬劳。尽管出于宽宏大量的意图，这毕竟不是不要花钱的事：据一项估计，Mattel 公司将不得不在下一个 10 年多卖出 60 万个芭比娃娃，这样才能弥补给予其前 CEO 吉尔的作为 5 000 万美元遣散费一部分的每年 120 万的津贴。

董事应该学习 Sunbeam 公司的做法，它在解雇了艾伯特·邓拉普之后面临糟糕的重组和财务指控，却拒绝了邓拉普要求增加自己高额期权的要求。"没有人能期待因失职而发财。"特拉华大学的法学教授、Sunbeam 的一名股东查尔斯·埃尔森说。当然，由于很少会遇到像

Sunbeam 这样极端的情形，大多数 CEO 们都能从前任雇主那里得到友好的道别，无论他们的表现如何。

1. 你如何看待遣散费用？你觉得它们合理吗？
2. 这些例子如何与本章讨论的强化理论和行为管理联系起来？
3. 把组织行为矫正模型作为参照，对于一家大集团的 CEO 的公平的和约，你能给出什么建议？在这个管理水平上这是现实的吗？

组织行为案例：截然相反的风格

亨利·亚当担任生产主管已有 8 年，他一层层升上来，是一位人所共知的严格、勤勉的主管。简·威克担任生产主管大概已有相同的时间，也是一层层晋升上来的。但简是一名公认的和蔼的、勤勉的主管。在过去的几年中，在硬性的绩效测量中（生产的单位数量），这两位主管的部门都远远超过其他六个部门，尽管他们对待工人所采取的方法几乎是对立的。亨利对他的方法做出了如下解释：

> 对待工人的惟一方式就是在他们犯错误的时候一定要严厉起来。事实上，每隔一段时间我就会把他们集中起来训话，不论他们该不该承受训话，我只是要他们一直保持高度警惕。如果他们干得不错，我就告诉他们这就是获得工资而应该做的。通过这种方法，我所需要做的就是来回巡视，而他们就开始发疯似地工作。

简对她的方法做出了如下解释：

> 我不认为不能对员工和善。相反，我认为如果工人干得不错，他们应该得到我的认可和关注。如果他们犯了错，我不会对他们勃然大怒。我觉得人人都会犯一些错误。而另一方面，我会不断地指出他们的错误，告诉他们应该怎么做。他们一旦做对了，我就会让他们知道。显然，我没有时间对每一个干得好的人都给予关注，但是我努力照顾到每一位干得不错的人。

尽管亨利的部门与简的部门都位于产量业绩榜的前列，但人事记录表明，在亨利的部门离职率是简的部门的 3 倍，质量控制记录表明亨利部门在过去 6 年中只有两次达到质量标准，而简的部门在过去 6 年中只有一次没有达到质量标准。

1. 两名主管都有相似的背景。基于学习理论，你如何解释他们对待人的不同方法？
2. 在这个案例中，哪些是惩罚、正性强化和负性强化的例子？如果简使用一种强化方法，你将如何解释“我不认为不能对员工和善”？
3. 你如何解释在这两个生产部门中的绩效、离职率和质量结果？

组织行为案例：不能惩罚志愿者

珍妮特·杰克逊是大城市里一家志愿者机构的负责人，管理超过 25 名志愿人员。每周她都会与他们开个会通报情况，并通知他们也许会对他们有所影响的州和联邦政策和程序的变动，或者某个新颁布的法律的细则，她还会讨论这个群体的重点和任务。这个会议也为成员交流他们自己和整个机构所面对的问题提供了机会。这个会议每个星期一上午 9 点准时开始。而最近，几乎每五分钟就进来一个人，一直到 10 点才会到齐。珍妮特觉得她不得不推迟开会，直到所有的人都到齐。最后几个星期，会议都在上午 10 点才开始。实际上，上午 9 点根本没有人来。珍妮特不知道究竟是怎么回事。她感到在上午 9 点开会非常重要，这样才能在中午之前结束会议。然而，她又感到她受到很大的束缚，因为毕竟他们都是志愿者，她不能迫使或者让他们按时来开会。

1. 你会给珍妮特什么建议？就强化理论而言，请解释这到底是怎么回事，要让会议按时开始，珍妮特应该怎么做？
2. 要让珍妮特的志愿者了解州和联邦政策和程序的改变和新法律的影响，可以应用哪些学习理论（操作的、认知的或社会的）？
3. 如何让像珍妮特这样的人培训她的员工以更有效地完成工作？

组织行为案例：提高计件工资率

拉里·埃姆斯成功地完成了一项关于组织行为矫正的培训。他喜欢这种方法，并在他的部门里对员工开始执行。根据组织行为矫正模型，他已经确认出一些绩效行为，并对它们加以测量和分析，然后再使用一种正性强化的策略。他的评估表明部门绩效有了显著的提高。有一天在喝咖啡的时候，他向其他主管推荐："这种强化方法真的有用。以前，人力资源的学究们不断告诉我们要试图理解员工，对他们和善。坦白地说，我一点都不接受。第一，我认为不会有哪个人真正理解我的员工——我当然也不能。但更重要的是，在这种方法中，我只是依情况对他们和善——依据好的绩效。这就有意义多了，而我的评估也证明了这一点。"其他主管说："由于对员工使用强化技术，你自己反倒被强化了。"拉里说："对，是这样。就像培训师所说的：'被强化的行为将会强化和重复它们自己。'我已经被强化得开始对我的妻子和孩子使用这个技术了，你想知道结果吗？在家里它也有用。"

接下来的一星期里，拉里被叫到部门主管的办公室并被告知："拉里，你知道，自从你完成组织行为矫正计划以来，你的部门绩效已经有了相当的改进。我派了工业工程师到你那去研究你的标准。我已经收到了她的报告，看上去我们不得不把标准提高 10%。否则，我们就不得不支付过多的激励薪酬。我相信你可以运用你在组织行为矫正计划中学到的东西，把这个消息告诉你的员工。祝你好运，好好干！"

1. 你认为拉里的老板，那名部门主管关注组织行为矫正计划吗？从组织行为矫正角度分析他的行为。
2. 你觉得拉里当时和未来的反应会是怎么样的？你觉得他的员工会如何反应呢？
3. 考虑到标准被提高 10%，拉里如何利用组织行为矫正方法去应对他的员工？对他的老板又如何应对呢？

组织行为案例：迟到的问题

最近老板总在抱怨你的工作团队迟到的问题。出勤记录表明，你的员工的平均开工时间大约迟了 10 分钟。尽管你从来不为这个问题担心，但是你的老板真的开始生气了。他指出迟到减少了生产时间，延缓了整个生产过程。你认识到迟到是一种回避行为——它延缓枯燥工作的开始。你的工作团队非常有凝聚力，每一位成员都会遵守团队规定他们要做的事情。团队的领导之一似乎在花很多时间使团队陷入麻烦。你希望团队按时开工，但是你不想在这个问题中造成对立，坦白说来，你不认为这个问题重要到让所有的人都对你感到不满。你决定使用组织行为矫正方法。

1. 根据组织行为矫正模型的五个步骤，请指出如何在迟到这个问题中加以应用。务必保证关键行为以及功能性分析的事前线索和结果都是具体的。
2. 你认为你给出的方法真有用吗？为什么？

第 13 章

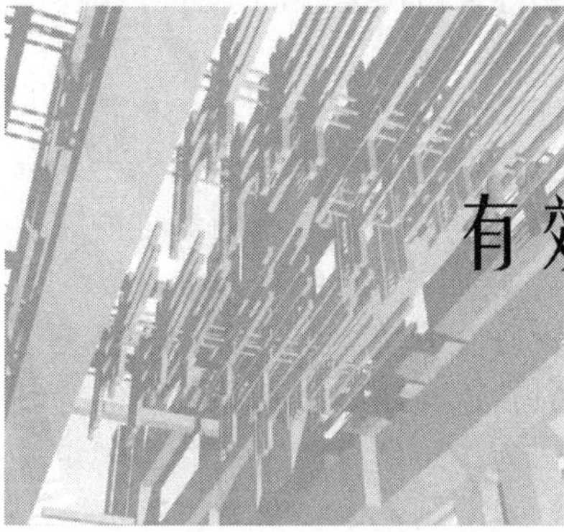

有效的领导过程

学习目标

- **定义** 领导。
- **介绍** 领导学的背景和经典研究。
- **讨论** 传统的领导理论，包括特质理论、群体和交换理论、权变理论和路径-目标理论。
- **明确** 现代领导理论进展，包括魅力型、转换型、社会认知观点、替代理论以及现在的真实领导。
- **考察** 跨文化领导，特别关注领导研究的 GLOBE 项目。

这一章的领导过程和下一章的卓越领导的风格、行为和技能，都是组织行为学研究得到的有关结果。领导是组织行为学的其他领域都关注的焦点。本章的前半部分涉及基本定义和经典背景，后半部分介绍主要的领导理论进展，同时对传统与现代的领导理论都给予了特别的关注。

什么是领导

领导也许比其他任何题目都要被更多地论述，被正式地研究或非正式地讨论。除了所有这些投向领导的注意外，也还有相当多的争论。例如，在最近的一篇文章中，领导大师沃伦·本尼斯以“领导的终结”为题表达他的观点，认为如果没有员工完全的包容、主动性及合作的话，有效的领导是不可能存在的。换句话说，没有伟大的追随者，就没有伟大的领导。[1] 另一位领导大师巴里·波斯纳（Barry Posner）针对人们关于商界领导观念的变化，谈到下面的观点：

> “过去，商界认为领导者就像船长：冷静、沉着、镇定。现在，我们觉得领导者应该人性化。领导应该是平易近人和善解人意的，并且是合群的。领导应该成为组织所从事的事业中的一个组成部分，而不是与之割裂开的。”[2]

全球化进程同样也改变了关于组织领导的传统观念，如“领导是一个英雄式的人物，通常是有魅力的，他的职位权力、智力能力以及说服的天赋能够激励下属。但是这既不是亚洲文化下理想的领导者形象，也不符合大型跨国企业对合格领导的要求，大型企业需要分配型以及共享型的领导来解决复杂的、环环相扣的问题。”[3]

另外，关于领导的传统发展途径——这个需要以数十亿美元来计算的事物——也存在很多问题。例如，我们（Avolio & Luthans）在关于真实的领导发展一书的扉页上这样写道：“我们感到沮丧的是，很少有哪些领导力开发项目能可靠证明哪怕只是培养出了一位领导者。”[4]

尽管对历史上的领导理论、实践与发展的传统研究方法有所不满，但是无论是战争期间、商业活动中、抗议活动或篮球比赛时，成与败的差别都被归结为领导。最近的一项盖洛普调查显示，大部分的员工认为，是领导而不是公司规定了文化并且创造了员工们可以愉快与获得成功的情境。[5]

尽管领导问题得到大量关注，并且其重要性受到广泛认可，但它差不多仍然是一个“黑箱”，我们无法解释其概念。大家知道，领导是存在的，并且对人类的绩效有非常巨大的影响，但是它的内部运转和特定维度并不能被精确地表述。除了这些固有的困难，很长时间以来很多人试图定义领导。[6] 遗憾的是，几乎所有的研究领导问题或就这一问题有所著述的人，都对领导有着截然不同的说法。惟一共通的是影响力在领导过程中所扮演的角色。[7]

近年来，很多理论家和实践者强调了管理者和领导者之间的差异。例如，本尼斯指出：“为了在21世纪中生存，我们将需要新一代的领导者——是领导者而不是管理者。两者的区别是非常重要的。领导者征服环境——变化的、混沌的、不确定的环境，这些环境有时候看起来像要图谋反抗我们，并且，如果纵容它们则必将使我们受阻——那时管理者只得向它投降。”[8] 他随后总结出管理者和领导者之间某些特定差异，如表13.1所示。显然，这些并不是科学地区分出的差异，但是某人可以成为领导者而不是管理者或成为管理者而不是领导者，也许是真的。[9]

根据不同的理论取向，我们可以引用不同的定义。除了影响力，领导可以定

表13.1
21世纪的管理者与领导者的一些特征比较

资料来源：Adapted from Warren G.Bennis, “Managing the Dream: Leadership in the 21st Century.” *Journal of Organizational Change Management*, Vol.2, No.1, 1989, p.7.

管理者特征	领导者特征
管　理	创　新
复　制	原　创
维　持	发　展
关注系统和结构	关注人
信赖控制	激发信任
关注短期	注重长远
询问如何与何时	询问什么和为什么
着眼利润	着眼发展
模　仿	开　创
接受现状	挑战现状
模范战士	独特的人
正确地做事	做正确的事

义为团队过程、人格、遵从、特定行为、说服、权力、目标达成、互动、角色分化、创建结构，或两个或更多这些方面的结合。[10] 近年来领导所面对的这种极度纷杂、竞争的环境使得本尼斯和托马斯做出这样的总结：

> “领导的最可靠的一个预测指标，是个体在负性事件中寻找意义以及从最恼人的环境中学习的能力。换句话说，一个人成为杰出的领导者所需要具备的就是，克服逆境并在逆境中变得更强、更执着的能力。”[11]

近来，阿沃利奥、鲁森斯及其内布拉斯加大学盖洛普领导协会的同事们关注于真实领导，这一概念是指：

> 了解自己，行为一致，对于自我以及他人的发展持一种积极的、基于优势的观点。这种领导的价值观和信念是坦诚的。他们诚实地面对自己以及他人。他们具有高水平的道德推理能力，这使得他们可以明辨是非。[12]

这种真实的领导被认为是一个基本概念，是构成本章和下一章所涉及的其他类型领导的必要条件而非充分条件。

也许一个好的领导的简单定义就如同《财富》杂志的一篇文章中所说的那样：“当你把它的所有内容浓缩之后，当代领导实际上就是以共同的目标联合人们，并且鼓舞他们采取达成目标的行动。”[13] 一个同样好的领导定义隐含在冰球大师韦恩·格雷茨基的名言中：“我不去冰球所在的地方，我要去冰球将要去的地方。”但是，如同本尼斯最近所指出的，“问题不仅仅在于解释和预想未来，或知道冰球将要滑向何处，而是能够为人们创造一种意义，对他们有意义的价值观，并有能够维持系统运转下去的足够的信任。”[14] 就本章的目的而言，使用哪种定义并不重要，重要的是根据特定的理论来解释领导，并且意识到，领导无论如何定义，都确实是有差异的。随后的实践中的组织行为学：“高科技产业领导”指出这样的领导是如何在她的公司中有所作为，并且赢得周围所有人的尊重的。

历史上对于领导的重要研究

与组织行为学领域的许多其他主题不同的是，关于领导有大量的研究和相当丰富的知识。对那些较为知名的经典研究做一个回顾，有助于为领导的传统与现代理论奠定基础。

衣阿华领导研究

在衣阿华大学的科特·勒温的指导下，罗纳德·利皮特和拉尔夫·怀特（Ronald Lippitt & Ralph K.White）在 20 世纪 30 年代进行了一系列有关领导的研究，这已经产生了持久的影响。勒温被看作是群体动力学之父和重要的认知心理学家。在最初的研究中，他为 10 岁的男孩们成立了若干个爱好俱乐部。每一个俱乐部接受所有三种不同的领导风格——独裁、民主和放任。独裁型领导者非常专断，并且

高科技产业领导

卡罗尔·巴茨在威斯康星一个 800 人小镇 Alma 长大，40 年前，她有两个职业选择：护士或者老师。但是因为她的大脚，她觉得当护士是不合适的，“你能想像白色护士服有这样一双大脚是什么样子吗?”。因此巴茨梦想成为一名数学老师，尽管其中对数学的向往要胜于对老师的向往。她说：“在那个时候，这就是你所能做的全部。”

而巴茨最终成为了工程技术领域最重要的女性之一。Autodesk 公司是一家占有 83 亿美元市场份额的世界领先的设计软件供应商，作为这样一家公司的首脑，她将该公司从一个产品单一的企业发展成为一个产业多元化的公司。Autodesk 位于加利福尼亚州的 San Rafael，这并不是一个家喻户晓的名字，但是它的软件几乎应用于我们接触到的每一样日常产品，例如用来设计房屋、汽车，甚至是电影（如：金刚）。

听听思科系统的首席执行官约翰·钱伯斯的话，我们就能知道巴茨是如何受人尊敬的。从 1994 年开始，巴茨成为思科的一名董事。钱伯斯列举了她的成就——她将销售额从 2 亿美金提高到 15 亿，市场资本化的速度增长得已经远远超过标准普尔 500 股票指数，是一个出众的团队。

这种赞誉就使得我们可以理解，当 57 岁的巴茨于 2006 年 1 月 17 日宣布她将于 5 月 1 日正式辞去首席执行官职务而转为执行主席时，整个高科技王国为什么会感到如此震惊和失落。她在鼎盛时期选择离开了 Autodesk。

无论是她的丈夫比尔·马尔还是她的继任者卡尔·巴斯都不确定她是不是真的要辞去这份工作，直到 1 月 13 日她正式向董事会提出。“直到她真的这样做了，直到最后一刻，我才知道，”巴斯这样讲。

度假时，巴茨斟酌是否应该这时离开。做了 14 年的 CEO，这在硅谷如同一场马拉松赛跑。她的丈夫已经退休了，她最小的孩子莱恩也马上就要上大学了。之前，巴茨只能在一个个商务旅行的间隙抽空看看自己的女儿，现在她必须要专门跑很远才能见到她。她知道如果现在不退出，那么她将无法从挑战中离开。而且一直有其他工作意向提供给巴斯，巴茨不想再花费 5 年时间去培养另一个接任者。

巴茨对于自己对 Autodesk 如同母亲一般的爱并不感到害羞，一想到要离开 Autodesk，她的眼泪就会夺眶而出。她从来没有感觉到她必须选择一个“孩子”而取代另一个，但是作为一名职业女性，每一天她都在她真正的孩子和 Autodesk 之间努力寻求平衡。

回想一下这个早上，她在自己家附近的星巴克召开一个接一个会议，穿着牛仔裤，橙色运动衣，没有化妆。就是这个早上，莱恩焦虑地等待着大学的回复，她像小时候一样爬到妈妈的床上，她已经很久没有这样做了。“她的压力比我所看到过的任何时候都大，”巴茨说。“我知道事情不对，所以我停下来。”她知道已经到了开早餐会议的时间。她安慰着女儿，胡乱穿上衣服，跑出来，但是已经迟到了。“平衡是一个完美的概念，但是太疯狂了。”她说。

巴茨可以对所发生的一切哭诉，但是她并不是弱者。她对自己运营着一家真正的高科技公司而感到自豪，对被与 eBay 的梅格·怀特曼视为同行感到愤怒，因为后者像是在运营一家零售商店。而且她是直率的。BEA Systems 公司的首席执行官 Alfred S. Chuang 在太阳微系统公司时曾是巴茨的下属，他说：“如果她觉得你愚蠢，她会直接告诉你。”

接下来是怎样的呢？巴茨不允许她的员工用“退休”这个词来描述她。从 1 月份开始，她对 Autodesk 的职责被规定得非常清楚，而且从三月份开始她给斯坦福大学商学院的研究生上课。这样会使得她相信她的 CEO 生活并没有结束。Chuang 这样讲：“如果你告诉我她又成为某一最大的高科技公司的 CEO，那我并不会感到惊讶。”

不允许任何形式的参与。在表扬和批评时，这种领导者在表扬和批评时倾向于给予成员个人化的注意，但是试图以友好或不带感情色彩的方式，而不是公开的敌意方式。而民主型领导者鼓励群体讨论和决策，在给予表扬和批评时试图表现得“客观”，并且试图在精神上成为团体的一员。放任型领导者给予团体完全的自由，这种领导者本质上并没有实施领导。

遗憾的是，领导风格对于生产率的影响并不是直接得到检验的。实验最初被设计用来考察攻击性行为的模式。然而，一个重要的副产品是实验能够对一个团队中的生产行为予以考察。例如，研究者发现，从属于独裁型领导者的儿童倾向于用两种方式中的一种做出反应：要么攻击性的，要么缺乏感情的。攻击性和缺乏感情的行为被认为是对由独裁型领导所引发的挫败的反应。研究者也指出，当独裁型领导离开房间或者转换成一种更自由的领导氛围时，缺乏感情的群体显示出攻击行为。放任型领导氛围实际上在团队中产生了最大数量的攻击性行为。而民主型领导的团体中的攻击行为数量则落在独裁型领导下的一个极端攻击团体和四个缺乏感情的团体之间。

在利皮特和怀特曼研究基础上进行大范围推论是危险的。青春期前儿童制作面具和切割肥皂的行为，与成年人在复杂、现代的组织中工作是有很大差别的。并且从今天行为科学研究方法的观点来看，许多变量没有得到控制。尽管如此，这些领导研究有着重要的历史意义。它们是最早试图用实验考查领导者的风格对于团队影响的研究。就像第 1 章提到的霍桑研究一样，衣阿华研究由于它们实验上的粗糙，其价值常常被打折扣或者至少被减弱。研究的价值在于它们是最早试图从科学方法的角度分析领导，并且更重要的是，它们展示了不同的领导风格能够在相同或者近似的团队中产生出不同的、复杂的反应。

俄亥俄州领导研究

在第二次世界大战的末期，俄亥俄州立大学的商业研究所开始了一系列有关领导的研究。一个由心理学、社会学和经济学研究者组成的跨学科小组使用*领导行为描述问卷*（Leader Behavior Description Questionnaire，LBDQ）来分析各种类型团体和情境中的领导。研究的对象包括：空军轰炸机组的指挥官和成员；海军部门的军官、军士和文官；制造业的主管；地方公司的执行官；高校的管理者；教师、校长和学校督导，以及各种学校和民间组织的领导者。

俄亥俄州研究的前提是研究者认为不存在一个有关领导的满意的定义。他们也意识到他们的研究常常把*领导*假设成与*好领导*同义。俄亥俄州团队决定研究领导，而不去追究其定义或者它是否有效。

首先，LBDQ 在一个广泛的情境中施测。为了确定领导是如何被描述的，问卷的答案采用因素分析的方法处理。结果出奇地一致。从问卷的数据中持续地显现出相同的两个领导维度。它们是*关怀*（consideration）和*创建结构*（initiating structure）。这两个因素在大范围的研究中被发现，包括了各种类型的领导职位和情境。研究者谨慎地强调，这些研究仅仅展示了领导者们*如何*行使他们的领导职能。创建结构和关怀与历史悠久的军队指挥官的强调任务和关心军队福利的功能相类似。用简单的话说，俄亥俄的因素是任务或者目标取向（创建结构）和对于个体需要及关系的认知（关怀）。这两个维度是分离的，并且各不相同。

俄亥俄州立大学对于领导的研究是有一定价值的。他们最早指出并且强调任务和人性维度在领导评估中*都*重要。这种双维度的方法缩小了科学管理运动的严格任务取向和从那时开始流行的注重人性关系取向之间的鸿沟。有趣的是，当科林·鲍威尔（Colin Powell，第 65 任美国国务卿——译者注）——通常被看作是这些年来最有效和受尊敬的领导之一——阐述他自己的领导过程时，也使用了这种双维度的方法。今天，正如同最早在俄亥俄州领导研究中所指出的，领导被认为是多维度、多水平的（单人、两人、小组以及群体）。[15]

早期的密歇根领导研究

大约就在俄亥俄州研究开始的同时，一群密歇根大学调查研究中心的研究者开始了他们关于领导的研究。在最初对 Prudential 保险公司的研究中，对 12 对高低产配对的小组进行测验。每一配对表征一个高产分部和一个低产分部，其他变量，诸如工作的类型、工作条件以及方法在每对比较的部门间都是相同的。研究者对 24 个分部的主管和 419 名事务型员工进行了随意的非定向访谈。结果显示，高产部门的主管在他们的管理风格上更显著地表现得全面而不是狭隘，并且是以员工为中心的（对他们的员工表现出真正的关注）。而低产分部的主管有本质上相反的特征和技能。他们被发现是狭隘的，是单一生产取向的主管。另外一个重要的但是有时被忽视的发现是，员工的满意度与生产率之间没有直接的相关。

这里所描述的全面的以员工为中心的管理者，成为领导的传统人性关系观点的标准样板。当人性关系的提倡者受到挑战要证明他们的理论时，他们常常会引用 Prudential 研究的结果。这个研究引发了随后在工业、医疗、政府等广泛领域内的数以百计的相似研究，分析对象涉及从无需技能到从事高度专业化和科技任务的成千上万的员工。伦西斯·利克特曾任密歇根大学社会学研究所所长，他在其著作中发表了多年来许多类似研究的结果，并因其提出的“四系统”（民主）的领导风格而广为人知。

领导的传统理论

衣阿华、俄亥俄州和密歇根的研究是组织行为学研究历史上关于领导的三个最重要的研究。不幸的是，领导研究还没有从这个相对的好开端开始而兴盛起来。在分析领导研究的当前状态之前，考察这些年来的理论发展也是非常重要的。

关于领导有若干不同的理论基础。首先，领导被认为是天生的，而不是后天培养成的。这种所谓的领导的“伟人”理论暗示——有些个体生来就具有某种特质——使得他们能够从历史的任何情境和时期中脱颖而出成为领导。与人格研究类似，受到基因、神经和脑研究的影响（见第 5 章），基因及大脑硬件在领导中所扮演的角色引发了当前的研究兴趣。例如，一个非研究性的分析指出：“我们的经验使我们相信，一个人的领导才能在其二十几岁时就开始显现了。”[16] 明尼苏达大学的研究者选取了大样本的双胞胎被试来探究基因是否能够预测领导力。虽然这个研究仍在继续中，但目前的结果显示出基因确实在某些方面起到一定作用，例如领导角色的产生，但是主要的方面还是来自于后天的发展。[17]

也许看待领导是天生而成还是后天塑造这个问题的最好角度是将其综合起来，

视为共同作用。正如阿沃利奥和鲁森斯所说：

> “我们已经知道个体基因的构成如何起作用及其所受环境的影响都是不稳定的。确实，基因—环境的交互作用随着时间变化而变化着。这正如基因工程所揭示的，它受到其所揭示的背景环境的影响。”[18]

换句话讲，正如同第 5 章中关于人格的讨论所揭示出的，领导是天性（基因）和教养（发展）共同作用的结果。

然而，传统上伟大人物的发展总是和领导的*特质理论*联系在一起。特质方法致力于识别领导的人格特质。由于对这个方法并不满意，同时又受到诸如俄亥俄州研究的启发，研究者将他们的重点从个体领导转移到被领导的团队上。在团队方法中，领导更倾向于被看作是领导者的行为以及这些行为如何影响团队中的追随者或者被追随者所影响。

除了领导者的特质和团队方法外，在领导理论中，情境开始受到更多的关注。情境观点最初被称为是“Zeitgeist”（德文意思是“时间的精神”）；领导被看作是时间和情境的产物。具有特定情境所需要的品格和特质的个体将脱颖而出成为领导。这个视角作为领导理论的基础，并且作为情境领导理论——以及现在，权变领导理论——的基础，在历史上获得了很多支持。菲德勒的权变理论——为了更加有效，领导风格必须切合情境——是最广为人知的。一种更新的情境或权变理论采用了一些在第 6 章中讨论的动机和期望概念，并且把这些概念用于领导和情境，它被称为领导的路径—目标理论，这种理论试图综合动机和领导过程。下面的内容将考察这些得到广泛认可的领导特质、团队、权变以及路径—目标理论。

领导的特质理论

对于领导的科学分析始于对领导者特质的关注。研究致力于寻求领导者所拥有的普遍特质。这种大量的研究努力总体上只得到令人失望的结果。只有智力似乎还保持着一定程度的一致性。当这些发现与那些对于生理特质研究的发现相结合的时候，结论好像成了领导者是那些比被领导的人更高大更聪明的人，但并不高大或聪明很多。比如，这一系列研究推论，领导者是比被领导的群体的平均水平更聪明，但有意思的是，他不是群体中最聪明的。政治分析家指出，候选人太聪明了就不能被选上，而一个犯罪帮派中最聪明的成员不是领导者，却通常是领导者的军师——全班人马的“智囊”。

当特质方法被用到组织中研究领导问题的时候，结果更不清晰。一个最大的问题是所有的管理者都认为他们知道一个成功的领导者的品质是什么。显然，几乎任何形容词都可以用来描述一个成功的领导。但是应该意识到这有语义上的限制，并且还没有证据支持观察到的特质与成功领导之间的因果关系。不过，近年来，随着“大五”人格特质在组织行为中的重要性显露（见第 5 章），领导有效性的特质理论得到了改头换面。例如，一个最近的定性及定量的元分析综述发现，当以五因素模型来组织特质时，便有强有力的实证数据支持领导的特质观点。[19] 尤其是外向性人格特质与领导行为及领导力有着最高的平均相关（相关系数

0.31)。接下来是责任心（0.28），开放性（0.24），神经质（-0.24），以及不显著的宜人性（0.08）。[20] 这些结果以及最近形成的类特质理论的领导理论框架（例如，领导动机——被证实可预测领导潜力）都说明人格特质的方法对领导的解释仍然具有活力，并且在未来的研究中具有潜力。

从特质到状态及技能发展

随着关于领导力的固定的特质论的观点不再适宜，进而出现的是领导力发展的状态的、更为人接受的技能的观点。这一方向的研究仍然延循关注伟大人物的传统，但是离开了严格的特质途径，转而成为情境理论的桥梁，这便是新近出现的心理状态观点。正如在第 7 章中介绍的，这种状态型的积极组织行为概念有助于对领导的理解和发展。（所谓状态型是指基于环境的能力，是变化发展的，这有别于固定的特质。）无论是大家的直觉还是逐渐积累的研究证据都表明乐观、[22] 希望、[23] 韧性、[24] 情绪智力，[25] 特别是自我效能 [26] 与有效的领导有着紧密联系。将这些描述领导是什么样的积极组织行为变量与最新的理论如真实领导 [27]（在概念介绍中讲过，并将在随后的章节中详述）结合起来，对于开发领导力以满足当今需要非常重要。

除了发展积极组织行为以外，另一个从关注领导者自身特质分裂出的关注点在于领导者的技能发展。例如，卡茨已经鉴别出有效管理所必需的技术技能、概念技能和人际技能。[28] 尤克尔的领导技能中包括诸如创造力、组织、说服能力、外交手段和策略、任务的知识以及良好的表达能力等。[29] 这些技能在领导理论的应用中已经变得非常重要，并且将在下一章中重点论述。

与技能理论紧密相关的是领导者的“胜任力”研究。一系列研究已经确定出在美国和其他文化中，某些关键能力是与领导的有效性相关的：[30]

1. 驱力，或者追求目标的内在动机；
2. 领导动机，这里指使用社会化的权力影响他人获取成功；
3. 正直，包括可信赖性以及把话语变为行动的意愿；
4. 自信并且使其他人感受到信心，通常通过各种针对员工的印象管理形式表现出来；
5. 智慧，通常集中体现在处理信息、分析选项并且发现机会的能力上；
6. 商业知识，由此产生想法才能帮助公司生存并且发展壮大；
7. 情绪智力，基于自我监控的人格，确保优秀领导者具有更强的情境敏感性以及在必要时适应环境的能力。

重要的是，这些能力似乎在组织领导者们面临的新环境中是有效的，但是需要更多的理论建构和研究。

领导的群体和交换理论

领导的群体理论植根于社会心理学。特别地，经典的交换理论是这一观点的重要基础。这一点已经在前面章节中讨论过，这就意味着领导者为追随者提供了更多的福利/报偿而不是负担/代价。这必须是一个领导者和追随者为了团体目标的完成而进行的积极交换。先驱理论家切斯特·巴纳德（Chester Barnard）半个多世纪前在一个组织中对管理者们和下属们运用了这样的分析。最近，这一领导的社会交换观点被 Yammarino 和 Dansereau 总结如下：

> 在工作组织中，投资与回报的交换关系中的关键成员是上级和下属。上级投资（薪酬、办公空间）并从下属那里获得回报（如：员工绩效）。下属同时也进行投资并从上级那里获得回报。基于一对一的原则，这种付出与回报存在于每一对上级和下属的关系中。[31]

这段话强调了领导是领导者和追随者之间的交换过程。社会心理学研究可以支持这一交换概念。表 13.2 对照比较了领导的三个领域中的理论和研究。重要的是，尽管常常被忽视，仍有大量的证据表明追随者可以影响领导者；而且，在领导学中，也有大量有关关系或基于交换的理论和研究。

追随者对领导者的影响

越来越多的研究结果揭示，追随者或下属实际上能够影响领导者，就如同领导者影响追随者或下属。例如，一项研究发现，当追随者执行得不是非常好的时候，领导者倾向于强调任务或创建结构；但当追随者做好了工作时，领导者倾向

表 13.2
领导的三个领域

资料来源：Adapted from George B. Graen and Mary Uhl-Bien, "Development of Leader - Member Exchange (LMX) Theory of Leadership over 25 Years: Applying a Multi-Level Multi-Domain Perspective," *Leadership Quarterly*, Vol. 6, No. 2, 1995, p. 224

	基于领导者	基于追随者	基于两者关系
什么是领导？	处在领导角色个体的适当行为	管理个人自身绩效的能力和动机	在两者间产生影响的信任、尊敬和共同约束
领导由什么行为组成？	确立并且交流愿景、鼓舞士气、潜移默化的自豪	授予权力、训练、促进、放弃控制	建立与追随者的牢固关系；相互学习和适应
优　点	领导者作为组织聚焦点；对于使命和价值的共同理解；能够发起大规模的变革	最大限度地利用追随者的能力；把领导者从其他责任中解放出来	适应追随者差异化的需求；能够从不同的个体类型引出主管的工作
缺　点	高度地依赖于领导；如果领导变更或追求不恰当的愿景，就会出问题	高度依赖于追随者的主动性和能力	耗费时间；依赖特定领导者和成员之间的长期关系
在什么情况下适用？	基础性变革；适当的魅力型领导；追随者中有限的多样性	有很高能力和任务归属的追随者	持续提升团队工作；追随者有重要的多样性和稳定性；网络化工作的建设
在哪些方面更有效？	结构化的任务；较强的领导职位权力；成员对于领导者的接受	非结构化的任务；较弱的职位权力；成员对于领导的不接受	在两个极端之间有利于领导者的情境

于对下属的重视或关怀。[32] 在一个实验室研究中发现，团体的生产率对领导风格的影响，比领导风格对团体生产率的影响更大；[33] 并且在另外一项研究中发现，在新近成立的团体中，领导者会修正他们的支持性行为，作为对已显示出的团体凝聚力和唤醒水平的回应。[34] 换句话说，这些研究似乎指出，下属影响领导和他们的行为，如同领导和他们的行为影响下属们一样。一些实践管理者，如 Saga 公司的副总裁认为下属缺乏追随技能，并有越来越多的证据表明，这些技能正变得日益重要。[35] 换句话说，忽视追随可能是不明智的。大部分管理者觉得，下属有追随并且支持他们的领导者的义务。正如 Commerce Union Corporation 的 CEO 在《华尔街日报》撰文指出："下属的部分职责是让老板有面子。"

领导–成员交换模型

与交换观点有联系的是垂直二元关系（vertical dyad linkage，VDL）观点，[36] 最近被称为领导—成员交换（leader–member exchange，LMX）。[37] LMX 理论认为，领导者会区别地对待下属个体。在实践中，领导者和成员共同发展影响双方行为的二元（两人）关系。例如，那些承诺责任并愿意为组织投入更大努力的下属，比起那些没有展示出这些行为的下属获得更多的来自领导者的资源（例如，信息、信任和关注）的奖励。

经过一段时间，领导者将会在其下属中发展出一个"内圈"和一个"外圈"，并对他们区别对待。研究证明，对于同一个领导者，内圈下属与外圈下属相比与领导打交道时更少报告困难，并且感觉领导者对他们的需要更负责。[38] 同样，领导者花费更多的时间"领导"内圈的成员（就是说，领导者不依赖正式的权威去影响他们)，而倾向于"管理"那些外圈成员（就是说，领导者依靠正式的角色和权力去影响他们)。[39] 有证据显示，最终内圈中的成员（那些报告与其领导者有高质量关系的个体）与那些报告低质量关系的外圈个体相比，承担更高的工作责任感，对于他们的部门贡献更多，并且被评估为更高绩效的工作者。[40]

这个交换理论现在已经流行了一段时间了，尽管对此并不乏批评，[41] 但总的来看，这个研究得到了持续支持。[42] 但是如同传统所展现的，LMX 似乎更多地描述了领导者行为角色的典型过程，而没有探测出对于领导有效性来说最重要的向下交换关系的模式。[43] 也有一些研究使用了更复杂的方法，[44] 并且指出任务特性调节了 LMX 与绩效的关系。[45]

LMX 观点已经显著地扩展到了其他的领域（例如，通过考察二元关系中下属们的特性，以及通过内圈关系中对领导者和追随者相似性的研究)。例如，关于下属们，那些显示出更高水平自我效能的个体更容易与领导者——他们感到这样的下属更可爱并且与自己的人格特点更相似——形成内圈关系。[46] 在另一项研究中，领导和成员间感知到的相似性预测了更高品质的领导成员交换，并且内隐理论和自我图式中的认知因素与知觉相似性一起，引起了对下属更大程度的喜爱。[47] 而且，研究还发现，对相似性的知觉可能是比真实描绘出来的相似性更为重要的因素。[48]

格雷恩和他的同事强调 LMX 通过多个阶段推进：（1）不同二元关系的探索；

(2) 对 LMX 关系中的特征及其组织含义和结果的调查；(3) 对建立二元合作关系的描述；(4) 在团体和网络水平上不同二元关系的集合。[49] 领导者为形成内圈和外圈而区分员工的方式可以部分地被社会网络分析所解释。正性社会网络和交换过程决定了领导者选择谁能够成为一个组织内圈的成员。[50] 步骤四也强调了在组织中，甚至是与客户、供应商和其他股东的外部关系中，新的跨部门或网络水平的相互作用。目前仍然需要研究在特定环境中最适合的领导—成员关系。[51]

最后，从本书所持的社会认知视角来看，应该记住的是，领导—成员交换是一个互惠过程。这一互动过程强调，领导者为了达成绩效目标和更持久的变化，应该在短期内改变下属的自我概念。同时，下属通过其反应也会改变领导者的自我图式，这种反应也可以是个体的，也可以是集体或群体的反应。[52] 领导者和追随者相互作用的这些因素，也可被看作是在第 11 章中讨论过的心理学契约概念，值得在未来进行更多研究。

领导的权变理论

仅仅关注领导者本身的研究方法经证明不能产生一个充分和全面的领导理论，研究者开始把注意力转向了被领导的团体和交换关系上，也转到了领导的环境或情境方面。社会心理学家开始探寻影响领导角色、技能、行为和追随者绩效及满意度的情境因素。他们提出大量的情境变量，但是没有一个总体理论把这些变量整合在一起，直到弗雷德·菲德勒（Fred Fiedler）提出了一个被广泛认可的基于情境或权变的领导有效性的理论。

菲德勒的领导有效性权变模型

为了验证他从前人研究发现中所整理的假设，菲德勒建立了他称之为*领导有效性的权变模型*（contingency model of leadership effectiveness）。这个模型包含了领导风格和情境有利性之间的关系。菲德勒依据三个来自实证研究的维度将情境有利性（situational favorableness）描述为：

1. *领导—成员关系*，这是决定情境有利性的最具有决定性的变量
2. *任务结构化程度*，这是情境有利性的第二重要的因素
3. *领导者职位权力*，来自于正式权威，这是情境有利性第三重要的维度[53]

如果所有的三个维度都高的话，情境就对领导者有利。换句话说，如果领导是普遍被追随者接受和尊敬的（第一个维度高），如果任务是非常结构化的并且每件事情都可以“讲清楚”（第二维度高），并且如果有大量可正式划归于领导者职权的权威和权力（第三维度高），则这个情境就是有利的。但是，如果存在相反的情况（如三个维度都低），则这样的情境对于领导者而言将会非常不利。菲德勒通过他的研究说明，情境有利性与领导风格共同决定领导效果或有效性。

通过对不同类型情境的研究和分析，菲德勒发现在非常有利和非常不利的情况下，任务取向或顽固和独裁类型的领导者是最有效的。当情境只是适度有利或

图 13.1
菲德勒的领导权变模型

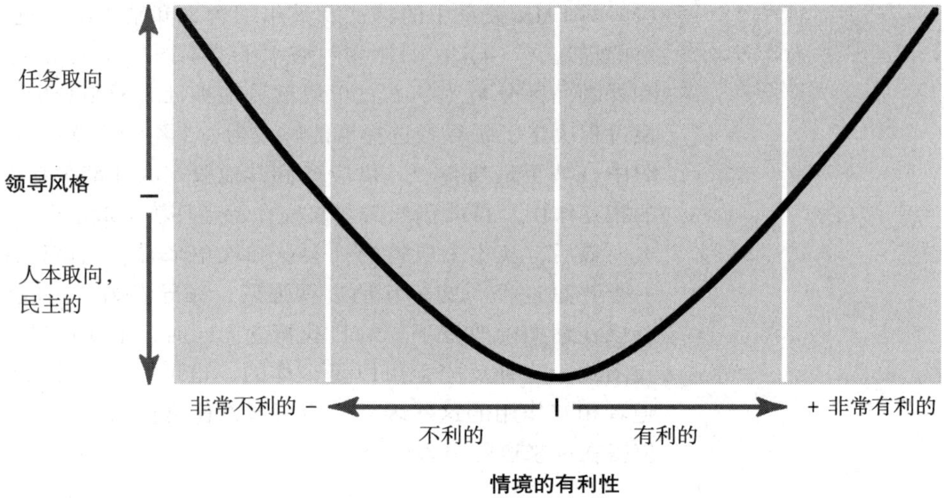

适度不利时（在有利分布的中间），人本取向或民主型的领导是最有效的。图 13.1 总结了领导风格和情境有利性之间的关系。

为什么任务取向的领导者在非常有利的情境中是成功的？菲德勒给出如下解释：

> 在一个非常有利的情境中，领导者拥有权力、非正式的后援、相对结构化的任务、准备好被领导的组织，并且组织成员等待别人告知他们该做什么。想想即将迫降的机长，我们不可能期望他与他的全体队员开会讨论该如何降落。[54]

作为任务取向的领导者在高度不利情境中成功的一个例子，菲德勒讲道：

> ……志愿委员会一个不受欢迎的主席需要制定一个美丽周日的办公室野餐计划。如果他对于应该做什么和应该如何做提出太多问题的话，他最有可能被告知“我们情愿回家”。[55]

在高度不利的情境中，做出一个错误决定的领导者也比什么都不做的领导者好。本质上，菲德勒模型隐含的意思是，在高度不利的情境中，有效的领导者负起责任并且做出完成任务所必需的决定，而无需得到帮助或试图使人人快乐。

图 13.1 显示了人本取向、民主的领导在中等程度的有利性中是有效的。这种情境的典型例子是委员会或类似部门。在这些情境中，领导者也许不能被团体的其他成员完全接受，任务也不是完全结构化的，并且领导者被授予了一些权力和权威。在这样一个相对不利但又不是完全不利的情境中，权变模型预测人本取向、民主的领导者将是最有效的。在一个相对有利的情境中也是这样的。诸如此类的相对有利或者不利的情境，对于主管和经理而言是最常见的。这意味着，一般情况下，人本取向、民主的领导将会是在大量的组织情境中管理人力资源最有效的。

支持权变模型的研究

和其他引起了公众广泛注意的理论一样，菲德勒的模型也引发了大量的研究。毫不奇怪，其结果是混乱的并且引发了争论。菲德勒和他的学生这些年来几乎提供了对这个模型的所有支持。例如，为了证实其理论的有效性，他引用了各种类型的团队和组织（海军团队、化学研究团队、商店、超市、重型机器工厂、工程师团队、医院看护、公共健康小组等等）中的 30 项研究，并且推论“理论有很高的预测性，而且从有效研究中观察到的关系几乎与在最初研究中观察到的是一致的”。[56] 除了一个例子以外，菲德勒坚持认为理论正确地预测了在确定的情境有利性下，领导者的风格与绩效之间应该存在相关。如同预测到的，他的研究显示，在非常不利和非常有利的情境中，任务取向的领导者干得最好。而在相对有利或者相对不利的情境中，人本取向的领导者更有效。尽管菲德勒意识到他的结论将招致越来越多的批评，他坚持“方法合理的有效性研究在整体上对这个理论提供了实质上的支持”。[57] 有关这一模型的元分析调查已经发现在所有研究中，有支持的，[58] 有折中的，[59] 也有不支持的结果。[60]

展望菲德勒的权变理论

总体上而言，菲德勒在领导的理论、研究和实践方面都做出了重要突破，这一点是毋庸置疑的。尽管有一些批评不容忽视，但有几个理由可以说明菲德勒的模型所做出的贡献：

1. 它是权变理论中第一个十分清晰的领导理论。
2. 它强调了在决定领导效果时，情境和领导者的特征这两者的重要性。
3. 它引发了一系列的研究，包括对其有效性的测试和试图改进模型的尝试，并且激发了其他权变理论的形成。[61]

路径—目标领导理论

另一个源自权变途径而被广泛认可的理论，是从动机期望理论框架（详见第 6 章）中分离出来的*路径—目标理论*（path-goal theory）。尽管密歇根大学社会研究所的乔治奥普洛斯和他的同事许多年前就使用路径—目标概念分析领导力对于绩效的影响，但这一理论的现代发展通常归功于马丁·埃文斯（Martin Evans）和罗伯特·豪斯（Robert House），他们大约同时就这个问题分别撰写了文章。[62] 在本质上，路径—目标理论试图解释领导者行为对于下属动机、满意度和绩效的影响。豪斯的理论观点具体表现为四种主要的领导类型或风格。[63] 简要总结如下：

1. *指导型领导*　这种风格与利皮特和怀特的权威型领导者类似。下属准确地知道对他们的期望，领导者给予具体的指导，在指导过程中没有下属的参与。
2. *支持型领导*　领导者是友好并且平易近人的，并对下属表现出诚恳的关注。
3. *参与型领导*　领导者寻求并且采纳下属的建议，但仍然自己做出决策。
4. *成就取向型领导*　领导者为下属设定有挑战的目标，并且显示出信心，认为他们能够达到这些目标并且能很好地完成它们。

路径—目标理论——这是它与菲德勒的权变模型不同的一个方面——提出这些不同风格能够并且确实被同一个领导者在不同的情境中使用。[64] 其中已被确认的两个情境因素是追随者的个性特征、追随者所面对的环境压力和需求。关于第一个情境因素，理论假定：

> 领导行为能够被下属接受的条件有二，下属或者把这些行为看作现时满意感的来源，或者看作未来满意感的一个手段。[65]

关于第二个情境因素，理论陈述为：

> 领导行为在如下范围内将会是激励性的（例如，将会提高下属的努力）：（1）它视有效绩效的情况而满足下属需要；（2）它通过提供训练、指导、支持和奖励来完善下属的环境，这些对于有效的绩效是必要的，并且可能在下属或他们的环境中也是缺乏的。[66]

对于四种风格的使用，需视所描述的情境性因素而定，领导者试图影响追随者的知觉并且激励他们，并进而使他们角色更清晰、目标更明确、满意度和绩效更高。尤其是如下所述的领导更容易达到：

1. 意识到并且/或者唤醒下属，使其达到领导能控制的结果
2. 为了达成工作目标而增加下属的报酬
3. 通过训练或者指导使获得这些报酬的通路更容易
4. 帮助下属明确他们的期望
5. 减少严重的障碍
6. 增加个体满意度的机会[67]

换句话说，通过执行这个过程，领导者试图为追随者建立尽可能平顺的路径。但是为了实现这一路径—目标的作用，领导者必须视现在的情境变量而使用适合的风格。图 13.2 总结了此路径—目标途径。

如同动机的期望理论一样，曾涌现出大量有关领导的路径—目标理论的研究。到现在为止，大部分的研究仅仅关注理论的一部分而不是整个理论。例如，抽样的研究结果有如下描述：

1. 对 7 个组织的研究发现领导者的指导（a）与模糊任务中的员工的满意度和期望正相关；并且（b）与清晰任务中的员工的满意度和期望负相关。
2. 对包括 10 个不同雇员样本的研究发现，支持型领导将对那些在有压力、挫败和不满的任务中工作的下属的满意度有最正性的影响。
3. 在一个工业制造组织中进行的研究发现，在非重复的、自我投入的任务中，参与型领导者的下属比非参与型领导者的下属满意度更高。
4. 在三个独立的组织中发现，对于执行模糊的、非重复任务的下属，领导者的成就取向越明显，下属对其能够取得有效绩效越有信心。[68]

图 13.2
对路径—目标关系的小结

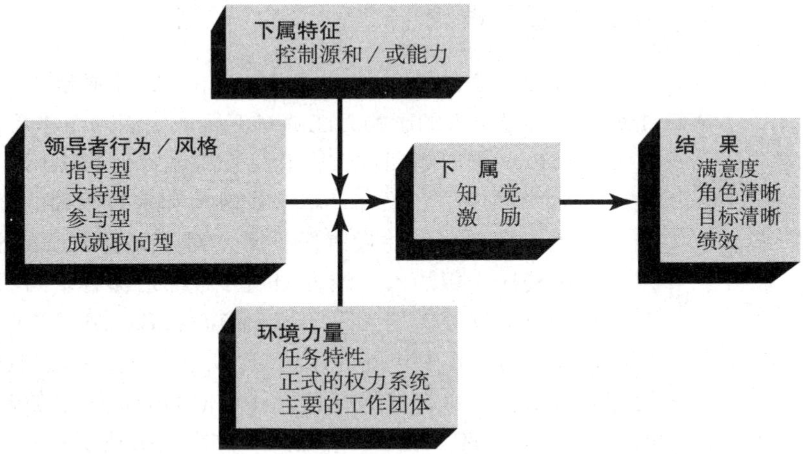

有关路径—目标理论研究的其他回顾并不像前面的研究那样能够支持这一理论。例如，施里希姆（Schriesheim）和丹尼斯（DeNisi）指出，只有少数假设是真正从这一理论推导出来的，这意味着这个理论可能不能做出有意义的预测。[69] 然而，对 48 项研究的一个综合回顾指出，单个研究的混合结果经过累积后，可以转而支持路径—目标理论。[70]

总之，如同本章中出现的其他传统理论一样，路径—目标理论似乎还需要更多的研究，但它必然在将来若干年内得到持续的关注。一项分析推论，如果领导者的行为能够与（1）下属的需要和价值，以及（2）特定工作情境中的要求密切结合的话，领导者将会被他们的下属知觉为最受喜爱的（领导），并且他们能成功施加对下属的最大影响。[71] 换句话说，路径—目标理论如同工作动机中的期望理论一样，将有助于更好地解释复杂的领导过程。

领导的现代理论进展

尽管交换理论、权变理论和路径—目标理论在一定程度上被人们所接受，并且相对于组织行为的其他领域而言，领导方面已经有大量研究，但人们仍一致认为此方面还需要相当多的理论建设和研究。例如，一篇对领导传统理论的全面综述得出结论认为，许多用来确定调节作用的检验被判定为是不适当的，并且在这个领域内报告的大部分结果都没有得到重复验证。[72] 现在需要超越传统理论来看看领导研究方面的其他理论、研究方法和应用。

除了已确立的领导的特质、群体和交换、权变和路径—目标理论外，近年来还出现了其他的一些理论，包括领导的魅力、转换、社会认知、替代和真实领导理论。对每一个理论的概述都有助于我们更好地理解复杂的领导过程。

魅力型领导理论

魅力型领导（charismatic leadership）是对领导者的古老概念的一个回溯，是指那些“通过个人的影响力能够对下属产生深刻而非凡影响”的人。[73]尽管魅力这一概念可以一直回溯到古希腊并且在《圣经》被引用，但它的现代发展经常被归功于罗伯特·豪斯的工作。[74]基于对政治和宗教领袖的分析，豪斯提出的魅力型领导被描述为具有自信并且信任下属，对下属有高度的期望，有理想主义的愿景，以及利用榜样作用的人。魅力型领导者的追随者认同领导者并接受他们给予的任务，显示出对领导者的无限忠诚和信心，效法领导者的价值观和行为，并且从他们与领导者的关系中获得自尊。[75]巴斯（Bass）注意到魅力型领导者具有出众的辩论和说服技巧，也有技术专长，并且他们促进了追随者们在态度、行为和情绪上的变化。[76]《财富》杂志的一篇文章幽默地描述了一个有魅力的管理者具有如下所述的特点：

> 他读的是一所普通的大学，也没有 MBA 学位。但是他有一种气质。他能说服人们——下属、同事、顾客，甚至你们一起为之工作的 S.O.B.（son of a bitch，畜牲，狗娘养的——译注）——去做他们不想做的事情。人们为他铲平山丘，赴汤蹈火，赤足行走在碎玻璃之上。他并不要求受到注意，而是号令人们注意。[77]

由于魅力型领导者对追随者的影响，有理论预测魅力型领导者将会使追随者产生出高于期望的绩效，并对领导者及其提出的愿景产生一种强烈的认同。最近的研究揭示，当追随者显示出更高水平的自我意识和自我管理时，尤其当他们观察魅力型领导者的行为，[78]并在社会支持网络中工作时，[79]这样的魅力型领导的影响力将得到增强。豪斯和他的同事对魅力型理论提供了一些证据，[80]他们发现这个理论对诸如合作、[81]动机[82]等期望的结果有积极作用，但是对于其他领导理论来说，他们发现结果很复杂，[83]因此认为还需做更多的研究。例如，在一项评估军队中魅力型领导者行为的最新研究中，个体水平的相关性与分队水平的相关性（结果）对于理论仅仅提供了有限的支持。研究者据此推论：对于魅力型领导的理论和研究来说，还需要对领导者的多种构成更为敏感。[84]理论的范围也正在得到澄清，例如，康格（Conger）和卡纳古（Kanungo）把魅力看作是一个归因现象，并且提出它会随着情境发生变化。[85]形成魅力归因的领导特质包括自信、印象管理技能、社会敏感性和共情。魅力型领导产生的情境因素包括剧烈变革的危机[86]或对现状非常不满的追随者。例如，在一所大学中进行的最新研究发现，一个魅力型的领导者可以成功地实施一项技术变革，但是同时要忍受较多的政治骚动，这似乎是技术变革的副产品。这个结果表明，魅力型领导的研究必须意识到领导者身处的情境，而且任务或工作的性质也应该属于研究的范畴。[87]

对黑暗面的认识也在魅力型领导研究范围之内。[88]魅力型领导者倾向于被描绘成伟大的英雄，但是如同表 13.3 所显示的，仍然有与魅力型领导者相联系的非道德特征。为了更加符合道德的要求，人们注意到魅力型领导者：

> 只有在这种情况下担当得起这一称号：他们在组织中创造了变革，由此下属受到激励来追随这些领导者，并且努力达到组织的目标，不仅仅因为他们被命令这样做，

表 13.3
魅力型领导者的道德特征和非道德特征

资料来源：Jane M.Howell and Bruce J.Avolio, "The Ethics of Charismatic Leadership: Submission of Liber-ation?" *Academy of Management Executive*, May 1992, p.45.Used with permission.

道德特征	非道德特征
• 使用权力为他人服务	• 为个人利益或影响使用权力
• 使组织的愿景与追随者的需要和志向相统一	• 提升自己的个人愿景
• 从批评中思考和学习	• 指责式的批评或对抗性的观点
• 激励下属独立思考并质疑领导者的观点	• 要求自己的决定被无条件接受
• 开放的，双向沟通	• 单向沟通
• 培训、发展并且支持下属；与他人分享见识	• 对追随者的需要感觉迟钝
• 依靠内在的道德标准去满足组织和社会的利益	• 依靠方便的、外部的道德标准满足自我利益

> 也不只是他们计算过这样的顺从符合他们的自身利益，而是因为他们自愿认同组织以及组织的行为标准，并且愿意努力实现组织的目标。[89]

这个变革的观点为巴斯所采用，他提出魅力型领导确实只是范围更广的转换型领导的一个成分，接下来我们将对此进行详细阐述。[90]

转换型领导理论

多年以前，伯恩斯（Mac Gregor Burns）确立了两种类型的政治领导：交易型（transactional）和转换型（transformational）。[91] 更为传统的交易型领导包含领导者和追随者的交换关系，但是转换型领导是更多地基于领导者转换和提升其追随者的价值、信念和需要。表 13.4 总结了交易型与转换型领导者相比较的特征和方法。最近，转换型领导的"超凡魅力"特征已经转化为"理想式影响"。这样做并不会将转换型领导与魅力型领导混淆起来，巴斯将这两个概念视为不同的理论。虽然在这两种理论之间存在许多差异，但最大的分歧就在于如何看待追随者。转换型领导者的关键在于他们追求授权并且提升下属（例如：将下属发展成为领导），然而魅力型领导使下属感到无能并使其依附于领导（例如：让下属向领导表示忠诚而不是帮助他们达成理想）。

与表 13.4 中所列举的交易型领导的行为方式相对照，阿沃利奥指出，以理想式领导、鼓舞式领导、智力型刺激以及个性化关怀为特征的转换型领导，表现出一系列相互关联的行为风格，旨在：

1. 将环境变得更好。
2. 将下属培养成为领导。
3. 提供新的战略方向，促进组织变革。
4. 通过提供积极的视角以及道德、伦理上的更高理想，来激励员工。[92]

基于其研究发现，巴斯推论在很多情况下（诸如依靠消极型的差错管理），交易型领导适宜平庸的环境，而转换型领导则在当组织面临需要革新和变化时，帮助组织获得优秀绩效。他认为，通过招聘、选拔、晋升、培训和发展所培育的转换型领导，将会使当今组织健康、运转良好和高效。[93] 一项对于 39 个研究的元分析结果发现，大多数研究都支持超凡魅力（理想式影响）、个性化关注以及智力刺

表 13.4
交易型与转换型领导者的特征和方法

资料来源：Bernard M.Bass, "From Transactional to Transformational Leadership: Learning to Share the Vision." *Organizational Dynamics*, Winter 1990, p.22. Used with permission.

交易型领导者
1. 一致性的奖励：承诺为努力提供奖励的交换，向好绩效提供奖励，赏识成就。
2. 差错管理（积极型）：警惕和寻找对于准则和标准的背离，采取修正行动。
3. 差错管理（消极型）：仅在标准没有达到时进行干预。
4. 放任：正式放弃责任，避免做出决策。
转换型领导者
1. 魅力：提供愿景和使命，潜移默化自豪感，赢得尊重和信任。
2. 激励：传达高期望，使用象征方法集中努力，用简单的手段表达重要的意图。
3. 智力刺激：提升智慧；理性；谨慎的问题解决。
4. 个性化关怀：给予个人关怀；个性化地对待每一名雇员；培训；建议。

激的转换行为与领导有效性相关；但是，除了偶然的奖励行为，交易型领导风格并不能增强领导的有效性，[94] 而转换型领导优于交易型领导的观点已经由来已久。

大部分的转换型领导研究的数据依赖于巴斯和阿沃利奥的多因素领导问卷（Multifactor Leadership Questionnaire），[95] 或者来自于通过访谈来简单描述领导者们的定性研究。最近的一个例子是由蒂奇（Tichy）和德维纳（Devanna）完成的对大公司的高层经理人的访谈。他们发现有效的转换型领导者拥有下列特征：

1. 他们认定自己是变革代言人。
2. 他们是勇敢的。
3. 他们信任别人。
4. 他们追求特定的价值理念。
5. 他们是终生的学习者。
6. 他们有应付复杂性、模糊性和不确定性的能力。
7. 他们是富有愿景的人。[96]

越来越多的实证研究开始支持这些特征。例如，现场研究显示，转换型领导者更经常地采用合法策略并且引起更高水平的认同和内化[97]（见第 9 章），有更好的绩效，[98] 并且培养他们的下属。[99] 最近的研究重新界定了这些普遍发现。例如，在一个比较男性和女性销售经理的研究中，女性不受她们的群体成员关系所束缚，并且更倾向与每一个下属建立独特的关系，这说明其转换型和权变式的奖励模式与她们的男性对照组有所不同。[100] 在其他的研究中，转换型领导者对于下属的组织公民行为（OCBs）产生非直接的影响。[101] 并且这种转换型领导与下属组织公民行为之间的关系，受知觉到的程序公正和信任以及"大五"人格特质中外向性和宜人性（见第 5 章）的调节。[102] 另一个新近的研究发现，个体的情绪以及人格对其转换型领导行为有影响。[103] 另外，转换型领导者表现出更多的道德推理[104] 以及对伦理的关注。[105] 概念分析指出，环境因素也许会影响到下属对转换型领导策略的接受性，因此在实施研究时应该考虑到这些因素。[106] 此外，还有一些其他的理论也有助于解释复杂的领导过程。

社会认知观点

正如第 1 章中用社会认知理论为这本书提供了整体的概念框架一样，[107] 社会认知观点也为领导者（包括他或她的认知）、环境（包括下属和追随者以及组织水平的变量）和行为本身之间持续及互惠的交互作用提供了一个模型。[108] 这些交互作用如图 13.3 所示。社会认知观点似乎成为理解领导的一个全面的、可行的理论基础。[109]

任何其他的理论方法单独来看都显得有局限。例如，基于认知的特质理论认为，领导者可以独立于追随者的行为或情境而成为决定性因素。权变理论向正确方向迈进了一步，但即使如此，这个理论也只是涉及了交互作用中的一个方面，即领导者和情境在某种程度上共同决定了领导行为。甚至那些声称采用双向方法（表现在领导和群体之间的交换上，或表现在领导者和情境的权变上）的领导理论，实际上仍旧倾向于保持领导行为的单向观点。在这些理论中，领导者行为的原因是相互交换的结果，但是作为决定领导因素的行为本身却被忽视了。

社会认知方法在领导研究中得到关注，与在操作方法（见第 12 章）中使用的更受限制的 A–B–C（先导事件—行为—后续事件）的功能性的分析不同，在社会认知观点中，一系列认知过程如符号化、事前筹划尤其是自我效能（见第 7 章）的作用已得到认可。这一社会认知方法的成功应用“依赖于领导者对于明显或隐蔽的事前线索以及控制领导者和下属绩效行为的后续事件的觉察能力。”[110] 尤其是，在这种领导方法中，追随者积极参与该过程，并与领导者一起关注他们自己和他人的行为、关注环境的可能条件（包括前提和结果）以及他们的认知（诸如自我效能）。这一方法的一些例子如下所述：

1. 领导者识别那些控制他或她自身行为的环境变量。
2. 领导者与下属一起探查可规范下属行为的个性化的环境条件。
3. 领导者与追随者尝试共同发现一些途径，由此他们能管理其个人行为以产生更多的互惠作用和更高的组织绩效。[111]
4. 领导者通过设立成功经验、榜样、积极反馈和说服，以及可以促使绩效提高的心理和生理的唤醒，来强化追随者的效能。追随者的成功也可以反过来促

图 13.3
领导的社会认知方法

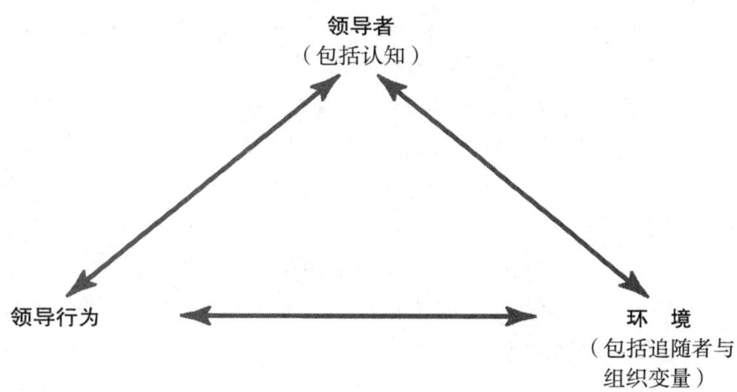

进领导效能。[112]

在这种方法中，领导者和追随者拥有可磋商的、平等互惠的、互动的关系，并且主动思考如何通过认知和权变的环境来修正（影响）彼此的行为。

尽管针对领导的社会认知理论已经做了一些工作——而且正如在本章介绍部分所讲的，自我效能的作用受到了越来越多的关注[113]——关于此理论的研究和应用仍然在发展中。只有时间才能回答这个理论是否能够成为一个针对领导问题的不断发展完善和可行的方法。作为心理学和组织行为整个领域的理论基石，这种研究方法的重要性在不断增加，由于它指出了当前理论中的所有变量之间的互动实质，社会认知方法在领导研究特别是领导效能研究方面存在很大的潜力。

领导替代品

由于那些用来解释和预测领导者行为对绩效结果影响的有关领导理论和研究进展并不尽如人意，一些对于领导重要性的基本假定本身已经受到了挑战。另一种受到关注的理论认为，也许存在某种领导的“替代品”——使得领导行为不再是必要的甚至是多余的；以及“无效因素”——使得领导者不再以特定的方式行事或者起反作用。[114] 这些替代品或无效因素可以在下属、任务和组织中寻找到。对于支持/关系领导和工具/任务领导，图 13.4 给出了一些可能的替代物和无效因素的例子。

如图所示，下属的经验、能力和训练可能替代工具/任务领导。例如，会计师和软件工程师等技术或专业人员也许会有这样的经验、能力和训练，这样他们并不需要工具/任务型领导便可顺利执行任务并获得满意。那些并不特别关心组织奖励的下属（例如，教授或音乐家）将抵消支持/关系型和工具/任务型领导两者的意图。高度结构化和常规性的任务向工具/任务型领导提供反馈替代，并且那些内源性满意（例如，教学）的个体不需要支持/关系型领导。同样也有一些替代或抵消领导的组织特性。

对于领导替代概念还有更多分析，[115] 并且科尔（Kerr）和杰米尔（Jermier）已经从对警官的现场研究中获得了一些实证支持。[116] 他们发现诸如从执行任务中获得反馈与领导行为相比，对与工作相关的特定活动有更大的影响。其他研究也（事后）支持将正规化等组织特征作为领导替代品。[117] 更近期的直接研究也得出混合的结果。[118] 一个针对有广泛技能、背景差异以及专业多元化的医院人士的研究，发现了一些预测下属满意度和归属感的潜在替代品，但是只有一个独立替代因素（组织的正规化）使领导作用无法发挥和/或无效。[119] 随后的一项研究发现工人的专业化是一个重要的调节变量。研究还发现专业人士与非专业人士的区别在于，对前者来说，内源性满意的工作任务以及对组织奖励是对领导者支持的强有力的替代。[120]

替代观点试图指出有些事情是超出领导者控制的，领导者并没有神秘的力量，实际上，是情境发挥了作用。然而，最近检验领导替代理论的研究总体上讲证据不足，由此证明领导的确还是很重要的。换句话说，替代观点并没有否定领导，

图 13.4
科尔和杰米尔的领导替代因素和无效因素

下属特征	对领导的影响
经验、能力和训练	工具领导的替代
专业导向	工具和支持领导的替代
对组织奖励的不关心	抵消工具和支持领导的作用
任务特征	
结构性的、常规性的任务	工具领导的替代
任务内在的反馈	工具领导的替代
内源性满意的任务	支持领导的替代
组织特征	
有凝聚力的工作小组	工具和支持领导的替代
领导者权力位置低	抵消工具和支持领导的作用
正规化	工具领导的替代
非灵活性	抵消工具领导的作用
领导者与下属空间上相隔离	抵消工具和支持领导的作用

它只是提供了更合理的界限，说明领导是可以通过下属来实现的。领导的某些风格、行为、活动和技能比其他的更有效。下一章将针对领导实务来考察这些有效的理论。

真实领导

虽然现在涌现出很多新的领导理论，例如：公仆型领导、[122] 政治型领导、[123] 环境型领导、[124] 电子领导 [125] 以及首要领导，[126] 但是在这个组织领导者面临空前挑战的时代，我们（阿沃利奥，鲁森斯以及内布拉斯加大学盖洛普领导学研究所的同事们）认为真实领导是一个必要的视角。基于盖洛普的咨询实践 [127]（见本书每编开头的管理咨询最佳实践）、鲁森斯的积极组织行为 [128] 和心理资本 [129]（见第 7 章） 以及阿沃利奥的转换型领导 [130] 和全领域领导，[131] 我们最近提出了一个明确的真实领导发展模型。[132]

真实性根源于古希腊哲学（让你自己变得真实“*To thine own self be true*”），与之相关的描述包括：真诚、可靠、值得信任、真实和名副其实的。积极心理学家认为真实性包括两个方面：一是个体的个人体验（思想、情绪或者信念，“内在的真实自我"）；二是与真实自我一致的行为（关于你真实的想法和信念的外在行为和表达）。[133] 我们特别对组织中真实领导（authentic leadership）做了如下定义：

> 真实领导是从积极心理能力以及高度发达的组织环境中抽离出的一种过程，这种过程会促使领导和下属产生更高的自我意识和更多的自我调整的积极行为，并且促进积极自我的发展。真实的领导者是自信的、充满希望的、乐观的、有韧性的、坦诚透明、具有道德/伦理的和未来取向或注重长远发展的，并且优先考虑把下属培养成为领导。[134]

真实领导的概念是一个连续体，而非两极性概念。虽然我们认为真实的领导者取决于其遗传天赋和生活经历，但是与积极组织行为（POB）能力以及心理资本（见第 7 章）相类似的是，真实领导被认为是状态性的，并且可发展和改变。历史上重要的领导者，如甘地、埃莉诺·罗斯福以及最近的纳尔逊·曼德拉，都可以根据我们的定义，称之为真实领导者；而那些在不同类型的组织以及组织中不同层次的日常管理者和领导者，只要他们能够了解自己和他人，真实地对待自己和他人，做正确的事情，在自己的职责、部门甚至整个组织范围内获得可持续的有效绩效，也都可以被称为真实领导者。

尽管真实领导这个术语被应用于大量实践导向的文献中，[135] 然而该理论首次将领导视为一个关于真实性的发展过程和成果。图 13.5 描述了这种真实领导发展的过程和成果。如图所示，真实领导过程包括引发积极自我发展的前提性的积极心理能力和正性组织环境，以及真实领导的产物。换言之，这种领导的发展取向重视对自身积极面（人格和环境两方面）的了解和规范。真实领导过程的产物是：积极心理资本（自信、希望、乐观、韧性）和透明，富有道德/伦理的行为，注重

图 13.5
真实领导发展模型

资料来源：Adapted from Fred Luthans and Bruce Avolio, "Authentic Leadership Development," in K. S. Cameron, S. E. Dutton, and R. E. Quinn (Eds.), Positive Organizational Scholarship, Berrett-Koehler, San Francisco, 2003, p. 251, and Bruce J. Avolio and Fred Luthans, *The High Impact Leader: Moments Matter in Accelerating Authentic Leadership Development*, McGraw-Hill, New York, 2006.

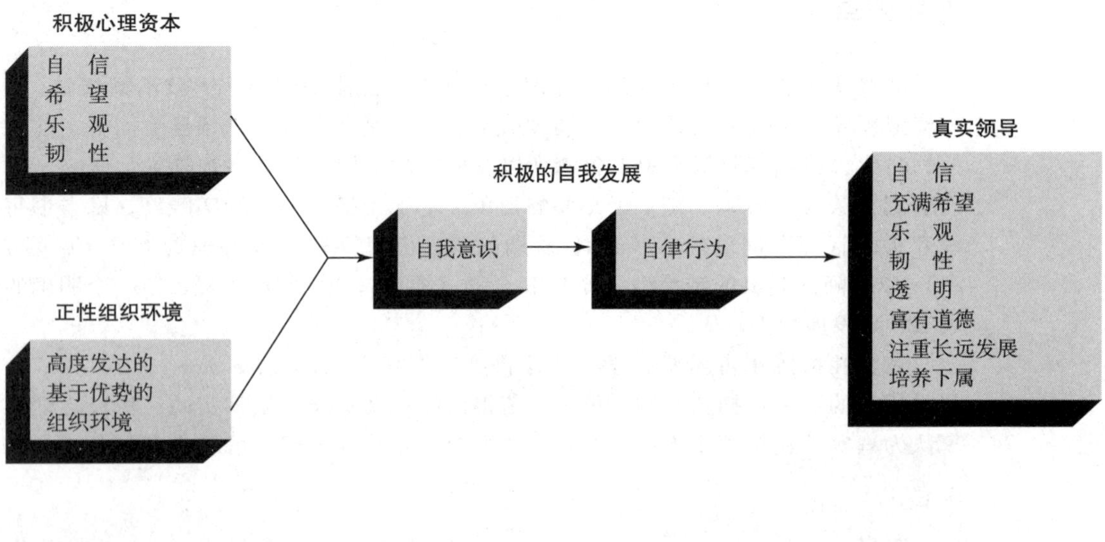

长远发展，以及培养下属。

尽管在积极组织行为领域（见第 7 章）和转换型领导（见前在部分）中有相当多的支持真实领导理论模型的间接研究证据，但是这个理论的构建以及直接支持该模型的研究才刚刚开始。[136] 只有时间才会告诉我们一切，但是现在仍然需要有这样一个理论，也需要其他新的领导理论来帮助现在以及未来的组织领导者应对其所面临的挑战。

跨文化的领导

在一个全球性经济中，领导承担更多的职责。如同领导学大师沃伦·本尼斯指出的："考虑到美国商业领导所面临的变革和跨国性挑战的现实和持久性，做出正确抉择的关键在于要明白和具备在这个不稳定的、活跃的全球经济中获得成功所必要的领导品质。"[137] 这方面的研究从数据上揭示了跨文化情境中领导活动和风格的异同。

海尔、盖斯里和波特（Haire，Ghiselli，& Porter）在他们的经典研究中比较了 14 个国家对于不同领导风格的态度。国际分组（变量）单独解释了 28%的管理态度的变异。[138] 随后的研究显示，管理者的参与程度在 8 个国家中是不同的。[139] 在另一项由本书作者及其同事所做的研究中，参与式管理技巧在俄罗斯工厂中是确实无效的。[140] 此外，正如将在下一章中详细讲述的，[141] 鲁森斯关于"真实管理者研究"的结果在俄罗斯工厂中基本得到重复。[142] 与所研究的美国管理者类似（尽管相对频率有一定的差异），俄罗斯管理者被观察到的表现依次是日常管理、沟通、人力资源和社交活动。同时，俄罗斯管理者的社交活动程度与他们在组织中的成功水平是相关的。而不同的俄罗斯管理者的活动，与由此而产生的他们的有效性水平之间的关系是相似的，但是较不清晰。[143] 换句话说，很多因素可能都会导致跨文化有效领导过程中的差异，研究中已经涉及到的因素包括：个人价值观、管理者的背景和人际技能等。

个人价值观

一名管理者所持的个人价值观塑造了他对情境的知觉，影响他对于某个问题的分析，影响其作为领导者所做出的最终决策。[144] 与此同时，追随者的个人价值观也会影响他们的领导者，并且这些价值观在不同文化中是有差异的。一项关于五种不同文化（意大利、墨西哥、西班牙、美国和英国）中同样的美资工厂的研究揭示，各个国家中总体的领导方法反映了当地文化和劳动力的期望。[145]

管理者的背景

美国管理者来自于所有的经济背景——底层、中层和上层。尽管大部分是大学教育背景，但没有证据说明升入特定的学校就可以走向成功，因为晋升通常是基于绩效的。尽管名牌大学的学历会带来明显的好处，但美国管理者却来自于许多不同的大学。在其他国家中却不一定是这样的。例如，在法国，管理者经常是从 grandes ecoles（与综合性大学平行的那些著名高等专业学院——译者注）的毕业生中挑选出来的。[146] 在日本，从享有声望的学校毕业将会有更多的机会成为大公司的高层管理者。在韩国，许多高层的商业领导者都在美国受过教育。

除了教育背景，阶层和家庭地位也有影响。美国管理者来自于各个阶层，但在其他国家中并不是这样。在法国，姓氏和阶层非常重要。在印度，接受长者的权威是非常普遍的，很多公司中几乎没有授权的现象。然而在斯堪的纳维亚国家，参与型决策风格和例行的授权可以反映出领导者所来自的不同的家庭模式。

人际技能

有相当多的证据显示，管理者的跨文化差异体现在他们的人际风格和技能中。领导者对法规和程序的观点、对于权威的态度、独立性和依赖性水平、对客观与直觉的使用、妥协的意愿以及对人际策略的选择等均是不同的。一位在印度尼西亚一家石油装备公司工作的美国管理者就经受了惨痛的教训。他在气头上时朝他的计时员大嚷，让他把下一艘船靠岸。立即，一群暴民似的印度尼西亚工人手持消防斧紧追这名管理者，他把自己锁在船舱里才躲过一劫。这名美国人得到的领导方面的教训是：绝不要在公众场合严责印度尼西亚人。[147] 甚至领导者使用的转换型和交易型策略在不同文化中所达到的成功水平也是不同的。[148]

如同这些研究所揭示的，我们有理由相信，领导中的文化议题应该得到研究，以揭示不同文化之间的差别，并帮助外源领导取得成功。后面所附的“国际应用实例”展示了跨文化的沟通差异。今天的全球领导者需要意识到这些差异。这一过程的下一步骤是将跨文化的领导研究系统化，以建立与国际人力资源管理中已做的工作相类似的权变模型。[149]

GLOBE 项目和国际化领导研究的未来

近年来，在罗伯特·豪斯主持下的一个重要的跨国研究项目（被称为“全球领导和组织行为有效性”，缩写为 GLOBE）开始发表其研究发现。[150] GLOBE 项目的元目标是在一定的时间跨度上，建立一个基于实证的理论，来描述、理解与预测文化变量对领导、组织程序以及这两方面有效性的影响。在过去的 10 年中，170 个不同国别的合作调查者（CCIs）从 62 个国家收集了 18 000 名管理者的数据。这些合作调查者们负责对他们所专长的特定文化进行研究。

GLOBE 项目的首要目标是编制适合所有文化用来测量文化和领导属性的社会和组织测量工具。GLOBE 研究表明有 9 个区分社会和组织的文化维度，这些文化维度是：

1. *权力距离* 一个集体的成员期望权力被平等分配的程度。
2. *不确定性规避* 这是一个社会、组织或团体依赖常规、法则以及程序来减少未来事件不可预测性的程度。
3. *人本取向* 反映了一个集体对个体在公正、利他、慷慨、仔细和友善待人方面的鼓励和奖赏的程度。

国际应用实例

商业领导者如何进行跨文化沟通

那些进行跨国商务活动的领导者面临的最大挑战是，每个国家的国民以不同的方式使用他们的语言。在一种文化中，人们会压低嗓门暗示情境的重要性，但在另一种文化中，人们可能用提高嗓门的方式表达相同的信息。在一种文化中，人们快速交谈，并且这被认为是高度可信的，但在另外一种文化中他们也许缓慢地说话而获得相同的效果。跨文化的商业领导者所面对的挑战是，要知道如何使用他们的语言去交流，以及他们想要从其他人那里期待什么。这里有一些特别的例子。

英国人　英国人话语不多，并且喜欢不完全地陈述事件。为了把握他人论点的主旨，他们也喜欢早早地向他们的对手做出让步。英国的商业领导者也非常善于含糊其词以维持礼貌或者避免冲突。当试图影响他们的时候，最好使用幽默和轶事并且提供合理的价格和高质量的工作。

西班牙和意大利人　西班牙和意大利人喜欢使用大量的词汇以及通过手和胳膊的动作以及面部表情来表达他们的意思。在实践中，商业领导者会让他人清楚地理解他们对于事物的感觉。当试图在某个观点上说服他人时，这些商业领导者恰到好处地进行直接和激烈的劝说，热心肠而且慷慨。除此以外，这些商业领导者经常坚持让他人马上做出决策。

德国人　德国的商业领导者信赖逻辑推理，但是他们也非常重视去大量收集支持他们立场的信息。他们喜欢用彻底而详细的方式表述他们的观点，由此出现反面争论的机会很少，有效的磋商者发现与德国商业领导者一起寻找共同范围是非常有效的，并且避开了“非赢即输”的境地。德国商业领袖受技术信息、好价格、高品质以及特定交付期限的影响。

斯堪的纳维亚人　斯堪的纳维亚商业领导者喜欢在对事件决定前，向他人给出立场的正、反面。他们也非常迟缓地放弃他们的立场，因为他们觉得对此他们会有充足的支持。他们也喜欢放弃享乐而认真考虑手边的生意。通常他们的表述是实际、简洁和仔细考虑过的。在说服斯堪的纳维亚商业领导者的时候，强调质量、设计、技术信息和交付日期是非常重要的。

日本人　日本商业领导者非常有礼貌，并且几乎从不说不。另一方面，他们总是微笑的事实并不意味着他们赞同你。那些基于常规与日本商业领导者打交道的人发现，他们深受那些帮助他们理解事件如何进行、为什么这是一个好主意或者对他们有什么好处的描述的影响。在与日本商业领导者打交道时，需要关注的两个主要的事情是：好价格和有礼貌。

最后，重要的是要记住，不同文化中的商业领导者有他们自己的注意力阶段，并且如果有人超过了这个时间段，他们会发现自己出局了。例如，英国人有中等的时段，大约40分钟。斯堪的纳维亚人稍微长一些，大约50分钟。日本人在他们开始失去兴趣前经常给人一个小时的时间。德国人时间最长，似乎有大约75分钟的注意力。所以当与跨文化商业领导者交流时，必须注意内容和长度，并且交流必须相应地与之适应。

4. **制度性集体主义**　组织和社会从制度上是如何鼓励和奖赏集体分配资源和集体行动。
5. **内群体集体主义**　个体表现出的对其组织或家庭自豪、忠诚和凝聚力的程度。
6. **决断力**　为个体在与他人的关系中坚持己见、敢于直面和有闯劲的程度。
7. **性别平等主义**　表现为一个集体把性别不平等最小化的程度。
8. **未来取向**　个体从事诸如延迟满足、计划和对未来投资等未来取向行为的程度。
9. **绩效取向**　意指一个集体为绩效提升和优秀而鼓励和奖赏团体成员的程度。

前六个维度最初是由霍夫斯台德定义的。[151] 被霍夫斯台德称为“男子气”的维度被 GLOBE 研究者重新定义为两个：决断力和性别平等主义。在编制了测量领导和文化变量的量表并检验其效度之后，可以实证地评定这些已确立维度在心理测量学上的适用程度。

项目的第二阶段是进一步评定领导者和文化量表。研究者谨慎地设计出一些潜在结构、具体指标和定性指标，这些指标可以用以评定 9 个文化维度、9 项组织操作以及包括技术、环境、组织规模，外加社会文化所支持的内隐领导理论的指标。另外，研究者还提出一些假设来考察不同的社会、组织维度与已确立的文化支持的内隐理论之间的关系。

项目的第三阶段是在对领导和工作有效性的测量中研究组织文化，还涉及个体对领导行为的认知、情绪及评估性的反应。此阶段的目的是在组织和文化中纵向研究领导行为。

阶段四是基于阶段三的，目的是确认那些妨碍或有助于杰出领导的普遍行为。阶段三也旨在确定导致积极或消极认知、情感和绩效的真实领导实践与普遍的组织实践。此外也尝试确定那些具有文化特异性的、知觉到的行为和实践。阶段四的目标是要回答下列问题：

1. 是否存在普遍有效的领导行为？
2. 违反一定文化背景下人们的强烈偏好的领导行为会有什么后果？
3. 对哪种领导行为的一致和特定的偏爱是具有跨文化普遍性的？

GLOBE 小组的一些发现表明，起初的 21 条以及后来概括的 6 条领导特征和行为被看作在不同文化下构成了领导的特征。这 6 个特征总结如下：[152]

1. 富有魅力/基于价值观的——鼓舞、激励和期望在核心信念的基础上获得高绩效产出的能力。
2. 团队导向的——有效的团队建设，在团队成员之间推行共同的目标。
3. 参与性的——管理者或领导者允许他人参与决策和执行的程度。
4. 人本取向的——支持、关怀、富有同情心并且宽容的领导。
5. 自治的——独立、个人主义的领导
6. 自我保护的——确保个体的安全，倾向于自我中心和爱面子。

GLOBE 的研究者发现，这 6 个领导维度在不同的文化下被期望的程度及有效性是不同的。例如，人们普遍认为富有魅力/基于价值、团队导向和参与性对杰出领导力有贡献，而某种维度在特定文化下会出现更多（例如：富有魅力在英国，团队在拉丁美洲，以及参与性在德语系的欧洲地区）。另一方面，人本主义领导在一些文化下被认为与杰出领导没有关系，而在另一些文化下则被认为有一定联系；对自治领导（的作用）的看法从阻碍杰出领导力到稍微有益于领导力不等；自我保护性领导一般情况下被认为是阻碍杰出领导的。同样，（研究者）发现在不同的文化下这些领导的类型的程度也不同（如：人本主义的、自我保护型的领导在南亚，自治型的领导在东欧）。

GLOBE 项目的总体发现是，文化维度存在并且是可以被确定和测量的。文化差异可以从 etic（跨文化）或 emic（文化内，或国家特异的信息）的途径来研究。

文化差异强烈地影响了人们看待他们领导者的方式，并影响有关地位、影响和特权的社会规范。尽管完成这个项目还需要做一些工作，但目前的结果表明，在更深入地理解领导者如何在不同文化中有效运作等方面，（此项目）具有非常好的研究前景。

也有一些其他较小的跨国研究工作。例如，巴斯在不同国家考察了交易型—转换型领导范式的本质。[153] 丘齐和瓦卡拉斯基（Church & Wacalawski）也调查了领导风格（转换型—交易型）及其产生的组织实践之间的关系，结果支持了 GLOBE 报告所提到的研究发现。[154] 最后，还有另外一些研究提出，确实存在特定文化所支持的领导概念，在类似的文化中具有类似的领导概念。[155] 毫无疑问，领导的跨文化研究正受到越来越多的关注，并成为领导学领域非常重要的组成部分。

小　结

本章讲述和分析了领导的过程。领导的经典研究为领导的理论化发展奠定了基础。特质理论关注领导者本身，但是对如何理解领导过程及有效领导行为都没有太大的帮助。但是新的研究指出，“大五”人格特质与有效领导之间存在重要关联。另外，研究者也开始重视状态型的积极组织行为能力（如：希望、乐观、韧性、情绪智力以及自我效能）和领导者的有效性，同时对领导者的技能和能力保持着持续的关注。

群体和交换理论强调追随者的重要性，尽管对领导–成员交换（LMX）模型仍然有所研究，群体和交换理论普遍被认为只是局部理论。今天被广泛认可的领导理论应该是更基于情境的。在实践中，菲德勒的权变理论对领导理论产生了重要影响，也对人力资源管理的运作做出了潜在贡献。路径—目标理论也对理解领导做出了重要贡献，它纳入了动机期望概念。

所有已确立的领导理论为当今组织中的领导实践提供了理解和支持。然而，近些年出现了不少新的可供参考的替代理论，并促进了对有效领导的不同过程的更好的理解。特别是，魅力型、转换型以及社会认知和替代方式已经受到关注。魅力型领导者（标志为具有超出一般被指派的领导者的品质）从追随者那里获得惊人的承诺和绩效。然而，魅力型领导者被仅仅看作具有理想化影响、鼓舞性激励、智力刺激和个性化关怀的更大的转换型领导集合中的一个子集。这些转换型领导者被认为特别适合当今的组织，因为他们经历过剧烈的变化。在领导学的研究文献中，社会认知理论还没有受到足够的重视。但是，因为领导的社会认知理论包含了领导者、情境和行为本身，这种理论可以引发对于领导过程的更全面理解。这个社会认知的角度强调行为以及在领导中所有因素持续、互动特点的重要性。替代理论认识到特定的下属、人物和组织特征会替代或抵消领导行为对下属绩效和满意度的影响。所有这些领导理论需要更大量的研究来提供对于所包含的复杂性的更好理解，以及在实践中的更有效应用。目前，意识到组织领导所面临的空前挑战，我们提出了一种新的称为真实领导的理论。这种观点源自于盖洛普的咨询实践、鲁森斯的积极组织行为学以及阿沃利奥的转换型/全域领导。真实领导忠于自己和他人，并且具备积极的心理能力，是坦诚透明的，有道德/伦理的，未来取向的，并且优先考虑把下属培养成为领导。

最后，对于跨国领导的研究指出必须认识到跨文化和内文化领导研究差异的重要性。特别地，GLOBE 项目是一个通过确认有效领导过程中普遍的和具有文化特异性的维度，来揭示领导有效性本质的非常全面的研究项目。

结尾：元分析研究发现

组织行为学原理

领导者的智力水平将影响到他人对于领导有效性的知觉。

元分析结果：

【13 个研究；总共 1 533 名参与者；d=1.21】总体上，比起那些有较低智力的领导者，高智慧的领导者**有 80%的可能性**将被知觉为更有效的领导者。进一步的研究还表明，支配性和男性化/女性化特质也显著地与对领导有效性的知觉相关，虽然这种相关并不那么强。

结　论：

依据领导的“伟人”理论，特质理论认为：可以确定有效领导者的某些性情、相对固定的特征或特质。首先，诸如身高、相貌和年龄等生理特征，以及诸如支配性和内外向等人格特质，都被认为是潜在的领导特征。尽管这一系列的探索已经获得一些有趣的发现，但智力因素可能是个例外，在这个元分析中的发现缺乏普遍性。但是近年来，对于领导自身的关注得以重现，因为“大五”人格特质被发现与有效领导相关，而且状态性的 POB 概念（见第 9 章）也开始表现出与有效领导的关联。

资料来源：Adapted from Robert G.Lord，Christy L.De Vader, and George M.Alliger，“A Meta-analysis of the Relation between Personality Traits and Leadership Perceptions：An Application of Validity Generalization Procedures，” *Journal of Applied Psychology*，Vol.71，No.3，1986，pp.402–410.

组织行为学原理

领导—成员交换(LMX) 与工作绩效、满意度和承诺正相关。

元分析结果：

【(1) 绩效评估（领导者 LMX）有 12 个研究，1 909 名参与者，d=0.91；(2) 绩效评估（成员 LMX）有 30 个研究，4 218 名参与者，d=0.58；(3) 客观绩效有 8 个研究，982 名参与者，d=0.19；(4) 对上级的满意度有 27 个研究，5 302 名参与者，d=1.59；(5) 对总体满意度有 33 个研究，6 887 名参与者，d=1.03；(6) 组织承诺有 17 个研究，3 006 名参与者，d=0.75。】平均而言，(1) 比起那些没有知觉到 LMX 的领导者，**有 74%的可能性**领导者对于 LMX 的知觉与成员的绩效评估有更高的相关；(2) 比起那些没有知觉到 LMX 的成员，**有 66%的可能性**下属成员对于 LMX 的知觉与他们的绩效评估有更高的相关；(3) 比起 LMX 缺失，**有**

55%的可能性知觉到的 LMX 与客观绩效（例如，工作的数量或质量）有更高的相关；（4）比起缺乏 LMX 的情况，知觉到的 LMX 与下属对于上级的满意度**有 87%的可能性**有更高的相关；（5）比起没有知觉到 LMX 的情况，知觉到的 LMX 与成员的总体满意度**有 77%的可能性**有更高的相关；（6）比起缺乏 LMX 的情况，知觉到的 LMX 与成员的组织承诺**有 70%的可能性**有更高的相关。进一步的调节因素分析指出，这个关系的强度依赖于所使用的测量方法。当对 LMX 的知觉是从一个领导者的角度去测量的，则 LMX 与下属成员绩效评估之间的关系将比从下属成员的角度去测量更强。

结 论：

由于领导过程和绩效、满意度及承诺等结果之间的联系，对领导者与成员关系和他们在圈内和圈外的 LMX 的知觉是重要的。特别地，考虑一个雇员的绩效时，上级或领导者的知觉成为做出重要决策的标准。管理者由于某人是圈内人而表扬他的这种倾向，可能转换成对圈内成员的有利结果和对圈外成员的不利结果。而且，通过 LMX 知觉的发展来建立对一个员工积极或消极的期望，可能会改变员工的实际绩效水平（即，变成一个自我实现预言），而不仅仅是影响绩效评估。这个 LMX 过程指明了领导者和他们的追随者之间的人际关系的重要性。

资料来源：Charlotte R.Gerstner and David V.Day，“Meta-analysis Review of Leader-Member Exchange Theory：Correlates and Construct Issues，” *Journal of Applied Psychology*，Vol.82，No.6，1997，pp.827-844.

讨论与复习题

1. 简要概括三个经典领导研究的发现。
2. 为什么“大五”人格特质最近被发现与有效领导相关，而多年来，人格特质一直未被发现与有效领导相关？
3. 领导的群体理论与特质理论存在哪些差异？
4. 命名和描述可能与领导者有效性相联系的主要“能力”。
5. 由菲德勒确定的三个关键情境变量是什么？如果它们都非常有利，最有效的风格是什么？
6. 用简单术语回答，什么是领导的路径—目标理论？在这个概念中领导的功能是什么？
7. 传统的交易型领导者与现在出现的转换型领导者之间的主要差异是什么？你能否以今天的组织如何被领导的事实来阐明这些差异？
8. 领导的社会认知方法中的三个变量是什么？它们之间是如何相互联系的？这一方法如何被应用到人力资源管理的实践中去？
9. 对领导的“替代”和“抵消”各意味什么？举出一些下属、任务和组织中的这类替代品和无效因素的例子。
10. 用你自己的语言描述一下什么是真实领导，这与之前的理论有什么不同，以及为什么这个概念现在显得如此重要？
11. 什么是 GLOBE 项目？由 GLOBE 研究者确定的文化维度是什么？在不同文化中所发现的六种主要的领导维度上，GLOBE 研究的已有发现是什么？

互联网练习：危机时刻的领导

绝大多数组织在此时或彼时都会遇到危机情境，此时领导者必须做出确保组织生存的重要选择。访问网站 http://www.crisisexperts.com 和 http://www.crisis-management-and-disaster-recovery.com/。根据网站上的信息，思考最近的一些面临重大危机的组织的例子，访问这些公司的网站，看看其领导者是如何应对这种情况的。考虑下列问题：

1. 领导者用以解决危机的风格是什么？它是否有效？为什么？如果你是其中的领导者，你会有什么不同的做法？
2. 用菲德勒理论和特定的领导权变模型（图 13.1）背景来构造问题。使用的领导风格是否像菲德勒定义的那样符合情境？如果不是，这是否揭示了该组织不能解决问题的原因？
3. 用你所理解的真实领导的概念来设计问题。问题是什么样的？它应该这样吗？

真实个案：无组织结构图以及一份 80 页空白的政策手册

如果询问迈克尔·马克斯关于他的公司进行巨额资本投资的程序，他很有可能向你展示 Flextronics 跨国公司的政策手册，它有 80 页，但每页都是空白的。尽管马克斯是 Flextronics 的主席兼 CEO，他说他有时让下属（如 Flextronics 欧洲公司的领导亨弗莱·彼特）进行几百万美元的投资而不用给他出示书面材料。他蔑视在圣约瑟（加州）总部的高层会议，并且拒绝给出任何描绘他的管理者职责的组织结构图。

人们也许会认为马克斯的风格对于迅速成长的集团来说太随意了。但这是一个拥有数十家散布在四大洲的工厂，并且与从思科系统公司到西门子这样具有最高要求的公司客户打交道的企业巨人。而且 Flextronics 正准备宣布月交易额的一个新突破。在这一年中，公司已经花费 55 亿美元用以并购美国、欧洲和亚洲的电子制造企业、设计公司和元件制造商。它也签定了与摩托罗拉公司和微软公司的巨额制造合同。

在马克斯看来，全球性制造业合同的关键就是速度。把一个产品的设计原型投入到批量生产并且摆放在全球货架上的时间，将决定一个领导潮流的数字配件的成败。随着互联网和公司改革者越来越快地重新设置整个产业，马克斯认为失去重要的机会是比犯一两个错误更大的罪过。所以他不准备用官僚方式束缚他的高层管理者。马克斯的一句名言是："不是大吃小，而是快吃慢。"

迄今为止，马克斯设法维持恰当的平衡。作为管理一些小电子制造商的一个哈佛 MBA，1993 年，马克斯帮助策划了对在新加坡注册的 Flextronics 的接管，当时它接近破产。在扭转公司颓势之后，他开始重构公司。Flextronics 成为思科、3Com 和 Palm 等公司喜爱的供货商。Flextronics 已保持世界第二大合同制造商的地位，仅次于在加州的 Solectron 公司。除了在匈牙利的工业园，它还在墨西哥、中国和巴西拥有巨大的制造园区。

在马克斯简朴而稍显凌乱的办公室中悬挂的篮球筐，似乎概括出了他的自我形象。马克斯热衷篮球，尽管他身高只有 5 英尺 2 英寸。似乎有着相同的寓意，在商业世界中，马克斯也决心证明一些事情。无论如何，他相信自己能保持一个启动状态下的敏捷管理风格，确保 Flextronics 作为一个能够参与大联盟的全球化企业。

1. 基于你对于这个案例的理解，描述马克斯使用的领导方式。你是否认为他的成功取决于他的领导方式？
2. 本章中提到的哪种领导理论最适合马克斯？请给出一些特定的例子。
3. 你认为马克斯在其他产业领域，诸如汽车或零售业中会怎么做？

真实案例：公司领导的关键一年

2002 年无疑是商界的悲情年，这一年充满了动荡、重组，悲剧多于喜剧。原本受尊敬的企业、原本受信任的领导者，纷纷被披露出罪行与贪婪。这是安然公司重新定义企业伦理的一年。这一年，世通公司刷新了破产记录，Rigas 家族诈骗了阿德尔菲亚通信（Adelphia Communication）10 亿美元，Bernie Ebbers 向世通公司借了 4.08 亿美元，Samuel Waksal 怂恿他的女儿和父亲依据其所提供的关于英克隆系统（ImClone Systems）公司的内部消息进行交易，安然的前 CFO 安德鲁·法斯特面临至少 78 项指控。至于那些外部审计员和独立董事，就更不用说了。

首席执行官似乎对他们所面对的嘲笑、不信任和彻底的轻视感到震惊，但是他们还必须应对复苏如此之慢甚至会忽然下跌的经济形势。如果有一年要专门考验管理者如何成功，那便是这一年。

最好的执行官们向外界提供更多的关于公司运作的信息以驱散猜疑，然后继续工作。在这种极端艰难的情形下，有些人甚至表现得更加出色，如雅芳的钟彬娴，宝洁的雷富礼，以及劳氏公司（Lowe's）的罗伯特·提尔曼。但是有些人，如被麦当劳公司突然替换的杰克·格林伯格，还有 Vivendi Universal 的前首席执行官 Jean-Marie Messier，却无法解决他们所面临的问题。这些人并不是特例，我们有数十位 2002 年各大公司新上任的执行官的名单。

在如此纷扰的一年，我们决定采用新的方法来对年度最佳管理者进行报道。在报道最佳管理者的同时，我们也报道那些最差的、失利的、被起诉的，以及仍处于观望状态的管理者。其中很多名字都是为人熟知的。例如，去年，我们将科兹洛夫斯基称之为 2001 年度最佳管理者之一，因为他带领泰科国际（Tyco International）走出困境并战胜了竞争者。但是我们所没有看到的是，公司拼命维持着表象，就如同投资者一直盯着科兹洛夫斯基一样。现在你可以在犯罪嫌疑人国际公示处见到他。两年前，我们赞扬花旗集团的桑迪·韦尔，因为他自己管理着如此庞大的金融公司，排挤走联席执行官，并在关键职位上安插对自己忠诚的人。但是，因为花旗几乎陷入 2002 华尔街的每一个丑闻，现在我们又称桑迪·韦尔为最差的管理者。

《商业周刊》对其在纽约的 144 名记者、编辑以及遍布世界各地的 21 间分支机构进行了调查，以判断究竟谁的表现应该受赞扬，而谁则理应受到不同的对待。

1. 如果让你选择“最好”和“最差”的管理者，你在筛选过程中会使用哪些客观标准呢？
2. 依据一个传统的领导理论，在筛选过程中，你会使用哪些标准呢？
3. 为什么这是评估公司领导的关键一年呢？在现在的环境中，什么样的领导理论有助于理解和发展有效领导呢？为什么？

第14章

卓越的领导者：风格、行为和技能

学习目标

- **叙述** 经典研究和现代理论所涉及的领导风格。
- **介绍** 被广泛认可的传统领导风格，如生命周期理论的观点。
- **讨论** 领导角色和行为方面的发现。
- **考察** 成功领导者和有效领导者之间的关系。
- **确定** 当今组织中有效领导者所需要的技能。
- **分析** 领导力发展的各种方式。

前一章介绍了领导的背景以及传统的领导理论和现代的领导理论，本章是这些理论的应用。有现实证据表明，领导者的人口统计学特征正在发生变化。最近一项关于财富100强企业中高层领导的研究发现，与20年前的情况相比，现在的领导者“更年轻，其中很多人为女性，来自于顶尖院校的人更少。他们获得成功的速度更快，经历的职位更少。他们更多地将从一个公司跳槽到另一个公司作为开拓事业的方式。”[1]研究证据表明，不但领导者是谁这一点在改变，领导者做什么以及如何做也发生了变化。这一章要讲述领导者和管理者的各种风格、行为和技能。

首先，我们将考察前一章的经典研究和理论对领导风格的指导意义。随后，本章将重点介绍和分析被广泛认可的领导风格。在这个讨论之后接着考察角色和行为，并着重关注成功和有效的领导者或管理者。本章的最后部分关注对于今天经历着巨大变革的组织来说越来越重要的领导技能。简单地说，风格、行为、技能之间的差别体现了领导者影响下属的*方式*。角色和行为是领导者的*所为*，技能则关注领导者*如何*能变得有效。

在本章中，领导者和管理者的术语互换使用，虽然前面的章节中指出了两者之间的差异，并且有实证证据显示它们的确是有差异的。[2]尽管如此，正如理查德·蒂林克——哈里—戴维森公司非常成功的领导者——所指出的：“在未来的商业环境中，每一个人都要进入一种领导角色。”[3]由此，本章的领导风格、行为和技能也同样是管理风格、行为和技能。在讨论完当前领导所处环境之后，本章将对卓越领导者的风格、行为、技能和发展给予同等的关注。

新环境中的领导

本书第一编提到的领导角色在新的环境和组织背景中正在发生改变，这是毋庸置疑的。关于领导的所有研究获得一个共识：相对于好时期，领导者在困难时期会面临更多的困难。[4] 一项分析指出了在今后 10 年中影响管理成功（或失败）的五项关键的领导角色。它们包括：（1）用以激励和鼓舞人心的一个战略愿景，（2）授权给员工，（3）积聚和分享内部知识，（4）收集和整合外部信息，以及（5）挑战现状和激活创造力。[5] 最新的观察发现，当今的组织领导至少应该具有三种“面孔”：（1）管理者（自律、理性、有组织能力、有控制能力、富有智慧、有战略眼光、能决策）；（2）艺术家（好奇、独立、创造性、富于感情、能创新）；（3）牧师（伦理的、纯粹的、富有同情心的、鼓舞人心的、安慰人的、超然的）。[6]

还有一些人提出，即使小企业的领导者也面临着角色的改变，从着眼本地转向关注全球、追随市场、寻求变革、保持开放、专心于管理的质量而非观点、保持好奇心和创新，以及注重合作而非单打独斗。[7] 同样也有悲观主义者指出了另外一种趋势，很多年轻、有能力的新员工主动回避成为领导者或管理者，因为在他们的印象中，管理是陈旧的、折磨人的、不受关注且不够时尚的职业选择。[8] 同样这也是年轻人对他们的领导的看法。正如随后的“实践中的组织行为学”专栏指出的，年轻的“X 一代”的观念和信仰，与目前正在领导职位上的“婴儿潮”一代有很大的不同。[9] 在这样一种变化的情境中，理解哪种领导风格、行为和技能是有效的就变成了一项更加复杂和有挑战性的任务。

一些新趋势影响了对领导的研究。如同在第 11 章中提到的，许多工作现在可以在办公室以外的地方，比如家中，通过远程办公来完成。这些员工只是并不离开家工作。例如，IBM 公司的 32 万名员工中，有 4 成是“移动型”的，这是指他们不用每天到公司报到。虽然利用网络化的信息技术，今天的员工可能不必与同事和领导定期进行面对面的交流，但是他们可能需要与同事、领导和其他人进行更多的互动。40 年前，研究发现，任意两个美国人之间最多存在 6 种程度的距离（例如：在熟人关系链上，任意两个美国人之间，不会超过 6 个链接）。现在，尽管人口大量增长，但是已变成只有 4.6 种程度的距离。[10] 换句话讲，由于移动电话和电子邮件，员工和管理者在走廊喝着咖啡的互动减少了，但是交流更多了。

高移动型的员工并不像传统的员工那样经历和领导的个人接触。在电子化工作中，动机过程、激励和领导策略都必须改变。而且，成长的电子商务世界已产生了全新的领导者类型：e-老板，他关注速度、技术、高风险以及短时间内的高额利润。亚马逊的 CEO 杰夫·贝索斯是这种新类型 e-领导者的一个最好的例子。他自我描述为一个“技术书呆子”，爱冒风险，同时也非常慷慨地奖励他的下属，让他们变得非常富有。与此同时，在股票价值、新的竞争者、政府法规和其他因素上的大波动，导致诸如贝索斯这样的 e-领导者与那些更加传统的机构中的领导者存在着显著的差异。

越来越多的组织使用电子化技术管理它们的企业。例如，通用汽车已创立了一个新系统，被称为零售运营系统 ROS（Retail Operating System），该系统提供关

实践中的组织行为学

X 一代，一场全新的游戏

人力资源的管理在 21 世纪将成为每个企业面临的主要挑战。除了环境在技术和竞争策略方面发生的变化外，组织发现新进的员工比以前更加苛求。因为，如果组织不同意他们的要求，他们将去别的地方。这些年轻人被称为“X 一代”，出生于 1965~1981 年之间。他们成长于计算机革命、MTV 出现的时代，成长在一个伴随着组织缩小规模和大量裁员而陷入混乱的商业世界中。结果，他们已经学会了期待变革——并且他们愿意面对它。

今天在美国有将近 4 400 万的 X 一代，他们中的很多人被婴儿潮一代（出生于 1945~1964 年间）所领导。这两群人的价值观和信仰有着显著的差异。尽管过分泛化和典型化是错误的，但是，通常认为婴儿潮一代会更加忠诚于他们的组织，并且希望了解老板的意图。他们的态度是：“谢谢你给我的工作机会，我将尽力满足你。”X 一代则表现出一套不同的思想。他们的态度和方法也许可由下面的陈述体现出来：“是我愿意留在这家公司的，如果我不高兴和不开心，我将把我的技术带到其他地方去。”

今天的领导者如何有效地领导 X 一代呢？研究年轻的 X 一代员工的信仰和态度的专家发现，为了雇佣和留住他们，组织可以做许多事情。其中包括：

1. 通过任务安排激发他们，从而调动他们本身固有的企业家本性和强烈的实用主义。
2. 通过与其他员工的大量互动创造团队观念，使得他们乐于从事他们的工作。
3. 通过让他们使用他们的问题解决技能来建立信心。
4. 向他们解释需要做什么以及正反两面的结果，使他们理解他们将不得不做出的妥协是什么。
5. 让他们明白他们正在做的事情对于组织非常重要，以及他们的工作如何与其他领域相关联。
6. 鼓励他们参与到计划进程中并贡献他们的观点和建议。
7. 解释指示、指令背后的道理，由此他们不仅仅理解需要做什么，而且还要了解必须这样做的理由。
8. 考虑到他们与某些老员工能愉快相处，可以通过伙伴体系将他们与那些老员工配对。
9. 帮助他们理解在组织中可能的发展路径，并且向他们提供咨询和指导，由此他们可以在面对要做到什么位置和如何实现等问题时做出审慎的决策。
10. 对他们的工作给予及时的反馈：当他们完成得好时，表扬他们；当他们犯错误时，告诉他们如何在将来避免重复错误。

许多在 10 年前或 20 年前行之有效的管理方法在领导 X 一代时却受到了限制。正如许多管理者现在所发现的，与 X 一代打交道是一场全新的游戏。

于流程与资源的参考材料以满足客户期望，使通用汽车的地区代表可以与不同的零售商保持更密切的联系。这个系统的模块包括组织发展、市场开拓、商务管理、销售操作、服务操作和零件操作的信息。[11] 与克尔所关注的替代领导（见第 13 章）的观点相类似，技术也可以用来提高那些由传统领导者所使用的策略。在后安然时代，领导者同样也需要面对新的伦理要求。[12] 领导者不能再仅仅只是口头上谈论崇高的、伦理的价值。现在领导者必须“用行动说话”。[13] 让我们看看安然公司发生了什么：

> 有证据表明，仅仅用标语来宣扬公司的价值观对于行为没有任何作用。据一位管理者所言，当进行定期的绩效回顾时这些标语就被忽略了。他指出，“我从未听过什么关于团队合作、正直或是受人尊重之类的讨论。”取而代之的是，公司所衡量的就是收入和回报。

这样看来，组织行为理论的构建和研究必须适用于新型的领导和组织，它们持续地经历着组织生活中的新模式和新趋势。

领导风格

前一章中讨论过的经典的领导研究和其他各种领导理论，对于管理者或主管在人力资源管理中使用何种风格都有直接涉及。风格这个词是非常不明确的，然而它被广泛地运用于描述成功的领导者。例如，史蒂夫·乔布斯——苹果电脑的创始人——被描述为：

> 有时很难讲史蒂夫·乔布斯是一个油滑的商人还是一个真诚的幻想家，是一个幸运的发起者还是大无畏的企业家典范。无可辩驳的是，他具有无上的吸引力、充满感染力的热情和迷人的魅力。[15]

这一生动的描述也指出了给领导者贴一个简单标签的难度。有关性别和领导的元分析也揭示了这一复杂性，元分析结果并非完全支持男性和女性领导者在风格和有效性方面的刻板印象。[16] 风格在不同的文化中也是不一样的。下面将描述这些年来对领导风格是如何研究和评估的。

经典研究和现代理论涉及的风格

第 1 章讨论了组织行为学研究的主要历史贡献。这个讨论中的大部分内容直接或间接地涉及了领导风格。例如，霍桑研究也可以从其对管理风格的研究这一角度来进行阐释。同样相关的是由道格拉斯·麦格雷戈完成的经典工作，在其中，X 理论表征领导的传统权威风格，而 Y 理论代表了一种启发式和人本主义的风格。在前一章开始处所讨论的研究同样也与风格直接相关。衣阿华研究分析了独裁、民主和放任风格的效果；而由密歇根团体完成的研究发现，员工中心型的管理者要比生产中心型的管理者更有效。俄亥俄州的研究确立了关怀（支持型的风格）和创建结构（指导型的风格）是领导的主要功能。特质和群体理论间接地涉及了风格，而人性取向、民主和任务驱动的风格在菲德勒的权变理论中扮演着重要角色。路径—目标概念很大程度上依赖于指导、支持、参与和成就取向的领导风格。

对于魅力型、转换型和真实领导者也是一样的。他们在愿景上都有一种鼓舞性的风格，而且他们为其下属“做正确的事情”。表 14.1 依据行为的三种主要类型总结了魅力型领导者的风格，并给出了行为例证。这类风格的一个例子是美国铝业公司（ALCOA）的保罗·奥尼尔。他拥护公司清晰的愿景，专注于质量、安全和创新。他使他的愿景成为公司瞩目的中心，对他的管理团队和这个组织中的雇员设定高期望，并且通过会议、任务驱动、录像带和广泛的个人接触为他的愿景提供持续的支持和能量。[17] 另一个实践中的新型领导的范例是里卡多·塞姆勒，一家快速发展的巴西公司 Semco 的 CEO。他没有设计组织构架图，而是让员工自己选择自己的上司：“我们想要员工遵循自己的本能，要他们选择自己尊敬的人做老板，尽管他们可能并不喜欢这些人。”[18]

表 14.1
纳德勒和塔什曼的魅力型领导风格

魅力型领导		
风格	含　义	实　例
使员工有愿景	描绘未来——或未来的期望——由此人们能够认同并且为之振奋	表述一个引人瞩目的愿景 设定高期望
使员工有活力	在组织成员中激励行动、鼓舞干劲	使个体兴奋和充满信心 追求、寻找和利用成功
赋予员工能力	在心理上帮助人们面对挑战性目标时采取行动	表达个人的支持和共情

迄今所讨论过的研究和理论中的各种风格大致情况可以参见表 14.2 所做的总结。为了表述的方便，可以用图 14.1 所示的塔嫩鲍姆和施密特提出的经典领导连续体以及他们提出的“老板中心”和“员工中心”的表述来代替。图 14.1 对独裁和自由以及两者间关系以及不同领导风格的特征给出了一个大概的表述。重要的是，正如权变理论所指出的，两种风格都可能是有效的。[19] 一个实例是杰克·韦尔奇在领导通用电气过程中众所周知的领导风格。杰克承认，与传统的“老板中心”的领导者相比，他更多地投入到公司的日常运作中。[20] 同样，最近的研究发现，一些有效力的领导者表现出的是关怀和共情，他们富有智慧，能够把握复杂任务等等。[21]

有一件事情是确定的：领导风格可以导致差异，这种差异既可能是正性的也可能是负性的。例如，一项调查发现，高级执行官认为他们公司的领导风格是事务的而非创意的，是保守的而非承担风险的。同样是这些执行官，他们意识到为了迎接当前和未来的挑战，风格应该有所改变。[22] 与这些在传统官僚资本中的领导者相反，在第 3 章中描述过当今组织中的领导者，“必须更加企业家化；更加负责任；更加关注顾客、过程、结果；注重行动，授权；善于沟通；精通技术；热衷于创新和持续改进；着力于指导、建议和影响；减少纯粹的权威。”[23] 显然，其他关于高效领导的描述也可以添加到这个列表中来，尤其是在经济萧条时期 [24] 或者沉静的非英雄式的领导方式更为有效的时代。例如，与传统的自我号令的英雄式风格不同，一个最近的观察声称，有效的领导者是沉静的、低姿态的，行为上是“虚心和克制的”，是“耐心、小心而渐进地”行动的。[25] 尽管“说话轻柔，手拿大棒”仍然是被推荐的，[26] 但是滥用领导权始终都不可取。例如，最近一项关于

表 14.2
从领导的经典研究和理论得出的领导风格连续体小结

老板中心		员工中心
X 理论	⟷	Y 理论
独　裁	⟷	民　主
生产中心	⟷	员工中心
严格的	⟷	宽松的
创建结构	⟷	关　怀
任务驱动	⟷	人本关系
指　导	⟷	支　持
指　导	⟷	参　与

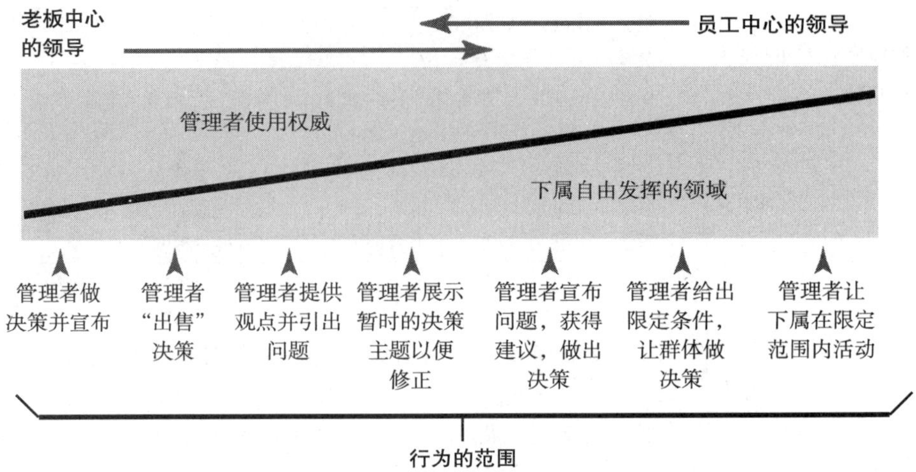

图 14.1
塔嫩鲍姆和施密特的领导行为连续体

滥用领导职权的研究发现，持续地表现出不包括身体接触在内的不友好的言语或非言语行为，可能带来一系列长期的、令人不快的结果，包括雇员的工作和生活满意度更低，规范和情感承诺更低，工作和家庭之间的冲突以及心理紧张等。[27]

作为一个关于领导风格的总结性评论，本尼斯指出，"美国商业从来没有面对这么多挑战，而且从来也没有如此众多的如何面对这些挑战的选择。现在我们必须面对正在发生的一切，不是只为了重获全球领导权，而是完全要作为一名选手参与到比赛中。"[28] 下面将考察当今的管理者可用来应对这些挑战的被广泛认可的领导风格。

经典风格

除了如图 14.1 所示的塔嫩鲍姆和施密特提出的领导行为连续体外，历史上还有一些很重要的管理风格理论，例如赫西和布兰查德（Hersey & Blanchard）的领导生命周期（life-cycle）理论，后来被称为情境（situational）理论。[29] 在俄亥俄州的研究和方格理论的基础上，赫西和布兰查德的理论 [30] 确立了两种主要的风格：

1. 任务风格　领导者组织和界定工作群体成员的角色；领导者向成员解释任务内容以及何时、何地和怎样完成任务。
2. 关系风格　领导者与群体成员有密切的个人关系，并且存在开放式的沟通以及心理和情感的支持。

通过用权变的方法来识别情境变量，赫西和布兰查德在他们的模型中结合了追随者成熟度这个因素。成熟度的水平有三个标准：

1. 成就动机的程度
2. 担负责任的意愿
3. 教育及经验的总量

尽管他们意识到了也许会有其他重要的情境变量，但赫西和布兰查德在他们的模型中仍旧集中关注了工作群体成员的成熟度水平。

在这个模型中，领导有效性的关键是把情境因素与适宜的风格结合起来。下面总结了四种基本风格：

1. 指导风格 这是一种高任务、低关系风格，在追随者成熟度非常低的情况下有效。
2. 推销风格 这是一种高任务、高关系风格，在追随者成熟度较低的情况下有效。
3. 参与风格 这是一种低任务、高关系风格，在追随者成熟度较高的情况下有效。
4. 授权风格 这是一种低任务、低关系风格，在追随者有很高成熟度的情况下有效。

赫西和布兰查德使用的调查问卷包括 12 种情境，这些情境涉及不同成熟水平的群体，作答者回答在每一种情境中他们将如何作为。这些回答沿袭了这 4 种风格。作答者与特定风格情境契合的密切程度将决定他们的有效性分数。

尽管这个情境领导模型对于变革管理有一些实践意义，[31] 但它的理论原理被普遍批评为是“虚弱的，因为赫西和布兰查德忽略了为假设关系提供一个一致的、清楚的基本原理。”[32] 他们自己也承认，由于他们对追随者成熟度只有表面化的认识，因此过分简化了情境。而且，明显缺乏对这个模型的实证检验。一篇对于该理论的综述特别批评了赫西和布兰查德用来测量领导有效性的工具，[33] 有一项实证性的研究也没有发现对于该理论假定或预测的支持。[34] 然而总体而言，如同其他风格理论一样，情境理论在培训和发展工作中似乎有一定的价值，它指出应该考虑灵活性，并且考虑影响领导者的不同变量。但是，这个经典理论在确认或预测领导有效性方面存在局限。

领导风格展望

赫西和布兰查德的生命周期理论代表了领导风格的经典理论。它已经存在了许多年，但即便是在今天新兴的组织中，它也仍然有生命力。最近也涌现出了一些很流行的领导风格理论。例如，畅销书作者吉姆·科林斯认为，能够对公司实现从“优秀到卓越”转变的关键在于他所说的*层次 5 领导*（level 5 leadership）。[35] 他是这样描述这种领导的：

> 层次 5 领导的本质是，领导者的抱负在于工作的目标（例如工作成果、公司、组织）而非自己，同时，具有用行动实现这些抱负的极度疯狂的、非常强烈的意愿。[36]

科林斯以及之前的经典风格都没有获得实验证据的支持。例如，科林斯从对大公司（15 年来在标准普尔 500 中排名至少前三分之一）的实证研究中，发现层次 5 领导是一个引人注目的因素。但是他并没有说明需要进行基础研究以证明其中的因果关系。[37] 然而，在学术研究领域，已经有大量关于现代理论的研究了。例如，研究发现转换型领导对工作绩效有一个显著的但却是间接的作用，[38] 另外，被知觉为真实领导的企业家与高水平的工作满意度、组织承诺以及快乐有紧密联系。[39] 著名的管理研究者豪斯（House）和波德萨科夫（Podsakoff）从现代理论（如魅力型和转换型领导）和基础研究发现出发，概括了卓越领导者的行为和方法：[40]

1. *愿景* 卓越的领导者清晰地规划出一个与其追随者牢牢持有的价值观相一致的理想愿景，该愿景描绘出使下属们在道义上感到那是一个更加美好的未来。
2. *激情和自我牺牲* 卓越的领导者身上具有一种激情，执着于他的愿景，并且坚信它在道义上的正确性。为此愿景和使命，他们做出了卓越的行动以及非凡的自我牺牲。
3. *自信、决心和坚持* 对于自己以及实现自己所描绘出的愿景，卓越的领导者表现出一种高度的自信和成就。从理论上来说，这样的领导者需要具有这样的高度自信以及道义感，因为他们的使命通常是对现状的挑战，因而，通常会和既有秩序的维护者产生冲突。
4. *树立形象* 卓越的领导者能够意识到自身的形象。他们认识到，在追随者看来，他们应该是有能力、诚信和可靠的。
5. *角色塑造* 领导者树立的形象为有效的角色塑造创造了条件，因为追随者认同那些榜样的价值观。
6. *对外代表* 对于所在的组织而言，卓越的领导者就是他们的发言人；对于外界而言，他们是这个组织的象征。
7. *对追随者的期望和信心* 卓越的领导者向他们的追随者表达了很高的绩效期望，而且也对追随者实现这些期望的能力持有很强的信心。
8. *选择性的动机激励* 根据追随者的动机与成功实现愿景和使命的特定相关程度，卓越的领导者进行有选择性的激励。
9. *框架调整* 为了说服追随者接受以及实现变革，卓越的领导者会进行框架调整。它指的是个人和领导者间解释取向的联系，这样一来，追随者的兴趣、价值以及信念同领导者的活动、目标以及价值体系可以趋于一致，并起到相互补充的作用。
10. *鼓舞性的交流* 卓越的领导者经常（但不总是）使用生动的故事、标语、符号以及仪式等鼓舞性的方式来传达信息。

这 10 种领导行为和方法本身并不算什么特定的风格，但是综合起来，它们也许代表了当前所知的现代领导者/管理者最有效的风格。在任何情况下，都会有大量例证表明领导风格可以产生差异。例如，研究发现领导风格对于战略的形成和实施至关重要，[41] 甚至对工作群体成员的创造力、[42] 团队公民行为、[43] 情绪 [44] 和绩效 [45] 都起到了非常重要的作用。即使幽默感以及插科打诨也可能产生有效的领导。[46] 大量的逸事报道就涉及幽默在世界级大公司中所起到的作用，例如，西南航空公司、Ben & Jerry 冰激凌公司以及太阳微系统公司。譬如说，著名的司考特·麦克尼利——高科技企业太阳微系统的领导者——在手上佩戴着一个 Java“解密”戒指，上面有一句格言：“踢屁股取乐”。他还和工程师们一起参加了水枪大战。

最近刚刚退休的西南航空公司创建者赫布·凯莱赫，常常穿着各式各样的服饰出现在会议和假期中，其中包括复活节兔子图案。甚至在一次商标大战中，在众目睽睽之下，他竟然和对手扳起了手腕。基于这样一个角度，一个近来的研究考察了115 名加拿大财务管理者以及他们的 322 名下属，结果发现，在幽默和个人绩效之间以及幽默和工作部门的绩效间存在着显著的相关。[47] 然而这个研究也提出警示，幽默和逗乐只是在和更主动且投入的领导风格结合在一起时才会产生作用。换句话说，毫无疑问的是，领导者影响工作团队成员的方式（风格），可以使得他们自己和他们下属的绩效产生变化。阿沃利奥和鲁森斯在他们最近出版的书中提供了这样的建议，以帮助领导者更加真实和有效：[48]

1. 你必须确保每一个下属都完全理解你所选择的未来方向。
2. 你必须与你的原则、信念和价值观保持一致。
3. 你应该保证对每个下属做出的贡献给予适当的有强化作用的认同。
4. 对于你所从事的使命建立起主人翁感。
5. 积累自己和他人的心理资本（自信、希望、乐观和坚韧）。
6. 和他人一起开创未来，并且帮助每一个人实现自己的梦想。

近年来，除了领导风格外，领导角色、领导活动以及有效领导的技能也得到了重视。本章以下的部分将关注什么是领导（角色和活动），以及怎样成为一名领导（技能）。

领导的角色和活动

为了回答领导究竟是做什么的，亨利·明茨伯格和本书作者鲁森斯分别进行了观察研究。这些研究为领导和管理者的角色（明茨伯格）与活动（鲁森斯）提供了直接的实证证据。

领导和管理者的角色

和一般领导研究中所采用的问卷或者访谈方法不同，明茨伯格采用的是直接观察，他提出了管理角色的三种类型，具体见图 14.2 所示。[49] *人际角色*（interpersonal roles）是直接从正式的权威中产生的，指的是管理者和他人的关系。在这个正式职位上，管理者作为组织的象征而拥有*首脑角色*（figurehead role）。对一个领导来说，扮演首脑角色的大多数时间是在一些仪式化的任务中，譬如说，接待来访的学生或者和重要人物共进午餐等等。第二种人际角色是*领导角色*（leader role）。在这个角色中，管理者利用他的影响去鼓励下属实现组织的目标。第三种人际角色就是*联系人角色*（liaison role）。这个角色要求管理者花更多的时间去和工作部门以外的人员交往，比与组织内的上级和下属打交道的时间要多。这里所说的工作部门以外，可以是其他部门的同事，也可以是整个组织之外的人士。

图 14.2
明茨伯格的管理角色

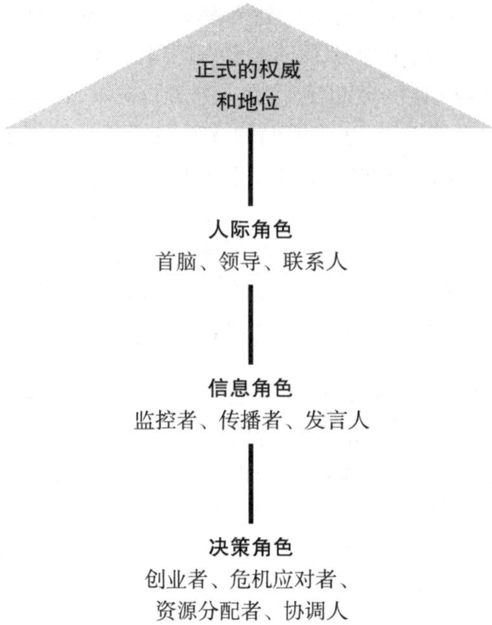

除了来自正式权威所赋予的人际角色之外，在图 14.2 中，我们也可以看到管理者还具有重要的*信息角色*（informational roles）。许多观察研究发现，管理者在接受和发出信息上花费相当多的时间。作为*监控者*，管理者要不断地审视环境，从下属、上司以及外界获取信息；作为*传播者*，管理者需要向内部的重要人员发布信息；作为*发言人*，管理者要向外部提供信息。

在*决策角色*（decisional role）中，管理者要就掌握的信息采取行动。在明茨伯格框架中的*创业者*角色中，管理者启动一个项目的开发，并对必要的资源进行配置。和创业者角色的先发制人所不同的是，对于*危机应对者*这一角色而言，他所需要做的是对问题以及各种情境所造成的压力进行应变。作为危机的应对者，管理者需要担当起危机管理的任务来。譬如说，雇员要罢工了，或者一个主要的合同方威胁说要撕毁合同。作为*资源分配者*，管理者要决定某人在其所在的部门究竟该得到多少资源。最后，作为*协调人*，管理者要同各个层面的人物进行协调，从下属到老板到外人。譬如说，生产经理也许不得不就某个不满意的纠纷解决方案与工会代表谈判；或者社会服务部门的领导会就某顾问给予客户的费用支出进行协调。

明茨伯格指出，和那些被正式描述与规定的职能相比，这些非正式的管理角色更贴切地反映了管理者/领导者的实际行为。明茨伯格的工作无疑为了解领导者做什么提供了一些线索，但是，正如他在一个有关这 10 种角色的回溯性评论中所宣称的：“对于管理者的基本工作内容而言，我们仍然知之甚少，而且我们很少涉及管理者工作实践当中的主要问题和困境。”[50] 后续的一个对于明茨伯格的各种管理角色的分析总结道：

> 今天的领导者确实具有人际的、信息的职责，其中信息的职责也许被认为是处于

> 首位的。另外，领导者确实保持着决策的职责，但是，这项职责已经越来越多地被各种股东和网络合作伙伴所分担。明茨伯格的工作中所定义的领导者的本质，也许在今天还是如此，但是网络经济对所有层次上的领导者都提出了新的要求。[51]

除了明茨伯格的工作，近来更多的研究都涉及到了领导角色，如蓝图描绘者、激励者、分析家、任务完成大师等等。[52] 随后对这些角色与公司全方位的绩效关系进行了检验。结果表明，有着较高的行为复杂性的领导——有能力完成多重的、具有竞争性的角色——就可以产生最好的绩效，尤其是对于商业绩效（成长和创新）与组织有效性而言。[53] 另一个研究确认了高级管理者作为动员者、外交家、驱动者、审计员和公仆的角色。[54] 结果指出，在所有五种角色中，相对他们的下属而言，高级管理者的得分更高；而在公共和私营组织的管理者之间，并不存在显著的差异。[55]

成功有效的管理者的活动：现实管理者研究

与关于领导者角色的研究和定义联系最紧密的便是领导者日常的活动。这里有一段关于领导者活动的描述，这些内容尚未正式发表在教科书或学术期刊上：

> 高级副总裁简的办公室在首席执行官迈克的隔壁，这样他们能够更加便捷地交流。但是交流似乎从来没有发生过。"当我进入迈克的办公室，不是他的手机响了，就是有人敲门，要么他忽然转向他的电脑写电子邮件，或者告诉我他要我去处理一个新问题，"简抱怨道。"我们竭尽全力的工作只是停留在表面上，实际上没有完成任何重要的事情。这一切快要让我疯掉了。"[56]

鲁森斯和他的同事们进行了广泛的研究来回答以下三个问题：（1）管理者做什么？（2）成功的管理者做什么？（3）有效的管理者做什么？[57] 对于上述三个问题的回答，可以帮助我们洞察和了解那些成功的（那些在组织中相对快速地获得提升的）和有效的（那些拥有优秀和忠实的下属以及高绩效团队的）管理者或领导的日常活动。

管理者做什么

所谓的"现实管理者研究"的研究对象，是来自中西部组织中的 44 名管理者。在为期两周的研究中，在每天不同的一个小时内，经过专门培训的观察者会自由观察并记录他们的行为和活动。这样的形式在所有研究中还是第一次。所选择的管理者涉及各个层面各个类型，包括零售商店、医院、公司总部、铁路系统、政府部门、保险公司、报社、金融机构以及制造业等。对从自然观察得来的大量数据进行研究，通过德尔菲技术归纳为 12 个范畴，用观察到的行为指标来描述这 12 个范畴，具体见表 14.3。从概念上来说，这些实证的行为描述可以归入图 14.3 中所描述的四种管理行为。简单地说，这些行为包括如下几个方面：

1. 日常沟通　这一活动包括交流日常信息和处理案头文件。观察到的行为有：回答程序性的问题、接受和传播重要信息、传达会议精神、通过电话接收或

表 14.3 通过对现实管理者自由观察而获得的管理活动和行为描述

1. 计划与协调
- a. 设定目标
- b. 明确实现目标所要完成的任务
- c. 安排员工，设定时间表
- d. 分派任务并提供常规工具
- e. 协调工作团队中成员的活动，保持工作平稳进行
- f. 组织工作

2. 安排员工
- a. 为职位招聘确定工作描述
- b. 审核应聘申请
- c. 面试应聘者
- d. 雇佣
- e. 联系申请者告知他们是否被录用
- f. 为空缺职位安排人员

3. 培训与发展
- a. 确定对象，安排培训研修班等等
- b. 明确角色、任务和工作描述
- c. 培训、指导，在工作中与群体成员相处
- d. 帮助工作群体成员制订个人发展计划

4. 决策与问题解决
- a. 明确问题所在
- b. 在两个或者更多的策略中抉择
- c. 处理日常运作中出现的危机
- d. 权衡和进行成本效益分析
- e. 正式决定该做什么
- f. 开发新流程以提高效率

5. 处理案头文件
- a. 处理信件
- b. 阅读报告
- c. 起草报告、备忘录、信件等等
- d. 常规财务报告和记账
- e. 一般的案头工作

6. 交流常规信息
- a. 回答常规程序问题
- b. 接收和分派所需要的信息
- c. 传达会议结果
- d. 通过电话发出或者接收常规信息
- e. 交流信息的员工会议（情况更新，公司新政策等）

7. 监控与控制绩效
- a. 考察工作
- b. 巡视并检查工作
- c. 监控绩效数据（例如，计算机打印产出、产品及财务报告）
- d. 预防性维护

8. 激励与强化
- a. 正式的奖金安排
- b. 要求员工参与和贡献
- c. 传达赞赏之意
- d. 给予应得的荣誉
- e. 倾听建议
- f. 给予积极的绩效反馈
- g. 提升工作挑战性
- h. 委派责任和权力
- i. 让工作团队成员决定如何完成工作
- j. 在管理者和其他人面前维护团队，支持工作团队成员

9. 纪律与惩罚
- a. 强调纪律和政策
- b. 无言但的注视、折磨
- c. 降级、解雇、停职
- d. 各种正式的组织申诉或通知
- e. 斥责和批评工作团队成员
- f. 给予负性的绩效反馈

10. 与外界的接触
- a. 公共关系
- b. 客户
- c. 与供应商、卖主的接触
- d. 外部会议
- e. 社区服务活动

11. 管理冲突
- a. 管理工作团队内外的人际冲突
- b. 诉诸更高权威处理争端
- c. 诉诸第三方协调人
- d. 试图让冲突双方合作或达成一致
- e. 试图解决自己和某位团队成员间的冲突

12. 社会与政治活动
- a. 与工作无关的闲谈（例如，家庭或个人事务）
- b. 插科打诨
- c. 议论谣言、传闻、小道消息
- d. 抱怨、发牢骚、贬低他人
- e. 参加政治活动以及搞些小花招

者发出日常信息、处理电子邮件、阅读文件、写报告/备忘录/信函、常规的财务报告和记账，以及一般性的案头工作等。

2. *传统的管理*　这一活动包括计划、决策以及监控。观察到的行为有：设定目标、明确实现目标所要完成的任务、为下属安排时间表、分配任务、提供常规的指导、明确问题所在、处理日常运营危机、决定做什么、开发新的程序、考察工作、走动式考察工作、监控绩效数据以及一些预防性的维护工作。
3. *人力资源管理*　这一活动包括了大多数的行为范畴：激励与强化、纪律与惩罚、处理冲突、配备人员、培训与发展等。由于纪律与惩罚这一类行为一般不可能被观察到，所以在之后的分析中就没有考虑这一范畴。观察到的行为有：正式的奖金安排、要求员工参与和做出贡献、传达赞赏之意、给予适当的奖励、倾听建议、给予积极的反馈、提供团队支持、解决团队成员间的冲突、申请上级或者第三方来解决争端、制定职位描述、检阅应聘者、面试应聘者、哪里需要就在哪里补缺、指导员工、安排培训、澄清工作角色、培训、督导以及带领团队成员完成一项任务等等。
4. *社交活动*　这一活动包括了社会政治活动以及对外的接触。观察到的行为有：与工作不相关的攀谈，插科打诨，议论谣言、传闻、小道消息，抱怨发牢骚，贬低他人，参加政治活动以及搞搞小花招，应对顾客、供应商、销售商，参加外部会议，以及参加社区的公益活动。

对于管理者究竟做了什么这一问题，前面列举的这些从实际观察中得到的活动基本上可以回答了。其中既包括了由诸如亨利·法约尔[58]这样的理论先驱曾经指出的经典活动（传统行为），也包括了诸如亨利·明茨伯格[59]（沟通活动）以及约翰·科特[60]（社交活动）这样的现代领导理论家所提出的更新的观点。这些活动与近年来在《哈佛商业评论》、[61]《组织动力学》[62]以及学术研究[63]的文章中所普遍描述的都非常相似。然而总的说来，现实管理活动的研究比过去有关领导者和管理者的研究更全面，尤其是包括了人力资源管理活动。

在通过对 44 名管理者的自然观察揭示了管理活动的本质之后，该研究的下一阶段是要来测定这些活动的相对频率。研究者收集了另一个包含 248 名真正管理者的样本的数据（不包括该研究初始部分的 44 名管理者，但是来自于同一个组织）。经过专门培训的观察者要对表 14.3 中所列出的管理活动进行打分。一个周期为两周（共 80 个观察周期），每小时随机观察一次。正如图 14.4 所示，研究发现，管理者将其中大约 1/3 的时间和努力花在日常沟通活动上，1/3 花在传统的管理活动上，1/5 花费在人力资源的活动上，另外 1/5 花在社交活动上。这一基于大样本观察数据所得到的相对频率的分析，对管理者究竟做了什么这个问题提供了可靠的回答。毫无疑问的是，自这个现实管理者研究之后，环境已经发生了变化，管理活动也相应地受到了影响。[64]然而，尽管全球化影响了活动范围，并且信息技术影响了沟通的途径和速度以及其他领域，比如决策，但那些已经被确认的活动本身则仍然会是相关和有效的。事实上，随后一些关于知识管理和信息技术的研究得出了同样的结果。[65]另外，如 IBM 这样的公司用软件包来描绘社会网络，他们试图通过探索社交活动以找到并培养组织中最熟悉内情的员工。[66]

图 14.3
鲁森斯对现实管理者活动的分类

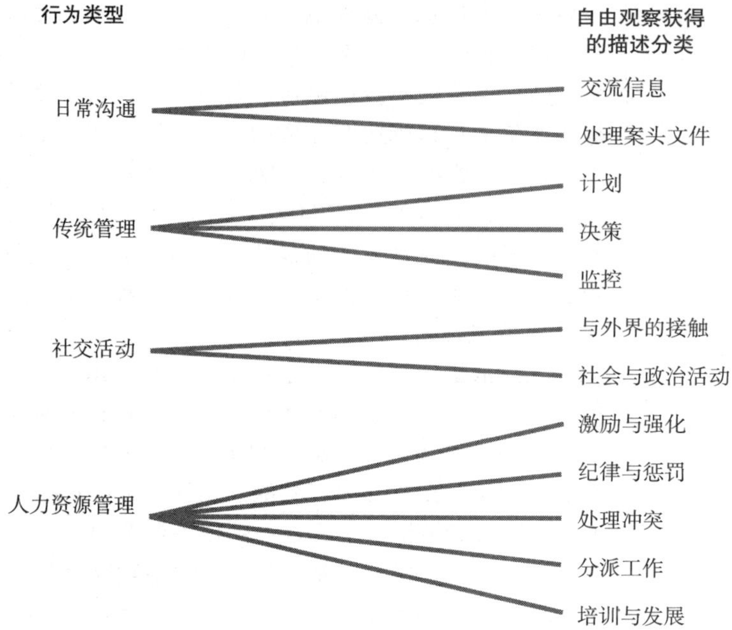

图 14.4
管理者行为的相对分布

资料来源：Fred Luthans, Richard M.Hodgetts and Stuart A.Rosenkrantz, *Real Managers*, Ballinger, Cambridge, Mass., 1988, p.27. Used with permission.

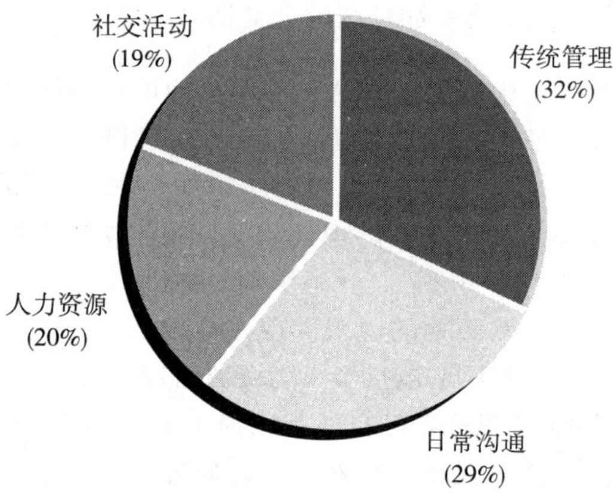

成功的管理者做什么

尽管回答领导者和管理者究竟做了什么是非常重要的，但更为重要的是了解成功的以及有效的领导者和管理者做了些什么。“成功”在这里被定义为在组织中晋升的速度。对于样本中的管理者而言，用管理者在该组织中所处的相对层次除以他在该组织中的工作时间为参数来衡量他的成功程度。因此，对于两个管理者，甲在组织中工作了 5 年，现在处于第四层，乙在组织中工作了 25 年，现在处于第三层，甲的得分要高于乙。显然，通过这样的方法来衡量成功是存在一定问题的。但是，对于如此大的一个样本来说，这样的方法是客观而又有用的。

为了回答成功的管理者应该做什么这个问题，研究者进行了几种分析。在所有的分析中，对于现实管理者的成功而言，社交活动的重要性是显而易见的。在四种管理活动中，只有社交活动和成功有着显著的相关。[67] 总的说来，社交活动对于管理者的成功起到了很大的作用。值得注意的是，相对说来，人力资源活动起到的作用最小。

这个结果意味着什么？在这个对现实管理者的研究中，使用晋升速度作为成功的衡量参数，发现那些晋升更快的管理者花费更多的时间和精力在社交活动、政治活动和与外界交流上。而那些晋升得慢的管理者则恰恰相反。也许同样重要的是，相对来说，成功的管理者并没有将同样多的时间和精力花费在传统的管理活动中，比如说，计划、决策、监控；或者人力资源管理活动中，比如说，激励与强化、配备人员、培训与发展以及冲突管理。换句话说，对于本次研究中的管理者而言，社交活动是成功的关键（这里的成功是指快速晋升）。值得注意的是，许多管理者渴望的是成功而不是变得有效。这个现象产生的一个原因在于人们十分看重个人的荣耀和位置的变动。贝代安和阿门阿基斯（Bedeian & Armenakis）指出了“污秽坑综合症”（cesspool syndrome），认为组织的衰败首先是从失去它们的优秀员工而留下“废物”开始的，随后这些人（“废物”）成功地升到高层。[68]因此，尽管对于一个组织而言，所需要的是有效的管理者而非这样成功的管理者，但是从管理者的个人角度，这可能是一种有效的职业策略。

有效的管理者做什么

在这个研究中，对“成功”的操作性衡量既直接又具有实证性，但如何来衡量“有效性”就缺乏一致的标准。为了克服这个困难，也为了尽可能多地克服障碍和异议，该研究对于管理者样本采用了一个综合指标来衡量有效性。这种有效性指标代表了两种主要的——并且是被广泛认可的——领导理论研究和实践的标准：（1）使工作在量和质上都达到很高的绩效标准；（2）使人们的工作得以完成，要求他们有满意感和承诺。

特别地，研究使用了衡量组织有效性的标准化问卷[69]——工作满意度问卷[70]和组织承诺问卷来衡量团队绩效的质和量。[71]研究者采用了如此众多的方法，就是为了能更好地回答有效的管理者做了什么这一重要问题。结果发现，在四种管理行为中，有效的管理者主要参与的活动是沟通以及人力资源管理活动，而相对说来，传统的管理活动比例较少，而社交活动则是最少的。[72]换句话说，如果有效性被定义为知觉到的管理者所在团队的绩效的量与质，以及他/她的团队成员的满意度和承诺的话，则有效的领导行为来自于人本取向的活动——沟通和人力资源管理。

这个研究所得到的另一个引人注意的结果是，社交活动在有效管理者的活动中占了很少的一部分。显然，这个结果是和先前在成功管理者身上得到的结果相反的。社交活动到目前为止和管理者的成功有着最强的相关，但是却和管理者的有效性有着最弱的相关。从另一个方面来说，人力资源管理活动和有效性有强相关（仅次于人本取向的沟通活动），但是却和成功有着很微弱的相关。换句话说，在这个研究中，成功的管理者所表现出的行为与有效的管理者的行为并不吻合。事实上，两者可以说是截然相反的。对于我们现在的组织所面对的绩效问题而言，这一对照可以让我们更好地认识到问题所在。

对企业家和知识管理者的跨文化启示

现实管理者研究的结果和我们在研究中所采用的定义有关，因此，很自然地，对于结果是否可以推广到所有管理者，人们会产生怀疑。在一家大型纺织企业内的俄罗斯管理者身上重复这个实验，得到了相似的结果。[73]这个结果表明，先前在美国研究得到的和成功管理者以及有效管理者相关的活动，在不同文化间是可以互通的。

除了跨文化研究的一致性，后续还有一个在美国企业家中进行的研究。这里所说的企业家是指那些白手起家，并将企业维持至少 7 年的人。在这个研究中，采用的方法是和前面的现实管理者研究中的方法基本一致的，得到的结果也大体相同。[74]对于前面提到关于知识管理的最新后续研究，情况也是一样的。结果发现，当今的知识管理者在传统管理和社交活动上花费的时间量和现实管理者研究中的结果一致。该研究中所定义的知识管理者既包括明显的知识管理者（直接关注于创造、编码及传播知识），也包括隐性的知识管理者（为知识工作者和专家提供必要的交流互动）。[75]然而，无论是活动内容本身还是活动的发生频次，都似乎具有跨文化的稳定性，而且对于管理者和企业家都没有区别。但是，就推广而言，为了得到更稳定的结论，我们还需要更多的证据。

从全球领域来看，总是存在着易产生混淆的文化变量。譬如说，在经历了社会转型的某些东欧国家中，领导可能存在着所谓的“阴暗面”。[76]领导的这一负性方面包括旧时代权力概念，它要求绝对的忠诚。这种形式的领导导致了对某些行动的承诺升级，并利用了来自领导和民族主义的晕轮效应。在这种“阴影”的笼罩下，任何反对力量都很快受到遏制。追随者的特征对于这种阴暗面的产生也起到了一定的作用，他们对变革抱着怀疑的态度，并且担心在自由事业上的冒险失败就意味着领导的无力和无能。

一个分析指出，俄罗斯经济的复苏势必通过领导的变革来完成。[77]应该减少中央集权的决策，应该创造出授权的氛围来，应该少用独裁的领导方式建立信任，应该引入责任感的培训，应该除去追随者产生的习得性无助而代之以企业家精神。显然，完成这样的变化需要许多年的时间，也相当难以实现。近来，人们将这些领导方面的变革称为整个俄罗斯文化和经济的“小休克疗法”。[78]无论是国内还是国外，知道领导者做了什么（这正是现实管理者研究的目的所在）的同时，也必须了解他们为什么这么做。[79]

对现实管理者研究的启示

尽管存在着一定的局限性，对于今日组织中的领导学应用而言，现实管理者研究似乎具有深远的意义。最主要的意义也许来自成功管理者和有效管理者在活动上的显著差异。这个发现的最明显的意义也许是：应该将更多的注意力放到正式的激励系统上（见第 4 章），以使有效的管理者得到提升。组织为了前进，为了应对未来的挑战，应该将奖惩（尤其是提升）和绩效联系在一起。要最为实际地实现这样的转变，短期而言，可以采用基于绩效的评价和奖惩系统；长远来看，可以通过营造一种文化价值观来支持和奖励有效的绩效，而不只是成功的社会和政治活动。为了迎接未来几年中的挑战，最简单的方法可能就是让有效的管理者得到成功。

除了对基于绩效的评价和奖惩系统以及组织文化的意义之外，还可以从这个研究中的有效管理者身上学到很多。具体地，有效的管理者更为重视的是人本取向的沟通和人力资源管理活动。有效管理者的日常活动围绕着身边的人——广听八方来音，回答问题，获得和提供信息，处理信息，给出反馈和赞赏，解决冲突，提供培训与发展。换句话说，这些有效的管理者是在着手处理前方的挑战。在全球性竞争、信息技术以及知识管理所带来的挑战面前，以人为本的管理技巧具有重大价值。下一节我们就将特别关注这些领导技能。

领导技能

正如前面的章节所指出的那样，无论是领导理论还是实践，都对领导技能——也就是领导者如何有效地行动和表现——给予了高度的重视。领导风格及领导角色和行为都和技能紧密相关，并且可以此为一个出发点来讨论技能。首先，我们要确认一些被一致认可的领导技能；然后，我们要提供一些增进领导有效性的技术和方法。

领导者需要什么技能

正如第 13 章中所提到的，有关领导特质的研究在继续进行着，但近年来越来越多的注意力被投放在甄别领导者的技能上。在实践取向的文献中有许多关于此类技能的总结。比如，对于在全球经济中取得成功而言，至关重要的领导技能包括如下内容：[80]

1. *文化适应性*　在跨国任命中，这一技能指的是具有文化意识和敏感性。在国内组织中，鉴于多样化的增强，这个技能对于成功可以说是关键的。领导必须具备这类技能，不只是为了可以管理组织内的多样化，也要认可并赞赏组织多样化的价值。
2. *沟通技能*　有效的领导者必须善于沟通，无论是书面形式、口头形式或非语言形式。
3. *人力资源开发技能*　由于人力资源在有效领导中起了相当大的作用，领导者必须具备下面这些人力资源开发的技能：营造学习氛围，设计和实施培训项目，传播信息和经验，评价结果，提供职业咨询，创造组织的变革，以及改编学习材料。
4. *创造力*　问题解决、创新和创造力为今日的全球市场提供了竞争性的优势。领导必须具备这些技能，以使他们自己变得具有创造力，而且也可以营造出一种氛围来鼓励创造力并且帮助人们变得有创造力。
5. *对于学习的自我管理*　这一技能指的是持续学习新知识和技能的需要。在这个发生着巨大变化和全球竞争的时代，领导者自身必须不断变化。他们必须是自我修练者。

上面列举的技能都是最新的，而且与其他任何技能一样都很有用。然而，正如最近的一个学术分析所指出的那样："对于成功管理所需技能的主流定义，阻碍了我们对这一现象的理解。"[81] 为了解决这个问题，惠滕（Whetten）和卡梅伦（Cameron）给出了关于有效领导技能的一个更为实证的来源。基于一个针对400多名高效管理者的访谈研究，他们得到了以下10项最常见的技能：[82]

1. 言语沟通（包括倾听）
2. 时间和压力管理
3. 个人决策管理
4. 对于问题的认识、定义以及解决
5. 激励和影响他人
6. 委派任务
7. 设定目标和阐明愿景
8. 自我意识
9. 团队建设
10. 冲突管理

后续研究以及相关的研究已经发现了和上述10项技能相类似的其他技能。通过统计技术，各类研究结果可以归到以下四类有效领导技能中：

1. 参与性和人际关系（如，支持性沟通和团队建设）
2. 竞争性和控制能力（如，决断性、权力以及影响）
3. 创新性和企业家精神（如，创造性地解决问题）
4. 维持秩序和理性（如，管理时间以及做出理性决策）[83]

惠滕和卡梅伦通过研究评价了上述各种领导技能，并指出了以下三种特征：

1. 这些技能都是行为上的。它们并不是特质，或者更重要的地方在于，它们不是风格。它们是领导者所表现出的一类可识别的行为，并且可以产生特定的结果。
2. 在一些例子中，这些技能似乎是相对的或者矛盾的。譬如说，它们既不是完全的软性驱动，也不是完全的硬性驱动；既不惟一地以团队工作和人际关系为导向，也不惟一地以个人主义和企业家精神为导向。
3. 这些技能是相互关联和有所重叠的。有效的领导者并不只表现出其中一种技能或一类技能，而别的技能什么也不会。换句话说，有效的领导者具有多种技能。[84]

在这种背景的基础上，惠滕和卡梅伦建立了个人技能模型和人际技能模型。图14.5和图14.6介绍了这些模型。[85] 如图所示，个人技能中的发展自我意识、管理压力以及创造性地解决问题之间是互相重叠的。在人际技能中也存在同样的情

图 14.5
惠滕和卡梅伦的个人技能模型

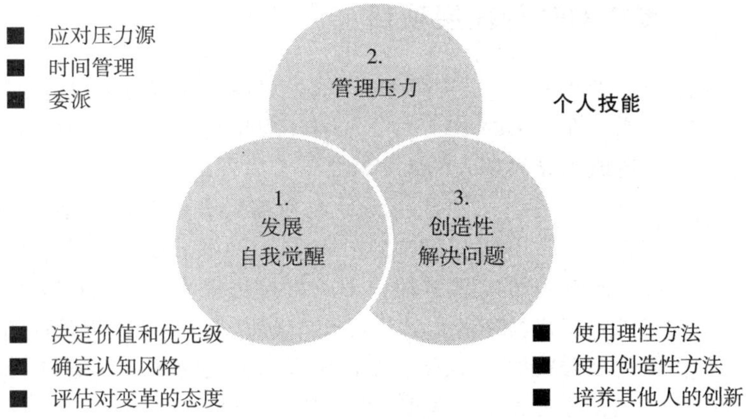

图 14.6
惠滕和卡梅伦的人际技能模型

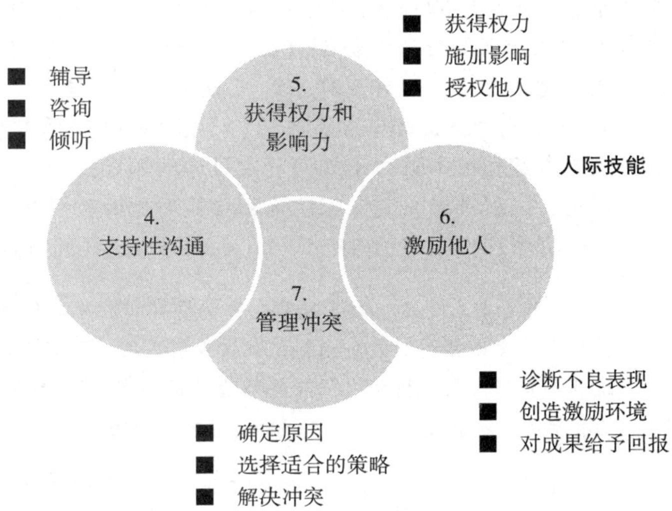

况，诸如支持性交流、获得权力和影响力、激励他人和管理冲突。这些模型不仅可以被用来概括哪些技能对于有效的领导而言是重要的，而且，可以作为将来发展所需技能时的指南。

除了上面从个人和人际两方面来讨论技能之外，在组织层面，“职业流”应该受到重视。从组织的角度来说，最为重要的是在个人、职位以及公司需要三者间找到一个恰当的匹配点。[86] 同时，组织在培养领导者以及试图让他们留在组织内的时候，要意识到所谓的“花衣魔笛手效应”（pied piper effect，译作“群鸽效应”），也就是说，一个有效的领导者跳槽后，可能导致在其领导下的员工的叛逃与摩擦。[87] 领导技能以及培训项目可能需要把招聘、培训乃至后公司职业成分（如一个人在公司职业生涯结束之后该追求些什么）都包括进来。[88] 领导技能以及职业发展已具有前所未有的重要性。

传统的领导发展项目

近年来的一个持续的需求是对后备领导人才的培训。例如，一个最近的调查表明，在未来的10年中，35~44岁年龄段的管理者的数目将下降15个百分点，从而造成领导候选人的大量减少。[89]另外最近一个针对董事局成员的调查发现，仅有三分之一的公司领导在满足业务需要和应对突发事件的能力上被评定为“出色”或者“好”。[90]为了解决这一问题，可以采取的方法包括延长现有领导者的职业生涯，同时也可以吸引和培训一批接班人。克林顿执政期间，在巴尔干地区发生的飞机失事悲剧夺走了贸易部长布朗以及16名公司高管的生命。总会有类似的意外事件令公司措手不及。在管理者坠机的例子中，管理者所在的大多数组织都损失巨大，并为之挣扎数年之久。[91]

不单单要在合适的时间、合适的地点获得经验（正如随后的“实践中的组织行为学”中所描述的），组织行为和人力资源专家现在还需要为了新经济而寻求培训和发展领导者的方法。赞德（Zand）指出，三个主要发展领域是：知识、信任和权力。他称之为“领导三和弦”。[92]研究证明，这三者[93]以及贯穿本章的有效领导的其他可开发特征是非常重要的。不过，仍然有大量的教育、培训和发展以及管理辅导方案和技术致力于如何开发具体的领导技能。

最近，一组领导研究专家认为领导能力是可教授并且可习得的。[94]例如，著名的领导研究者和作家杰伊·康格（Jay Conger）这样回答这个问题：

> 工作经验、老板、特定项目、角色榜样和教育，都在领导力发展的过程中发挥重要作用。拿体育运动做个比喻，如果没有教练，没有人能成为杰出的运动员，但是，这并不妨碍人们从运动中获益并不断提高“技艺”。有了教练、丰富的经历和个人动力，有些人就能成为明星或杰出的领导者。[95]

在管理教育中，排名前50位的商学院中的2/3提供领导课程，有一半建立了高管领导力发展项目。[96]

除了商学院的教育项目，还有很多内部的领导发展项目[97]以及人们正在考虑中的诸多其他技术。其中之一是建立一个发展加速站，在其中，关键的领导能力、对工作挑战的理解以及基础的组织知识都会得到提高。[98]加速站用来自评价中心的信息，识别和发现潜在的新领导，同时也对每个候选人的优缺点有所了解。使用这个方法可以加速从培训到进入领导岗位的进程。

确认能够预测成功的关键的个体差异看来是有价值的。譬如说，一所军校最近对男性军官的研究表明，强健的身体、先前的影响力方面的经验以及较强的自尊心，将预示着以后领导角色的有效性。[99]有一个研究揭示，对于领导的态度以及经历与以某一比例涌现出领导者的相关程度，比传统上认为的先决条件——男性性别角色与之的相关要强很多。[100]另一个研究发现，父母教养风格和控制与新出现的魅力型领导有关。[101]这是持续进行的大量研究中的一些代表性研究，这些研究将有益于未来几年中的领导培训和发展。

还有一些人认为应该使用一种全新的开发系统。一些培训师指出，大多传统领导项目的失败在于它们以能力为起点，聚焦于个体。因此，他们建议采用不同

健康保险业的领导者

跟那些早早就确定长大之后做什么的首席执行官不同，拉里·格拉斯科克的发展并没有一个清晰的线索。当他为了赚大学学费而在一家栅栏安装公司挖洞的时候，他将来会成为一名企业家并且赚到巨额薪酬的想法看上去是遥不可及的。那时，他甚至不敢想自己会攒到足够多的钱，去买一辆自己垂涎已久的Corvette跑车。“我从来没想过自己会成为一名CEO，”他说，“我所想的只是让我的家人过得好一点。”

57岁的格拉斯科克是沿着美国公司最风行的职业路线做到了首席执行官的职位的，最终得到了他的Corvette跑车。现在，作为每年销售450亿美元健康保险、在13个州推广其蓝十字盾协会计划的WellPoint公司的首席执行官，让家人过得好一些已经不再是他的问题了。除了去年560万美金的常规收入，在2003年，因为他所运营的Indiana Health Insurer Anthem保险公司与加州的WellPoint发生并购，他得到了4250万美金的红利。这次并购也使得公司成为了最大的保险公司。

格拉斯科克的故事在某方面是很典型的：他遇到了合适的人，并且非常清楚应该听取他们所提供的职业建议。他出生于阿拉巴马州的小镇Cullman，后来搬到了克里夫兰的市郊，因为他的父亲在那里的一家电池厂找到了工作。他的母亲是一个服务员，最后有了一家自己的小旅馆。身为7个孩子中的老大，他在一栋只有两个卧室的房子中长大，他的父亲在阁楼上又搭出了一个房间。“不富裕只是一种委婉的说法，”他这样谈到家里的经济状况。高中时，格拉斯科克在Ball公司工作，给容器加橡胶封条。关于后来安装栅栏的经历，他这样说：“我是靠勤劳赚钱的。那种方式会让你很早就了解激励。”

除了亲切、谦虚，格拉斯科克还有很强的团队合作的才能。1970年当他获得了克里夫兰州立大学工商管理学士学位后，那家栅栏公司的一位老板介绍他去了一家银行工作。格拉斯科克先在那里做了4年的人力资源工作，后来得到了提升。在那段时间里，一位管理者发现了他的潜力，并且开始帮助他：在他24岁的时候，他就在董事会上做报告。“他从来没有停止学习，”他的第一位导师约翰·罗杰斯这样回忆道。

格拉斯科克在那家银行工作了20年，过着非常惬意的生活，通常回家和他的妻子李（他们在高中时相识）、女儿和儿子一起吃饭。1987年，格拉斯科克开始为一家俄亥俄州南部拥有蓝十字盾许可证的公司工作，这段经历激起了他对健康保险的兴趣。

在经历了一些波折后，格拉斯科克被派去解决蓝十字盾在华盛顿的一项有麻烦的业务，在1998年他把此项业务与蓝网的马里兰附属公司合并。后来他又被招回到中西部来协助领导Anthem保险公司。运营一家健康保险公司就如同运营一家银行，他这样讲：“这两者都是客户导向的生意。计算机系统是极端重要的。而分配系统——虽然不一样——却有很大的相似性。”

尽管格拉斯科克在那次合并后，获得了一个更响亮的头衔，但是他并没有把公司撤离出印第安纳州。他在印第安纳波利斯的纪念碑旁的办公室里经营公司。这里早上6:30没有严重的交通拥堵，他现在只是希望能够经常回家吃饭。

的方法，新方法不再以个人为目标，而是从商业结果出发，回归到能力上。[102] 换句话说，首先，更为重要的是明确商业目的以及所需的结果，然后朝着这些方向对领导者进行培训。这种方法以及其他新方法表明，许多公司正在试图使领导力开发项目更为有效。一个调查表明，只有35%的受调查公司对它们在领导力开发项目上的投资感到满意。这一结果也意味着还有许多改进的余地。[103]

现代领导发展途径

近来对领导力开发的研究主要集中于能力。在这种理论中，能力来自以下三个方面：（1）以研究为基础；（2）以战略为基础；（3）以价值为基础。以研究为基础的能力模型来自成功领导者身上收集到的行为数据。以战略为基础的能力模型来自那些考虑公司方向和战略问题的关键人物提供的信息。以价值为基础的模型则集中于由公司领导所阐释的文化价值。布里斯科（Briscoe）和霍尔（Hall）指出，在这三者之上还需要一种“元能力”。[104]在这种新的理论中，采用一种以学习为基础的模型来培训领导者。终生学习强调灵活性和一致性，领导者只有这样才能够“学会如何学习”，从而应对当今不断变化的环境。这里，并不是说要摒弃其他能力，而是说通过这种学习和获得知识的方法来不断完善和提高。

最近，前一章所介绍的阿沃里奥和鲁森斯的真实领导理论将大量的注意力集中在如何发展领导力。该理论从这样一种前提出发，即认为几乎没有什么领导力开发项目可以证实其在发展或实际表现上的效果。他们强调，一个人所经历的一系列生活事件对其真实领导力发展（authentic leadership development，ALD）有着重要的影响，而且这种无论是计划中的还是计划外的“重要时刻”是可以被促成的。[105]阿沃里奥和鲁森斯是这样定义 ALD 的：

> ALD 是这样一个过程，即利用领导者的生活经历、心理资本、道德观念以及“高度发达”的支持性的组织氛围，产生更强的自我觉醒和自我调整的积极行为。这一过程又可反过来鼓励持续的、积极的自我发展，从而产生真正的、持续的绩效。[106]

换句话讲，遗传、生活事件以及特定的领导经历都影响个体的 ALD。然而，应该了解到，这种 ALD 过程可以由生活中的积极时刻（如：找到了什么是真正重要的事情，例如帮助朋友或者到国外旅行），或者消极时刻（如：忽然被解雇，失去爱人或者心脏病发作等痛苦生活事件）所促成。同样，ALD 过程也可以主动促成，例如，把一个成功的结果作为新的起点、获得更强的自我觉醒（了解真实的自我和潜在的最佳自我）以及自我调整。ALD 的关键在于把未来化作现实。[107]

近来在领导力开发领域涌现出的另一种方法是辅导或教练技术（coaching）。如果辅导者和被辅导者之间的关系是建立在互相的信任、尊重以及表达自由基础之上的话，将大大增加进步的可能性。[108]有效辅导的目的已经从过去的“管理相当于控制”的理念，转变为今日的“管理相当于创造一个辅导的情境”的理念。[109]对于有效的辅导发展系统来说，关键在于合作关系以及氛围。

产生有效辅导的技巧包括可接近性、关注、肯定、共情、支持、热情以及坚持。一个支持性的辅导师或教练可以通过构建出各种关系，以帮助领导者恢复其能量并为之提供新的挑战，最终降低 CEO 角色的孤独程度。[110]同时，有效的辅导师可以帮助领导者澄清界限和期望，将领导者的努力适度投放在可以明确的目标和一定的学习时间范围之内。[111]为了从领导力开发的辅导中获取巨大的价值，还有一些更为重要的实践方法，包括进行有策略性焦点的辅导，将辅导整合到现有的人力资源系统中，建构培训师的可靠“资源库”，以及系统地对结果进行评价。[112]

现在已经进入了这样一个时代——CEO 的继任者对于许多组织而言都至关重要。[113]事实上，许多欧洲的家族企业由于领导继任问题而成了被接管的对象。[114]在这样的环境下，辅导系统可以被有效地运用到工作中，以帮助确认和安置合适的新领导。

发展领导有效性的其他间接方法

除了技能发展项目，还可以运用在前面几章中所讨论过的方法，包括培训、工作设计以及行为管理等等。譬如说，领导者参加一个个人成长培训，将心理练习和户外探险结合在一起。这种方法致力于传授对自己生命乃至自己所在的组织的一种强烈的责任意识。[115] 正如下面一位个人成长培训的参与者所言，这些流行的项目也许被错误地等同于有效领导：

> 我从悬崖的边缘往下看，试图保持冷静。我的装备看起来非常坚固。我已经看见几个人跳下去了。虽然他们一开始显得紧张，但是在纵身一跳之后，他们不但活着，而且似乎非常开心。我也相信这个系统的安全性，因为我相信培训公司不希望我死。好吧，考虑到这是一次测评，那我也来冒一次险吧。它也许是很好玩的。或许，我可以成为一个更好的领导者。就这样，我跳下了悬崖。[116]

尽管最终“刺激性”的潜力没有能够得到发挥，但是依然有人认为个人培训可以对有效领导起到作用。近期，一本专业书籍指出，带来“和平、圆满、唤醒生命中的每一个角落”是转换型领导的重要组成部分。[117] 而另一本书则指出，当前对领导的外部方面给予了过多的关注，已经损害了其内部内容。这个论调就是，对于领导者来说，他们是谁与他们做什么一样重要。[118]

尽管这样的个人成长培训是颇有争议的，但是需要对领导者与人交往进行培训这一点是毋庸置疑的。日本素来有重视各类培训的传统。然而，近来世界知名的美国公司也开始重视起培训来。譬如说，取得巨大成功的 Quad/Graphics 公司的员工，每周要花费相当多的时间在培训上——利用他们自己的时间，他们在这一过程中完善了自我，并使公司更具竞争力。摩托罗拉公司“质量改革”的一个主要组成部分就是每年在员工培训上投入 1 亿美元，其中有 40%是直接用于所需要的技能和流程的培训，目的在于生产出合格的产品，向内外客户提供及时的无差错的热情的服务。没有什么比“穿着别人的鞋子走上一英里”能更好地体验到不同工作的要求，旧有的岗位轮换培训也开始流行起来。同样，也有越来越多的美国公司开始实施交叉培训以及最新的“为知识买单”的方法（见第 4 章）。

除了培训之外，工作再设计也是领导发挥作用的一种重要方法。正如第 11 章中详细描述的那样，这种方法试图管理工作本身，而不是管理这个岗位上的极端复杂的个体。通过建构责任性来丰富工作，最新的方法集中在哈克曼（Hackman）等人所提出的整体性、多样性、重要性、自主性以及反馈等特征上（见第 11 章）。有一系列的研究表明，当员工知觉到这些特征之后，就会有高质量的工作。对于员工的工作，领导者要对自主性以及反馈给予格外的重视。自主性包括授权给下属，让他们进行决策和解决他们自己的问题。反馈可以和某些工作结合在一起，但是领导者也必须对下属给予明确的和即时的绩效反馈。

第 12 章所论述的行为管理方法同样也可以在领导应对挑战时发挥作用。正如第 12 章所说的，组织行为矫正方法是建立在操作性条件作用和社会认知理论的原理之上的，这个方法对于人们在组织中的表现有着非凡的影响。值得注意的是，这种组织行为矫正的干预方式主要是在非金钱奖励中运用的，譬如说生产和服务性组织中的反馈以及有针对性的表扬和关注。

除了从既有的工作设计和行为管理方法中加以提炼，近来也开始从一些不同寻常的领导智慧源泉中去寻求有效领导的方法。[119]这样的例子包括：《星际旅行中的领导智慧》（*Leadership Lessons from Star Trek*），《下一代》（*The Next Generation*），甚至是一些更奇怪的来源诸如《管理中的金发女孩》（*Goldilocks on Management*）（Goldilocks 是一个童话中的人物）和《冲啊！冲啊！高速奔跑时代的竞争》（*Beep! Beep! Competing in the Age of the Road Runner*）。此外，还有从HBO 热播的电视剧《黑道家族》（*The Sopranos*）中所展现出的领导风格，以及对处于烦扰中且充满反叛精神的年轻人所应付出的“严厉的爱”。除了营销书籍之外，这些影片也提醒研究者和使用者，还可以通过许多途径，找到许多关于领导力发展的各种各样的方法。

领导在许多领域内都是非常重要的，而不只是在商界。近来的研究表明，有效领导的重要性还体现在大专院校的教育计划、[120]城市改建计划，[121]以及从大学学生到军队服役人员的转变过程中。[122]尽管存在着重要的差别，在有效的商业领袖和政治领袖间同样存在许多相似性，包括成为具有很强沟通技能的梦想家的倾向。[123]即便如此，依然存在着一个问题，即商业中的技巧是否可以马上运用到政界中。

以上讨论的宗旨不是仅仅列举出无穷的领导技能和方法来。本章提到的所有风格、角色活动和技能，前面几章所提到的理论，加上讨论过的工作设计以及行为管理等章节，都是互相关联的，而且都是非常有用的。显然，与高绩效组织相关的还有许多其他的领导技能和方法。总的来说，领导者如何应用他们的技能和方法并得到成长，将影响到他们如何应对所面临的挑战。

小结

本章涉及了领导风格（领导者和管理者影响追随者及员工的方式）、活动（领导者和管理者在日常的工作中做什么）以及技能（领导者和管理者如何才能起作用）。三者中，领导风格研究得最久，结论来自经典的领导研究以及现代理论。领导风格理论的代表是赫西和布兰查德的情境或者生命周期模型。这种风格理论已经流行了相当长的一段时间，至今仍在使用。例如，赫西和布兰查德的理论展示了管理者如何根据所领导团队的成熟程度来匹配合适的风格。然而，这些风格理论都还缺乏研究支持，还不能为有效的领导实践作出可持续的贡献。

从风格到角色和活动的转变，反映了在关于领导究竟做了什么这一点上更加强调实证性。通过观察法，明茨伯格甄别出人际角色（首脑、领导、联系人）、信息角色（监控者、传播者、发言人）和决策角色（企业家、危机应对者、资源分配者、协调人）。与之紧密相关的是对领导者和管理者的活动的观察研究。本书作者所做的现实管理者研究，调查了领导者和管理者的日常活动以及成功的管理者与有效的管理者做了些什么，结果发现管理者 1/3 的时间花在了沟通活动上，1/3 的时间花在传统的管理活动上，1/5 的时间花费在人力资源管理活动上，还有 1/5

花在社交活动上。对于成功的管理者，也就是那些晋升快的人，分析表明社交活动占去了他们大部分的时间，而人力资源管理活动占的时间最少。然而，与之相对应的是，对于有效的管理者，也就是那些在部门中表现好和业绩、下属满意且忠实的管理者。分析表明，沟通以及人力资源管理活动占据了他们最多的时间，而社交活动占的时间最少。这种存在于成功管理者与有效管理者间的差异，对于解释在组织中一个人如何得到提升（社交活动既包括社会与政治活动也包括和外界的交往），以及组织的薪酬系统（有效的管理者可能比那些有政治头脑的家伙晋升得慢）有着深远的意义。

本章的最后一部分涉及领导技能，也就是领导如何发挥作用。虽然有许多的技能，而由惠滕和卡梅伦从研究中确认的文化适应性、沟通、人力资源开发、创造性、学习的自我管理等显得最为重要。他们提出的两大模型影响尤其深远：个人技能模型包括培养自我觉醒、压力管理、创造性解决问题；人际技能模型包括支持性沟通、获取权力和影响力、激励他人以及冲突管理。近来，领导力发展——特别是集中于能力、真实领导力发展和辅导上的发展——已经得到了越来越多的关注。最后，从本书其他章节能够找到的广为流传的组织行为技能（譬如说，培训、工作设计以及行为管理）也可以为领导者有效地使用。

结尾：元分析研究发现

组织行为学原理

魅力型领导者拥有高绩效的下属和组织。

元分析结果：

【32 项研究；4 611 个参加者；d=1.0】平均起来，魅力型领导者**有 76%的可能性**比缺乏魅力的领导者拥有更高绩效的下属和组织。

结　论：

魅力型领导理论代表了近来的一种倾向，即具有什么样的个人特征和技能的领导者可以对下属产生强烈的影响力。魅力型领导的作用在于这些领导者使用他们的个人能力和独特才能，提升了一部分追随者的成就和绩效。类似于领导中的特质理论，某些人会说魅力是领导者与生俱来的。其实不然，魅力型领导才能是培养出来的。由于魅力型领导者能够对下属产生巨大的影响力，所以领导者不得不摒弃自己的私欲而提高自己的魅力型领导才能。正如本章指出的那样，那些惯于使用独断和具有潜在破坏性方式解决问题的领导者，必将导致领导的“阴暗面”。这种领导观点的关键是认识到事物的两面性。但由于当代环境所需的跨跃式变革的特点，提供愿景以及确保下属对于工作的投入，都使魅力型领导风格比以往更加重要。

资料来源：J.B.Fuller，C.E.P.Patterson and D.Stringer，“A Quantitative Review of Reaearch on Charismatic Leadership，” *Psychological Reports*，Vol.78，1996，pp.271-287.

讨论与复习题

1. 什么是魅力型领导的风格？它们意味着什么？请举个例子。
2. 明茨伯格概括的领导角色有哪些主要类型？领导者发出和接收信息时的亚角色是什么？
3. 用现实管理研究回答下列问题：管理者做什么？成功的管理者做什么？有效的管理者做什么？
4. 哪些是有效的管理者所必备的技能？这些技能的三个主要特征是什么？
5. 能力培训、真实领导力发展以及辅导的方法是如何培训领导者并使他们更有效的？

互联网练习：领导者做教练

近几年来，把领导者看作教练已经成为一种趋势，而且这种趋势很受欢迎。为了解一般性的背景信息，可以参考 http://www.interlinktc.com/assessment.html。另外，对于辅导过程中的实际问题，可以参考 http://www.coachu.com/，这是一个专门训练管理者做教练的组织。你同样可以参看国际辅导组织的网站 http://www.coachfederation.com/。基于你所查找到的资料，请回答下列问题：

1. 你是否愿意被这些组织定义的“教练”所领导呢？从这个角度看待领导者，你觉得他们有什么优点和缺点？
2. 基于你自己的领导模式，你是否愿意成为一个好的教练？请给出理由。
3. 讨论一种特别有效的辅导情况。哪种情况下辅导不管用？

真实案例：珍妮·杰克逊：一个零售业的领导者

当珍妮·杰克逊（一个把 Banana Republic 变成一个别致而文雅的购物目的地的商人）今年春天作为 CEO 加入沃尔玛网站时，一些分析家认为这是一次糟糕的文化融合。虽然世界上最大的零售商与高档的 Banana 看上去完全不搭界，49 岁的杰克逊在参加位于阿肯色州本顿维尔的沃尔玛公司总部的管理会议时，马上有一种像在家里一样的亲切感，之后她才接受了这份工作。让她吃惊的是，当时的 CEO 戴维·格拉斯详细审查了每家店铺销售的报告。“戴维注意到上周在 Poughkeepsie 卖了几台除草机的事情，我当时非常吃惊，”杰克逊说。她认为自己从商 22 年来已经是一个零售细节狂人。

那天之前，杰克逊曾多次拒绝担任沃尔玛网站的领导，该公司由沃尔玛和 Accel Partners 投资公司创立。但是 Accel 的管理者坚持让她担任 CEO，因为他们认为杰克逊“绝对是他们的第一人选”。

毫无疑问，自从 1995 年进入 Gap 起，杰克逊就已经成为一个超级明星。在一次旋风式的搬迁中，她说服 Banana Republic 的母公司在主要的市场开设巨大豪华的旗舰店来宣传 Banana 的生活理念。Banana 在她的领导下发展很快，4 年中销售额从 7.5 亿美元增至 15 亿美元。正如 Gap 的执行副总裁罗纳德所说，“她把 Banana 从一个小牌子变成了金字招牌。”1998 年，杰克逊接管了 Gap 的主管部门，包括管理它的网站。

作为一个科罗拉多州建筑师的女儿，杰克逊投身于零售行业。在哈佛商学院学习期间，她引起了一个前来参加管理科目学习的百货公司 CEO 的注意。那个人经常到杰克逊和三个男搭档开的校园酒吧去。作为服务员，杰克逊总是第一个去酒吧上班，晚上回来得很晚。那个 CEO 告诉她，像你这样不知疲倦的人应该进入零售业。杰克逊被说服了，她放弃了进入整包装消费品行业的计划，加入了联邦管理培训项目。她后来又在 Saks 第五大道、迪斯尼和维多利亚的秘密等公司打过工。

现在，作为两个孩子的母亲，杰克逊每两周要到阿肯色州去一次。和早年相比，她没有很大变化。她试着把沃尔玛这个拥有最大固定经营场所的传统公司品牌放到网上去，这是需要精力和敏捷的思维的。拉塞尔·斯特拉维茨雇了杰克逊到 Federated Bullock 公司在洛杉矶的分部工作，他说了这么一句话："世界在关注着，压力也在伴随着。"

1. 你认为这个零售业领导者为什么转投到了沃尔玛？
2. 对于她的背景，你如何评价？
3. 评价她为"零售细节狂人"这一说法。上面这句话以及这个实例中其他的细节怎样体现了我们本章学习的有关领导作用的内容？

真实案例：他是最优秀的——是这样吗？

每当讲到 CEO 的代表人物，我们通常会提到那些最著名的公司中的管理者的名字。然而我们却忽略了许多不出名但是非常有效的领导者，比如史蒂夫·温，由于在电视广告中出现，无数人熟悉他的面孔，但是却很少有人认识他。

史蒂夫·温是 Mirage Resorts Inc.的主管，这个集团主要包括位于拉斯维加斯的高级度假酒店，以及在接下来的几年中内华达、新泽西和密西西比州的其他城市新开的高级度假酒店。对于多数熟悉他面孔的人来说，他是一个能够说服观光客进入他的赌场的人。然而，温的能力还远不止这些。他运用大胆的冒险精神来建立自己的赌场王国，而且对于赌徒来说，他总是非常狡猾的。20 世纪 80 年代，他联合了声名狼藉的"垃圾债券王"迈克尔·米尔肯，并且用垃圾债券使他在博彩行业中获利。后来利率降低，他又转而投资低息证券。

同时，在处理企业内部运转中，温也显示了他的有效性。他所关注的一个主要方面是与员工的关系。他曾主张，"在处理员工的事情上绝不能出错。"在他的公司里，每个人都有机会得到额外休假或礼品券的奖励。颁发该奖的目的在于提高员工的工作效率。正如温对拉斯维加斯 Mirage 酒店人力资源部的负责人所说的那样，"我们不但给杰出的员工发奖，也给表现一般的员工发奖。" Mirage 酒店的员工能够在酒店崭新的自助餐厅享用免费的新鲜饭菜，这跟其他酒店只能吃客人剩饭的员工形成了鲜明的对照。除此之外，宾馆每年要花费 40 万美元组织雇员和管理人员去夏威夷度假和狂欢。

温的成功方法同样延伸到了日常工作中。他的酒店在一种所谓"有计划的不顺从"的原则下进行工作。这种非同寻常的方法要求管理者对于不顺从的人解释为什么要完成某件任务。而且，如果员工觉得管理者的解释不能让他满意的话，他可以不干。那么，人们是不是喜欢这个想法呢？显而易见的是，温的营业额每年增长 12%。除此之外，人们宁可只拿与市场价相同甚至更低的工资，也愿意到 Mirage 酒店工作。尽管只有 40%的员工是属于总公司的，但是最近 4 年中，没有一个员工投诉过 Mirage 酒店。

另一方面，有些人抱怨温的领导风格太具冒犯性了。他曾被指责在微不足道的事情上易怒和对下属进行语言攻击，比如"发不了光的灯泡"和"肮脏的烟灰缸"。对此，他做出了这样的解释："我一向富有情感和激情。我想我害怕与世隔绝以及对周围的事情一无所知。"

和他一起工作的人评价他说，他总是想把事情尽快完成，并且他的激情有的时候让他看起来很疯狂。

无论温的领导模式中存在着什么样的优点和缺点，他的王国还在继续发展。而且，他还会将博彩业作为自己日后发展的主要方向。其中的原因可能正如一位研究博彩业的专家所指出的那样，“我把史蒂夫·温作为魅力型领导的典型，博彩业中的亨利·福特。他有这样一种能力，他总是想把事情做得更好，他可能朝你咆哮，也可能羞辱你，但是，如果你想从工作中学点什么有价值的东西的话，那么跟他干是最好的选择。”

1. 根据本章中提到的不同的领导风格，你如何描述温呢？
2. 如果你要给温提出任何关于改进他领导风格的建议，你会对他说什么呢？
3. 在图 14.6 中的三个主要技巧中，哪个对于温是最重要的？

组织行为案例：傀儡

雷克斯·贾斯蒂斯是 Carfax 公司的长期雇员。在过去的几年中，他一直是公司财务部门的主管。他对 Carfax 非常忠诚，严格按照公司的规章制度和上级的指示办事。事实上，上级领导对他评价很高。他们认为雷克斯能够满足公司对他提出的任何要求。他被所有高层的领导看重，并深受其喜爱。然而，在财务部门的雇员却对雷克斯有着不同的看法，他们认为雷克斯过于讨好上级领导，对于自己手下的关心却太少。他们觉得雷克斯从没有真正关心过预算的分配。相对于公司的其他部门，他们觉得自己钱拿得少，活却干得多。每当他们向雷克斯提出一个新的想法或者一个改进的建议时，他那边总有一堆不可行的理由在等着。看起来，财务部门员工的抱怨是有根据的，在他们眼里雷克斯就像是上级的一个傀儡。由于他的领导风格，绩效已经开始受损。上级领导看来是忽略了财务部门的这些情况。

1. 根据本章讨论的方法，请问如何解释雷克斯的领导风格？
2. 你会给雷克斯提出哪些改进建议？
3. 是否有一种领导培训项目能够帮助雷克斯？ 这个项目应该包括什么？

第四编体验式练习

练　习

工作设计调查[*]

目　标：

1. 直接体验工作设计方法中的工作特性观点，在这个案例中使用 Hackman-Oldham 工作诊断调查（JDS）。
2. 从你现在或过去的工作经历中得出有关激发潜力的个人反馈，并确认和比较它的重要特征。

实　施：

1. 尽可能客观地描述你目前的工作（或你以前做过的工作）。圈出下面最符合你的情况的数字。

   A. 在你的工作中有多少*变化性*？或者说，你的工作在多大程度上要求你运用各种技巧和才能来做事？

   1-----------2-----------3-----------4-----------5-----------6-----------7

1	4	7
很少，工作要求我重复做许多常规性的事务。	中等程度变化。	很多，工作要求我做许多不同的事情，需要发挥大量不同的技巧和才能。

   B. 你的工作在多大程度上意味着干一件*"完整的"或者可确认的工作*？也就是说，你所从事的工作是由你从头负责到底呢，还是仅仅是一项整体工作中的一个很小的组成部分，而其他工作是别人或者机器完成的？

   1-----------2-----------3-----------4-----------5-----------6-----------7

1	4	7
我的工作只是整体工作中的一小部分；我工作的结果不能在最终的产品或服务中看到。	我的工作是整体工作中的中等大小的一块；我自己的贡献可以在最终的结果中看到。	我的工作要求我从头负责到尾；我的工作结果可以在最终服务/产品中很容易地看到。

   C. 概括来看，你的工作有多*重要*？也就是说，你的工作的结果能否在很大程度影响他人的生活或幸福？

   1-----------2-----------3-----------4-----------5-----------6-----------7

1	4	7
不是非常显著；我的工作结果不太可能对其他人产生重要的影响。	中等程度显著	高度显著；我工作的结果可以以非常重要的方式影响其他人。

[*] **资料来源**：The "Job Design Survey" is drawn from J.R.Hackman and G.R.Oldam, "Development of the Job Diagnostic Survey," *Journal of Applied Psychology*; Vol.60, 1975, pp.159–170.

D. 你的工作是否具有自主性？也就是说，你的工作在多大程度上允许你自己决定怎么干事情？

1-----------2-----------3-----------4-----------5-----------6-----------7

非常小；工作基本上没有给我对工作完成方式和完成时间的发言权。	中等程度自主；许多事情是标准化的，不在我的控制之下，但我可以进行一些决定。	非常大；工作基本由我全面负责来决定工作完成方式和时间。

E. 在从事工作的过程中，工作本身是否能提供有关你的工作绩效的信息呢？也就是说，在同事和上司可能提供的评价之外，实际的工作本身是否提供你做得怎么样的线索呢？

1-----------2-----------3-----------4-----------5-----------6-----------7

非常少；工作本身设计的方式使我永远也无法知道我工作得如何。	中等程度；有时完成工作可以提供给我反馈；有时工作不能够提供反馈。	非常大；工作设计的方式使我可以经常知道我工作得如何。

2. 上面的 5 个问题测量了你在工作中知觉到的技能丰富性、任务整体性、任务重要性、自主性和反馈。完整的 JDS 分别用几个问题来测量这些维度。而为了得到关于激发潜力的一些想法，就要用你对于每个工作维度的分数（1~7）做下列计算：

$$\text{MPS} = \left(\frac{\text{技能多样性} + \text{任务完整性} + \text{任务重要性}}{3}\right) \times \text{自主性} \times \text{反馈}$$

接下来，在下面的图上画出你的工作设计剖面图和 MPS 得分。下面的图表显示了所有工作的全国平均值。请分析你的比较结果，并为重新设计你的工作而提出方法。

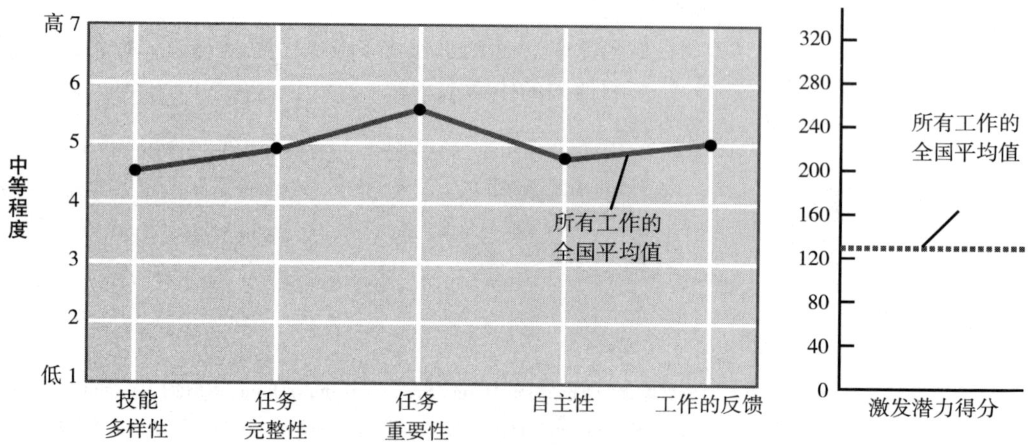

练 习

角色扮演和组织行为矫正*

目 标：

感受组织行为矫正的方法在人力资源管理方面的应用。

实 施：

这个角色扮演的情境包括两个人：凯茜，一家大型保险公司的主管。帕特，部门的一名员工。一个人扮演凯茜，另一个扮演帕特。每个参与者都要遵循给出的信息。参与者仔细阅读职责后，凯茜要跟帕特进行一次有关工作表现的谈话。此时，不参与表演的人，要仔细观察他们之间的对话，并且回答以下问题。观察者不必阅读有关凯茜和帕特的角色说明。

1. 举出凯茜在谈话中所用的加强语气的单词、词组或句子。
2. 举出凯茜在谈话中表示惩罚的单词、词组和句子。
3. 你对改进凯茜今后跟员工的交谈方式有什么建议？
4. 使用组织行为模型的步骤（鉴别、测量、分析、干预和评估），你（或者你的团队）会怎样提高人们在这个部门的表现？请你具体论述每一步骤。你可以虚构一些例子。

凯茜的角色扮演情境：

你读完下列信息后，你要跟帕特进行一次有关绩效表现的谈话，目的是对提高的生产率进行奖励。

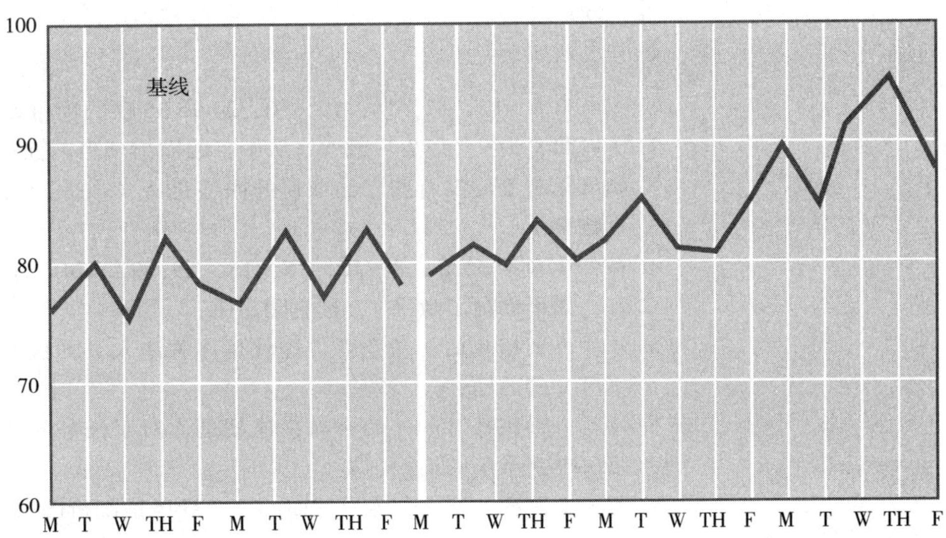

*资料来源："Role Playing and O.B.Mod." is adapted from Fred Luthans and Mark J.Martinko, *The Power of Positive Reinforcement*, McGram-Hill, New York, 1978, pp.35-38.

在一家大型保险公司的理赔部门，你是20个人的主管。几周前，你制定了理赔标准，并且计算了每个员工的工作成果。其中一个雇员帕特·尼尔森的工作产值特别低，并且在基线数据收集期，他的平均产值低于标准的80%。你激励帕特的目标是在一周内达到85%的均值。在前两周，帕特没有做到。现在，在你决定使用这种方法的第三周，帕特达到了目标。他的绩效在图中有所体现。

帕特的角色扮演情境：

你读完下面的信息后，要和你的上司进行一次有关你的工作绩效的谈话。

你是帕特·尼尔森，一家大型保险公司理赔部门的员工。近来你的上司凯茜·帕克斯制定了一套新的评价部门员工工作表现的体系。部门中多数职员都跟凯茜讨论了他们的表现，但是由于种种原因凯茜还没有跟你谈过。今天早上，凯茜要跟你就此事谈一下。你对于即将到来的谈话很焦虑。你很清楚自己在部门中并不出众，但你已经尽力了。你希望凯茜能够意识到这点，并且希望她对你不要太严厉。

练 习

领导问卷*

目 标：

根据任务取向和人员取向的领导维度来评估自己。

实 施：

1. 事先不讨论，填好下面的领导问卷。在完成之前不要读下面的文章。
2. 为了确定你自己在领导风格简图上的位置，你要在任务取向（T）和人员员取向（P）的维度上填写自己的问卷。

计 分：

计分规则如下：

1. 圈出第8，12，17，18，19，30，34和35项的项目数字；
2. 在你回答为S（很少）或N（从不）的圈出项目前面写上数字1；
3. 如果你对于你没有圈出的项目的回答是A（总是）或F（经常），也请在前面写上数字1；
4. 在如下项：3，5，8，10，15，18，19，22，24，26，28，30，32，34，35前面，如果你写了数字1，把它圈出来；
5. 计算画圈项目的1的个数，这就是你关注人员的程度。把这个数字记在测试中字母P的后面；
6. 计算未画圈项目的1的个数，这就是你对于任务的关注程度，把这个数字记在测试中字母T的后面；
7. 下一步，看一下这个练习后面的“领导风格剖析图”，然后按照指示做下去。

*资料来源：Reprinted with premmission form J.William Pfeiffer and John E.Jones (Eds.), *A Handbook of Struc-tured Experiences for Human Relations Training*.Vol.1. University Associates, San Diego, Calif., 1974. The questionaire was adapted from Sergiovanni, Metzeus and Burden´s revision of the Leadership Behavior Descrip-tion Questionnaire, *Amercian Educational Research Jounal*, Vol.6, 1969.pp.62–79.

领导问卷

姓名 ____________________ 团队 ____________________

指导语：下面的这些题目描述了领导行为的各个方面。假定你是一个工作团队的领导者，按照你最有可能的行为方式，回答每一个问题。在你最有可能的行为方式处画圈：总是（A），经常（F），有时（O），很少（S），或者从不（N）。完成所有问题之后，回到第2项。

A F O S N 1. 我最可能成为团队的发言人。
A F O S N 2. 我会鼓励加班。
A F O S N 3. 我会在团队成员的工作中给他们完全的自由。
A F O S N 4. 我会鼓励统一程序的应用。
A F O S N 5. 我会允许团队成员用他们自己的判断去解决问题。
A F O S N 6. 我会强调赶在竞争团队前面。
A F O S N 7. 我乐意成为团队的代言人。
A F O S N 8. 我会激励团队成员做更大努力。
A F O S N 9. 我会在团队中尝试我的想法。
A F O S N 10. 我会让团队成员用他们认为最好的方式进行工作。
A F O S N 11. 我会为了晋升而努力工作。
A F O S N 12. 我愿意忍受延期和不确定。
A F O S N 13. 当有来访者时我愿意代表团队讲话。
A F O S N 14. 我会让工作快速进行。
A F O S N 15. 我会让成员在工作上不受拘束并且让他们自己完成。
A F O S N 16. 团队中出现问题时，我会做出处理。
A F O S N 17. 我会陷入细节。
A F O S N 18. 我会在外部的会议上代表团队。
A F O S N 19. 我不太希望成员自由行事。
A F O S N 20. 我会决定要做什么和该如何做。
A F O S N 21. 我会奋力争取增加产量。
A F O S N 22. 我会让某些成员拥有我所能拥有的权力。
A F O S N 23. 事情经常会像我预料的那样。
A F O S N 24. 我会允许团队拥有高度的主动性。
A F O S N 25. 我会向团队成员分派特定的任务。
A F O S N 26. 我愿意做出改变。
A F O S N 27. 我会要求成员更加努力地工作。
A F O S N 28. 我信任团队成员能做出正确的判断。
A F O S N 29. 我会计划要完成的工作。
A F O S N 30. 我会拒绝解释我的行动。
A F O S N 31. 我会说服他人相信我的想法是对他们有利的。
A F O S N 32. 我会允许团队设定它们自己的进度。
A F O S N 33. 我会催促团队超越当前的纪录。
A F O S N 34. 我的行动不会与团队协商。
A F O S N 35. 我会要求团队成员遵守标准规则和条例。

T ________ P ________

灵活变化：

1. 在做问卷之前，参与者可以预测一下他们在图上会处于什么位置。
2. 一对彼此熟悉的参与者可以互相预测对方的分数。如果他们不熟悉，则可以讨论他们对问卷题目的反应，来找出做这种预测的一些基础。
3. 这张简图上的领导风格可以通过角色扮演反映出来。我们可以建立一种相关的情境，并教会“领导们”展示出这些被研究的风格。
4. 领导量表上位置相似的参与者可以组成亚团队。这些团队可以被分配完成相同的任务。这个任务可以根据士气和生产率来进行分析。

T–P 领导风格剖析表

姓名 ______________________ 团代 ______________________________

指导语：为了确定你的领导风格，请在左手边的箭头下标出你对任务维度（T）关注的分数。接下来在右手边的箭头下标出你对人员维度（P）的关注分数。画一条连接 P、T 分数的直线。这条线与共享型领导下面的箭头相交的点表明了你在那个维度上的分数。

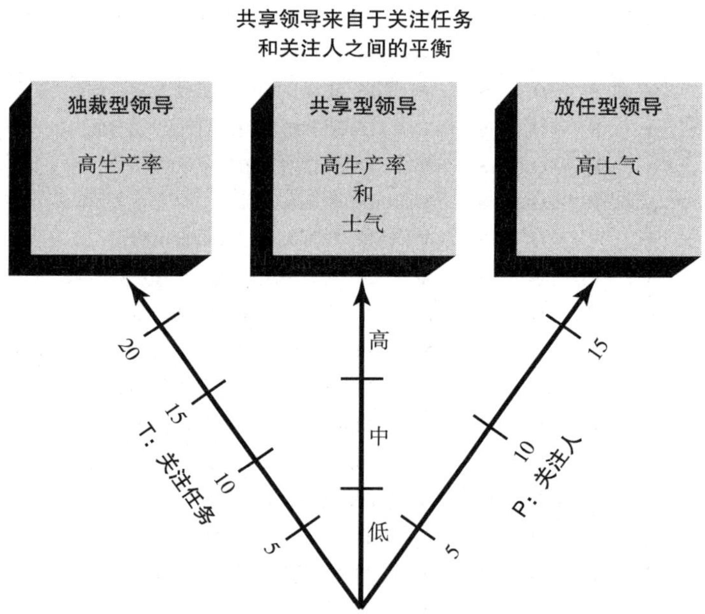

练　习

纸飞机公司

目　标：

1. 完成一个实际的组织任务。
2. 感受绩效的动力学。

实　施：

每 6 人一个小组，小组的个数不限。这些小组可以同时在一间屋子里活动。整个练习需要大约一节课的时间。每个人将拥有安装指示以及类似下页显示的一叠纸。这些人所在的房间应该能够保证组和组之间隔离开来，每个组将有一个工作区域。

1. 参与者正在做一个有关生产方法论的练习。
2. 每个小组必须独立工作。
3. 每个小组选出一个管理者和一个监督者，其余的参与者都是员工。
4. 目的是为了用最有利的方法折出纸飞机。
5. 计时器给出开始信号。这是一个小组之间竞争的 10 分钟的计时事件。
6. 第一轮过后，每个人将要报告他/她的产量以及给整个小组带来的利益。同样，每个人也要根据小组的绩效说明管理者起的作用。
7. 如果时间允许，比赛可以进行多轮。

纸飞机公司：数据表

你的小组是纸飞机公司的全职劳动者。成立于 1943 年的纸飞机公司领导纸飞机生产市场。最近在新的管理下，公司准备与美国空军达成生产飞机的协议，你必须建立一个有效的生产工厂来生产这些飞机。你必须在下列条件下订立你与空军的合同。

1. 空军将为每架飞机支付 20 000 美元；
2. 飞机必须通过第三方的严格检查；
3. 当产品不符合产品要求时，将处以 25 000 美元/架飞机的罚金；
4. 劳工和其他管理费用为 30 000 美元；
5. 每架投标飞机的材料费是 3 000 美元。如果你投标 10 架但是只制成了 8 架的话，你必须支付那些你无法完成或者没有通过检查的飞机的材料费。

小结表

第 1 轮：

投标：________________飞机 @ $20 000/架飞机________________

结果：________________飞机 @ $20 000/架飞机________________

减去：$30 000 的费用

________________ × $3 000 原材料费

________________ × $25 000 罚金

利润：________________

第 2 轮：

投标：__________________飞机 @ $20 000/架飞机__________________

结果：__________________飞机 @ $20 000/架飞机__________________

减去：$30 000 的费用

__________________ × $3 000 原材料费

__________________ × $25 000 罚金

利润：____________________________

第 3 轮：

投标：__________________飞机 @ $20 000/架飞机__________________

结果：__________________飞机 @ $20 000/架飞机__________________

减去：$30 000 的费用

__________________ × $3 000 原材料费

__________________ × $25 000 罚金

利润：____________________________

飞机装配指导

第 1 步：拿一张纸将其对折，再将它打开。

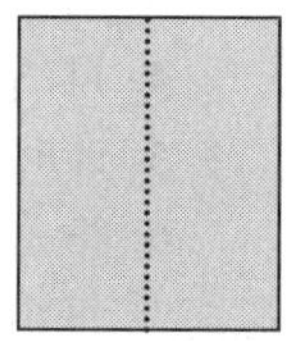

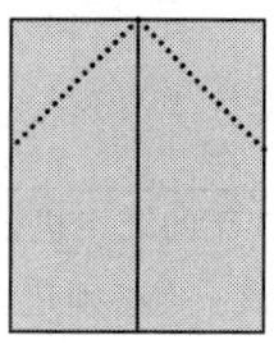

第 2 步：将上面的角折到中间。

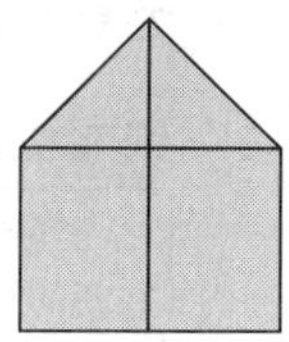

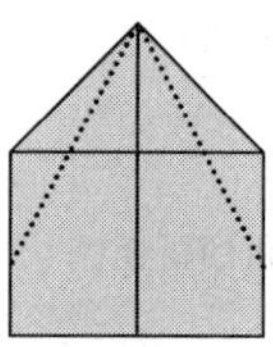

第 3 步：将角再折到中间。

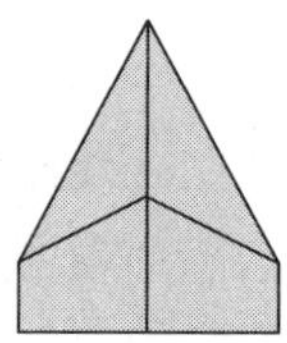

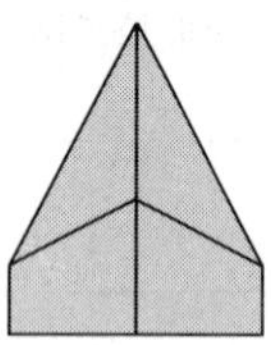

第 4 步：对折。

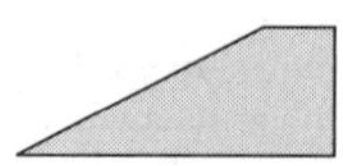

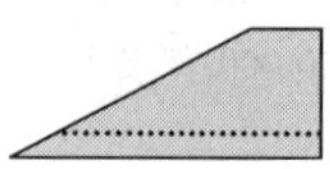

第 5 步：将两个机翼折下。

第 6 步：将尾翼折起。

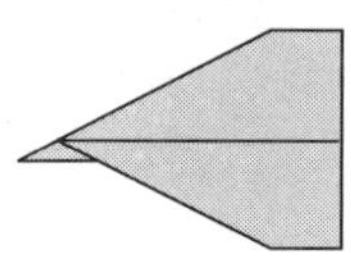

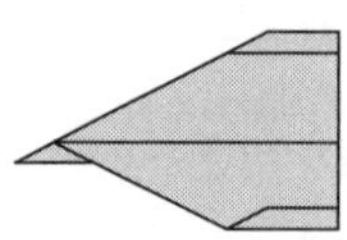

成品飞机

索　引

第 1 章

1. For example, see Jeffery A. Oxman, "The Hidden Leverage of Human Capital," *MIT Sloan Management Review,* Vol. 43, No. 4, 2002, pp. 79–83; James G. Combs and Maura S. Skill, "Managerialist and Human Capital Explanations for Key Executive Pay Premiums," *Academy of Management Journal,* Vol. 46, No. 1, pp. 63–73; Eilene Zimmerman, "What Are Employees Worth? Companies and Academics Are Working on Ways to Measure Human Capital," *Workforce,* February 2001, pp. 32–36; and Thomas O. Davenport, *Human Capital: What It Is and Why People Invest It,* Jossey-Bass, San Francisco, 1999.
2. Paul S. Adler and Seok-Woo Kwon, "Social Capital: Prospects for a New Concept," *Academy of Management Review,* Vol. 27, No. 1, 2002, pp. 17–40; Michael A. Hitt and R. Duane Ireland, "The Essence of Strategic Leadership: Managing Human and Social Capital," *The Journal of Leadership and Organizational Studies,* Vol. 9, No. 1, 2002, pp. 3–14; and Don Cohen and Laurence Prusak, *In Good Company: How Social Capital Makes Organizations Work,* Harvard Business School Press, Boston, 2001.
3. Fred Luthans, Kyle W. Luthans, and Brett C. Luthans, "Positive Psychological Capital: Beyond Human and Social Capital," *Business Horizons,* January–February 2004, pp. 45–50, and Martin Seligman, *Authentic Happiness,* Free Press, New York, 2002.
4. For example, see Jeffrey Pfeffer, *The Human Equation,* Harvard Business School Press, Boston, 1998; Jay B. Barney and Patrick M. Wright, "On Becoming a Strategic Partner: The Role of Human Resources in Gaining Competitive Advantage," *Human Resource Management,* Spring 1998, pp. 31–46, and Charles A. O'Reilly III and Jeffrey Pfeffer, *Hidden Value: How Great Companies Achieve Extraordinary Results with Ordinary People,* Harvard Business School Press, Boston, 2002.
5. Geert Hofstede, "Problems Remain, but Theories Will Change: The Universal and the Specific in 21st-Century Global Management," *Organizational Dynamics,* Summer 1999, p. 34.
6. For example, see Sharon Leonard, "Is America's Work Ethic Changing?" *HR Magazine,* April 2000, p. 224; Amy Wrzesniewski, "It's Not Just a Job: Shifting Meanings of Work in the Wake of 9/11," *Journal of Management Inquiry,* Vol. 11, No. 3, 2002, pp. 230–234; and Daniel J. McAllister and Gregory A. Bigley, "Work Context and the Definition of Self," *Academy of Management Journal,* Vol. 45, No. 5, 2002, pp. 894–904.
7. Peter Cappelli, *The New Deal at Work: Managing the Market-Driven Workforce,* Harvard Business School Press, Boston, 1999; Denise M. Rousseau and Michael B. Arthur, "The Boundaryless Human Resource Function: Building Agency and Community in the New Economic Era," *Organizational Dynamics,* Spring 1999, pp. 7–18; Bharath Rajagopalan, Robert Peterson, and Stephen B. Watson, "The Rise of Free Agency: Is It Inevitable?" *Organizational Dynamics,* Vol. 32, No. 1, 2003, pp. 93–105; and Violet T. Ho, "Social Influence on Evaluations of Psychological Contract Fulfillment," *Academy of Management Review,* Vol. 30, No. 1, 2005, pp. 113–128.
8. Jeff Barbian, "Moving toward Diversity," *Training,* February 2003, pp. 45–47; "Diversity Trends," *HR Focus,* March 2000, p. 8. Dan Baugher, Andrew Varanelli, Jr., and Ellen Weisbord, "Gender and Cultural Diversity Occurring in Self-Formed Work Groups," *Journal of Managerial Issues,* Vol. 12, No. 4, Winter 2000, pp. 391–407; and Robert J. Grossman, "Race in the Workplace," *HR Magazine,* March 2000, pp. 41–45.
9. See Wayne Cascio, "Strategies for Responsible Restructuring," *Academy of Management Executive,* Vol. 16, No. 3, 2002, pp. 80–91.
10. See Suzy Wetlaufer, "Business as Usual Isn't Usual at All," *Harvard Business Review,* March–April 2000, p. 10; and Clayton Christensen and Michael Overdorf, "Meeting the Challenge of Disruptive Change," *Harvard Business Review,* March–April 2000, pp. 66–76.
11. Inger Stensaker, Christine Benedichte Meyer, Joyce Falkenberg, and Anne Cathrin Haueng, "Excessive Change," *Organizational Dynamics,* Vol. 31, No. 3, 2002, pp. 296–312.
12. Thomas L. Friedman, *The World Is Flat,* Farrar, Straus and Giroux, New York, 2005.
13. Shari Caudron, "Jobs Disappear," *Workforce,* January 2000, pp. 30–32; Pete Engardio, Aaron Bernstein, and Manjeet Kripalani, "Is Your Job Next?" *BusinessWeek,* February 3, 2003, pp. 50–60; and Anne S. Tsui and Joshua B. Wu, "The New Employment Relationship Versus the Mutual Investment Approach: Implications for Human Resource Management," *Human Resource Management,* Vol. 44, No. 2, Summer 2005, pp. 115–121.
14. Thomas S. Kuhn, *The Structure of Scientific Revolutions,* 2nd ed., University of Chicago Press, Chicago, 1970. Kuhn discussed paradigms as far back as 1962.
15. Don Tapscott and Art Caston, *Paradigm Shift: The Promise of Information Technology,* McGraw-Hill, New York, 1993, p. xii; Elizabeth Goodrick, "From Management as a Vocation to Management as a Scientific Activity: An Institutional Account of a Paradigm Shift," *Journal of Management,* Vol. 28, No. 5,

2002, pp. 649–668; and Rodney L. Lowman, "Paradigm, Shift," *Psychologist-Manager Journal,* Vol. 4, No. 2, 2000, pp. 239–240.

16. Joel A. Barker, *Future Edge,* Morrow, New York, 1992, p. 32.
17. Patricia A. McLagan, "Portfolio Thinking," *Training & Development,* February 2000, p. 44.
18. James Brian Quinn, "The Intelligent Enterprise a New Paradigm," *Academy of Management Executive,* Vol. 19, No. 4, 2005, pp. 109–121.
19. See Hao Ma and Ranjan Karri, "Some Sure Ways to Lose Your Competitive Advantage," *Organizational Dynamics,* Vol. 34, No. 1, 2005, pp. 63–76.
20. Norman Clark, "Similarities and Differences between Scientific and Technological Paradigms," *Futures,* February 1987, p. 28.
21. John D. Burdett, "Beyond Values—Exploring the Twenty-First Century Organization," *Journal of Management Development,* Vol. 17, No. 1, 1998, p. 28.
22. See Peter Drucker, *Management Challenges for the 21st Century,* Harper Business, New York, 1999, and Peter F. Drucker, "They're Not Employees, They're People," *Harvard Business Review,* Vol. 80, No. 2, 2002, pp. 70–77.
23. "The X and Y Factors," *The Economist,* January 21, 2006, p. 18.
24. Pfeffer, *The Human Equation.* op. cit. Also see Jeffrey Pfeffer, "Producing Sustainable Competitive Advantage Through the Effective Management of People," *Academy of Management Executive,* Vol. 19, No. 4, 2005, pp. 95–108.
25. Jeffrey Pfeffer and Robert Sutton, *The Knowing-Doing Gap,* Harvard Business School Press, Boston, 2000. Also see Jeffrey Pfeffer, "Changing Mental Models: HR's Most Important Task," *Human Resource Management,* Vol. 44, No. 2, Summer 2005, pp. 123–128.
26. Pfeffer and Sutton, *The Knowing-Doing Gap.* op. cit.
27. Rikki Abzug and Susan Phelps, "Everything Old Is New Again: Barnard's Legacy—Lessons for Participative Leaders," *Journal of Management Development,* Vol. 17, No. 3, 1998, p. 209.
28. Peter F. Drucker, "Toward the New Organization," *Leader to Leader,* Winter 1997, p. 8. Also see Drucker, "They're Not Employees, They're People," op. cit.
29. For example, see Lyle Yorks and David Whitsett, "Hawthorne, Topeka, and the Issue of Science versus Advocacy in Organizational Behavior," *Academy of Management Review,* January 1985, pp. 21–30.
30. Gary W. Yunker, "An Explanation of Positive and Negative Hawthorne Effects: Evidence from the Relay Assembly Test Room and Bank Wiring Observation Room Studies," *Academy of Management Best Papers Proceedings,* 1993, pp. 179–183.
31. H. McIlvaine Parsons, "Hawthorne: An Early OBM Experiment," *Journal of Organizational Behavior Management,* Vol. 12, No. 1, 1992, pp. 27–44.
32. C. E. Turner, "Test Room Studies in Employee Effectiveness," *American Journal of Public Health,* June 1933, p. 584.
33. See David Klahr and Herbert Simon, "Studies of Scientific Discovery: Complementary Approaches and Convergent Findings," *Psychological Bulletin,* Vol. 125, No. 5, 1999, pp. 524–543, and Hayne W. Reese, "Some Recurrent Issues in the History of Behavioral Sciences," *The Behavior Analyst,* Vol. 24, No. 2, 2001, pp. 227–239.
34. Chuck Williams, *Management,* South-Western College Publishing, Cincinnati, Ohio, 2000, pp. 5–6.
35. Katherine J. Klein and Sheldon Zedeck, "Theory in Applied Psychology: Lessons (Re)Learned," *Journal of Applied Psychology,* Vol. 89, No. 6, 2004, pp. 931–933.
36. See Katherine J. Klein, Henry Tosi, and Albert A. Cannella, Jr., "Multi-level Theory Building: Benefits, Barriers, and New Developments," *Academy of Management Review,* Vol. 24, No. 2, 1999, pp. 243–248.
37. Donald C. Hambrick, "Just How Bad Are Our Theories? A Response to Ghoshal," *Academy of Management Learning and Education,* Vol. 4, No. 1, 2005, p. 105.
38. Robert I. Sutton and Barry M. Staw, "What Theory Is Not," *Administrative Science Quarterly,* Vol. 40, 1995, p. 378.
39. Robert Folger and Carmelo J. Turillo, "Theorizing as the Thickness of Thin Abstraction," *Academy of Management Review,* Vol. 24, No. 4, 1999, p. 742. Also see Terence R. Mitchell and Lawrence R. James, "Building Better Theory: Time and the Specification of When Things Happen," *Academy of Management Review,* Vol. 26, No. 4, 2001, pp. 530–547.
40. Sumantra Ghoshal, "Bad Management Theories Are Destroying Good Management Practices," *Academy of Management Learning and Education,* Vol. 4, No. 1, 2005, p. 75.
41. Fabrizio Ferraro, Jeffrey Pfeffer, and Robert Sutton, "Economics Language and Assumptions: How Theories Can Become Self-Fulfilling," *Academy of Management Review,* Vol. 30, No. 1, 2005, p. 8.
42. Karl E. Weick, "Definition of Theory," in Nigel Nicholson (Ed.), *Blackwell Dictionary of Organizational Behavior,* Blackwell, Oxford, Engl., 1995. Also see Karl E. Weick, "What Theory Is Not, Theorizing Is," *Administrative Science Quarterly,* Vol. 40, 1995, pp. 385–390; Karl E. Weick, "That's Moving Theories

That Matter," *Journal of Management Inquiry,* Vol. 8, No. 2, 1999, pp. 134–142; and Karl E. Weick, "Theory Construction as Disciplined Reflexivity: Tradeoffs in the 90s," *Academy of Management Review,* Vol. 24, No. 4, 1999, pp. 797–808.

43. Thomas D. Cook and Donald T. Campbell, "The Design and Conduct of Quasi-Experiments and True Experiments in Field Settings," in M. D. Dunnette (Ed.), *Handbook of Industrial and Organizational Psychology,* Rand McNally, Chicago, 1976, pp. 224–246. Also see Frank L. Schmidt, C. Viswesvaran, and Deniz E. Ones, "Reliability Is Not Validity and Validity Is Not Reliability," *Personnel Psychology,* Vol. 53, 2000, pp. 901–912.
44. Daniel R. Ilgen, "Laboratory Research: A Question of When, Not If," in Edwin A. Locke (Ed.), *Generalizing from Laboratory to Field Settings,* Lexington Books, Lexington, Mass., 1986, p. 257.
45. For example, see Frank L. Schmidt, Kenneth Law, John E. Hunter, Hannah R. Rothstein, Kenneth Pearlman, and Michael McDaniel, "Refinements in Validity Generalization Methods: Implications for the Situational Specificity Hypothesis," *Journal of Applied Psychology,* February 1993, pp. 3–12.
46. Michael West, John Arnold, Martin Corbett, and Ben Fletcher, "Editorial: Advancing Understanding about Behavior at Work," *Journal of Occupational and Organizational Psychology,* March 1992, pp. 1–3. Also see: Dean B. McFarlin and Robert F. Chelle, "Quality Research and Practical Relevance: Can We Find the 'Sweet Spot'?" *Academy of Management Executive,* February 2005, pp. 158–160.
47. J. Van Maanen, "Reclaiming Qualitative Methods for Organizational Research," *Administrative Science Quarterly,* Vol. 24, 1979, pp. 520–526.
48. Colin Eden, "On the Nature of Cognitive Maps," *Journal of Management Studies,* May 1992, p. 262. Also see C. Marlene Fiol and Anne Sigismund Huff, "Maps for Managers: Where Are We? Where Do We Go from Here?" *Journal of Management Studies,* May 1992, pp. 267–285.
49. An example arguing for cognition would be Robert Epstein, *Cognition, Creativity and Behavior,* Praeger, Westport, Conn., 1996 and for modern behaviorism Christina Lee, *Alternatives to Cognition: A New Look at Explaining Human Social Behavior,* Erlbaum, Mahwah, N.J., 1998 and Valentin Dragoi and J. E. R. Staddon, "The Dynamics of Operant Conditioning," *Psychological Review,* Vol. 106, No. 1, 1999, pp. 20–61. Also see John A. Bargh and Melissa J. Ferguson, "Beyond Behaviorism: On the Automaticity of Higher Mental Processes," *Psychological Bulletin,* Vol. 126, No. 6, 2000, pp. 925–945, and Cynthia M. Anderson, Robert P. Hawkins, Kurt A. Freeman, and Joseph R. Scotti, "Private Events: Do They Belong in a Science of Human Behavior?" *The Behavior Analyst,* Vol. 23, No. 1, 2000, pp. 1–10.
50. Ronald E. Riggio, *Introduction to Industrial/Organizational Psychology,* Scott, Foresman/Little, Brown, Glenview, Ill., 1990, p. 16; Andrew R. McGill, Michael D. Johnson, and Karen A. Bantel, "Cognitive Complexity and Conformity: The Effects on Performance in a Turbulent Environment," *Academy of Management Best Papers Proceedings,* 1993, pp. 379–383; and Abigail B. Calkin, "Inner Behavior: Empirical Investigations of Private Events," *The Behavior Analyst,* Vol. 25, No. 2, 2002, pp. 255–259.
51. Richard W. Robins, Samuel D. Gosling, and Kenneth H. Clark, "An Empirical Analysis of Trends in Psychology," *American Psychologist,* Vol. 54, No. 2, 1999, pp. 117–128.
52. Steven J. Haggbloom, et al., "The 100 Most Influential Psychologists of the 20th Century," *Review of General Psychology,* Vol. 6, No. 2, 2002, pp. 139–152.
53. For example, see Arthur W. Staats, "Psychological Behaviorism and Behaviorizing Psychology," *The Behavior Analyst,* Vol. 17, No. 1, 1994, pp. 93–112.
54. Richard J. DeGrandpre, "A Science of Meaning: Can Behaviorism Bring Meaning to Psychological Science?" *American Psychologist,* Vol. 55, No. 7, 2000, pp. 721–739.
55. See Tim R. V. Davis and Fred Luthans, "A Social Learning Approach to Organizational Behavior," *Academy of Management Review,* April 1980, pp. 281–290.
56. Robert Kreitner and Fred Luthans, "A Social Learning Approach to Behavior Management: Radical Behaviorists Mellowing Out," *Organizational Dynamics,* Autumn 1984, pp. 61–75 and Fred Luthans and Robert Kreitner, *Organizational Behavior Modification and Beyond,* Scott, Foresman, Glenview, Ill., 1985.
57. Albert Bandura, "Social Learning Theory," in J. T. Spence, R. C. Carson, and J. W. Thibaut (Eds.), *Behavioral Approaches to Therapy,* General Learning Press, Morristown, N.J., 1976; Albert Bandura, *Social Learning Theory,* Prentice Hall, Upper Saddle River, N.J., 1977; and Albert Bandura, "The Self System in Reciprocal Determinism," *American Psychologist,* April 1978, pp. 344–358.
58. Bandura, *Social Learning Theory,* op. cit. p. 9.
59. Albert Bandura, *Social Foundations of Thought and Action: A Social-Cognitive Theory,* Prentice Hall, Upper Saddle River, N.J., 1986; Albert Bandura, "Social Cognitive Theory: An Agentic Perspective," *Asian Journal of Social Psychology,* Vol. 2, 1999, pp. 21–41; and Deborah Smith, "The Theory Heard

Round the World," *Monitor on Psychology,* Vol. 33, No. 9, 2002, pp. 30–32.

60. See Alexander D. Stajkovic and Fred Luthans, "Social Cognitive Theory and Self-Efficacy: Going beyond Traditional Motivational and Behavioral Approaches," *Organizational Dynamics,* Spring 1998, pp. 62–74.
61. Ibid., p. 63. Also see: David R. Schwandt, "When Managers Become Philosophers: Integrating Learning with Sensemaking," *Academy of Management Learning and Education,* Vol. 4, No. 2, 2005, pp. 176–192.

第 2 章

1. For example, see Ellen A. Ensher, Troy R. Nielson, and Elisa Grant-Vallone, "Tales from the Hiring Line: Effects of the Internet and Technology on HR Processes," *Organizational Dynamics,* Vol. 31, No. 3, 2002, pp. 224–244.
2. See Peter M. Senge and Goran Carstedt, "Innovating Our Way to the Next Industrial Revolution," *MIT Sloan Management Review,* Winter 2001, pp. 24–38 and Richard Oliver, "Happy 150th Birthday, Electronic Commerce!" *Management Review,* July–August 1999, pp. 12–13.
3. Das Narayandas, "Building Loyalty in Business Markets," *Harvard Business Review,* September 2005, p. 131.
4. See Katherine J. Klein, Amy Buhl Conn, and Joann Speer Sorra, "Implementing Computer Technology: An Organizational Analysis," *Journal of Applied Psychology,* Vol. 86, No. 5, 2001, pp. 811–824, and Kevin P. McCormick and William C. Johnson, *Business Process Orientation: Gaining the E-Business Competitive Advantage,* St. Lucie Press, Delray Beach, Fla., 2001.
5. "The New Economy: Untangling E-conomics," *The Economist,* September 23, 2000, p. 11.
6. David DeLong and Patrica Seemann, "Confronting Conceptual Confusion and Conflict in Knowledge Management," *Organizational Dynamics,* Vol. 29, No. 1, 2000, p. 33. Also see Susan A. Mohrman, David Finegold, and Janice A. Klein, "Designing the Knowledge Enterprise: Beyond Programs and Tools," *Organizational Dynamics,* Vol. 31, No. 2, 2002, pp. 134–150 and, Karynne L. Turner and Mona V. Makhija, "The Role of Organizational Controls in Managing Knowledge," *Academy of Management Review,* Vol. 31, No. 1, 2006, pp. 197–217.
7. Gerhard Fink and Nigel Holden, "The Global Transfer of Management Knowledge," *Academy of Management Executive,* Vol. 19, No. 2, 2005, p. 5.
8. "Survey on Knowledge Management," *Management Review,* April 1999, p. 21.
9. Also see Etienne Wenger, Richard McDermott, and William M. Snyder, *Cultivating Communities of Practice: A Guide to Managing Knowledge,* Harvard Business School Press, Boston, 2002.
10. See Thomas H. Davenport, Robert J. Thomas, and Susan Cantrell, "The Mysterious Art and Science of Knowledge-Worker Performance," *MIT Sloan Management Review,* Fall 2002, pp. 23–30, and Preston D. Cameron, "Managing Knowledge Assets: The Cure for an Ailing Structure," *CMA Management,* Vol. 76, No. 3, 2002, pp. 20–23.
11. See Roy Lubit, "Tacit Knowledge and Knowledge Management: The Keys to Sustainable Competitive Advantage," *Organizational Dynamics,* Vol. 29, No. 3, 2001, pp. 164–178, and Jose Castillo, "A Note on the Concept of Tacit Knowledge," *Journal of Management Inquiry,* Vol. 11, No. 1, 2002, pp. 46–57.
12. See Kenneth Husted and Snejina Michailova, "Diagnosing and Fighting Knowledge-Sharing Hostility," *Organizational Dynamics,* Vol. 31, No. 1, 2002, pp. 60–73.
13. David P. Lepak and Scott A. Snell, "The Human Resource Architecture: Toward a Theory of Human Capital Allocation and Development," *Academy of Management Review,* Vol. 24, No. 1, 1999, pp. 35–36; David P. Leak and Scott A. Snell, "Examining the Human Resource Architecture: The Relationships among Human Capital, Employment, and Human Resource Configurations," *Journal of Management,* Vol. 28, No. 4, 2002, pp. 517–543; Jeffrey A. Oxman, "The Hidden Leverage of Human Capital," *MIT Sloan Management Review,* Vol. 43, No. 4, 2002, pp. 79–83; and Mohan Subramaniam and Mark A. Youndt, "The Influence of Intellectual Capital on the Types of Innovative Capabilities," *Academy of Management Journal,* Vol. 48, No. 3, 2005, pp. 450–463.
14. Thomas O. Davenport, *Human Capital: What It Is and Why People Invest It,* Jossey-Bass, San Fancisco, 1999; Thomas A. Stewart, *The Wealth of Knowledge: Intellectual Capital and the 21st Century Organization,* Currency Doubleway, New York, 2001; Michael A. Hitt and R. Duane Ireland, "The Essence of Strategic Leadership: Managing Human and Social Capital," *The Journal of Leadership and Organizational Studies,* Vol. 9, No. 1, 2002, pp. 3–14 and Felix Barber and Rainer Strack, "The Surprising Economics of a 'People Business'," *Harvard Business Review,* June 2005, p. 81.
15. James C. Combs and Maura S. Skill, "Managerialist and Human Capital Explanations for Key Executive

Pay Premiums: A Contingency Perspective," *Academy of Management Journal,* Vol. 46, No. 1, 2003, pp. 63–73.
16. Michael A. Hitt, Leonard Bierman, Katsuhiko Shimizu, and Rahul Kochhar, "Direct and Moderating Effects of Human Capital on Strategy and Performance in Professional Service Firms: A Resource-Based Perspective," *Academy of Management Journal,* Vol. 44, No. 1, 2001, pp. 13–28.
17. F. Horibe, *Managing Knowledge Workers,* Wiley, New York, 1999. Also see Dave Ulrich and Norm Smallwood, "HR's New ROI: Return on Intangibles," *Human Resource Management,* Vol. 44, No. 2, Summer 2005, pp. 137–142.
18. See Brian Becker, Mark A. Huselid and David Ulrich, *The HR Scorecard,* Harvard Business School Press, Boston, 2001, pp. 8–10.
19. William C. Miller, "Fostering Intellectual Capital," *HR Focus,* January 1998, p. 9. Also see L. Allen Slade, Thomas O. Davenport, Darryl R. Roberts, and Samir Shah, "How Microsoft Optimized Its Investment in People after the Dot-Com Era," *Journal of Organizational Excellence,* Winter 2002, pp. 43–52.
20. Michael Hickins, "Gray Matter Stolen," *Management Review,* September 1999, p. 6. Also see: Timothy M. Gardner, "Interfirm Competition for Human Resources: Evidence from the Software Industry," *Academy of Management Journal,* Vol. 48, No. 2, 2005, pp. 237–256.
21. Steven M. Shaker and Mark P. Gembicki, *The War Room Guide to Competitive Intelligence,* McGraw-Hill, New York, 1999.
22. See Peter Cappelli, *The New Deal at Work: Managing the Market-Driven Workplace,* Harvard Business School Press, Boston, 1999.
23. Thomas L. Friedman, *The World Is Flat,* Farrar, Straus and Giroux, New York, 2005.
24. Ibid., p. 174.
25. See Nancy J. Adler, *International Dimensions of Organizational Behavior,* 4th ed., South-Western, Cincinnati, Ohio, 2002.
26. Gregersen, Morrison, and Black, p. 22. Also see Morgan W. McCall, Jr., and George P. Hollenbeck, *Frequent Flyers: Developing Global Executives,* Harvard Business School Press, Boston, 2002.
27. Ibid.
28. For example, see Adler, op. cit., 2002, and Terence Jackson, "The Management of People across Cultures," *Human Resource Management,* Vol. 41, No. 4, 2002, pp. 455–475.
29. Dianne H. B. Welsh, Fred Luthans, and Steven M. Sommer, "Managing Russian Factory Workers: The Impact of U.S.-Based Behavioral and Participative Techniques," *Academy of Management Journal,* February 1993, pp. 58–79.
30. Lisa A. Mainiero, "Participation? Nyet: Rewards and Praise? Da!" *Academy of Management Executive,* August 1993, p. 87. Also see Snejina Michailova, "Contrasts in Culture: Russian and Western Perspectives on Organizational Change," *Academy of Management Executive,* Vol. 14, No. 4, 2000, pp. 99–112.
31. David G. Myers, *Social Psychology,* 3rd ed., McGraw-Hill, New York, 1990, pp. 226–227.
32. Quoted in Nancy J. Adler, Robert Doktor, and S. Gordon Redding, "From the Atlantic to the Pacific Century: Cross-Cultural Management Reviewed," *Journal of Management,* Vol. 12, No. 2, 1986, p. 295.
33. Barbara Kantrowitz, "When Women Lead," *Newsweek,* October 24, 2005.
34. "Diversity Boosts Performance," *HR Focus,* May 1999, p. 5.
35. See Joan Crockett, "Winning Competitive Advantage through a Diverse Workforce," *HR Focus,* May 1999, pp. 9–10.
36. Orlando C. Richard, "Racial Diversity, Business Strategy, and Firm Performance: A Resource-Based View," *Academy of Management Journal,* Vol. 43, No. 2, 2000, pp. 164–177.
37. Lisa Hope Pelled, Kathleen M. Eisenhardt, and Katherine R. Xin, "Exploring the Black Box: An Analysis of Work Group Diversity, Conflict, and Performance," *Administrative Science Quarterly,* Vol. 44, 1999, pp. 1–28; Dan Baugher, Andrew Varanelli, and Ellen Weisbord, "Gender and Culture Diversity Occurring in Self-Formed Work Groups," *Journal of Managerial Issues,* Vol. 12, No. 4, 2000, pp. 391–407; Luis L. Martins, Frances J. Milliken, Bata M. Wiesenfeld, and Sara R. Salgado, "Racioethnic Diversity and Group Members' Experiences," *Group and Organization Management,* Vol. 28, No. 1, 2003, pp. 75–106; and Samuel B. Bacharach, Peter A. Bamberger, and Dana Vashdi, "Diversity and Homophily at Work: Supportive Relations Among White and African-American Peers," *Academy of Management Journal,* Vol. 48, No. 4, 2005, pp. 619–644.
38. Patricia L. Nemetz and Sandra L. Christensen, "The Challenge of Cultural Diversity: Harnessing a Diversity of Views to Understand Multiculturalism," *Academy of Management Review,* April 1996, pp. 434–462.
39. Bailey W. Jackson, Frank LaFasto, Henry G. Schultz, and Don Kelly, "Diversity," *Human Resource Management,* Spring/Summer 1992, p. 22.

40. Ibid., pp. 22–24.
41. Joel Lefkowitz, "Race as a Factor in Job Placement: Serendipitous Findings of 'Ethnic Drift,'" *Personnel Psychology,* Vol. 47, No. 3, 1994, pp. 497–513.
42. See Larry Reynolds, "Bye-Bye Affirmative Action?" *HR Focus,* July 1998, p. 8.
43. David Nye, "Affirmative Action and the Stigma of Incompetence," *Academy of Management Executive,* February 1998, p. 88. The research is based on Madeline E. Heilman, Caryn J. Block, and Peter Stathatos, "The Affirmative Action Stigma of Incompetence: Effects of Performance Information Ambiguity," *Academy of Management Journal,* Vol. 40, No. 3, 1997, pp. 603–625. Also see Myrtle P. Bell, David A. Harrison, and Mary E. McLaughlin, "Forming, Changing, and Acting on Attitudes toward Affirmative Action Programs in Employment: A Theory-Driven Approach," *Journal of Applied Psychology,* Vol. 85, No. 5, 2000, pp. 784–798; Madeline E. Heilman and Victoria Barocas Alcott, "What I Think of Me: Women's Reactions to Being Viewed as Beneficiaries of Preferential Selection," *Journal of Applied Psychology,* Vol. 86, No. 4, 2001, pp. 574–582; Jerel E. Slaughter and Evan F. Sinar, "Black Applicants' Reactions to Affirmative Action Plans," *Journal of Applied Psychology,* Vol. 87, No. 2, 2002, pp. 333–344; and David C. Evans, "A Comparison of the Other-Directed Stigmatization Produced by Legal and Illegal Forms of Affirmative Action," *Journal of Applied Psychology,* Vol. 88, No. 1, 2003, pp. 121–130.
44. Quoted in Richard S. Allen and Kendyl A. Montgomery, "Applying an Organizational Development Approach to Creating Diversity," *Organizational Dynamics,* Vol. 30, No. 2, 2001, p. 156. Also see J. T. (Ted) Childs, Jr., "Managing Workforce Diversity at IBM: A Global HR Topic that Has Arrived," *Human Resource Management,* Vol. 44, No. 1, Spring 2005, pp. 73–77.
45. Heather Golden and Steve Hinkle, "Reactions to Affirmative Action: Substance and Semantics," *Journal of Applied Social Psychology,* Vol. 31, No. 1, 2001, pp. 73–88, and Robert J. Grossman, "Is Diversity Working?" *HR Magazine,* March 2000, p. 49.
46. Sara M. Freedman and Robert T. Keller, "The Handicapped in the Workforce," *Academy of Management Review,* July 1981, p. 453.
47. Maria Rotundo, Dung-Hanh Nguyen, and Paul R. Sackett, "A Meta-Analytic Review of Gender Differences in Perceptions of Sexual Harassment," *Journal of Applied Psychology,* Vol. 86, No. 5, 2001, pp. 914–922.
48. Charlene Marmer Solomon, "Testing at Odds with Diversity Efforts?" *Personnel Journal,* April 1996, pp. 131–140.
49. "Diversity Trends: Global Focus, Mainstream Training, Age Issues," *HR Focus,* March 2003, p. 8.
50. Sara Rynes and Benson Rosen, "A Field Survey of Factors Affecting the Adoption and Perceived Success of Diversity Training," *Personnel Psychology,* Vol. 48, 1995, p. 247.
51. Dawn Gunsch, "Games Augment Diversity Training," *Personnel Journal,* June 1993, pp. 76–83.
52. Rynes and Rosen, op. cit., p. 247.
53. D. P. Frost, "Review Worst Diversity Practices to Learn from Others' Mistakes," *HR Focus,* April 1999, p. 12.
54. Louisa Wah, "Diversity: A Competitive Weapon at Allstate," *Management Review,* July-August 1999, pp. 24–30. Also see Jeff Barbian, "Moving toward Diversity," *Training,* February 2003, pp. 45–47.
55. Gwendolyn M. Combs and Fred Luthans, "The Impact of Self-Efficacy on Diversity Training Efficacy," Paper presented at the Academy of Management Annual Meeting, Organizational Behavior Division, Washington, D.C., 2001.
56. Susan Caminiti, "Straight Talk," *Working Woman,* September 1999, p. 69.
57. Richard M. Hodgetts and K. Galen Kroeck, *Personnel and Human Resource Management,* Dryden, Fort Worth, Tex., 1992, p. 403, and Suzanne M. Crampton, "Women in Management," *Public Personnel Management,* Vol. 28, No. 1, Spring 1999, p. 92.
58. Herminia Ibarra, "Race, Opportunity, and Diversity of Social Circles in Managerial Networks," *Academy of Management Journal,* June 1995, pp. 673–703.
59. For example, see Jerry A. Jacobs and Kathleen Gerson, "Overworked Individuals or Overworked Families? Explaining Trends in Work, Leisure, and Family Time," *Work and Occupations,* Vol. 28, No. 1, 2001, pp. 40–63; Luis L. Martins, Kimberly A. Eddleston, and John A. Veiga, "Moderators of the Relationship between Work-Family Conflict and Career Satisfaction," *Academy of Management Journal,* Vol. 45, No. 2, 2002, pp. 399–409; Walter R. Nord, Suzy Fox, Adam Phoenix, and Karrie Viano, "Real-World Reactions to Work-Life Balance Programs: Lessons for Effective Implementation," *Organizational Dynamics,* Vol. 30, No. 3, 2002, pp. 223–238; and Lisa A. Mainiero and Sherry E. Sullivan, "Kaleidoscope Careers: An Alternate Explanation for the 'Opt-Out' Revolution," *Academy of Management Executive,* Vol. 19, No. 1, 2005, pp. 106–123.
60. Sarah Fister Gale, "Formalized Flextime: The Perk That Brings Productivity," *Workforce,* February 2001, pp. 39–42.
61. See Cynthia Cunningham and Shelly Murray, "Two Executives, One Career," *Harvard Business Review,* February 2005, pp. 125–128.

62. Stella E. Anderson, Betty S. Coffey, and Robin T. Byerly, "Formal Organizational Initiatives and Informal Workplace Practices: Links to Work-Family Conflict and Job-Related Outcomes," *Journal of Management*, Vol. 28, No. 6, 2002, pp. 787–810.
63. Marian N. Ruderman, Patricia J. Ohlott, Kate Panzer, and Sara N. King, "Benefits of Multiple Roles for Managerial Women," *Academy of Management Journal*, Vol. 45, No. 2, 2002, pp. 369–386; and Samuel Aryee, E. S. Srinivas, and Hwee Hoon Tan, "Rhythms of Life: Antecedents and Outcomes of Work-Family Balance in Employed Parents," *Journal of Applied Psychology*, Vol. 90, No. 1, 2005, pp. 132–146.
64. See Carol Sladek, "A Guide to Offering Work/Life Benefits," *Compensation and Benefits Review*, January–February 1995, pp. 43–44; and Leslie B. Hammer, Margaret B. Neal, Jason T. Newson, Krista J. Brockwood, and Cari L. Colton, "A Longitudinal Study of the Effects of Dual-Earner Couples' Utilization of Family-Friendly Workplace Supports on Work and Family Outcomes," *Journal of Applied Psychology*, Vol. 90, No. 4, 2005, pp. 799–810.
65. Ibid.
66. Linda Thiede Thomas and Daniel C. Ganster, "Impact of Family-Supportive Work Variables on Work-Family Conflict and Strain: A Control Perspective," *Journal of Applied Psychology*, Vol. 80, 1995, pp. 6–15.
67. Paul Osterman, "Work/Family Programs and the Employment Relationship," *Administrative Science Quarterly*, Vol. 40, 1995, pp. 681–700. Also see Dawn S. Carlson and K. Michele Kacmar, "Work-Family Conflict in Organizations," *Journal of Management*, Vol. 26, No. 5, 2000, pp. 1031–1054.
68. For example, see Dennis A. Gioia, "Business Education's Role in the Crisis of Corporate Confidence," *Academy of Management Executive*, Vol. 16, No. 3, 2002, pp. 142–144; Jennifer Merritt, "For MBAs, Soul-Searching 101," *BusinessWeek*, September 16, 2002, pp. 64–66; and Vikas Anand, Blake E. Ashforth, and Mahendra Joshi, "Business as Usual: The Acceptance and Perpetuation of Corruption in Organizations," *Academy of Management Executive*, Vol. 19, No. 4, 2005, pp. 9–23.
69. Jennifer Merritt, "Why Ethics Is Also B-School Business," *BusinessWeek*, January 27, 2003, p. 105.
70. James P. Walsh, "Book Review Essay: Taking Stock of Stakeholder Management," *Academy of Management Review*, Vol. 30, No. 1, 2005, pp. 426–452.
71. Wade Lambert, "Obese Workers Win On-the-Job Protection against Bias," *Wall Street Journal*, November 12, 1993, pp. B1, 7, and "N.J. Supreme Court Says Obesity Constitutes Handicap," *Journal of Organizational Excellence*, Autumn 2002, p. 88.
72. Cynthia M. Marlowe, Sandra L. Schneider, and Carnot E. Nelson, "Gender and Attractiveness Biases in Hiring Decisions: Are More Experienced Managers Less Biased?" *Journal of Applied Psychology*, Vol. 81, No. 1, 1996, pp. 11–21.
73. David M. Bersoff, "Why Good People Sometimes Do Bad Things: Motivated Reasoning and Unethical Behavior," *Personality and Social Psychology Bulletin*, January 1999, pp. 28–39. Also see Jonathan Haidt, "The Emotional Dog and Its Rational Tail: A Social Institutionist Approach to Moral Judgment," *Psychological Review*, Vol. 108, No. 4, 2001, pp. 814–834 and Andrew Molinsky and Joshua Margolis, "Necessary Evils and Interpersonal Sensitivity in Organizations," *Academy of Management Review*, Vol. 30, No. 2, 2005, pp. 245–268.
74. Rosabeth Moss Kanter, "What Theories Do Audiences Want? Exploring the Demand Side," *Academy of Management Learning and Education*, Vol. 4, No. 1, 2005, pp. 94–95.
75. Linda Klebe Trevino and Bart Victor, "Peer Reporting of Unethical Behavior: A Social Context Perspective," *Academy of Management Journal*, March 1992, pp. 38–64.
76. For example, see Marshall Schminke, Deborah Wells, Joseph Peyrefitte, and Terrence C. Sebora, "Leadership and Ethics in Work Groups," *Group & Organization Management*, Vol. 27, No. 2, 2002, pp. 272–293.
77. G. Stephen Taylor and J. P. Shim, "A Comparative Examination of Attitudes toward Software Piracy among Business Professors and Executives," *Human Relations*, April 1993, pp. 419–433.
78. For example, see Peter Thayer Robbins, *Greening the Corporation: Management Strategy and Environmental Challenge*, Earthscan, London, 2001; B. L. Flannery and D. R. May, "Environmental Ethical Decision Making in the U.S. Metal-Finishing Industry," *Academy of Management Journal*, Vol. 43, 2000, pp. 642–662; and Ken Starkey and Andrew Crane, "Toward Green Narrative: Management and the Evolutionary Epic," *Academy of Management Review*, Vol. 28, No. 2, 2003, pp. 220–237.
79. James Weber, "Does It Take an Economic Village to Raise an Ethical Company?" *Academy of Management Executive*, Vol. 19, No. 2, 2005, p. 158.
80. For example, see K. D. Butterfield, L. K. Trevino, and G. R. Weaver, "Moral Awareness in Business Organizations: Influences of Issue-Related and Social Context Factors," *Human Relations*, Vol. 53, 2000, pp. 981–1018; Dawn S. Carlson, K. Michele Kacmar, and Lori L. Wadsworth, "The Impact of Moral Intensity Dimensions on Ethical Decision Making: Assessing the Relevance of Orientation," *The Journal of*

Managerial Issues, Vol. 14, No. 1, 2002, pp. 15–30; D. R. May and K. P. Pauli, "The Role of Moral Intensity in Ethical Decision-Making: A Review and Investigation of Moral Recognition, Evaluation, and Intention," *Business and Society,* Vol. 41, 2002, pp. 84–117; and J. S. Stevens, H. K. Steensma, D. A. Harrison, and P. L. Cochran, "Symbolic or Substantive Document? The Influence of Ethics Codes on Financial Executives' Decisions," *Strategic Management Journal,* Vol. 26, 2005, pp. 181–195.

81. For example, see Daniel J. McCarthy and Sheila M. Puffer, "Russia's Corporate Governance Scorecard in the Enron Era," *Organizational Dynamics,* Vol. 31, No. 1, 2002, pp. 19–34; M. Goldman, "Enron's Business Model Exports Well," *Boston Globe,* February 21, 2000, p. A17; Peter Rodriguez, Klaus Uhlenbruck, and Lorraine Eden, "Government Corruption and the Entry Strategies of Multinationals," *Academy of Management Review,* No. 30, No. 2, 2005, pp. 383–396.
82. Alexander D. Stajkovic and Fred Luthans, "Business Ethics across Cultures: A Social Cognitive Model," *Journal of World Business,* Spring 1997, pp. 17–34.
83. See Edward F. Boyle, "Morality in the Workplace," *Perspectives on Work,* Vol. 1, No. 1, 1997, pp. 22–25, and Muel Kaptein and Johan Wempe, *The Balanced Company: A Theory of Corporate Integrity,* Oxford University Press, Oxford, U.K., 2002.
84. Melissa A. Baucus and David A. Baucus, "Paying the Piper: An Empirical Examination of Longer-Term Financial Consequences of Illegal Corporate Behavior," *Academy of Management Journal,* February 1997, pp. 129–151.
85. Reported in "Ethics Linked to Financial Performance," *Management Review,* July-August 1999, p. 7.
86. Sandra A. Waddock and Samuel B. Graves, "The Corporate Social Performance-Financial Performance Link," *Strategic Management Journal,* April 1997, pp. 303–319. Also see Michael E. Porter and Mark R. Kramer, "The Competitive Advantage of Corporate Philanthropy," *Harvard Business Review,* December 2002, pp. 57–69.
87. William Roth, "Business Ethics—Grounded in Systems Thinking," *Journal of Organizational Excellence,* Summer 2002, pp. 3–16, and Dirk Matten and Andrew Crane, "Corporate Citizenship: Toward an Extended Theoretical Conceptualization," *Academy of Management Review,* Vol. 30, No. 1, 2005, pp. 166–179.
88. Bernadette M. Ruf, Krishnamurty Muralidhar, and Karen Paul, "The Development of a Systematic, Aggregate Measure of Corporate Social Performance," *Journal of Management,* Vol. 24, No. 1, 1998, pp. 119–133.
89. See: Abagail McWilliams and Donald Siegel, "Corporate Social Responsibility: A Theory of the Firm Perspective," *Academy of Management Review,* Vol. 26, No. 1, 2001, pp. 117–127 and "Ethics vs. Ethical," *HR Focus,* April 1998, p. 7.
90. Gary R. Weaver, Linda Klebe Trevino, and Philip L. Cochran, "Corporate Ethics Programs as Control Systems," *Academy of Management Journal,* February 1999, pp. 41–57; James C. Wimbush, "The Effect of Cognitive Moral Development and Supervisory Influence on Subordinates' Ethical Behavior," *Journal of Business Ethics,* Vol. 18, 1999, pp. 383–395; and Sandra Waddock and Neil Smith, "Corporate Responsibility Audits," *Sloan Management Review,* Winter 2000, pp. 75–83.
91. See Fred Luthans and Bruce J. Avolio, "Authentic Leadership: A Positive Development Approach," in Kim S. Cameron, Jane E. Dutton, and Robert E. Quinn (Eds.), *Positive Organizational Scholarship,* Berrett-Koehler, San Francisco, 2003, and Douglas R. May, Adrian Chan, Timothy Hodges, and Bruce J. Avolio, "Developing the Moral Component of Authentic Leadership," *Organizational Dynamics,* Vol. 32, No. 3, 2003.
92. Jennifer J. Salopek, "Do the Right Thing," *Training & Development,* Vol. 55, No. 7, 2001, pp. 38–44.
93. John B. Lewis, "I Know What You E-Mailed Last Summer," *Security Management,* Vol. 46, No. 1, 2002, pp. 93–99.
94. See Thomas J. Hodson, Fred Englander, and Valerie Englander, "Ethical, Legal and Economic Aspects of Employer Monitoring of Employee Electronic Mail," *Journal of Business Ethics,* Vol. 19, 1999, pp. 90–108. Also see Bradley J. Alge, "Effects of Computer Surveillance on Perceptions of Privacy and Procedural Justice," *Journal of Applied Psychology,* Vol. 86, No. 4, 2001, pp. 797–804.
95. "Electronic Monitoring and Surveillance," *Management Review,* October 1998, p. 38.
96. Mike Uretsky, "A Framework for Examining Security Issues and Measures," *Journal of Organizational Excellence,* Summer 2002, pp. 69–71.
97. Kimbal P. Marshall, "Has Technology Introduced New Ethical Problems?" *Journal of Business Ethics,* Vol. 19, 1999, p. 87.
98. Samuel Greengard, "Use Common Sense When Providing Employees Internet Access," *Workforce,* April 1999, pp. 95–98.
99. Barry D. Weiss, "Four Black Holes in Cyberspace," *Management Review,* January 1996, p. 31.
100. For latest court rulings, see "No Reasonable Expectation of Privacy for Inappropriate E-Mails Sent at Work," *Journal of Organizational Excellence,* Winter 2002, p. 87.

101. "Substance Abuse in the Workplace," *HR Focus,* 1999, p. 4.
102. Larry Michaels, "Will Drug Testing Pass or Fail in Court?" *Personnel Journal,* April 1996, p. 141.
103. "Illegal or Controlled Substances," *Management Review,* October 1998, pp. 33–34.
104. Lee Smith, "Can Smoking or Bungee Jumping Get You Canned?" *Fortune,* August 9, 1993, p. 92.

第 3 章

1. Robert Duncan, "What's the Right Organization Structure?" *Organizational Dynamics,* Winter 1979, p. 59.
2. Richard M. Weiss, "Weber on Bureaucracy: Management Consultant or Political Theorist?" *Academy of Management Review,* April 1983, pp. 242–248.
3. Chester I. Barnard, *The Functions of the Executive,* Harvard University Press, Cambridge, Mass., 1938, p. 73.
4. Ibid., p. vii.
5. Ibid., p. 82.
6. Glen R. Carroll, "Organizational Ecology in Theoretical Perspective," in Glen R. Carroll (Ed.), *Ecological Models of Organizations,* Ballinger, Cambridge, Mass., 1988, pp. 1–2.
7. For example, see Jay R. Galbraith, "Organizing to Deliver Solutions," *Organizational Dynamics,* Vol. 31, No. 2, 2002, pp. 194–207.
8. Donde P. Ashmos and George P. Huber, "The Systems Paradigm in Organization Theory: Correcting the Record and Suggesting the Future," *Academy of Management Review,* October 1987, pp. 607–621.
9. Ibid., p. 618. Also see Ron Zemke, "Systems Thinking," *Training,* February 2001, pp. 40–46.
10. Peter M. Senge, "Transforming the Practice of Management," *Human Resource Development Quarterly,* Spring 1993, p. 12.
11. These assumptions are identified in Michael L. Tushman and David A. Nadler, "Information Processing as an Integrating Concept in Organization Design," *Academy of Management Review,* July 1978, pp. 614–615.
12. For example, see John Child and Rita Gunther McGrath, "Organizations Unfettered: Organizational Form in an Information-Intensive Economy," *Academy of Management Journal,* Vol. 44, No. 6, 2001, pp. 1135–1148.
13. Jay Galbraith, *Designing Complex Organizations,* Addison-Wesley, Reading, Mass., 1973, p. 5.
14. Tushman and Nadler, op. cit., p. 614.
15. Carroll, op. cit.
16. For the original presentation of this model, see Michael T. Hannon and John J. Freeman, "The Population Ecology of Organizations," *American Journal of Sociology,* March 1977, pp. 929–964.
17. Stephen P. Robbins, *Organization Theory,* 3rd ed., Prentice Hall, Upper Saddle River, N.J., 1990, p. 226. Also see Gilbert Probst and Sebastian Raisch, "Organizational Crisis: The Logic of Failure," *Academy of Management Executive,* Vol. 19, No. 1, 2005, pp. 90–105.
18. David Lei and John W. Slocum, Jr., "Strategic and Organizational Requirements for Competitive Advantage," *Academy of Management Executive,* Vol. 19, No. 1, 2005, pp. 31–45.
19. See Stephanie Overman, "Learning Your M&ABC's," *HR Focus,* August 1999, pp. 7–8.
20. For example, see Karlene H. Roberts and Robert G. Bea, "When Systems Fail," *Organizational Dynamics,* Vol. 29, No. 3, 2001, pp. 179–191, and Thomas J. Knapp, "The Day after Enron," *Journal of Organizational Excellence,* Summer 2002, pp. 73–75.
21. Peter F. Drucker, "The Unrecognized Boom," *Across the Board,* January 2000, p. 15.
22. Jeffrey Pfeffer, "Barriers to the Advance of Organizational Science: Paradigm Development as a Dependent Variable," *Academy of Management Review,* October 1993, pp. 599–620.
23. See Philip M. Mirvis, "Historical Foundations of Organizational Learning," *Journal of Organizational Change Management,* Vol. 9, No. 1, 1996, pp. 13–31.
24. See Chris Argyris and Donald Schon, *Organizational Learning,* Addison-Wesley, Reading, Mass., 1978; Chris Argyris, *Overcoming Organizational Defenses,* Allyn & Bacon, Needham Heights, Mass., 1990; and Chris Argyris, "Double-Loop Learning, Teaching, and Research," *Academy of Management Learning and Education,* Vol. 1, No. 2, 2002, pp. 206–218.
25. For the historical background on the learning organization and the distinctions between single-loop and double-loop learning, see Dave Ulrich, Mary Ann Von Glinow, and Todd Jick, "High-Impact Learning," *Organizational Dynamics,* Autumn 1993, p. 53.
26. See Peter M. Senge, *The Fifth Discipline: The Art and Practice of the Learning Organization,* Doubleday, New York, 1991, and Peter M. Senge, "The Leader's New Work: Building Learning Organizations," *Sloan Management Review,* Fall 1990, pp. 7–23.
27. For example, see Thomas J. Douglas and William Q. Judge, Jr., "Total Quality Management Implementation and Competitive Advantage," *Academy of Management Journal,* Vol. 44, No. 1, 2001, pp. 158–169, and David J. Lemak, Neal P. Mero, and Richard Reed, "When Quality Works: A Premature Post-Mortem on TQM," *Journal of Business and Management,* Vol. 8, No. 4, 2002, pp. 391–410.

28. See Mardi Coers, Chris Gardner, Lisa Higgins, and Cynthia Raybourn, *Benchmarking: A Guide for Your Journey to Best-Practice Processes,* American Productivity & Quality Center, 2001.
29. See Keki R. Bhote, *The Ultimate Six Sigma: Beyond Excellence to Total Business Excellence,* AMACOM, New York, 2002, and George Byrne, "Ensuring Optimal Success with Six Sigma Implementations," *Journal of Organizational Excellence,* Spring 2003, pp. 43–50.
30. For example, see Robert C. Ford and Cherrill P. Heaton, "Lessons from Hospitality That Can Serve Anyone," *Organizational Dynamics,* Vol. 30, No. 1, 2001, pp. 30–47, and S. Douglas Rugh, Joerg Dietz, Jack W. Wiley, and Scott M. Brooks, "Driving Service Effectiveness through Employee-Customer Linkages," *Academy of Management Executive,* Vol. 16, No. 4, 2002, pp. 73–84.
31. For example, see Louis Carter, David Giber, and Marshall Goldsmith (Eds.), *Best Practices in Organization Development and Change,* Jossey-Bass/Pfeffer, San Francisco, 2001.
32. Ronald Recardo, Kathleen Molloy, and James Pellegrino, "How the Learning Organization Manages Change," *National Productivity Review,* Winter 1995/1996, pp. 7–14; Jerry W. Gilley, Peter Dean, and Laura Bierema, *Philosophy and Practice of Organizational Learning, Performance and Change,* Perseus, Cambridge, Mass., 2001; and Barry Sugarman, "A Learning-Based Approach to Organizational Change," *Organizational Dynamics,* Vol. 30, No. 1, 2001, pp. 62–76.
33. Fred Luthans, Michael J. Rubach, and Paul Marsnik, "Going beyond Total Quality: The Characteristics, Techniques, and Measures of Learning Organizations," *The International Journal of Organizational Analysis,* January 1995, pp. 24–44. Also see Constance R. James, "Designing Learning Organizations," *Organizational Dynamics,* Vol. 32, No. 1, 2002, pp. 46–61, and Raanan Lipshitz, Micha Popper, and Victor J. Friedman, "A Multi-Facet Model of Organizational Learning," *The Journal of Applied Behavioral Science,* Vol. 38, No. 1, 2002, pp. 78–98.
34. Michael E. McGill, John W. Slocum, Jr., and David Lei, "Management Practices in Learning Organizations," *Organizational Dynamics,* Summer 1992, p. 9.
35. Tom Kramlinger, "Training's Role in a Learning Organization," *Training,* July 1992, p. 48. Also see Jim Harris, *The Learning Paradox: Gaining Success and Security in a World of Change,* John Wiley, New York, 2001.
36. David Lei, John W. Slocum, and Robert A. Pitts, "Designing Organizations for Competitive Advantage: The Power of Learning and Unlearning," *Organizational Dynamics,* Winter 1999, p. 25.
37. Amy C. Edmondson, "The Local and Variegated Nature of Learning in Organizations: A Group-Level Perspective," *Organization Science,* Vol. 13, No. 2, 2002, pp. 128–148.
38. Andrea D. Ellinger, Alexander E. Ellinger, Baiyin Yang, and Shelly W. Howton, "The Relationship between the Learning Organization Concept and Firms' Financial Performance: An Empirical Assessment," *Human Resource Development Quarterly,* Vol. 13, No. 1, 2002, pp. 5–15.
39. For example, see Joan Knutson, *Succeeding in Project-Driven Organizations,* Wiley, New York, 2001, and Leonard G. Love, Richard L. Priem, and G. T. Lumpkin, "Explicitly Articulated Strategy and Firm Performance under Alternative Levels of Centralization," *Journal of Management,* Vol. 28, No. 5, 2002, pp. 611–627.
40. David Lei and John W. Slocum, Jr., "Organization Designs to Renew Competitive Advantage," *Organizational Dynamics,* Vol. 31, No. 1, 2002, pp. 1–18.
41. See Kimberly A. Eddleston, Deborah L. Kidder, and Barrie E. Litzky, "Who's the Boss? Contending with Competing Expectations from Customers and Management," *Academy of Management Executive,* Vol. 16, No. 4, 2002, pp. 85–95, and Martin Schulz, "The Uncertain Relevance of Newness: Organizational Learning and Knowledge Flows," *Academy of Management Journal,* Vol. 44, No. 4, 2001, pp. 661–681.
42. See John A. Byrne, "The Horizontal Corporation," *BusinessWeek,* December 20, 1993, pp. 78–79.
43. Dave Ulrich, Steve Kerr, and Ron Ashkenas, *The GE Work Out,* McGraw-Hill, New York, 2002.
44. Frank Ostroff, *The Horizontal Organization,* Oxford University Press, New York, 1999.
45. Rosalie L. Tung, "Building Effective Networks," *Journal of Management Inquiry,* Vol. 11, No. 2, 2002, p. 94.
46. Raymond E. Miles and Charles C. Snow, "Organizations: New Concepts for New Forms," *California Management Review,* Spring 1986, p. 62. Also see Raymond E. Miles and Charles C. Snow, "Causes of Failure in Network Organizations," *California Management Review,* Summer 1992, pp. 53–72. Also see: Raymond E. Miles, Grant Miles, and Charles C. Snow, *Collaborative Entrepreneurship: How Groups of Networked Firms Use Continuous Innovation to Create Economic Wealth,* Stanford, CA: Stanford University Press, 2005.
47. Raymond E. Miles and Charles C. Snow, "The New Network Firm: A Spherical Structure Built on a Human Investment Philosophy," *Organizational Dynamics,* Spring 1995, pp. 5–18. Also see Michael

Goold and Andrew Campbell, *Designing Effective Organizations: How to Create Structured Networks,* Jossey-Bass, San Francisco, 2002.

48. Keith G. Provan and Juliann G. Sebastian, "Networks within Networks: Service Link Overlaps, Organizational Cliques, and Network Effectiveness," *Academy of Management Journal,* Vol. 41, No. 4, 1998, pp. 453–463; Gillian Symon, "Information and Communication Technologies and the Network Organization," *Journal of Occupational and Organizational Psychology,* Vol. 73, 2000, pp. 389–414; Melissa A. Schilling and H. Kevin Steensma, "The Use of Modular Organizational Forms: An Industry-Level Analysis," *Academy of Management Journal,* Vol. 44, No. 6, 2001, pp. 1149–1168; and Andrew C. Inkpen and Eric W. K. Tsang, "Social Capital, Networks, and Knowledge Transfer," *Academy of Management Review,* Vol. 30, No. 1, 2005, pp. 146–165.
49. Lynn A. Isabella, "Managing an Alliance Is Nothing Like Business as Usual," *Organizational Dynamics,* Vol. 31, No. 1, 2002, pp. 47–59.
50. For example, see Gerardine De Sanctis, Jeffrey T. Glass, and Ingrid Morris Ensing, "Organizational Designs for R&D," *Academy of Management Executive,* Vol. 16, No. 3, 2002, pp. 55–66; Jay Galbraith, Diane Downey, and Amy Kates, "How Networks Undergrid the Lateral Capability of an Organization—Where the Work Gets Done," *Journal of Organizational Excellence,* Spring 2002, pp. 67–71; and Anthony Goerzen, "Managing Alliance Networks: Emerging Practices of Multinational Corporations," *Academy of Management Executive,* Vol. 19, No. 2, 2005, pp. 94–107.
51. Tapscott and Caston, op. cit., p. 75. Also see Shawn Tully, "The Modular Corporation," *Fortune,* February 8, 1993, pp. 106–115.
52. Raymond E. Miles, Henry J. Coleman, Jr., and W. E. Douglas Creed, "Keys to Success in Corporate Redesign," *California Management Review,* Spring 1995, pp. 133–140.
53. Kevin Freiberg and Jackie Freiberg, *Nuts,* Bard Press, Austin, Tex., 1996, p. xix.
54. Ibid., p. 75.
55. Paul S. Adler, "Building Better Bureaucracies," *Academy of Management Executive,* Vol. 13, No. 4, 1999, pp. 40–41.
56. Michael Useem and Joseph Harder, "Leading Laterally in Company Outsourcing," *Sloan Management Review,* Winter 2000, p. 25.
57. See William H. Davidow and Michael S. Malone, *The Virtual Corporation,* Harper Business, New York, 1992, and M. Lynne Markus, Brook Manville, and Carole E. Agres, "What Makes a Virtual Organization Work?" *Sloan Management Review,* Fall 2000, pp. 13–26.
58. N. Venkatraman and John C. Henderson, "Real Strategies for Virtual Organizing," *Sloan Management Review,* Fall 1998, pp. 33–48.
59. See "The Virtual Corporation," *BusinessWeek,* February 8, 1993, pp. 98–102.
60. Marie-Claude Boudreau, Karen D. Loch, Daniel Robey, and Detmar Straud, "Going Global: Using Information Technology to Advance the Competitiveness of Virtual Transnational Organization," *Academy of Management Executive,* Vol. 12, No. 4, 1998, p. 122.
61. Bo Hedberg, Göran Dahlgren, Jörgen Hansson, and Nils Göran Olve, *Virtual Organizations and Beyond: Discovering Imaginary Systems,* Wiley, New York, 2001.
62. Jeannie Coyle and Nicky Schnarr, "The Soft-Side Challenges of the 'Virtual Corporation,'" *Human Resource Planning,* Vol. 18, No. 1, 1995, pp. 41–42, and William A. Kahn, "Managing the Paradox of Self-Reliance," *Organizational Dynamics,* Vol. 30, No. 3, 2002, pp. 239–256.
63. Quoted in Louisa Wah, "Making Knowledge Stick," *Management Review,* May 1999, p. 24.
64. Edgar H. Schein, *Organizational Culture and Leadership,* Jossey-Bass, San Francisco, 1985, p. 9.
65. Joanne Martin, *Cultures in Organizations,* Oxford University Press, New York, 1992, p. 3.
66. Ibid.
67. For a very comprehensive overview, see Neal M. Ashkanasy, Celeste P. M. Wilderom, and Mark F. Peterson (Eds.), *Handbook of Organization Culture and Climate,* Sage, Thousand Oaks, Calif., 2000.
68. Elizabeth Wolfe Morrison, "Longitudinal Study of the Effects of Information Seeking on Newcomer Socialization," *Journal of Applied Psychology,* April 1993, pp. 173–183.
69. For example, see Benjamin Schneider, Amy Nicole Salvaggio, and Montse Subirats, "Climate Strength: A New Direction for Climate Research," *Journal of Applied Psychology,* Vol. 87, No. 2, 2002, pp. 220–229.
70. Genevieve Soter Capowski, "Designing a Corporate Identity," *Management Review,* June 1993, p. 37.
71. Jennifer Reese, "America's Most Admired Corporations," *Fortune,* February 8, 1993, p. 44.
72. Ibid.
73. Melvyn J. Stark, "Five Years of Insight into the World's Most Admired Companies," *Journal of Organizational Excellence,* Winter 2002, pp. 4–5.
74. Jena McGregor, "The Org Chart that Really Counts: How Mapping Unofficial Job Links Pays Off," *BusinessWeek,* February 27, 2006, pp. 48–49.
75. Jeff Rosenthal and Mary Ann Masarech, "High-Performance Cultures: How Values Can Drive

Business Results," *Journal of Organizational Excellence,* Spring 2003, pp. 3–18.
76. Nancy C. Morey and Fred Luthans, "Refining the Displacement of Culture and the Use of Scenes and Themes in Organizational Studies," *Academy of Management Review,* April 1985, p. 221.
77. Freiberg, op. cit., p. 151.
78. John Guaspari, "We Make People Happy," *Across the Board,* April 2000, p. 53.
79. Henry W. Head, "How Culture Helped Dow Agro-Sciences Succeed in Achieving Business Objectives of an Acquisition," *Journal of Organizational Excellence,* Winter 2001, pp. 17–24.
80. Avan R. Jassawalla and Hermant C. Sashittal, "Cultures That Support Product-Innovation Processes," *Academy of Management Executive,* Vol. 16, No. 3, 2002, pp. 42–54.
81. Laura Riolli-Saltzman and Fred Luthans, "After the Bubble Burst: How Small High-Tech Firms Can Keep in Front of the Wave," *Academy of Management Executive,* Vol. 15, No. 3, 2001, pp. 114–124.
82. "General Electric," *Merrill Lynch & Co.,* May 25, 2000, pp. 10–11.
83. For example, see Frances Cairncross, "New Ways to Bind a Fragmented Workforce into a Cultural Community," *Journal of Organizational Excellence,* Summer 2002, pp. 31–42.
84. "GE Chief Has Electric Presence," *The Honolulu Advertiser,* April 17, 2000, p. B6.
85. Carol J. Loomis, "Dinosaurs?" *Fortune,* May 3, 1993, pp. 36–42.
86. "A Spanner in the Works," *The Economist,* October 23, 1993, p. 75.
87. Schein, op. cit., p. 210.
88. Robert Johnson, "McDonald's Combines a Dead Man's Advice with Lively Strategy," *Wall Street Journal,* December 18, 1987, p. 1.
89. See John A. Byrne and Ben Elgin, "Cisco behind the Hype," *BusinessWeek,* January 21, 2002, pp. 54–61.
90. Andy Serwer, "There's Something about Cisco," *Fortune,* May 15, 2000, p. 118.
91. This process is described in Richard Pascale, "The Paradox of 'Corporate Culture': Reconciling Ourselves to Socialization," *California Management Review,* Winter 1985, pp. 29–38.
92. Annelies E. M. Van Vianen, "Person-Organization Fit: The Match between Newcomers' and Recruiters' Preferences for Organizational Cultures," *Personnel Psychology,* Vol. 53, 2000, p. 13.
93. See Gregory B. Northcraft and Margaret A. Neale, *Organizational Behavior,* Dryden, Chicago, 1990, pp. 460–461, for a review of this literature, and Robert Vandenberg and Vida Scarpello, "The Matching Model: An Examination of the Processes Underlying Realistic Job Previews," *Journal of Applied Psychology,* February 1990, pp. 60–67, for more research.
94. Peter Cappelli and Anne Crocker-Hefter, "Distinctive Human Resources Are Firms' Core Competencies," *Organizational Dynamics,* Winter 1996, p. 18.
95. Pascale, op. cit., p. 32.
96. Jenny C. McCune, "Exporting Corporate Culture," *Management Review,* December 1999, p. 53.
97. These and other examples are found in Robert F. Dennehy, "The Executive as Storyteller," *Management Review,* March 1999, pp. 41–42. Also see David Fleming, "Narrative Leadership: Using the Power of Stories," *Strategy and Leadership,* Vol. 24, No. 4, 2001, pp. 34–36.
98. James M. Higgins and Craig McAllaster, "Want Innovation? Then Use Cultural Artifacts That Support It," *Organizational Dynamics,* Vol. 31, No. 1, 2002, pp. 74–84.
99. For more on this process, see Richard Pascale, "Fitting New Employees into the Company Culture," *Fortune,* May 18, 1984, pp. 28–43.
100. Fred Luthans and Alexander D. Stajkovic, "Provide Recognition for Performance Improvement," in Edwin A. Locke (Ed.), *Handbook of Principles of Organizational Behavior,* Blackwell, London, 2000, pp. 166–180, and Alexander D. Stajkovic and Fred Luthans, "Behavioral Management and Task Performance in Organizations: Conceptual Background, Meta-Analysis, and Test of Alternative Models," *Personnel Psychology,* Vol. 56, 2003, pp. 155–194.
101. Kenneth Thompson and Fred Luthans, "Organizational Culture: A Behavioral Perspective," in Benjamin Schneider (Ed.), *Organizational Climate and Culture,* Jossey-Bass, San Francisco, 1990, pp. 319–344. Also see David W. Schaal, "Applying a Selectionist Analysis of Culture: A Review of Cultural Contingencies," *The Behavior Analyst,* Vol. 25, No. 1, 2002, pp. 93–101.
102. For example, see John Child, "The International Crisis of Confidence in Corporations," *Academy of Management Executive,* Vol. 16, No. 3, 2002, pp. 145–147, and John G. Lynch and Barbara Lind, "Escaping Merger and Acquisition Madness," *Strategy and Leadership,* Vol. 30, No. 2, 2002, pp. 5–8.
103. For example, see David A. Mack and James Campbell Quick, "EDS: An Inside View of a Corporate Life Cycle Transition," *Organizational Dynamics,* Vol. 30, No. 3, 2002, pp. 282–293.
104. See Teresa A. Daniel and Gary S. Metcalf, *The Management of People in Mergers and Acquisitions,* Quorum Books, New York, 2001.

心理学教材中译本系列

心理学与生活（第16版），菲利普·津巴多、理查德·格里格 著，王垒 等译
教育心理学（第7版），罗伯特·斯莱文 著，姚梅林 等译
社会心理学（第8版），戴维·迈尔斯 著，侯玉波、乐国安、张智勇 等译
组织行为学（第9版），弗雷德·鲁森斯 著，王垒 等译
人力资源管理（第7版），劳埃德·拜厄斯、莱斯利·鲁 著，李业昆 等译
异常与临床心理学，保罗·贝内特 著，陈传锋、严建雯、金一波 等译
理解孩子的成长（第4版），彼得·史密斯 等著，寇彧 等译
心理学（第7版），戴维·迈尔斯 著，黄希庭 等译
健康心理学（第3版），简·奥格登 著， 严建雯、 陈传锋、 金一波 等译
自我，乔纳森·布朗 著，陈浩莺、薛贵、曾盼盼 译
决策与判断，斯科特·普劳斯 著，施俊琦、王星 译
亲密关系（第3版），莎伦·布雷姆 等著，郭辉、肖斌、刘煜 译
态度改变与社会影响，菲利普·津巴多、迈克尔·利佩 著，邓羽、肖莉、唐小艳 译
影响力心理学，菲利普·津巴多、迈克尔·利佩 著，邓羽、肖莉、唐小艳 译
管理决策中的判断（第6版），马克斯·巴泽曼 著，杜伟宇 、李同吉 译
阅读障碍与阅读困难——给教师的解释，达斯、张厚粲、徐建平、孟祥芝 著
APA格式论文简明规范，美国心理学会 编著 周晓林 等译
心理学与我们（第7版），罗伯特·费尔德曼、黄希庭 著，黄希庭 等译
心理学实验的设计与报告（第2版），彼得·哈里斯 著， 吴艳红 译
心理学研究方法（第7版），约翰·肖内西 著，张明 等译
危机中的青少年（第3版），麦克沃特 等著，寇彧 等译

心理学英文影印版系列（教育部高等学校心理学教学指导委员会推荐用书）

普通心理学（第6版），罗伯特·费尔德曼 著，黄希庭教授推荐
心理学实验的设计与报告（第2版），彼得·哈里斯 著，沈模卫教授推荐
心理统计（第9版），理查德·鲁尼恩 等著，张厚粲教授推荐
心理学研究方法（第6版），约翰·肖内西 等著，周晓林教授推荐
社会心理学（第8版），戴维·迈尔斯 著，彭凯平教授推荐
发展心理学（第9版），黛安娜·帕帕拉 等著，林崇德教授推荐
变态心理学（第9版），劳伦·阿洛伊 等著，王登峰教授推荐
心理测验与评估（第6版），罗纳德·科恩 等著，彭凯平教授推荐
认知心理学基础（第7版，双语版），里德·亨特 等著，傅小兰教授推荐
心理测验与评估学习指南，罗纳德·科恩 著
心理统计学习指南（双语版），戴维·皮滕杰 著，林丰勋教授译注
异常与临床心理学，保罗·贝内特 著，陈传锋教授推荐
人格心理学（第2版，双语版），兰迪·拉森 等著，郭永玉教授推荐
生物心理学（第9版），詹姆斯·卡拉特 著，苏彦捷教授推荐
心理测验：历史、原理及应用（第5版），罗伯特·格雷戈里 著，闫巩固教授推荐
英汉对照心理学大词典（第3版），阿瑟·雷伯 等著，王垒 等译注
变态心理学（第13版），詹姆斯·布彻 等著，贾晓明教授推荐
社会研究方法（第6版），纽曼·劳伦斯 著，辛涛教授推荐
如何成为质性研究专家（第3版），科琳·格莱斯 著，刘力教授推荐
改变心理学的40项研究（第5版），罗杰·霍克 著，白学军教授推荐
这才是心理学（第8版），基思·斯坦诺维奇 著，杨中芳教授推荐
当代组织行为学，莉·汤普森 著，谢晓非教授推荐